B

Eugen A. Meier

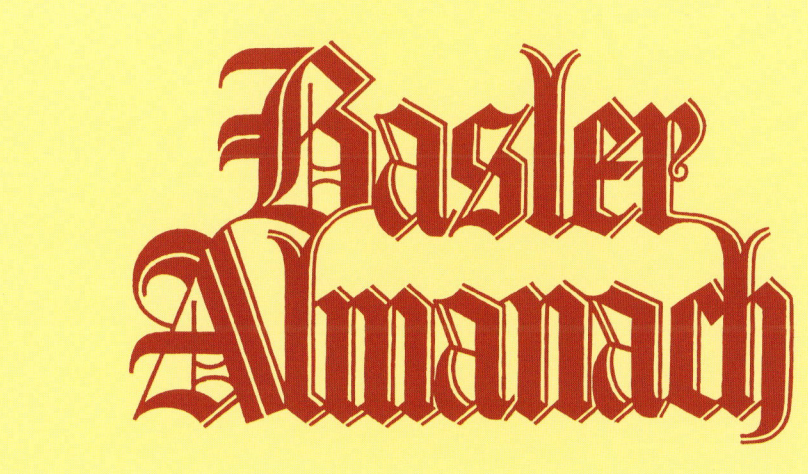

Ein authentischer Geschichtskalender der
Stadt und Landschaft Basel
durch die Jahre 374 bis 1914

1. Januar bis 30. Juni

Mit einem Geleitwort von Hans-Peter Platz

Buchverlag der Basler Zeitung

Herausgegeben mit Unterstützung des
Schweizerischen Bankvereins Basel

Bildlegende zum Frontispiz:
Das Aquarell von Hieronymus Hess aus dem Jahre 1832 zeigt eine Gruppe von Bänkelsängern am Nadelberg. Während der eine seine Drehorgel zum Spielen bringt, besingt der andere seinen «Bank», die im oberen Teil das Grosse Erdbeben von Basel im Jahr 1356 zeigt und im unteren die verheerende Wassersnot in Hölstein von 1830. Das Gasthaus «Zur Henne» des Glasers Wernhard Burckhardt trägt die sinnvolle Inschrift: «Was hillfft mich dann ein schönes Haus, wann mich Gott zum sterben ruft, dann muss ich raus.»

CIP-Kurztitelaufnahme der
Deutschen Bibliothek:
Meier, Eugen A.: Basler Almanach

ISBN 3-85815-175-0

Die vorliegende Publikation ist urheberrechtlich geschützt. Alle Rechte, insbesondere das der Übersetzung in fremde Sprachen, vorbehalten. Kein Teil dieses Buches darf ohne schriftliche Genehmigung des Verlags in irgendeiner Form – durch Fotokopie, Mikrofilm oder andere Verfahren – reproduziert oder in eine von Maschinen, insbesondere Datenverarbeitungsanlagen, verwendbare Sprache übertragen werden.

Konzept und Gestaltung: Eugen A. Meier
Layout: Heinrich Schanner
Neuaufnahmen: Hannes-Dirk Flury

© 1988 Buchverlag der Basler Zeitung
Lithos, Satz und Druck: Basler Zeitung, 4002 Basel
Einband: Buchbinderei Grollimund AG, 4153 Reinach

Zum Geleit

Almanach, ein schönes, altes und kaum mehr gebräuchliches Wort für ein ungewöhnliches Vorhaben: Basler Geschichte dem Jahrverlauf folgend zu erzählen; vom 1. Januar bis zum 31. Dezember jeden Tag als historisches Kalenderblatt aufzumachen und aus der Tiefe unserer Stadtgeschichte vorzulegen, was beispielsweise der 6. Mai im Laufe der Jahrhunderte mit welchem Basler Ereignis verband. Von jenem 6. Mai des Jahres 1399, als Papst Bonifacius IX. den Verkauf von Kleinbasel an die Stadt Basel bestätigte, bis hin zum 6. Mai 1895, dem Tag, an dem in Basel der elektrisch betriebene Tramverkehr aufgenommen wurde.

Es ist kaum Zufall, dass unser inoffizieller Stadthistoriker Eugen A. Meier die Idee zum «Historischen Basler Almanach» haben musste, weil er bei seiner ausdauernden, akribischen und jahrelangen Forschungs- und Sammelarbeit im Bergwerk der Geschichte auf soviel Material, auf so viele bizarre Fundstücke und Kleinode stiess, die scheinbar als Einzelstücke ein Gewicht hatten, als Beitrag zu einem vorgegebenen Forschungsgegenstand aber kaum der Erwähnung wert waren. Und doch schien für Eugen A. Meier erhaltens- und erwähnenswert, was Basel an Ereignissen erlebte oder produzierte, auch wenn diese in der Regel nicht zu den Eckdaten einer grossen Geschichtsschreibung gezählt werden. Eugen A. Meier hat mit seiner Neugier und vor allem mit seiner leidenschaftlichen Liebe für das Werden und Fortleben unserer Stadt erkannt, dass es oft die Unscheinbaren und in der Distanz von Jahrhunderten blass gewordenen Geschichtspartikel sind, die, geputzt und vorgezeigt, Schlaglichter auf Lebensumstände und Zustände werfen, die sehr wohl Ausdruck grosser Geschichte sein können oder historische Entwicklungen beeinflusst haben.

Die wissenschaftliche Geschichtsschreibung krankt an einem schwerwiegenden Überhang an historischer Relevanz und einem akuten Mangel an sozialgeschichtlicher Breite. Geschichte – dazu gehören doch alltagsbestimmende Zustände und ihre Auswirkungen genauso wie die Chronik der lokalen Befindlichkeiten einer städtischen Sozietät. Dafür hatte und hat Eugen A. Meier ein feines Gespür. Ihn interessiert und fasziniert alles, was an Hinweisen und Belegen für das Wirken, Fühlen, Treiben und manchmal auch das Unwesen der Basler durch die Jahrhunderte beizubringen ist. Ihn interessiert das Anekdotische und die Denkwürdigkeit, der Skandal wie das Festliche, das Schauerliche genauso wie das Grossartige. Ihn interessiert der Stoff, aus dem unser Basel geworden ist. Meier sei Dank erfahren wir in seinen Büchern mehr darüber als das, was Geschichtsschreibung üblicherweise für erzählenswert hält.

So ist der nun vorliegende erste Band von Eugen A. Meiers «Historischem Basler Almanach» ein willkommenes Nachschlagewerk für Neugierige und darüber hinaus ein Hinweis auf städtisches und ländliches Leben, wie es nirgendwo sonst nachzulesen ist. Mehr: Eugen A. Meier macht Lust auf eigene Nachforschungen, auf Quellenstudium, auf mehr und mehr Lektüre und Wissen über die reiche und spannende Geschichte der Stadt Basel. Das ist ein Verdienst, das nicht hoch genug einzuschätzen ist. Mit Eugen A. Meier gewinnt nicht nur das historische Basel an Konturen, sondern auch die Gegenwart präsentiert sich als vorläufiger Entwicklungszustand eines geschichtlichen Prozesses, der uns alle angeht und von uns mitgestaltet wird.

Hans-Peter Platz
Chefredaktor
der Basler Zeitung

Einführung

Wie die Zeiten sich doch ändern: Was gestern als wesentlich und bedeutsam gewertet, wird heute als nebensächlich und belanglos abgetan. Was als angemessen, human und fortschrittlich gepriesen, gilt als masslos, barbarisch und rückständig. Was als Sensation die Welt aus den Angeln hob, wird als Banalität in den Schatten gestellt. Was als Sittenlosigkeit und Gotteslästerung angeprangert, wird zur Persönlichkeitsentfaltung und Freiheit des Geistes erklärt. Was als Strafe des Himmels gedeutet, wird als Laune der Natur ausgelegt. So entspricht das Wort von Jacob Burckhardt «Das Wesen der Geschichte ist die Wandlung» denn auch der Wirklichkeit. Nur das Menschliche hat während Jahrhunderten sich nicht verändert: Noch immer ist das Persönliche, das Familiäre, das Lokale Mittelpunkt des alltäglichen Interesses. Noch immer bringt Ungewöhnliches, Unmögliches, Unpassendes die Gemüter in Wallung. Noch immer dominieren Überheblichkeit, Hochmut und Selbstmitleid die Bescheidenheit, Unfähigkeit und Mitschuld.

Das untrügliche Auge der Geschichte lässt Beispiel um Beispiel wieder aufleuchten. Jedes in sich geschlossen, aber eingebunden in die Vergänglichkeit, die alle Unterschiede ebnet und ausgleicht. So fällt es schwer, alle diese Dinge an ihren Platz zu stellen, zu gewichten und einzuordnen.

Eine wohl ungewöhnliche Möglichkeit sinnvoller systematischer Darstellung von Fakten, Beschreibungen und Erzählungen bietet die Chronologie des Kalenders an, immerwährende Folge der Tage, Monate, Jahre. Denn Daten setzen im Leben des Menschen Marksteine, bilden Fixpunkte und vermitteln Orientierung. Kalender sind gleichsam so alt wie die Menschheit.

Die Sitte, die einzelnen Tage mit kirchlichen Feiertagen und Heiligennamen zu bezeichnen, entstammt der lateinischen Liturgie des Calendarium Romanum. Diese enthält aber seit der Reform von 1970 nur noch die für die ganze Kirche bedeutsamen Feste. Die einzelnen Bistümer führten jedoch seit alters Kalender mit zusätzlichen, eigenen Heiligen, die der lokalen Verehrung zugehörten und von den Gläubigen nur in begrenztem Raum angerufen und gefeiert wurden.

In Basel ist der Heiligenkalender durch das sogenannte Rote Buch, das unmittelbar nach dem Grossen Erdbeben von 1356 angelegte Ratsbuch, überliefert. Obwohl der bestimmende Einfluss von Bischof und Kirche auf das profane Leben während Jahrhunderten unverkennbar ist, blieben viele Tage ohne Zuweisung eines Heiligennamens. Die notwendigen Ergänzungen finden sich zum Teil im Brevier von Bischof Friedrich ze Rhyn, in einem Missale der Kartäuser, im Diarium historicum von Pfarrer Nicolaus Brombach oder auf den Pergamentblättern des Ratssubstituten Johann Harnesch. Aber erst baslerische Wandkalender, deren Herstellung der Buchdrucker Lienhart Ysenhuet Ende des 15. Jahrhunderts bei uns einführte, ermöglichten die Rekonstruktion eines vollständigen Basler Heiligenkalenders. Von denjenigen Kalendarien, die ebenfalls zu Ergänzungen herangezogen wurden, sind besonders zu nennen der Wandkalender des Pamphilus Gengenbach für das Jahr 1514, der «Kalender auf das Jahr 1533» von Sebastian Münster und der «Immerwährende jährliche Kalender», der 1629 von Johann Georg Gross ediert worden ist.

Beim Betrachten der im mittelalterlichen Basel angerufenen Schutzpatrone wird die Vergänglichkeit mit aller Deutlichkeit gegenwärtig: Wie wenige von ihnen haben

ALMANACH HISTORIQUE,

Nommé

LE MESSAGER BOITEUX.

Contenant

Des Observations Aſtrologiques ſur chaque Mois, le Cours du Soleil & de la Lune, & le changement de l'air de jour en jour, exactement calculé

Pour l'An de Grace

M DCC XXXIII.

Avec les Foires de Suiſſe, d'Allemagne, France, Savoye, Bourgogne, Lorraine, &c. & l'uſage de la Medecine.

Enfin une Relation exacte & curieuſe des choſes les plus remarquables arrivées en Europe dans l'Année precedente.

Pour l'Utilité du Public la vingt-ſeptiéme fois mis au jour

Par ANTOINE SOUCI, Aſtrolog. & Hiſt.

NOUS tiendrons tant au Calendr Nouveau & Reform pour Nombre d'O 5. Cycle Solaire 6. Indiction Romain 11. Lettre Dominicale D. Epactes 14 Intervalle 7. Semaines & 3. jours.
La Longueur de l'An préſent tiendra 365. jours entiers.

Bon prendre medecine
Bon prendre Pilul.
Bon ſemer, planter
Bon fumer la Terre
Bon couper bois à
Bon ſevrer les enfan
Bon Tondre
Bon couper les Ongles
Trés-bon ſaigner
Bon ſigner
Bon ventouſer

À BASLE, ſe vendent chez Jean Conrard de Mechel, Imprim. demeurant au Fauxbourg de la Pierre.

Bey Liestal.

Die Gegend von Liestal ist eine der fruchtbarsten und angenehmsten des ganzen Kantons. Indem sie das Auge vergnügt, gewährt sie auch dem Landmanne mannigfaltigen Nutzen. Sanfte Weinhügel, baumreiche Wiesen, wohl gebaute Kornfelder, Gärten und Wälder, wechseln in der schönsten Farben-Mischung mit einander ab, und noch erhöhen den Reitz dieses lieblichen Geländes, die von nahen und fernen Bergen sich ergiessende Bäche.

Nahe an den Mauren des Städtgens Liestal fliest die fischreiche Ergolz vorbey, nachdem sie auf ihrem Laufe von der Schaafmatt, wo sie entspringt, mehrere kleinere Bäche aufgenommen. Unferher dem Städtchen aber bildet unweit der Landstrasse ein ziemlich hoch hervorragender Fels den auf dem dritten Blättgen vorgestellten Wasserfall, der den ruhigen Wanderer angenehm überrascht.

Seite 7: Titelblatt des 1733 in Basel bei Hans Conrad von Mechel an der Steinenvorstadt in französischer Sprache erschienenen Almanachs, eines des ältesten noch erhaltenen gedruckten «Kalenders in Buchform» überhaupt.

Links: 1798 lässt Samuel Flick am Fischmarkt den «Basler Almanach» erscheinen, in der Absicht, dass «wenn derselbe Beyfall findet, er mit Vergnügen fortgesetzt werden soll». Der Erfolg aber hält sich in Grenzen, wird er doch nur noch für die Jahre 1800 und 1801 ausgeliefert.

Oben: Der 1733er «Basler Almanach» führt seiner Leserschaft aufsehenerregende, spektakuläre Hinrichtungen vor Augen, wie solche im vergangenen Jahr vollzogen worden sind. Unter dem Siegel der göttlichen Gerechtigkeit werden «Verbrecher jeder Art gnadenlos öffentlicher Bestrafung anheimgestellt».

Seite 10: Kalenderblatt für den Monat Januar mit den in Basel verehrten Heiligen im sogenannten Roten Buch, das vom Rat unmittelbar nach dem Grossen Erdbeben von 1356 angelegt worden ist.

doch das Dunkel der Zeit überdauert und sind im Volksbewusstsein verankert geblieben! Durch den Basler Almanach, die hiezu prädestinierte Publikationsform, sollen die Basler Heiligen der Öffentlichkeit in Erinnerung gerufen werden und die Tradition schöner, eigenständiger Basler Vornamen wieder aufleben lassen.

Unter «Almanach», einem ursprünglich wohl koptischen Wort, mit dem ägyptische Kalender bezeichnet wurden, wird heute ein «mit Text und Bildern versehener spezieller Kalender in Buchform» verstanden. Anfänglich aber stellte er ein astronomisches Tafelwerk dar «für mehrere Jahre mit Angabe der wahren Planetenörter von passenden Zeitabständen, der astrologischen Praxis dienend». Dieses wurde in zunehmendem Masse bereichert mit lokalem Erzählgut, Poesie, Bauern- und Gesundheitsregeln, Wetterprognosen sowie mit Nachrichten aus aller Welt. Später entwickelte sich der Almanach, namentlich in Frankreich, zu einem Jahrbuch, meist schöngeistigen Schrifttums für die elegante, gebildete Oberschicht. Er behauptete sich neben den literarischen und politischen Zeitschriften, indem er zugleich anspruchsvoll und populär zu wirken vermochte. Nur wurde nun oft auf das rein Kalendermässige und auf das Kalendarium verzichtet, so dass sich eine immer grösser werdende bildungshungrige Leserschaft der Lektüre von Almanachen zuwandte. Besonders in Frankreich erreichten diese aussergewöhnlich hohe Auflagen, die bis auf 300 000 Exemplare ansteigen konnten! Die frühesten Belege von «Almanac», «Alemenichiaka», «Almanag» aber sind 1267 für England, 1345 für Italien und 1460 für Deutschland überliefert.

Zu den grossen Liebhabern des Almanachs gehörte Herzog Ernst Friedrich von Sachsen-Coburg-Saalfeld. Seine private Hofbibliothek, heute Bestandteil der Landesbibliothek Coburg, weist nicht weniger als 108 verschiedene Almanach-Titel auf. Unter ihnen der in der Basler Zeitung wohlbekannte «Kladderadatsch» (Humoristisch-satirischer Volkskalender des Berliners David Kalisch, 1856). Keiner von ihnen aber kann mit einem so ehrwürdigen Alter aufwarten wie der im Jahre 1706 erstmals in Basel bei Jean Conrad von Mechel erschienene «Almanach historique, nommé le Messager boiteux», der bis um die Mitte des letzten Jahrhunderts seine Leser fand. Dafür besitzt die Coburger Sammlung ein Exemplar des 1783 von Johann Jakob Thurneysen verlegten «Ephemerischer Almanach der neuern Zeiten für die Liebhaber der Geschichte, besonders für Jünglinge».

Über das erste wissenschaftlich auf den Tag genau gesicherte Datum der Basler Geschichte streiten sich die Geister berühmter Althistoriker. Während 1901 Rudolf Thommen in seinen «Auszügen aus den Geschichtsquellen des Mittelalters bis 1500» eine mit dem 21. Juni 374 datierte Urkunde nennt, setzt Felix Staehelin 1917 den 20. Juli 917 fest, der durch eine Inschrift auf einem noch erhaltenen Steinsarkophag belegt ist (Basler Nachrichten 20. Juli 1917).

Wie dem auch sei, unser Basler Almanach umfasst den Zeitraum von den Anfängen der Stadt bis zum Ausbruch des Ersten Weltkriegs im Jahr 1914. Aufgenommen sind in willkürlicher Auswahl Daten aus der Stadt- und Landgeschichte, die ein möglichst farbiges Bild aus dem Alten Basel reflektieren und einen lebendigen Einblick bieten in die Freuden und Ergötzlichkeiten, Sorgen und Nöte, Traditionen und Wandlungen der baslerischen Agglomeration und ihrer Bewohner im unabänderlichen Kalendarium von Zeit und Ewigkeit.

Eugen A. Meier

Ianuarius hẽt dies xxxj. Luna xxx.

iii	A	Ianuarii	Circũcisio dñi nri ihu xpi	
	B	iiii	Octã s. stephi ptho.	hic renouat aureꝰ nus
xi	C	iii	Octã s. Johis ewñglie	lr embo ĩ ãno xj
	D	ii	Octã scoꝝ Innocẽti.	
xiiii	E	Nonas.	vg.	
viii	F	viii	Epyphania dñi	
	G	vii		Clauis lxx
xvi	A	vi	Erhardi epi.	
v	B	v		
	C	iiii	Pauli pmi hemite.	
xiii	D	iii		
ii	E	ii		
	F	Idus.	Octaua epyphie. hylarii epi	
x	G	xix	Februarii felicis in pincis	
	A	xviii	Mauri abbis.	
xviii	B	xvii	Marcelli pp z mr.	
vii	C	xvi	Anthonii abbis.	
	D	xv	psce vg z mr.	Sol ĩ aqrũ
xv	E	xiiii		
iiii	F	xiii	fabiani z sebastiani mrm.	
	G	xii	Agnetis vg z mr.	
xii	A	xi	Vincentii mr.	
i	B	x		
	C	ix	Thymothei apli.	
ix	D	viii	Conuisio s. pauli apli. piecti z amarini	
	E	vii	Pollicarpi epi z mr.	
xvii	F	vi	Johãnis crisostomi epi.	
vi	G	v	Octã s. agnetis. vl sc̃do agnetis Clauis xl	
	A	iiii	Valerii epi.	
xiiii	B	iii		
iii	C	ii	Thyrsi z victoris mrm.	

Nox hẽt horas xvi. Dies viii.

1. Januar

Neujahr

1386
Heute verliert die Sonne ihren Schein, so dass man in den Häusern Feuer anzünden muss.

1466
Am Neujahrstag, als die Basler Bürger auf ihren Zunftstuben in froher Gemeinschaft miteinander den Jahresanfang feiern, ist Graf Oswald von Thierstein willens, einen Anschlag auf Basel auszuüben. Es soll das Wirtshaus «zum Schnabel» angezündet und der Feuerlärm dazu benützt werden, die Stadt zu überrumpeln und einzunehmen. Der Brandstifter, ein armer Spetterknecht (Kaufhausarbeiter), der zur schändlichen Tat gedungen worden ist, wird auf der Stelle ertappt, gefangen genommen, im Rathaushof zum Tode verurteilt und auf dem Platz hingerichtet. Neben dem Grafen werden auch die Solothurner als Anstifter betrachtet. Diese aber verwahren sich energisch gegen die Anschuldigung, Thierstein hingegen will von der ganzen Sache nichts wissen.

1492
Die Zunftbrüder zu Safran verzehren auf ihrer Stube mit grösstem Vergnügen eine aus 65 Karpfen und 18 grossen Hechten zubereitete Neujahrsgallerte.

1548
Am ersten Tag im neuen Jahr geht es in der Stadt nicht ohne Störungen ab, verwunden sich doch gegenseitig ein Glaser und ein Nördlinger, als sie gegen Abend betrunken aufeinanderstossen und einen grossen Lärm verursachen.

1588
Es droht der Stadt ein Überfall durch die Truppen Herzogs von Guise. Der Rat verordnet deshalb höchste Alarmbereitschaft. Und er verbietet die sonst am Neujahrstag üblichen Schmausereien auf den Zünften; auch dem Spital wird die grosse Neujahrsgallerte vorenthalten.

Basler Neujahrswünsche aus der Zeit um die letzte Jahrhundertwende.

1592
Der Neujahrstag wird von nun an durch von der gesamten Bürgerschaft zu besuchende Morgen- und Abendpredigten kirchlich gefeiert und jeweils mit dem Verlesen der im verflossenen Jahr Getauften und Verstorbenen beschlossen.

1597
Inschrift auf einer zum Neuen Jahr geschenkten Weinkanne: «Wein nutzet, druncken wie sich zimpt/Schadet, so man dessen zvil nimpt/Wein stercket, druncken mit Bscheidenheidt/Schwecht, so man dessen zvil thuot Bscheidt/Wein s Hertz erfreuwt, druncken mit Mos/Zevil druncken bringt eim ein Stos/Wein zimlich gnossen scherpft die Sinn/Schwecht sy, so man missbrauchet ihn.»

1602
Der Pfarrer von Liestal, Jakob Ritter, vernimmt an der Ergolz eine über alle Massen liebliche Musik, die von verschiedenen Instrumenten gespielt wird. Die wundersame Musik zieht ihn derart in ihren Bann, dass er ihrer während einer halben Stunde völlig hingerissen lauscht und darüber des rauschenden Wassers nicht mehr achtet.

1602

Im Gasthof «zum Storchen» fällt ein «beweinter» Edelmann zum Fenster hinaus, doch hält der Storch, das Wirtshausschild, den Sturz auf, so dass der vornehme Herr mit einem Armbruch davon kommt.

1625

Die Blumen und Bäume der Stadt erzeigen sich am Neujahrstag schon in schönster Blust, so dass prächtige Maien und Sträusse gebunden werden. Das Wetter bleibt so warm, dass es möglich ist, in den nächsten Wochen in den Sommerhäusern das Nachtessen einzunehmen.

1637

Trotz des Kriegselends, das in und um die Stadt herrscht, lassen es sich zwölf junge Bürger nicht nehmen, in kostbarer Bekleidung, weissen Röcken und schwarzen Schweizerhosen, eine lustige Schlittenfahrt zu veranstalten.

1651

Es wird in allen Kirchen ein Dankgottesdienst gehalten, in welchem «Gott sonderlich gedanket, dass er uns gnädiglich in dem Dreyssigjährigen Teütschen Krieg unangefochten erhalten und uns so väterlichen Frieden verliehen hat».

1668

Im vergangenen Jahr zählte man 409 Getaufte, davon 77 Kleinbasler, und 1626 Verstorbene, davon 369 Kleinbasler.

1693

Der Neujahrstag wird durch einen Umzug der Schuhmachergesellen belebt. Trotz bitterer Kälte befiehlt Kommandant Keller, die Gewehre ohne Handschuhe zu präsentieren und sich dadurch nicht als Schneider, sondern als echte Schuhmacher zu erzeigen! Dabei friert einem Knecht eine Hand am Feuerrohr derart an, dass er drei Finger verliert.

1695

Den 1. und 2. Jänner fällt ein grosser und dicker Schnee, welcher aber durch einen warmen Wind bald wieder dahinschmilzt. Schliesslich setzt ein derart kaltes Wetter ein, dass der Rhein und der Birsig Grundeis führen. Das eiskalte Wetter währt bis zum 1. Februar.

1722

Auf den Neujahrstag werden in den Kirchen zum ersten Mal Psalmen gesungen. Die Gemeinde zu St. Elisabethen bezeugt darob eine solche Freude, dass sie den Wunsch nach einer Orgel durchsetzt.
Christoph von Waldkirch, der Spitalpfarrer aus dem Toggenburg, wird seines Amtes entsetzt, weil «der Herr von 50 Jahren ein Mägdlein von 17 Jahren, das er selbst getauft hat, heiratete».

1748

Es stirbt im Alter von 80 Jahren der berühmte Mathematiker Johann Bernoulli, der «gescheiteste aller Bernoullis und der am raschesten Denkende. Er besass mit der Infinitesimalrechnung ein Geheimnis, um das ihn die grössten Gelehrten seiner Zeit beneideten».

1755

Während der Neujahrsnacht, als wegen des verbotenen Freudenschiessens alle Plätze mit Patrouillen umstellt sind, lässt der Handelsdiener Dünner einen saftigen Furz los, mit der Begründung, ein solches Schiessen sei doch wohl erlaubt! Sein Übermut kommt ihn teuer zu stehen: Er wird von einem Wachtmeister verklagt und zu einer Busse von zwei Schilling verfällt.

1771

Die Zunftgenossen zum Schlüssel feiern das Neujahrsfest erstmals in ihrem erneuerten Zunfthaus. Es geht bescheiden zu, hatte der Vorstand in Anbetracht der teuern Zeiten doch beschlossen, von dem üblichen süssen Wein und den Ankenwecken und Ringen abzusehen. An die Kinder und Mägde, welche die Neujahrsgeschenke den zünftigen Familien brachten, werden als Ersatz tausend Brotwecklein ausgeteilt.

1779

Die um eine Stunde vorgerückte Basler Zeit wird um eine Stunde zurückgerichtet, so dass man diese Nacht zweimal 12 Uhr schlagen lässt. Die neue Ordnung aber behagt der Bürgerschaft nicht. Die wenigsten wollen sich zur neuen Zeit bequemen. Die einen richten sich nach der neuen, andere halten hartnäckig die alte Zeit bei und lassen die Turmuhren schlagen, was sie wollen. So erkennt der Rat am 18. Januar, die neue Zeit sei abgeschafft und die Uhren hätten wieder auf den alten Fuss gestellt zu werden.

1781

Handelsmann Emanuel Le Grand (1746–1808) übermittelt seinen Verwandten und Freunden Glückwünsche zum neuen Jahr: «Ich weiss an mir nichts als Armes/Gieb mir ein vom Blute warmes/Und von deinem Tod und Schmerz/Gänzlich hingenommes Herz/Das ist's, was ich allen Brüdern und Schwestern und überhaupt allen Menschen/die es begehren/zum Neuen Jahr von unserm lieben Heyland ausbitte und anwünschte/am Neuen Jahrestag 1781.»

1798

Im Zunfthaus zu Hausgenossen findet das sogenannten Bärenessen statt, an dem 150 städtische Herren von der Patriotenpartei sowie Liestaler und bäuerliche Untertanen General Bonaparte, Wilhelm Tell und andere Freiheitshelden hochleben lassen.

1814

Durch die Einquartierung der Alliierten herrscht in Basel eine gedrückte Stimmung: «Niemand denkt an festliche Vergnügungen, in den meisten Häusern finden nicht einmal Familienessen statt. Man hat der fremden Gäste genug, so dass man die Seinigen nicht herbeiruft. Auch muss man jeden Augeblick fürchten, neue Gäste zu bekommen».

1825

Auf den Neujahrstag wird von der Obrigkeit eine Wolfsjagd angesagt, weil des öftern Wölfe in der Umge-

Grosser Rhein
den letzten Tag im Jahr 1801.
Zum merkwürdigen Andenken aufzubehalten.

Einige Tage vor dem 30ten Christmonat fiel ein in dieser Jahreszeit so ungewöhnliches mit anhaltendem Regen vermengtes Thauwetter ein, daß davon der Schnee in den Gebürgen gänzlich schmolz, alle Wasser dadurch anlaufen, und der Rhein in der Nacht vom 29ten auf den 30ten so schnell anwuchse, daß er gegen Mittag dieses leztern Tages schon das eiserne Gegitter der Schiflände erreicht hatte. — Abends 9 Uhr war schon die ganze Neue Straß bis an 3 Königen unter Wasser — den folgenden Morgen (31 Christm.) war das Wasser auf seiner größten Höhe. — Es reichte bis an die Flickische Buchhandlung auf dem Fischmarkt, so daß man vom Blumenplatz bis zur Hauptwache, und von da durch das Kronengäßlein und Schwanengäßlein, auf den Fischmarkt mit Schiffen fahren konnte. Eine Menge Familien mußten sich in die obere Etage ihrer Häuser flüchten, alle Läden und Stuben ebenes Fußes in dieser Gegend waren mit Wasser angefüllt; das gleiche Schicksal hatte auch die Rheinseite in der kleinen Stadt; die Rheingaß war überschwemmt, daß man auch da die Personen in Schiffen aus ihren Wohnungen holen mußte; im Klingenthal so wie im St. Albanthal, war der nehmliche Fall. Die Rheinbrük war in Gefahr einen Theil zu verlieren, aber sie wurde mit einer Menge großer Steine beschwert, welches ihre Rettung war. Der außerordentliche große Schaden, welcher dieses Gewässer verursachte, kann man noch nicht bestimmt angeben. Am folgenden Neujahrsmorgen war zum Glücke der Rhein schon wieder dermaßen gefallen, daß man wieder trockenen Fußes die Neue Straße paßiren konnte.   Basel, den 1ten Jenner 1802.

Erinnerungsblatt, 1. Januar 1802.

bung aufgetaucht waren. Deputatenverwalter (Kirchen- und Schulverwalter) Jakob Lichtenhahn gelingt es, bei Bottmingen eines der gefährlichen Raubtiere abzuschiessen.

1829

Durch die Pächter Gottfried und Mathias Stehelin erhält die Stadt Basel eine öffentliche Beleuchtung. Der Betrieb der 200 Öllaternen kostet jährlich Fr. 200 000.–, die durch die Erträgnisse der Torsperre und einer Beleuchtungsabgabe auf den Hausbesitz zu decken sind.

1830

Die neue Bergstrasse über den Untern Hauenstein wird eröffnet.

1843

Die Regierung verbietet aus standespolitischen Gründen jegliche Einfuhr von Fleisch, Brot, Kleidern, Schuhen, Möbeln und andern Produkten aus dem Baselbiet. Die Handwerker der umliegenden Baselbieter Gemeinden protestieren deshalb gegen die Einfuhrsperre in Liestal.

1844

Die seit 1441 bestehende Elendenherberge an der Petersgasse wird aufgehoben und ihr Vermögen dem nun für die Betreuung der Durchreisenden zuständigen Spitalpflegeamt zugewiesen.

1847

Die französische Postverwaltung verlegt das Bahnpostbüro von St. Louis nach Basel.

1849

Bürgermeister Johann Rudolf Frei bringt seine tiefe Besorgnis wegen häufiger Grenzverletzungen durch Badische Truppen zum Ausdruck. Eine Intervention beim Bundesrat hat die hiesige Regierung im Interesse der freundnachbarlichen Beziehungen bisher unterlassen. Im Stadthaus öffnet die Eidgenössische Postverwaltung ihre Schalter.

1850

Der Fuhrhalter Kaufmann von St. Louis errichtet eine wöchentlich dreimalige Eilfuhr von Basel nach Luzern. Die Fracht beträgt 16 Batzen pro Zentner.

1853

Die vom Mülhauser Ingenieur Gaspard Dollfus im Auftrag des Stadtrats erbaute Gasanstalt am Birsig vor dem Steinentor nimmt die Produktion zur Beleuchtung der Stadt mit Gaslicht auf. Die im Vorjahr ausprobierte Holzentgasung wird aber nicht angewendet.

1861

Die Einwohnerzahl der Stadt beläuft sich auf 38 360 Personen. 1801 sind es deren 16 095 und 1781 deren 15 083 gewesen.

1870

Das «Kursblatt der Basler Börse» erscheint erstmals.

1884

Sonniger, etwas frostiger Neujahrstag mit wunderbarer Purpurbeleuchtung des Abendhimmels.

1887

Der «Arbeiterfreund» weist in einer redaktionellen Notiz darauf hin, dass die vor Jahresfrist noch völlig zersplitterte Basler Arbeiterbewegung durch die Gründung des Arbeiterbundes und einer Parteizeitung eine Macht geworden sei, mit der ihre Gegner auf wirtschaftlichem und politischem Boden zu rechnen hätten.

1899

Der Allgemeine Consumverein eröffnet an der Elsässerstrasse ein Brennmateriallager.

1907

Beim Neujahrsfest der Sonntagsschule der ehemaligen katholischen Schule am Lindenberg explodiert eine Petrollampe, wodurch eine Panik ensteht. Zum Glück wird dabei kein Menschenleben zerstört, doch sind verschiedene Verletzungen so ernsthaft, dass Einlieferungen ins Spital notwendig sind.

1908

Die Erweiterung der Stadt, die nach dem Fall des Bläsitors im Jahr 1868 immer weiter gegen Kleinhüningen hinauswächst, und die zunehmende Inanspruchnahme des Areals der Gemeinde durch Fabrikbauten und Lagerhäuser der Industrie ruft in der Bevölkerung von Kleinhüningen immer mehr das Verlangen nach einem Anschluss an die Stadt hervor. Nach Ablauf der für die Eingemeindung notwendigen politischen Formalitäten wird Kleinhüningen mit der städtischen Bürgergemeinde vereinigt.

Es stirbt die 1835 geborene Elisabeth Hetzel-Hetzel, welche sich als Erzählerin baslerischer Familiengeschichten einen Namen gemacht hat.

2. Januar

Berchtoldstag

1439

Die Zunft zu Brotbecken lässt für ihre Mitglieder einen grossen «Fischgalreig», eine Fischgallerte, auftragen, zu dem man 220 Fische, 6 Lot Safran, 37 Lot Spitzwurz, 4 Pfund Mandeln und 56 Mass (84 Liter) Wein verwendete.

Basler Chronik, 2. Januar 1472.

1472

Es zeigt sich gegen Mitternacht im 6ten Grad der Waage ein bleichfarbiger Komet, der sich so schnell gegen den Weltwirbel bewegt, dass er denselben nach 20 Tagen übersteigt und in einem kleinen Zirkel herumfährt.

1507

Die Obrigkeit droht «etliche Frauen und Mann, die vor den Hüseren um ein gut Jahr und Würst ze singen gepflegen», mit empfindlicher Bestrafung im Wiederholungsfall.

1548

Ein 16jähriger Bursche, der ein Stück Tuch und versilberte Messer gestohlen hatte, wird zur Strafe nur öffentlich mit Peitschenhieben traktiert, obwohl er für seine Diebereien verdient, gehängt zu werden.

1700

Nachdem die Taufen in den Kirchen bisher im Chor und nur in Gegenwart geladener Frauen erteilt worden waren, bestimmt die Stadtgeistlichkeit, dass von nun an die Taufen vor dem Altar und im Angesicht der ganzen Gemeinde vorzunehmen sind.

1798

Oberstzunftmeister Peter Ochs, ein hochgebildeter Staatsmann, der in Paris erfahren hat, dass die französische Regierung den baldigen Umsturz der Eidgenossenschaft plane, beschwört den Rat zu Basel, von sich aus eine Änderung der Verfassung im Sinne der Menschenrechte durchzuführen, um eine militärische Intervention der Franzosen zu verhüten.

1812

Der zum Landammann der Schweiz gewählte 70jährige Bürgermeister Peter Burckhardt richtet als eine seiner ersten Amtshandlungen eine Glückwunschbotschaft an Napoleon: «... je trouve votre Majesté Impériale favorable à ma Patrie, et disposée à lui accorder sa haute bienveillance.»

1813

Die von der GGG gegründete Töchterschule beginnt unter Simon La Roche, Pfarrer zu St. Peter, am Spalenberg mit 36 Schülerinnen in zwei Klassen den Unterricht.

Amtsbürgermeister Johann Heinrich Wieland eröffnet seine erste Ratssitzung und spricht über die allgemeine Lage des Vaterlandes: Es ist für sein Herz das dringendste Geschäft, der Vorsehung dafür zu danken, dass der Schweiz Verfassung und Unabhängigkeit erhalten geblieben sind.

1842

«Gegen 5 Uhr abends langt unter Böllersalven das neue Dampfschiff ‹Der Adler No. 2› hier an. Es kam mit sehr bedeutender Geschwindigkeit stromaufwärts, begrüsst von einer grossen Menge Zuschauer, die sich auf der Brücke und an der Schifflände aufgestellt haben. Dem Vernehmen nach soll es etliche Tage hier liegenbleiben und dann eine Rück-

Das am 2. Januar 1862 eröffnete Kinderspital an der Kleinbasler Rheinpromenade. Um die letzte Jahrhundertwende.

fracht an Kaufmannsgut mitnehmen. Dem Anschein nach ist es mit seinem älteren Namensbruder von gleicher Länge.»

1862

Unter zahlreicher Beteiligung findet die Einweihung des neuen Kinderspitals am rechten Rheinufer oberhalb der Kleinen Stadt statt. Die Gründung eines Kinderspitals hat unsere Stadt Anna Elisabeth Burckhardt-Vischer zu verdanken. Nachdem sie schon 1846 im Haus «zum Kränzlein» an der St. Johanns-Vorstadt 39 ein kleines Spital für kranke Kinder eröffnet hatte, errichtete sie 1852 mit ihren beiden Schwestern, Charlotte His-Vischer und Juliana Birmann-Vischer, die Stiftung «Kinderspital Basel». Die Beanspruchung des von Architekt Daniel Burckhardt erbauten «Musterhauses einer Kinderklinik» erhöht sich von 120 Patienten im Jahr der Eröffnung auf 697 bis zur Jahrhundertwende. An Kostgeld haben minderbemittelte Eltern täglich 50 Rappen abzuführen.

1884

Die neuen Schweizer Zwanzigfrankenstücke kommen auch in Basel in Zirkulation.

1887

Die Heilsarmee nimmt, ohne nennenswert gestört zu werden, auf einer Heubühne in der Johanniterstrasse ihre religiöse Tätigkeit auf.
Bei 5 Grad unter Null steht der Sport des Schlittschuhlaufens in Flor.

1893

Auf seinem Heimweg aus der Stadt erfriert bei grimmiger Kälte ein Kleinhüninger.
Zum Transport der Untersuchungs- und Strafgefangenen werden eigene verschlossene Wagen in Betrieb genommen.

1902

Der Güterbahnhof der ehemaligen Elsässerbahn wird dem Betrieb übergeben, einen Tag nach der Übernahme der Centralbahn durch die Schweizerischen Bundesbahnen.

3. Januar

Johannes der Evangelist

1374

Ein grosses Wasser des Rheins reisst zwei Joche der Rheinbrücke hinweg und macht die Brücke unpassierbar. Es muss daher ein Fährbetrieb eingerichtet werden, der bis Mitte Mai aufrechterhalten wird.

1380

Der Geldwechsler Petermann Agstein vernimmt, dass der Fassbinder Hanemann Röteler, der ihn bestohlen hatte und deshalb hingerichtet worden war, im Sarg wieder zum Leben kam. Wutentbrannt ergreift er sein Schwert und eilt in des Henkers Haus, um die ungenügende Arbeit des Scharfrichters zu rächen. Er trifft diesen beim Mittagsmahl und durchbohrt kurzerhand sein Herz, worauf des getöteten Henkers Leib in den von Röteler verlassenen Sarg gelegt wird. Die aufwühlende Geschichte endet damit, dass der gerettete Schelm die Stadt auf Zeit und Ewigkeit verlassen muss.

1566

Melchior Hornlocher führt der Bürgerschaft einen Schwerttanz vor, was beträchtliches Aufsehen erregt.

1636

Auf der Richtstatt werden zwei Männer und eine Frau geköpft. Bei der Frau handelt es sich um die Bettelfrau Euphrosine aus Rixheim, die des Mordversuchs überführt worden ist. Einer der Männer, der schlesische Soldat Georg Schmid, der in Pratteln einen Bauern ermordet hat, wird «anatomiert, seine Haut weiss gegerbt, in seinem Hirn hat man zwei Beinlin gefunden».

1643

Ratsherr Josef Socin zu Gartnern, der mit grösstem Ruhm während sechs Jahren das Amt des Oberstzunftmeisters versehen hatte, segnet mit 72 Jahren das Zeitliche und wird in Gegenwart «schier der ganzen Burgerschaft» zu St. Peter beigesetzt.

1648

Im Nachgang zu den Neujahrsfestlichkeiten vergnügen sich etliche

Avertissement.
Bey Herrn Hieronymus de la Chenal allhier, in dem Hause zur Sonnen, bey der Rheinbrücke, werden verkauft, sowol en gros, als en détail, in und ausser Bley, von allen Gattungen extrafeine und andere Schnupftaback, bester Qualität; desgleichen verschiedene Sorten feine Canaster, in Rollen, und dito geschnitten, nebst anderm geschnittenem Rauchtaback. Alles in sehr billichen Preisen, und von vorzüglich guter Waare, vor deren Haltbarkeit man garantiret.

Samstags-Zeitung, 3. Januar 1768.

«Wenn die Tage langen, kommt der Winter gegangen»: Es setzt der von Basels Schlittschuhläufern lang ersehnte Frost ein, der binnen weniger Tage die Eisbahnen auf der Rosentalmatte, der Breite, in Oberwil, Bottmingen und Burgfelden «in Funktionsbereitschaft stellt, so dass mit beschwingtem Fuss mehr oder weniger graziöse Bogen beschrieben werden können. Nur die Eisbahn auf der Schützenmatte weist keine spiegelglatte Fläche auf, sondern sieht wie ein Streusselkuchen aus!». 3. Januar 1901.

Nachbarn auf dem Fischmarkt. Beim Heimgehen geraten sie mit der Stadtwache in Streit. Der Balbierer (Coiffeur) Daniel Bürgi gerät dabei mit dem Wächter Jakob Bieler in ein Handgemenge und verletzt ihn tödlich. Er wird deshalb auf ewig der Stadt verwiesen.

1765

Zur Verbreiterung der engen Passage am Blumenrain erwirbt die Obrigkeit zwei Häuser und lässt sie abreissen. «Wegen der Gräde» hätte man gerne auch noch das Haus des Peruquiers Johannes Lämmlin miteinbezogen, doch will es dieser in seiner Unvernunft um den gebotenen Preis nicht hergeben. «Mithin hat man ihm seinen Schandflecken gelassen, und er hat dadurch gezeigt, dass er schon längst ein wüester Gassenlächler war, der nicht nur dasige Nachbarschaft, sondern auch viele Bürger zu Feinden gemacht.»

1774

Es wird die verderbnisvolle Sitte des Tanzens im Gasthaus «zum Neubad» gänzlich und auf alle Zeiten abgestellt, damit nicht Fluch und Schrecken über die segensreiche Mineralquelle komme.

1875

Rund 100 Bewohner und Bewohnerinnen des neu erbauten Bachlettenquartiers besammeln sich bei einem gemütlichen und freundschaftlichen Abendessen, um sich gegenseitig besser kennenzulernen.

1894

Durch den ohnehin bösartigen, in gegenwärtiger Brunstzeit doppelt aufgeregten Wapitihirsch wird ein Wächter im Zoologischen Garten mit Namen Schäfer schwer verletzt. Er muss unverzüglich ins Spital eingeliefert werden, wo der bedauernswerte Mann zwei Tage hernach verstirbt.

4. Januar

Innocentius der Legionär

1433

Aus Böhmen kommend, treffen um die Vesperzeit 300 hussitische Konzilsgesandte in Basel ein. Sie fahren unter lautem Gesang von Hymnen in Schiffen den Rhein herab. Nach ihrer Landung im Kleinbasel werden sie ehrerbietig vom Rat empfangen, über die Rheinbrücke ins Grossbasel geleitet und in den Gasthöfen «zur Blume», «zum Schiff» und «zum Rosengarten» einquartiert. Ihre Dienerschaft mit über 100 Pferden erreicht zur selben Zeit Basel auf dem Landweg. Die Bevölkerung verfolgt in grosser Zahl mit grösster Spannung und Aufmerksamkeit die Ankunft der fremden Gäste.

1442

Der Rat nimmt im Adelshof des Heinrich von Ramstein zu einem monatlichen Zins von 20 Gulden 12 Zimmer in Miete, damit Papst Felix V. während des Konzils von Basel standesgemäss untergebracht werden kann.

1528

Der Rat geht mit aller Strenge gegen die Irrlehren der Täufer und Eidverweigerer vor und stützt sich dabei auf ein von Karl V. in Basel erlassenes kaiserliches Mandat gegen die Wiedertäufer, damit die Untertanen und Staatsangehörigen vor der «irrigen und beschwerlichen Sekte des Widertaufs» bewahrt werden.

1548

Die Breisacher sperren mit einer Eisenkette, die von der Brücke herabhängt, die Durchfahrt der Schiffe, damit niemand ohne ihr Wissen vorbeifahre und ihnen Schaden bringe.

1572

Etliche Bürger nehmen auf dem zugefrorenen Rhein das Abendessen ein, wozu die Obrigkeit den Wein verehrt. Weil ihnen aber die Nase mehr zu schaffen macht als die Mücken, verlegen sie den «Obenzech» bald hinter einen glühenden Ofen!

1582

In Riehen stirbt Pfarrer Johann Heinrich Knäblin. Er hat 1568 das erste Taufbuch von Riehen und Bettingen angelegt.

1670

Die strenge Kälte des Winters beginnt nachzulassen, so dass das Eis plötzlich losbricht. Es treiben schwere Eisschemel gegen die Rheinbrücke und beschädigen zwei Brückenpfeiler. Auch wird die «Henki», an welcher die Holzflosse am Ufer festgebunden werden, fortgerissen. Als auch noch gegen 200 Klafter Buchenholz, denen von Breitenbach gehörig, den Rhein hinabgeschwemmt werden, müssen zur Beschwerung Quadersteine auf die Brücke geführt werden. Die Eisblöcke schlagen mit solchem Prall und Knall an die Joche, dass es donnert, als ob Geschütze losgebrannt würden.

1729

Es erscheint die erste Nummer des «Avis-Blättleins», mit Inseraten und «unterschiedlich wenigen Merckwürdigkeiten».

1743

An der Webergasse im Kleinbasel brennt die Kammradmühle samt dem Nachbarhaus des Chirurgen Flick vollständig nieder. Während für Flick «eine gantze christmilte Ehrenburgerschaft eine solche Summe sammlet, dass er eine weit anmuthigere Wohnung aufbauen kann als er vorher gehabt», vermag der Kammradmüller Meyer seine Mühle trotz eines obrigkeitlichen Beitrags von 600 Pfund nicht wieder zu errichten. Und so sieht er sich genötigt, die Ruine zu verkaufen, was aber mit Schwierigkeiten verbunden ist, weil «zu dieser Zeit bei 100 Häusern feil sind».

Beim Eislaufen auf dem zugefrorenen Rhein am 4. Januar 1572. Im Vordergrund eine alte Frau, die sich an einem Kohlenbecken die Hände wärmt. Getönte Federzeichnung von Hans Bock d. Ä.

1768

Lucas Faesch, Meister zu Rebleuten, wird wegen «seiner vielen nutzlichen Müehwaltungen» für das Gemeinwesen, die er während langer Zeit selbstlos erbracht hat, durch den Dreizehnerrat belohnt: Er wird lebenslänglich zum Schlossherrn auf Ramstein eingesetzt und mit 100 neuen Talern versehen, damit die notwendigen Umbauarbeiten sogleich an die Hand genommen werden können.

1831

In Liestal strömen rund 3000 Landschäftler, zum Teil bewaffnet, mit eidgenössischen Fahnen und rotweissen Kokarden (den Liestaler Farben) zusammen, schreien den Basler Rat nieder und beschliessen eine Beschwerdeschrift an den Grossen Rat, mit welcher sie unter Einräumung von 24 Stunden Bedenkzeit verlangen: Anerkennung der Souveränität des Gesamtvolks und der Gleichheit aller politischen Rechte sowie die Wahl eines Verfassungsrates nach der Kopfzahl und die Garantie von fünf Siebteln aller Grossratsmandate für die Landschaft. Zur selben Zeit findet in Basel eine grosse Kundgebung in der Martinskirche statt. Pfarrer Kraus, bekannter patriotisch gesinnter Schweizer, begeistert die aufgeregten Bürger mit packenden Worten für die gerechte Sache der Regierung. Auf den Wällen werden Geschütze in Stellung gebracht und in den Vorstädten Barrikaden errichtet.

> Dienstag den 4. Jan. Mit Tagesanbruch wird Allarm geschlagen, und Alles begibt sich zu den angewiesenen Waffenplätzen. Bald zeigt sich zwar daß einige bei der Stadt vorbeifahrende Wagen mit bewaffneten Landleuten aus den nächsten Dörfern, die unter wildem Geschrei nach Liestal zogen, die Ordre veranlaßten; die Bürgerschaft wird aber immer unruhiger. Gegen 10 Uhr begeben sich viele nach dem Rathhause, und sprechen das Verlangen aus, es möchte der Stadtrath sich auf den Nachmittag versammeln und von sich aus die kräftigsten Vertheidigungsmaßregeln anordnen; die Bürgerschaft sey entschlossen jede Zumuthung irgend einer neuen Conzession standhaft zurückzuweisen. Auch der Rath zeigt den festen Willen unerschütterlich das bereits beschlossene zu handhaben; sollte der Entschluß auch zur Gegenwehr nöthigen oder eine förmliche Trennung zur Folge haben. Während der sonst durchaus ruhigen und ernsten Behandlung des Entwurfs kommen einige heftige Ausfälle gegen und von dem Großrath Gutzwiler vor, der sich immer mehr als ein Haupttriebrad der aufrührerischen Bewegungen dargibt, und bald auch den Rath verläßt um nach Liestal zu gehen.

Baslerische Mittheilungen, 4. Januar 1831.

1844

Die «National-Zeitung», das Oppositionsorgan im Kampf gegen das Bürgertum, verkündet ihren Lesern: «Basel ist die Wunderstadt, drinnen die Reichen leichter in den Himmel kommen, als Kamele durchs Nadelöhr!»

1881

Das Pathologische Institut verlegt seinen Sitz im untern Kollegium am Rheinsprung in das neue Anstaltsgebäude im Spitalgarten an der Hebelstrasse. Mit dem Zügeln der 3000 in Weingeist eingelegten Präparate sind während 14 Tagen vier Mann beschäftigt.

1887

300 Unruhestifter und aufrührerische Ruhestörer ziehen vor das Versammlungslokal der Heilsarmee an der Ryffstrasse und vollführen einen derartigen Tumult, dass die Polizei eingreifen muss.

1901

Im Stall des Restaurants «zum Bläsitor» wird gegen ein Eintrittsgeld von 25 Rappen «Samson» gezeigt. Es handelt sich dabei um einen Riesenochsen, der ein Gewicht von über 30 Zentner erreicht hat und einen Brustumfang von 2,70 Meter sowie eine Höhe von fast zwei Meter aufweist. Die Länge des Ungetüms beträgt gut drei Meter. Für Landwirte und Metzger ist der Besuch sehr zu empfehlen, denn ein ähnlicher Ochse wird wohl selten zu finden sein.

5. Januar

Simeon der Säulenheilige

1451

Im Schürhof stirbt der seit 1437 regierende Bischof Friedrich zu Rhein. Er stand im Ruf, mehr Politiker als Geistlicher gewesen zu sein. «Er hat nie Messen gelesen noch bischöfliche Verrichtungen versehen, worüber er grosses Bedauern in den letzten Zügen bezeugte.» Zu seinem Begräbnis finden sich auf dem Münsterplatz unter Anführung des Weihbischofs der alte und der neue Rat samt Abordnungen der Zünfte und der Kirchen und Klöster ein, welche den verblichenen Kirchenfürsten in feierlicher Prozession vom Bischofshof ins Münster geleiten.

1477

Das 19 000 Mann starke Heer der Eidgenossen und der Lothringer besiegt bei Nancy das aus 15 000 Mann bestehende burgundische Heer Karls des Kühnen. Die Schweizer erobern im Sturm die 30 Kanonen des Feindes, werfen die Engländer über den Haufen und stürzen nach grausiger Schlächterei das Fussvolk in den nahen Fluss. Unter den Kriegsknechten, welche das blutige Gemetzel mitvollziehen, befinden sich auch Basler Reisige. Für ihre Tapferkeit werden Hermann Waldener, Bernhard Schilling und Veltin von Neuenstein auf dem Schlachtfeld zu Rittern geschlagen. Als zwei Tage später in Basel die Siegesbotschaft eintrifft, verordnen Rat und Geistlichkeit die Abhaltung von Jubelmessen in allen Kirchen und Klöstern der Stadt. Vor dem Hochaltar im Münster feiert der angesehene Kaplan Johannes Knebel die triumphale Tat, «fröhlicher gesinnt als je in seinem Leben». Zur Deckung der grossen Kriegskosten wird eine Kriegssteuer erhoben: die Schillingsteuer und der Böse Pfennig.

1525

Gesandte der sechs katholischen Orte der Eidgenossenschaft treffen in Basel ein und fordern den Rat auf, beim alten Glauben zu bleiben und sich nicht an die lutherische und zwinglische Lehre, die ketzerisch sei, zu kehren und mitzuhelfen, die bösen Missbräuche und die «Gytikeit der Pfaffen» abzustellen.

1596

Beim Einsturz eines neuen Gewölbekellers in der St. Albanvorstadt wird Rudolf Wachter zu Tod geschlagen. Heinrich Justus, Pfarrer zu St. Peter, dagegen wird «wunderlich erhalten».

1665

Es wird, wie in den übrigen evangelischen Orten der Eidgenossenschaft, ein Fast-, Buss- und Bettag gehalten, weil «der erschreckliche Comet, der am Himmel unseres Horizonts während 30 Nächten gesehen worden ist, mit seinem lang ausbreitenden Schweif» keinen Schaden angerichtet hat.

Mitteilungen aus dem Publikum.

Glöckliwagen. Wer seine Hand noch nicht aufgethan hat, gedenke des Personals der Glöckliwagen, welche das ganze Jahr den Unrat unserer Küchen u. s. w. wegnehmen; auch sie verdienen dadurch unsere Erkenntlichkeit! „Besser spät als nie!" gilt auch hier. Die Männer sind das wert, dass auch sie nicht stiefmütterlich behandelt werden. — Es ist immer noch Zeit, wenn auch der Neujahrstag schon vorüber ist; sie nehmen ein kleines Trinkgeld gewiss in den nächsten Tagen noch. (4)

National-Zeitung, 5. Januar 1898.

1735

Es stirbt der Ratsknecht Hans Georg Dietz. «Weil sich dieser als ansehnlicher und wohlberedter Mann sehr propre in der Kleidung gleich einem Ratsherrn aufführte und immer einen Faltrock, einen Hut und eine Krös (weissen Kragen) wie ein Ratsherr trug, hat der Grosse Rat erkannt, dass der neue Ratsknecht in amtlichen Verpflichtungen einen schwarzweissen Mantel zu tragen habe. Dadurch soll der Herr vor einem Knecht erkannt werden.»

1755

Unglücklicher Umstände wegen verbieten Meister und Vorgesetzte zum Rebhaus und zur Haeren das bevorstehende Umlaufen des Leus und des Wilden Mannes. Die Gesellschaftsbrüder aber sind mit einem solchen Verbot nicht einverstanden und «reklamieren mit grösstem Ungestüm die Wiederherstellung dieser so wichtigen Freyheit, widrigenfalls sie künftig den Gesellschaften kein Heitzgeld entrichten noch Gehorsam leisten wollen». Nach kurzem Geplänkel wird das Verbot denn auch wieder aufgehoben.

1760

Der seit Jahren bei den Schiffmeistern unbeliebte Meister Johannes Herbor wird in seinem 70. Lebensjahr durch die Obrigkeit zu einem Vice-Wachtmeister ernannt.

Der am 5. Januar 1850 verstorbene Leonhard Hess, Direktor der Strafanstalt, mit seiner Frau Marianne und seinen Töchterchen Anna Octavia und Elisabeth Adelheid vor seinem Landhäuschen zu Gundeldingen. Aquarell von Simon Laudier.

1798

Der Grosse Rat beschliesst, inskünftig die Ratsversammlungen bei offener Tür abzuhalten, damit die Bürgerschaft weiss, was beschlossen worden ist. So erhalten die Beratungen eine eindrucksvolle Publizität. Ebenso wird beschlossen, die Abgabe von Fasnachtshühnern an Obrigkeit und Beamte aufzuheben, die Treibjagden abzuschaffen und Gelterkinden von der Schlosswache auf Farnsburg zu befreien.

1884

Durch die Abtragung der Bastion an der Wallstrasse und die Errichtung der Promenade am Theodorsgraben erhalten viele brotlose Arbeiter für einige Zeit Verdienst. Die öffentliche Hand ordnet in der Folge zur Bekämpfung der Arbeitslosigkeit weitere bauliche Verbesserungen des Stadtbildes an.

6. Januar

Dreikönigstag

1434

Die zur Konzilszeit in der Stadt weilenden Spanier veranstalten auf dem Münsterplatz ein ritterliches Turnier. Anschliessend findet ein festliches Bankett statt, zu welchem auch die Damen des Adels geladen sind, von denen einige kostbare Halsarmbänder, Perlenschnüre und Seidentücher tragen. Nach dem allgemeinen Tanz treten 12 Maskierte auf und dann weitere 24 Personen, die wie Wilde gekleidet sind, mit langen, bis zu Boden herabfallenden Haaren, halb rot, halb grün, mit Schilden an den Armen, und mit Keulen aus Leinwand, gefüllt mit Werg. Diese entfachen einen lebhaften Kampf, indem sie mit ihren Keulen einander auf die Köpfe und um die Schultern schlagen, und mehr als einer fällt wie tot dahin. Schliesslich verabschieden sich die Ungetümen, und der allgemeine Tanz wird bis in den Morgen fortgesetzt.

1449

Ritter Hans von Rechberg zieht mit 80 Reisigen sengend und mordend in der Gegend von Gundeldingen auf. Die Basler lassen sich dies nicht gefallen und stellen der Räuberbande nach. In Häsingen bei der Mühle kommt es zu einer handgreiflichen Auseinandersetzung, durch welche etliche Söldner Rechbergs den Tod finden.

1514

Der Rhein ist von der Pfalz bis zum Klingental völlig zugefroren. Die Bevölkerung tanzt und trommelt auf der riesigen Eisfläche. Als sich

> Wir haben eines unsrer Jahren
> Jetz wiedrum hingelegt;
> Und drinn viel Guts von GOtt erfahren/
> Das unser Hertz bewegt.
> Nun fangen wir ein Neues an/
> Unwissend wer es endet.
> Es wünschet Glück wer wünschen kan;
> GOTT gibts der's Böse wendet.
> Drum wünscht der Schreiber diser Zeilen/
> Auch was das Hertz vergnügt;
> Der selbst woll mit dem Jawort eylen/
> So alles Gute fügt.
> Verdiente Häupter unsrer Stadt!
> GOtt laß Euch lang regieren/
> Und mit Euch den Wohlweisen Raht
> Den Scepter glücklich führen;
> Er laß auch allzeit ob Euch walten
> Der Weißheit Edlen Geist/
> Und Raht müß euch beym Thron erhalten
> An dem man Stärcke preist.
> Die Wohlfahrt müsse durch das Band
> Des süssen Friedes blühen/
> Wenn eure Sorg von Stadt und Land/
> All Unglück heißt wegziehen.

Frag- und Anzeigungs-Blätlein,
6. Januar 1733.

aber ein Kleinbasler Müller mit seinem Pferd auf das Eis wagt, bricht die Decke unterhalb der Rheinbrücke ein. Mit vereinten Kräften können Reiter und Ross indessen glücklich aus dem bitterkalten Wasser gezogen werden. Die Eisstarre währt ganze acht Tage.

1529

Die in der Glaubensfrage zerstrittene Basler Bevölkerung versammelt sich in den Kirchen der beiden sogenannten Bettelorden: Zu Barfüssern kommen die Evangelischen zusammen, oft mehrere Tausend, in der Predigerkirche die altgläubigen Katholiken. Oekolampad ermahnt die Bürger im Gebet, die Vermittlung des Rats anzunehmen. So stimmen die Parteien einem Vorschlag zu, der die Übermacht der Neugläubigen deutlich werden lässt: Die Prediger sollen nur das pure Evangelium verkündigen, und es dürfen bis weiteres nur noch drei Messen täglich in Basel gelesen werden.

1566

Im Kleinbasler Gesellschaftshaus «zur Haeren» wird ein Schmiedgeselle erstochen. Auch fängt man an, im Rhein eine Wasserstube für ein steinernes Brückenjoch zu bauen.

1719

Im Grossen Rat entwickelt sich eine heftige Diskussion, so dass «über 20 Personen aufgestanden und nach Hause gegangen sind. Die übrigen aber, sonderlich die Klein Basler, bleiben sitzen und erkennen, dass die andern aus dem Rat auszuschliessen sind».

1728

Kupferschmid Balthasar Wasmer von Aarau führt den Behörden im Zeughaus die anbegehrte Feuerspritze vor und demonstriert deren Vorzüge. Diese ist von derart «guttem Effect und commodem Gebrauch, dass man damit wohl zufrieden ist und dahero solche erkauffet».

1730

Viele Leute, alte und junge, müssen sich mit Frost und Hitze ins Bett legen, weil sie von Husten, Halsschmerzen und Mattigkeit in den Gliedern heimgesucht werden. Die Ärzte schreiben diese Krankheit einem Schwefeldunst in der Luft zu.

1798

In Liestal wird ein Tännlein mit einem Freiheitskäpplein aufgepflanzt. Schultheiss Brodbeck lässt das Bäumlein aber sofort entfernen, und das Gericht setzt drei neue Louisdors auf die Entdeckung des Täters. Der Kleine Rat lässt den Liestalern darob das «einstweilige Wohlgefallen über ihr Betragen» bezeugen.

1828

Meister und Vorgesetzte der Drei Ehrengesellschaften Kleinbasels bringen der Obrigkeit ihr überaus empfindliches Schamgefühl zum Ausdruck, indem sie sich über gewisse Bekleidungsstücke, die am Riehenteich von Wäscherinnen zum Trocknen aufgehängt worden sind, beklagen: «Das Auge der Vorübergehenden wird durch die skandalöse Mannigfaltigkeit der waschenden und trocknenden Gegenstände beleidigt und selbst das Zartgefühl und die Sittlichkeit besonders der Kinder etwas stark in Anspruch genommen.»

Am 6. Januar 1908 wird im Saal der neuen Börse am Fischmarkt die erste Sitzung abgehalten. Im Erdgeschoss des Börsengebäudes befinden sich die Verkaufsläden des Allgemeinen Consumvereins. Der Flügelanbau über der Spiegelgasse wird 1940 abgebrochen. Um 1910.

1831

Der Grosse Rat verweigert der Landschaft jede Konzession der Rechtsgleichheit. Infolgedessen erklärt sich Baselland selbstherrlich und vereidigt eine aus 15 Mitgliedern bestehende Regierung.

1848

Um den Sollbestand der Stadtgarnison von 200 Mann zu erreichen, werden 30 junge Schwaben angeworben. Weil diese in der Folge bevorzugt werden, gärt es in der Kaserne. Als dann Kommandant von Mechel zwei Schweizer Soldaten mit 15 bis 22 Farrenschwanzstreichen züchtigt, kommt es unter den Rufen «Eweg mit de kaibe Schwobe» zu einer Meuterei.

1853

Das Kriminalgericht des Kantons Baselland hat im verflossenen Jahr 56 Personen beurteilt und die Verurteilten zu 83 Jahren Kettenstrafe, 41 Jahren Zuchthaus und 172 Jahren Einsperrung verknurrt.

1878

Der Gemeinderat von Bettingen legt sein erstes Budget vor, das bei Fr. 2231.– Einnahmen Fr. 2220.– Ausgaben vorsieht.

1901

«Einen Begriff von der Ausdehnung, welche das Automobil- und Fahrradwesen gewonnen hat, gibt folgende Statistik: Basel hat 9189 Velos und 39 Automobiles, Bern 4152 Velos und 9 Automobiles, Neuenburg 1207 Velos und 2 Automobiles und Zürich 5510 Velos und ? Automobiles.»

7. Januar

Julianus der Märtyrer

Am 7. Januar 1906 nimmt die Birsfelder Fähre probeweise den Fährbetrieb zwischen dem Fährhof auf Landschäftler Boden und der Bierburg an der Grenzacherstrasse im Kleinbasel auf.

1568

Die Allschwiler Bauern wollen die im Dorf niedergelassenen Juden ausschaffen. «Ihr Landesfürst, Bischof Melchior von Lichtenfels, aber bedünkt dies spöttisch und verächtlich, so dass die Verdrängung der Juden auf gewalttätigem Wege nicht stattfindet. So machen es die Allschwiler auf andere Weise möglich, dass sich keine weiteren Israeliten in der Dorfgemeinschaft mehr einhausen können.»

1636

Die aus Mülhausen ankommende junge Lindenmeyerin berichtet, sie habe auf dem Weg nach Basel nicht weniger als elf Menschen gesehen, die an Hunger und Kälte gestorben sind.

1643

Der Rat befiehlt den Torwächtern, auf diejenigen ein besonderes Augenmerk zu haben und zu verzeigen, welche an Sonntagen aus irgendwelchen Gründen die Stadt verlassen und derweil liederlich den Kirchgang versäumen.

1682

Der Rat erklärt in aller Form das alleinige Eigentum am oberländischen und niederländischen Postwesen und überträgt die Verwaltung dem Direktorium der Kaufmannschaft.

1705

Dem Schneider Lienert wird am Spittelsprung, als er sich auf den Heimweg machen will, von einem Unbekannten die halbe Nase abgeschnitten.

1736

Hans Rudolf Burckhardt verkauft das Wenkengut in Riehen um 1300 Gulden an Johann Heinrich Zaeslin.

1762

«Des nachts hat sich ein verfluchter Bösewicht unterstanden, im Gerber Gässli bey Gerber Thurneysen mit Zundel, Papier und Schwebelhöltzli Feuer einzulegen. Weilen aber solches stark gerochen und geraucht, ist es wieder gelöscht worden und durch die göttliche Profidens (Vorsehung) zu keinem Effect gekommen.»

1831

Die von den Abgeordneten von 70 Gemeinden von Baselland gewählte provisorische Regierung lässt zum Schutz der Grenzen sofort alle waffenfähige Mannschaft (3000 Mann Auszug und Landwehr) einberufen und unterstellt sie dem Oberbefehl von Oberstleutnant Johann Jakob von Blarer.

Geschäftsannonce, 7. Januar 1874.

1877

Im Café Reinle in der Steinenvorstadt gründen neun Bürger, Studenten und Offiziere den Basler Fechtclub. Erster Präsident wird Gustav Wagner, der sogleich einen Fasnachtszug aufstellen lässt.

8. Januar

Erhard der Bischof

1523

Die 1518 zwischen Freiherrn Christoph von Ramstein und Basel getroffene Vereinbarung betreffend den Verkauf von Schloss Ramstein samt den Dörfern Lauwil und Bretzwil zum Preis von 3000 Gulden wird rechtskräftig.

1563

Am Spätnachmittag trifft mit grossem Gefolge Kaiser Ferdinand I. bei der Wiesenbrücke zu einem Staatsbesuch ein, erwartet von den Stadthäuptern, den Ratsherren und der berittenen jungen Bürgerschaft. Der hohe Gast wird, angeführt von 80 Reitern und Musikanten, durch ein dichtes Spalier der im Harnisch aufwartenden Bevölkerung zum Utenheimerhof an der Rittergasse geleitet. Im Schlüssel gibt die Obrigkeit zu Ehren des Kaisers für 100 Personen ein feudales Bankett. Es werden aufgetragen: «1. Zu einem Voressen: broten Riemlin von Salmen und ein Zimmetbrüelin darüber. 2. Zum andern ein Mandelmilch und in jeder Platten 2 alt Hennen. 3. Ein Essen heissgesottner Fischen. 4. Gebraten junge Hüner, Duben und was man bekommen mag. 5. Kalt gesottne Salmen. 6. Käs und Obst.»

1602

Der französische Gesandte, Herzog von Biron, macht Basel seine Aufwartung. Er wird von Deputat Andreas Ryff, der ihm an der Spitze von 50 Reitern und 400 Mann zu Fuss entgegentritt, ehrenvoll begrüsst. Während seiner viertägigen Anwesenheit gastieren die Räte in ihrer Amtstracht den hohen Diplomaten in der Kartause. «Dabei nehmen sich einige französische Cavliers höchst muthwillig heraus, den ernstwürdigen Herren des Raths ihre weissen Halskrausen und schweren schwarzen Faltenröcke abzunehmen und in diesem Aufzug in der Stadt herumzureiten. Man sah sie darum gerne wieder abziehen...»

1720

Wernhard Russinger verkauft das sogenannte Bettinger Landgut, bestehend aus Behausung, Scheune, Stallung, Trotte, Brunnen, Waschhaus, Krautgarten, Acker, Hanffeld, Matte und Wald und jährlichen Zehntenzinsen von 44 Sack Korn, 4 Sack Haber, 25 Hühnern, 150 Eiern und 18 Pfund Geld, für 12 000 Pfund dem Handelsmann Johann Georg Deucher.

1758

«Ist der alte und treueifrige Schuldiener Johann Jacob Dömmeli im 73. Jahr durch eine Gattung Schlag gerühret und gestorben. Er war über die 46 Jahr ein getreuer Schulmeister im Waysenhaus und hat auch viele Burgerskind bis an sein End ehrlich und getreulich im Lesen, Schreiben, Singen, Rechnen, und auch in der Zucht und Gottesfurcht wohl unterwiesen.»

1764

In seinem 70. Jahr stirbt Kupferschmied Alexander Steiger. «Ist ein fröhlicher, arbeitsamer Mann und fleissiger Kirchengänger und guter Lateiner gewesen. In seiner Jugend hat er ein so scharf Gedächtnus gehabt, dass er, wann er in eine Predigt gegangen, selbige nachmittags seinen Nachberen beynachem völlig auswendig gepredigt.»

1798

Nachdem sich in Arisdorf das Gerücht verbreitet hatte, im Schloss Farnsburg würden alte Schriften verwahrt, welche die alten Rechte des Dorfes verbürgten, versuchen etliche Einwohner, sich dieser zu bemächtigen. Obervogt Hans Franz Hagenbach gewährt den aufgebrachten Landleuten Einlass und muss machtlos zusehen, wie die Bauern, nachdem sie in der Schlossstube Tabak geraucht hatten, zwei Urkundenbände mitnehmen.

Der zu einer kleinen Wohnung umgebaute Letziturm im St. Albantal wird am 8. Januar 1844 von einem schweren Unglück heimgesucht. Um 1900.

1844

Im Letziturm im St. Albantal ereignet sich ein schweres Unglück: Starke Kohlendämpfe bringen den Bewohner des Turms, den Papierer Jakob Frehnder, dem Erstickungstod nahe. Auf seine Hilferufe eilen zehn Personen herbei, welche alle in das

Basler Arbeiterfreund, 8. Januar 1887.

kleine Gemach drängen. Unter ihrem Gewicht bricht plötzlich der Fussboden ein und die Retter stürzen in den darunter liegenden Sodbrunnen. Franz Wahl und Margret Häfelfinger können nur noch tot geborgen werden.

1898

Der bestbekannten Velomechaniker J. Flammer-Rittel an der Feldbergstrasse montiert einen Firmenschild an seine Hausfassade, der aus einem kleinen Hochrad samt Bicyclist besteht und in 15 Stunden 16 000 Drehungen vollbringt.

1901

Der Kaufmann Johannes Beck-Gamper vermacht durch letztwillige Verfügung dem Zoologischen Garten eine Stiftung von Fr. 750 000.– mit der Bestimmung: «Jährlich an einem schönen Abend, Johannistag, wenn's passt (also am 24. Juni), soll der Zoologische Garten jeder anständig gekleideten Person unentgeltlich offen stehen. Nachts soll derselbe bengalisch beleuchtet werden, und verschiedene Vereine sollen zur Unterhaltung des Publikums beitragen.»

9. Januar

Marciana die Märtyrerin

1441

Der Rat erlässt ein neues Bürgergesetz, welches die bisherige Einkaufstaxe von zehn auf vier Gulden

Die Errichtung der Marktgasse bedingt am 9. Januar 1888 die Wegschaffung des Kornmarktbrunnens. Doch ein neuer Standort für Henman Sevogel ist vorläufig weder im Rathaus noch anderswo zu finden. Erst der Bau des Staatsarchivs auf dem Areal des Rathausgartens an der Martinsgasse stellt anno 1899 dem wasserspendenden Krieger mit Schild und Lanze als Wächter kostbarer historischer Schätze wieder eine adäquate Aufgabe.

ermässigt und zugleich die Aufnahmegebühren der Zünfte beträchtlich vermindert. Infolgedessen erwerben in diesem Jahr 127 Niedergelassene das Bürgerrecht.

1531

Ein aus Frankreich stammender Dieb wird gehängt, nach drei Stunden losgebunden, ins Kollegium der Universität gebracht und durch Dr. Oswald Bär seziert.

1548

Ein merkwürdiger Fall hat sich zugetragen: Es starb der Wächter des Spalentors; der hatte in ein Kleid seiner Frau auf beiden Seiten je fünf Goldkronen eingenäht. Dieses Kleid hatte die Frau einem Trödler zum Verkauf gebracht. Aber da sie es für zwei Pfund, wie sie es wünschte, nicht verkaufen konnte, und er, wenn er es kaufen würde, nur 36 Schilling geben wollte, nahm sie das Kleid zurück und fand nach dem Tod des Mannes das verborgene Gold.

1563

Die Häupter der Stadt beschenken Kaiser Ferdinand mit einem goldenen Trinkgeschirr samt tausend Goldflorin, 40 Saum Wein, 100 Sack Haber, zwei Stück Hochwild und etlichen hundert Aalen, Hechten und Karpfen, welches er «mit gnädigstem Bedenken annimmt». Mit grossem Zeremoniell wird der hohe Gast schliesslich an der Landesgrenze bei Augst verabschiedet.

> Von der leydigen Feuers-Brunst, welche in der Nacht zwischen vergangenem Donnerstag und Freytag in Klein Basel in der Kamnirad-Mühl entstanden und selbige samt einem grossen theil der daran gestossenen Behausung verzehret, auch den Tag darauf bey 6. Persohnen, durch eine daselbst eingestürzte Mauer, theils tödtlich theils gefährlich verwundet und zerquetschet worden, ist nicht nötig vieles zu melden, indehme es Stadt und Land kundig. Man hat dem lieben GOtt zu dancken, daß die wütenden Flammen nicht weiter um sich gegriffen, und daß das Feuer durch die tapffere Gegenwehr und gute Anstalten, noch so glücklich hat können gedämpffet werden; sonsten der Schade in denen nächstgelegenen Magasinen von Früchten, Saltz und anderen Waaren, fast unersetzlich hätte seyn können. Indessen ist besonderer Attention werth, daß so wohl das 1742. als das 1743ste Jahr fast um gleiche Zeit mit einer Feuers-Brunst: ersteres in der grossen und dieses in der kleinen Stadt einen traurigen Eingang gezeiget, der Höchste wolle ferner dergleichen und andere Noth von unserer Stadt und Land in Gnaden abwenden.

Mittwochs-Blättlein, 9. Januar 1743.

1660

Hans Ulrich Thurneysen findet bei seiner verspäteten Rückkehr von der Landschaft alle Stadttore verschlossen vor. Andertags müssen die Torwächter seinen Erfrierungstod feststellen.

1709

Der Rhein ist bis über das Käppelijoch zugefroren. So ist es auch geworden, «was man gefürchtet: Weil das Laub im Spotjahr gar nicht ab den Bäumen fallen wollte, werde es ein sehr kalter Winter geben».

1759

Der Geldwechsler Dreyfuss von Hagenthal macht sich schuldenhalber aus dem Staub. Sämtliche Juden der Nachbarschaft garantieren den hiesigen Kreditoren vollen Schadenersatz.

1760

Weil ein Gesetz das Tanzen in der Stadt verbietet, ausser wenn es schneit und eine Schlittenfahrt möglich ist, nutzen die jungen Leute die Gunst der Stunde. Die Art des Schlittenfahrens ist die übliche: Man spannt ein Pferd vor den Schlitten, und ein Bursche reitet auf einem andern voraus. Die Schlitten sind fest gebaut, hübsch, aber klein, so dass nur ein Herr und eine Dame Platz nehmen können.

1764

«Als Meister Werdenberg, der Hafner an der Steinen, Hochzeit machen will, kommt ein von Bern überschicktes Schreiben, dass er Einer alldorten die Ehe versprochen und sie heurathen wollete. Mithin muss er sich zuvor mit Dieser abfinden. Aus ehegerichtlichem Befehl wird ihm die Copulation verbotten. So gehen die Hochzeitleuth ohne Verrichtung nacher Haus.»

1798

Patrioten der Stadt veröffentlichen einen «Aufruf an alle biederen rechtschaffenen Bürger des Cantons Basel» unter dem Motto: «Freiheit ist das Leben der Welt, Zwang ist der Tod.» Darin wird u.a. ausgeführt, die Menschheit beginne, aus dem entehrenden Schlummer der Sklaverei zu erwachen, denn ein brausender Sturm aus Westen vertreibe das schwarze verderbensschwangere Gewölke des Despotismus.

1888

Mit dem Abbruch des Kornmarktbrunnens im sogenannten Wurstwinkel, welcher der Errichtung der Marktgasse im Wege steht, verschwindet auch das ehrwürdige Zunfthaus der Metzger an der Sporengasse. In seinem über dem Birsig liegenden Nebengebäude, der «grossen School», befand sich eine der drei städtischen Metzgereien, in denen jeglicher Handel mit Fleisch stattzufinden hatte.

10. Januar

Paul der Einsiedler

1356

Kaiser Karl IV. erteilt dem Fürstbischof von Basel das Bergbauregal und besiegelt das Recht mit einer Goldbulle.

1466

Ritter Hans Bernhard von Eptingen übergibt das alte Bruderhaus zu Schauenburg dem Benediktiner-

> Ehr/ hohe Aemter / zeitlich Gut
> Vom Tod niemand erretten thut:
> Weisheit/ Verstand vnd Hertzen Gunst
> Ist alles eitel vnd vmsunst.
> Dem Vatterland vnd Regiment
> Wohl dienen / nimt z'letst auch ein end.
> Dis lehrt durch das Exempel mein
> Der ich ruh vnder diesem Stein/
> Daß diese vnd noch andre mehr
> Haab vnd Gutthat gab mir der HErr/
> Die ich doch all hab müssen lassen
> Vnd gehen alles Fleisches strassen;
> Der gröste Trost ist aber diß
> Der Seeligkeit recht seyn gewiß;
> Wie ichs dann glaubt vnd drauf verhart
> Vnd jetz der Aufferständnuß wart/
> Die woll mir GOtt mit freuden geben
> Vnd führen in das ewig Leben;
> Damit ich Jhn mit Seel vnd Leib.
> Ewiglich lob vnd bey Jhm bleib.

Grabinschrift, 10. Januar 1626.

mönch Martin aus dem Kloster Melk, damit er hier nach der Regel Benedikts Gott diene und auch andere Brüder zu sich nehme.

1515

Durch bittere Kälte sind alle Gewässer derart zugefroren, dass die Mühlen stillstehen. Aus Mangel an Mehl wird der Weizen gekocht und anstelle von Brot als Brei gegessen. Der Rhein ist ganz überfroren, so dass man ihn begehen kann. Nun wird die alte Sage wahr, wer dreimal um das Käppelijoch gehe, werde von Zahnschmerzen befreit.

1516

Kaiser Maximilian verleiht der Stadt das Recht auf die Prägung von Goldmünzen.

1570

Zu Reigoldswil bringt sich eine Frau in völliger Verzweiflung ums Leben. Der Rat befiehlt dem Landvogt auf Waldenburg, den Leib der Selbstmörderin wie bräuchig in ein Fass einzuschlagen, durch unser Land dem Rhein zuzuführen und dem Wasser zu übergeben.

1625

14 Tage nach dem Tod von Hans Lux Iselin erscheint dieser der Anna

Das für die Erziehung von Missionarskindern bestimmte Missionsknabenhaus am Nonnenweg 32 rüstet sich am 10. Januar 1855 für die Aufnahme eines namhaften Zuwachses. Um 1870.

Lotz viermal als Gespenst in weissem Kleid in ihrer Kammer. Als die Geängstigte Pfarrer Wolleb um Rat fragt, wird ihr aufgetragen, dem verstorbenen Iselin zu verzeihen und bei Gott für ihn zu beten. Hierauf stellen sich keine weiteren Erscheinungen mehr ein.

1643

Vor dem St. Johanntor wird ein grosser Adler geschossen.

1689

Als der französische Gesandte am Hof zu München, Mr. de Villars, am St. Albantor Einlass begehrt und sich dieses nicht sogleich öffnet, kommt es mit der Wache zu einem Handgemenge. «Weil es bös Wetter und sehr finster ist, stürzt Mr. de Villars in den Stadtgraben, wird jedoch bald wieder an einem Seil hinaufgezogen und bei geöffnetem Thor in den Gasthof zum Wilden Mann getragen».

1720

Der berühmte Gasthof zum Wilden Mann an der Freien Strasse wird von einer Feuersbrunst heimgesucht. Weil das Hinterhaus unweit der Hauses «zur Mücke» liegt, in welcher die öffentliche Bibliothek untergebracht ist, eilen die Professoren zum gefährdeten Haus und tragen die wertvollen Bestände in den nahen Rollerhof.

1756

Infolge zahlreicher Erdbeben und der auch sonst betrübten und leidigen Zeiten erkennt die Obrigkeit, dass die Umzüge der Drei Ehrengesellschaften Kleinbasels wie auch «die anderen vermasquirten Fasnachtsspiele», dieses Jahr zu unterbleiben hätten.

1798

Der Rat entsendet Hans Bernhard Sarasin und Martin Wenk nach Arisdorf, um die auf Farnsburg entwendeten Archivalen zurückzufordern. Die Arisdorfer erfüllen das Begehren und beteuern, der Zug auf Farnsburg sei gewiss mehr Übereilung und Unverstand gewesen, als Frevel und böser Wille.

1849

Im Hirschen in Lörrach wird Oberst Geigy, Basler Fabrikant in Steinen, von zwei badischen Dragoneroffizieren auf pöbelhafteste Weise beleidigt.

1855

Die Basler Mission bringt in Indien 25 Missionskinder an Bord eines Segelschiffes. Nach glücklicher Reise treffen die jungen Missionarskinder am 24. April wohlbehalten in Basel ein: «Es ist ein rührender Anblick, die 25 Kinder aus dem Bahnhof heraustreten zu sehen. Da geht es nicht ohne Tränen ab. Die lieben Kleinen sind im Missionshaus bald einheimisch, und die blassen Gesichter, die zum grössten Teil noch die Farbe des tropischen Klimas tragen, fangen in der stärkenden Luft der europäischen Heimat zu blühen an.»

1870

In der neu erbauten Schlachtanstalt an der Elsässerstrasse wird der Betrieb aufgenommen.

1884

In seinem 87. Lebensjahr stirbt Philipp Hindermann, der gemütvolle und beschwingte Dichter in Basler Mundart.

1901

Eine Polizeipatrouille beobachtet beim Schilthof an der Freien Strasse ein Wildschwein, das von einem grossen Hund gejagt in die Theaterstrasse flüchtet.

1902

Die Old Boys verlieren in Zürich gegen den dortigen Stadtclub mit 1:5. «Das Spiel brachte eine in den Annalen des schweizerischen Fussballsports noch nie gesehene Rohheit. Vor dem Goal war ein solcher Morast, das der schärfste Shot höchstens zwei Meter weit ging und dann stecken blieb. Der linke Fullback der OB wirft dem rechten Inside-Forward der Zürcher Kot ins Gesicht, und dieser stürzt sich wie ein Rasender auf seinen Gegner und will am liebsten alles kurz und klein schlagen...»

11. Januar

Hyginus der Papst

1526

Die Zünfte schwören den Eid auf das Gewerbe und geloben, immer-

Schneereiche Winter sind auch im Alten Basel eine eher seltene Sache. Und so lässt sich die Schuljugend – wie am elften Tag des Monats Januar 1911, der «das Andenken eines richtigen Wintermonats mit ansehnlicher Kälte und viel Schnee hinterlässt», – die Gelegenheit nicht entgehen, mit Schlitten die verschiedenen Berge in der Stadt zu befahren. Die kleineren Kinder bevorzugen dabei das Petersplatzgässlein, das sich vom Spalentor gegen den Petersplatz hinunterzieht. Hinter dem Stachelschützenbrunnen sind die Umrisse von Basels einst berühmtem Zeughaus zu erkennen.

fort dem gemeinen Nutzen der Bürgerschaft zu dienen und die gegenseitige Unterstützung hochzuhalten, soweit die Vermögen ausreichen.

1593

Der König von Frankreich, Heinrich IV., entlässt die Basler aus seinen Diensten und stellt ihnen ein ehrenvolles Zeugnis für ihre gute Haltung und vorbildliche Treue während des Hugenottenkriegs aus.

1769

Hutmacher Streckeysen und Weissgerber Götz, Angehörige der Freycompanie, welche in der vergangenen Neujahrsnacht Pulver verschossen und «dasige Nachbarschaft durch einen förchterlichen Knall in grossen Schrecken gesetzt hatten», werden für ihren jugendlichen Übermut empfindlich bestraft.

1798

In leidenschaftlicher Rede versucht Ratsherr Hieronymus Christ in der Stadtkirche von Liestal, die Baselbieter von ihren «Revolutionsgelüsten» abzubringen. Seine unbedachtsamen Worte, Üppigkeit, Übermut und Luxus seien die Ursache der Unzufriedenheit, verursachen stürmischen Unwillen. Mitten im tosenden Lärm ertönen plötzlich die Rufe «Freiheit und Gleichheit», worauf unter Anführung des Schlüsselwirts Brodbeck einige Liestaler, mit Äxten und Pickeln bewaffnet, in die Kirche poltern und unter dem Gebrüll «Nieder mit den Tyrannen» ein Grabmal zusammenschlagen. Christ gelingt es mit grösster Mühe, das wilde Getümmel schadlos zu überstehen.

1808

Unter dem Grossorient von Frankreich wird die Freimaurerloge «zur Freundschaft und Beständigkeit» gegründet.

1818

Johann Ludwig Burckhardt, der unter dem Namen «Scheick Ibrahim» im Auftrag der Londoner Afrikanischen Gesellschaft grosse Forschungsreisen im Nahen Orient unternimmt, schreibt an seine Mutter: Auf Entdeckung bin ich ausgegangen/Forschbegierig zog ich hin und her/Und des Herzens brünstiges Verlangen/Trieb mich rastlos über Land und Meer/Mutter! Freue dich, es ist gelungen/Dass ich mir den Kranz am Ziel errungen!/Aus der Ferne ruf ich froh dir zu: Endlich fand ich es, das Land der Ruh!

1831

Oberst Wieland lässt auf dem Aeschenbollwerk eine der beiden Zwölfpfünderkanonen auf einen Trupp Aufständischer aus dem Baselbiet, welcher auf der Gundeldingerstrasse sich der Stadt nähert,

Basel. (Suum cuique) Unsre löbl. Postdirektion hat nunmehr zur Bequemlichkeit des Publikums in allen Vorstädten der grossen und den beiden Quartieren der kleinen Stadt verschlossene Briefkasten aufstellen lassen, in welche unfrankirte Briefe nach Basel sowohl, als auswärts bestimmt, eingelegt werden können. Diese Briefe unterliegen keiner höhern Taxe, als ½ Bz. für Basel, wie auf der Post selbst, und werden regelmässig und pünktlich, täglich ½ 12 Uhr, durch Postangestellte abgeholt, um durch die Briefträger in der Stadt distribuirt oder mit der Post nach auswärts expedirt zu werden. Diese Briefkasten sind an folgenden Häusern befestigt, als: St. Joh. Vorstadt Nr. 58, Spahlen 281, vordere Steinen 775, Aeschen 957, St. Alban 1221; Klein-Basel: Lindenberg Nr. 93, Greifengasse 224. —

Neue Basler Zeitung, 11. Januar 1840.

abfeuern. Die Geschosse treffen indessen keinen Feind, verletzten aber durch den Rücklauf des Geschützes einen Kanonier.

1847

Der neugegründete Bürgerverein genehmigt die Statuten, deren Zweck dahin geht, zur Erhaltung und Befestigung des gesetzesmässigen Zustandes im Staate mitzuwirken und jedem Ruf der Behörden getreulich Folge zu leisten.

1857

Fünfzehn Positionsgeschütze, für die Schanzen von Basel bestimmt, werden von Thun über Biel in die Rheinstadt geführt.

1876

Zur heftig umstrittenen Gründung der Bürgergemeinde: «Gönne man der Bürgergemeinde Basel eine würdige Existenz, schätze man sie nicht nur als Magd, die keinen eigenen Willen haben darf, aber sorge dafür, dass der Wille ein weitherziger, wahrhaft liberaler sei, der ihre Mittel zum wahren Wohl der Bürgerschaft und der Stadt verwendet.»

1885

Ein «alter Basler» veröffentlicht eine Schrift mit dem Ziel, den Religionsunterricht an der Volksschule abzuschaffen und durch eine obligatorische Sittenlehre zu ersetzen.

1889

In seinem 80. Lebensjahr stirbt Amadeus Merian, gewesener Bauinspektor und Architekt.

12. Januar

Satyrus der Märtyrer

1514

Kleinbasler und Grossbasler vergnügen sich mit Trommeln und Pfeifen auf dem zugefrorenen Rhein, treiben allerhand Kurzweil und stopfen sich die Bäuche voll.

1523

Der Handelsmann Christoph Burckhardt von Britznach im Breisgau wird zu einem Bürger angenommen.

Das am 12. Januar 1548 zufälligerweise im Oberelsass aufgefundene älteste Basler Stadtbanner aus der zweiten Hälfte des 15. Jahrhunderts.

1530

Der Täufer Hans Lüdin von Bubendorf, wegen seiner sektiererischen Tätigkeit zum Tode verurteilt, wird zur Richtstätte vor das Steinentor geführt. Als ihn der Henker auffordert, gemäss der Sitte vor dem Todesstreich das Volk um Verzeihung und um ein Gebet für seine Seele zu bitten, winkt er schroff ab. Er habe kein Ärgernis gegeben und habe keines Menschen Fürbitte nötig. Als ein Kind Gottes sei er rein von allen Sünden. Dagegen fordert er die Anwesenden auf, niederzuknien und ein Vaterunser zu beten, das er laut und mit zitternder Stimme mitbetet. Dann spricht er inbrünstig: «So geschehe Gottes Wille», und der Henker schlägt ihm den Kopf ab.

1548

Im oberelsässischen Reichenweiler wird durch einen Zufall das älteste Basler Stadtbanner entdeckt und von einem achtbaren Mann nach Basel gebracht. Bürgermeister Adelberg Meyer und Oberstzunftmeister Blasius Schölle nehmen das wertvolle Geschenk mit höchstem Dank entgegen und belohnen den Überbringer fürstlich. Das Ehrenbanner wird bis zum 28. Mai 1862 im geheimen Gewölbe des Rathauses verwahrt und dann der mittelalterlichen Sammlung (Historisches Museum) übergeben.

1633

Die Obrigkeit geht mit aller Schärfe gegen ungehorsame Bürger vor, die fremde Kriegsdienste leisten und «sich ungescheut in benachbarten Dörfern einquartieren, dem armen Landmann auf dem Hals liegen, ihn bis aufs Mark aussaugen und ihre geraubten Sachen in die Stadt zum Verkauf führen».

1735

Peter Koch von Bubendorf, der seine Tochter geschwängert hat, wird mit dem Schwert zum Tode gerichtet. Die Tochter lässt der Rat ins Spital verbringen, wo sie nach vier Wochen ein Knäblein zur Welt bringt. Dieses wird ohne Taufzeugen auf den Namen Lazarus getauft, verstirbt aber zehn Tage später. Nachdem die fehlbare Tochter und Mutter «ausgekindbettet hat» wird sie am 12. März vom Eselstürmlein zur

> **Zur Warnung.**
>
> Sämmtliche Schlossergesellen, welche in Basel sind, oder künftig nach Basel reisen, werden hiermit vor der Werkstätte des Hrn. Schlossermeisters Kupferschmied am Herbergsberg auf's Nachdrücklichste gewarnt, damit sie nicht ins gleiche Unglück kommen, wie es mir wiederfahren ist.
>
> Vor 3 Monaten kam ich durch gütige Verwendung eines Vetters in Basel, hieher in diese Stadt und trat in eben erwähnter Werkstätte in Arbeit. Mein lieber Vetter empfahl mich dem Meister zu liebreicher Behandlung und getreuer Aufsicht, wie es einem braven Meister zusteht. Ich wurde aber bald eine traurige Zerrüttung in seinem Hauswesen gewahr. Ein höchst unsittliches und lasterhaftes Leben, namentlich von Seite meines Meisters war an der Tagesordnung und ich war Zeuge von den schändlichsten Auftritten. Ich kündete ihm deßwegen die Kondition auf und zwar ganz nach Handwerksgebrauch. Dafür gab mir der Meister des andern Morgens schon meinen Abschied und erfrechte sich mir in die Karte zu schreiben: „wegen Unsittlichkeit der Arbeit entlassen." In Folge dessen befahl mir die Polizei in Zeit einer halben Stunde die Stadt zu verlassen, so daß ich nicht einmal von meinen lieben Verwandten Abschied nehmen konnte. Und worin bestand denn meine sogenannte Unsittlichkeit? Höret und staunet und bewundert zugleich die außerordentliche Gewissenhaftigkeit des Hrn. Kupferschmieds. Weil ich am letzten Vorabend auf den hl. Weihnachtstag nach Feierabend noch einige Streiche mit dem Hammer that, die aber in der Nachbarschaft nicht gehört werden, also auch kein Aergerniß geben konnten, deswegen wurde ich unsittlich genannt. Aus dieser höchst geringfügigen Ursache mußte ich mit Verlust meines ehrlichen Namens Basel verlassen und meine Erwiederungen fanden bei der Polizei kein Gehör.
>
> So lebe nun wohl Basel! lebt wohl, theure, liebe Verwandte, denen ich schon so vieles zu verdanken habe; mit Thränen in den Augen gehe ich von hier fort und appellire an den allwissenden und allgerechten Gott, der einst die Unschuld belohnen und der Ungerechtigkeit und Bosheit die gebührende Strafe zu Theil lassen wird.
>
> Fritz Verbet, Schlossergeselle
> aus Hessendarmstadt.

Basellandschaftliches Volksblatt,
12. Januar 1853.

Richtstatt geführt und ebenfalls mit dem Schwert gerichtet.

1752

Die Baselbieterin Ursula Schäubli wird wegen zahlreicher «verüebten frevlen Einbrüch und Diebstähl mit dem Schwert glücklich vom Leben zum Tod hingerichtet».

1789

Gefährliches Eistreiben bedroht die Rheinbrücke. Deshalb werden die Fischer und Schiffleute beauftragt, die vier hölzernen Joche durch Sprengungen des Eises vom gefährlichen Ballast zu befreien. Trotzdem werden zwei neu geschlagene Pfeiler schwer beschädigt. Das ununterbrochene Anprellen der schweren Eisplatten zwingt die auf der Brücke hausenden Handwerker zum Verlassen ihrer Buden.

1814

Als erster der drei verbündeten Monarchen Österreichs, Russlands und Preussens trifft Kaiser Franz I. von Österreich in einem offenen, mit sechs Schimmeln bespannten Gefährt im verschneiten Basel ein. Ihm und seinen 270 Begleitern werden bei Ratsherrn Peter Vischer im Blauen Haus 20 Zimmer nebst 3 Küchen und 30 Betten eingeräumt. Bald findet sich eine obrigkeitliche Delegation ein, das während des Einzugs versäumte Glockenspiel zu entschuldigen!

Die herrschenden Kriegsverhältnisse übersteigen die Kräfte der Staatskassaverwaltung bei weitem. Da in gegenwärtigem Zeitpunkt Steuern nicht erhoben werden können, wird ein Staatsanleihen von Fr. 500 000 zu vier Prozent Zins aufgelegt. Den Gläubigern haften alle Staats- und Korporationsgüter sowie das solidare Vermögen sämtlicher Gemeinde- und Aktivbürger zu Stadt und zu Land.

1831

Die Gemeinde Binningen wird von der provisorischen Baselbieter Regierung aufgefordert, zu erklären, weshalb ihr noch nicht gehuldigt worden sei. Zur Begründung führen die Binninger an: «Unsere Gemeinde würde sich für diese Sache niemals abgeneigt gefunden haben, wenn nicht ihre kritische Lage und die Gefahr, in welcher sich unser Dorf wegen der Nähe von Basel befindet, sie dazu gezwungen hätte, indem schon mehrere Kanonenkugeln weit über dem Dorf gefunden worden sind.»

1846

Die Basler Lehrerschaft feiert den 100. Geburtstag Heinrich Pestalozzis. Am grossen Bankett im neuen Kleinbasler Gesellschaftshaus nehmen auch fünf Zöglinge des grossen Volkserziehers teil.

1870

Die Basler Zahnärzte protestieren gegen den durchreisenden Quacksalber William Neech und gegen die Scharlatanerie und den Humbug fremder und einheimischer Wunderheilkünstler.

1898

Seit einiger Zeit hat die Heilsarmee eine besondere Brigade organisiert, welche des nachts in den Strassen patrouilliert, um Betrunkene aufzusuchen. Von einer solchen Patrouille, die unter dem Kommando eines weiblichen Brigadiers steht, sind sonntagnachts zwei total betrunkene Frauenspersonen aufgefunden und nach Hause begleitet worden.

13. Januar

Hilarius der Kirchenlehrer

1274

König Rudolf von Habsburg besucht mit über 100 Rittern Basel: 42 Predigermönche, 36 Minderbrüder, 12 Sackbrüder, 8 Brüder der Heiligen Jungfrau und das ganze Volk der Stadt, Männer und Frauen, sind zugegen.

1514

Wiederum vergnügt sich die Bevölkerung mit grosser Freude auf dem zugefrorenen Rhein. Wer von Zahnweh geplagt wird, umkreist auf dem Eis dreimal das Käppelijoch, was, alter Sage gemäss, Linderung bringt.

1546

Der Hilfslehrer an der Schule zu St. Peter versucht, seine 18jährige Dienstmagd zur Unzucht zu bereden. Als sie ihn abweist, durchbohrt er das unglückliche Mädchen. Aufgrund dieses Frevels wird das Urteil über den ruchlosen Mörder gesprochen und vollstreckt: Er wird auf einer Schleife zum Richtplatz geschleppt und auf dem Rad zu Tode gemartert. Ehe er seinen Geist aufgibt, bittet er um das göttliche Erbarmen und fleht: «Erbarme dich, Gott, o Jesus, du Sohn Davids, erbarme dich meiner!»

1552

Ein heftiger Sturmwind bringt vielen Leuten grossen Schaden. Er ist so stark, dass dem Steinbild des Fähnrichs, das auf dem Rathausdach steht, die Fahne aus der Hand gerissen wird.

1631

«Eine Hur tauft man zweimal im Rhein, indem man sie, an einem Seil festgebunden, von der Brücke herab ins Wasser befördert, weil sie sich mit vielen Ehemännern vergriffen hat. Darauf wird sie der Stadt auf ewig verwiesen.»

1636

Es wird ein Soldat der Basler Besatzung enthauptet, der im «Erli» bei Pratteln den Werli Schinznach ermordet hatte.

1656

An der Pforte des Spitals erscheint ein Bauer und gibt im Namen seines Meisters eine Krätze ab, die oben mit Reckholder bedeckt ist. «Bald danach hört man darin ein Kind schreyen. Als man die Krätze abdeckt, findet man neben dem Kind ein Zeddel, darauf geschrieben steht, es soll Hans heissen.»

1674

500 kaiserliche Soldaten aus Rheinfelden erreichen in drei Schiffen die Birs und verletzen die Neutralität der Stadt.

1692

Als der Leu der Ehrengesellschaft zum Rebhaus, der wie üblich von einem Ueli an der Kette geführt wird, mit 16 Gesellschaftsbrüdern durch die Rheingasse zieht, ereignet sich ein tragischer Unglücksfall: Durch zwei Gewehrschüsse, die sich aus bösem Zufall von selbst entzündet hatten, werden ein achtjähriger und ein zehnjähriger Knabe getroffen und getötet. Die Beerdigung der beiden Buben geschieht unter grosser Anteilnahme der Bevölkerung zu St. Theodor.

1694

Bei überaus kaltem Wetter und grossem Schnee wird Verena Handschin von Rickenbach wegen zweifacher Mordtat an ihren vorehelichen Kindern in Basel hingerichtet. «Nachdem sie enthauptet worden ist, hat ein junger Bauer, der mit der fallenden Sucht behaftet war, ein Glas voll aufgefasstes Blut ausgetrunken. Der tote Leib der 33jährigen ist den Herren Medicis zum Anatomieren überlassen worden, weil sie schön und fett war ...»

1712

Zwei bedauernswerte Frauen halten sich im städtischen Armenhaus auf: «Die eine, ein bucklige Person, geht schwanger von einem ab-

Auf der Landschafft sind An. 1738. der getaufften Kinderen, der verstorbenen Persohnen, und der Copulirten Ehen:

Aus der Pfarrey	Getauffte. Söhnl.	Töchterl.	Summa Kinder	Verstorbene. Persohnen.	Verehlichte. Paar
Liechsthal	22	24	46	25	8
Frenckendorff	14	19	– 15	16	4
Lausen	7	14	21	10	8
Pratteln	14	14	28	15	14
Muttentz	10	15	25	24	8
Mönchenstein	6	5	11	4	9
Bencken	10	6	16	12	8
Binningen	15	9	24	11	3
Riehen	17	25	42	28	11
Sissach	24	28	52	30	5
Gelterkinden	20	16	36	23	3
Thennicken	5	3	8	4	2
Wintersingen	9	5	14	8	3
Rothenfluhe	6	9	15	6	3
Aristoff	9	14	23	13	4
Oltingen	17	11	28	20	5
Buus	16	13	29	18	9
Diegten	9	13	22	19	3
Kilchberg	9	7	16	13	9
Benweil	13	16	29	14	5
Waldenburg	18	15	33	24	8
Rümlingen	14	9	23	13	9
Leuffelfingen	9	7	16	6	3
Langenbruck	9	6	15	9	4
Bretzweil	22	19	41	17	8
Bubendorff	28	35	63	42	30
Klein Hüningen	8	10	18	9	–
St. Jacob	–	3	3	6	–
Summa der getaufften Knäblein	**354**				
Töchterl.	358				
Kinder			712.	437.	178
Der verstorbenen Persohnen					
Der Copulirten Ehen					

Frag- und Anzeigungs-Blätlein, 13. Januar 1739.

scheulichen Mannsbild, das nur auf dem Leib herumschnaken kann, weil ihm beide Beine unter dem Bauch weggeschnitten sind. Die andere ist auf einem Karren ins Zuchthaus geführt und eingesperrt worden, weil ein der Füsse beraubter Hurenbub sie geschwängert hat.»

1750

Vor dem Haus des Oberstmeisters zum Rebhaus bricht bei der Reverenzerweisung der Leu, Fritz Bayerli, plötzlich zusammen und stirbt auf der Stelle. «Er ist hernach in aller Stille im Clingenthal vergraben worden, weil einige der kleinen Basler Geistlichen jeweilen diese Gebräuche als ärgerlich und heydnisch anschrauen haben.»

1767

Auf der Zunftstube zum Bären (Hausgenossen) an der Freien Strasse gönnen sich die Vorgesetzten ein Abendessen. Nach der Mahlzeit fehlen dem Zunftwirt vier silberne Löffel. Die angestellten Nachforschungen erhellen den Diebstahl nicht. Dann aber bringt der Gerichtsschreiber, der ebenfalls zu Tische sass, die Löffel zur allgemeinen Verwunderung auf die Stube, mit dem Vermelden, er dürfe nicht sagen, von wem er sie bekommen habe. So bleibt der Löffeldiebstahl unaufgeklärt und der Gerichtsschreiber mit Verdacht belastet.

1814

Der am Vortag angereiste Kaiser von Österreich begibt sich zum Empfang von Zar Alexander I. von Russland und von König Friedrich

König Rudolf bei seinem glanzvollen Einzug in Basel am 13. Januar 1274. Bleistift- und Pinselzeichnung von Ludwig Adam Kelterborn.

Wilhelm III. von Preussen vor das Rheintor. Unter dem Geläute der Glocken bewegt sich dann der kaiserliche Tross mit seinen unzähligen Grossfürsten, Herzögen, Grafen, Hofräten, Ministern, Generälen, Köchen, Lakaien und Tafeldeckern ins Stadtzentrum. Und eine Truppenparade beim Zeughaus auf dem Petersplatz mit 30 000 prächtig gekleideten russischen, österreichischen und preussischen Elitesoldaten entzückt Basel derart, dass Magister Munzinger zu diesem grossartigsten Aufmarsch, den Basel je gesehen hatte, ironisch bemerkt: «Die schönste Illumination wäre doch, wenn die Rücken der Monarchen in allen Regenbogenfarben prangen würden; ihnen wär's gesund und uns wohlfeiler!»

1831

Vor dem Steinentor wird ein Holzfäller von einer Streifwache niedergeschossen. Wenige Stunden später rückt Oberst Wieland mit 500 Mann und vier Geschützen aus dem Aeschentor Richtung Bruderholz und St. Margrethen aus, während eine Landwehrkompanie beim Sommercasino Aufstellung nimmt.

1906

«Die neue Fähre zwischen Birsfelden (Hof) und Grenzacherstrasse (Bierburg) wird offiziell dem Verkehr übergeben. Bei diesem Anlass hält sich den ganzen Tag hüben und drüben eine Menge von Schaulustigen auf. Bis abends werden mehrere hundert Personen spediert. Mit der Errichtung dieses Verkehrsmittels hat die Gemeinde Birsfelden ein Werk erstellt, für das ihr ausser einer grossen Anzahl von Arbeitern und Arbeiterinnen, denen es nun ermöglicht ist, mittags nach Hause zu gehen und daselbst ihr Mittagessen einzunehmen, auch weitere Kreise Dank wissen.»

1909

An der Hutgasse wird mit dem Abbruch der alten Häuser begonnen, damit die Glockengasse entstehen kann.

14. Januar

Felix von Nola der Märtyrer

1389

Die Grafen Walraf und Bernhard von Thierstein verkaufen dem Walter Vantzen, Gastgeber zu Basel, eine jährliche Leibrente von 32 Florenzer Gulden ab ihren Gütern zu Oetlingen.

1546

Im nahen Hardwald wird ein Basler von einem Räuber ermordet.
Ein gewisser Steinmetz und bedeutender Künstler, der im Gasthaus «zur Krone» sagte, er sei der wahre Elias, der dreimal von der Erde emporgehoben worden sei, wird 1559 in Luzern enthauptet.
Ein leeres Schiff treibt umgekehrt rheinabwärts. Während es dem Schiffspatron und dem Schiffer gelingt, sich zu retten, gehen zwei Kinder und eine Frau in den Fluten unter.

1652

Die verheiratete Tochter des Pfarrers von Diegten, die in der Stadt einige Kommissionen erledigt, verspürt auf dem Münsterplatz Geburtsschmerzen. In ihrer Not begehrt sie Einlass in eines der umliegenden Bürgerhäuser. Aber die Türen bleiben ihr verschlossen. So bringt die unglückliche Frau ihr Kindchen auf offenem Platz zur Welt. Endlich wird sie in den Zörnlinshof verbracht und von dort in das Bürgerspital an der Freien Strasse.

1713

«Es hat sich der gefangene Bauerkerle, der es mit der Löwenwirtin zu Waldenburg hatte und auch mit dem bösen Feind, dem Teufel, Gesundheit getrunken, auf der Gefangenschaft in der Bärenhaut (St. Al-

Basler Arbeiterfreund, 14. Januar 1888.

Ein eidgenössisches Truppenkontingent von 2500 Mann, das der Bundesrat zur Sicherung der vom König von Preussen bedrohten Landesgrenzen in die Gegend von Basel beordert hat, beschäftigt sich am 14. Januar 1857 mit der Errichtung von Befestigungsanlagen. «Die in Halbmondform laufenden Schanzen erstrecken sich vom Rhein bei Klybeck bis an die Wiesenbrücke.» Lithographie von E. Wolf.

banschwibogen) erhenkt. Hierauf lässt man den Kerl an einem Seil die Bärenhaut herunter, stösst ihn in ein Fass, schleift ihn durch den Henker auf die Rheinbrücke und stürzt ihn ins Wasser. Auf dem Fass ist hinten und vorne auf einem Blech angemahlet: Schaltfort.»

1751

Dömmelin, der als Ueli sonst den Vogel Gryff führt, wird einen Tag nach dem Umgang des Leus vom Unglück ereilt, dass ihn in den Spitalerlen eine abgebrannte Eiche zu Tode schlägt.

1758

Die Obrigkeit verfügt, dass inskünftig alle fünf Stadtknechte weder die bisher übliche Halskrause noch den Baselhut tragen, sondern einzig und allein ihren schwarzweissen Rock samt weissem Kragen, den gewöhnlichen Bürgerhut und einen Degen.

1762

Ein Basler in Paris lässt verbotene Bücher in einer Kiste unter der Aufschrift «Baslerische Leckerlein» nach Belfort schicken. Die Sache aber kommt der Obrigkeit zu Ohren, welche die Kiste öffnet und die Bücher verbrennen lässt.

1892

Es bildet sich unter dem Namen «Schulsynode» eine Gesellschaft, in der sich alle staatlich angestellten Lehrer Basels zur Behandlung von Fragen des Schulwesens vereinigen.

1900

Die Zünfte, welche keine eigene Liegenschaft mehr besitzen, kommen einer Aufforderung des engern Bürgerrats nach und beraten über den Bau eines allgemeinen Zunft- und Gesellschaftshauses.

15. Januar

Maurus von Subiaco der Benediktiner

1465

Heinrich von Eptingen und andere verkaufen der Stadt Basel das Dorf Sissach um 2200 Rheinische Gulden.

1602

Eines Fischers Frau, die an der Brust vom Krebs befallen ist, bringt sich aus Unmut ums Leben.

1617

Adalbert Meyer aus dem um die Stadt wohl verdienten Bürgergeschlecht wird vom Rat aller seiner Funktionen enthoben und – wegen seines schlechten Gesundheitszustandes – auf einem Sessel aus seinem Wohnhaus an der St. Johannsvorstadt in das Rheintor getragen und dort hinter Schloss und Riegel gesetzt. Es wird ihm zur Last gelegt, nicht nur seiner geschiedenen Frau die ihr zugesprochene Abfindungssumme nicht ausbezahlt zu haben, sondern auch noch der schwarzen Kunst zu huldigen und sich durch diese Mädchen und junge Frauen gefügig zu machen. Diese Vergehen hat er schliesslich mit einer lebenslänglichen Haftstrafe im eigenen Haus abzubüssen

1696

Im Zunfthaus zu Gerbern zeigen zwei französische Luftspringer famose Kunststücke: «Einer hat zwei Gläser voll Wasser auf sein Gesicht gestellt, dieselben eine ganze halbe Stunde unverrückt und unverschüt-

«Als Kayser Alexander von Russland im Segerhof am Blumenrain wohnte, warf ihm ein 3jähriges Kind von armen Eltern über die Strasse hin beständig Kusshändchen zu. Der Monarch liess das Kind zu sich kommen, wo dasselbe also bald dem Kayser um den Hals fiel. Dafür beschenkte der grossmüthige Prinz die Mutter mit 50 Ducaten und setzte dem Kind eine lebenslängliche Rente von der gleichen Summe aus.» 15. Januar 1814.

tet gehalten, in beiden Händen blanke Degen und an beiden Füssen auch dergleichen gebunden, mit diesem allem modo miraculoso sich durch einen kleinen Reif gezogen mit den vier Degen und hat dabei kein einziges Tröpflein Wasser verschüttet.»

1729

Christoph Bratschin, ein stiller, feiner Mensch und Student der Theologie, sucht zu Kleinhüningen bei starkem Eisgang den Tod im Rhein. In seinem Rock wird hernach ein Zettel mit folgender Aufzeichnung gefunden: «Ihr alle, die Ihr von meinem unglückseligen Unglück vernehmet, urtheilet nicht fälschlich über mich. Hiezu hat mich nicht etwa eine besondere Sünde, sondern lediglich ein elendes Temperament und eine beständige Unruh in meinem Leib und Gemüth gebracht. Ach, vergebet mir. Ich hoffe, ich werde mein Höll auf Erden gehabt haben. Ach, Herr mein Gott, verzeih mir meine Sünden um Jesu Christi Willen. Amen.»

1759

Bis Anfang Februar sind bei Buchbinder Samson am Spittelsprung «viele sehenswürdige Mahlerei-Kunstuck von einem franntzösischen Kunstmahler um 4 Batzen zu sehen, dergleichen die Holbeinischen Gemählte noch übertreffen. In Summa alles, insonderheit die Obstfrüchte und essenden Speisen, sind nach der Natur gemahlt, so dass nur der Geruch fehlt und man glaubt, sie seyen nicht mit Menschen Händen gemacht».

1791

In seinem 81. Altersjahr stirbt der Bäckermeister Johann Friedrich Wohnlich. «Er bachte Gugelhöpff von allerley Grösse, welche Kunst er auf der Wanderschaft erlernt hat. Und da er hier der einzige war, so bekam er Zulauf von den Schläck Mäulern. Obwohl er mit seiner Frau Kinder erzeugte, so unterhielt er doch beständig Concubinen als Mägde. Obwohl dieser Bock bis ins hohe Alter seine Unmässigkeit forttrieb, ist seine Lasterhaftigkeit nie von der Obrigkeit geahndet worden. Ein wahrer Freund warnte ihn anfangs durch einen Brief von diesem ärgerlichen Leben ab. Allein der berühmte Kunstbäcker schoss diesen Mahnbrief auf dem Schüssel zu seinen Gugelhöpffen in den Ofen…»

1798

Die Untertanen im Basebiet verlangen von den Städtern die Freiheit

---

Wohlfeile Diligencen von Basel nach dem Elsaß.

Wer sich noch der ehemaligen Landkutschen erinnert, muß mit nicht geringem Erstaunen bemerken, welche Fortschritte auch unter uns in dieser Beziehung nun seit 30 Jahren gemacht worden sind.

Täglich fahren jetzt und zwar 2mal (des Morgens um ½ 8 und des Abends um 5 Uhr) zwei in Federn hangende Diligencen eine 12plätzige und eine 5plätzige von Basel über Mühlhausen, Colmar und Schlettstadt nach Strasburg, wo sie nach etwa 20 Stunden eintreffen. Der Platz von Basel bis Str. kostet 11, von Basel bis Mühlhausen nur 2 fr. Fr. (Die Stunde Wegs kommt also nur auf etwa 9 Kreuzer).

Baslerische Mittheilungen, 15. Januar 1826.

Kaiser Alexander von Russland empfängt am 16. Januar 1814 in den kunstvoll ausgestatteten Gemächern des Segerhofs am Blumenrain Johann Heinrich Pestalozzi. Aquarell von Karl Jauslin.

und erlassen eine Proklamation an die Stadtbürger mit der Einleitung: «Eintracht macht unser Glück. Bürger! Ihr wisst, dass das Landvolk seine natürliche Freiheit fordert, ein Recht, das von Gott und der Natur jedem Menschen angeboren ist. Seit Jahrhunderten ist dieses Recht dem Basler Landvolk entzogen, und wir müssen es uns gefallen lassen, eine aristokratische Regierungsform zu dulden. Die Geburt bestimmt den Menschen zum Herrn oder Knecht. Das ist für einen freien Schweizer immer ein kränkender Gedanke.»

1831

Oberst Wieland eröffnet gegen die Schanze von St. Jakob ein Granatfeuer, worauf der 100 Mann starke Posten die Flucht ergreift. So können sich die Basler ungestört Mutenz nähern. Als die Truppen das Dorf kanonenschussweit im Visier halten, zeigt der Gemeinderat mit einer weissen Fahne die Unterwerfung an. 13 Mann werden gefangengenommen und, an einen Strick gebunden, in die Stadt geführt. Die provisorische Baselbieter Regierung löst sich auf.

1864

Der Grosse Stadtrat genehmigt die Übereinkunft mit der Grellinger Gesellschaft über die Zuleitung von Quellwasser unter schützenden Bedingungen für das eigene Wasser.

1886

Das Eisfest auf der Allschwilermatte vereinigt «etwa 400 Liebhaber des Schlittschuhsports, darunter eine bedeutende Anzahl stahlbeschuhter Mädchen und Damen. Unter den Klängen der Allschwiler Musik wogt bald ein fröhliches Leben auf der blanken Eisbahn, und zwei gut durchgeführte Polonaisen bieten mannigfaltigen Stoff zur Heiterkeit».

16. Januar

Otto der Franziskaner

1280

Ritter Heinrich Pfaff gewährt den Lehensbesitzern am obern Birsig, dem im Vorjahr erstmals erwähnten Rümelinsbach, welche eine Korrektion des Bachlaufs vornehmen wollen, das Recht zum Ableiten des Wassers.

> Der gestrige Tag vereinigte üblicher Maßen die Mitglieder der drei E. Gesellschaften der kleinen Stadt zu einem fröhlichen Mahle. Unter den vielen Trinksprüchen, die gegeben wurden, heben wir folgenden hervor:
>
> Do simmer jetze wieder,
> Ihr werthe Frind und Brüder
> Bim frohe G'sellschaftsmahl.
> Es thut Ein'n währlig mahne,
> Als sige unsre Ahne
> Au wieder do im Saal.
>
> Wie sie sich ehmols g'funde,
> Und traulig händ verbunde
> Zum frohe G'sellschaftsschmus,
> So wämmer's ferner halte,
> Und Fröhligkeit soll walte
> In userm G'sellschaftshus.
>
> Drum wämmer denn au singe
> Und Gläser losse klinge
> Recht lustig und recht froh!
> Was meine-n-ihr zur Häre,
> Wenn Leu und Grif nitt wäre,
> Würd's au so lustig go?
>
> Drum halte mir recht z'sämme
> Und lönd is's Recht nitt nämme
> E Mole lustig z'si.
> Wenn's Rebhus und der Grife
> E lustig Liedli pfife
> Isch d'Häre au derbi.
>
> Doch jetz der alte Sitte,
> Die uns au wieder bitte
> So fröhlig hett vereint —
> Das erste Glas, ihr Herre,
> Mir wänd die Alte ehre,
> Denn ehrlig händ sie's g'meint.
>
> Das zweite aber Dene,
> Die scho so mängi Thräne
> In Liebe trocknet händ,
> Die do der Vorsitz führe,
> Und uns so gut regiere,
> Und doch nitt g'lobt si wänd.
>
> Das dritte unsre Fraue,
> Denn wenn uf Niemeds z'baue,
> So meine sie's doch gut.
> Wenn sie au mängmol gschände,
> Sie wisse's immer z'wende,
> Daß's Eim so weh nitt thut.
>
> Das Letzte unsre Siehne,
> Und au de Töcht're, ihne
> Kunnt noch e Gläsli zu!
> Sie solle Alle lebe,
> Und au der Wirth dernebe,
> Der g'hört jo au derzu!

Kantons-Mittheilungen, 16. Januar 1849.

1349

Obwohl ihnen der Rat kein Verschulden nachzuweisen vermag, erleiden 300 der Brunnenvergiftung angeklagte Juden, in ein hölzernes Häuschen eingepfercht, unter grausamen Qualen auf einer beim Ausfluss des Birsigs gelegenen Rheininsel den Feuertod.

1528

Die letzten fünf Brüder des Augustinerkonvents treten mit ihrem Prior aus dem Orden aus und übergeben das Kloster mit allen Liegenschaften innerhalb und ausserhalb der Stadt und sämtlichem kirchlichen und profanen Inventar, dem Archiv und den Lebensmittelvorräten den «Burgermeistern und Räten der Statt Basell, unsern lieben Herren».

1531

Ein Täufer, der dreimal im Rhein nach Brauch untergetaucht worden ist, wird unter der Drohung verbannt, wenn er in die Stadt zurückkehre, müsse er die Strafe des Ertränkens erleiden.

1615

Christen Sprenger ermordet ein Töchterlein und wird wegen dieser Schandtat vom Scharfrichter auf das Rad geflochten und ums Leben gebracht. Auch kommt an diesem Tag ein Knabe von Tüllingen nach Bettingen, findet in der Frucht Mäusegift, schleckt daran und stirbt.

1650

In Rheinfelden werden vier Bösewichte, ein Strassburger, ein Zürcher, ein Mümpelgartner und ein Delsberger, die einen Kirchenraub verübt haben, vom Henker mit dem Strang vom Leben zum Tod befördert.

1686

Hans Franz Rüedin, Wirt zum Wilden Mann, klagt vor dem Rat, sein apfelgraues dänisches Pferd sei ihm vom Strassburger Goll, der sich anerboten habe, das Ross eine Viertelstunde «spazieren zu reiten», entführt worden.

1694

Bei einem Hausbrand in der St. Albanvorstadt wird auch Emanuel Iselin «von den Flammen überfallen und verbrannt. Nachwerths wird er in der Stube gefunden, seine Hände ineinandergefaltet, seine Nachthaube auf dem Kopf, aber im Angesicht ganz schwarz. Es ist nicht genug, dass Gott diesen frommen und auch etwas in Göttin Venus verliebten Mann und Vater von fünf Kindern auf eine so schreckliche Weise aus dieser Welt abgefordert hat, sondern es muss seine arme Witwe auch noch erfahren, dass das Wenige, das man aus dem Feuer erretten konnte, durch Gott vergessene Leut gestohlen wird.»

1718

Während der ganzen Nacht zirkulieren viele Leute auf den schneebedeckten Strassen mit ihren Hausschlitten, Mulden und Fassdauben mit unerhörter Leichtfertigkeit bis zum Morgengrauen.

1737

In Würdigung seiner hervorragenden diplomatischen Verdienste verleiht der Grosse Rat Sir Luke Schaub (1690–1758) das Ehrenbürgerrecht der Stadt und überlässt ihm auf Lebenszeit das Lehen des Schlossgutes Ramstein.

1798

Eingeschüchtert durch die drohende Nachbarschaft Frankreichs, erschreckt durch die entschlossene Willensäusserung einer Landbevölkerung von ungefähr 28 000 Seelen, welche der 15 000 Köpfe zählenden städtischen Einwohnerschaft bedeutend überlegen ist, bleibt den Räten nichts anderes übrig, als zur unausweichlichen Staatsumwälzung Hand zu bieten.

1814

Der im Segerhof am Blumenrain abgestiegene Zar Alexander von Russland empfängt Johann Heinrich Pestalozzi. Die Audienz gilt dem drohenden Räumungsbefehl der Alliierten, die Pestalozzis Institut in Yverdon in ein Typhusspital umzuwandeln wünschen. Der russische Kaiser ist dem Bittsteller überaus wohlgesinnt und küsst den «ungekämmten Sonderling» zum Abschied. «Wie ein Narr vor Freuden» kehrt Pestalozzi zurück.

1831

Oberst Wieland rückt mit tausend Mann und entsprechender Artillerie in Liestal ein und entwaffnet die Stadt entgegen den Aufforderungen der eidgenössischen Kommissäre, welche die beidseitige Niederlegung der Waffen verlangen.

1874

Gewisse Kreise «gelangen zur Überzeugung, dass das Interims-Stadttheater auf dem Barfüsserplatz allen billigen Anforderungen entspricht und eines zahlreichen Besuches würdig ist».

1893

Nach kurzem Nachlassen der Kälte, verbunden mit reichem Schneefall, nimmt der Frost mit erneuter Heftigkeit zu. Das Thermometer sinkt regelmässig auf –20°C. Der ungewöhnliche Schneefall führt bis zu 12stündigen Verspätungen der Eisenbahnen. Die Gesellschaft der Pferdebesitzer lässt sich die Gelegenheit zu einer allerdings etwas kalten Schlittenfahrt nach Lörrach nicht entgehen. Es nehmen 23 Schlitten teil.

1901

Unterhalb von Fiesole stirbt der 1827 geborene Arnold Böcklin, «einer der bedeutendsten Maler der Gegenwart, insbesondere in der Behandlung der Farbe».

1911

Im Büro des Verkehrsvereins tritt das neugegründete Fasnachts-Comité zu seiner ersten Sitzung zusammen.

17. Januar

Antonius der Abt

1384

König Wenzel gebietet den Baslern, dem andächtigen Kaplan Wolfart von Ernfels als Verweser oder Bischof gehorsam zu sein.

1434

Auf dem Münsterplatz belehnt in feierlicher Zeremonie Kaiser Sigismund den Bischof von Bamberg mit der Markgrafschaft über 33 Städte und Dörfer und macht ihn zum Lehensmann. Nachdem der Bischof ewige Treue auf die Krone geschworen hat, werden sechs Männer zu Rittern geschlagen. Dann legt der Kaiser Staatsgewänder und Schwert ab und zieht sich in seine Wohnung zurück.

Der letzte Obervogt auf Farnsburg, «dr Buggeli-Hagebach», lässt sich am 17. Januar 1798 von einem Bauern in einer Hutte zu Tal tragen. Aquarell von Franz Feyerabend.

1572

Andreas Kupferschmid vom Kohlenberg erleidet einen solchen Wutausbruch, dass man ihn in Ketten legen muss. Als er nach einigen Tagen wieder zu Sinnen kommt, zeigt es sich, dass er von einem tauben Hund gebissen worden ist.

1634

Die Kaufleute Reinhard und Hans Franz Sarasin werden auf ihrer Rückreise von der Frankfurter Messe bei Furtwangen von fanatischen Bauern erschlagen.

Luftwirkungen.

Herr Blanchard, Einwohner von Calais und von andern Städten, Pensionirter von S. C. M. und einigen Akademien, hat die Ehre, einem geehrten Publikum anzuzeigen, daß er gesonnen, in Basel seine 30ste Luftreise zu unternehmen, wozu er nächstens Vorschläge bekannt machen wird. Unterdessen sind in dem bekannten Ballenhause seine ganzen Zurüstungen und Geräthschaften denen Herren Liebhabern zur Schau ausgesetzt.

In dieser Luft=Werkstätte zeichnen sich besonders wichtig aus:

1°. Ein Luft=Ballon von 5500 cubischen Schuhen, welches schon 11 Luftreisen gemacht, und auch dasjenige ist, dessen er sich allhier zu bedienen vorgenommen.

2°. Die Halbkugel des Ballons, mit welcher Herr Blanchard aus England nach Frankreich gefahren, die andere Helfte ist in Calais nebst dem Luftschiffe auf hohen Befehl in einer Kirche aufbewahrt.

3°. Zerschiedene andere Luft=Ballons.

4°. Ein zum Erstaunen grosser Fallschirm, (Parachute) von Erfindung Herrn Blanchard, vermittelst welchem 4 Luftreisende aus ihrem Luftschiffe von der unermeßlichsten Höhe ohne die geringste Gefahr ganz langsam auf die Erde sich herunterlassen können.

5°. Ein kleinerer Fallschirm, mit welchem Herr Blanchard schon manche Versuche gemacht, indem er Hunde, Schaafe, auch andere Thiere von den Wolken heruntergeworfen, welche ohne die geringste Verletzung auf die Erde gekommen.

Ein solcher Fallschirm wäre auch in Feuersbrünsten zu gebrauchen, indem man sich von dem höchsten Stock eines Hauses ohne Gefahr herunterlassen könnte.

Alle diese Merkwürdigkeiten, samt allen Zugehörden, werden bis den Abend vor dem grossen Versuche von Morgens 10 Uhr bis Abends um 5 Uhr gezeigt.

Die Person zahlt 5 Batzen.

Flugblatt, 17. Januar 1788.

1660
Meister Johann Gysin ersteigert um 895 Pfund das Landgut Luftmatt vor dem Aeschentor.

1685
Es stirbt der Schiffmann und Ratsherr Georg Schatzmann, der als erster seiner Zunft den Rhein in oft gefährlicher Reise bis nach Amsterdam befahren hat. Auf seinem grossen Schiff sind zur Bequemlichkeit der Passagiere Stuben, Öfen und Kammern zurechtgemacht worden. Er hatte deshalb immer einen grossen Zulauf von Reisewilligen aus nah und fern.

1739
Als man sich in Häsingen zu einem Hochzeitsessen rüstet, setzt sich der Hochzeiter aufs Pferd, um Gäste zu abzuholen. Dabei hat er das Unglück, mit seinem Pferd in einen Graben zu stürzen und sich den Hals zu brechen. Darob kehren die Geladenen in grosser Traurigkeit wieder nach Hause zurück.

1758
Nach «einer langweiligen, halb kindlichen Krankheit» geht in seinem 87. Lebensjahr Peter Werdenmann zum Silberberg, der zweifellos reichste Basler seiner Zeit, Todes dahin. «Weilen er aber barmhertzig und von seinem grossen Reichthum vielen Armen täglich und quartalweise reichlich Almosen gegeben, so wird er um dessentwegen sehr bedauert. Mithin ist auch merckwürdig, dass ‹le grand aumonier› mit seiner hinterlassenen Wittib Rosina Debary in einer 62jährigen, höchst vergnügt und im Frieden gelebten Ehe gestanden.»

1798
Im Zuge der Basler Revolution stürmen Landleute von Ormalingen und Gelterkinden das Schloss Farnsburg, richten grossen Schaden an, entwenden Bücher, Tische, Stühle, Leintücher, Kleider, Geschirr und trinken den Wein aus. Der gebrechliche Landvogt wird von einem hilfreichen Bauern in einer aus Weiden geflochtenen Hutte auf Schleichwegen nach Ormalingen hinuntergetragen und findet Unterschlupf im Pfarrhaus. Das Schloss aber geht in Flammen auf. Die Nachricht verursacht in der Stadt eine gewaltige Aufregung, denn viele glauben, die Brandstiftung sei das Signal zur Zerstörung des beträchtlichen stadtbaslerischen Eigentums auf der Landschaft.

1852
Bürgermeister und Rat erlassen eine Verordnung betreffend das Trommeln, die bis auf wenige Abweichungen noch heute in Kraft steht.

1856
Der Grosse Rat verfügt nach lebhafter Diskussion die Aufhebung der Basler Stadtgarnison (Stänzler), der letzten stehenden Truppe der Eidgenossenschaft. Nur die Offiziere und Soldaten, denen erlittene Verwundung oder langjähriger Dienst ein Recht auf Entschädigung gibt, werden mit kleinen Pensionen bedacht. Diese fallen aber so gering aus, das 76 Offiziere ihre Entrüstung über die miserable Behandlung zum Ausdruck bringen, doch kein Gehör finden.

18. Januar

Priska die Märtyrerin

1398
Edelknecht Rudolf von Arberg und seine Geschwister verzichten auf alle ihre Ansprüche am mittleren unteren Gundeldingen, dem spätern Thomas-Platter-Haus.

1591
Der Rat erhöht die Weinsteuer um einen Rappen pro Mass. Damit der Aufschlag bei der Bevölkerung keine monetären Auswirkungen hat, schickt die Obrigkeit Trinkgeschirre mit kleineren Massen als die bisherigen auf die Landschaft. Es kommt deshalb zu revolutionären Unruhen unter den Bauern, die nicht gewillt sind, dass die städtische Schuld gegenüber dem Bischof auf ihrem Buckel abgetragen werde. Schliesslich hat sich die Eidgenössische Tagsatzung mit dem sogenannten Rappenkrieg zu beschäftigen.

1603
Andreas Ryff legt dem Rat seine Bedenken betreffend den mangelhaften Zustand der Stadt vor. Vor allem klagt er über die liederliche Wache auf den Türmen und Toren und schlägt vor, hiefür Leute vom Lande zu nehmen. «Denn was die Bürger anlangt, die hangen zusammen wie Kraut und Käs, wickeln einander auf, bleiben auf ihren alten Geigen. Die Vorgesetzten auf den Schaarwachen sind träg und unwillig, weil sie mit faulen, versoffenen Leuten überladen sind.»

1645
Es wütet ein entsetzlicher Sturmwind über der Stadt, so dass Tausende von Bäumen gebrochen und entwurzelt, ganze Dächer abgehoben, Schornsteine niedergeworfen, Ziegel «gleich Schaaren von Krähen und Flügen von Tauben» durch die tosenden Lüfte fliegen und die Flecklinge auf der Rheinbrücke aufgewirbelt und wie Strohhalme umhergeschleudert werden. Der in der Stadt allein angerichtete Schaden wird auf mehr als hunderttausend Gulden geschätzt, derjenige zu Stadt und Land zusammen auf über eine Million.

Beim hohen Wall an der Klingelbergstrasse mit einem Abschnitt Stadtgraben und Mauergürtel am 18. Januar 1875. Aquarell von Johann Jakob Schneider.

1657
Nach übermässigem Weingenuss geht Margreth Hänssy, das sogenannte Mannsteufelein, elendiglich zugrunde. «Sie hat nicht weniger als 37 Mass (à 1,42 Liter) gesoffen!»

1670
In den Kirchen werden Liebesgaben im Ausmass von 4710 Pfund gesammelt. Die bedeutende Summe kommt der von einem schrecklichen Brand heimgesuchten Stadt Genf zugute, bei welchem die Rhonebrücke und 50 Häuser verbrannt sind und über 150 Menschen ihr Leben verloren haben.

1739
Um die Mittagszeit fegt ein gewaltiger Sturm über die Stadt hinweg und knickt unzählige Bäume. Auf dem Petersplatz werden neun grosse Lindenbäume entwurzelt, in der Hard etliche schwere Eichenbäume und auf der Landschaft hunderte von Obstbäumen.

1764
Als Meister Franz Dietrich im Rathaus ohne «Krös» (Halskrause) erscheint, wird er deswegen aufmerksam gemacht, worüber er erschrickt und sich schämt. «Weil solches einem qualificierten und in der Einbildung geglaubten Staats-Mann passirt ist, so ist er auslachungswürdig gewesen. Mithin ist noch das allerlächerlichste, dass er in der grössten Einfalt heimgegangen, solche angelegt und wieder in den Rath gegangen ist.»

1810
Basel überlässt Frankreich bei Kleinhüningen ein Stück Schweizer Boden zur Errichtung eines Brückenkopfs, damit die Benützung der Basler Rheinbrücke durch französisches Militär vermieden werden kann.

1814
«Die einquartierten Cosaken sind nicht besser als eine complete Räuberbande. Der Herr Capitain frisst den Salat mit dem Fingern und schneutzt sich in die Hand, läuft voller Läuse herum und stinkt wie die Pestillentz, stellt den Dienstmägden nach und benimmt sich wie eine Canaille.»

1835
Der neugegründete Basler Männerchor hält seine Proben alle 14 Tage

> (813) **THEATER IN BASEL.**
> Mittwoch den 18ten Januar 1860.
> Gastdarstellung der **Operngesellschaft** von Freiburg im Breisgau,
> und
> Gastspiel der Herren **Heller** und **Clement** vom Stadttheater in Würzburg.
> **Das Nachtlager von Granada.**
> Romantische Oper in 2 Akten, nach dem Schauspiel von Kind; Musik von
> Conradin Kreutzer.
>
> **Personen:**
>
> Ein Jäger . . . . * *
> Gabriele . . . . Frl. Anschütz.
> Gomez . . . . * * *
> Ambrosio, ein alter Hirt, Gabrielens Oheim . . . Hr. Hané.
> Vasko, } Hirten . . . . Hr. Scharpf.
> Pedro, }   Hr. Ortmanns.
> Graf Otto, ein deutscher Ritter . . . . Hr. Bender.
> Don Philippo, spanischer Grand . . . . Hr. Beck.
> Ein Alkade . . . . Hr. Schwab.
>
> Höflinge, Jäger, Hirten, Hirtinnen.
>
> * *   Jäger   Hr. **Heller,** } als Gäste vom Stadttheater
> * *   Gomez   Hr. **Clement,** } in Würzburg.
>
> Hierauf folgt:
> **3ter Akt von Lucia di Lammermoor.**
>
> **Personen:**
>
> Edgardo . . . . * * *
> Lucia . . . . Fr. Corally-Fichtelberger.
> Bidebent . . . . Hr. Hané.
> Chor.
> * * *   Edgardo   Hr. **Clement,** als Gast.
>
> **Preise der Plätze:** 1. Rang 3 Fr. Parquet-Loge: Fr. 2 25. Offenes Parquet:
> Fr. 1. 75. 2. Rang: Fr. 1. 25. Parterre: Fr. 1. Gallerie: 50 Ct.
> Zur Bestellung der Plätze für die Herren Aktionärs ist die Kasse des Morgens
> von 10 bis 12 Uhr offen.
> ☞ Von 11 bis 12 Uhr Morgens und Abends von 5 Uhr an, sind für das
> resp. **Publikum Eintrittskarten** für **alle Plätze** zu erhalten.
> **Der Zutritt auf die Bühne ist Jedermann streng untersagt.**

Basler Nachrichten, 18. Januar 1860.

im Hörsaal des Untern Kollegiums ab und bestimmt als Übungsstoff eine Anzahl Motetten und geselliger Lieder von Nägeli und Kreutzer.

1875

Der Grosse Rat genehmigt einen Ratschlag, wonach auch die bisher von der Schleifung ausgenommen Teile der Stadtmauer niedergelegt werden sollen. Durch diesen unentwegten Abbruchwillen aber werden die drei noch stehenden Tore der äussern Befestigung, das Spalentor, das St.-Johann-Tor und das St.-Alban-Tor, nicht gefährdet. «Einen Fremden darf man nicht ins St.-Johann-Quartier führen, denn dort draussen ist's fürchterlich! Die Mauern und Wälle dienen statt der öffentlichen Sicherheit nur zu Schlupfwinkeln für Diebsgesindel.»

1885

Das Hasenfleisch ist diesen Winter so billig, dass es die Konkurrenz mit Ochsen- und Schweinefleisch aufnehmen kann. Ein währschafter Hase ist heute zu Fr. 3.75 zu kaufen und darf jetzt als eines der billigsten und angenehmsten Nahrungsmittel bezeichnet werden.

Eine 31jährige Dirne aus Bayern, die einem «etwas angetrunkenen Branntweinhändler dessen silberne Spindeluhr samt Kette gestohlen hat, wird mit Rücksicht auf ihren übeln Leumund auf zwei Monate ins Gefängnis gesetzt, wovon im ersten mit Schärfung».

1891

Es lässt sich in Basel die erste, wahrscheinlich in Zürich ausgebildete Ärztin nieder. Mit Emilie Frey wird 1896 an die Universität die erste Frau zur Doktorin promoviert.

1902

Im Zoologischen Garten spielt sich ein schrecklicher Vorfall ab: Der mit dem Reinigen des Wildschweinegeheges beschäftigte Tierwärter Emil Schöpflin wird plötzlich von einem mächtigen Eber angefallen. Dieser wirft ihn zu Boden und reisst ihm mit den Hauern die Eingeweide aus dem Leibe. Herbeieilende Männer können das wütende Tier nur noch zurücktreiben. Schöpflin stirbt auf dem Transport ins Bürgerspital. Er stand im Alter von 30 Jahren und hinterlässt eine Frau und zwei Kinder. «Er ist versichert.»

19. Januar

Marius und Martha die Märtyrer

1567

Im Birsigloch beim Kornmarktbrunnen finden Bürger ein neugeborenes Kind. Bald hernach wird dessen Mutter, Amelia von Lübeck, der schändlichen Tat überführt und zum Tode durch lebendiges Vergraben verurteilt. Auf Fürsprache der Geistlichkeit wird die Strafe indessen auf Tod durch Ertränken gemildert. Als am 24. April der Scharfrichter die arme Sünderin beim Käppelijoch auf der Rheinbrücke zusammenbindet und sie dem Rhein übergibt, erfleht sie mit dem Gesang «Aus tiefer Not» die göttliche Barmherzigkeit. Und, welch ein Wunder, die ledige Rabenmutter, die sich mit ihrem Schwager in verdammungswürdiger Weise fleischlich vermischt hatte, taucht beim Thomasturm lebendig wieder auf und wird

«Ein lebendiger Renoceros oder Nashorn» trifft am 19. Januar 1748 in Basel ein und wird «zur Ergötzlichkeit des Publikums» während 14 Tagen im Gasthof «zu den Drei Königen» zur Schau gestellt.

von Fischern an Land gezogen. Hierauf wird sie, dem Gottesurteil entsprechend, begnadigt und verheiratet.

1662

Der Schneider Ludwig Haag nimmt sich die unverschämte Freiheit, mit drei Weibsbildern wie ein Vieh 27 Mass Wein (à 1,42 Liter!) zu saufen und 10 Pfund Fleisch zu vertilgen. Weil er auch noch auf des Teufels Gesundheit angestossen hat, wird er für drei Jahre aus der Stadt verbannt und nach Candia (Kreta) auf die Galeeren geschickt.

1695

«Es herrscht eine so grimmige Kälte, dergleichen sich man seit Menschengedenken nicht zu erinnern vermag. Der Rhein ist so klein, dass er bei Augst ganz überfriert. Von Strassburg kommen viele fremde Vögel, Trapphühner, von ungemeiner Grösse und zierlicher Farbe. Man gibt ihnen Schnee und Kohl zu fressen.»

1729

Im Haus des Tischmachers Philipp Jäcklin an der Spiegelgasse bricht ein Grossbrand aus, der während Stunden mit grosser Wucht wütet. Neben wertvollen Hölzern verzehren die Flammen auch vier Seiten Speck, die der Tischmacher im Kamin aufgehängt hatte. «Der liebe Gott aber gibt das Glück, dass das Feuer bei so entsetzlicher Kälte alle andern Häuser, wie das nahe Drei Könige, vor Schaden bewahrt.»

1757

Dass schlechte Zeiten mit kleinem Verdienst herrschen, zeigt der Ansturm auf niedere Beamtungen. Zählte man bisher für eine freie Stadtboten-, Stadtknecht-, Zöllner- oder Torwartstelle 30 bis 40 Bewerbungen, so melden sich nun für einen solchen Posten 100 bis 150 der «reputierlichsten Bürger»!

1761

Weil Oberstleutnant Johann Rudolf Wettstein «wider das Gesetz seine Cousine, Germaine Fäsch, geheurahtet», verliert er das Bürgerrecht.

1816

Die Regierung gibt für das österreichische Offizierskorps der zur Sprengung der Hüninger Festungswerke verwendeten Truppen ein Abschiedsessen. Die Mineure ziehen wieder ab, und auch die Umgebung wird vom Kriegsvolk erlöst, das während zwei Jahren die Gegend unsicher gemacht hatte.

1878

Es tritt eine eigentliche Fischerei-Verordnung in Kraft, die das Angelfischen im Rhein ohne Bewilligung erlaubt, den Betrieb von Salmenwaagen (Fischergalgen) hingegen der Konzessionserteilung unterstellt.

1879

Es ist das unvergleichlich geniale Spiel der Klavierkünstlerin Clara Schumann zu bewundern, die Werke ihres Gatten, Robert Schumann, vorträgt.

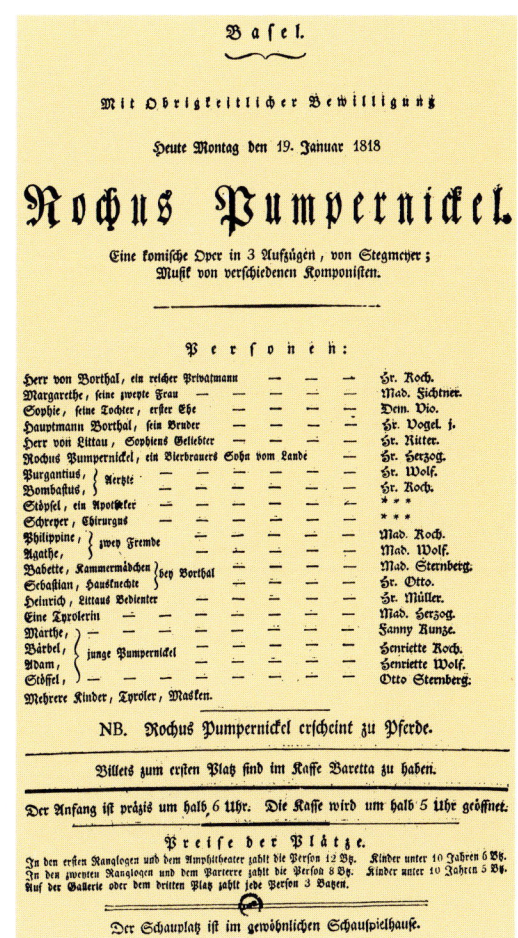

Flugblatt, 19. Januar 1818.

20. Januar

Fabian und Sebastian die Märtyrer

1404

Vor dem Obern Tor Kleinbasels (Riehentor) wird die Kapelle zum Elenden Kreuz geweiht.

Obwohl ein Neubau die dreifachen Kosten gegenüber einem Umbau erfordert, beschliessen die Zunftbrüder zu Safran am 20. Januar 1899, ihre mittelalterliche Liegenschaft an der Gerbergasse abzubrechen und unter der Voraussetzung, dass der Charakter eines alten Zunfthauses kräftig zum Ausdruck gebracht werde, neu aufzurichten.

1496

Caspar Rapp, der Metzger aus Thann, erhält das Bürgerrecht.

1514

Es ereignet sich ein heftiges Erdbeben «schier eines Paternosters lang», so dass man vermeint, es würde etliche Häuser niederwerfen.

1521

Gegen 100 Miteidgenossen aus Uri, Schwyz und Luzern statten Basel einen Freundschaftsbesuch ab. «Do wart kein Kosten gespart und Freud vergessen uff allen Zünften und Stuben. Währet acht Tag. Gab man ihnen das Geleit und schenken ihnen unsere Gnädigen Herren (die Regierung) jedem Ort ein Wagen mit gutem Elsesser.»

1607

Um Mitternacht geht in Läufelfingen ein mächtiges Feuer auf, das zwölf Häuser, viel Vieh und eine grosse Menge an fahrender Habe verzehrt.

1638

Durch ein Legat des verstorbenen Gewürzkrämers Sebastian Güntzer (1590–1638) erhalten Meister und Vorgesetzte zu Safran am Namenstag des Stifters «zu ihrer Ergötzlichkeit» einen Goldgulden. Zwei Jahre später wird anstelle der Geldspende das erste Fabian-Sebastian-Mähli durchgeführt.

1669

Zwei Professoren unternehmen eine vergnügliche Schlittenfahrt ins Markgräflerland. «Zu Friedlingen aber werden den guten Herren von den dortigen Soldaten Pferd und Schlitten geraubt, so dass die vornehmen Basler zu Fuss heimgehen müssen.»

1683

In seinem 63. Lebensjahr verstirbt Bürgermeister Hans Rudolf Burckhardt. «Er war ein hochgelehrter, kluger Mann, der ein strenges Regiment führte. Doch hat der gerechte Gott ihn mit der Blödigkeit des Hauptes angegriffen, so dass er seiner Sinne ganz beraubt worden ist. Ohne Scheuch ist er deshalb von verschiedenen Bürgern 'Dreckfresser' geheissen worden!»

1709

Es herrscht eine so grosse Kälte, dass die Leute auf den Strassen erfrieren und man auch in warmen Stuben nicht schlafen kann. Die Kälte währt über neun Wochen. Man kann ihrerwegen, aber auch wegen der Wölfe, die Stadt nicht verlassen.

1716

Die Landschaft wird von einer Wolfsplage heimgesucht, «weil die wilden Thiere in den Gebirgen wegen des allzu tiefen Schnees ihre Nahrung nicht mehr finden können. Daher darf niemand mehr auf Reisen gehen».

1718

Es zirkulieren mit grosser Pracht 100 Schlitten der vornehmsten Familien durch die Stadt. Und am folgenden Tag sind es gar deren 200, alle wiederum aufs prächtigste ausstaffiert.

1729

Beim Umgang des Leus ist es so kalt, dass der Rhein Grundeis treibt.

> * **Zum Streit bei Nielsen-Bohny und C. Scherrer.** Der Streit, welchen die sozialistischen Arbeiter der obigen Baugeschäfte gestern morgen inszenierten, hat zur Ursache den bereits gemeldeten Terrorismusfall gegen einen nichtorganisierten und drei christlich-organisierte Arbeiter. Die Sozialisten verlangten, dass diese die Arbeit unbedingt zu verlassen hätten, welchem Begehren die Arbeitgeber jedoch nicht stattgaben. Der Hauptdrangsalist, welcher den bei C. Scherrer in Arbeit getretenen Arbeiter im Auftrage der Gewerkschaft zum Verlassen der Arbeit aufforderte, wurde entlassen, worauf seine „Genossen" die Arbeit am Montag Morgen niederlegten.

Basler Volksblatt, 20. Januar 1909.

Trotzdem wird nach altem Brauch der Leuenführer beim Rebhaus in den Brunnen geworfen. Das hat böse Folgen, stirbt der junge Mann, der Schneidergeselle Ehrler, doch wenige Tage später an einer Lungenentzündung.

1738

Obwohl er von seinem Meister gewarnt worden ist, versucht ein Müllerknecht mit seinem Fuhrwerk durch die Wiese zu fahren, indem er sagt, der Teufel werde schon helfen, den Wagen nachzustossen. «Das grosse Wasser aber wirft den Karren samt den vier Rossen und dem Knecht über den Haufen, so dass alle elendiglich ertrinken müssen.»

1762

Die Gesellschaftsbrüder zur Haeren führen bei schönem kalten Wetter zwei Wildmannen in der Kleinen Stadt herum.

1763

Die weitere Aufnahme von neuen Bürgern wird für sechs Jahre aufgeschoben: «Es ist bequem, in seinem Haus allein zu wohnen. Man soll billig Bedenkens tragen, unser reines, edles, eidgenössisches Geblüt mit Fremden zu vermischen.»

1798

Unblutiges Ende der Basler Revolution: Bürgermeister, Kleiner und Grosser Rat des eidgenössischen Freistaates Basel erlassen das berühmte Patent, indem die vier Forderungen der Landleute anerkannt werden und feierlich erklärt wird, dass die ehevorigen Verhältnisse zwischen Stadt und Landschaft für ewige Zeiten aufgehoben sind und beide hinfort in brüderlicher Eintracht miteinander leben wollen.

1836

Nach mehrjährigem, durch die Kantonswirren hervorgerufenen Unterbruch erlauben die Drei Ehrengesellschaften wieder ihren «Wappen oder Ehrenthieren den altüblichen Umzug an den Tagen der grossen Gesellschaftsmahlen».

1910

Der Umgang der Drei Ehrenzeichen Kleinbasels wird durch den infolge sehr starker Regengüsse der letzten Tage eingetretenen Hochwasserstand des Rheins geändert: Anstatt auf dem Fluss rheinabwärts zu fahren, geht der Wilde Mann dem Leu und dem Vogel Gryff zu Fuss entgegen.

21. Januar

Agnes die Märtyrerin

1376

Kaiser Karl IV. überträgt Herzog Leopold die Reichsvogtei über Basel, welche bisher Basler Rittern übereignet gewesen war. Damit erhält der Österreicher das Recht, in unserer Stadt in des Kaisers Namen über Verbrecher zu Gericht zu sitzen.

1449

Die Basler versuchen, durch nächtliche Ersteigung der Mauern die Stadt Rheinfelden einzunehmen, doch misslingt der Anschlag gänzlich.

Mit allen Ehren begrüssen die Basler am 21. Januar 1504 am Kleinbasler Rheinufer die Zürcher zu einem Staatsbesuch. Faksimile aus der Chronik von Gerold Edlibach von 1506.

1504

Bei der Kleinbasler Kartause erwarten 500 Bürger die Schiffsankunft einer Schar Zürcher, welche Basel mit einer Staatsvisite beehren. Unter grosser Begeisterung der Bevölkerung werden die Gäste in den Gasthof «zum Storchen» geleitet, wo Bürgermeister und Räte «mit solchem Fliss die Zürcher willkomm sin, nit anders, als ob sy liblich Brüder wären». Während ihres fünftägigen Aufenthalts werden die Zürcher auf den Stuben «zum Seufzen», «zum Schlüssel» und «zu Safran» aufs köstlichste bewirtet und zum Tanz mit den weiblichen Schönheiten der Stadt eingeladen. Zum Abschied überreichen die Zunftbrüder zum Bären (Hausgenossen) den beliebten Gästen aus der Limmatstadt elf Fässlein Malvasier. So verlassen die Zürcher unsere Stadt in aufrichtiger Dankbarkeit und freundschaftlicher Verbundenheit.

Avis-Blatt, 21. Januar 1845.

1559

Galli Wick, der Leinenweber aus dem Thurgau, wird zu einem Bürger angenommen.

1747

Jakob Rüedi von Ziefen wird enthauptet, weil er im Streit einem andern Bauern das Genick gebrochen hat. «Vor seiner Hinrichtung hat er recht herzlich gebetet, ungeachtet, dass der 40jährige Mann vorher nichts von dem Glauben und den Geboten Gottes gewusst hat. Trotzdem konnte er in allem vier kleine Gebättlein nicht ganz verkehrt herplaudern. Hiemit musste man erfahren, dass in unserm Basel Gebieth recht unwissende Christen, ja gar Heyden leben, welche ihr Leben ohne Gott in den Weinhäusern zubringen. Die Geistlichkeit wird sich zu helfen wissen.»

1764

In Basel geht die Tollwut um. Zahlreiche Hunde haben «im Kopf und Hirni Würm bekommen, so dass viele davon wütig geworden und in 24 Stund daran crebirt sind». Um grösseres Unglück zu verhindern, hat Stadttambour Märckli der Bevölkerung kundzutun, dass alle Hunde, die inskünftig freilaufend in den Strassen angetroffen werden, von den am Kohlenberg hausenden Knechten des Wasenmeisteramts zu Tode geschlagen würden.

1831

Bettingen und Kleinhüningen halten wie Riehen Treue zur Stadt und weigern sich, den aufständischen Baselbietern mit Exekutionstruppen beizustehen.

1890

Bei der in der Stadt herrschenden Grippewelle, die bisher allein 878 Schulkinder erfasst hat, stellt sich die ernsthafte Frage, ob die Sitte, bei Leichenbegängnissen entblösstes Haupt zu tragen, nicht abgeschafft werden soll.

1893

Es wird der Quartierverein der Vereinigten Freisinnigen Kleinbasels gegründet.

22. Januar

Vinzenz von Saragossa der Märtyrer

1582

Es ereignet sich in der Herberge «zum Hirzen» an der Aeschenvorstadt eine traurige Hochzeitsnacht: Nachdem die Hochzeitsgesellschaft vergnügt das Festmahl genossen hatte, wird das jungvermählte Paar in eine Kammer schlafen geschickt. Die Kälte des Winters lässt ein offenes Feuer notwendig werden. Dabei dringt der Rauch in die Hochzeitskammer und vergiftet den Bräutigam, den Sohn des Hirzenwirts Conrad Schwarz, tödlich. So findet das Fest einen tragischen Abschluss. Die Gäste gehen nach Hause und überlassen den Armen, was für den Nachtag gerüstet worden ist.

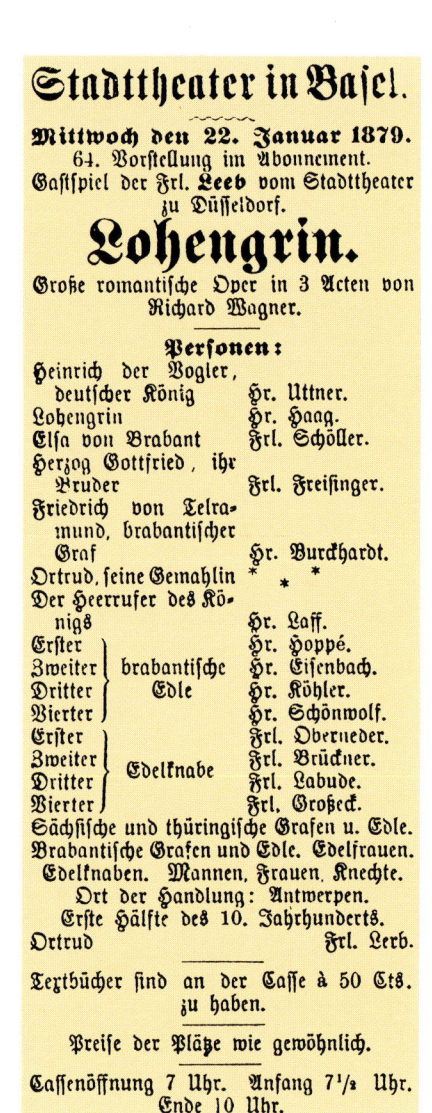

Allgemeine Schweizer Zeitung, 22. Januar 1879.

1667

Als grosse Lächerlichkeit prangert die Kleinbasler Bevölkerung den Auftritt des Vogel Gryffs an, der zur allgemeinen Verwunderung auf einem Pferd daherreitet.

1696

«Weil der markgräfische Erbprinz sich mit drei zweideutigen Madämlenen, darunter die lose Schandhur Ursel, am St. Leonhardsberg in allzu genau Bekanntschaft eingelassen hat, muss er in seiner ganz zugemachten Kutsche aus Basel verreisen.»

Basel feiert am 22. Januar 1798 mit dem Aufpflanzen eines riesigen Freiheitsbaumes auf dem Münsterplatz die Helvetische Republik. Kolorierte Radierung von F. Kaiser.

1714

Nach altem Brauch lässt sich der Wilde Mann am Vincentytag auf einem Floss den Rhein hinunterfahren. Weil der Fluss so wenig Wasser führt, dass sich oberhalb der Salmenwaage eine kleine Insel, die sogenannte Eselsgriene, bildete, verschmäht es der Wappenhalter zur Haeren nicht, auf der Sandbank im Rhein einen Tanz darzubieten. Auch auf dem Fundament des äussersten steinernen Jochs der Rheinbrücke nutzt der Wilde Mann die einmalige Gelegenheit zu einem Tanz und kritzt anschliessend zum «Gedenkzeichen» seinen Namenszug ins Gemäuer.

1771

Zum Trost bedürftiger Zunftbrüder und armer Witfrauen lassen die Vorgesetzten zu Safran Weissbrot austeilen.

1798

Der ehrwürdige Münsterplatz erlebt das Schauspiel eines friedlichen Revolutions- und Verbrüderungsfestes nach französischem Muster. Vorerst findet im Münster eine kirchliche Feier statt. Pfarrer Fäsch lobt Freiheit und Gleichheit und Tugend als die Grundsäulen des Staates und die herrlichsten Güter dieser «Unterwelt». Dann aber erfolgt auf dem Münsterplatz die festliche Aufrichtung des Freiheitsbaumes. In einem mächtigen, von Militär gebildeten Viereck steigt unter Glockenklang, Kanonendonner und allgemeinem Jubel der riesige Mast empor, geschmückt mit dem blechernen Freiheitshut und der dreifarbigen Flagge. Reigentanz und Gesang weissgekleideter Mädchen beschliessen die offizielle Feier. Während anschliessend auf den Zunftstuben in froher Laune bankettiert wird, vergnügen sich die jungen Baslerinnen an einem grossen Ball in den Räumen des Blauen Hauses.

1846

Der «Provisorische Basel-Olten-Eisenbahnverein» hält seine erste Generalversammlung ab.

1895

Die Sammlung für ein baslerisches Tuberkulosesanatorium in Davos erbringt durch 546 Spender die stolze Summe von Fr. 326 358.–.

1898

Abends kann am Himmel eine leuchtende, feurige Kugel beobachtet werden, die, einen langen Feuerstreifen hinter sich zurücklassend, von Süden nach Norden zieht. Nach einer Minute zerteilt sich der Feuerball in 12 unterschiedliche farbige Stücke und vermittelt den Eindruck eines gewaltigen Feuerwerkskörpers.

23. Januar

Emerentia die Katechumene

1400

Basel verbindet sich mit den Städten Bern und Solothurn zur Bewahrung von Frieden, zur Beschirmung der Lande, zum Nutzen der drei Städte und ihrer Gebiete und zur gegenseitigen Hilfe gegen alle.

1433

Das mit der Darstellung des Gekreuzigten kostbar geschmückte Käppelijoch auf der Mitte der Rheinbrücke wird von durchziehenden Hussiten mit Schneeballwürfen und Faustschlägen geschändet.

1485

Auf einer eigens errichteten Bühne auf dem Münsterplatz löst der päpstliche Legat Mansella das über die Stadt verhängte Interdikt. Vor dem Dom erscheinen Bürgermeister und Rat in grauen und schwarzen Mänteln, die Angehörigen der Universität, die Geistlichen und Ordensleute und schliesslich die männlichen Einwohner der Stadt. Alle barhäuptig. Nach dem Verlesen der Absolutionsformel schreitet der Abgesandte des Papstes vor den Hochaltar des Münsters und stimmt das Tedeum an, während alle Glocken der Stadt läuten: eine bittere Lektion für die Stadt.

1587

«Es werden deren Vier mit dem Schwert gerichtet: Also Rudolf Supper, ein Kleinbasler Bäcker, Gregorius Krieger, Schlosser, N. Buser von Ziefen und einer von Metzerlen.»

1600

«Zu Riechen geschieht eine lächerliche Action: Ein Benachbarter vom Adel kommt auf einem Schlitten ins Dorf. Die Pferde sind mit Kuh-Schellen behängt, und der Schweinhirt, welcher auch darauf sitzt, bläst dergestalt mit der Trompete, dass sich die Riechemer sehr belaydiget vorkommen, so dass der Vorfall obrigkeitlich beygelegt werden muss.»

Allerhand Nachrichten:

1. Herr Leonhardt Serin, wohnhafft an der Steinen auff der Bruck bey Herrn Herbordt / offerirt jungen Kindern seine getreue Information in Schreiben und Lesen / so wohl in seinem Losament als ausserhalb. Auch thäte er sich in Ermahn-und Eintreibung der Land-schulden gebrauchen lassen / und zwar alles zu Männiglichs Vergnügen / und umb gantz billichen Lohn.

2. Meister Heinrich Breitenstein der Ziegler vor dem Riehemer-Thor / thut hiemit zu wüssen / daß er von heüt über acht Tag / den 30. diß / Kalche und andere Ziegel-Waar in dem ordinari Preiß außmessen und verkauffen wird.

3. Das beym Lohn-Amt zu verkauffen ligende Embd ist per 9. Batzen der Zentner taxirt; Wer nun umb diesen Preiß zu kauffen verlangt / kan sich bey Herrn Iselin dem Bauschreiber anmelden / und umb das Quantum, so er zu kauffen Willens / einschreiben lassen / damit man alsdann den Tag zum Außwagen bestimmen könne.

4. In der Aeschemer-Vorstatt ist ein braves Losament ebenes Fusses mit einem Laden / zwey Stuben / Kammern und Kuchin / einem braven Keller / sehr dienlich zu einem offenen Beruff oder per einen Weinschencken / auff nächst-künfftige Faßnacht-Fronfasten zu verlehnen.

5. Es werden im Adresse-Contor zween Teutsche Hauß- und Creütz-schlüssel gesucht / welche vergangenen Sonntag verlohren gegangen; wer dergleichen finden thut / wird verhoffentlich so discret seyn / selbige durch das Adresse-Contor denen Eigenthümern wiederumb zuzustellen; Soll auff Begehren ehrlich belohnt werden.

6. Mr. Abram Droz, von Welschneüenburg / offerirt für junge Knaben eine anständige und billiche Kost und gute Information in der Fr. Sprach / schreiben / lesen und rechnen: Zur Satisfaction der Eltern.

7. Vergangenen Mittwoch Nachts ist an dem Closterberg verlohren gegangen: Ein Spannisch Rohr mit einer Silbernen Cron / silbernen Zwingen und einer alten ledernen Quatschen / das Rohr von schönster brauner Farb; Wer solches durch das Adresse-Contor seinem Eigenthums-Herrn wieder zustellen wird / soll das Werth des Silbers daran zur Recompense haben.

8. Weilen von dem vorhin angetragenen Elsasser-Edelgebürg-Wein, de Anno 1728. etwas übergeblieben / als wird solcher nochmalen offerirt; wobey man erbietig ist / wann nur etliche Saum davon verlangt würden / selbige in billichem Preiß auch zukommen zu lassen / wie dann hievon der eigentliche Bericht bey Herrn Joh. Jacob de Melchior Müller auff dem Heüberg zu vernehmen; auch bey ihme extra guter Burgunder-Wein von letzterm Jahrgang so wohl in Bouteilles als Fässer zu finden.

Avis-Blättlein, 23. Januar 1731.

Während am 23. Januar 1886 in der Steinenvorstadt «ein riesiger Schneemann mit rollenden Augen, grosser Nase und wallendem Bart zu Ehren des reichlich gefallenen Schnees erstellt wird», entsteht auf dem Marktplatz durch initiative Geschäftsleute eine wuchtige Helvetia, die nach Gaben für «schuhbedürftige Kinder» heischt.

1633

Im Pfirter und Altkircher Amt rebellieren die Bauern und schlagen etliche schwedische Soldaten zu Tode. Die Schweden hingegen brennen das Dorf Leimen ab und machen viele Bauern nieder. Im Schloss Pfirt wird der Basler Student Burkhard von Erlach auf grässliche Weise umgebracht, was in der Stadt grösste Entrüstung auslöst.

1645

Der Müller Lorenz Wehrlin wird auf der Richtstatt geköpft, weil er bei Binningen einen Soldaten ausgeraubt und ermordet hat.

1766

An der Rheingasse fängt die Seidenfärberei von Achilles Lotz Feuer. Der Brand aber ist bald gelöscht, weil Frau Lotz sofort auf das Dach des Hauses gestiegen war und unter grösster Lebensgefahr das Kamin mit ihrer Schürze und mit Schnee verstopfte.

1814

Im Seidenhof hält Zar Alexander von Russland eine Heilige Messe: «Er steht mit Anstand und Grazie vor der Console, macht oft das Kreuz, verbeugt sich, wenn der Pope ihn beweihräuchert, doch blickt er zuweilen mit seiner Lorgnette (Stielbrille) auch ein wenig zur Seite auf die schönen Damen. Der Gottesdienst währt eine Stunde lang. Die Russen singen immerfort mit harmonischen Stimmen; es wird für den Sieg Alexanders gebetet. Der Kaiser kniet ein paar Augenblicke und jedermann mit ihm, und bald darauf ist's aus. Man findet den Kaiser allerliebst...»

1825

Es ereignet sich ein bedauerlicher Unfall: Beim Eislaufen auf dem Allschwiler Weiher brechen drei Männer im Eis ein. Während zwei der Eisläufer sich ohne grosse Mühe retten können, vermag sich der 31jährige Jakob Christoph Bischoff nicht mehr auf die Eisfläche zu schwingen. Nach achtminütigem Kampf gegen den Tod, bei dem er seinen Rettern die Hälfte seines Vermögens verspricht, versinkt der erfolgreiche Handelsmann und begabte Landschaftsmaler im eiskalten Wasser.

1886

In der Torsteinen wird ein riesiger Schneemann von zirka 10 Meter Höhe errichtet, welcher Anlass zu mannigfaltigen Volksbelustigungen bietet. Am 27. Januar bringt ihn Tauwetter zum Einsturz.

24. Januar

Timotheus der Apostelschüler

1033

Kaiser Konrad II. weilt in Basel und gliedert die Stadt endgültig dem Deutschen Reich an.

1477

Es treiben etliche Schweizer, die sich auf der Rückkehr vom Feldzug nach Lothringen bei uns aufhalten, mancherlei Unfug. Als ein Zürcher Trossbube das Pferd seines Herrn am Fischmarktbrunnen tränken

General Dufour inspiziert am 24. Januar 1857 die aus Anlass des Preussenhandels oberhalb des Waisenhauses über den Rhein geschlagene fliegende Brücke. Aquarell von Ludwig Wolf nach Louis Dubois.

will, machen ihm Berner Landsknechte den Tränkeplatz streitig. Es entwickelt sich ein wüster Tumult unter den Kriegsgesellen, der zwei Tote und vier Schwerverletzte fordert. Die Bürger eilen zu ihren Waffen und versammeln sich auf dem Kornmarkt, um der gefährlichen Rauferei ein Ende zu setzen. Der Geistlichkeit gelingt es indessen, die Gemüter zu beschwichtigen und weiteres Blutvergiessen zu verhindern.

1540

Wölfe bedrohen das Leben in der Stadt: Beim Füttern der Schweine zur Betzeit wird eine Frau von zwei Wölfen angefallen. Während es mutigen Männern gelingt, den einen mit Hellebarten in einen Schafstall zu treiben und mit einer Muskete zu erschiessen, gelingt es dem andern zu entweichen. Zur selben Zeit wird der Knecht des Klybeckmüllers, der Mehl in die Stadt führen will, von zwei Wölfen angefallen. Glücklicherweise wird er von seinem treuen Hund verteidigt. «Also haben die Wölff vom Müller abgelassen und dem Hund zugesetzt, den sie in Stücken zerstört!»

1544

Zwischen 9 und 10 Uhr vormittags «verlischt» plötzlich der Sonnenschein. Es wird so dunkel, dass die Schreiber im Rat nicht mehr lesen können und deshalb in den Ratsstuben ein Licht entzünden müssen.

1622

Der Sundgauer Hans Jörg, ein Soldat in fremden Diensten, der unerlaubterweise mit Heilmitteln und Liebestränken in der Stadt hausierte, wird vor dem Rathaus auf dem Lasterstein ausgestellt und vom Volk mit faulen Äpfeln und Dreck bewor-

100 Kilo-Verein.

Die verehrl. Mitglieder werden ersucht unserem verstorbenen Kollegen

Wilh. Zipfel

gew. Wirt

die letzte Ehre zu erweisen.

Die Beerdigung findet statt Sonntag nachm. 3 Uhr. Versammlungsort Obere Rebgasse 31.

4930   Die Kommission.

National-Zeitung, 24. Januar 1898.

45

fen. Dann wird er zur Stadt hinausgeführt, vom Bettelvogt Ueli Gernler vor dem Aeschentor mit Ruten gestrichen und schliesslich mit dem «Louffpass» versehen. Etliche Tage später zieht der Stadttambour mit dem obrigkeitlichen Ausrufer durch die Stadt, der dem Publikum bekannt gibt: «Es ist jedermann verbotten, mit geheimen Mitteln, also mit Säften, Salben und Artzneyen, Handel zu treiben und Burenlüten und abergläubischem Volk zu verkaufen, es sige denn von den bestallten Doctores und Professores der Hochschuel verschrieben.»

1633

Die Oberwiler Bauern erschlagen einige bei ihnen einquartierte Schweden. Die überlebenden Soldaten sammeln sich, stürmen das Dorf, machen mit grosser Brutalität viele Einwohner nieder und stecken zwei Häuser in Brand.

1700

Es wird verordnet, dass ohne obrigkeitliche Erlaubnis keine Kirschbäume mehr gepflanzt werden dürfen, weil neue Bäume den Zehntenherren und Besitzern des Waidrechts schädlich sind.

1704

Am kältesten Tag des Winters werden ausgelassene Schlittenfahrten durch die Jugend veranstaltet, «die heutzutage keine Zucht und wenig Tugend kennt!».

1733

Eine arme, betagte Frau schickt ihr Grosstöchterlein vor das Spalentor, damit es dort nach Holzspähnen suche. Nun findet das Mädchen aber mit Gottes Hilfe eine spanische Goldduplone, was die alte Frau mit einem Mal ihrer schweren Alltagssorgen enthebt.

1736

Vor dem Steinentor wird ein neugeborenes, von Vögeln und Hunden bereits übel zugerichtetes Kindlein tot aufgefunden und in die Anatomie verbracht. «Man wünscht der Thäterin habhaft zu werden, damit sie zur wohlverdienten Strafe gezogen werden kann.»

1857

Eine zahllose Menge erwartet die Ankunft von General Dufour, der zur Inspektion der Schiffsbrücke nach Basel gekommen ist. Der «ehrwürdige Greis» dankt den Baslern für ihren Mut und ihre Ruhe, die auch bei grösster Gefahr sich nicht verflüchtigt hätten. Auch spricht er lobende Worte aus für die Qualität der Befestigungsbauten am rechten Rheinufer (u.a. Hirzbrunnenschanze). Anderntags verherrlicht ein Konzert im Stadttheater, das «mit etwa 60 neuen Gasflammen erhellt ist», die Anwesenheit des gefeierten Mannes. Beim anschliessenden Festbankett findet die heitere vaterländische Stimmung durch eine begeisternde Ansprache von Amtsbürgermeister Felix Sarasin ihren Höhepunkt.

1860

Der schwäbische Missionar Hebich bringt die Stadt durch die sensationelle Art seiner Bekehrungspredigten in Aufruhr. Während einer Busspredigt, die er an diesem Abend in der Leonhardskirche hält, erhitzen sich die Gemüter der Zuhörer derart, dass es zu einem heftigen Protestgebrüll kommt. Endlich verlagert sich der Tumult auf den Leonhardskirchplatz.

Der oft und gerne von den Städtern aufgesuchte Gastwirtschaftsbetrieb «zum Neuen Haus» beim Otterbach wird am 25. Januar 1633 von Schweden ausgeplündert und in Brand gesteckt. Aquarell von Franz Feyerabend.

1881

Trotz eines «ansehnlichen Theils unserer Einwohnerschaft, welcher sich für die Erhaltung des kunsthistorischen Monuments interessirt», verfügt der Grosse Rat den Abbruch der spätgotischen Allerheiligenkapelle bei der Theodorskirche.

1885

Neun Droschkiere und Fuhrknechte erhalten Geldgeschenke und Diplome für die humane Behandlung der ihnen anvertrauten Pferde.

25. Januar

Amarinus der Märtyrer

1348

Ein heftiges Erdbeben, das an verschiedenen Orten während verschiedener Tage die Leute in Angst und Schrecken versetzt, löst ein allgemeines Landsterben aus.

1514

Der Rat bietet etwa 60 Fischer und Schiffleute und aus den übrigen 14 Zünften je 3 Mann auf, die mit allerhand Werkzeug auf der Höhe der Predigerkirche die dicke Eisdecke, welche den Rhein überzieht, bis zur Rheinbrücke aufzupicklen haben. «Und mängmol begab es sich, dass einer uff einem Ysschemel blieb und hinweg fuhr. So waren denn

> Der Rittersmann erwarb groß Ehr
> Der hier ruht bey den Todten/
> Drey Cronen in dem Feld dient er
> 1618.19. 20. 1625.26.30.31. 1632.
> Der Böhmen/Gaulen/Gothen.
> 1625.26. 1621.22. 1617.30.31. 1623.24.
> In Pünten/Teutsch-Welsch-Niderlanden
> Hat er mit Lob gestritten/
> Kläglichen Tod durch Mördershanden
> Zu Pferd endlich gelitten.
> Durch solch schnell und kläglich End
> War die blust deß Lebens gnommen/
> Dem der sich auff Tugend wend/
> Das falsch Glück wolts ihm mißgonnen/
> Ledig von allen Plagen/
> Dahin sein Vett'r ihm gab das gleit
> Erwartends jüngsten Tagen.

Grabinschrift, 25. Januar 1633.

die Fischer da und reichten ihn wider mit Weydlingen.»

1531

Einem verurteilten Gotteslästerer aus Riehen wird in öffentlicher Exekution ein Stück seiner Zunge abgeschnitten.

1629

Dr. Johann Georg Gross, der Heiligen Schrift Doktor und Pfarrer zu St. Peter, bittet Meister und Vorgesetzte zu Safran um Aufnahme seiner acht Töchter in die Zunft. Denn «seine lieben Döchtern, deren an der Zahl acht, hetten solche Sachen von gestickter und geneyter Arbeit wie auch Bücher zu binden erlernt und weren solches mit Gottes Hilfe zu treiben gesinnt». Obwohl der Zunft ein solches Begehren noch nie vorgelegt worden ist, wird dem Ansuchen grosszügig entsprochen, indem den acht Töchtern die Führung eines gemeinsamen Gewerbeladens erlaubt und dem «Herren Doctor Grossen das Zunftrechtgelt verehrt und geschenkt wird».

1691

Die Regierung veranlasst eine allgemeine Versammlung der Bürger auf den Zünften und lässt ihnen durch vier Abgesandte die schwierige Lage des Vaterlandes darstellen. Die Obrigkeit hegt die Zuversicht, dass ihr die Bürgerschaft mit Leib, Gut und Blut anhange und beistehe. Diese Erwartung aber wird nur von wenigen geteilt; es brodelt in der Stadt.

Ein kleiner Bube fährt mit seinem Schlitten den Blumenplatz hinab. «Als er in der Mitte des Berges ist, springt eine taube Katze gegen ihn und beisst ihm in den Daumen. Darauf ist der Knabe gleich in eine Raserey gefallen und in wenigen Tagen gestorben.»

1728

Iselin, der närrische Eisenhändler, reitet aufs Land, um seine Schulden einzutreiben. Er besucht dabei aber zu viele Wirtshäuser, so dass er sich «vollerweis» zum Heimritt aufs Pferd setzt. Beim Durchqueren der Wiese stürzt er denn auch vom Ross und ertrinkt elendiglich im tiefen Wasser. «In seinem Lebenslauf war er ein wunderliche Haas und ward immer begabt mit einer rothen Naas.»

1761

Es stirbt in seinem 90. Lebensjahr Nicolaus Erzberger, «sonst der Grumm zu Webern genannt». Er wirkte während 60 Jahren als Stubenknecht zu Webern und galt als «kurtzweiliger Weltmann mit lächerlichen Einfähllen und grosser Liebhaber des Kartenspiels».

1877

«Die Löwenfamilie in der Menagerie Kaufmann vor dem Steinentor gibt sich äusserst nobel: Sie trinkt täglich eine warme Mehlsuppe mit Eiern, dazu verzehrt sie noch pro Mitglied fünf Pfund Fleisch.»

1879

Der Regierungsrat schenkt der Gemeinde Metzerlen, deren Kirche im Vorjahr durch einen Brand schwer beschädigt worden ist, die Uhr des abgerissenen St. Albanschwibbogens.

1913

Die deutsche Kolonie begeht mit festlichem Bankett und beschwingtem Ball den 54. Geburtstag von Kaiser Wilhelm II.

26. Januar

Polycarp der Märtyrer

1582

Es stirbt der 1499 im Walliser Grächen geborene Thomas Platter. Als in Zürich ausgebildeter Autodidakt nach Basel gekommen, wurde er 1534 am hiesigen Pädagogium zum Griechischlehrer ernannt, betätigte sich dann als Drucker und Verleger bedeutender Autoren (Calvin) und wurde schliesslich 1544 zum Rektor der lateinischen Schule auf Burg (Münsterplatz) erhoben, die er zu einem allen Anforderungen entsprechenden humanistischen Gymnasium entwickelte. In der Abgeschiedenheit seines Landgutes Gundeldingen verfasste er eine Selbstbiographie, die zu den bedeutendsten des 16. Jahrhunderts überhaupt gezählt wird. Die halb deutsch, halb lateinisch geschriebenen Briefe an seinen Sohn Felix, den spätern Basler Stadtarzt, sind Dokumente von ergreifendstem Inhalt.

> Eidgenossenschaft. Basel. Die Liste von Gaben für den neu zu erbauenden Spital zeigte am 21. Jan. eine Summe von 245,000 Schw. Fr. – In der Nacht vom Montag auf den Dienstag wurde, 10 Minuten vor 2 Uhr, ein nicht unbedeutender Erdstoß verspürt, welchem eine halbe Stunde später zwei andere folgten. (Das Erdbeben wurde auch in Bern verspürt.) – In der Nacht vom Sonntag auf den Montag wurde in der Münsterkirche ein Einbruch in den im dortigen Chor befindlichen Gotteskasten versucht. Der Hauptgotteskasten in der Kirche blieb unangetastet. Auch scheint es dem Kirchenräuber nicht gelungen zu sein, einen gar reichen Fang zu machen. Auf die Entdeckung des Thäters ist eine Belohnung von 50 Fr. gesetzt. – Am letzten Dienstag stürzten zwei Gypsergesellen, unter denen ein Gerüste einbrach, in einen Keller hinunter; ein Dritter konnte sich während des Falls an einem Balken halten, und stürzte also nicht ganz hinunter; der eine wurde schauerlich verwundet, und verschied nach wenigen Stunden. – Eine Frau, welche in der verflossenen Woche das Unglück hatte, zum Fenster hinaus auf die Straße zu stürzen, starb ebenfalls nach Verfluß einer Stunde.

Christlicher Volksbote, 26. Januar 1837.

1626

Es kommt ein 30jähriger Mann, der keine Arme hat, aus der Eidgenossenschaft nach Basel. Dieser kann mit den Füssen jede nur mögliche Tätigkeit ausüben. So ist er in der Lage, Nadeln einzufädeln, die Trommel zu rühren, die Zither zu schlagen, Karten zu mischen und prachtvolle Schriften zu schreiben.

1731

Die Obrigkeit empfängt den Ordensgeneral der Kapuziner samt elf

47

Der am 26. Januar 1582 in hohem Alter verstorbene Thomas Platter und sein imponierender Lebensweg: Geisshirt, fahrender Schüler, bücherlesender Seiler, Rektor der Lateinschule auf Burg. Lavierte Federzeichnung von Hieronymus Hess. 1836.

Mitbrüdern im Gasthof «zur Krone» und bewirtet die geistlichen Gäste «mit raren Fischen».

1754

Der vom Collegium Musicum angestellte katholische Sänger Torsch rühmt sich in der Stadt seiner wüsten Krankheit wegen, die er im Freyschen Café an der Schneidergasse von den Mägden erworben habe. Er wird deshalb vor Gericht gezogen und mit 30 Pfund bestraft.

1857

Drei von Zahnschmerzen geplagte Soldaten einer hier stationierten Sappeurkompanie aus dem Waadtland suchen einen Chirurgien-dentiste auf. In Abwesenheit des Doktors werden die Sappeure von der Frau des Hauses empfangen. Diese aber ist der französischen Sprache unkundig und vermutet eine neue Einquartierung. Also beeilt sie sich, den Gästen auf liebenswürdigste Weise Wein und Käse vorzusetzen. Nach einiger Zeit erscheint der Zahnarzt und erlöst die Soldaten von ihrer Plage. Wie diese nun die Rechnung verlangen, erklärt der Doktor: «Eidgenossen, ich bin glücklich, euch von euren Schmerzen befreit zu haben. Es bleibt mir nur noch, euch einen Schmerzenstiller zu reichen. Und dazu ist nur ein köstlicher Rheinwein gut genug.» Die freundliche Behandlung durch den patriotischen Zahnarzt bleibt nicht ohne Folgen, wird doch die ganze Kompanie nun von einer eigentlichen Zahnwehepidemie heimgesucht...

1899

Es wird das Gesetz betreffend die Errichtung einer Basler Kantonalbank erlassen, mit dem Zweck, «den Geld- und Kreditverkehr der Einwohnerschaft des Kantons Basel-Stadt zu erleichtern und die Bedürfnisse des Handwerker- und Gewerbestandes sowie des kleineren und mittleren Liegenschaftsbesitzers zu berücksichtigen».

1910

In Riehen wird das Bobsleighschlitteln im Gemeindebann verboten.

27. Januar

Johannes Chrysostomus der Kirchenlehrer

1438

Durch ein weihevolles Requiem im Münster verleihen die Teilnehmer am Konzil von Basel ihrer tiefen Trauer über den Tod von Kaiser Sigismund Ausdruck.

1606

In Rötteln wird ein Zimmermann, der seinen Schwager ermordet hat, enthauptet und auf das Rad geflochten. Ebenso wird eine Magd, die hier ein Kind umgebracht hat, mit dem Schwert vom Leben zum Tod gebracht. Ihr toter Körper wird hernach nach Basel geführt und von Professor Caspar Bauhin anatomiert.

1700

Bei dichtem Nebel zerschellt an einem Brückenjoch ein mit Salz beladenes Schiff. Die Ladung sinkt sofort, die Besatzung aber kann gerettet werden. Der Schaden beträgt einige tausend Taler.

1705

Bürgermeister Andreas Burckhardt lässt an seine Hausmauer die Justizia und die Inschrift «Gerechtigkeit hallt allezeit» malen. Wenig später wird das Kunstwerk von Unbekannt mit Kot beschmiert: Sapienti Sat (Für den Weisen genügt es).

An die Deutschen in Basel
Dienstag den 27. Januar 1891, Abends 7½ Uhr, werden die unterzeichneten Vereine [993]
zur Feier des Allerhöchsten Geburtstages
Seiner Majestät des Kaisers Wilhelm II.
in den Sälen des Stadt-Kasino eine Festlichkeit mit Bankett veranstalten, zu der wir Alle hier wohnenden Landsleute mit ihren Damen herzlich einladen. Listen zur Unterzeichnung liegen auf bei den Herren **L. Jenke**, Eisengasse 19, **Ruppmann**, Güter-Expedient der Elsaß-Lothringer Bahn, **Müller**, Wirth zum Bad. Bahnhof, und **Schielé**, im Stadt-Kasino. — Schluß der Listen am 26. Januar, Abends 7 Uhr.
Der Festausschuß der Vereine:
Deutscher Liederkranz, Gesangverein Germania, Landwehr- und Reservistenverein und Militärverein.

National-Zeitung, 27. Januar 1891.

1795

Es herrscht eine ungeheure Kälte in der Stadt, die 31 Grad unter Null erreicht. Vielen erfrieren ihre vorrätigen Gemüse. Die Not zwingt zu besonderem Gebet, wobei das Danken nicht vergessen wird. Bei der strengen Kälte bringen manche bemittelte Bürger ihr Wohltun lieblich zutage. Kaum hat man die Pferdebesitzer aufgefordert, den Armen das Holz, das ihnen durch die Obrigkeit abgegeben wird, vor die Häuser zu fahren, so rollen die Equipagen schon davon. Um die Wohltätigkeit kümmern sich auch die sogenannten Kämmerlein, die zugunsten der Bedürftigen Kollekten durchführen.

1842

Nach dem Verkauf des Hotels Drei König steht ein Neubau in grossartigstem Stil bevor, welcher dasselbe dereinst mit den berühmtesten Gasthöfen der Schweiz und des Auslandes wird rivalisieren lassen.

1845

«Im besten Zustande ohne die mindeste Verletzung» treffen die 13 von der Basler Post in München bestellten Briefkästen ein. Sie sind nach einem Entwurf von Architekt Melchior Berri, dem Erbauer des ersten Stadtcasinos und des Museums an der Augustinergasse, gegossen worden und «lassen in keiner Weise etwas zu wünschen übrig».

Von den zwölf am 27. Januar 1845 in Basel eingetroffenen Briefkästen von Melchior Berri sind heute nur noch wenige funktionstüchtig, so am Spalentor, in der St. Albanvorstadt und am Lindenberg. Daneben verschönern verschiedene Replikate das Stadtbild.

1849

Basel wird vom Bundesrat aufgefordert, im Zusammenhang mit dem badischen Aufstand das Flüchtlingswesen strikter zu handhaben und keine Versammlungen gefährlicher Flüchtlingshäupter mehr zu dulden.

1859

Es stirbt der 1798 geborene Ratsherr Carl Geigy. Er hat das Erbe seines Vaters, die nachmalige J.R. Geigy AG, hervorragend verwaltet und gemehrt. Im Mittelpunkt seiner öffentlichen Tätigkeit stand die Bank von Basel und die Schweizerische Centralbahngesellschaft, als deren Präsident er über eine eigene Eisenbahnstation im Park seines Hauses an der St. Jakobsstrasse 191 verfügte! «Geigy hat als Handelsmann und Industrieller wie auch als Verkehrspolitiker den Durchschnitt seiner Basler Standesgenossen weit überragt.»

1893

Der Umstand, dass heuer der Vogel Gryff mit dem Geburtstag des deutschen Kaisers zusammenfällt, gibt zu einem besondern Missverständnis Anlass: Ein Elsässer Weiblein, das dem Tanz der Drei Ehrenzeichen aufmerksam zuschaut, meint nachdenklich: «E lüej me-n-äu do hare. Jetz gumpe no godverdohni die bessere Membres vom ditsche Kriegerverein z Basel verklaidet ummenand. S isch olleway wägen em Giburtsdaj vom ditsche Kaiser!»

1897

Die Fährmänner bitten ihren Arbeitgeber, den Basler Kunstverein, den seit 20 Jahren unverändert gebliebenen Taglohn von Fr. 4.– endlich der Zeit anzupassen, was auch in bezug auf die 6 jährlich zugestandenen Freitage zutreffen möchte.

28. Januar

Karl der Grosse

1408

Warmer Regen und Wind brechen die langanhaltende Kälte. Die Eisschmelze richtet an den Brücken grossen Schaden an.

1525

«Aus guter, ehrbarer und redlicher Meinung, wie es einer frommen Obrigkeit geziemt», erklärt der Rat, in Zukunft die in den ungeraden Monaten und demnach dem Papst vorbehaltenen freiwerdenden Pfründen am Münster von sich aus zu besetzen, und er begabt sogleich Jörg Fatzmann mit einer einträglichen Kaplaneipfründe.

Knopfmacher Frey und dessen Frau setzen am 28. Januar 1843 Bürgermeister Karl Burckhardt über eine angebliche Verschwörung ins Benehmen.

1633

Die Schweden stecken das Dorf Blotzheim in Brand, schlagen 500 Bauern zu Tode und nehmen deren 800 in Gefangenschaft. Zur selben Zeit werden in Häsingen 39 Bauern an Bäumen aufgeknüpft.

1651

Es wird ein grosses Schwein gemetzget, das 390 Pfund auf die Waage bringt. 30 Jahre später werden auf dem Waldenburger Schloss drei Schweine von 395 Pfund, 390 Pfund und 366 Pfund auf die Schlachtbank geführt.

1652

Bei Strafe von zwei Gulden wird das Tabaktrinken (Rauchen) strengstens verboten.

1694

An der Wiesenbrücke schiesst eine Schiltwache «einen grossen Wolf, der ihn fressen will, tod, worauf dieser in die Stadt hereingebracht wird».

1747

Ein Mann aus Ziefen, der «einem Mann beim Spielen um eines kleinen Geldstücks willen das Knick gebrochen, wird mit dem Schwert vom Leben zum Tod gerichtet».

1759

In ihrem 96. Lebensjahr stirbt Dorothea Ryhiner-Socin, die älteste Baslerin. «Neben ihrem rauhen und interessierten Naturel ist sie doch den Armen barmherzig gewesen und hat alle Tag den Hausarmen viele Almosen ausgeteilt. Auch ist sie bis vor kurzem eine fleissige Kirchengängerin gewesen.»

Mittwochs-Zeitung, 28. Januar 1786.

1817

In seinem 67. Lebensjahr geht Daniel Schorndorf, der Obervogt von Kleinhüningen, Todes dahin. «Er führte seine Amtsgeschäfte nach dem Grundsatz, dass das Gesetz für die Armen und das Recht für die Reichen ist. Deshalb stand ihm die ganze Bevölkerung in Kleinhüningen feindselig gegenüber, denn dort bezog er ein ansehnliches Einkommen aus dem Lachsfang. Und da er immer die schwersten Fische für sich verlangte, gaben ihm die Fischer den Rat, sich selbst an ihre Stange zu hängen!»

1871

Am letzten Tag des Deutsch-Französischen Krieges wird in Blois ein in Basel aufgewachsener Hesse durch ein Geschoss tödlich verletzt. Als sein Vater, der sogenannte lange Becker, der Lehrer, die Trauerbotschaft empfängt, zieht er sich mit dem Ausspruch «Das Opfer ist gebracht» in sein Zimmer zurück und feiert durch einen Hymnus die Ankunft seines Sohnes in Walhall, dem Aufenthaltsort der im Kampf gefallenen Krieger.

1892

Die bis jetzt am Montag abgehaltenen Sitzungen des Grossen Rats finden erstmals am Donnerstag statt.

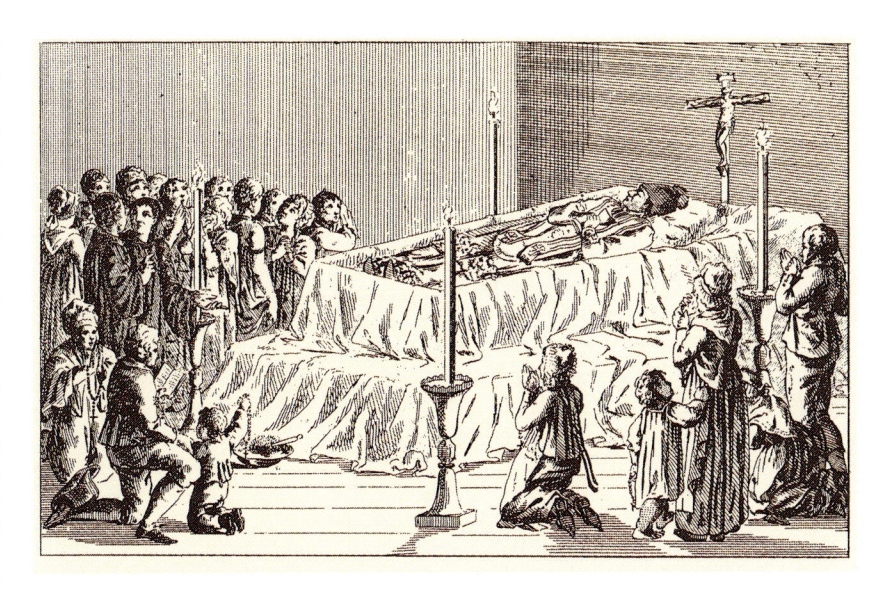

Am 29. Januar 1804 stirbt Pfarrer Roman Heer, Katholisch-Basels erster Seelsorger seit der Reformation. «Es wird allsogleich der Ornat aus der Kirche geholt und ihm angelegt, als wenn er vor dem Altar stünde. Alsdann wird er auf ein erhabenes Gerüst gelegt, mit einem Kruzifix und vier brennenden Kerzen ausgeziert und der ganzen Gemeine zum Gebet und zur öffentlichen Schau aufgestellt. Der Zulauf, Klagen und Weinen um diesen Verlust ist unbeschreiblich. Er wird bei der Hauptpfarrkirche St. Theodor auf dem öffentlichen Gottesacker zur Erde bestattet. Die katholische wie die reformierte Geistlichkeit wie auch eine grosse Anzahl der ansehnlichsten Bürgerschaft begleiten ihn mit Liebe und Eintracht bis an sein Grab.»

29. Januar

Valerius von Trier der Bischof

1505

Hans Im Hof, der Schuhmacher von St. Gallen, wird zu einem Bürger angenommen.

1645

Der Schmied Lienhard Isenflamm findet in einem Rübenloch einen Dachs.

1662

«Der Schneider Ludwig Haag trinkt mit drey Weybern auf einmal 27 Mass Wein und verzehrt dabey 10 Pfund Fleisch. Weil er auch noch auf des Teufels Gesundheit getrunken hat, wird er für drey Jahre aus der Stadt verbannt und nach Candia auf die Galeere geschickt.»

1737

Dem 46jährigen Gerichtsherrn Rudolf Frey wird «nach schwärer Operation ein grosser Stein in der Grösse einer Citrone herausgezogen. Er hat dabei viel Blut verloren und ist in eine starke Ohnmacht gefallen. Aber dennoch ist der Patient mit dem Leben davongekommen».

1757

In seinem 57. Lebensjahr stirbt der Kleinbasler Drechslermeister Emanuel Haag. Durch Erbschaft zu einem Vermögen gekommen, hatte sich der Verblichene ein genüssliches und gemütliches Leben gegönnt und den Kelch der irdischen Freuden bis zur Neige geleert. Seine Neider zögerten denn auch nicht, «eine Poesie über den Verstorbenen» erscheinen zu lassen: «Wan Erben, Weiber, Schwatzhaftigkeit und Lust halften in der Noth, so wär Heer Wachtmeister Haag der Drechsler noch lang nicht tod.»

1770

Die Schlussrechnung der von Lukas und Jakob Sarasin am Rheinsprung erbauten prachtvollen Liegenschaften (Blaues und Weisses Haus) nennt einen Kostenaufwand von 217 215 Gulden. Der Grundstein zum ersten Haus ist am 21. März 1763 gelegt worden. Der erste Nagel am Dachstuhl wurde am 12. Februar 1765 eingeschlagen und das Richtfest für den «Flügel am Teufelsgässlein» fand am 10. Juli 1769 statt.

Obrigkeitliches Mandat, 29. Januar 1856.

1782

Die Landwirtschaftliche Kommission erlaubt dem Bubendorfer Chirurg Furler in die Sommerzelg, die im folgenden Jahr Brachzelg wird, Kleesamen zu säen. Dies soll viele arme Leute in den Stand setzen, ein oder zwei Stück Zugvieh anzuschaffen oder eine Kuh zu sömmern und zu wintern.

1804

Der frühe Tod von Roman Heer, des ersten katholischen Pfarrers seit der Reformation in Basel, lässt die Ausstrahlung der starken Priesterpersönlichkeit nochmals aufleben: «Die Menschen in unserer Stadt können ungeachtet der verschiedenen Denkensart in Glaubenssachen friedsame Einwohner, dienstfertige Nachbarn, verträgliche Hausgenossen, und was uns am meisten überzeugen und rühren soll, sogar ungestörte Beter in der nämlichen Kirche sein.»

1809

Auf die Vorhaltung hin, sie hätten in der Liegenschaft des Zimmermeisters Plattner auf der Lyss eine Synagoge eingeweiht, erklären die hier ansässigen Juden, bei der beanstandeten Zeremonie habe es sich keineswegs um eine Synagogeneinweihung gehandelt, sondern nur um die Verifikation einer Thoraabschrift. Unter der Bedingung, öffentliche Auftritte zu unterlassen und weder jüdische Ehen einzusegnen noch jüdische Leichenbegängnisse zu feiern, wird ihnen die Abhaltung ihres Gottesdienstes im Stillen gestattet.

1856

Die Stadtkanzlei teilt mit, dass die Stadttore nun von 06.00 bis 23.00 Uhr geöffnet sind. Wer ausserhalb dieser Zeit Ein- oder Auslass begehrt, hat dem Torsperrer 10 Centimes pro Person und 50 Centimes pro Fuhrwerk an Gebühren abzuführen.

1899

In Riehen wird der schon lange herbeigewünschte neue Gottesacker mit ergreifender Feierlichkeit eingeweiht.

30. Januar

Thyrsus und Victor die Märtyrer

1256

Bischof Berchtold von Pfirt bestätigt die Pflichten und Rechte der Brotmeister gegenüber den Stadtbäckern und deren Gewerbe. Sie kontrollieren dreimal wöchentlich den Brotmarkt in bezug auf Qualität und Gewicht und ziehen Fehlbare durch Beschlagnahmung des Brotvorrats zur Strafe.

1591

Marx Bock von Biel wird wegen Diebstahls mit dem Schwert vom Leben zum Tod gebracht.

Der Bürger-Verein zum Storchen.

Es ist kein Geheimniß, daß sich seit den Oktobertagen des verflossenen Jahres unsere Bürgerschaft theilweise in verschiedenen politischen Vereinen versammelt hat, die, namentlich bei den Wahlen, mehr oder weniger Einfluß auf die öffentlichen Angelegenheiten ausgeübt haben. Einer derselben, der sich den Namen Bürger-Verein gab, pflegt sich im Gasthofe zum Storchen zu versammeln. Es ist dieß der konservative, der so eben seine Statuten dem Druck unterlegte. Wir denken, derselbe werde uns nicht eine unberufene Einmischung in seine innern Angelegenheiten vorwerfen, wenn wir dem ohnedieß gedrückten Blatte durch unser Organ noch eine weitere Verbreitung geben. Es geschieht eben, um das Publikum darüber [auf]zuklären, wessen es sich zu diesem politischen Verein zu versehen habe*). Möchten nun die andern Clubbs, welche ebenfalls in öffentlichen Dingen ein Wort mitsprechen wollen, aus ihrer Tendenz ebensowenig ein Geheimniß machen.

*) Die erste Erwähnung, welche die Nationalzeitung von diesem Vereine thut, ist eine verdächtigende, indem sie die demselben vorgelegte Petition zur Beibehaltung des großen Stadtraths eine „Agitation" nennt und dahinter andere politische Ursachen wittert. Herr Dr. Brenner, schämen Sie Sich nicht, eine eben so gemeine, als grundlose Verdächtigung in die Welt hinaus zu schreiben.

Kantons-Mittheilungen, 30. Januar 1847.

1634

Gefährliche Landstreicher, sogenannte Schnapphahnen, rauben vor dem Spalentor und dem St. Johann-Tor 200 Stück weidendes Vieh. Oberstleutnant Zörnlein gelingt es, mit einer Anzahl wagemutiger Reiter der Übeltäter und des Viehs habhaft zu werden. Während einige der Schnapphahnen umgebracht werden, lässt man es bei andern mit einer Gefangenschaft bewenden.

1636

Trotz Donner und Blitz erfüllt sich das Sprichwort «Früher Donnerschlag, später Hunger» nicht, wird das Jahr doch zum fruchtbarsten seit Menschengedenken.

1641

Ein Falschmünzer und ein Beutelschneider samt seiner Frau werden wegen ihrer Untaten enthauptet.

1692

Eine neue Kasernenordnung regelt, dass ein Drittel der Stadtgarnison täglich den Wachtdienst unter den Toren und in der Stadt zu verrichten habe. Den übrigen wird freigestellt, einer Nebenbeschäftigung nachzugehen. Exerziert wird nur, «wann es das Wetter erleiden mochte». Verboten ist den «Stänzlern», auf den Betten hin- und her zu leitschen, damit die Schlafstellen nicht von Ungeziefer angesteckt werden. Ebenso soll sich keiner gelüsten, in den Zimmern Tabak zu fumieren.

1800

In Grosshüningen werden auf unerhört wohlfeile Weise eine Menge Pferde verkauft. Manches schöne Pferd wird zu einem Neuthaler verkauft, schlechtere sind schon für 30 Sous zu haben. In Wyhlen hingegen verlangt ein Husarenoffizier vom Dorfvorsteher für sein abhandenge-

Der mit sechs «finstern und peinigenden Gefangenschaften» ausgebaute Spalenschwibbogen am obern Spalenberg ist immer wieder Zentrum spektakulärer Auftritte renitenter Übeltäter, die das Volk in hellen Scharen herbeilocken. So auch am 30. Januar 1762, als der wegen zahlreicher Diebstähle angeklagte Johannes Walliser von Eptingen durch gnadenloses Foltern zu Geständnissen gemartert wird, die ihm schliesslich eine zwölfjährige Galeerenstrafe einbringen. Aquarell von Peter Toussaint. 1837.

kommenes Pferd nicht weniger als 50 Louisdors.

1884

In Basel-Augst wird ein Topf mit über 1600 silbernen und kupfernen Münzen aus der Römerzeit ans Tageslicht gehoben.

1898

Die Anwohner des von einer rapiden Entwicklung geprägten Breite-Quartiers erwarten von der Postdirektion die Einrichtung einer Postablage, zumal Lokalitäten hiefür leicht zu erhalten sind. «Die Förderung ist eine gerechtfertigtere als die Sehnsucht nach einem Polizeiposten!»

31. Januar

Virglius der Bischof

1525

Die Augustinerchorherren haben das Kloster St. Leonhard gegen eine angemessene Pfründe der Obrigkeit zu übergeben. Es darf nur noch einmal täglich Messe gelesen werden. Prozessionen und Litaneien müssen unterbleiben, doch wird schon im folgenden Jahr der Gemeindegesang eingeführt. Der letzte Propst des Klosters, Geissberg, wird zur Rechenschaft gezogen, weil er nicht nur ganze Ländereien verschleudert hat, sondern auch noch «elf Rösslein gehalten und viel Geld verputzt hat».

1585

Zum Gedächtnis an die extrem geringe Wasserhöhe des Rheins wird auf der «Eselgriene» (Rheininsel) ein Schiessen mit Feuerrohren durchgeführt.

1608

Es fällt ein so grosser Schnee, dass den Verwaltern der ehemaligen Klöster anbefohlen wird, die Hauptstrassen von den Schneemassen zu befreien und diese mit ihren Pferdezügen in den Rhein zu führen.

1672

Hans Georg Sprenger, der Burgvogt von Rötteln, wird wegen Veruntreu-

Ball- und Gesellschafts-Kleider
in vornehmster Ausführung
Jean Seiberth, Freiestrasse 74
zum Sodeck.

Basler Nachrichten, 31. Januar 1910.

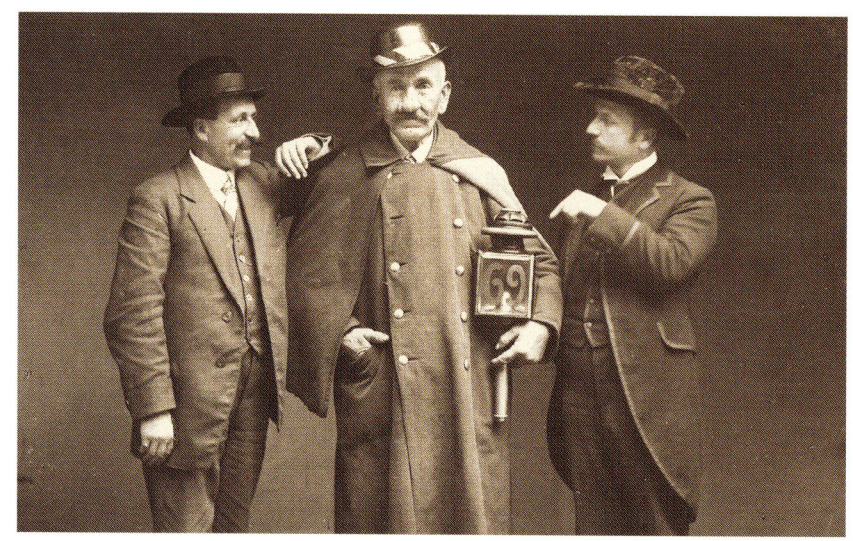

Obwohl durch den Trambetrieb stark konkurrenziert, beleben am 31. Januar 1913 noch immer markante Droschkiers das städtische Verkehrsleben. Unter ihnen erfreuen sich dr Härdöpfelsepp, d Ärbsenaase und dr Schuflekönig besonderer Popularität.

ungen mit dem Schwert hingerichtet, «aber gar jämmerlich».

1727
Weil die Mägde oft so köstlich wie ihre Herrschaften und die Frauen der Hintersassen (Niedergelassenen) so vornehm wie Bürgerinnen daherkommen, wird ihnen verboten, fortan halbseidene und seidene Kleider zu tragen, ausser den Hauben, doch diese ohne Gold- und Silberschmuck und ohne Samt.

1755
Bürgermeister Merian lässt eine arme Frau, die bei ihm um ein Almosen nachfragte und das Haus nicht mit leeren Händen verlassen will, durch Spitalmägde auf einem Krankensessel vor das Haus des Vorstadtmeisters Kern tragen, was grossen Unmut auslöst.

1850
Es fallen im ganzen Land die Zollschranken, die während Jahrhunderten die Kantone in lähmende Schranken versetzt hatten. Nur an den Grenzen gegen das Ausland werden inskünftig Zölle erhoben.

Von den alten, durch den Staat und die Stadt bezogenen Zöllen verbleiben dem ersten nur das Ohmgeld und die Konsumgebühren, die auf die eingeführten alkoholischen Getränke geschlagen werden, und der Stadt der Viehpfundzoll für die Einfuhr von Pferden, Rindvieh, Schafen, Schweinen und Ziegen. Durch die Verlegung der Zölle an die Landesgrenzen «ergibt sich für Basel eine Erschwerung der Lebenshaltung unserer in so mancher Beziehung auf das Ausland angewiesenen Grenzstadt, wie sie kein anderer Kanton zum Wohle des gemeinsamen Vaterlandes zu tragen hat».

1. Februar

Brigitta von Kildare die Äbtissin

1431
Julian von St. Angeli, Kardinal von St. Sabina und päpstlicher Legat in Deutschland, wird von Papst Martin V. zum Präsidenten des Konzils von Basel ernannt, das sich jedoch erst im Sommer und ohne seine Anwesenheit versammelt.

1588
Der Rat von Strassburg lässt den Rat von Basel wissen, dass ihr Bürger Daniel Specklin wohl in den Dienst der Stadt treten möge. Dies ist insofern von grösster Bedeutung, als Specklin, ein berühmter Festungsbaumeister, die ungenügenden Befestigungsanlagen der Stadt wieder in Ordnung bringen soll. Er kommt denn auch bald nach Basel und bespricht mit der Obrigkeit, wie aus dem veralteten Mauerring Basels eine neuzeitliche Befestigung zu entwickeln sei. Schon nach kurzer Zeit liefert er dem Rat eine genaue Beschreibung der einzelnen notwendigen Verbesserungen der Wehrbauten ab. Seine Vorschläge aber vermag der Rat nur teilweise umzusetzen, obwohl die gefahrvollen Zeiten eines Krieges gegen die evangelischen Stände und Städte immer näher rücken. Der frühe Tod Specklins mag seinen Anteil daran haben.

1668
Die streitsüchtigen Eheleute Johann und Barbara Pfriend werden gemeinsam im Spalenturm eingekerkert und nicht entlassen, bis sie sich miteinander versöhnt haben!

1797
Nach der Kapitulation der Franzosen wird der Brückenkopf von Hüningen, der «nur in einem Haufen Sand und Kieselsteine besteht, geschleift. Die Belagerung hat bei den

Die Stadt hat im Winter 1695 unter enormer Kälte zu leiden. Auch der Birsig ist während Wochen mit einer dicken Eisschicht überzogen, die erst am 1. Februar wieder zum Schmelzen kommt. Bleistiftzeichnung von Constantin Guise. 1854.

mit Löwenmuth kämpfenden Österreichern und den sich mit Herzhaftigkeit vertheidigenden Franzosen unzählige Opfer gefordert. Von den Verwundeten der beiden Kriegspartheien sind viele nach Kleinhüningen gebracht und von den baslerischen Wundärzten menschfreundlich besorgt worden».

1830

Der strengste Winter seit hundert Jahren bringt grosse Not über Land und Stadt, die besonders die armen Leute trifft. Es werden daher zwei Hilfsvereine gegründet, die innert kürzester Zeit 4200 alte Schweizer Franken einzubringen vermögen, was zum Ankauf von 558 Paar Strümpfen, 430 Paar Schuhen, 345 Hemden, 136 Röcken, 73 Decken, 116 Hauben, 43 Leintüchern, 1528 Pfund Reis, 1775 Pfund Erbsen, 12 Klaftern Holz und 500 Wellen ausreicht. Die Vergabungen gehen vornehmlich an die Dörfer St. Louis, Hüningen, Neudorf, Burgfelden, Reinach, Aesch, Pfeffingen, Arlesheim, Therwil, Oberwil, Ettingen und Buschwiler.

1842

Seit mehreren Jahren hat sich beim jeweiligen Sturz der Staatskasse ein bedeutender Überschuss gezeigt, ohne dass man sich die Ursache erklären konnte. Jetzt kann man sich endlich die Gewissheit verschaffen, dass die fragliche Summe noch vor der Zeit der Trennungswirren herrührt.

1865

Skandal an der Schwanengasse: Vom Blumenrain her segelt ein Heuwagen gegen den Fischmarkt, links und rechts grösste Unordnung und Verwüstung hinter sich lassend. Vor einem Haus an der Schwanengasse hält der Wagen an, die Pferde werden ausgespannt, «und der Spektakel beginnt: Hinter dem Wagen ist alles in grösster Tätigkeit mit Heuen, und vor dem Wagen findet ein offener Krieg statt. Es wird zwar nicht gerade geprügelt, doch werden scharfe, spitzige, unartige Worte gesprochen. Endlich wird die Polizei herbeigerufen. Nun wird das Heu durch die beteiligten Bauern und Stallknechte während drei vollen Stunden durcheinandergeschüttelt, um alsdann in Bündeln an einem Seil in den höchsten Estrich manipuliert zu werden. Die ganze Gasse wird derart mit Staub und Dreck bedeckt, dass man sich in einer arabischen Sandwüste wähnt und nicht im winterlichen Basel. Dergleichen Missstände sind hier schon im Mittelalter gerügt worden. Jetzt aber hat die Stunde geschlagen, diesen endlich abzuhelfen!»

1890

Mit 3187 Ja gegen 1671 Nein wird eine neue Kantonsverfassung angenommen. Diese bestimmt u.a. die Wahl des Regierungsrates durch das Volk. Es bringt aber praktisch keine Veränderungen, werden doch im April die bisherigen Regierungsräte wiedergewählt, und der neue Grosse Rat zeigt ziemlich das gleiche Aussehen wie der alte.

Sonntag den 1. Februar
Eröffnung der neuen bayrischen Bierhalle.
Steinenvorstadt 1.
Heute Sonntag
Zwei Concerte der Capelle Schreiber.

Einem verehrlichen Publikum von Basel und Umgebung zeige hiemit an, daß ich meine spanische Weinhalle aufgegeben und dieselbe zu einer **bayrischen Bierhalle** eingerichtet habe und nur ächt bayrisch Bier vom Faß verzapft wird. Es soll stets mein Bestreben sein, durch gute Biere und Küche, sowie reelle Weine meine geehrten Gäste zufrieden zu stellen.
Auch habe mein Lokal bestens eingerichtet und mit Billard und Klavier versehen. Zu zahlreichem Besuch ladet freundlichst ein [1778]
S. Baehny.

Basler Nachrichten, 1. Februar 1880.

Das Hintergebäude des ehemaligen Gasthofs «zum Hirzen» an der Aeschenvorstadt 50, das durch hochherzige Vergabung des Trauerhauses Burckhardt-Forcart vom 2. Februar 1888 zu einem Diakonenhaus umgebaut werden konnte und bis 1908 der Ausbildung von christlichen Krankenwärtern dient.

2. Februar

Mariä Lichtmess

1326

Basel schliesst einen Landfriedensbund mit Strassburg und Freiburg. Das Bündnis ist im ältesten noch vorhandenen Basler Bundesbrief verankert.

1411

Nach einer geharnischten Predigt von Pfarrer Johann Pastor im Münster beschliessen Bischof und Rat die Ausweisung der Beginen, die sich in zehn Häusern der Stadt einem klosterähnlichen Leben hingeben.

1480

Wegen anstössigen Benehmens verweist der Provinzial des Predigerklosters in Deutschland die Nonnen im Klingental ihres Klosters. Sie werden von 13 Reformschwestern aus Engelporten abgelöst. 1482 aber rehabilitiert Papst Sixtus IV. die ausgestossenen Klosterfrauen und setzt sie in Ehren wieder in ihre alten Rechte ein.

1592

Die Obrigkeit ermahnt die Kleinbasler Ehrengesellschaften ernstlich, bei ihren Umzügen mehr Bescheidenheit zu beobachten.

1655

«Als der Gilgenwirt Lienhard Schwarz stirbt, wird er geöffnet und ein Stein in seiner Blase in der Grösse eines Hühnereis und mitten derselben eine Blei Kugelen mit der er hiervor im Krieg angeschossen worden ist.»

1748

In Liestal führt die Schaustellung eines Nashorns zu einem grossen Auflauf von Wunderfitzigen. Dabei kommt es zwischen dem Tierwärter und einem Schmied zu einer blutigen Säbelfechterei. Der Fremde wird samt dem «Renoceros» sogleich inhaftiert und erst nach Erlegung einer Busse von 300 Gulden wieder in Freiheit gesetzt.

1830

Eine Gruppe wohltätiger Bürger lässt in der Stadt durch Trommelschlag verkünden, dass während der extrem kalten Tage an sechs verschiedenen Orten der Stadt Zimmer geheizt werden, wo Einheimische wie Fremde sich bei heisser Suppe unentgeltlich erwärmen können. Im Klingental werden täglich bis zu 700 Suppenportionen ausgeschöpft.

Verordnung über die Fastnachts-Belustigungen.

E. E. Stadt-Rath hat zu Beobachtung des Anstandes und guter Ordnung folgendes über die Fastnachts-Belustigungen verordnet: 1) Wärend der Fastnacht mögen die Kinder wie bisher in anständiger Verkleidung sich sehen lassen. 2) Den Knaben ist gestattet den 20., 21. und 22. dieses Monats Hornung auf den Gassen zu trommeln; vorher ist solches bey Confiscation der Trommel untersagt: Bey gleicher Strafe darf auch der Morgenstreich am Fastnacht-Montag, vor sechs Uhr Morgens nicht geschlagen werden. 3) Am Montag den 20. und Mittwochs den 22sten sind die Umzüge aus den Quartieren unter gehöriger Aufsicht bewilliget; es sollen aber dabey keine Personen über zwölf Jahre erscheinen. Das sogenannte Umschlagen vor dieser Zeit ist gänzlich verboten.

Wöchentliche Nachrichten, 2. Februar 1809.

1856

Die Eisenbahnlinie Basel–Säckingen wird dem Verkehr übergeben. Ein prächtig geschmückter Zug verlässt den Badischen Bahnhof und macht auf allen Bahnhöfen, die festlich bekränzt sind, Halt. Überall herrscht ein fröhliches Getriebe. Nach einem grossen Festmahl in Säckingen werden die hochbefriedigten Gäste wieder nach Basel geführt.

3. Februar

Blasius von Sebaste der Bischof

1296

Die Kapitel der Klöster St. Peter und St. Leonhard kommen überein, jährlich zu Ehren des heiligen Augustin eine Feier zu veranstalten.

1357

Nach dem Grossen Erdbeben erhält die Dorfkirche von Riehen eine neue Glocke, die mit einer lateinischen Inschrift versehen ist, deren deutsche Übersetzung lautet: «O König der Ehre Christus, komme in Frieden». Sie ruft die Gläubigen bis ins Jahr 1907 zum Gebet und ist heute im Historischen Museum verwahrt.

1463

Die Kälte des Winters zwingt den Rat, 30 Knechte auf den überfrorenen Rhein zu schicken, um das Eis aufzupicken, das von der Dicke eines halben Mannes ist. Dies gelingt den Arbeitern erst nach zwei Tagen.

1644

Als der Rheinbrücke ein neues hölzernes Joch geschlagen wird, stürzt das Gerüst ein und wirft dreissig Zuschauer zu Boden. Glücklicherweise erleidet nur der junge Niklaus Kappeler eine Verletzung, «indem ihm ein Knoden ausgefallen ist, dass ihm der ganze Fuess umgekehrt und die Zehen hinder sich gesetzt sind»!

1691

Johann Jakob Socin, Mitglied des Dreizehnerrats, wird wegen Wahlbestechung seines Amtes entsetzt

Am 3. Februar 1826 wird das von den Maurermeistern Achilles Huber und Remigius Merian sowie den Zimmermeistern Christoph Eglin und Franz Gessler nach den Plänen von Melchior Berri erbaute Stadtcasino festlich eingeweiht (bis 1938). Aquarell von Johann Jakob Neustück. 1826.

und muss überdies zur Strafe 100 Sack Getreide zur Verteilung unter die Armen stiften.

1699

Im Wirtshaus «zum kleinen Bären» an der Aeschenvorstadt betrinkt sich ein Carmelitermönch, weil er die Aufgabe, die ihm von seinem Abt gestellt ist, nicht zu erfüllen vermag. Schliesslich geht er weg und verübt in der Sandgrube bei St. Jakob den angedrohten Selbstmord. «Er wird allda tot gefunden, von den Kolibergern in die Stadt geführt und auf dem St. Elisabethen Kirchhof logiert.»

1718

Damit den Manipulationsversuchen bei Ersatzwahlen in den Kleinen Rat und in andere hohe Ämter endlich wirksam entgegengetreten werden kann, beschliesst die Regierung: «Es soll das Los, nach vorhergehender vernünftiger Wahl, hiermit in allen Ehrenstellen, erbetenen Ämtern und Diensten, sowohl in dem weltlichen als geistlichen Stande und löblicher Universität vom Obersten an bis auf den Untersten (ausgenommen der Bürgermeister) erkannt und eingeführt werden.»

1764

Es stirbt der Kleinbasler Franz Theophil Freuler, Ratsredner und Autor populärer Schriften. «Ist ein guter Jurist, Poet und Lateiner gewesen, doch mehr auf der Feder als mit dem Mundstück. Im übrigen war er ein grosser Schmarotzer und Bacchusbruder, welcher sein Talent mehr zum Schaden als Nutzen angewendet hat. Wegen seinem ehrverletzlichen Gschendmaul ist er oftmals von vielen Leuten affrontirt worden.»

1851

In lebhafter Debatte, die fünf Stunden dauert, beschäftigt sich der Grosse Rat mit einem Antrag, der die Aufhebung der Universität zum Ziel hat. Als vehementer Gegner der Universität entpuppt sich dabei der radikale Wilhelm Klein. Er gibt u.a. zu bedenken, Basel habe im ganzen 120 Akademiker nötig, das heisst 4 jährlich, mithin 12 für eine Studienzeit von 3 Jahren. Diese könne man sich billiger beschaffen, wenn man sie an fremden Universitäten ausbilden lasse. Es bedeute für Basel keine Ehre, eine Universität zu besitzen, sowenig ehrenvoll es sei, mit zwei Pferden herumzufahren und sich nicht satt zu essen. Nach «würdiger

Der beste Ersatz

für die teuern Gemüse

142 sind unsre

Ia. Teigwaren

offen Fr. -.30 per Pfund

supér „ -.35 „ „

Eierteigwaren

offen Fr. -.55 per Pfund.

Gebr. Riggenbach & Cie.

zum Arm.

Basler Volksblatt, 3. Februar 1912.

Diskussion, die als die bedeutendste seit den Sonderbundswirren und als die wichtigste für das Basler Gemeinwesen bezeichnet wird», bezeugt der Grosse Rat mit 81 zu 11 Stimmen eindrücklich seine Anhänglichkeit zur Universität.

1884

Die Gründungsversammlung der VKB entschliesst sich auch zur Mitwirkung an der bevorstehenden Fasnacht. Mit Erfolg, denn «die wirklich famose Landesausstellung der Kleinbasler war stets von einer ungeheuren Zuschauermenge begleitet».

4. Februar

Veronica die Schülerin Christi

1273

Priorin und Konvent des Klosters Klingental verleihen ihren Anteil an der Wiesenfähre bei Kleinhüningen dem Konrad Brögelin zu einem Erbrecht. Doch ist er gehalten, die Lehensleute und das Gesinde der Klingentalerinnen wie bisher unentgeltlich über den Fluss zu fahren.

1577

Die Obrigkeit ist willens, die schlechte Qualität des hiesigen Musiklebens zu verbessern. Sie richtet deshalb an der Universität einen Lehrstuhl für Musik ein. «Es ist besser, wenn die Jugend ihre freie Zeit in ehrlicher Übung der Music und Instrumenten zuwendet und sich so belustigt, als wenn sie ihre Musse für allerlei üppige und unnütze Sachen verschwendet.»

1623

Wie der lange Wohnlich und der Scheltner durch das Spitalgässlein heimwärts ziehen, bemerken sie, dass die Tür zur Spitalkirche offensteht. Sie gehen hinein und treiben auf der Kanzel ein widerliches Gespött, worauf beide von einem Gespenst gequält und von einer gefährlichen Krankheit befallen werden.

1641

Nach dem Hochzeitsmahl eines schwedischen Kriegers im Haus eines Kleinbasler Pastetenbäckers schiessen einige Gäste beim Gesellschaftshaus «zur Haeren» ihre Pistolen los. Unglücklicherweise trifft eine Kugel die Frau des Kartäuserschaffners von Brunn, die aus einem Fenster dem Treiben der beschwingten Hochzeitsgäste zuschaute, so dass sie auf der Stelle vom Tod dahingerafft wird.

1800

Aus dem hiesigen Gefängnis lassen sich drei Insassen, darunter der Liestaler Kirchenräuber Strübin und der diebische Trunkenbold Sägiser, die Mauer hinab und verschwinden. Vermutlich hat ihnen die Zeit der Einsperrung zu lange gedauert!

Gustav Adolph König von Schweden

Gustaf IV. Adolf, entthronter König von Schweden, wird am 4. Februar 1818 unter dem Namen «Oberst Gustafsson» zu einem Basler Bürger angenommen.

1818

Oberst Gustaf Adolf Gustafsson (1778–1837), der 1809 gestürzte König Gustav IV. Adolf von Schweden, wird auf sein Ersuchen und nach längerer Wartezeit zu einem Bürger angenommen: «Gustav Wasa tritt mit Ehrerbietung in eine Versammlung von Kaufleuten, Künstlern, Handwerkern und Landwirten und wohnt dem Ablesen der Bittschrift bei, welche seinen Wunsch enthält, mit Entsagung auf alle seine Vorrechte und mit Ausschluss seiner schon lebenden Kinder ihr Mitbürger zu werden. Das tiefste Schweigen herrschte im Grossen Rat beim Anhören des Bittgesuches. Dann aber hat sich der ehemalige König der Schweden zurückzuziehen. Doch bald wird er wieder vorgelassen, um seine Annahme zu vernehmen.» Nach vier Jahren wird Gustafsson seines Hauses an der

☞ **Wein über die Gasse.** ☜

Kaiserstühler 1885er per Liter 50 Cts.
„   1886er   „   „   60 „
„   1887er   „   „   70 „

Kaltenbach, Isteinerhof.

Basler Arbeiterfreund, 4. Februar 1888.

St. Johannsvorstadt 72, das er zum Preise von Fr. 12 000.– erworben hatte, lästig, weil die im Rhein badenden Kinder zu viel Lärm machen und weil seine Anstellung als Feldzeugmeister wegen zu kurzer Dauer des Bürgerrechts abgewiesen worden war. Er löst schmollend seine Verbindung zu «seiner Vaterstadt», doch verweigert ihm diese die Rückerstattung der Einkaufsgebühr von Fr. 1500.–. So verlässt der ruhelose entmachtete Schwedenkönig 1826 Basel für immer.

5. Februar

Agatha die Märtyrerin

1426

Ritter Daniel Auer, der wegen eines bei Flumental verübten Raubes durch die Solothurner über den Hauenstein gejagt worden war, fällt bei Bubendorf in die Hände der Basler. Er wird in die Stadt geführt, zum Tode verurteilt, enthauptet und in der Barfüsserkirche beigesetzt.

1434

Der Papst anerkennt das Konzil von Basel: Kaiser Sigismund, alle Kardinäle, Patriarchen, Erzbischöfe, Bischöfe, Äbte und Gesandte (im ganzen 112 Mitren) und die gesamte Geistlichkeit von Basel mit ihren Reliquien versammeln sich im Münster. Der Kardinal von Bologna zelebriert die Messe des Heiligen Geistes. Dann werden die Litaneien gesungen und das Evangelium gelesen, welches mit den Worten beginnt: «Ich bin der gute Hirte.» Hierauf verkündet ein Bischof die Beglaubigung des Papstes und stellt der anwesenden Geistlichkeit die Frage: «Gefällt es Euch?» Alle antworten: «Es gefällt uns.» Nun wird das Te deum laudamus gesungen, dann geht man auseinander.

1565

In der St. Albanvorstadt ereignet sich ein abscheulicher Mord: Der junge Paul Schuhmacher bringt seinen 70jährigen Pflegevater, den Buchbinder Andreas Hagen, und dessen Haushälterin auf entsetzliche Weise ums Leben: «Als der alte Mann zu Beth lag, hat er ihn mit einem Schärhammer an den Kopf geschlagen und mit einem Messer

Zeitgenössische Darstellung des am 5. Februar 1565 von einem Leinenweber an der St. Albanvorstadt verübten Doppelmords.

vom Degen gezogen erstochen. Als die Jungfrau in die Stube kam und den Jammer sah, will sie wiederum hinaus fliehen. Da ergreift sie der Mörder, gibt ihr mit dem Schärhammer einen solchen Straich wider das Haupt, dass das Eisen vom Stiel wegfährt, dann richtet er sie mit etlichen Herzstichen gar dahin.» Der Obrigkeit gelingt es wenig später, den flüchtigen Täter in Gefangenschaft zu nehmen. Der brutale Leinenweber hat sein schändliches Verbrechen mit dem Tod zu büssen: «Er wird lebendig auf ein Rad geflochten, stranguliert, mit Hartzringen geträufft und gebrennt und hingerichtet.»

1603

Der Rat ermahnt die Landleute, «alle Sonntage ein Geldlein zusammenzuschiessen und Brot und anderes zu kaufen», damit den fremden Armen, die sich durch ihr Handwerk nicht zu ernähren vermögen, in ihrer Lebensnot geholfen werde.

1728

Auf dem Petersplatz muss ein Soldat die Strafe des Spiessrutenlaufens verbüssen, indem er ein Spalier von 40 Soldaten, die ihn heftig mit Ruten traktieren, zu durchlaufen hat.

1730

In Häsingen wird ein zum Tode verurteilter Mörder begnadigt, nachdem er der reformierten Religion abgesprochen und die katholische angenommen hat.

1798

Bürgermeister und Räte der Stadt Basel übergeben ihre Souveränitätsrechte den neuerwählten Volksrepräsentanten. Die Staatsgewalt obliegt nun der Nationalversammlung, die aus vorläufig 40 Stadtbürgern und 20 Landschäftlern gebildet wird.

1845

Ehemalige Bezirksschüler aus dem Baselbiet gründen zur Verwirklichung der Ideale des Freisinns in Basel die Studentenverbindung «Basellandia», die 1849 den Namen «Helvetia» annimmt.

1846

An der St. Johannsvorstadt 23 B wird das «Kinderspitäli» eingeweiht und bis 1857 offen gehalten.

1884

Nach gewaltiger Redeschlacht fällt der Grosse Rat sein Verdikt über die Katholische Schule: Unter Namensaufruf wird mit 66 gegen 50 Stim-

Die Kochherdfabrik Heinrich Bürkly, Basel
— gegründet 1859 —
liefert Herde verschiedener Größe für Hotels, Anstalten und Private.

5 Mal prämiiert. Illustrierte Kataloge gratis. Dampfbetrieb – Garantie. Depot: Solothurn.

Größtes und ältestes Geschäft dieser Specialität der Schweiz. Depot in Neuchâtel: J. B. G. Koch, Bern, Burgdorf.

Eidgen. Patent Nr. 2488: Kochherd bester Konstruktion mit Warmwasserleitung für Badzimmer, Office etc. Das Ansetzen von Wasserstein in den Cirkulationsröhren ist in meinem neuen System gänzlich ausgeschlossen. 757

Eidgen. Patent Nr. 2367: Sparkochherd für Haushaltungen.

Basler Nachrichten, 5. Februar 1897.

men der Ausschluss der Angehörigen religiöser Orden oder Kongregationen von der Lehrtätigkeit an Schulen und Erziehungsanstalten beschlossen. Und das Volk besiegelt mit 4479 Ja gegen 2910 Nein endgültig das Schicksal der Katholischen Schule.

1904

In Flüh macht sich ein vierachsiger Wagen der Birsigtalbahn selbständig und rast führerlos und in der Zeit von wenig über 10 Minuten (!) nach Basel. Der jungen Frau, die als einzige Passagierin mitfährt, passiert nichts, dagegen geht bei der Einfahrt auf der Heuwaage eine Limonadenbude in Trümmer…

6. Februar

Dorothea die Märtyrerin

1415

Die sechs Nonnen des nordöstlich von Langenbruck gelegenen Klosters Schöntal sehen sich gezwungen, infolge trostloser Verarmung keine neuen Schwestern mehr aufzunehmen, sondern mit ihrem Tod das Kloster in seiner bisherigen Gestalt eingehen zu lassen. Damit es zu Ehren der heiligen Jungfrau dereinst aber wieder auflebe, wird es den Marienbrüdern unter der Regel des heiligen Augustin anbefohlen.

1440

Drei zum Tod verurteilte Mörder werden auf das Rad geflochten und ins Jenseits befördert; sie hatten gegen hundert Menschen umgebracht.

1515

Unter dem Galgen wird ein junger Gürtlergeselle zu Tode gepfählt, weil er sich mit seines Meisters Tochter, die noch gar zu jung war, eingelassen hatte. Das fehlbare Mädchen hingegen wird mit einem Mann verheiratet, den man später im Schwarzwald aufknüpft.

1548

Ein nicht geringes Ärgernis erregt Graf Georg von Württemberg: Er wird von den Stadtknechten nachts um 11 Uhr auf der Tat der Unzucht oder vielmehr des Ehebruchs ertappt mit der Gattin des Sebastian Hesser, einem betagten Weib, das unter dem Papsttum Nonne gewesen war und Keuschheit gelobt hatte. Es heisst, Graf Georg habe zu den Stadtknechten gesagt: «Ihr hättet einen Fürsten nicht so überfallen dürfen.» Sie sollen ihm erwidert haben: «Wir haben keinen Fürsten überfallen, sondern einen Taugenichts ertappt, der unter dem Vorwand des Evangeliums sich nicht gescheut hat, diese gute Frau in Schande zu bringen. Warum heiratest du nicht? Du weisst, dass Hurerei von Gott verboten ist und dass jeder Hurer schimpfliche Bestrafung verdient.»

1552

Als einige Soldaten im Ochsen an der Spalenvorstadt sich einer wüsten Zecherei hingeben, geht in der Stadt das Gerücht um, sie hätten im Sinn, das Spalentor zu besetzen und weitere Soldaten einzulassen. Es werden deshalb alle Tore geschlossen und die fremden Soldaten ins Rathaus geführt. Dort ergibt sich die Haltlosigkeit der Verdächtigungen.

1656

Der Baderknecht Jacob Schaad zum Mühlistein, der nackt und mit Seitengewehr und einer Hellebarte in

Verkauf.

(180.) Feine und extra weiße und silbergraue Straßburger Reisten zu 6½ bis 8 Bz. das Pfund.

Ordinäre und mittelfeine Breisgauer dito, sehr lang, zu 5 bis 6½ Bz. das Pfund, womit sich bestens empfiehlt
Eucharius Holzach,
am Rindermerkt.

(201.) Vogelheu für Hühner und Tauben, zu dem billigen Preis von 10 Bz. das Viertel, bei
Eucharius Holzach, Grieser,
am Rindermarkt.

(453.) Schönes, reinschmeckendes, bestausgelassenes Schweineschmalz, zu 4½ Bz. das ℔, ist zu haben in No. 1424 obere Freiestraße.

458. Zwei Stück Leinwand, zu 5½ und 6 Bz. die Elle; im Berichthaus in Commission.

(472.) Eine schöne Auswahl von Molton und Gesundheitsflanell, zu billigen Preisen, von dem starken, einfarbigen und quadrillirten wollenen Hosenstoffe zu 13, 14, 15 Bz. die Elle, und viele Arten von seidenen, halbseidenen und wollenen Gilets sind zu haben bei
Ludwig Gysin, zum Hasen.

(479.) Auf E. E. Zunft zu Gartnern sind sehr schöne neue Waldhaar-Madratzen um sehr billigen Preis zu verkaufen.

(465.) In der Weißengasse No. 1140 ist ein neuer Koffer zu haben.

Avis-Blatt, 6. Februar 1844.

Am 6. Februar 1863 stirbt der 1782 geborene Christoph Bernoulli-Paravicini. Er hatte sich als Gründer und Leiter des philotechnischen Instituts wie als Professor der Naturwissenschaften einen bedeutenden Namen gemacht.

der Hand bei der Rümelinsmühle Hochzeitsleuten Ketten gespannt hat, wird über Nacht in den Wasserturm gesperrt.

1711

Auf dem Birsfeld fällt ein italienischer Kaufmann vom Pferd und verletzt sich tödlich, weil er «zuvor sich im Gasthof zum wilden Mann mit Branntwein vollgesoffen hat».

1743

Es stirbt Pfarrer Christoph Merian. Merkwürdig ist dabei, dass man zwei Tage nach seinem Hinschied dessen Witfrau eines Knäbleins entbindet, das wegen seiner Schwachheit von seinem anwesenden Grossvater sogleich getauft wird, hernach stirbt, seinem Vater in die Arme gelegt und mit ihm begraben wird.

1795

Der im Holsteinerhof unter mysteriösen Umständen plötzlich verstorbene preussische Unterhändler Graf Bernhard von der Goltz wird zwei Tage später zur Beerdigung von 20 Korporalen und Feldweibeln der Schweizer Kontingente in die Französische Kirche (Predigerkirche) getragen. «Nach dem Sarg folgt ein Bedienter, welcher zwey Tabourets trägt, den Sarg darauf zu stellen, um umzuwechseln, welches sehr oft geschieht. Die ausserordentliche Volcks Menge, welche von der Schantz an bis den Graben hinunter zur Kirch und in der Kirchen, ist in den Häusern und auf den Gassen unbeschreiblich.»

1798

«Während ein schweres Gewitter gegen das schwankende Gebäude der alten Eidgenossenschaft heranzieht, ist Basel emsig bestrebt, sein neues Staatswesen wenigstens provisorisch unter Dach zu bringen. So versammeln sich die 60 Mitglieder der Nationalversammlung zu ihrer ersten Sitzung und wählen den Apotheker Wernhard Huber, einen der eifrigsten Patrioten, zum Präsidenten.»

1884

Der Regierungsrat erlässt eine Verordnung, welche Kindern unter 14 Jahren das Hausieren mit Blumen und Früchten verbietet.
Die mit rund 200 Zentner Heu und Stroh angefüllte Zehntenscheune auf der Schützenmatte brennt ab und wird nicht wieder aufgebaut.

7. Februar

Richard von England der Pilger

1377

In der Spalenvorstadt bricht ein Grossbrand aus. Zum ewigen Gedächtnis an die verheerende Brunst lässt der Rat jeden Abend die Feuerglocke von St. Leonhard läuten.

1545

Aus Schaffhausen werden vier Fässer voll Äpfel den Rhein heruntergebracht. Das Obst ist im Thurgau von Zwischenhändlern aufgekauft worden und gelangt nun auf dem Kornmarkt zum Wiederverkauf, das sogenannte Küpflein zu einem Basler Schilling.

1586

Die Stadt Bern hat 32 versiegelte Säcke mit 39 240 Gulden und 900 Goldsonnenkronen zur sichern Verwahrung nach Basel gebracht. Bürgermeister und Rat erklären, die «überantwortete Summe» getreulich zu behüten und nicht an Unbefugte herauszugeben.

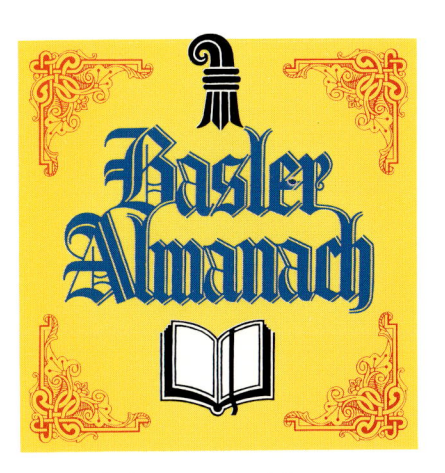

1657

Die bisher kinderlose Barbara Buser von Thürnen bringt in ihrem 48. Altersjahr ein Kind zu Welt.

1729

Der Grosse Rat setzt fest, dass monatlich eine zweite Sitzung stattfinden soll.

1737

Der Etter, die Gemeindegrenze, von Ober-Kleinbasel erstreckt sich von

Erinnerungsblatt, 7. Februar 1578.

Am späten Abend des 7. Februar 1871 treffen die ersten Bourbaki-Soldaten in unserer Stadt ein. «Eine ungeheure Volksmenge erwartet sie auf dem Centralbahnplatz. Mitleid und Neugier haben die Häuser der Stadt geleert und alle Bewohner in die Nacht gelockt. Die Ankömmlinge stellen sich in Haltung und Kleidung nicht so schlimm dar, wie man nach den Schilderungen erwartet hat. Aber das Bild, das sie bieten, ist bejammernswürdig genug und wird keinem aus der Erinnerung schwinden, der seine Blicke auf ihnen ruhen liess.» Lichtdruck nach einer Zeichnung von Jacob Senn.

der Riehenstrasse bis zur Schorenbrücke und von dort über das Galgenfeld (an der heutigen Bäumlihofstrasse) bis zur Grenzacherstrasse.

1798

Unter dem Geläute der Glocken und dem Donner der Kanonen begeben sich die Volksrepräsentanten, paarweise und mit Rosetten und Bändern geschmückt, vom Rathaus auf den Petersplatz, wo das Volk und die neuen Behörden feierlich vereidigt werden.

1800

Seit einigen Tagen wird in den Gartenhäusern vor dem Riehentor von Soldaten viel Unfug getrieben, ohne dass die Obrigkeit einschreitet. Auch ist es unbeschreiblich, wie viele tausend Wagen an Korn und wie viele tausend Schlachtochsen aus Frankreich in die Stadt geliefert werden, damit die fränkischen Armeen verköstigt werden können.

1827

Der «Verein von edlen Frauenzimmern» sorgt mit grosser Anteilnahme für die Erhaltung und Erziehung von zwei der dreiundzwanzig bedauernswerten Kinder einer in Luzern ansässigen Gaunerbande.

1871

Mit der Ankunft von rund neunhundert Bourbaki-Soldaten hat auch Basel einen ersten Anteil an der Aufnahme der 83 301 Soldaten zu leisten, welche nach dem Zusammenbruch der sogenannten Ostarmee des Generals Charles Denis Bourbaki in der Schweiz Zuflucht suchten: Die deutsche Südarmee unter General von Manteuffel hatte die Bourbaki-Armee, der die Verteidigung der französischen Festung Belfort oblag, zum Rückzug gezwungen. Ihre Entwaffnung erfolgte bei Verrières und umfasste 71 000 Gewehre, 64 000 Säbel, 300 Geschütze und 10 000 Pferde.

1873

Die Kleinbasler Hausfrauen verlangen eine Markthalle: «Die paar Bänke bei der Clarakirche mit Äpfeln und Birnen wird man nicht ernstlich als Markt bezeichnen können. Wir Hauseigentümer haben die Glockenzüge nicht deshalb installiert, damit sie von den Markgräfler und Elsässer Gemüsehausierenden abgerissen werden.»

1877

40 Standesangehörige gründen im Restaurant Kunsthalle den Basler Ingenieur- und Architektenverein.

1899

In Birsfelden ereignet sich ein Vorfall, der leicht einen schlimmen Ausgang hätte nehmen können: Als bei der Endstation der Strassenbahnwagen Nummer 50 vom Tramführer für einen Augenblick verlassen wird, besteigt ein in Basel wohlbekanntes Sandmännchen die Plattform und dreht an der Kurbel, so dass sich der Wagen in Bewegung setzt. Trotz verzweifelter Anstrengungen bringt das Sandmännchen das Gefährt aber nicht zum stehen. Und auch seine angsterfüllten Rufe «Hebet e! Hebet e!» bleiben ohne Wirkung. So prallt der Tramwagen im Dorf bei mässiger Geschwindigkeit auf einen andern. «Immerhin war der Aufprall so stark, dass die Puffer beider Wagen stark beschädigt und einige Fensterscheiben zertrümmert wurden. Das Fahrpersonal trifft keine Schuld.»

8. Februar

Syrus der Bischof

1364

Johann von Waltpach und Kristin zer Gense verkaufen dem Billung von Oltingen gegen 1100 Florenzer-Gulden den Engelhof am Nadelberg.

1529

Die Wortführer der Reformierten rufen die Zunftbrüder zu einer Versammlung in die Barfüsserkirche, der 800 Bürger Folge leisten. Sie beschliessen, dass zwölf namentlich genannte Räte, ausgemachte Gegner der Reformation, aus dem Rate austreten sollen, dass die Kanzeln mit evangelischen Predigern zu versehen und dass die Zunftmeister und die Vorgesetzten der Zünfte hinfort von der ganzen Zunft zu wählen seien. Als der Rat zögert, auf die Begehren einzugehen, bewaff-

Am 8. Februar 1887 wird der Neubau der Untern Realschule an der Rittergasse festlich eingeweiht. «Während der Bau in Bezug auf seine praktische Einrichtung viel Lob erntet, sind die Urtheile über seinen künstlerischen Werth und namentlich die äussere Erscheinung meist anders lautend.»

net sich die mittlerweile auf 2000 Mann angewachsene Bürgerschaft und pflanzt auf dem Kornmarkt (Marktplatz) sechs Geschütze gegen das Rathaus auf. Der katholische Bürgermeister Meltinger flüchtet mit seinem Schwiegersohn auf einem Schiff rheinabwärts.

1545
Weil ihr Mann wegen Diebereien geköpft worden ist, verfällt die Tochter des reichen Bürgers Bockstecher in Schwermut. Von furchtbaren Wahngedanken getrieben, stürzt sie sich in einem unbewachten Moment in den Rhein und ertrinkt. Ihre Kinder suchen sie vergeblich in jedem Winkel des Hauses.

1608
Die Strassen und Gassen sind von einer spiegelglatten Eisfläche überzogen, so dass trotz Läutens des Ratsglöckleins niemand zur Ratsversammlung zu gehen wagt.

1723
Während der ganzen Nacht vergnügt sich die Jugend bei ausgelassenem Schlittenfahren; alle Schlitten und Pferde der Stadt sind angespannt. «Auf den Zünften werden Gastereyen und Bälle gehalten und ein grosses Geld verprasst. Es herrscht allenthalben Tumult und Üppigkeit. Die Armen aber sind dabei in Vergessenheit.»

1731
Eine Frau, die ihren Mann mit Gift ums Leben bringen wollte, wird zum Tod verurteilt. Auf Fürbitte ihrer Verwandten aber wird sie begnadigt und «im Spital, wo für sie express ein Kämmerlein gemacht wird, für ein Leben lang an Fuss und Arm angefesselt. Das Kämmerlein hat nur ein Loch, wodurch man ihr zu essen geben kann».
Es schneit den ganzen Tag. Trotzdem begibt sich die Bürgerschaft des Abends zu festlichen Bällen in die Zunfthäuser «zum Bären», «zum Schlüssel» und «zu Schmieden». Doch die Schneemassen wachsen derart an, dass es den Leuten nicht mehr möglich ist, die Gasthäuser zu verlassen: «Die Dächer sind in einer halben Manns Höhe mit Schnee bedeckt, in den Gassen liegt er noch höher. Darauf ist jedermann genötigt zu räumen, weil kein Mensch von einem Haus zum andern kann. Es wird von der Obrigkeit befohlen, dass alle, die Pferde haben, den Schnee in den Rhein führen sollen. Und die Bauern werden mit Holzschaufeln auf die Rheinbrücke kommandiert. Der grosse Schnee bleibt zehn Tage liegen.»

1760
In seinem 69. Lebensjahr stirbt Abel Wettstein, alt Landvogt auf Farnsburg. «Ist ein serieuser, strenger, autoritatischer und militarischer Staatsmann gewesen, welcher etlichen Türkenschlachten beigewohnt hat.»

1786
«Der verstorbene Metzgermeister Melchior Münch hat seinem Sohn Christian zur Hochzeit mit dem Stumpelin Barbeli von Riehen seinen Metzger-Karren und zwey Hünd geschenkt und rühmte noch den ausserordentlichen Werth dieser neumodischen Hochzeitsgaab».

1867
Die Gesellschaft für das Gute und Gemeinnützige beschliesst die Gründung einer Musikschule, die spätere Musikakademie der Stadt Basel.

1888
Bei stürmischem Wetter bricht in Münchenstein ein Grossfeuer aus, fünf Wohnhäuser und vier Scheunen verzehrend.

ANKUNFT UND ABFAHRT DER EISENBAHNEN.

SCHWEIZERISCHE CENTRALBAHN.
Abfahrt von Basel	7. —	10. —	12. —	2. —	4. —	6. 30
Ankunft in »	8. 17	12. 02	3. 32	5. 32	7. 47	
Abfahrt von Liestal	7. 45	11. 30	3. —	5. —	7. 15	
Ankunft in »	7. 32	10. 32	2. 32	4. 32	7. 02	

FRANZÖSISCHE OSTBAHN.
Abfahrt von Basel	5. 45	12. 40.*)	4. 15	6. —
Ankunft in »	10. 10	12. —	6. —	9. 30

*) Schnellzug.

BADISCHE STAATSBAHN. (POSTOMNIBUS.)
Abfahrt von Basel	5. 30.*	8. 30	12. 45	5. —
Ankunft in »	10. 05	2. 32	7. 48.*	8. 45

* Schnellzug, blos mit 1ter und 2ter Wagenklass e.

Intelligenzblatt, 8. Februar 1855.

9. Februar

Apollonia die Märtyrerin

1529

Vor dem Rathaus kocht die Volksseele: Noch immer bleibt die Obrigkeit der reformationswilligen Bürgerschaft eine Antwort schuldig. Die Unruhe führt schliesslich zu einem schweren Exzess: Ein Trupp der im Harnisch patrouillierenden Männer zieht vor dem Münster auf, stürmt die Kathedrale und richtet in blinder Wut eine entsetzliche Zerstörung unter den Altären, Bildern, Heiligenstatuen und Glasgemälden an. Das grosse Altarkreuz wird an einem Seil auf den Kornmarkt geschleppt und unter den Hohn- und Spottrufen: «Bist du Gott, so wehre dich. Bist du aber Mensch, so blute!» zusammengeschlagen. In ungestümer Ausgelassenheit werden auch die Kirchen zu St. Ulrich und zu St. Alban verwüstet. Der Bildersturm verbreitet sich über die ganze Stadt. Eine Menge von unschätzbaren Werken baslerischer und oberrheinischer Kunst wird durch den Fanatismus, der keine «Götzen» mehr dulden will, sinnlos vernichtet.

1658

Der bei ungewöhnlicher Kälte spiegelglatt zugefrorene Rhein bietet der Bevölkerung ideale Voraussetzungen zum Schlittschuhlaufen. Als sich aber zu viele Jugendliche auf dem Eis tummeln, bricht dieses ein und bereitet 15 Knaben ein eiskaltes Grab!

1670

Der Landvogt auf Homburg, Meister Georg Senn zu Rebleuten, versteht sich besser aufs Schweinemetzgen, als aufs Schreiben und Lesen. Wie ihm nun ein obrigkeitliches Schriftstück zukommt, das mit einem grossen Fragezeichen versehen ist, erklärt der analphabetische Landvogt dem Boten, dieses Zeichen bedeute, er müsse Wellen machen...

1681

Zur grossen Verwunderung gelingt der Fang eines mächtigen Störs von 80 Pfund Gewicht, der in der Fischernzunft einem staunenden Pu-

Avis-Blatt, 9. Februar 1845.

blikum vorgeführt wird. Seit 1625 ist hier kein solcher Fisch mehr gesehen worden. Dem Daniel Philbert «zum Meerwunder» fiel damals ein Sohn ab dem Floss und ertrank im Rhein, als er diesen fremden Fisch sehen wollte.

1711

Weil acht Tage und Nächte lang mit grosser Pracht und Üppigkeit Schlittenfahrten, Gastereien und «Hurentänze» angestellt worden sind, «hat Gott der Herr zur fünften Morgenstunde ein erschröckliches Erdbeben mit grosser Erschütterung der Erde verspüren lassen. So können wir nur bekennen: ‹Wann Du, o Gott, thust auf den Mund, so muss die Erde beben. Wann uns nicht Gnade hilft zu der Stund, dann können wir nicht leben››».

1752

Im neuerbauten Musiksaal im Obern Kollegium wird das erste Konzert abgehalten. «In diesem musicalischen Auditorio haben viele vornehme Herren und Frauenzimmer beygewohnt.»

1761

Bei stürmischem Regen- und Schneewetter halten die Vorstadtgesellschaften ihre Quartierumzüge ab, unter denen besonders die Spalemer, die St. Johannslemer und die Kleinbasler durch ihre zahlreichen Harnischmänner und Offiziersgestalten auffallen.

1891

Es wird der bisher tiefste Wasserstand des Rheins beobachtet. Zwei Pfeiler der alten Rheinbrücke stehen auf der Kleinbasler Seite im Trockenen.

1899

Riehen empfängt mit grossem Jubel seine Vertreter im Grossen Rat. Feuerwerk und Musik geben der riesigen Freude Ausdruck über den Beschluss des Grossen Rats betreffend die Erstellung einer Trambahn Basel–Riehen.

10. Februar

Scholastika von Nursia die Äbtissin

1442

Der Altar der St. Andreaskapelle der Zunft zu Safran wird mit einem Standbild der heiligen Maria geschmückt.

1467

Der in Basel weilende Herzog Sigismund von Österreich und Walter von Hallwil duellieren sich in einem ritterlichen Turnier auf dem Münsterplatz mit scharfen Lanzen. Erst auf Bitten der Eleonora von Schottland lassen die beiden Gladiatoren von ihrem gefährlichen Tun ab und verfügen sich auf einen rauschenden Ball in die Mücke. Und schliesslich zieht der lebenslustige Herzog mit einigen Frauen des Adels zur Fasnachtszeit «gebrämt» (mit Russ angestrichenem Gesicht) durch die Stadt.

Auf Antrag des Bauamts beschliesst die Regierung am 9. Februar 1661, dass die untern Eckhäuser des Imbergässleins mit Abwehrsteinen zu versehen sind, doch müsse man noch immer «mit einem dreysäumigen Fass auf einem Schlitten durchfahren können». Aquarell von Johann Jakob Schneider. 1879.

1529

Das aus den Kirchen und Klöstern geschaffte «Götzenwerk» soll zerhauen und den Armen zum Feuern ausgeteilt werden. Diese aber balgen und schlagen sich, so dass verfügt wird, dass Tafeln, Bilder und Holzwerk in den Kirchhöfen zu verbrennen sind. So entflammen allein auf dem Münsterplatz zwölf grosse Fasnachtsfeuer. «Nun sind köstliche Tafelgemeld und Bildwerk verbrannt worden, die mit grossem Geld gemacht worden sind. Es war nichts zu hübsch. Alles musste ins Feuer. Da hat die Abgötterey zu Basel ein End genommen. Ob in allen Herzen, weiss man nicht.» Am selben Tag erlässt der Rat ein Mandat, wonach im ganzen Gebiet Basels keine papistischen Zeremonien mehr geduldet werden und «alle Kirchenbräuche, die Messfeier, der Horengesang und was überhaupt aus der Heiligen Schrift nicht zu begründen ist, ganz und gar abzutun sind».

1531

Die beiden Täufer Hans Madlinger und Peter Linggenscher, die trotz dreimaligem Schwemmen dem Täufertum nicht abschwören wollten, werden beim Schloss Homburg in einem Bach ertränkt, was unter der Landbevölkerung grosse Empörung auslöst.

1545

Der Basler Werner Lützelmann wird im benachbarten Grenzach von einem Bauern, dem er nicht die geringste Veranlassung zum Mord gegeben hatte, getötet. Der Bauer war beinahe rasend und sagte immer wieder: «Ich ruhe nicht, bis ich in dieser Nacht einen Basler umgebracht habe.»

1552

Ein Dieb liegt im Kerker, der, wie es heisst, eiserne Nägel verschluckt hat, um sich selbst umzubringen. Mit Hilfe eines Medikamententranks werden die Nägel wieder herausgebracht. Nun versucht der Kerl, sich mit Glasscherben und Hungerstreik selbst zu richten. Aber auch so vermag er nicht, der Hand des Henkers zu entgehen; er wird geköpft.

1691

Zur Schlichtung der innern Unruhen treffen eidgenössische Repräsentanten ein und versprechen Hilfsvölker für den Fall ernsthafter Auseinandersetzungen unter der Bürgerschaft. Die Regierung bewirtet die Gesandten aufs angenehmste, doch fehlt ihr aus Furcht vor der überaus misstrauischen Bevölkerung der Mut, die angetragene Unterstützung anzunehmen.

1717

Das Kloster Mariastein hat einen schweren Kirchenraub zu beklagen: Der Rebmann Rochus Büchler entwendet mit Gewalt wertvolle Messgewänder, schönstes Silbergeschirr und Wachs. Er wird deswegen in Solothurn hingerichtet.

1718

Der Strassburger Klinglin bittet den Rat um Erlaubnis, das im Rathaus verwahrte Gemälde des Leidens Christi von Holbein abzeichnen zu dürfen. Obwohl die Obrigkeit nicht einverstanden ist, werden heimlicherweise Kopien angefertigt. Als dies dem Rat zu Ohren kommt, befiehlt er erbost, alle Kopien einzuziehen und diese durch die Kanzlei in Verwahrung zu nehmen.

1800

Durchziehende französische Soldaten entfachen bei der Rheinbrücke einen Tumult, weil der rückständige Sold nicht zur Auszahlung kommt. Viele ziehen gegen ihre Offiziere den Säbel, doch gelingt es dem Basler Stadtkommandanten, die aufgebrachten Kriegsknechte zu beschwichtigen. «Der Zulauf der Menschen war sehr gross!»

1855

Der Stadtrat beschliesst die Aufhebung des Fasnachts-Mittwochs. «Mit diesem Meisterschuss wird unser Publikum hinsichtlich seines materiellen Genusses bevormundet. Mögen Reiche costümierte und andere Bälle abhalten und Champagner trinken. Unpassend aber ist, wenn minder Begüterten vorgeschrieben wird, wie viele Schoppen ihnen zu trinken erlaubt ist!» Aus Protest wird eine Fahrt nach Liestal organisiert unter dem hoffnungsvollen Titel: «Auferstehungstag der Fastnacht!»

1875

Es tritt eine neue Impfordnung in Kraft, die festsetzt, dass alle Schüler und Schülerinnen in ihrem 13. Altersjahr gegen Pocken zu impfen sind.

1885

17 Handwerksmeister gründen im Wirtshaus «zur Krone» den Schreinermeisterverein Basel, den späteren Schreinermeisterverband Basel-Stadt.

Am 10. Februar 1712 stirbt die 1639 geborene Margaretha, Tochter des Stadtschreibers Paulus Spörlin und Ehefrau von Pfarrer Jacob Maximilian Meyer.

11. Februar

Euphrosyna von Basel die Königstochter

1497

Weil in der Stadt Zwietracht und Missheilligkeiten herrschen, verbietet die Obrigkeit jegliches Abbrennen von Fasnachtsfeuern wie auch das Scheibenschlagen auf der Pfalz, mit welchem die Jugend lodernde Holzbrettchen in die Nacht hinauszuschleudern pflegt.

1554

Die Weinleute vermieten ihr Zunfthaus am Kornmarkt (Marktplatz)

Verordnung
wegen dem allzu starken Fahren und Reiten in der Stadt.

Nachdem Unsere Gnädige Herren E. E. und W. W. Rathes mit besonderem Mißfallen wahrgenommen, daß die den 18ten Mayens 1763, 6ten Brachmonats 1764 und 18ten Jänners 1777 ausgegangenen Verordnungen wegen dem Kutschenfahren in hiesiger Stadt nicht selten übertretten, und dadurch nicht nur der Rhein= und anderen Brücken, der Besätze in den Strassen, wie auch den Gewölberen und Gebäuden merklicher Schade zugefüget werde, sondern auch viele Unordnungen und Unglücke entstehen können; Als sind Hochgedacht Unsere Gnädige Herren bewogen worden, die hievor erwehnten Verordnungen frischerdingen zu wiederholen, mit einigen Zusätzen zu vermehren, und Männiglich vor ferneren Uebertretungen ernstlich warnen zu lassen. Verbieten diesemnach

1°. Das allzu starke Fahren mit den Kutschen in der Stadt, besonders Nachtszeit, und über die Brücken und in engen Strassen.

2°. Das allzu weite Auseinanderspannen der Kutschenpferde über den Lauf der Räder, und

3°. Das Kutschenfahren bey Nacht ohne brennende Liechter in den Lanternen.

4°. Sollen die lären Wägen in der Stadt, sonderheitlich über die Brücken und in engen Strassen im Schritt fahren, und

5°. Alles Reiten im Galop in der Stadt verboten seyn.

6°. Damit diesem allem besser nachgelebt werde, wird den Löbl. Policey=Collegiis beyder Städten, was aber die Vorstädte anbetrifft, den E. Gesellschaften, und, wann die Nachtwache aufgezogen, demjenigen E. Quartier, so die Wache hat, aufgetragen, auf die Uebertretter geflissene Acht zu haben, und die in dem einen oder anderen Falle Fehlbaren ohne Nachsicht und Ansehen der Person für das erste Mal um fünf Pfunde Gelts, und bey wiederholter Uebertrettung jedes Mal um zehen Pfunde zu strafen, wovon die Helfte dem Collegio, welches die Uebertrettung gerechtfertiget, die andere Helfte aber dem Angeber zukommen soll. Derowegen sämtlichen Garnison=Wachtmeistern und Soldaten, Harschieren und obrigkeitlichen Bedienten anbefohlen ist, die Fehlbaren an Behörde zur Bestrafung zu verzeigen.

Es sollen auch die Officiers auf der Hauptwache und unter den Thoren die Fehlbaren anhalten, ihre Namen begehren, aufzeichnen, und an Behörde verzeigen.

Wornach sich Jedermann zu richten und vor Schaden zu bewahren wissen wird; Deßhalben diese Verordnung an allen öffentlichen Orten, unter den Thoren, und in allen Gast= und Wirthsstuben angeschlagen werden soll.

Sign. den 10ten Hornungs 1787.

Canzley Basel.

Obrigkeitliches Mandat, 10. Februar 1787.

auf fünf Jahre dem Kleinbasler Hans Syf und gestatten ihm, in der untern Stube einen Laden einzurichten.

1755

In einem hölzernen Häuslein werden auf dem Kornmarkt ein Löwe, ein Tiger und ein Stachelschwein gezeigt, «doch crepiert letzteres allhier aus grosser Kälte».

1845

«Unter den Faschings-Belustigungen findet besonders ein im Trauermarsch unter gedämpftem Trommelschlag umhergetragenes Transparent vielfachen Anklang, das, einen Sarg vorstellend, die Inschrift trägt: ‹Freiheit, schönste Gottesgabe. Heute trägt man dich zu Grabe. Doch der Auferstehungs-Morgen, bleibt nicht lange mehr verborgen.›»

1847

Für den sogenannten Armenball im Casino sind 200 Karten à 3 Schweizer Franken gelöst worden. «Wir leben in einer Zeit der Noth, die vielen Menschen Entbehrungen zur Pflicht macht. Wenn aber auch jene Stände, die von der Noth der Zeit unberührt bleiben, sich Einschränkungen auferlegen, so wird die Verdienstlosigkeit immer grösser. So sollen sich die Wohlhabenden einen anständigen Genuss gönnen, damit die mittellosen Nebenmenschen zu einem ehrlichen Verdienst kommen.»

Am 11. Februar 1448 werden die Gebeine der heiligen Euphrosyna, der Tante der heiligen Ursula, den Nonnen im Klingental übergeben und in der bevorzugten Südostecke des Kreuzgangs mit grosser Feierlichkeit beigesetzt. Nach der Reformation lassen die Behörden die sterblichen Überreste der «Basler Heiligen» in die Benediktinerabtei Muri überführen. Aquarellierte Zeichnung von Emanuel Büchel. 1768.

Uebersicht der Bevölkerung des Kantons Basel 1815.					
Gemeinden.	Bewohnte Häuser.	Haushaltungen.	Seelenzahl männl.	weibl.	Total.
1. Bezirk Basel.					
St. Johann Quartier	260	462	897	1109	2006
Spahlen »	287	524	1067	1192	2259
Steinen »	249	521	1046	1170	2216
Aeschen »	265	472	972	1105	2077
St. Alban »	296	452	1005	1209	2214
Stadt	230	332	709	845	1554
Kleine Stadt	375	689	1426	1627	3053
Vor den Thoren	157	214	558	483	1041
Summa Basel	2119	3666	7680	8740	16420
2. Unter Bezirk	83	134	329	298	627
Binningen	55	62	158	139	297
Bottmingen	40	41	101	97	198
Biel	60	67	156	176	332
Bettingen	45	55	116	117	233
Kleinhüningen	60	89	191	201	392
Muttenz	217	245	547	511	1058
Mönchenstein	63	99	205	203	408
Pratteln	147	208	457	431	888
Riehen	205	229	517	549	1066
Summa	975	1229	2777	2722	5499

Baslerische Mittheilungen,
11. Februar 1816.

1850

Mit dem Ziel, die öffentlichen Sammlungen wissenschaftlicher und künstlerischer Gegenstände vermehren zu helfen und Sinn und Liebe für Wissenschaft und Kunst zu pflegen, wird der Freiwillige Museumsverein gegründet.

1852

Professor Peter Merian hält einen stark beachteten Vortrag über Basels Vorvergangenheit, als ein Meerbusen unsere Gegend bedeckte, der Isteinerklotz als eine Insel daraus hervorragte und bei Lörrach und Stetten sich Haifische tummelten.

1895

Es wird die Neuauflage des «Bohnenlieds» von 1617 vorgestellt: Man sagt vom grossen Geld und grossen Gut/Das thu ich als ring achten/Für alles gefällt mir ein freier Muth/Darnach ich nur will trachten/Kein sonder Witz und Kunst so spitz/Will lassen um mich wohnen/Und singen frisch und fröhlich ob dem Tisch: Nun gang ich in die Bohnen!

1898

«Der Buschiweg, der so benannte Teil des Steinenrings, war früher ein ungezwungener Spazierweg für unsere lieben Kleinen. Seitdem das ‹Velo› auch anderwärts zu Klagen Anlass gibt, ist für die Kleinen am Buschiweg keine Sicherheit mehr vorhanden, denn fortwährend passieren Radfahrer in raschem Zickzack auf die Gefahr, Kinderwägen zu rempeln und Krüppel zu machen.»

1902

Beim Anblick des abgeholzten Horburgwäldchens, an dessen Stelle der neue Güterbahnhof der Badischen Bahn entstehen soll, erfüllt das Herz eines jeden Baslers mit Wehmut, den schattigen Platz verschwinden sehen zu müssen. Aber aufgepasst: Die Kleinbasler sind nicht gewillt, die ebenfalls bedrohten Langen Erlen um ein Linsengericht herzugeben!
Eine Anzahl später Gäste inszeniert an der Gerbergasse eine Keilerei, in deren Verlauf einer derselben so ausgiebig mit Stockschlägen bedacht wird, dass er nicht weniger als sieben Kopfwunden davonträgt.

12. Februar

Susanna die Märtyrerin

1529

Der Kleine und der Grosse Rat samt vier aus jeder Zunft gewählten Zuboten versammeln sich nach den Reformationswirren zur Neuordnung des Gemeinwesens. Die 300 Abgeordneten schwören feierlich, den gemeinen Nutzen der Bürgerschaft und den allgemeinen Frieden zu wahren. Sie gewähren Amnestie für alles, was im Aufruhr geschehen ist, und beschliessen, die künftigen Wahlformen festzusetzen. Zum voraus aber muss sich die Bürgerschaft eidlich verpflichten, die Beschlüsse anzunehmen. Alle Zünfte erklären denn auch vor den Mitgliedern der Räte und den eidgenössischen Gesandten Gehorsam.

1531

In Rheinfelden wird das Rathaus von einem Grossbrand heimgesucht. Neben grossen Kornvorräten werden auch Urkunden und Akten von den Flammen vernichtet.

1662

Im Kleinbasel wird eine Töchterschule eingerichtet.

1718

Der Herrenküfer Johannes Jockel, «ein sonst witziger Mann», wird des Betrugs verdächtigt. Er flüchtet nach Riehen, wird dort aber von drei Stadtboten im Wirtshaus «zum weissen Rössli» ertappt und in den Spalenturm geführt. Im Käfig erwischt er ein Rebmesser und schneidet sich damit die Gurgel entzwei. «Ehe er gar verreckt, spricht ihm noch Diakon Wettstein zu.» Mit Bewilligung der Obrigkeit darf sein Leichnam nachts um 11 Uhr durch die Angehörigen zu St. Elisabethen begraben werden. «Von ihm ist in falscher Ahnung folgender Vers geschrieben worden: Das beste Licht, das brennt, wird an dem Rauch erkennt. Des Menschen Lob, so er er-

Straßenräuberischer Anfall.

Eines Donnerstags im Januar, Abends zwischen sieben und halb acht Uhr kam Hr. Dizerens von Bevay, Marmorschneider bei Hrn. Baumeister Heimlicher hierselbst, in einem Kabriolet von Schönthal nach Basel gefahren. Auf der Landstraße in der Haard, bei der sogenannten Redoute, wo der Weg etwas bergan steigt, ging das Pferd nur langsam vorwärts; plötzlich stürzt ein Kerl aus dem Walde hervor und fällt dem Pferde in die Zügel, indem er dem Reisenden ein trotziges Halt zuschrie; in demselben Augenblick war auch schon ein zweiter Kerl am Wagenschlag und schrie wie der Erste, arrêtez, votre bourse! Kaum hatte er seine Forderung ausgesprochen, als ihm der Reisende mit dem Stiefelabsatz einen derben Schlag auf die Brust versetzte, daß er neben dem Wagen zur Erde stürzte. Als der Andere, welcher die Zügel des Pferdes hielt, seinen Kameraden niederstürzen sah, ließ er die Zügel los und schlug dem Reisenden mit einem Stock nach dem Kopf traf aber glücklicherweise nur den Hut. Der Reisende trieb schnell sein Pferd an, mußte aber seinen Mantel, an welchem sich der Straßenräuber festgeklammert hatte, im Stich lassen; und hiermit endigte dieser nächtliche Ueberfall, welcher, bei weniger Lebhaftigkeit des Pferdes sehr schlimme Folgen für Hrn. Dizerens haben konnte. Es scheint, die baselländschaftlichen Polizeidiener seien nicht sehr besorgt für die öffentliche Sicherheit, sonst könnte sich solches Gesindel nicht im Walde aufhalten.

Basilisk, 12. Februar 1839.

Im Jahre 1552 erscheinen schon am 12. Februar die Störche in unserer Stadt. Ebenso hört man an diesem Tag die Frösche quaken und die Lerchen singen. Illustration aus Conrad Gessners Vogelbuch von 1557.

wirbt, wird man erst hören, wenn er stirbt.»

1798
Basel verzichtet auf seine Herrschaftsrechte in den italienischen Vogteien und empfiehlt seinem ehemaligen Untertanen die Wahl einer repräsentativen Regierung nach den Grundsätzen der Freiheit und Gleichheit.

1799
Im Akademischen Saal stellt sich der neue Erziehungsrat vor: «Ein zahlreiches Publikum strömt hinzu. Man sieht Bürger und Bürgerinnen, Greise und Jünglinge sich in den Versammlungssaal drängen und durch ihre gespannte Aufmerksamkeit den Interessen der öffentlichen Erziehung ihren schuldigen Tribut zollen.»

1894
Bei ungünstigem Wetter sammelt am ersten Fasnachtstag ein zum Teil in Kostümen der Zünfte auftretender Zug für die Arbeitslosen Fr. 930.–. Andertags peitscht ein sturmartiger Wind Regen und Schnee durch die Strassen, so dass sich die maskierte Jugend kaum aus den Häusern wagt.

1898
Im Saal des Hotels Storchen wird die «Funktelegraphie, die Telegraphie ohne Draht, die neueste, aufsehenerregendste Erfindung», einem interessierten Publikum vorgestellt.

1902
Die Zunftbrüder zu Safran nehmen ihr neues Zunfthaus in Besitz, das von Hans Visscher-van Gaasbeek im Stil der niederländischen Gotik des 16. Jahrhunderts erbaut worden ist.

13. Februar

Castor von Karden der Einsiedler

1467
Herzog Sigismund verschreibt der Stadt Basel die Herrschaft Rheinfelden als Pfand für eine Schuld von 21 100 Gulden. Aber das Volk sperrt sich, den Baslern zu huldigen und verweigert den Eid. Trotzdem übt Basel für kurze Zeit seine Rechte aus, schlägt allenthalben Baselschilde an und erhebt Zölle, Geleitgelder sowie zur Erntezeit den Zehnten.

1525
Betreffend das Frauenkloster Maria Magdalena an den Steinen verfügt der Rat u.a.: «Den Konventschwestern ist inskünftig erlaubt, mit ihren Eltern und Geschwistern frei und ungehindert zu reden, das alte und das neue Testament zu lesen, sowie auch an Feiertagen Fleisch und Eier zu essen, weil das Verbot sich gegen die weibliche Natur richtet. Auch ist es den Nonnen unbenommen, das Kloster zu verlassen, falls sie sich zu ehrlichen Freunden begeben wollen.»

1546
Vater und Sohn Rupp aus Konstanz werden auf vier Jahre gegen ein jährliches Bürgergeld von fünf Gulden zu Bürgern der Stadt angenommen.

1711
Es hat wieder die ganze Nacht hindurch geschneit, so dass der Schnee eines halben Manns hoch in den Strassen liegt. Es ist höchst verwunderlich, dass in einer Nacht soviel Schnee fallen kann. Der Rhein treibt

mächtig Grundeis, das sich in der Tiefe zu lauter Schneeballen flockt, was kein Mensch bisher je gesehen hat.

1726

Ein steiles Ackerfeld am Scherkessel beim Siechenhaus wird «mit der besten Gattung Most und roten Reben» bepflanzt. Der Ertrag aber bleibt wesentlich hinter demjenigen der andern Rebgüter zu St. Jakob zurück.

1744

Im 76. Altersjahr stirbt der bekannte Schreibmeister Johann Jacob Spreng. «Ist ein serieuser, autoritätischer, aber auch zornmüthiger, strenger, fleissiger Mann gewesen, welcher wegen seiner vortrefflichen Schreib- und Rechenkunst sehr bedauert wird.»

1754

Weil es ihr uneheliches Kind nach der Geburt ums Leben gebracht hat, wird «ein lödig Weibsbild von 33 Jahren von Aerlisbach mit dem Schwert spectaclisch mit 7 Hieben vom Leben zum Tod gebracht. Der Henkersknecht hat ihm den Kopf noch mit Gewalt müssen herunder reissen!»

1807

In Berlin stirbt der Philosoph und Philolog Hans Bernhard Merian, der als Direktor der Akademie der Schönen Wissenschaften während Jahren zu den führenden Persönlichkeiten seiner Wahlheimat gehörte.

1812

Im Brennhäuschen von Binningen, das von armen Leuten bewohnt wird, verursachen hohe Ofenkacheln einen dichten Qualm. Zwei Kleinkinder, die schlafend in einer Wiege neben dem Brennofen liegen, setzt der Rauch derart zu, dass «sie für diese Erde nicht mehr erwachen».

1847

Die Stadt sieht ein seltenes Schauspiel: Ein vom Polizeigericht zu einer Busse verknurrter Metzger zieht einen Wagen, behängt mit Girlanden, Würsten, Schinken, Metzgermessern, Laternen und allerlei Schriftbändern unter Flötenklang zur Gerichtsschreiberei und lässt ihn dort als Pfand stehen. Die originelle Demonstration macht Eindruck, denn der Stadtrat erlaubt nun den bisher untersagten Hausverkauf von geschlachtetem Kleinvieh.

1877

Ein reissendes Hochwasser der Wiese zerstört in den Langen Erlen viel wertvollen alten Baumbestand und bringt zahlreiche seltene Tiere in ihren Gehegen ums Leben.

1884

Das Storchennest auf der Clarakirche wird bereits von einem Quartiermacher inspiziert.

1887

Mit 3343 Ja gegen 1066 Nein spricht sich die stimmfähige Bevölkerung für die Erhebung des Ostermontags und des Pfingstmontags zu «bürgerlichen Feiertagen» aus.

1906

Zum Betrieb eines Säuglingsheims und einer Milchküche wird der Verein für Säuglingsfürsorge Basel gegründet, der schon wenig später seine segensreiche Tätigkeit im eigenen Haus an der Hardstrasse 87 aufnimmt.

Das ehemalige Nonnenkloster St. Maria Magdalena an den Steinen. Der Rat gewährt den Konventschwestern am 13. Februar 1525 gewisse Freiheiten und überführt sechs Jahre später, nachdem alle Nonnen den Orden verlassen haben, die Klostergebäulichkeiten in Staatsbesitz. Aquarell von Johann Jakob Schneider. 1869.

Basler Nachrichten, 13. Februar 1903.

Am 14. Februar 1853 «stattet die ganze schweizerische Heimat ihrer Bundesstadt am Rhein einen Besuch ab. Voran reitet stattlich Prinz Carneval, dann folgen die nie fehlenden Tambouren, nach ihnen die Urkantone etc. etc.».

14. Februar

Valentinus von Terni der Bischof

1477

Der berühmte Buchdrucker Berthold Ruppel von Hanau, der in seiner Offizin im Hause «zum Palast» an der Freien Strasse 54 bis zu 12 Gesellen beschäftigt, erwirbt das Basler Bürgerrecht.

1529

Obwohl die Kleinbasler erklärten, ihre Kirchen aller Zierden zu entledigen, ist bisher nichts dergleichen geschehen. Zur «Regelung dieser Sache» zieht ein Haufen Grossbasler über den Rhein. Die Kleinbasler lassen sich dies nicht gefallen. Sie rotten sich unter Anführung des stimmgewaltigen Schmieds Jörg Jeuchdenhammer zusammen und stellen sich den Grossbaslern in den Weg. Vor der Theodorskirche kommt es zu einer wilden Schlägerei, und es fliesst aus den Wunden eines fremden Goldschmiedgesellen das einzige Blut, das die Basler Revolution in diesen Tagen zu bedauern hat. Der Rat befiehlt die sofortige Räumung der Kleinbasler Kirchen von Heiligenbildern und ordnet deren Verbrennung an. «In der Kartause zerschlug die Meute jedoch nicht allein die Bilder, sondern zerriss auch, was sie in der Kirche und an den Zellen geschrieben fand», klagen die Mönche.

1536

Bürgermeister und Rat erlassen für Liestal eine Bauordnung. Die Häuser müssen nun nicht nur alle mit Kaminen versehen werden, sondern «auch schnurlecht gesetzt und gebauen werden, und nicht mehr eins vor das ander, wie bisher geschehen.»

1548

Dass es viele Narren gibt, beweisen manche Bürger, die maskiert in der Stadt herumlaufen, und ebenso die, welche Rundtänze aufführen. Eingewurzelte Jugendtorheiten lassen sich kaum mehr bemeistern.

1555

Die Regenz der Universität lässt den Studenten Jacob Agricola für zwei Tage ins Gefängnis stecken, weil er «nachts in einer Mummerey umgezogen ist und Mummenschantz» getrieben hat.

1619

«Ein grosser, ungeheurer Wallfisch ist gen Basel gebracht worden. Seine Zunge hat gewogen 3 Centner, die Leber 3 Centner, ein jeder Augöpfel 30 Pfund, das Membrum Virile (männliche Glied) 3 Centner, die Partestium (Hoden) 3 Centner, die Ohren 1½ Centner. Hat 50 000 Pfund Schmaltz gegeben. In seinem Bauch hat man gefunden 5 Delphin und eine grosse Schiltkrott, welche 180 Pfund gewogen hat.»

1621

Der 20jährige Mathias Janowitz von vornehmem Geschlecht aus Wien wird allhier mit Rad, Strang und Feuer hingerichtet. «Hat 24 Diebstähl, 6 Bränd und 16 Mordthaten, unter denen ein schwangeres Weib aufgeschnitten und dem Kindlein Händ und Füess abgehauen, verübt und sich dem Teufel ergeben.»

1644

Magdalena Rickenbacher von Reigoldswil, die Kindsmörderin, wird mit dem Schwert zum Tode gerichtet und anatomiert.

1698

Der Brandstifter Martin Gyland von Eptingen wird zum Tod verurteilt: Zuerst wird dem Übeltäter die rechte Hand abgeschnitten. Dann haut man ihm den Kopf ab, worauf der Körper verbrannt wird.

1772

Weil um diese Zeit, Gott sei Lob, alles wohlfeil ist, verkaufen die Bäkker die Sonntagswecklein wieder zu drei Rappen und die Viererbrötlein zu zwei Rappen.

Hingegen wird zu kauffen begehrt:

1. Ein saubere und wohl-conditionirte Gelt-Cassa mittelmäßiger Grösse. NB. wird zu kauffen begehrt.
2. Das Leben und Thaten des tapffern Helden Printzen Eugenii.
3. Die samtlich Frantzösischen Mercures vom verwichenen Jahr/kan aber nicht länger als biß künfftigen Freytag anstehen.
4. Ein eichene oder sonst hölzerne mit eisernem Blech überzogen und wohlverwahrte Küst oder Cassa, ungefehr 3. und ein halben Schuh lang / und 2½. Schuh hoch/ kan ebenfahls nicht Verzug leyden.
5. Man verlangt zu kauffen oder zu entlehnen/ eine zu einer Fabrique dienliche Behausung, es seye gleich an der Freyenstraß/ an der Gerwergaß/ Hut-oder Schneydergaß ohnweit dem Kornmarckt.
6. Eine Schnell-Waag oder Romaine samt der Schalen oder Ketten/darauf man 7. biß 8. Centner wägen könte.

Es wird zum Außleyhen anerbotten:

1. Zwey auf einander ligende vortreffliche und wohlverwahrte Frucht-Schütten/ so gleich in Puncto bezogen werden können.
2. Ein Losament an der Weissengaß/ von Gelegenheit wie der Augenschein zeigen wird.
3. Eine Behausung ohnfern dem Kornmarcktbrunn/ bestehend in 3. Stuben/ fünff Kammern/ 2. Oestrichen/ einem Höfflin/ Brunn und Keller zu 50. Saumen.

Frag- und Anzeigungs-Blätlein, 14. Februar 1734.

Das von Bauinspektor Amadeus Merian erbaute neue Hotel «zu den Drei Königen» wird am 15. Februar 1844 seiner Bestimmung übergeben: «Das neuerstellte Basler Hôtel erregt allgemein Bewunderung. Die einfache, aber vornehm gehaltene Fassade bildet den sprechendsten Ausdruck für die Art und Weise, wie Basel seine vielen hochgestellten Gäste zu empfangen und zu beherbergen gewohnt ist.»

1789

Unter Aufsicht der Obrigkeit wird eine Armenkasse für die Seidenbandarbeiter auf der Landschaft gegründet. An Abgaben werden ein oder zwei Rappen von jedem Pfund Arbeitslohn erhoben. Hinter vorgehaltener Hand fragen sich die Arbeiter aber misstrauisch, ob bei Not und Verdienstlosigkeit nicht diejenigen Posamenter bevorzugt behandelt würden, «so für die Fabrikanten im Rath arbeiten».

1845

Die neugegründete «Bank in Basel» weist bereits im ersten Geschäftsjahr eine Bilanzsumme von über 63 Millionen Franken aus.

1853

Basel umjubelt den grössten Fasnachtszug des letzten Jahrhunderts. Er wird von über 500 Personen, 200 Pferden und 50 Fuhrwerken, meist kolossalen Wagen, gebildet. Eine ungeheure Menge von Einheimischen und Fremden freut sich am farbenprächtigen Aufzug, der sich vom Klingental ins Grossbasel bewegt. Das aus jüngern und ältern Männern bestehende Komitee hat sich die Aufgabe gestellt, in humoristischen und geschichtlichen Bildern den Einzug der zweiundzwanzig Kantone zum Karneval in Narhalla darzustellen. Zur Beschaffung der Geldmittel gelangten Fasnachtsaktien zur Ausgabe.

1875

Die letzte Volkszählung ergibt, dass sich in Basel 2700 nicht zu Militärzwecken dienende Trommeln befinden. «Es darf aber nicht jeder trommeln wann und wie er will, denn Basel ist eine ruhige Stadt!»

1884

Das neue Gebäude des Basler Bankvereins ist im Rohbau ziemlich fertig und gereicht der Aeschenvorstadt zur wirklichen Zierde.

1899

«Gnade für eine zum Tode verurteilte Baslerin: Der Grosse Rat will unsere alte Rheinbrücke abbrechen, weil einige der Experten herausgefunden haben, dass das eine oder andere Joch unterwaschen sei. So etwas klingt heute wie ein Hohn, wo die Herren Ingenieure sonst doch alles können! Spätere Generationen sollen nicht das Recht haben, zu sagen: ‹Donnerwetter, die Basler von 1899, das waren rechte Barbaren!› So wie wir es jetzt von denen sagen, die nach der Kantonstrennung von 1833 die goldene Altartafel des Münsters nach Paris verkauft haben.»

15. Februar

Faustinus und Jovita die Märtyrer

1354

Als fünfzehnte und letzte der Basler Zünfte erhalten die Fischer und Schiffleute durch Bischof Johann Senn von Münsingen eine Stiftungsurkunde. Die Korporation wird nach aussen von einem gemeinsamen Meister vertreten, ist im übrigen aber in zwei Schwesternzünfte aufgeteilt, die ihre Geschäfte selbständig führen, ein eigenes Haus besitzen und je drei Vorgesetzte wählen.

Kundmachung

wegen dem auf Sonntag den 16 Märzens nächstkünftig angesetzten Feyertag.

Damit an dem bevorstehenden Bettage niemand von außen in seiner Andacht gestöret werde, so haben Unsere Gnädige Herren E. Ehrs. und W. W. Rathes verordnet, daß an demselben in allen Wirths- und Weinschenk-Häusern zu Stadt und Lande, außer fremden Durchreisenden, keine Gäste gesetzt, auch die Kaffee-Häuser beschlossen gehalten, und, außer den gottesdienstlichen Versammlungen, keine öffentlichen Gesellschaften besucht werden, die Stadt-Thore den ganzen Tag beschlossen seyn, die behörige Auffsicht unter den Thoren und in der Stadt gehalten und nur den fremden Reisenden nach der Abend-Predigt durch Veranstaltung der Herren Quartier-Hauptleute die Thore geöfnet werden sollen.

Welches zu Männiglichs Verhalt an dem nächsten Frohnfasten-Gebote, so wegen dem Bettag Sonntags den 9ten Märzens zu halten ist, auf allen E. Zünften und den E. Gesellschaften der Mindern Stadt bekannt zu machen.

Sign. den 15ten Hornungs 1794.

Canzley Basel.

Obrigkeitliches Mandat, 15. Februar 1794.

1413

Ein des Hochverrats angeklagter Bauer aus Konstanz wird zum Tod verurteilt und geviertelt.

1555

Oswald Hugwald, ein Basler Student, wird aus der Haft entlassen. Er hatte sich strafbar gemacht, weil er zur Fasnachtszeit verbotenerweise verkleidet umgezogen ist, ein Gewehr getragen und mit Geld gespielt hat und sich gegenüber den Stadtknechten widerspenstig erzeigte.

1679

Auf untertäniges Bitten des Abtes von Mariastein stiftet der französische König Louis XIV. den Hochaltar für die neuerbaute Klosterkirche und stellt dafür tausend Taler zur Verfügung.

1690

Auf der Brotbeckenzunft wird durch einen Flamen ein kunstreicher Hund vorgeführt, der sich auf einem Sättelchen von einem Doggenmännchen reiten lässt.

1718

Als die Kleinbasler auf dem zugefrorenen Rhein sich mit Schleifen vergnügen, wird ein Knabe auf einem Stück Eis weggetrieben. Durch sein erbärmliches Schreien eilen Schiffer herbei, denen es gelingt, den Buben dem drohenden Tod zu entreissen.

1752

Das Collegium Musicum sieht den Musiksaal im ehemaligen Augustinerkloster der Feuersgefahr ausgesetzt und bittet um Abhilfe.

1763

Ein «meistens von liederlichen Leuten aller Nationen gebildetes französisches Regiment von 1800 Mann Fussvölkern, Husaren und Dragonern verursacht wegen ihren Ausreissern viel Verdruss».

1766

Im Oristal explodiert «die dortige Pulvermühle, obschon kein Pulver sondern nur Staub vorhanden war».

16. Februar

Juliana von Nikodemien die Märtyrerin

1383

Werner von Richisheim, Leutpriester zu St. Ulrich, schenkt die ehemalige Herberge zum Roten Haus vor dem mächtigen Hardwald in Muttenz dem St. Paulinerorden in Basel, damit «die selben Brüder da buwen sollent ein Gotteshus und Kloster, in dem sie Gott dienen mögen mit Singen, Lesen der Heiligen Schrift und andern gueten Werken».

Das Konventsiegel der Paulinermönche im Hardwald, denen am 16. Februar 1383 der Bau eines Klosters beim Roten Haus im Muttenzer Bann vergönnt wird.

1437

Ritter Henman zu Offenburg unternimmt mit drei Begleitern eine Wallfahrt ans «heylig Grab unsers Seligmachers Crysti Jhesu». Nach einjähriger Reise, die ihn 600 Rheinische Gulden gekostet hat, trifft er wohlbehalten wieder in Basel ein und wird mit grossen Freuden und vielen Ehren in sein Haus geleitet.

1519

Basel bezeugt dem am 12. Januar verstorbenen Kaiser Maximilian durch die Feier eines Requiems seine tiefe Verehrung. Beim dumpfen Geläute der Papstglocke findet sich der vollständige Rat in Trauerkleidern nebst der gesamten Geistlichkeit im Münster ein. Die Totenmesse wird vor dem mit schwarzen Behängen überdeckten Fronaltar von Bischof Christoph von Utenheim mit grosser Eindrücklichkeit zelebriert.

Nachricht.

1. Von Seiten des Unterstatthalters des Cantons Basel wird aus Anlaß der bevorstehenden Faßnachtzeit anmit verordnet: Alle Verkleidungen in Trachten des geistlichen Standes der verschiednen Religionen, so wie die, welche der Anständigkeit und Sittlichkeit zuwider laufen würden, sind anmit aufs strengste verbotten. Die diesem Verbot zuwiederhandelnde sollen von den Patrullien und Polizeydienern angehalten, und nach Beschaffenheit der Umständen entweder sogleich mit einer 2mal 24stündigen Thürmung belegt, oder dem Distrikt-Gericht zu einer schärfern Bestrafung verzeigt werden. Alles Schiessen innert den Stadtmauren ist bey einer Buße von 8 Franken ebenfalls untersagt. Dem Angeber wird die Hälfte der Strafe zugesichert. Die Eltern sind für ihre Kinder deshalben verantwortlich. Das Trommeln in den Strassen der Stadt wird nur 3 Tage hindurch nehmlich den 28 Hornung, den 1ten u. 2ten Merz geduldet werden. Wer ausser diesen 3 Tagen in den Gassen trommelt, dem wird die Trommel weggenommen und ohne weiters confisciert werden.

Basel den 16ten Hornung 1803.
Der Unterstatthalter
Gysendörffer.
Eingesehen:
Der Regierungsstatthalter
Ryhiner.

Wöchentliche Nachrichten, 16. Februar 1803.

1524

Magister Stephanus Stör, Pfarrer von Liestal, heiratet trotz kirchlichen Verbots seine Magd. Das Domstift entzieht ihm deshalb seine Pfründe. Er zieht zunächst nach Basel und wird Zunftbruder zu Gartnern. Dann verlegt er seine Tätigkeit nach Strassburg. Dort lässt ihn das Stift verhaften und zum Tod verurteilen: «Das ist die erste evangelische Frucht von Basel».

1540

Die Obrigkeit ordnet eine allgemeine Musterung (Waffeninspektion) an. Alle Bürger und Hintersassen (Niedergelassene) haben sich im Harnisch in den Häusern ihrer Zünfte und Gesellschaften einzufinden und die Vollständigkeit ihrer Kriegsausrüstung vorzuzeigen. Mit ausgiebigem Becherklang wird die Musterung zu später Nachtstunde beschlossen.

1548

Die Zunft zu Webern erwirbt ein jenseits des Brüglinger Brunnenteichs gelegenes Grundstück des Gotteshauses St. Jakob mit dem Recht, darauf eine Wollweberwalke zu erbauen.

1771

Bäckermeister Niclaus Marbach, der schlechtes, aus Grüsch gebackenes Brot ins Brothaus geliefert hat, wird zu einer Geldstrafe von 50 Pfund verfällt.

1888

Fritz Weitnauer verkauft Holsteiner Kochschinken zu Fr. 2.20 das Kilo.

1895

Der Regierungsrat beantragt dem Grossen Rat die Erteilung eines Kredits von Fr. 30 000.– zur Errichtung einer Badeanstalt am Rhein zu St. Johann «nach dem wohlbewährten System der Schwimmschule».

17. Februar

Donatus von Vicenza der Märtyrer

1238

In der Krypta des Münsters wird Bischof Heinrich von Thun begraben. Der hervorragende Kirchenfürst sorgte sich seit 1216 neben der fruchtbaren Verwaltung seines Bistums weitblickend um die Entwicklung der Stadt. Mit dem Bau der Rheinbrücke erhob er Basel zu einem massgeblichen Handels- und Transitplatz mit Brückenzoll auf der seit der Eröffnung des St. Gotthardpasses so wichtigen europäischen Nord-Süd-Route. «Er hinterlässt Basel im fröhlichsten Aufblühen.»

1414

Aus Protest gegen das von der Obrigkeit praktizierte Regiment verlassen 28 Bürger die Stadt und kündigen dem Rat drei Tage später ihr Bürgerrecht auf.

1476

Unter dem Oberbefehl von Peter Rot ziehen die Basler gegen Burgund nach Grandson. Im Verlauf von drei Tagen verlassen 600 Fussknechte, 100 Handbüchsenschützen, 60 Reisige, 200 sogenannte Freiheitsknaben und über 300 Pferde samt allem dazugehörigen Kriegswerk die Stadt.

1526

Der Rat verbietet unter Androhung massiver Bestrafung jedes Absingen von Schand- und Schmachliedern, die sich gegen geistliche und weltliche Personen richten.

1531

Einige offenbar freche Burschen verüben niederträchtigen Mutwillen: Sie versuchen, die Bewohner nachts in Schrecken zu versetzen, als ob sie Gespenster wären und eine drohende Pest ankündigten. Sie werden wegen dieser Ungebühr in Haft gebracht und hart bestraft.

1546

Es stirbt Theodor Holzach: Er hatte an einem Trinkgelage teilgenommen, am dem sich einige damit vergnügt hatten, sich mit korsischem Wein vollzusaufen. Sie sollen alle an Leberentzündung krank liegen. Und so sind diejenigen, die in Folge dieser Unmässigkeit gestorben sind, ihre eigenen Henker geworden: Des Leibes soll man mässig und fromm warten!

1627

Aus Vorsicht gegen drohende Pest und Kriegsgefahr erlässt die Obrigkeit ein Mandat, das jedermann zu

Publikation.

Bürger und Einwohner Basels!

Ihr habt durch eine Reihe ernster Jahre, Euern unerschütterlichen Sinn für Ordnung und Gesetz bewährt; glaubt nicht, wenn euch jetzt davon gesprochen wird, die Veranlassung dazu sey zu geringfügig — nein, auch heute gilt es diesem schönen Streben jedes guten Bürgers, dieser hohen Pflicht jeder Regierung, der Aufrechthaltung von Ordnung und Gesetz.

Euere Stadtbehörde hat eine von Uns genehmigte Verordnung über die Fastnachtsbelustigungen erlassen, diese Verordnung ist bereits von einigen Seiten übertreten worden. Wir sind jedoch fest entschlossen, diese Verordnung in ihrem ganzen Umfang zu handhaben, und haben daher, bei der ersten Nachricht hievon, die Uns nothwendig erschienenen Maßregeln ergriffen; Wir zählten dabei auf Euere gewohnte treue Mitwirkung; Ihr habt unserer Erwartung entsprochen, und Wir rechnen auch ferner auf Eueren kräftigen Beistand.

Gegeben Basel den 17 Hornung 1834.

Im Namen von Bürgermeister und Rath
des Kantons Basel-Stadttheil,
Der Amtsbürgermeister:

Frey.

Der Staatsschreiber, für denselben:
der Rathschreiber,

Lichtenhahn.

Obrigkeitliches Mandat,
17. Februar 1834.

Blick in die Aeschenvorstadt vom Aeschenschwibbogen aus mit dem Wirtshaus «zum Raben» auf der linken Strassenseite. Gezeichnet von Hans Heinrich Glaser am 17. Februar 1645.

Stadt und Land aufgefordert, sowohl die beiden Sonntagspredigten als auch die Dienstagspredigt zu besuchen. Zudem werden fluchen, schreien, jodeln, saufen «sampt übrigen leichtfertigen üppigen Lastern» ernstlich verboten wie auch bei schwerer Ungnade den Bürgern befohlen wird, den Wachtdienst persönlich zu leisten.

1663

Markgraf Friedrich VI. besucht mit vierzig Berittenen Basel. Eine Ratsdeputation und eine hundert Mann starke Reiterkompanie empfangen ihn vor dem Riehentor und geleiten ihn unter dem Donner der Geschütze und von zweihundert im Gewehr stehenden Kleinbaslern in die Stadt hinein. Ein fürstliches Essen auf der Zunftstube zu Schmieden und eine Präsentation der Sehenswürdigkeiten der Stadt, welche der Markgraf mit sichtlichem Wohlbehagen geniesst, bilden die Höhepunkte des Staatsbesuches.

1721

Zur Köderung von Wölfen streut der Scharfrichter beim sogenannten Lysbüchel Pferdefleisch auf die Äcker. Und er hat Erfolg damit, vermag er doch bei Mondschein von seinem Gartenhäuschen aus einen Wolf und eine Wölfin zu erlegen.

1873

Der Grosse Stadtrat überlässt den Vereinigten Gesellschaften (Kapellverein, Konzertgesellschaft, Gesangverein, Liedertafel, Stadtcasino-Gesellschaft und Männerchor) für Fr. 60 000.– das Terrain des ehemaligen Kaufhauses zwischen Steinenberg und Barfüsserplatz zum Bau eines Musiksaales. Dieser kann 1876 eingeweiht werden.

1881

Die zwanzig Basler Zünfte werden als autonome Korporationen in ihrer heute noch bestehenden Organisation dem Bürgerrat als Aufsichtsbehörde unterstellt.
Zwanzig Angehörige des Berufsstandes gründen in der Überzeugung, dass «eine innigere Vereinigung am Platz sei», den Basler Metzgermeisterverein.

1896

Eine Anzahl Marktplatzanwohner gründet ein Referendumskomitee gegen den Grossratsbeschluss zum Bau eines unterirdischen Abtritts auf dem Marktplatz.

18. Februar

Damasus der Papst

1304

Papst Benedikt XI. lässt den Ordensmeister der Predigermönche wissen, dass das Nonnenkloster St. Maria Magdalena an den Steinen, das älteste Frauenkloster in der Stadt, dem Predigerorden einverleibt sei.

1437

Der Rat beauftragt den Maurer Conrad Labahürlin, die baufällige Brücke von Augst mit neuen Landvesten und neuem Mittelpfeiler zu versehen.

1446

Peter von Mörsberg ersteigt mit einigen Getreuen die Mauern des Schlosses Pfeffingen, überwältigt die acht in tiefem Schlaf liegenden Wächter und plündert die Festung aus. Als die Reisigen in der Frühe des 3. März über die Fallbrücke zu einem neuen Streifzug ausreiten, stürzen aus dem Hinterhalt baslerische Söldner, erstechen drei der Schlossbesetzer, nehmen drei andere gefangen und richten sie hin. Doch ihre Absicht, in das Schloss einzudringen, scheitert am sofort heruntergelassenen Fallgatter. Wochen später blasen die Basler zu einem neuen Sturm: Sie ziehen mit tausend Mann und vier Feldgeschützen vor Pfeffingen auf. Erneut aber misslingt die Rückeroberung der wegen des Jurapasses wichtigen strategischen Wehranlage: «Es mocht nüt sin!» Ein beschämender Schlag für Basel, weil das Schloss nur wegen der «dorlichen Wacht» des Vogtes Dietrich Sürlin verlorengegangen war.

1529

Der durch die Reformation bedingte Wegzug vieler katholischer Bürger, von denen zahlreiche dem akademischen Stand angehören, veranlasst die Obrigkeit, den Flüchtlingen im Falle ihrer gerne gesehenen Rückkehr Straffreiheit anzubieten.

1535

Ritter Henman von Offenburg, Besitzer von Hof und Schloss Pratteln, gibt dem Rat das Versprechen ab, sein Schloss stehe in Kriegszeiten der Stadt gänzlich offen.

1540

600 Jugendliche ziehen im Harnisch, mit Gewehr und Hellebarden in der Stadt um. Die Obrigkeit lässt sich den imposanten Knabenumzug etwas kosten: Er spendet jedem Teilnehmer einen Ring, eine Wähe und zwei Äpfel und schickt die wehrhafte Schar dann wieder nach Hause.

1552

Ein verbrecherisches Weib, die Löfflerin genannt, wird aus der Stadt verbannt. Sie hatte ihre Mutter geprügelt und versucht, sie in den Ofen zu stossen. Mit eisernen Ketten gefesselt, leckte sie den Halsring ab. Sie hätte die Todesstrafe verdient!

1609

Hans Brenner, der Weissgerber aus dem württembergischen Blochingen, erhält das Bürgerrecht.

1632

Christof Riedtmann, der Seidenkrämer aus Bischofszell, wird zu einem Bürger angenommen.

1654

Heini Rudin von Arboldswil, der verschiedentlich im Haus des Professors Emanuel Stupanus Einbrüche verübt und viel Silbergeschirr gestohlen hat, wird vom Scharfrichter mit dem Schwert enthauptet.

1667

Als der Schiffmann Bernhard Sigrist mit seinem Kahn den Rhein befährt, begegnet ihm ein grosses Schwein. Es gelingt ihm mit starker Hilfe seines Knechts, das vier Zentner schwere Tier aus dem Wasser zu ziehen und in einem hiesigen Wirt einen gefitzten Abnehmer zu finden.

1693

Die verschiedener Diebstähle angeklagte Anna Maria Weitnauer legt trotz Folterung durch den Scharfrichter kein Geständnis ab, bringt sich aber «mit Hilf des leydigen Satans» in der Gefangenschaft zu St.

Der «berüchtigte sogenannte Lellenkönig», der 1798 im Zuge der Demontage aller an das Ancien Régime erinnernden Embleme vom Rheintor entfernt worden ist, erhält am 18. Februar 1801 wieder seinen angestammten Platz.

Basilisk, 18. Februar 1839.

Die Stadt wird am 19. Februar 1855 von einem unheimlichen Schneefall heimgesucht. Für die Wegräumung der Schneemassen, die eine Höhe von 75 Zentimetern ausmachen, müssen 420 Arbeiter eingesetzt werden, was «die exorbitante Ausgabe» von Fr. 13 770.65 zur Folge hat. Gouache von Louis Dubois.

Alban selbst ums Leben. Auf Befehl der Obrigkeit wird die Entleibte «an einem Seyl den Turm hinabgelassen und samt ihren Kleydern mit offenem Angesicht (unbedecket) auf einem Schlitten, männiglich zum Exempel, über den Münsterplatz dem Rhein zugeführt und in einem Fass dem Wasser übergeben».

1724

Das Bauamt überträgt Remigius Frey die Wiederherstellung eines steinernen Jochs der Rheinbrücke, verlangt aber, dass er eine perfekte und währschafte Wasserstube aushebe, damit das Fundament auf trockenem Boden angelegt werden könne.

1744

Im Gasthof zu den Drei Königen wird der Kaufmann Achilles Werdenmann durch den Kürschner Lucas Schmid «aus Unvorsichtigkeit mit dem Degen unglücklicherweis zu Tod erstochen, worauf er sich fortmacht».

1839

An der Eisengasse wird ein kleiner Bube von einem Fasnachtswagen so heftig an einen Abweisstein gedrückt, dass er auf der Stelle sein Leben aushaucht.

1902

Die aus Mitgliedern des Artillerievereins gebildete Barbara-Clique erscheint erstmals an der Fasnacht.

1906

«Es werden in den nächsten Tagen in der Burgvogtei von der grössten kinematographischen Gesellschaft aus Paris-Berlin lebende, sprechende und singende Photographien vorgeführt. Es ist die grösste und sehenswürdigste Darbietung auf dem Gebiete des Kinematographen. Durch einen elektrischen Mechanismus wird eine vollständige Übereinstimmung zwischen dem optischen und dem akustischen Teil bewirkt.

1907

In der grossen Festhalle der Kleinbasler Burgvogtei zeigt der «Welt-Kinomatograph» zum grössten Erstaunen des Publikums erstmals lebende Bilder von den Basler Fasnachtszügen.

19. Februar

Gabinus von Rom der Märtyrer

1547

Die Brüder Jakob und Valentin Wick von Ulm treten als Turmbläser in den Dienst unserer Stadt. Sie legen den Eid auf die Trompeterordnung ab und erhalten einen anständigen Lohn, wobei derjenige des «Hochblesers» höher ist als derjenige des «Zuhälters».

1570

Die Stadt wird von einem heftigen Erdbeben erschüttert. Dieses wird als Zeichen des göttlichen Unmuts wegen des zu dieser Zeit im Rathaus ausgetragenen Streits betreffend die Lehre des Abendmahls angesehen.

1575

Niclaus Stupanus aus dem Oberengadin, Professor der Medizin, wird ins Bürgerrecht aufgenommen.

1623

An «Hauptweh» (Flecktyphus, Nervenfieber) stirbt Theodor Burckhardt. «Man nimmt an, es sei aus Kummer geschehen, weil seine Frau ihm Hörner aufgesetzt und sich mit einem fremden Studenten übersehen hat.»

1720

Während die Gebrüder Deucher mit der Spekulation der berüchtigten Mississippiaktien viel Geld machten, erleiden etliche Basler durch das konkursite Unternehmen, das sich scheinbar der kolonisatorischen Tätigkeit in Louisiana widmete, empfindliche Verluste.

1721

Die Obrigkeit ist höchst beunruhigt über das spurlose Verschwinden von drei Ratsprotokollen und verspricht dem Entdecker eine Belohnung von tausend Gulden. «So sind die Bücher wieder an den Tag gekommen. Wer sie gehabt hat, ist aber nicht an den Tag gekommen.»

Mitteilung des Fastnacht-Comité.

Wir wiederholen hiemit unsere Einladung an alle, auf unsere Subvention Anspruch erhebenden Fastnachtgesellschaften, Musiken, Wagen ec., sich bei uns schriftlich anzumelden, unter gleichzeitiger Bezeichnung zweier Delegierter.

Diese letzteren laden wir hiemit zu der nächsten Mittwoch den 19. Februar, im Restaurant Haberthür (Spalenberg), stattfindenden

Delegierten-Versammlung

freundlichst ein.

Die Delegierten der Knabenzüge haben in Begleitung eines Erwachsenen zu erscheinen. 2176

Wir nehmen an dieser Versammlung Wünsche und Anregungen von Fastnachtfreunden gerne entgegen.

Das Fastnacht-Comité des Quodlibet und des Wurzengraber-Kämmerli.

National-Zeitung, 19. Februar 1908.

1756

In allen Orten der evangelischen Eidgenossenschaft wird ein ausserordentlicher Bettag abgehalten wegen der vielen Erdbeben, Wassergüsse und Sturmwinde, die grossen Schaden anrichten: «Gott segne diese und alle andern Predigten und Gebätter und wolle uns künftighin mit seinem göttlichen Strafgerichten verschonen und solche in Gnaden von uns abwenden.»

1803

Der französische Konsul Bonaparte setzt die Mediationsakte in Kraft, welche die Staatsordnung der Schweiz neu regelt. Der Kanton Basel wird in die Bezirke Stadt, Liestal und Waldenburg aufgeteilt.

1855

In einem provisorischen Bahnhofgebäude wird mit prunkvoller Präsenz die Eisenbahnlinie Haltingen-Basel eingeweiht. Bei der Ankunft der Geladenen im tief verschneiten «goldenen Tor der Schweiz» bezeugen Standestruppen den hohen Gästen die Ehre, eine Militärmusik spielt auf, und die Sechspfünderkanonen der Artilleristen verkünden der Bürgerschaft das aussergewöhnliche Ereignis. Ein Extrazug führt die Vertreter der beiden Landesregierungen von Basel nach Haltingen, wo die Gäste im festlich geschmückten Wartesaal fürstlich bewirtet werden. Man trinkt auf das Wohl der beiden Staaten und trennt sich in den frühen Abendstunden im Bewusstsein, der badische Schienenweg knüpfe die materiellen und geistigen Beziehungen zwischen der Schweiz und Deutschland noch enger.

1897

Beim St. Albantal stürzen zwei Pferde in den Rhein. Während das eine sofort wieder an Land gebracht werden kann, vermag das andere, «stolz unter der Wettsteinbrücke durchschwimmend», erst auf der Kleinbasler Seite bei der Münsterfähre wieder auf festen Boden getrieben werden.

1899

In Riehen wird in der alten Friedhofkapelle erstmals seit dem 15. August 1528 wieder katholischer Gottesdienst gehalten.

1902

Starker Schneefall behindert den Strassenverkehr. An der Falknerstrasse bleiben nicht weniger als sechs Wagen der Strassenbahnbetriebe in den Schneemassen stecken. Auch die Milchversorgung ist gefährdet. Deshalb findet in einzelnen Quartieren eine eigentliche Milchjagd statt.

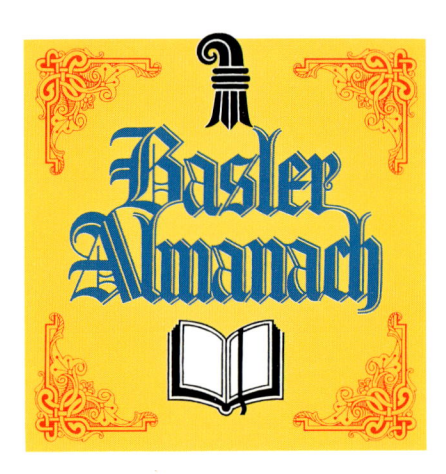

Basler Almanach

20. Februar

Eucharius von Orléans der Bischof

1446

Die Auswirkungen der Schlacht von St. Jakob zwingen den Rat zur Erhebung einer Kopf- und Vermögenssteuer. Wer das 14. Altersjahr erreicht hat, muss der Obrigkeit wöchentlich zwei Rappen abführen, zusätzlich zwei Pfennige für Vermögen von mehr als 30 Gulden.

1532

Lange nach Beendigung des Bauernkrieges von 1525 leisten die aufständischen Baselbieter formelle Demütigung und bitten, der Rat möge sie allzeit als arme, gehorsame Untertanen in Gnaden bedenken; sie würden hinfort in Lieb und Leid, mit ganz willigem Gehorsam und Darstreckung ihres Leibes und Gutes der Stadt in Treue verbunden sein.

1575

Der Rhein führt so wenig Wasser, dass man ihn trockenen Fusses überqueren kann. So wird im Rheinbett zum ewigen Angedenken auch ein Schiessen veranstaltet.

1656

Johann Rudolf Battier, Statthalter der Vogtei Homburg, reitet auf seinem Pferd heimwärts. Unterhalb von Buckten fällt er vom Ross in einen kleinen Bach und ertrinkt, während das Pferd seinem Stall entgegentrabt. «Do hat man gleich mit Liechtern und Fackeln nach dem Statthalter gesucht und ihn im Bach

Das St.-Alban-Tor nach dem vom Grossen Rat am 20. Februar 1871 beschlossenen Umbau. Links angebaut der neugotische Polizeiposten mit Spritzenhaus. Im Zinnenkranz das «hässliche Dach».

dem Himmel für das Geschenk zu danken…

1765

45 Küferknechte führen ihren traditionellen Umzug mit kunstvollem Reifschwingen durch und machen auch im Rathaus ihre Aufwartung. Die erfreuten Ratsherren verehren der lustigen Gesellschaft hierauf sechs neue Taler.

1837

Unter der Bedingung, dass der anstossende kleine Kreuzgang abgebrochen und in einem allfälligen Neubau zu keinen Zeiten ein lärmendes Gewerbe oder eine Pintenwirtschaft eingerichtet wird, überlässt die Regierung dem Handelsmann Christoph Socin-Sarasin zu Fr. 8050.– die St. Niklauskapelle am Peterskirchplatz.

1885

«Die Irrlichter auf dem Birsig, wie sie jeweils abends bis gegen Mitternacht zu sehen sind, rühren ohne Zweifel von den vielen Gährungsstoffen her, mit welchen seit einigen Wochen die Luft unserer guten Stadt Basel geschwängert zu sein scheint. Phosphor, Arsen und dergleichen giftige Substanzen sind so gang und gäbe geworden, dass sogar der Birsig seinen Teil wegkriegt.»

1898

Mit 9497 Ja gegen 3366 Nein stimmt auch Basel der Verstaatlichung der schweizerischen Eisenbahnen zu.

uff dem Rucken todt gefunden. Es hat niemand wissen mögen, wie es hergegangen ist.»

1660

Die Obrigkeit verbietet den Brauch der Hochzeitsgesellschaften, vor der Trauung sich zu einer Morgensuppe einzufinden und dabei einen Trunk zu genehmigen, weil «solches viel Unrat nach sich zieht und den Kilchgang verspätiget».

1728

In Schliengen stiehlt ein Dieb einem wohlhabenden Bauern ein Schwein. Er bindet diesem die Füsse und trägt es fort. Als er müde wird, legt er sich auf einen Hag, fällt aber auf die andere Seite, so so dass sich das Seil, mit dem er das Tier führte, zusammenzieht und ihn erwürgt.

1739

In Steinen deckt ein heftiger Sturmwind das Strohdach eines Bauernhauses ab und wirbelt eine grosse Anzahl von sogenannten Federtalern, die den Händen eines räuberischen Husaren entstammten, durch die Luft. Die Leute im Dorf scheuen sich nach anfänglicher Ungläubigkeit nicht, das Geld aufzuheben und

Mittheilungen aus dem Publikum.
(Ohne Verantwortlichkeit der Redaktion.)

Ein alter Jammer. Auf einen alten Basler macht es immer einen komischen Eindruck, wenn in den konservativen Organen gejammert wird, die Freisinnigen wollten die Politik in Vereine oder staatliche Institutionen hineintragen durch die Portirung liberal denkender Männer. Liebe Basler! auf diese Jammertöne müßt ihr nicht hören. Als Dr. Brenner sel. und Wilhelm Klein als erste freisinnige Männer in den Großen Rath gewählt wurden, der dazumal total konservativ war, da jammerten die guten Leute ebenso wie heute und sagten, man wolle Unfrieden und Politik treiben. Wie stünde es in Basel, wenn die alte Familienregierung nicht endlich gesprengt worden wäre. Darum lasse sich das junge Basel nicht irre machen und sorge es für Freiheit und Recht. (53) Ein Alter.

Schweizerischer Volksfreund, 20. Februar 1884.

1899

«Kompetente Beurteiler klagen, dass wirklicher Witz an unserer Fasnacht immer mehr schwinde. Den zu Tausenden und aber Tausenden herbeiströmenden Gästen aus der Umgegend scheinen diese Narrentage Basels aber trotz dem oft beinahe unglaublichen Gewühl doch etwas zu bieten.»

1910

Im entscheidenden Wettspiel um die schweizerische Fussballmeisterschaft der Serie A siegt der FC Old Boys Basel gegen den FC Young Boys Bern mit 2:1 Goals.

21. Februar

Burkhard der Bischof

1467

Edelknecht Hans Münch von Gohenach verkauft der Stadt Basel gegen 180 gute Rheinische Gulden das Dorf Itingen samt den dazugehörigen Weiden, Wäldern, Reben, Zinsleuten und jährlich 17 Hühnern und 90 Eiern.

1541

Der Rat erlässt ein neues Bürgerrechtsgesetz und bestimmt, dass nur fromme, ehrbare Leute aufgenommen werden, die evangelischer Konfession sind, ihr Leben durch tüchtige Arbeit verdienen und eine Barschaft von wenigstens 40 Gulden besitzen.

1547

Der Zürcher Hans Müller wird zu einem städtischen Brunnenmeister angenommen und erhält neben seiner Entlöhnung in barem Geld weisses und schwarzes Tuch zur Anfertigung einer Amtstracht.

1838

Die Regierung dekretiert die allgemeine Schulpflicht vom 6. bis wenigstens zum 12. Altersjahr und wirkt damit indirekt der Fabrikarbeit der Kinder entgegen.

1875

In Basel werden die ersten Taubstummen getraut. Nachdem Bürstenbinder Rudolf Haury und Jungfrau Anna Lüssy durch das Ehegericht bezeugt worden ist, dass sie gehörig erzogen worden sind und weder die Freiheit des Entschlusses noch die Fähigkeit zur Gründung eines selbständigen Haushalts zu bezweifeln sind, kann in der Peterskirche die Hochzeit der beiden taubstummen Verlobten stattfinden.

1896

Das neue Frauenspital wird dem Publikum zur Besichtigung freigegeben. «Es stellt sich ein so kolossaler Andrang ein, dass die Polizei aufgeboten werden muss, um ihn einigermassen in Schranken zu halten. Es sollen während der Tagesstunden etwa 15 000 Personen den Bau besucht haben.»

1902

Die Gefangenschaftszellen im Lohnhof sind gegenwärtig überfüllt. Es sind in denselben nicht weniger als hundertdreissig Gefangene untergebracht. Den grössten Teil bilden die weiblichen Zuchthaus- und Gefängnissträflinge sowie Italiener.

1906

Der Regierungsrat setzt die Arbeitszeit der Arbeiter der öffentlichen Verwaltung während des Sommers auf 9½ Stunden täglich fest.

Am 21. Februar 1896 wird das neue Frauenspital der Öffentlichkeit vorgestellt, die «in lebhafter Begeisterung vom stattlichen Neubau mit Raum für 150 Kranke in einer Gebär-, einer gynäkologischen- und einer Isolierabteilung dankbar Besitz nimmt.»

Den Baslern,
(als ihnen der erste Preis für das Trommeln entging.)

Rrrrrumwidibum!
Hüllt in Flor das Kalbfell, schrumm!
Werft in's Feuer allen Stolz
Und das schnöde Trommelholz.
Weine, Basler Publikum!
Rrrrrumwidibum!

Rrrrrumwidibum!
Stimmt die Todtenklage, schrumm!
Schlagt noch einmal klar und hell,
Jedem brecht das Trommelfell,
Scharrt ein Grab dann still und stumm,
Rrrrrumwidibum!

Rrrrrumwidibum!
Ausgetrommelt ha'n mir, schrumm!
Uns'rer heimatlichen Ehr'
Klingt kein heimisch Kalbfell mehr.
Trommelt drum: **Silentium!**
Rrrrrumwidibum!

Nebelspalter, 21. Februar 1880.

Am 22. Februar 1589 rückt ein fideles Fasnachtszüglein zum «Morgenstraich» aus: Zwei Fackelträger erhellen die Finsternis der Nacht, ihnen folgen «Guggenmusiker», Bischof, König, Landsknecht und Hofnarr. Erstaunlich ist der Auftritt der Fackelträger, hat der Rat doch immer wieder mit Nachdruck erklärt, «dass zu ewigen Zyten uf die Fasnacht nymand soll mit Vackeln louffen, weil solichs grossen Schaden bringen möchte». Federzeichnung von Niklaus von Riedt.

22. Februar

Petri Stuhlfeier

1518
Basel nimmt das Schloss Bottmingen in Schutz und Schirm und vereinbart mit den Erben des Professors Gerhard de Lupabus ewiges Erbburgrecht.

1534
Junker Hans Thüring Hug, Ratsherr zur Hohen Stube, wird seines Amtes entsetzt, weil er «wider unsern heiligen christlichen Glauben» in Heitersheim die katholische Kirche besuchte und einer Messe beiwohnte.

1546
Die Räte «haben über die schwere Last, die unsere Bürger und Handwerker wegen der Welschen, die in Basel Bürger oder Hintersassen (Niedergelassene) geworden sind, nachgedacht und zum Wohl der Bürgerschaft einmütig beschlossen, dass von nun an kein Welscher mehr als Bürger oder Hintersass aufgenommen werden soll». Man soll alle gänzlich abweisen und sie in der Stadt Basel nicht mehr dulden. Doch behält sich der Rat vor, dass er dann, wenn ein reicher oder kunstfertiger Welscher, der Basel Nutzen, Ehre und Ruhm bringt, zuziehen will, tun und lassen kann, was ihm für die Stadt nützlich scheint.

1560
Als die Lärmzeichen den Brand eines Hauses melden, erscheint einem Gefangenen im Spalenturm in der Gestalt eines Geistlichen der Satan und verspricht ihm Befreiung aus dem Kerker. Doch diese bleibt aus, und so wird der Teufelsanbeter am 2. März hingerichtet.

1580
Wissenschaft und Volk spenden der in der Offizin Sebastian Henricpetris im Druck erschienenen Basler Chronik von Christian Wurstisen grossen Beifall.

1622
Im Hardwald wird ein Gefährt aus dem Utenheimerhof vom berüchtigten Roten Peter und dessen Gesellen überfallen und ausgeraubt. Die Insassen müssen alles hergeben, was sie auf dem Leib tragen. «Zu guter letzt rissen die Schelmen der Frau auch noch ihr Brabanter Fazenettli (Nastüchlein) aus der Hand und machen sich mit den Prachtsrappen aus dem Staub».

1625
Im Münster verkündet Antistes Wolleb von der Kanzel mit Stolz, «dass in der Lateinischen Schul über 550 Knaben seyen».

1687
Heute ist ein Unglückstag: Ein Mann aus Kandern und ein Mädchen stürzen zu Tode und ein Papierergesell wird von einem Pferd «zerschleift» und verliert sein Leben. «Gott berührt jedermann!»

1717
Beim Barfüsserplatz fährt ein Knecht mit seinem Gespann von drei Pferden an den Birsig hinunter, um Mist zu laden. Gleichzeitig wird beim Steinentor das Wuhr geöffnet, was einen gewaltigen Wassersturz auslöst. Knecht, Pferde und Wagen werden vom reissenden Wasser fortgetragen und können nur mit grosser Mühe wieder an Land gezogen werden.

1720

Vor dem St. Albantor wird der Galgen neu aufgerichtet, weil die Balken so faul sind, dass man niemanden mehr «dran zu hencken mochte». Damit keiner dem andern vorhalten kann, er sei nicht mehr ehrlich, müssen alle Handwerker mithelfen. Dafür spendet ihnen die Obrigkeit auf der Spinnwetternzunft eine Mahlzeit.

1768

Vor tausend Gästen findet im Münster eine Doppelhochzeit statt, die der Familie von Bürgermeister Debary gilt. Nach der Trauung fährt die vornehme Gesellschaft in acht Chaisen zur Safranzunft, wo das Beste aus Küche und Keller aufgetragen wird und 16 Musikanten zum Tanz aufspielen. «Mithin sind zu Basel dergleichen kostbare und merckwürdige Hochzeiten von den Kindern eines Landesvaters noch nie gesehen worden.»

1792

«In der Stadt gehen die tollen und elenden Fasnachtsfreuden an, wozu heuer noch das Bacchusfest und der Küfertanz kommen. Die Angehörigen der Brüder-Sozietät (Herrnhuter) werden ermahnt, vor der Welt zu zeigen, was für ein grosses Missfallen sie an solchen ausschweifenden Freuden und heidnischen Gewohnheiten haben.»

National-Zeitung, 22. Februar 1890.

1832

Der Grosse Rat fasst den verhängnisvollen Beschluss, diejenigen 46 Landgemeinden, die für eine Kantonstrennung gestimmt haben, auf den 15. März aus dem Staatsverband auszuschliessen. Der Trennungsbeschluss löst in Liestal grosse Freude aus, «denn was die Liestaler nicht zu wünschen gewagt hatten, das wird ihnen nun von Basel selbst vor die Füsse geworfen».

1880

Ehemalige Militärtrompeter gründen den Feldmusik-Verein Basel und wählen «Papa Siegin» zu ihrem ersten Dirigenten.

1911

Das Polizeidepartement erteilt dem Fasnachts-Comité die Bewilligung zum Verkauf von Stecknadeln und Medaillen (Fasnachtsplaketten).

23. Februar

Zeno der Märtyrer

1546

Die Herren vom Rat und Gericht nehmen im Rathaus zwei Mahlzeiten ein. Anlass dazu hatte der Landvogt auf Farnsburg, Junker Henman Offenburg, dazu gegeben, welcher der Obrigkeit zwei Hirsche verehrte.

1628

Die Obrigkeit schränkt die leiblichen Genüsse an Hochzeiten ein und verfügt, dass man sich nur ein Festessen leisten darf, das nicht mehr enthalten darf als: «Zum ersten Gang: 1. Kopf und Krees (Gedärme) oder einen gehackten Lummel (Ochsenfilet). 2. Suppen in zweien Blatten. 3. Zwei Hühner sampt Rind-, Kalb- und geräuchtem Fleisch in zweien Blatten. Zum zweiten Gang: 1 Blatten mit grossen und 2 Blättle kleinen Fischen. Zum 3. Gang: Zween Kalbs- und ein Spinnwider (Saugböcklein) oder Lambsbraten. 2. Tauben oder Hahnen in zweien Blättlein. 3. Ris oder Brautmues (Brei aus feinem Mehl, Milch, Zucker und Safran). 4. Quetschgen oder Biren. Zum Nachtisch: Käs, Anken, Zieger, Obst, Gofren (Waffeln) oder Hippen (Fladen).»

1684

Die Geistlichkeit verordnet, dass der Segen im Gottesdienst erst nach dem letzten Gesang gesprochen werden darf, damit die Leute nicht vorher weglaufen.

1690

«Es ist in der Stadt so unsicher, weil böse Buben und Gassenschwärmer die Weibspersonen anfallen, ihnen die Kleyder aufheben, sie entblössen und mit express von Draht geflochtenen Streichen übel tractieren. Obwohl man fleissig nachforschen lässt, kann man keinen ertappen. Man muthmasst, es seyen meistens reicher Herren Söhnlein.»

1698

Der Markgräflerhof an der Neuen Vorstadt (Hebelstrasse) geht in Flammen auf. Markgraf Friedrich Magnus und sein Bruder werden im Schlaf dermassen überrascht, dass ihnen nichts anderes übrig bleibt, als in den Nachtkleidern ins St. Petersstift zu flüchten. Eine Kammermagd findet im Feuer den Tod. Zu allem Unheil stürzt acht Tage nach dem Brand die hohe Giebelmauer ein und verschüttet den Keller und die daselbst gelagerten Weinfässer, wobei hundert Saum besten Weines zugrunde gehen. Als am 21. November 1699 mit der Aufrichtung des neuen Dachstuhls begonnen wird, fällt der Zimmergeselle Hans Baumgartner vom Gerüst und bleibt tot liegen.

1704

Da auf den Feldern zu Muttenz zuviele Fruchtbäume stehen, haben die Untertanen den schädlichen Baumwuchs auszuholzen und vor dem Setzen neuer Bäume Bewilligung einzuholen.

1713

«Es ersoff vollerweis Jakob Ringlein, der Maler, im Rhein. Er zwirbelte rücklings über die Schifflände ins Wasser und ward beym Salzturm herausgebracht. Wie das Leben, so das Ende: Eine Sau, die weiss ja wohl, wann sie genug getrunken/ Keine von Überfluss noch ist zu Boden gesunken/Der Mensch dagegen soll am Geist vernünftig sein/Der doch sehr oft hier lebt wohl ärger als ein Schwein/Also führt ihn der Weg nicht in den Himmel ein!»

1763

Meister Emanuel Mechel wird vom Münstersiegrist erwischt, «wie er mit einem harzigen Instrument klebend Geld aus dem Gotteskasten (Opferstock) herausgezogen und gestohlen hat. Nach 4wöchigem Arrest wird er aus gar grossen Gnaden für sein Leben lang bey Wasser und Brot ins Zuchthaus eingesperrt und muss eine Zeitlang alle Sonn- und Festtag mit einem Blech auf dem Buckel, worauf seine Schandtat geschrieben ist, unter der grossen Kirchentüre des Münster stehen».

1832

Im St. Albankloster wird ein Choleraspital eingerichtet.

1885

Der Bruch der Grellinger Wasserleitung beim Aeschenplatz verursacht im grösseren Teil Grossbasels grossen Wassermangel: «So kommt es, dass viele Männlein und Weiblein, bewaffnet mit Zübern, Kannen und Kesseln, in die Altstadt pilgern müssen, um an einem der uralten Brunnen den allernötigsten Wasserbedarf zu befriedigen und das oft mühsam eroberte Nass mit mehr oder weniger Humor nach Hause zu schleppen.»
Nach langem Ausbleiben ist an der Fasnacht wieder der Zug der Waisenknaben zu sehen. Die neuen, geschmackvollen Kostüme sind vornehmlich der Spendefreudigkeit des Quodlibets zu verdanken.

1892

Auf dem Rhein ereignet sich ein schreckliches Unglück: Fünf Personen, die den Nachmittag im Restaurant «zur Rheinhalle» an der Grenzacherstrasse verbracht hatten, lassen sich fröhlich und singend in einem Waidling rheinabwärts tragen. «Bei der Wettsteinbrücke stösst das Schiff unverhofft an den linken Pfeiler und zerschellt. Ein Schrei, und alle fünf Insassen fallen in den zur Zeit hochgehenden Rhein und werden nicht mehr gesehen. Bei den tödlich Verunglückten handelt es sich um den Wirt Joseph Becherer, den Bäckergesellen Karl Meier, den Drahtflechtergesellen Albert Bürgin, den Sattler Gustav Rapp und die Kellnerin Rosa Peyer. Sie sind ihrer Unvorsichtigkeit und Waghalsigkeit zum Opfer gefallen.»

Spitalarzt Johann Heinrich Respinger erstattet dem Rat am 23. Februar 1768 Bericht über die im Irrenhaus am Steinenberg verwahrte Sara Lautenburger: «Obschon sie zuweilen recht vernünftig zu reden und zu antworten pflegt, so ist sie doch für ein wahnsinziges und abergläubisches Weib zu halten.» Aquarell von Constantin Guise. 1849.

National-Zeitung, 23. Februar 1911.

24. Februar

Matthias der Apostel

1530

Basel erhält eine neue Schützenordnung. Damit die Bürger sich tüchtig im Schiessen üben, bereichert die Obrigkeit den Gabentisch mit jährlich 50 Paar Hosen.

1555

Die abgöttischen Fasnachtsfeuer wie das unzüchtige Butzenwerk werden bei Strafe von fünf Pfund verboten.

1561

«Zum allgemeinen Bedauern vieler zuschauender Basler erhängen die Rheinfelder in Warmbach fünf junge Basler wegen etlichen schlechten Sachen, die sie entwehret hatten.»

1642

Meister Sixt Härtleins Frau bringt ein Kind zur Welt, das ohne Nase und Mund ist, «stirbt hernach aber bald».

Bürgermeister und Rat gewähren am 24. Februar 1700 Barbara Wentz-Meyer, der Herausgeberin eines Büchleins «mit alhiesigen Mann- und Weibertrachten», ein 10jähriges Schutzrecht auf «ihre Kupfer».

1750

Frau Pfarrer Herbordt hat ein Huhn so weit gebracht, dass es ihr auf die Achsel hüpft und aus der Hand frisst. «Nun nimmt es sich aber die Freiheit, ihr ins Aug zu picken, worauf das gute Huhn wegen seinem Unverstand aus gerechtem Zorn vom Herrn Pfarrer mit den Zähnen zerrissen wird!»

1818

Die Eidgenössische Militär-Aufsichtskommission ersucht den Basler Oberst Lichtenhahn, eine Ordonnanz für die Spiele der Tambouren und das Blasen der Pfeifer und Trompeter zu entwerfen. Diese wird noch im August von den Behörden angenommen und in Kraft gesetzt.

1841

Der Regierungsrat ermächtigt den Stadtrat, einem in hiesiger Stadt geborenen und erzogenen und mit gutem Leumund versehenen Sohn eines Juden eine selbständige Aufenthaltsbewilligung auf sechs Jahre zu erteilen.

1847

Ein Maskenzug, der den Wohltätigkeitssinn des schaulustigen Publikums auf die Probe stellt, hat einen glänzenden Erfolg und sammelt eine Summe von beiläufig Fr. 900.–. «Die Einsammler bedienten sich grosser, sehr sinnreich eingerichteter Beutel, vermittelst deren sie bis zum zweiten Stock der Häuser hinaufreichen konnten.»

1862

Im Kettenhof an der Freien Strasse (113) wird ein «brillantes Haus-Concert» gegeben mit der gefeierten Clara Schumann als Mittelpunkt. Die berühmte Klavierkünstlerin interpretiert u.a. auch Werke ihres verstorbenen Gatten.

1889

Eines der letzten noch unversehrt stehenden Stücke der alten Stadtmauer bricht an der Klingentalstrasse in sich zusammen. Ausser dem Tod einiger Hühner und Kaninchen hat der Zwischenfall keine schlimmen Folgen.

1893

Durch ein Entschuldigungsschreiben des Bundesrates und des baselstädtischen Regierungsrates an den französischen Gesandten in Bern wird der lächerliche Fasnachtsstreit

Basellandschaftliches Volksblatt, 24. Februar 1853.

Während einer Überfahrt am 25. Februar 1856 wird die Harzgrabenfähre durch den Riss des kleinen Anhängeseils am Umschlagbalken von der Strömung erfasst und rheinabwärts getrieben. Mit Hilfe der Fischer Bell, die ihrem Beruf nachgehen, gelingt es jedoch beim Pfalzbadhäuschen, das Fährschiff festzuhalten und ein Unglück zu verhindern. Aquarell von Johann Jakob Schneider. Um 1865.

über den von den Vereinigten Kleinbaslern dargestellten Panamazug, der mit einigen Anzüglichkeiten gespickt war, endgültig beigelegt.

1914

Das vom Fasnachts-Comité wie üblich arrangierte Monstre-Trommelkonzert findet erstmals im Variététheater Küchlin statt und nicht wie bisher im Musiksaal.

25. Februar

Walburga die Äbtissin

1525

Johannes Oekolampad, Basels Reformator, hält in der Kirche zu St. Martin seine viel beachtete Antrittspredigt über den Text Apostelgeschichte 1, 15–26.

1592

Ein Student aus Zürich, der während einer Nacht eine weibliche Person in seiner Schlafzelle beherbergt hatte, wird durch die Dekane der Universität wegen sittenlosen Verhaltens zu einer dreitägigen Karzerhaft verurteilt und seines Stipendiums verlustig erklärt.

1680

Eines der schwärzesten Kapitel in der Basler Kriminalgeschichte findet seinen Abschluss: Margret Pürster von Giebenach hat durch Gift nicht weniger als 13 Personen (ihre 4 Ehemänner, 4 Stiefkinder und eine 5köpfige Familie) umgebracht. Vor Gericht gibt «die ruchlose Weibsperson» vorbehaltlos ihre Schandtaten zu. Sie habe nicht nur seit 24 Jahren sich dem Teufel ergeben, sondern von ihm auch Mäusegift bekommen und mit diesem die Morde ausgeführt. Für diese abscheulichen Verbrechen kommt nur die Todesstrafe in Frage. Der Rat verurteilt denn auch bedenkenlos die 60jährige Margret Pürster zum Tod durch das Feuer. Von einem Pferd zum Richtplatz geschleift, wird die «Hexe von Giebenach», nachdem ihr der Scharfrichter die rechte Hand abgehackt hat, dem Feuer übergeben. In ihrem Todeskampf «hat sie nicht geschrauen, aber wie die Mäuse gegixt!»

1706

400 junge Männer aus dem St. Johannquartier halten ihren grossen Umzug ab. Angeführt von acht Harnischmännern in roter, weisser, schwarzer und blauer Paradeuniform ziehen sie auf den Münsterplatz und feuern vor den Häusern der Stadtväter Ehrensalven los.

1857

Die Kleinbasler Ehrengesellschaften statten mit ihren Ehrenzeichen, Fähnrichen und Tambouren den Grossbasler Herrenzünften Höflichkeitsbesuche ab.

1869

Die Statistik über Kinderarbeit ergibt u.a., dass in den 17 Bandfabriken 261 Kinder zu einem Stundenlohn von 8,05 Rappen (!) arbeiten, in den beiden Tabakfabriken 47 Kinder zu 6,10 Rappen und in den beiden Seidenzwirnfabriken 148 Kinder zu 10,90 Rappen.

1874

Jacob Burckhardt schreibt an Friedrich Nietzsche: «Ich dachte gar nie daran, Gelehrte und Schüler im engern Sinne grosszuziehen, sondern wollte nur, dass jeder Zuhörer sich die Überzeugung und den Wunsch bilde: man könne und dürfe sich dasjenige Vergangene, welches Jedem individuell zusagt, selbständig zu eigen machen, und es könne hierin etwas Beglückendes liegen.»

1881

Seit dem 28. November hat die Suppenanstalt der freiwilligen Armenpflege an vier Ausgabestellen in der

Eier-Maccaroni
Eier-Fides
Eier-Nudeln
Eier-Sternli
Eier-Hörnli
Eier-Strübli
Eier-Gerste
Eier-Blättli
Eier-Riebeli
Eier-Spätzli (Knöpfli)
bei 2479
E. Hedinger-Benz
Spalen 12
und Steinengraben 98
Mitglied der B. K. G.

Basler Nachrichten, 25. Februar 1912.

Stadt 106 883 Portionen Suppe unter die Bedürftigen austeilen lassen.

1902

Auf der Batterie kommt es zu einer erschütternden Tragödie: Drei siebenjährige Knaben, die auf offenem Feld der Mäusejagd nachgehen, werden von einem Wolfshund und einem Bernhardiner-Bastard angefallen. Während es einem der Knaben gelingt, den wild zubeissenden Hunden zu entfliehen, werden die beiden andern von den Tieren in einen ungleichen Kampf gezogen. Als endlich Hilfe eintrifft, liegt Hans Kräuchli «mit zerfleischten Beinen und abgezerrter Kopfhaut bewusstlos am Boden, kann aber gerettet werden». Hans Neumann dagegen wird von den Hunden auf eine Matte oberhalb des Schneiderschen Gutes am Batterieweg verschleppt und dort erst anderntags «mit völlig entstelltem Gesicht, weggefressenen Weichteilen und durchgebissenem Hals» tot aufgefunden. Er wird unter grösster Anteilnahme der Bevölkerung zu Grabe getragen.

26. Februar

Nestor von Magydos der Bischof

1376

Basel hat ein folgenschweres Ereignis hinzunehmen, das als die «Böse Fasnacht» in die Geschichte der Stadt eingeht: Der junge Herzog Leopold III. von Österreich nimmt im Kleinbasel, das ihm vom Bischof verpfändet worden war, Quartier, um die fasnächtlichen Lustbarkeiten zu geniessen. Und so vergnügt er sich mit seinem Gefolge in den vornehmen Adelshöfen Grossbasels. Nun geschieht es, dass feuchtfröhliche Edelleute sich auf dem Münsterplatz in einem ritterlichen Turnier messen. Dabei fordern einige der ungestümen Ritter durch anzügliches Benehmen gegenüber den Frauen den Zorn der Bürger heraus. Plötzlich jagen tollkühne Reiter in die Runde und schleudern Speere in die ahnungslose Menge. Die Bürgerschaft fühlt sich durch diesen kriegerischen Auftritt bedroht. Es kommt zu einem fürchterlichen Tumult, der mit dem Tod von drei Edelknechten ein schreckliches Ende nimmt. Basel hat diese impulsive Tat bitter zu büssen: 12 Bürger werden auf dem sogenannten heissen Stein am Kornmarkt enthauptet, und Kaiser Karl IV. verhängt über die Stadt die Reichsacht, von welcher die Obrigkeit sich nur unter grossen Opfern wieder befreien kann.

1377

Basel erleidet einen schweren Brand, der besonders die Häuser vom Kornmarkt bis zum Spalenberg heimsucht.

1515

Auf dem Kornmarkt wird das Fasnachtsspiel «Von den zehn Altern der Welt» (Dialog zwischen einem Einsiedler und Personen jeden Alters) von Pamphilus Gengenbach zur Aufführung gebracht.

1638

Arisdorf wird von den vor Rheinfelden liegenden Schweden überfallen und geplündert. Herzog Bernhard, der sein Missfallen über die Tat bezeugt, entrichtet einen Schadenersatz von 3000 Rheinischen Talern.

1760

Nach hiesiger Sitte ziehen die Basler Kinder mit Flinten bewaffnet scharenweise durch die Gassen, unter ihnen auch einige Erwachsene in alten Schweizertrachten.

Basler Chronik, 26. Februar 1376 (die sogenannte Böse Fasnacht darstellend).

Anfang 1814 wird Basel von einer Nervenfieberepidemie heimgesucht. Von den am 26. Februar im Notspital in der Blömlikaserne untergebrachten Schwerkranken überleben vier die schwere Flecktyphusseuche nicht. Tuschzeichnung von Jeremias Burckhardt.

1800

Aus den Urkantonen trifft wieder ein Transport Waisenkinder, oder Vaterlandskinder, wie sie auch genannt werden, ein. Die Bevölkerung bereitet ihnen eine herzliche Aufnahme.

1888

Die berühmteste Sopransängerin der Gegenwart, Marcella Sembrich, gibt im Musiksaal ein Konzert, das trotz stark erhöhter Preise ausverkauft ist.

1905

Die von der Sozialdemokratischen Partei lancierte Proporzinitiative wird bei relativ mässiger Stimmbeteiligung mit einem Zufallsmehr von zehn Stimmen angenommen.

1912

Erstmals darf während der Fasnacht am Montag und am Mittwoch bis abends zehn Uhr getrommelt werden, was regen Anspruch findet. Dafür entfällt der Morgenstraich am Mittwoch.
Der im Vorjahr «im tiefsten Glaibasel» von Utengässlemern gegründete Central-Club Basel bestreitet seine erste Fasnacht.

27. Februar

Fortunatus von Antiochia der Märtyrer

1546

Mathias Streckeisen, der Hufschmid von Ulm, wird ins Bürgerrecht aufgenommen.

1646

Der 73jährige Liestaler Johannes Salathe führt das 16jährige Töchterlein des Andreas Strübin zum Traualtar. «Wurden nachwerts, weil sie übel miteinander lebten, wieder geschieden.»

1679

Wie der Seidenfärber Hans Brand im Rathaus wegen Händeleien einvernommen wird, fängt er plötzlich wie ein Ochs zu brüllen an. Er wird sogleich in einer Kutsche nach Hause geführt, wo er nach zwei Stunden verstirbt. «Etliche halten den Fall, weil er sich im Rathaus zugetragen hat, für ein Gericht Gottes. Er wird deswegen aufgeschnitten, um zu sehen, ob er Gift bey sich hatte. Es findet sich aber nichts.»

1759

Es stirbt Professor Johann Ludwig Frey. «Ist einer von den gelehrten Theologus und ein grosser Liebhaber von der Taback-Societät, auch ein stiller und religiöser Mann von grossem Verstand und Beredsamkeit gewesen.»

1760

Die Rivalität unter der Jugend der verschiedenen Quartiere findet einmal mehr handfesten Ausdruck: Die Steinlemer und Aeschlemer ziehen in grossem Aufzug gegen Kleinbasel. Auf der Rheinbrücke aber verwehren besonnene Bürger der «kriegerisch gesinnten Schar» den Zugang in die Kleine Stadt, sonst wäre gewiss «eine grosse Massaquer entstanden».

1764

Zwei Erzdiebe aus Blansingen, die vor dem Riehentor 70 weisse Indiennetücher gestohlen hatten und diese in Mülhausen verkaufen wollten, werden in sichern Gewahrsam genommen. Wenig später verfrachtet die Obrigkeit die beiden Gauner für den Rest ihres Lebens auf die Galeeren. «Mithin hat nur eine Stimme mengiert (gefehlt), sonst wären sie gehänckt worden.»

1779

Weil er auf dem Petersplatz einige junge Lindenbäumchen mutwillig beschädigt hat, wird der 12jährige Täter durch vier Harschierer (Polizisten) an eines der verletzten Bäumchen gebunden, «worauf alle Knaben sowohl der lateinischen wie der andern Schulen mit ihren Lehrmeistern in Procession um den Baum herumziehen müssen. Der Angeber dieser neumodischen Strafe, Ratsherr Emanuel Falkner, hat sich jedoch viel böse Nachreden zugezogen».

1827

Ein eiserner Zimmerofen, der zu nahe an einem Holzstoss stand, entzündet in einer Stube im Stadthaus einen Brand, der empfindlichen Schaden anrichtet und die Anwohner in helle Aufregung versetzt.

Zugunsten der Basler Ferienversorgung für arme Schüler wird am 27. Februar 1883 das berühmte Panorama von Thun des Marquard Wocher am Sternengässlein, ein fast 300 m² bedeckendes Riesenbild, dem Publikum nochmals zugänglich gemacht, ehe es einige Jahre später aus dem Stadtbild verschwindet. Seit 1961 ist «das grösste Produkt eines Schweizer Künstlers, ein Gemälde, das eine ganze Reihe einzelner Landschaftsstücke enthält», im Schadaupark in Thun zu sehen.

1833

Die Trennungswirren veranlassen die Obrigkeit zum Verbot jeglicher fasnächtlicher Belustigung. Trotzdem versammeln sich rund 150 «Individuen teils in schwarzen Kleidern, teils mit geschwärzten Gesichtern, die andern maskiert und costümiert», vor dem Haus des Weinschenks Bienz an den Thorsteinen, formieren einen Zug und ziehen ins Kleinbasel. «Eine beträchtliche Menschenmenge jeden Geschlechts und Alters folgt dem Tambourenzug oder stellt sich in die Gassen, um denselben zu begaffen. «Landjägerpatrouillen kontrollieren die Strassen und Wirtshäuser, finden aber keine Veranlassung, einzuschreiten.

1864

Die Regierung verbietet der auf der Rosentalmatte tätigen chemischen Fabrik Müller die Ableitung arsenikhaltiger Wasser in den Riehenteich und verordnet statt dessen die Abfüllung aller Arsenik enthaltenden Rückstände in Fässer, die im Rhein zu entleeren sind!

1888

Ein an der Fasnacht verteilter Zettel mit rohen Auslassungen gegen Deutschland wird in der deutschen Presse vielfach besprochen und von allen anständigen Leuten Basels mit Entrüstung verurteilt.

1907

Der aus Basel stammende Klaviervirtuose Otte Hegner, der bereits als achtjähriges Wunderkind in den Konzertsälen Erfolge feierte, stirbt im Alter von 31 Jahren in Hamburg.

Basel.
— Zur Fastnachtfrage. Die Redaktion der N. Z. Z. macht anlässlich der in den Basler Nachrichten geführten Fastnachtdebatten folgende Bemerkungen: „Man ist den Männern in Basel, welche sich für die Freude des Carnevals wehren, den Dank des Vaterlandes schuldig — und zwar im vollen Sinne des Worts. Wer je Gelegenheit gehabt hat, Bevölkerungen kennen zu lernen, die sich vor lauter Heiligkeit und Dienstbeflissenheit gar nicht mehr freuen, nicht mehr ausgreifen können, sondern wie des Färbers Gaul im Rad herumlaufen — der hat den schrecklichsten der Schrecken gesehen, vor dem Gott die Republik mehr beschützen möge als vor Kriegs- und Hungersnoth."

Schweizerischer Volksfreund, 27. Februar 1860.

Der 114jährige Lütticher Johannes Ottele, der am 28. Februar 1657 in Basel eintrifft und sich auf der Zunftstube zu Weinleuten dem Publikum vorstellt, «isset herte und rauhe Speisen, so ein Junger nit wohl beissen und verdauen mag. Strickhet Strümpff». Federzeichnung von Hans Heinrich Glaser.

28. Februar

Leander von Sevilla der Erzbischof

1329

Bürgermeister und Rat erkennen, dass die Juden, welche im Kirchspiel von St. Leonhard über Grundbesitz und Häuser verfügen, jährlich zwei Schillinge an die Basler Münze abzuführen hätten, «als ob si Christenlüt wären».

1676

Ein angeblicher Comte de Broglio trifft in Basel ein und verschafft sich durch sein vornehmes Auftreten die Bewunderung der Bürger. So fällt es ihm leicht, an die schönsten Kleider und besten Pferde zu kommen. Als er sich nach einiger Zeit nach Frankreich fahren lässt, wollen «seine Creditores bezahlt sein, was der Stadt Basel viel Unmüeh und Händel verursacht, denn der vermeintliche Comte ist nur ein einfacher Priester gewesen, der viel kluge und witzige Leut hat betrügen können, was hernach grosse Konsternation ausgelöst hat».

1757

Innerhalb des St.-Johann-Schwibbogens kommt es zwischen jugendlichen Kleinbaslern und Steinlemern zu einer grossen Schlägerei, so dass «etliche blutige Köpf davongetragen». Als anderntags die siegreichen Knaben aus dem Kleinbasel sich aufmachen, um im Steinenkloster ihren Kompetenzwein abzuholen, organisieren die Steinlemer eine Abwehrschlacht. Und so werden die «Eindringlinge» am Klosterberg «mit grossen Brüglen und Stangen wie auch mit grossen Kiesligsteinen salutiert» und in die Flucht geschlagen. Schliesslich muss die Obrigkeit einschreiten, um grösseres Unheil zu verhüten!

1766

Es ereignen sich zwei Brandfälle: Während ein in der grossen Ratsstube «aus Liederlichkeit des Herrn Rahts Redners seiner Magd» entstandenes Feuer noch im Keime erstickt werden kann, brennt das an der Grenzacherstrasse gelegene Weingut des «Treubelbecks» Wohnli vollständig nieder. Der Rat ordnet deshalb eine öffentliche Sammlung an, welche viele Spenden einbringt. «Mithin hat Herr Wohnli auch noch von vielen Capitalischten vieles Geld extra und incognito in sein Haus geschickt bekommen.»

1876

Bei der Behandlung des für die Volksgesundheit dringend notwendigen Kanalisationsgesetzes, das mit Steuererhöhungen verbunden ist, gibt (der bremsende) Grossrat Geigy zu bedenken, die Aktiengesellschaften seien «keine Hennen mehr, die goldene Eier legen».
Die neue Kantonsverfassung von 1875 führt zur Gründung des Basler Handels- und Industrie-Vereins, dessen Vorstand die Basler Handelskammer bildet.

Die Judenrevolte im Sundgau erreicht am 29. Februar 1848 ihren Höhepunkt, als in Dürmenach, wo die Gemeindeverwaltung in jüdischen Händen liegt, 3000 Menschen zusammenströmen, um die «den Bauernstand bedrängende Geldgier der Juden zu rächen». Es werden über 75 von Israeliten bewohnte Häuser geplündert und zerstört. Viele Juden finden in Basel Zuflucht.

Den wichtigsten Theil der Enquete bildet die Miethpreisstatistik. Dieser Theil ist jedoch insofern unvollständig, als er den Aufwand des Miethers an Reparaturen und Kosten der Wohnungsunterhaltung nicht berührt, und doch fallen diese Kosten in Basel auf den Miether. Der übliche Preis beträgt in Basel für Wohnungen mit

1 Zimmer und Küche	Fr.	175–200	pro Quartal
2 Zimmern	"	250–300	
3 "	"	350–400	
4 "	"	500–600	
5 "	"	700–800	
6 "	"	900–1000	

Der Durchschnittspreis einer einzimmerigen Wohnung ist somit viel höher als derjenige einer 10-zimmerigen Wohnung, trotzdem die letzteren natürlich geräumiger und in den meisten Fällen viel gesünder sind, als die ersteren. Die kleineren Wohnungen sind eben mehr gesucht und somit auch theurer als die größeren. Im äußeren Bläsiquartier, dem eigentlichen Arbeiterviertel Basels, werden allerdings die niedrigsten Preise für kleinere Wohnungen bezahlt, dort sind die Verhältnisse aber auch die schlechtesten.
Der normale Preis pro m³ Wohnraum beträgt in Basel Fr. 2.50 bis 4.50. Was unter Fr. 2.50 ist, bezeichnet niederen Preis; von 4.50 bis 7 Fr. gehen die hohen, darüber die sehr hohen Preise. Es haben somit in Basel 11,5 % der Wohnungen niederen, 65 % normalen und 23,5 % hohen und sehr hohen Preis. Unter den einzimmerigen Wohnungen zahlt der zehnte Theil sehr hohe, fast die Hälfte hohe Preise; unter den zweizimmerigen Wohnungen 1,6 % sehr hohe, 29,7 % hohe Preise.
Ueberhaupt: je kleiner die Wohnungen, je höher der Preis und je größer die Wohnungen, je tiefer der Preis. Der Arme wohnt in Basel viel theurer und schlechter als der Reiche, was man nebenbei gesagt auch in Bezug auf Nahrung und Kleidung behaupten darf.

Der Grütlianer, 28. Februar 1891.

---

29. Februar

Lupicinus der Abt

1476

Im Hinblick auf die unmittelbar bevorstehende Schlacht von Grandson ruft der Rat die Bevölkerung zu einem allgemeinen Bittgottesgang auf. Vom Münster ausgehend, bewegt sich die eindrückliche Prozession zuerst zur Barfüsserkirche, von dort hinauf nach St. Leonhard, dann weiter ins Kloster Gnadental am Eingang zur Spalenvorstadt und schliesslich nach St. Peter, wo die Männer innehalten, um ein Hochamt und eine Predigt des Weihbischofs anzuhören. Die Frauen aber ziehen bis zur Predigerkirche weiter, wo für sie ein besonderer Gottesdienst gehalten wird.

1528

«Da wegen der Glaubensspaltung bisher viel Unwillen in unserer Stadt und unter der Bürgerschaft erwachsen ist, so dass einer den andern gehasst und niemand einander brüderliche Liebe erzeigt hat», lässt die Obrigkeit die Bevölkerung wissen, dass «hinfort, weil der Glaube eine Gabe Gottes ist, jeder den andern bei seinem Glauben ungehasst anerkenne und niemand den Predikanten öffentlich widerspreche».

1548

Die Tochter des Storchenwirts Konrad, die von ihrem Mann im Ehebruch ertappt worden ist, will sich im Rhein ertränken. Sie wird aber von ihren Angehörigen, die ihr nachgegangen waren, gerettet und zurückgebracht. Es ist traurig, dass es so verzweifelte Leute ohne Gottesfurcht gibt.

1884

Der Briefkastenonkel der Basler Nachrichten an «eine Zahnwehleidende: Sie schildern Ihre Zahn-

Am 1. März 1843 entwirft der populäre Historienmaler Hieronymus Hess (1799–1850) sein berühmtes Morgenstreichbild, die älteste überlieferte Darstellung des nächtlichen Aufbruchs zur Fasnacht der Neuzeit. Aquarellierte Federzeichnung.

schmerzen so drastisch, dass sich unsere eigenen Zahnwurzeln darob empören! Wir bitten Sie inständigst, uns mit Ihren Wurzelgrabereien vom Leibe zu bleiben und einen schmerzlosen Zahnarzt zu konsultieren.»

1888

Die Abbrucharbeiten an der projektierten Marktgasse rücken beständig vorwärts. Der Schutthaufen, welchen der Abbruch des «Baslerstabs» verursacht hat, schmilzt zusammen. Auch das frühere Feuerwehr-Wachtlokal ist dem Verschwinden nahe.

1908

Der Damen-Frisier-Salon Hartmann an der Greifengasse offeriert: «Shamponieren, Frisieren, Nachwaschung gegen Haarausfall und Behandlung mit Haartrocknerapparat zu Fr. 1.30.»

1912

Die Basler Baugesellschaft verkauft an der Kleinbasler Kandererstrasse vier Einfamilienhäuser à fünf Zimmer zu je Fr. 27 000.–.

1. März

Albinus von Angers der Bischof

1080

«Am Rheinesstrande Basel gegenüber» wird durch die Besiegelung einer Urkunde ein Streit zwischen Graf Burchard von Nellenburg und Abt Wilhelm von Hirschau betreffend das Kloster Schaffhausen beigelegt. Es ist dies die wohl älteste, wenn auch nur sehr mittelbare Erwähnung von Kleinbasel.

1286

Der Minnesänger Walther III. von Klingen, der 1256 im Wehratal bei Säckingen ein Frauenkloster gegründet hatte (das 1274 unter dem Namen «Klingental» nach Kleinbasel verlegt wurde), stirbt in seinem zu St. Peter gelegenen Gesäss «zum hohen Haus».

1439

Die Armagnaken bedrohen die Stadt. Der Rat erlässt eine Kriegsordnung und verstärkt das Bollwerk beim Spalentor.

1546

Der Rat erlässt ein Mandat, das verbietet, nach Aschermittwoch Fasnacht zu halten oder auf Zunft- und Gesellschaftshäusern kochen und verzehren zu lassen. Namentlich wird geboten, «dass man ganz kein Fasnachtbutzen, Pfiffen noch Trummen bruchen, sonder der Dingen aller Müssig stan soll».
Heinrich Bachofen, der Schneider aus Kyburg, wird mit dem Bürgerrecht ausgestattet.

1622

Die Studenten machen dem Franzosen François Malherbe, der vor fünfzig Jahren in Basel studiert hatte und nun für einige Tage wieder in unserer Stadt weilt, ihre Aufwartung: «Man mag sie an ihren Baretten und Wämmsern erkennen. Sie tragen ein papieren Liechtlin (Laterne!), die andern einen blanken Degen. Ist auch eine Musik angegangen mit Fidlen und Gamben und Zwerchpfiffen, dorzwischen Cymbeln und Tromben (Trommeln), dann die lassen sich die Basler nit nemmen!»

1667

Es stirbt der 1595 geborene Remigius Faesch. Als berühmter Professor der Jurisprudenz diente er verschiedenen «in verwickelte Sachen und Rechtshändel gezogenen fürstlichen Potentaten». Auch gründete er

Basler Zeitung, 29. Februar 1908.

Es werden zum Verkauff offerirt:

1. Ein kupffer Oefelin/ sehr commod zu Erwärmung eines Zimmers/ per 6. Thaler.
2. Eine annoch zimlich wohl-conditionirte Kutschen mit Schwanen-Hälsen/ Spiegel-Scheiben/ und mit grauem Thuch außguarnirt/ ohne das Geschirr/ per 50. Trentesols.
3. Ein eysen Oefelin mit einem eysernen Rohr/ per 6. fl.
4. Das Würthshauß zur Tannen.
5. Eine guldene Uhr-Ketten mit einer Hafften vor Frauenzimmer (so im Adresse-Contor zu sehen) umb billichen Preiß.
6. Eine Scheuren und Stallung/ sambt einer darbey ligenden Matten mit einer Hinderthür/ in der Fröschgaß.
7. Eine Behausung mit einem Garten und Brunnen an St. Leonhards-Graben. Oder aber eine sehr artig und kommliche Gelegenheit in deroselben auff gewisse Zeit zu verleyhen.
8. Ein Stück Guth an der Riehemer Straß gegen dem Holtz-Platz über/ von 3. Jucharten/ meist Räben mit Landerwerck umbgeben/ etwas Matten mit Bäumen wohl besetzt/ ein Garten/ darinnen acht Gländer von Spargeln und anderem Garten-Gewächs/ Item ein Feldlin/ nebst zwey Häußlin/ und in dem einten ein Trotten/ sambt etlich Böcken.
9. Eine Scheuren in der St. Johann-Vorstatt mit 3. Thoren/ von 2. Tennen und einer Stallung/ vier Schüttenen/ ein Zwing-Trotten/ zwey Weinkärren/ zwey Leitfaß/ zwey Böcken/ Wein-geschirr und Trächter/ sambt anderer Zugehörde/ und einem Gärtlein darhinder.
10. Ein Braut-schmuck oder Krantz von schönen Perlen/ nach heutiger neuen Mode.
11. Drey Pferdt/ so viel Kutschen/ Zugehörde/ und andern Kärren/ Wägen/ Schiff und Geschirz zum Fuhrwerck/ auch Feldwerck vor dem St. Johanns-Thor.
12. Ein eychen Büffet mit zwey beschlagenen Thüren/ gantz sauber/ per 6. Pfund.
13. Ein Tannener/ mit Fürnis überzogener Mählkasten/ zu 3. Säck Mähl/ mit einem guten Schloß/ per 3. Pfund 3. ß.
14. Ein brauner Camelottener Mantel,

Avis-Blättlein, 1. März 1729.

das Faeschische Museum, das 1823 mit den Universitätssammlungen vereinigt wurde.

1741

Einer jungen Naglers Tochter aus Frenkendorf, die an zwei Kröpfen leidet, wird «durch einen fremden Operator einer abgehauen. Weil solches ziemlich geschicklich abgeloffen, wird der andere auch abgeschnitten. Dabei ist besagter Operator darin ziemlich weit in die Gurgel gekommen, so dass das Mägdlein in einer Viertelstund gestorben ist. Der Operator wird deswegen von Stadt und Land verwiesen».

1724

Die Küferknechte vergnügen sich mit ihrem traditionellen Reiftanz: «Sie ziehen während drei Tagen im Luderleben in der Stadt herum, so dass sich folgender Reim ergibt: Ein mancher da versoff den Lohn vom halben Jahr, so er mit übel Zeit bisher zusammen gelegt. Mit Recht man sagen kann, er sey ein Narr, dass er mehr verthan, als sein Beuthel erstreckt.»

1747

Johann Ludwig Frey, Professor der Theologie, errichtet durch eine generöse Stiftung das Frey-Grynaeische Institut, das jederzeit einen in Theologie und Geschichte sowie in den klassischen und orientalischen Sprachen bewanderten Lektor zu bestellen und die rund 6000 wertvolle Bände umfassende Bibliothek zu verwalten hat.

1759

Weil die Obrigkeit das Begehren der «Rundfleischmetzger», das Pfund Rindfleisch zu 14 Rappen das Pfund verkaufen zu dürfen, ablehnt, tritt ein heftiger Mangel in der Fleischversorgung ein, der besonders die Kranken trifft.

1798

Die Franzosen erobern Brücke, Dorf und Schloss Dornach, was in Basel grosse Bestürzung auslöst und Sicherheitsmassregeln fordert. Hitzköpfe stürmen in den Sitzungssaal der Nationalversammlung und verlangen mit grossem Geschrei die Schliessung der Stadttore. An der Hutgasse entreisst der Hutmacher Gessler einer Schildwache das Gewehr und hält es dem Bürgerrepräsentanten Vischer unter die Nase, um ihn zu raschem Handeln zu zwingen. Tatsächlich werden die Tore nun geschlossen. Auch viele Kaufleute, die einen Durchmarsch der Franzosen befürchten, verriegeln die Türen ihrer Läden. Auf dem Markt hetzt ein Sprachlehrer die Männer, eine Frau die Gemüseweiber auf. Glücklicherweise aber erzeigen sich die Befürchtungen als grundlos, marschieren die Franzosen doch nach Balsthal: ein Sturm im Wasserglas.

1799

8000 Franzosen passieren mit 30 Kanonen und einem grossen Tross von Munitionswagen, Pulverwagen, Kugeln, Mörsern und Haubitzen die Stadt und ziehen in Richtung Schwarzwald weiter. Vierzig «Rebellen», die an einer Gegenrevolution arbeiteten und das Volk aufwiegelten, werden nach Basel verbracht und im Markgräflerhof verwahrt.

1880

Das nächtliche Turmblasen wird abgeschafft, und das Horn des letzten städtischen Turmbläsers ist nicht mehr zu hören.

1885

Die Einwohnergemeinde Riehen beschliesst einstimmig, infolge finanzieller Schwierigkeiten den Regierungsrat um Anschluss an den Staat zu ersuchen. Nach langwieriger Prüfung lehnt die Regierung den dringenden Wunsch der Riehener am 13. April 1891 ab: «Zur Begründung des Begehrens wird darauf hingewiesen, dass die Autonomie der Gemeinde wenig mehr als eine Last ist.»

1899

Emil Suter, E. Burckhardt-Koechlin und Paul Schlumberger werden zu den ersten Vorstandsmitgliedern des Automobil-Clubs von Basel gewählt.

1904

Das Kaufhaus Knopf an der Freien Strasse verabfolgt bei Bareinkäufen für jeweils fünfzig Rappen eine Klebemarke im Wert von zwei Rappen: die erste Rabattmarke in Basel.

1905

Aus einem Privatpark an der St. Jakobsstrasse entweichen fünf Rehe und suchen, von Hunden gejagt, via Aeschenplatz die Freiheit.

Am 2. März 1513 verkaufen die Brüder Christoph und Hans Truchsess von Wolhusen das Dorf Bettingen «mit allen sinen Nutzen und Herrlichkeiten, Holz, Feld, Weid, Wasser, Reben, Acker, Matten, Zinsen, Zehnten, Gerichten, Hintersassen und Eigenleuten» zum Preis von 800 Gulden der Stadt Basel. Kolorierte Federzeichnung von Jacob Meyer. 1643. Kopiert von Emanuel Büchel. 1747.

2. März

Simplicius der Pilger

1419

Der Bischof von Basel, Hartmann Münch, bestätigt der Stadt den Kauf von Kleinbasel und die Verpfändung von Liestal, Waldenburg und Homberg sowie des Schlosses Olten.

1441

Basel verbündet sich mit Bern und Solothurn auf zwanzig Jahre. Wie in den andern Städten, so wird auch in Basel der Bundesbrief auf einer Bühne vor dem Rathaus öffentlich beschworen.

1476

Die Eidgenossen bezwingen in Grandson Burgund. Noch auf dem Schlachtfeld werden die Basler Arnold von Rotberg und Hans von Schlierbach zu Rittern geschlagen. Basel, das keine Toten und nur wenige Verwundete zu beklagen hat, erhält an Beutegeldern 251 Gulden.

1533

Schulmeister Sixt Birk bringt das sozialkritische Schauspiel «Wie der tyrannisch Künig Superbus vertrieben ward» zur Aufführung. Es ist hauptsächlich gegen das allgemeine und verderbliche Pensionswesen gerichtet, «wo man sieht, wie es um ein Volk steht, das Tyrannen zu Regenten hat».

1546

Nachdem der Untervogt von Blotzheim mit einigen Bauern beim Rat vorstellig geworden war, kommt es im Hof des Rathauses zu einer Schlägerei, worauf zwei Landleute in Haft gebracht werden.

1564

Der Rat gebietet allen, Edeln und Unedeln, Reichen und Armen, Handwerksknechten und Bauersleuten, die gastweise oder in ihren Geschäften nach Basel kommen, ihre Feuerwaffen zu Hause zu lassen oder in den Herbergen einzustellen, weil solches gegen Basler Brauch und Herkommen verstosse. Zuwiderhandelnden werden die Waffen abgenommen und der Obrigkeit zum Eigentum übergeben.

1624

Es haben etliche Personen, die an fallendem Siechtum (Epilepsie) leiden, warmes Blut von Geköpften zu sich genommen und sind sogleich von ihrer Krankheit befreit worden. Ein Knabe, dem der Scharfrichter ebenfalls ein Glas voll Blut reichte, vermag dieses indessen nicht auszutrinken und lässt sich dazu auch nicht überreden.

1767

Aus Mangel an Pfarrhelfern werden mittwochs, freitags und samstags die «Morgengebätter» im Münster eingestellt. Stattdessen wird am Mittwoch und Freitag um ein Viertel nach 6 Uhr eine Betstunde gehalten. «Als man das erstemal um diese Zeit im Münster läutete, sind viele Leute vor Schreck zusammen geloffen, weil sie geglaubt, es bränd in der Stadt.»

1866

Aufgrund der Erkenntnis von der Notwendigkeit der sozialen Selbsthilfe kommt es zur Gründung einer Basler Sektion der sogenannten Roten Internationale.

1895

Das Sanitätsdepartement warnt vor dem feilgebotenen Pruntrutergeschirr, das den Vorschriften in bezug auf den Bleigehalt der Glasuren nicht entspricht.

1913

Zur vierhundertsten Wiederkehr von Bettingens Übergang an Basel lässt der Regierungspräsident, Hermann Blocher, dem Dorf eine Gratulation überbringen, in der er u.a. ausführt: «Der Gedanke, dass man eine Gemeinde mit Geld erwerben kann, ist unserer Zeit fremd geworden. Die Urkunde, die vom Kauf von 1513 Kunde gibt, mutet unser Geschlecht seltsam an. Die Bewohner von Bettingen hatten zum Kauf nichts zu sagen. Heute aber gehören Stadt und Gemeinde zusammen auf Grund der Treue und Anhänglichkeit, die ihre Bürger verbindet, und heute bestimmen die Bürger von Bettingen als Gleichberechtigte mit über die Gestaltung und Entwicklung des ganzen Gemeinwesens.»

Einquartierungs-Liste vom 21. Dez. 1813 bis zum 28. Febr. 1814.

	Oesterreicher.	Russen.	Preußen.	Bayern.	Total.
Generäle	441	525	82	52	1100
Obersten	811	944	77	94	1926
Majore	710	819	117	149	1795
Offiziere	10070	7516	1828	3185	22599
Gemeine	177625	34195	7425	41942	261187
Oberärzte	774	141	35	326	1276
Unterärzte	1443	101	73	223	1840
Minister	128	39	58	15	240
Räthe	331	71	322	35	759
Sekretäre	850	732	703	85	2370
Frauen von Rang	346	639	3	23	1011
Frauen, Subalt.	477	855	27	74	1433
Bedienten	21577	16721	4501	5273	48072
Summa	215583	63298	15251	51476	345608

Kantons-Mittheilungen, 2. März 1849.

3. März

Kunigunde die Kaiserin

1345

«Zur Unterdrückung von Aufläufen, sie möchten über Pfaffen, andere Christen oder Juden gehen», schliesst Basel mit den Städten Strassburg, Freiburg, Hagenau, Colmar, Breisach, Neuenburg, Mülhausen, Kaisersberg, Türkheim und Münster einen fünfjährigen Landfrieden.

1414

Es stirbt alt Oberstzunftmeister Jakob Zybol, der Gründer des Kartäuserklosters im Kleinbasel. Er hatte, ehe der Tod ihn ereilte, den Prior an sein Sterbebett gerufen und ihm anvertraut: «Siehe, ich gehe nun den Weg allen Fleisches, meine Seele und die Seelen der meinigen befehle ich euren frommen Gebeten.» Hierauf vermachte er dem Kloster eine Spende von nicht weniger als 4713 Gulden, eine für die Zeit bedeutende Summe. Die Kartäuser erwiesen ihrem Wohltäter denn auch höchste Ehre und widmen ihm in der Klosterkirche ein Grab vor dem Hochaltar.

1556

Am Himmel erscheint ein prachtvoller Komet, dessen Schweif gegen Niedergang von roter Farbe ist und sich gegen das Ende verbleicht.

Am 3. März 1515 bewilligt der Rat den Abbruch und Neubau von Kirche und Bruderhaus zu St. Elisabethen. Das neue, auch als Garnisonskirche dienende Gotteshaus vermag der Gemeinde bis ins Jahr 1864 zu genügen, dann wird es durch die von Christoph Merian gestiftete neugotische Elisabethenkirche ersetzt. Aquarell von C. Oppermann. 1837.

1563

Es stirbt Buchdrucker Hieronymus Froben, der nach dem Tod seines Vaters, des berühmten Johannes Froben, die Offizin im Haus «zum Sessel» am Totengässlein mit Johannes Herwagen und Nicolaus Episcopus weitergeführt hat.

1566

60 Bürger halten einen Schwerttanz ab. Dieser wird mit allem Anstand durchgeführt, wenn man davon absieht, dass der Tuchschärer Zacharias Langmesser und der Säckler Franz von Speyr in den Barfüsserbrunnen geworfen worden sind.

1673

Wegen beständigen Regenwetters rutscht der Berg im benachbarten Weil gegen dreihundert Schritt ab, so dass viele Jucharten der besten Reben zugrunde gehen. Dazu haben auch die verborgenen Brunnquellen beigetragen.

1740

Gegen Abstattung einer Gebühr erlaubt der Rat 120 Ausreisewilligen die Auswanderung in die englische Kolonie Carolina in Nordamerika.

1756

Wegen schlechter Zeiten verbietet die Obrigkeit den Müllerknechten das traditionelle Eierlaufen und Turmsteigen auf dem Münsterplatz.

1799

Das Schulwesen «auf der Basler Landschaft bietet ein trauriges Bild: Die elende Auferziehung der Bewohner (gemeint ist ein armes, abgelegenes Dörfchen, dessen Name nicht genannt sei) äussert sich in ihrem sowohl häuslichen als gesellschaftlichen Leben. Sehr viele von ihnen sind grob, ungesittet im Umgange, zänkisch und missgünstig. In ihren Häusern sowohl als an ihrem Leibe scheinen sie in der äussersten Unreinlichkeit mit den Ostiaken und Hottentotten zu wetteifern, und ihre Kinder laufen auf den Gassen halbnackend, mit Schmutze geschminkt, wie Wilde umher. Überhaupt stellt dieses unglückliche Dorf das treue Bild der tiefsten Armuth vor und bestätigt die schon oft gemachte Erfahrung, dass Dürftigkeit, Unreinlichkeit, Barbarey und Unwissenheit einander gemeiniglich zu Gefährten haben».

1851

Das bisher beim Pfarrwahlen übliche Los, das zwischen zwei oder mehreren Bewerbern entscheidet, wird abgeschafft.

1909

Trotz rasenden Schneesturms vermag das Vereinigte Fasnachts-Comité an die Züge und Züglein, Schnitzelbankgesellschaften und Musiken eine Subvention von Fr. 11 700.– auszuschütten.

Am 4. März 1865 wird zum Morgenstreich erstmals im Gasthof «zum goldenen Kopf» Mehlsuppe angeboten. Von einer «gebrannten Mehlsuppe», die er im Gasthof «Zu den heiligen drei Königen» anstelle von Kaffee eingenommen hat, berichtete allerdings schon 1833 der Hamburger Katechet J.C. Kröger.

Grabinschrift, 3. März 1631.

4. März

Adrian der Märtyrer

1114

König Heinrich V. besucht Basel und verweilt eine Woche hier.

1173

Kaiser Friedrich I. betritt zum ersten Mal die Mauern der Stadt Basel.

1440

«Im Namen der heiligen Drifaltikeit, der wirdigen Muter Marien und aller lieben Heiligen und Englen» verlässt der spätere Bürgermeister Hans Rot, begleitet von zwei Knechten, die Stadt, um «gon Jherusalem zu dem Heiligen Grab und zu den heiligen Stetten ze faren».

1476

480 Fussknechte, die als Freiwillige mit dem österreichischen Landvogt Hermann von Eptingen nach Burgund gezogen waren und dort zehn Dörfer einäscherten und hundert Bauern töteten, kehren in die Stadt zurück. Sie führen als Beute zwölfhundert Stück Vieh nach Basel, die sie hier verkaufen und sich so schadlos halten am Sold, den ihnen der Landvogt schuldig geblieben ist.

1611

Ein Baderknecht fällt von der Rheinbrücke in den Rhein und ertrinkt, weil die alte Bank, auf welcher er sich gemütlich der Ruhe hingegeben hat, zusammengebrochen ist.

1694

Unterhalb von Breisach ertrinken im Rhein wegen eines schweren Sturms der Schuhknecht Georg Locher, der sich auf die Wanderschaft begeben wollte, und der Kupferschmied Hans Jacob Rüdin.

1769

Der Rat behandelt einen Anzug, der verlangt, «das Caffeetrinken auf der Landschaft sollte, als eine dem Landmann so kostbare und schädliche Sache, gleich dem Brandtweintrinken verboten werden». Er erhebt den Antrag zum Beschluss und weist die Landgeistlichen an, ihre Pfarrgenossen vom Caffeetrinken abzumahnen. «Darauf aber wird nicht lange gedrungen, indem der Unterschied zwischen der Stadt und der Landschaft zu auffallend ist. Auch sagen die Landleute, sie tränken nicht, sondern essen den Caffee. In der That, da sie den Caffee mit Milch, Brod oder Erdäpfeln kochen, so bedienen sie sich des Suppenlöffels!»

1885

In der badischen Nachbarschaft duellieren sich Helveter-Studenten aus Basel und Zürich.

1900

«Ein Schneesturm, der mit ungewohnter Heftigkeit während vier Stunden anhält, bringt ausser einer äusserst tiefen Schneedecke auch eine grosse Kälte, die −13 Grad erreicht und den Morgenstreich und das ganze Fasnachtstreiben wesentlich herunterstimmt.»

Am 5. März 1888 beginnt die GGG mit dem Umbau des von ihr erworbenen Zunfthauses zu Schmieden, wobei «im Hausflur alte, noch aus der Beginenzeit stammende Wandmalereien, die u.a. ein Weltgericht darstellen, zum Vorschein kommen».

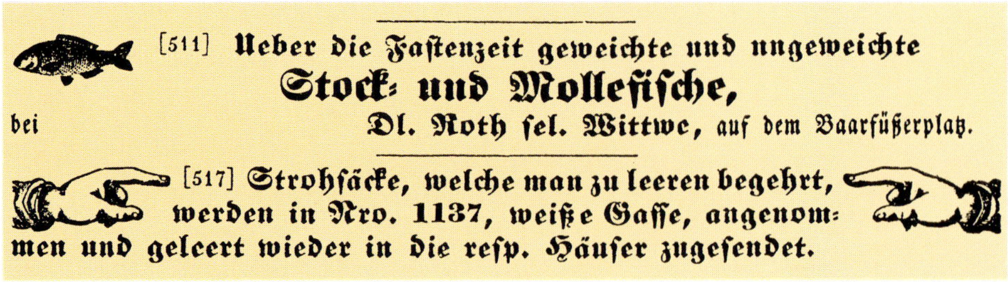

[511] **Ueber die Fastenzeit geweichte und ungeweichte Stock- und Mollefische,** bei Dl. Roth sel. Wittwe, auf dem Baarfüßerplatz.

[517] **Strohsäcke, welche man zu leeren begehrt,** werden in Nro. 1137, weiße Gasse, angenommen und geleert wieder in die resp. Häuser zugesendet.

Intelligenzblatt, 4. März 1847.

5. März

Equitius der Abt

1402

Bis Ostern erscheint am Himmel jeden Tag gegen Sonnenuntergang ein hoch aufgerichteter Pfauenschwanz, so dass jedermann ihn zu sehen vermag.

1739

Die Schmähschrift des Niklaus Stupanus, in welcher der Verfasser das baslerische Staatsleben als das denkbar schlechteste und die regierenden Personen als unverantwortlich und eigennützig darstellt, wird auf Anordnung der Obrigkeit in allen noch vorhandenen Exemplaren durch den Scharfrichter auf dem Heissen Stein auf dem Kornmarkt verbrannt.

1759

Der Rat erlässt eine neue Ordnung für die Landschulen. Die Schulmeister werden verpflichtet, das ganze Jahr, mit Ausnahme von je zwei Wochen im Heuet, in der Ernte und Emdet, wöchentlich 19 Stunden

Schule zu halten und in Buchstabieren, Schreiben, Aufsagen, Memorieren, Singen und Religion zu unterrichten. «Die Schulmeister sollen richtig und gesund sein und keine Gemeinschaft oder anhänglichen Umgang mit Sektirern oder Irrgeistern pflegen oder an Versammlungen Theil nehmen, die zur Verachtung des öffentlichen Gottesdienstes gereichen.» Anstelle des früheren «Schulscheites», das die Schüler täglich in die Schule mitzubringen hatten, erhalten die Lehrer von den Gemeinden nun eine genügende Menge Holz. Die Eltern haben, sofern sie in der Lage sind, ein Schulgeld zu entrichten. Die Dauer der Schulpflicht ist von der Erreichung des Lehrziels abhängig: «Wer perfect lesen kann und das Nachtmahlbüchlein gelehrnet hat», der kann aus der Schule entlassen werden.

1761

Der Erzdieb und Bösewicht Anton Schönenberger versteht es erneut, aus dem Zuchthaus auszubrechen, obwohl er «weder gehen noch stehen, sondern nur auf den Knien rutschen kann». Wieder aber wird er durch die Harschierer (Polizisten) eingefangen und nun auf das St. Jakober Schänzli geführt. Dort lässt ihn die Obrigkeit mit solcher Freiheit an Ketten schmieden, dass er Wasser und Brot durch das Herstellen von Körben abverdienen kann.

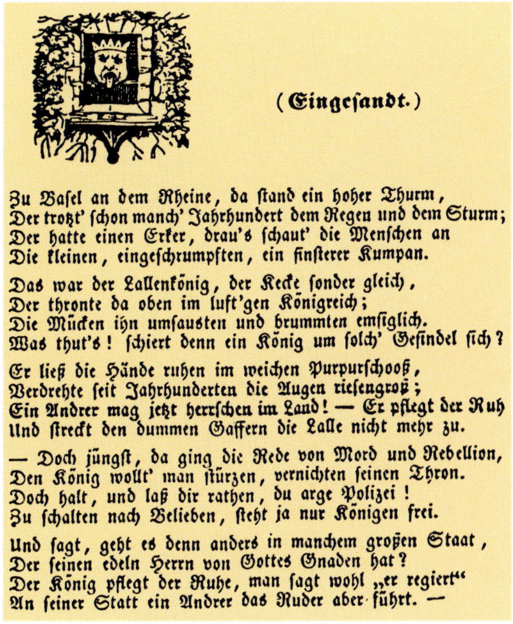

1835

In Mariastein erhebt Abt Placidus die ins Kloster überführten Reliquien aus dem Basler Münsterschatz mit grosser Feierlichkeit auf die Altäre des Wallfahrtsorts.

1882

In Kleinhüningen beschliesst eine Schar Jugendlicher die Gründung einer Morgenstreich- und Turngesellschaft.

1884

Der Grosse Rat verabschiedet ein Krankenversicherungsgesetz, das «den Staat zum erstenmal verpflichtet, seinen unbemittelten Angehörigen mit direkten finanziellen Opfern unter die Arme zu greifen». Die Stimmberechtigten aber lehnen das soziale Gesetz mit 1346 Ja gegen 2210 Nein ab.

1890

Im vergangenen Monat sind auf hiesigem Gebiet 358 Personen, darunter 193 Bettler, Landstreicher und Dirnen, 45 Betrunkene und 62 Verbrecher angehalten worden.

1895

Für die Fasnacht empfiehlt das Comestibleswarengeschäft Marchetti an der Aeschenvorstadt Orangen, 100 Stück zu Fr. 4.–, und Citronen zu Fr. 6.– das Hundert.

(Eingesandt.)

Zu Basel an dem Rheine, da stand ein hoher Thurm,
Der trotzt' schon manch' Jahrhundert dem Regen und dem Sturm;
Der hatte einen Erker, drau's schaut' die Menschen an
Die kleinen, eingeschrumpften, ein finsterer Kumpan.

Das war der Lallenkönig, der Recke sonder gleich,
Der thronte da oben im luft'gen Königreich;
Die Mücken ihn umsausten und brummten emsiglich.
Was thut's! schiert denn ein König um solch' Gesindel sich?

Er ließ die Hände ruhen im weichen Purpurschooß,
Verdrehte seit Jahrhunderten die Augen riesengroß;
Ein Andrer mag jetzt herrschen im Land! — Er pflegt der Ruh
Und streckt den dummen Gaffern die Lalle nicht mehr zu.

— Doch jüngst, da ging die Rede von Mord und Rebellion,
Den König wollt' man stürzen, vernichten seinen Thron.
Doch halt, und laß dir rathen, du arge Polizei!
Zu schalten nach Belieben, steht ja nur Königen frei.

Und sagt, geht es denn anders in manchem großen Staat,
Der feinen edeln Herrn von Gottes Gnaden hat?
Der König pflegt der Ruhe, man sagt wohl „er regiert"
An seiner Statt ein Andrer das Ruder aber führt. —

Basilisk, 5. März 1839.

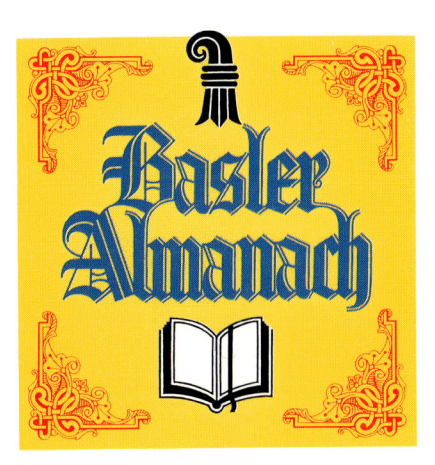

6. März

Fridolin der Glaubensbote

1503

Es stirbt Hans von Nussdorf. Er ist 1472 als Werkmeister ans Basler Münster berufen worden, vollendete den Martinsturm und entwarf die Münsterkanzel.

1546

Vor zahlreichen Zuschauern wird im Kleinbasel das Spiel von Abraham aufgeführt. Maskierte sind durch öffentliches Mandat ausgeschlossen.

1548

Einige Studenten reiten nach Augusta Raurica, um die Trümmer und Ruinen der Stadt zu besichtigen. Nachdem sie anschliessend im Wirtshaus einen blutigen Streit entfacht haben, machen sie sich auf den Heimritt. Beim Siechenhaus von St. Jakob sprengen sie mit ihren Pferden zur Überquerung der Birs in den hochgehenden Fluss. Und einer muss für den Händel und die Ungeduld büssen, indem er mitsamt seinem Ross in den Fluten untergeht. So gerät der, der Gott nicht fürchtet, zuweilen nach dem gerechten Urteil Gottes ins Unglück.

1635

In der Kleinbasler Mühle des Jacob Ott «verspringt» der Mühlstein, so dass, weil viele Leute zugegen sind, einige Personen zu Tode geschlagen werden.

1771

Das junge Ehepaar David La Roche und Salome Huber feiert mit zwölf Gästen im Haus «zum Landser» am oberen Schlüsselberg den Einstand und lässt sich vom Stubenknecht zu Weinleuten folgendes Essen kommen: «Erster Auftrag: 2 Schüsseln Reis mit Krebs Saucen, 1 Pastete, 1 Platte mit zwei Enten an Zibelbrühen, 1 Platte Sälmling, 1 Platte Austern, 1 Platte Gemüs, 1 Platte grün Kraut. Zweyter Auftrag: 1 Rehschlegel, 1 Platte Kramisvögel und Lerchen, 1 Welschhuhn, 2 Capaunen, 1 Platte Compot von Äpfeln, 1 Crème brûlée mit Caffegout, 1 Platte junger Rebkressig-Salat. Dritter Auf-

Weil ohne Eis in der Bierbrauerei keine Gährung möglich ist, legt die Brauerei Warteck am 6. März 1876 beim Fasanenweg in den Langen Erlen einen Weiher zur Gewinnung dieses überaus wichtigen Betriebsstoffes an. Das Eis kann bei Bedarf schon in einer Dicke von 7 Zentimetern mit Axt und Säge abgebaut werden. 1899 verkauft die Familie Füglistaller ihren Eisweiher, der durch die Inbetriebnahme von Eismaschinen kein Natureis mehr zu liefern hat, der Grossherzoglich-Badischen Bahnverwaltung. Aquarell von Johann Jakob Schneider. 1881.

trag: 1 Platte Riepolzauer Küchlein, 1 Platte Tourtelettlein, 1 Platte Pfersigstein von Mandlen, 1 Platte Mandelkränzlein, 1 Platte runde Zuckerbrod, 1 Platte Änisbrod, 1 Körblein mit Obst, 2 Platten gesalzene Zungen.»

1797

Es werden die sogenannten jährlichen Umzüge zum Andenken des Schweizer Bundes abgehalten, wobei dieses Mal besonders viel Unordnung und Ausgelassenheiten vorkommen.

1839

Bei einem Umbau an der Eisengasse stürzen unter furchtbarem Gekrache zwei Häuser zusammen.

1864

Der im Lohnhof wegen Unterschlagung inhaftierte Alt-Kriegskommissär Daniel Senn entweicht und flüchtet nach Amerika.

1890

Das Schuhwarengeschäft Saladin an der Gerbergasse 69 hat eine neue Fassade erhalten, die von Dekorationsmaler Louis Schwehr kunstvoll geschmückt worden ist. So zeigt die Hauszierde auch den Vers: «Sankt Crispin, unser Schutzpatron. War Schuhmacher von Profession. Das Leder für die Schuh der Armen. Blieb er schuldig – voll Erbarmen!»

1898

Basel erreicht 100 000 Einwohner und rückt damit in die Reihe der Grossstädte auf.

1910

Mit 7413 Ja gegen 1036 Nein wird die Verfassungsänderung betreffend die Trennung von Kirche und Staat angenommen.

7. März

Perpetua und Felicitas die Märtyrerinnen

1529

Der Rat erlaubt den Mönchen und Klosterfrauen die ungebundene Gestaltung ihres zukünftigen Lebens. Wollen sie in der Stadt bleiben, dann haben sie jedoch ihre Ordensgewänder abzulegen und weltliche Kleider zu tragen. Es wird auch «allen Pfaffen erlaubt, Eheweiber zu nehmen und in Monatsfrist ihre Metzen oder Kellnerinnen hinweg zu thun. Da ziehen viele weg.»

1654

Der 16jährige Baschi Müller von Eptingen, der sodomitisch gehandelt hat, wird vom Scharfrichter mit dem Schwert hingerichtet und verbrannt. Als das Urteil vom Schultheissen (Gerichtspräsidenten) und den Amtleuten verkündet worden ist, liess die Obrigkeit die Papstglokke läuten. Obwohl der Bub bei der Hinrichtung hat aufrecht stehen müssen, vermochte ihn der Henker nicht mit einem Schlag zu köpfen!

Preiß der Lebens-Mitteln:

Rindfleisch 11. Rappen.
Kalb- und Schäffen-Fleisch 10. Rappen.
Schweinen-Fleisch 14. à 18. Rappen.
Butter 22. à 24. Rappen.
Kertzen 27. à 30. Rappen das Pfund.

Allerhand Nachrichten.

Bey Herrn Johann Rudolff Schwartz dem Säckler und Handschumacher bey der Post sind zwey lustige Losamenter zu verleyhen und gleich dato oder auf künfftige Pfingst-Fronfasten zu beziehen: das eine vornen auf die Gassen sehende, wie der Augenschein mit mehrerem zeigen wird. Das andere in einem gantz sonderbar beschlossenen Stockwerk, heiter und lustig, von einer Stuben, Saal und Kammer, Kuchin mit ablauffendem Wasserstein, Rauchhauß, Höflin, und lauffendem Bronnen von sehr gutem und gesundem Wasser, einem kleinen Altänlein, auf das darhinder ligende Gärtlein stossende; für stille und reputirliche Leute die keine grosse Familie von Kindern haben.

Mittwochs-Blättlein, 6. März 1743.

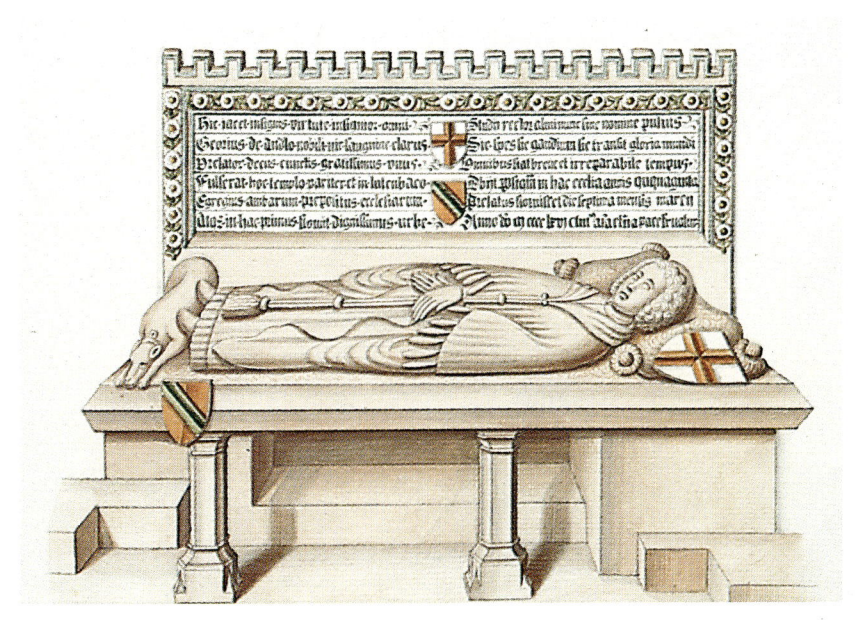

In seinem 76. Lebensjahr stirbt am 7. März 1466 Domherr Georg von Andlau, erster Rektor der 1460 gegründeten Universität. Zum bleibenden Gedenken wird dem hochverdienten Mitbürger im Münster ein kunstvolles Grabmal errichtet. Aquarellierte Zeichnung von Emanuel Büchel, 1771.

1677

Dem Kleinbasler «Materialist» Hans Heinrich Gernler, der als Hosenstricker und Strumpffabrikant Akkordarbeiter, sogenannte Stümpler, beschäftigt, wird von seinem Handwerk Unlauterkeit vorgeworfen. Er aber wehrt sich mit dem Hinweis, dass durch die von ihm vergebenen Strickarbeiten fünfzig arme Waisenkinder sich selber ernähren könnten, so wie es das Gesetz vorschreibe.

1838

Der Rat verkauft den ehemals Merianschen Gottesacker bei St. Theodor, der 1779 gegen einen zum Pfarrhaus gehörenden Rebgarten eingetauscht worden war, und lässt die Umfangmauer abbrechen.

1855

Obwohl die Bauarbeiten an der Freien Strasse beendet sind, «spazieren noch immer ein Dutzend Hühner auf den Schutt- und Kehrichthaufen umher und vermitteln das Bild einer schmutzigen Dorfstrasse».
Zwischen Reinach und Aesch werden durch ein gemeines Bubenstück vierzig Telegraphenstangen gewaltsam abgebrochen.

1895

Der Basler Katholikenverein beschliesst, an der nächsten Fasnacht nötigenfalls mit Gewalt gegen alle Anspielungen gegen die katholische Religion vorzugehen. «Es wird dafür zu sorgen sein, dass die Fasnachtszettel, die Schnitzelbänke, die Laternen und die Strassen von verkleideten Kapuzinern, Jesuiten, Nonnen, von dem literarischen Wust und von all dem, was die religiösen Gefühle der Katholiken, die den dritten Teil von Basels Bevölkerung repräsentieren, beleidigt, gesäubert werden.»

1896

Es wird der Fachverein chemischer Arbeiter ins Leben gerufen mit dem Zweck, die ökonomischen und sozialen Interessen der Chemie-Arbeiter zu wahren und zu fördern und das Gefühl der Zusammengehörigkeit zu pflegen.

1902

Ochsenmetzger Lévy an der Sperrstrasse verkauft «I a Kalbsköpfe zu 60 Cts. und dito Kalbsfüsse zu 25 Cts.».

8. März

Philemon zu Antinoë der Märtyrer

1507

Peter Respinger, der Gewürzkrämer aus Pruntrut, wird ins Bürgerrecht aufgenommen.

1547

Markgraf Bernhard von Baden gerät unter dem Bläsitor mit zwei Bürgern in Streit und wird mit einer Haue ohnmächtig geschlagen. Die beiden Grobiane werden zu je elf Tagen harter Gefangenschaft verurteilt.

1557

Dem Pfarrer von Leimen, der in Basel einen schwunghaften Handel mit Pferden und Füllen betreibt, wird das Handwerk gelegt: Er hat seine Kräfte voll und ganz wieder in den göttlichen Dienst zu stellen.

1638

Die Bauern der von Bernhard von Weimar bedrohten österreichischen Dörfer flüchten mit Hab und Gut nach Arisdorf. Nachdem die Schweden erfolglos deren Herausgabe forderten, überfallen sie mit einigen hundert Reitern unversehens das Dorf und plündern es vollständig aus. Auf Druck der Eidgenossenschaft leistet der Herzog den Arisdorfern schliesslich dreitausend Reichstaler Schadenersatz.

1655

Ein der Sodomiterei mit einem Pferd überführter Knabe wird dem Feuer übergeben. Drei Wochen spä-

---

Speisehalle am Claragraben
Telephon 3409
Wir erlauben uns, E. E. Publikum unsere **reingehaltenen Weine** in gefl. Erinnerung zu bringen. Die Preise verstehen sich per Liter (bei Bezug von mindestens 10 Litern) in den Keller geliefert. Es sind auf Lager:

Weissweine	Rotweine
Palma 40 Cts.	Montalto 40 Cts.
Rumänier 48 Cts.	Huesca 45 Cts.
La Côte 60 Cts.	
4226	Die Verwaltung.

Basler Anzeiger, 7. März 1907.

ter muss aus demselben Grund ein Pratteler ebenso sein Leben lassen.

1662
Zum erstenmal wird der Hohe Donnerstag wie ein Sonntag gefeiert. Es dürfen keine Läden offengehalten werden.

1675
Die Franzosen verbrennen in Grenzach dreissig Häuser.

1749
Der Rat «erlaubt 85 Mannsbildern, 73 Weibern und 224 Kindern die Auswanderung nach Amerika, obwohl diejenigen, welche nichts haben, meistens schon in Rotterdam oder in England liegen bleiben und verderben müssen».

1763
Hieronymus Linder (1682–1763), Generalmajor in holländischen Diensten, bedenkt in seinem Testament auch seine Mitvorgesetzten zu Hausgenossen. Er widmet der Zunft ein Legat von zweitausend Pfund, dessen Zinsen für eine jährlich am 8. März, dem Geburtstag von Wilhelm V., dem Prinzen von Oranien und Nassau, zu begehenden Mahlzeit der Herren Meister und Vorgesetzten, das «Oranienmähli», zu verwenden sind.

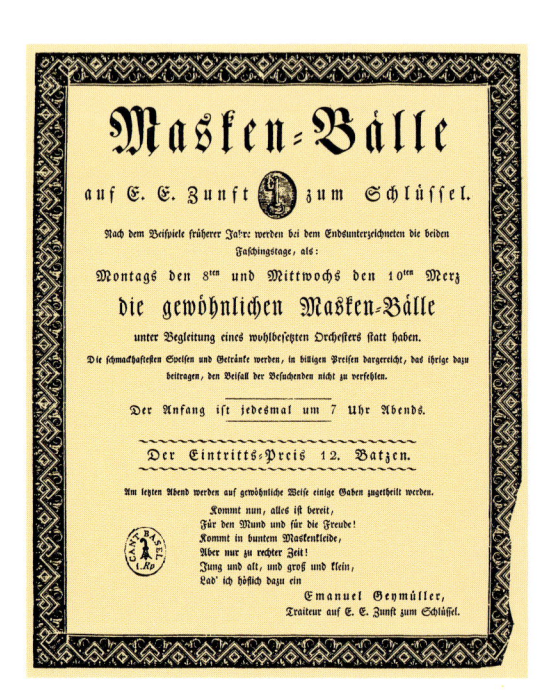

Dichter Schneefall treibt am 8. März 1729 zwei Füchse in ein vor der Stadtmauer gelegenes Gartenhäuschen. «Da drinnen aber weder eine Beuth von Geflügel noch von Wildprät und Mäusen zu erhaschen ist, gerathen sy in einen rasenden Hunger, wobei dann der Schwächere vom Stärkeren übermeistert und mit Haut und Haar bis an den Kopf aufgefressen wird.» Illustration aus Conrad Gessners Tierbuch von 1560.

1840
Christian Friedrich Spittler (1782–1867), Sekretär der deutschen Christentumsgesellschaft, gründet mit einigen Gleichgesinnten in der Sakristei des zerfallenen spätgotischen Kirchleins zu St. Chrischona die Pilgermission, die es sich zur Aufgabe macht, in christlicher Armut und Demut Männer zu Missionaren und Predigern auszubilden. Die im Wort Gottes unterrichteten, nur zum Dienst am Nächsten erzogenen Chrischonabrüder werden in alle Welt gesandt, sei es dass sie von Synoden, Missionsgesellschaften und Komitees berufen werden, sei es, dass die Chrischona-Anstalt sie auf eigenen Arbeitsfeldern einsetzt. 1860 wird das Missionswerk durch den Bau eines Brüderhauses erweitert.

1864
Unter der Leitung von Franz Byfelder wird im Stadtcasino das öffentliche Examen im Stockturnen abgelegt. «Das Stockturnen ist darauf berechnet, die Kraft und Geschmeidigkeit aller einzelnen Bewegungsorgane stufenmässig und harmonisch zu entwickeln, ohne dass die Gefahr der Überanstrengung vorhanden ist.»

Flugblatt, 8. März 1824.

1890
Der Regierungsrat beschliesst, die Frauen zum Studium an der Universität zuzulassen.

1896
Ein Hochwasser der Wiese drückt die altersschwache hölzerne Teichfalle bei der Schliesse ein, so dass sich die Wassermassen ungehindert stadtwärts ergiessen. Ein sofort herbeigerufenes Heer von Zimmerleuten vermag den Schaden indessen in Schranken zu halten.

1907
Die Baumriesen in unsern Sundgauwäldern werden immer mehr und mehr dezimiert. Nun ist in Oltingen eine Rieseneiche gefällt worden, deren Stamm über zehn Meter lang ist.

9. März

Vierzig Rittertag

1503
Der Rat beschliesst die Teilnahme am Zug gegen Bellinzona und Locarno. Von den Zünften und den Kleinbasler Ehrengesellschaften werden 479 Mann ausgehoben, aus dem Farnsburgeramt 120, aus dem Waldenburgeramt 120, aus dem Homburgeramt 80 und aus Liestal

Unter dem Motto «Närrisch ist, was lebt und webt auf Erden» leitet Basel am 9. März die Fasnacht 1835 ein. In dem «von mehreren hundert Personen gebildeten Maskenzug sieht man die vier Elemente, die verschiedenen Zeitalter, die vier Fakultäten, die sieben Künste usw. auf possierliche Weise und mit satyrischem Bezug auf die Zeit dargestellt. Jede einzelne Gruppe wird auf einem besonderen Wagen geführt. Es herrscht daher eine wahre Noth an Pferden, weil fast alle in ganz Basel in Requisition gesetzt sind».

und Münchenstein je 40 Mann, die schliesslich am 14. März unter Peter Offenburg in den Krieg ziehen. In Liestal schlagen die Truppen ein erstes Mal ihr Nachtlager auf. Sie werden nur mit Fisch, Mues und Häring verköstigt, weil es Fastenzeit ist. Die Kriegsknechte aber bringen dafür wenig Verständnis auf…

1600

Der aus dem Savoyischen stammende und deshalb «dr schwarz Lienerd» genannte Passementweber und Seidenkrämer Lienhart Pontet, der an der St. Johannsvorstadt 23 zwei Gesellen beschäftigt, wird mit zwei Gulden bestraft, weil er unbefugterweise in seinem Laden ganze Tücher feilgeboten hat.

1650

Bei Hochzeiten ist das Tanzen wieder erlaubt. Aber nur bis 10 Uhr abends, und sofern diese Volksbelustigungen in der Stadt und in den Zunfthäusern abgehalten werden.

1695

Die Hohe Donnerstag wird nun auch auf der Landschaft gleich einem Sonntag gefeiert, und zwar so, dass in grossen Gemeinden, wie es schon in der Stadt und in Riehen geschieht, die heilige Kommunion gehalten wird, damit am Ostertag die Anzahl der Kommunikanten geringer ist.

1755

Der im 35. Lebensjahr verstorbenen Jungfrau Maria Magdalena Socin soll vor zwölf Jahren im Traum ihr verstorbener Freund erschienen sein und ihr den genauen Zeitpunkt ihres Todes vorausgesagt haben. Deshalb hat Jungfer Socin alljährlich auf diesen Tag ihren Eltern eröffnet, wie viele Jahre sie noch lebe. Und so ist der Tod auf den Tag genau eingetroffen.

1803

Aus Anlass der Auflösung der Helvetischen Regierung findet sich auf einem Tisch in der Lesegesellschaft ein Billet folgenden Inhalts: Welch süsse Wonne strömt/Durch Adern, Mark und Glieder/Heut stirbt Helvetik ab/Und blühet Freiheit wieder/ Drum auf, ihr Brüder/Singt Freiheitslieder!

1861

Nachdem der Basler Grosse Rat die ernsthafte Bereitschaft zur Prüfung des Wiedervereinigungsgedankens signalisiert hat, beschäftigt sich auch der Landrat mit dieser Frage. Und er beschliesst einstimmig: «Für den Kanton Basellandschaft ist weder ein inneres Bedürfnis noch überhaupt eine politische Notwendigkeit zu einem solchen Schritt vorhanden. Vielmehr liegt nach den Erfahrungen der Vergangenheit und mit Rücksicht auf die Verschiedenheit und Unvereinbarkeit der beidseitigen Interessen und Richtungen das Fortbestehen als besonderes Gemeinwesen im Vorteil beider Kantone.» Der «Niemals-Beschluss» wird von der stark besetzten Landratstribüne mit Hochrufen, im Städtchen Liestal mit Kanonendonner, Musik und Festleben beantwortet.

1870

Mitglieder des Vereins junger Kaufleute werden vom Strafgericht wegen Verspottung der katholischen Geistlichkeit anlässlich der Fasnachtsumzüge zu empfindlichen Geldbussen verknurrt.

1888

Der Tod Kaisers Wilhelm I. von Deutschland verursacht vielfaches Hin- und Herreisen fürstlicher Personen zwischen Berlin und San Remo, so dass während einiger Tage fast jeder Blitzzug der Gotthardbahn einen Salonwagen führt.

1893

Eine im Zoologischen Garten dem Zwinger entsprungene Bärin wird niedergeschossen.

1896

Infolge anhaltenden Regens und warmer Föhnwitterung steigt der Rhein bis zur lange nicht mehr erlebten Höhe von 3,90 Meter, ohne aber Schaden anzurichten.

1908

Im Birseckerhof bei Wirt Emil Hug gründen einige teils nun im Grossbasel wohnhafte Fasnächtler, die «bei den Vereinigten Kleinbaslern, die eine reine Kleinbasler Gesellschaft bleiben will, nicht mehr geduldet werden», die Fasnachtsgesellschaft «Olympia».

1913

Der Langenbrucker Oskar Bider transportiert mit seinem Bleriot-Flugzeug die erste schweizerische Luftpost von Basel nach Liestal.

Die Grippe.

Darf man sie einem Engel wohl vergleichen,
Gesandt vom HErrn, der fragend uns schaut an:
Ob Seinen grossen Zweck der HErr erreichen,
Und Eingang in den Herzen finden kann?

Nur Herzen wird Er wollen! Diese Beute,
Wird sie Ihm durch die Krankheit eingebracht?
O! trauten Gott es zu doch alle Leute,
Dass Er, durch Noth selbst, Heil nur zugedacht.

Einst eilte Jesus mit den Wunder-Tritten,
Zur Hülf auf sturmbewegter See einher,
Trat in das Schiff, wo Jünger Noth gelitten,
Und sieh'! dem Sturm und Meer gebietet Er!

Kann Er nur in des Herzens Schifflein treten,
Wird's stille, Sturm und Wogen legen sich —
Ja! lässt man sich nur gern von Jesus retten,
So ist, was Furcht bringt, nicht mehr fürchterlich.

Und folgten auch noch schwerere Gerichte,
Sogar, dass wir den Richter kommen seh'n! —
Heil allen, die vor Seinem Angesichte
In Jesu einzigem Verdienst besteh'n.

Christlicher Volksbote, 9. März 1837.

---

10. März

Alexander und Cajus die Märtyrer

1277

Bischof Heinrich von Isny (1275–1286) verspricht den Kleinbaslern, dass er die Würde ihres Schultheissen (des Gerichtspräsidenten) nur einem einheimischen, in der mindern Stadt wohnhaften Mann übertragen werde. So bietet er ihnen Gewähr, dass die Selbständigkeit und kommunale Sonderstellung des rechtsrheinischen Stadtteils nicht tangiert wird.

1442

Der Ruf, dass in Basel die fremden Armen eine besonders wohlwollende Aufnahme und gute Verpflegung erhalten, führt zu einem gewaltigen Andrang von Bedürftigen jeder Art. Die Räumlichkeiten der Armenherberge beim innern Spalentor vermögen indessen dem Ansturm nicht mehr zu genügen, so dass das Zentrum der Armenbetreuung in den stattlichen Münchenhof an der Petersgasse verlegt wird, welcher der Stadt im Vorjahr durch barmherziges Gedenken des mildtätigen Junkers Conrad zem Haupt übereignet worden ist.

1584

Ein Erdbeben erschüttert die Stadt und löst eine Raupenplage aus, die alle Häuser mit Ungeziefer anfüllt und schliesslich auch zur Verderbnis der Baumfrüchte führt.

1593

Der Rat erlässt eine neue Verordnung über die Beschaffenheit der Feuerbüchsen. Diese können krumm oder gerade geschäftet und mit einem «Schnecken oder Wurm Zug» versehen sein. Auch der Gebrauch von Büchsen mit Feuerschloss und Stein wird erlaubt, wie auch das Schiessen «mit der Lunthen oder Strick und läbendigem Feuer» statthaft ist. Wichtig ist nur, dass der Schütze «dasjenig trifft, darnach er zylet»!

1628

Gedeon Sarasin, der Seidenkrämer aus Colmar, wird mit dem Bürgerrecht ausgestattet.

1657

Im 76. Altersjahr stirbt Catharina Treu, die «in ihrem Leben über 1000 Persohnen in das Grab hat helfen anlegen».

1671

Auf dem Münsterplatz fällt ein Schüler in die Münsterplatzdohle und wird durch den tief unter der Erde liegenden Abwasserkanal in den Rhein getragen. Ein Fischer, der sich zufälligerweise mit seinem Weidling beim Einlauf aufhält, vermag den Knaben, der nur geringe Wunden am Kopf abbekommen hat, in sein Boot zu ziehen und vor dem Ertrinkungstod zu bewahren.

1688

Der Rat legt den Glaubensflüchtlingen aus dem Piemont (Waldensern) die Abreise nahe, welche die Emigranten aber nur widerwillig befolgen. «Mit sanfter Gewalt» verlassen schliesslich 33 Piemontesen die Stadt und machen sich auf den Weg nach Brandenburg und Holland.

**Schweizerische Meisterschaft auf dem Landhof
10. März 1907
F. C. Old Boys
gegen
Footballclub Basel
Beginn 3 Uhr.
Eintritt 50 Cts. pro Person.
Damen frei.** 12390

National-Zeitung, 10. März 1907.

1760

In seinem 63. Altersjahr stirbt Stadtmajor Johann Jacob Huber. «Ist ein honetter, ehrlicher, patriodischer, kurtzweiliger und militärischer Mann von gutem Verstand gewesen, welcher in venetianischen Diensten gestanden und rühmlich vielen Schlachten beygewohnt hat.»

1788

Der berühmte Franzose Blanchard startet im Garten des Markgräflerhofs mit seinem Luftballon zu einem Demonstrationsflug. Doch das Unternehmen gelingt nur teil-

Das Grabdenkmal des 1594 geborenen und am 10. März 1654 in der Predigerkirche beerdigten Lohn- und Bauherrn Theodor Falkeysen. Aquarell von Peter Toussaint. 1837.

weise, muss der mutige Ballonfahrer doch schon hinter dem Münsterplatz wieder zur Landung ansetzen. «Herr Blanchard hat ohne Zweifel sein Conto (Einkommen) hier nicht gefunden, indem er über sechs Wochen zu den Drei Königen logiert und die Basler eben nicht geneigt sind, ihr Geld an unnütze Luftspringer zu verwenden.»

1803

Basel kehrt zu seinen alten politischen Verhältnissen zurück. Die Harschierer (Polizisten) werden angewiesen, wieder die früher gebräuchliche weiss und schwarze Kokarde aufzusetzen, und in den Kirchen ermahnen die Geistlichen, die definitive Einführung der neuen Verfassung in ruhiger Haltung abzuwarten.

1813

Die Regierung genehmigt die Anstellung von Lehrer Haefelin und Lehrerin Guyer durch die katholische Gemeinde. Ihr Unterrichtsplan umfasst die Fächer «Buchstabenkenntnis, Buchstabieren, Lesen, Schreiben, Orthographie, Calligraphie, Rechnen, Stricken, Nähen und Brodieren».

1860

Der liberale «Schweizerische Volksfreund» erscheint erstmals. Die spätere «National-Zeitung» will sich gegenüber den «Herren», den Kaufleuten, Fabrikanten, Gelehrten und Ratsherren, für die Interessen des «Volkes», des Mittelstandes und der Arbeiterschaft einsetzen.

11. März

Humbert von Maroilles der Abt

1396

Zwischen der Stadt und den Kaplänen des Münsters kommt es zu einer Auseinandersetzung wegen der Pfründen (Einkünfte). Die Bürgerschaft erklärt, der Pfaffenstreit gehe sie nichts an. So verweist die Obrigkeit diejenigen Geistlichen, die ihr den Gehorsam verweigern, des Landes. Ihre Namen und Personalbeschreibungen werden öffentlich abgelesen, damit jeder Christ vor denselben gewarnt werde und sich mit einem Kreuz bezeichne, falls er einem solchen begegne. Das wirkt: Der Pfrundstreit wird in Minne beigelegt!

1635

Die vielen fremden Soldaten, die sich in der Stadt herumtreiben, verursachen eine grosse Hungersnot. Der Rat sieht sich deshalb gezwungen, die Abgabe von Brot zu limitieren. Namentlich ist es den Bäckern nicht erlaubt, an Soldaten mehr als drei Laibe Brot abzugeben. Trotzdem verschärft sich die Lage weiter, und so ist der Brotkauf nur noch durch Bürger im Zunfthaus zu Brotbecken möglich.

1641

In Wenslingen gehen vier Häuser samt der ganzen Habe in Flammen auf. Die Prediger werden daher aufgerufen, die Mitbürger zur milden Handreichung ernstlich zu ermahnen und Liebesgaben einzusammeln.

1745

Es wird dem Rat angezeigt, dass im Johanniterhaus katholischer Gottesdienst abgehalten wird. Daher nehmen die Behörden Samuel Birmann, den Schaffner des Ordenshauses, ins Verhör. Und dieser erklärt, der französische Kommandeur halte mit seinen Bediensteten tatsächlich in der geistlichen Stube Messe. Auch kämen an Sonntagen der Amtmann von Rheinfelden mit Frauenzimmern und Kindern zum katholischen Gottesdienst ins Haus. Da die kultischen Handlungen bei geschlossenen Türen stattfinden, wird von Sanktionen abgesehen.

1798

Den Katholiken wird zur Abhaltung von Gottesdiensten eine Scheune neben der Clarakirche zugewiesen. Die Kapelle erweist sich von Anfang an als zu klein. So müssen im Sommer infolge des Heudunstes und des starken Andrangs von fremden Heuern und Messbesuchern oft Ohnmächtige aus dem engen Raum getragen werden, was zu unliebsamen Störungen des Gottesdienstes führt und den Protestanten berechtigten Anlass zu lautstarkem Unmut gibt.

1809

Völlig überraschend erscheint unter dem St. Johanntor der französische Eskadronchef Laboiselle an der Spitze des 23. Jägerregiments und begehrt, mit seinen Soldaten über die Brücke den Rhein zu passieren. Alle von der Regierung vorgebrachten Einwände bleiben fruchtlos. Denn der Oberst erklärt, dass er bei eigener Verantwortlichkeit am selben Tag in Müllheim eintreffen müsse und, da er zu Hüningen keine Pontons für eine Schiffsbrücke vorgefunden habe, eben die Basler Rheinbrücke benutzen müsse. So bleibt Basel nichts anderes übrig, als den Durchmarsch des Reiterregiments zu dulden.

Am 11. März 1890 wird «mit dem Abbruch der letzten Liegenschaft auf der rechten Seite der Sporengasse mit dem bekannten Glasladen zum Pfaueneck begonnen. Nach Vollendung dieser Arbeit wird das ganze Areal zwischen Marktgasse und Sporengasse frei sein. Jedermann ist gespannt, wie sich der gesamte freie Platz (also der heutige Marktplatz) ausnehmen wird.»

Allerlei Mitteilungen.

Der zweite Flugtag zugunsten der nationalen Flugspende lockte ein zahlreiches Publikum herbei. Oskar Bider aus Langenbruck flog auf einem Bleriot-Eindecker, der aus Herzogenbuchsee gebürtige, in Habsheim bei Mülhausen als Chefpilot tätige Karl Ingold auf einem Pfeil-Zweidecker. Beide führten zahlreiche schöne Einzel- und Passagierflüge aus. Gegen 5½ Uhr beförderte Bider die erste schweizerische Flugpost, über 5000 Postkarten und eine Anzahl Briefe, die hier mit besonderen Zuschlagsmarken und besonderen Stempel versehen worden waren, nach Liestal, wo sie ausgeworfen und der eidgen. Post übergeben wurden. Der Flug von Basel nach Liestal und zurück nahm etwa eine halbe Stunde in Anspruch. Inzwischen hatte Ingold, der auch am Morgen auf dem Luftwege hier eingetroffen war, in Begleitung des schweiz. Fliegers Züst die Rückfahrt nach Habsheim angetreten. Bider gedenkt in einigen Tagen nach Bern zu fliegen. Für den Herbst plant er ein neues grosses Unternehmen: einen Flug von Bern über die Alpen nach Mailand.

Basler Vorwärts, 11. März 1913.

12. März

Gregor der Grosse der Papst

1373

Bischof Johann von Vienne verpfändet sein Münzrecht für viertausend Florentiner Gulden vorübergehend an die Stadt Basel.

1468

Es fällt mehr als eine Elle (53,98 cm) Schnee. Das ist um diese Jahreszeit noch nie erlebt worden.

1491

Basels verdienstvoller Brunnmeister Hans Zschan hinterlässt seinem Nachfolger zwei monumentale Gesamtpläne über die beiden Brunnwerke im Grossbasel. Der Plan des Spalenwerks hat eine Länge von 5,90 m, jener des Münsterbrunnwerks gar eine solche von 9,40 m.

1496

Es stirbt Johann Heynlin, der unter dem Namen Johannes de Lapide als Theologe, Rektor der Universität Paris, Buchdrucker und Büchersammler einen ruhmvollen Ruf genoss. Des Treibens der Welt müde, hatte er sich in die Stille des Kleinbasler Kartäuserklosters zurückgezogen und beendete hier sein vielbeweg-

Die von Kleinbaslern gebildete Schnitzelbankgesellschaft «Alt Nussknacker» bestreitet am 12. März 1910 den gemütlichen Teil der Generalversammlung der Krankenlade der Zimmerleute in der Glashalle der Burgvogtei.

tes Leben. Die Universität hätte dem einst gefeierten Lehrer und Prediger gerne ein Grabmal errichtet, doch der Prior versagte ihr diesen Wunsch: Ein Brett dient dem grossen Gelehrten als Sarg, die Kutte als Leichentuch, und über das Gesicht ist ihm die Kapuze gezogen.

1521

Es kommt der Ratsbeschluss zustande, der die bischöfliche Handfeste – das Grundgesetz, auf dem die Ratsverfassung seit etwa 1260 geruht hatte – aufhebt und das städtische Gemeinwesen für immer vom alten Bischofsrecht loslöst.

1549

Der reiche, aber spartanisch lebende «Bargeltli» ermahnt seinen verschwenderischen Sohn zur Genügsamkeit. «Responderet dieser: O lieber Vater, wenn du einen so reichen Vater gehabt hättest, wie ich habe, dann hättest du auch anders gelebt!»

1600

Der Rat erlässt eine strenge Jagdordnung. Danach darf kein Bürger in der Hard Hochwild jagen und kein Untertan auf Vogeljagd gehen. Innerhalb des Stadtackers ist dem Bürger gestattet, einen Hasen oder eine Ente zu schiessen.

1606

Jakob Miville, der Drogist aus Genf, wird zu einem Bürger angenommen.

1635

Petri, der sogenannte Wilde Mann, wird tot auf einem Feld aufgefunden. Der Sonderling hatte in der Rütihard ganz wie ein Wilder gelebt, obwohl er sonst ein erfahrener und gelehrter Mann gewesen ist.

1657

In Sissach legt die Frau des Jacob Würz ihr halbjähriges Kind schlafen und geht in die Reben zur Arbeit. Inzwischen klettert eine Katze in die Wiege und legt sich der Wärme halber dem Kindlein auf das Gesichtchen, so dass es leider erstickt und stirbt.

1780

Obwohl es gewisse Kreise bedenklich finden «und den Sitten unserer Bürgerinnen keineswegs angenehm ist, wenn erwachsene Töchter etliche Jahre täglich ausser den Augen der Eltern dritten Orts sich versammeln, keine anständigen weiblichen Arbeiten vor sich haben, sondern allein mit Lesung guter Bücher und mit Aufsätzen von Briefen und mit haushältlichem Rechnen ihre Zeit zubringen», eröffnet die Gesellschaft für das Gute und Gemeinnützige im Haus «zum grünen Drachen» an der Freien Strasse (37) eine Töchterschule.

1831

Durch die Annahme der neuen Kantonsverfassung vom 28. Februar hat sich die Lage im Kanton, wenigstens äusserlich, völlig beruhigt. Die Regierung spricht daher allen, welche in der schweren Zeit «zum Schutz und zur Erhaltung der gerechten Sache» die Waffen getragen oder sonstwie Dienst und Hilfe geleistet haben, für ihre Treue und Ausdauer in warmen Worten den Dank aus. Zum festlichen Abschluss wird anderntags am St. Albangraben eine

Englisches Bier.

(3741) Ich beziehe jährlich für eine Anzahl Freunde und Bekannte **Palo-Ale**, 1te Qualität in Faß von Baß u. Cie. in London, das ich nach englischem System in Flaschen ziehen lasse; — sollten sich der diesjährigen Bestellung noch fernere Liebhaber anzuschließen geneigt sein, so ersuche ich sie von den näheren Bedingungen bei mir gefl. Einsicht zu nehmen und mir ihren Bedarf bis zum 20. dieß aufzugeben.

Ergebenst
Joh. Thommen Sohn,
im Kaufhaus in Basel.

Basler Nachrichten, 12. März 1866.

Parade abgehalten, an welcher sämtliche städtischen Truppen vor Bürgermeister und Rat defilieren. Doch erst vierzehn Tage später wird die Stadtbewachung wieder ausschliesslich der Standestruppe übertragen, «also auf völligen Friedensfuss gestellt».

1879

Eines Wirts grosse Dogge springt auf der Pfalz über die Brustwehr und stürzt in die Tiefe. Zum grossen Erstaunen überlebt der Hund die wohl gefährlichste Situation seines Lebens schadlos.

1887

Im Refektorium des Christlichen Vereinshauses am Petersgraben findet die erste Gesellschaftssitzung zur Gründung der Freien evangelischen Volksschule Basel statt.

Die Gesellschaft der Stachelschützen, die aus dem mittelalterlichen Armbrustwesen erwachsen war, ist dem Ende nahe. Am 13. März 1856 versammelt sich das Fähnlein der Aufrechten im Stachelschützenhaus am Petersplatz zum letzten Mal und erklärt feierlich die Gesellschaft als aufgelöst. Das noch vorhandene Barvermögen von Fr. 4600.– wird dem Waisenhaus überwiesen, und das Silbergeschirr erhält zum freundschaftlichen Andenken die Feuerschützengesellschaft, die «Fortpflanzerin der Schutz- und Trutzwaffe». Aquarell, Achilles Bentz zugeschrieben, um 1850.

13. März

Mazedonius der Märtyrer

1391

Bischof Imer von Ramstein übergibt das Bistum Basel, weil er es ohne andere Hilfe nicht mehr regieren kann, gegen eine jährliche Rente von zweihundert Goldgulden, und auf die Dauer von sieben Jahren, dem Herzog Albrecht von Österreich.

1434

Es stirbt hier der spanische Kirchenfürst Alphons Curillo, Kardinal von Eustach. Sein Leib wird geöffnet, und die Eingeweide werden im Kloster der Kartäuser, dem er ein grosser Wohltäter gewesen ist, beigesetzt. Am folgenden Tag gehen vier Kardinäle mit vielen Geistlichen des Konzils in das Kloster und singen dem Verstorbenen das Totenamt. Nach Beendigung des Gottesdienstes wird der Leichnam in die Sakristei getragen, in einen Sarg gelegt und nach Spanien geschickt.

1476

Basel bereitet den in der Schlacht von Grandson siegreichen Mitbürgern einen begeisterten Empfang. Stolz präsentieren die ermüdeten Krieger der Bevölkerung als Siegeszeichen acht erbeutete Geschütze, das eroberte Banner der Stadt Avignon sowie weitere achtzehn Fähnlein. Die gesamte Mannschaft begibt sich zu einem Dankgebet ins Münster, wobei der Einmarsch durch das Hauptportal geschieht, der Auszug durch die Galluspforte. Drei Tage später wird durch den Weihbischof, wiederum im Münster, ein öffentlicher Dankgottesdienst abgehalten. In Demut werden die erbeuteten Fahnen dargebracht und als bleibende Trophäen in der Kirche aufgehängt.

1487

Basel kauft von den Herren von Eptingen zum Preis von fünfhundertfünfzig Gulden die Dörfer Eptingen und Oberdiegten.

1569

Durch die Ratsherren Werner Wölflin und Ulrich Schulthess wird die Eidgenössische Tagsatzung aufgerufen, der durch Pfalzgraf Wolfgang von Zweibrücken bedrängten Stadt beizustehen. Die Eidgenossen erklären denn auch dem deutschen Fürsten, der den Hugenotten Hilfsheere zuführte, umgehend, dass sie jede Schädigung Basels als Kriegsfall ansehen würden. Im übrigen solle er den Sundgau verlassen, denn sie wollten nicht leiden, dass ihnen eine fremde Kuh auf die Weide gehe, weil das Elsass der Eidgenossen Keller und Kornkasten sei.

1643

Der Rat missbilligt das «ärgerliche Thun» des Markgrafen von Baden, der in seinem Haus bei offener Türe katholische Messen lesen lässt, und verfügt: «Soll in allen Quartieren von Haus zu Haus der Bürgerschaft angezeigt werden, die ihrigen Knechte und Mägde bei höchster Ungnade von Besuchung der markgräfischen Predigten abzuhalten. Soll auch auf die Ungehorsamen Achtung gegeben, solche verzeigt, vor den Rath gestellt, gestraft oder zur Stadt hinaus gewiesen werden.»

1663

Auf der Schanze vor dem St. Johanntor sind Peter Rupp und Kaspar Werenfels mit dem Schwärzen eines Felles beschäftigt. «Wie nun etliche Buben beym Spiehlen ein gross Geschrey machen, will Rupp diese mit einem Steckhen wegjagen. Dabey ist ihm dieser unversehens aus der Hand gefahren und so starck in die Stirn eines Knäbleins gerathen, dass

Nachrichten.

Auf die Entdeckung hienach beschriebenen Diebstahls, der in der Nacht vom 8ten auf den 9ten dieses Monats in einem hieher gehörigen Landhaus zu Riehen begangen worden, haben Unsere Gnädigen Herren E. E. und W. W Raths anheute eine Belohnung von 10 Louisd'or gesetzt. Welches hiemit zu Jedermans Nachricht bekannt gemacht wird.

Beschreibung der gestohlenen Effekten:

Zwey Federunterbetter mit kölschenem Anzug, blau gestreift. Ein Deckbett mit Anzug von gestreiftem Indienne. Eine gesteppte Bettdecke von Indienne mit rosenfarbigen Streifen. Vier Leintücher, S. R. oder M. R. N°. 12. gezeichnet. Drey Mannenhemder, B. S. gezeichnet. Ein Weiberhemd, M. R. gezeichnet. Ohngefehr zwey Dutzend Sacktücher, theils weiß leinen mit rothen Streifen, B. S. gezeichnet, theils feine leinene gedruckte englische, roth und weiß, und blau und weiß, theils andere von Leinen. Leinene Kappen, wie auch baumwollene. Aller Sorten Strümpfe, von Wollen, Faden, Seiden und Baumwollen. Ein alter rother Soubise und Veste, mit schwarz sammeten Ueberschlägen. Ein Nachtrock von Persienne, grünes Bodens und rothen Blumen, mit weiß wollenem Futer. Ein rother Ueberrock von Ratin. Ein Nachtrock von grauem Ratin. Eine Junte Bön weiß und blauem Persienne. Ein Tschopen von Indienne mit blauen Düpfen. Ein weiße Mantille mit Tuchtrönlein garnirt, von Mousseline, mit weiß Leinen gefütert. Verschiedene Baadhemder und Baadmäntel. Ein Paar sauberes Sattel-Pistolen mit Mössing garnirt. Ein Waidmesser mit schwarzem Heft, gelb garnirt, und abzuschrauben, um auf eine Flinte zu stecken. Eine Pendule auf einem mössingenen vergoldten Dreyfuß, mit emaillirtem Zifferblatt, so Stunden und Viertel schlägt, und Stunden repetirt. Nachtlichtstöcklein von argent haché. Etliche silberne Caffelöffelein mit Herrn Anony Zeichen. Einiges Nachtzeug. Etwas Geld in Baselmünz ec.

Samstags-Zeitung, 13. März 1790.

er darin steckhen bleybt. Darauf hat Rupp dem Kind den Steckhen aus der Stirn gezogen, es mit Wein gewaschen und heimzugehen geheissen, wo es nach der siebenten Woche von der Welt abscheidet.» Der unglückliche Täter wird bei Wasser und Brot in den Spalenturm gesperrt und dann der Stadt verwiesen, weil er die Forderungen des Vaters nicht erfüllen kann.

1667

Die Obrigkeit beschliesst, in den leeren Räumen des ehemaligen Klosters St. Maria Magdalena an den Steinen ein Waisenhaus einzurichten. Mit der Leitung wird der Posamentenmacher Friedrich Muoser betraut. Er hat anfänglich sechs Kindern ein Handwerk beizubringen und darf ihnen täglich je 1½ Laiblein Brot und 1½ Gätzi Milch oder Suppe verabfolgen.

1726

Die Knaben des Spalenquartiers ziehen mit jungen Töchtern an der Hand in der Stadt herum. Auch tragen sie blanke Degen mit sich, deren Spitzen mit Orangen und Zitronen geschmückt sind. Ein solcher Umzug ist bisher noch nie gesehen worden.

1730

Es fällt des Jacob Bulachers Ehefrau «zur Blume» aus dem Stubenfenster und wird tot auf der Strasse aufgefunden. «Hatte sonst den Namen, dass sie gern getruncken.»

1777

Isaak Iselin gründet die «Gesellschaft zur Aufmunterung und Beförderung des Guten und Gemeinnützigen in Basel». Es schliessen sich über hundert angesehene Basler, darunter drei künftige Bürgermeister, der Gesellschaft an und unterstützen die Bestrebungen zur Bildung von Volksschulen, Bibliotheken, Fürsorgeinstitutionen, Armen- und Krankenpflegevereinen und Versicherungs- und Ersparniskassen. Die Unterzeichnung der Statuten durch Isaak Iselin und sechs weitere Persönlichkeiten der Stadt erfolgt am 30. März 1777.

1848

Im Hotel «zu den Drei Königen» steigt unter dem Namen «Madame Hoffmann» die spanische Tänzerin Lola Montez ab, die Geliebte des durch die Münchner Revolution zur Abdankung und Flucht gezwungenen bayrischen Königs Ludwig.

In Zeitungsberichten über die Fasnacht werden erstmals Laternen genannt: «Unser Fasching hat begonnen. Schon um 4 Uhr wirbelten die Trommeln den Morgenstreich durch alle Stadtviertel. Die bunten Papierlaternen warfen ihre Schlagseiten auf die grotesken Schaaren von Jung und Alt.»

1882

Der Grosse Rat lehnt den Antrag des mehrheitlich freisinnigen Regie-

Barbara Juliana von Krüdener (1764-1824), Witwe eines hohen russischen Diplomaten, hält in den Gasthöfen «zum Storchen» und «zum wilden Mann» stark besuchte Erbauungsstunden ab. Auf «wohlmeinende» Empfehlung der Obrigkeit verlegt sie dann ihre Tätigkeit in ein kleines Bauernhaus beim Hörnli in Grenzach und kümmert sich dort nicht nur um das Seelenheil ihrer vielen Anhänger, sondern auch um deren leibliches Wohl, indem sie in der Zeit schwerer Hungersnot täglich Brot und Suppe austeilen lässt. Der immer dichter werdende Zustrom von Hilfesuchenden erregt indessen das Misstrauen des Grossherzoglichen Ministeriums des Innern, das am 14. März 1817 die Ausweisung der «Prophetin» aus «dem diesseitigen Gebiet» verfügt. Aquarell von Hieronymus Hess.

rungsrates mit 52 zu 50 Stimmen ab, die Barfüsserkirche niederzulegen und an ihrer Stelle ein Töchterschulhaus zu erbauen.

14. März

Zacharias der Papst

1359

Die Cluniazensermönche zu St. Alban erlauben Bruder Wilhelm de Valone, auf der Plattform des beim Erdbeben abgedeckten Klosterturms am Rhein auf eigene Kosten eine Stube mit Kammer zu bauen und bis an sein Lebensende zu bewohnen.

1521

Unter Hauptmann Hans Bonndorf und Fähnrich Junker Balthasar Hildebrand schicken die Basler dem bedrängten Papst Leo X. dreihundert wohlgerüstete Bürger zu Hilfe.

1644

Vor Entsetzen gelähmt, beobachtet das Volk einen am Himmel mit hellem Glanz vorbeifliegenden Drachen. Die Unheil drohende Erscheinung mahnt zur Besinnung: «Neben dem die Bürgerschaft begeisternden Verständnis für Universität und Schule, neben dem Wissensreichtum ihrer Gelehrten, neben den bei Gelegenheit prunk- und harmlosen, in jugendlicher Lustbarkeit sich kundmachenden Freudengenüssen des Volkes herrscht mehr und mehr ein zu Gewalttätigkeiten ausgelassener, roh abenteuerlicher Geist, wilde Genusssucht und schamlose Lasterhaftigkeit, und selbst bei den Gelehrten aller Fakultäten ist ein kindisch krasser Aberglaube festzustellen.»

1646

«Martin Schaub, der Schmied zu Buckten, setzt die ersten Reben im ‹Laim-Acker›. In diesem Dorf ist bisher kein Wein gewachsen.»

1694

An der Kleinbasler Schifflände beim obern Rheintor stürzen sich zwei Ochsen in das reissende Wasser. Sie werden fortgetragen und bis zur Salmenwaage geschwemmt, wo kräftige Fischer sie an Land bringen können.

1718

Um die sechste Abendstunde entsteht durch Entzündung von Rebwellen in des Zinngiessers Simon Grynaeus Haus an der Ecke Gerbergasse und Weisse Gasse ein Brand, der mit «grossem Knallen und Klepfen sich gegen das Weisse Gässlein ausbreitet. Das Feuer wütet leider so stark, dass es innert fünf Stunden neun Häuser niederbrennt. Auch stirbt vor Schreck der bekannte Ratsherr Hoffmann vom Blömlein. Die Barfüsserkirche ist voll von Plunder, Bettwerk, Hausrath und geflüchteten Leuten. Eine in den Gotteshäusern der Stadt eingezogene Brandsteuer bringt mit 14 309 Pfund viel Geld ein. Gott tröste die, so es betroffen, und segne sie anderwärts. Er bewahre auch diese unsere Stadt vor weiteren dergleichen und anderen Strafen und Unglück.»

1729

Es ziehen die Wurzengraber, wie man die Kleinbasler nennt, mit ihren drei Gesellschaften ins Feld. Auf der Schützenmatte veranstalten sie ein Schiessen und «lassen sich in der Menge sehen trotz den grossen Baslern. Sie machen auch ihre Exercitia besser als sie: So heisst es: Botz rapinzelin rechts um. Kraut, Rüben und Rätig in einer Summ. Macht euch alle fertig zu dem Schutzen, den grossen Baslern jetzt zu trutzen!»

1756

In der Kirche von St. Leonhard werden «zwei Weiber, die Brunnerin und die Scherbin, wegen schändlichen Hurenlebens vor viel hundert Personen durch Pfarrer Zwinger öffentlich vorgestellt, für ihr Lebtag bey Wasser und Brot ins Zuchthaus gesperrt und an den Füssen mit Kugeln behängt».

1840

Durch Gantaufruf gelangt das St.-Alban-Kloster zu Fr. 26 000.– aus dem Besitz der Kirchen- und Schulgutverwaltung in denjenigen der Handelsleute Freyvogel und Böcklin, welche die Gebäulichkeiten unter Einbezug der angrenzenden, mit der Wassergerechtigkeit für zwei Räder ausgestatteten Tabakmühle zu einer Bandfabrik umbauen.

1857

Mit dem «Schluss-Essen der Narrhalla» zehn Tage nach Fasnacht erscheint der erste Ansatz der spätern Kehrausbälle und Cliquenbummel.

1863

«Im Hauseingang des Gasthofs ‹zur Sonne› ist ein Kindlein ausgesetzt worden. Dasselbe war in alte Leinen und Lappen eingehüllt. Der Aussetzung dringend verdächtig ist eine Weibsperson von 30 Jahren mit vollem Gesicht und gesundem Aussehen. Sie trägt eine ausgewaschene Junte und einen Tschopen. Auf ihre Entdeckung wird eine Prämie von Fr. 100.– gesetzt.»

15. März

Longinus der Ritter

1330

Johann Meyer zum Schlüssel, Chorherr zu St. Peter, verkauft seinen Anteil am Haus «zem Slussel, gelegen an der Frien Strasse», für 70 Pfund seinem Bruder Walther, dem Metzger.

1527

Durch Ratsbeschluss wird das Singen in den Kirchen zu St. Martin und zu St. Alban förmlich einge-

---

Schönste saure Rüben,
(1624) das Pfund à 15 Cts.,
bei Caspar Krug.

Arbeiterinnen gesucht.
(2890) In der Florettspinnerei am Mattweg finden Arbeiterinnen, besonders solche, welche Garn putzen können, dauernde Beschäftigung.

Schwarzer chinesischer Thee
in Pfundpaquets à Fr. 4½, 5½ und Fr. 7, und (2121)
Schwarzer indischer (Nilagiri) Thee
in Pfundpaquets à Fr. 8 ist ächt zu haben auf dem Comptoir des Missionshauses bei J. G. Böpple, Streitgasse, bei Apotheker Engelmann, Kleinbasel.

Schweizer Grenzpost, 14. März 1872.

Am 15. März 1830 werden erste Stimmen laut, welche den Abbruch des trutzigen Rheintors samt dem angebauten malerischen Zunfthaus der Schiffleute fordern, welche «Bauten mit ihrem doch sehr düstern Aussehen unsere Strassen merklich verfinstern». Als dann auch noch die Sanierung des Brückenkopfs gefordert wird, verschwindet im Februar 1839 das einst stärkste Bollwerk im Befestigungsgürtel der Grossen Stadt, wodurch das Stadtbild wohl luftiger, aber keineswegs freundlicher wird. Aquarell von Achilles Benz. Um 1830.

führt und eine kleine Besoldung für die Kantoren ausgesetzt.

1537

Die Räte erkennen, dass Riehen die Landgüter der wohlhabenden Städter, welche das Dorf zu einer Art Tusculum des vornehmen Basel machen, durch keinerlei Steuern belasten darf.

1546

Greth Butsch, die mit dem 1525 wegen der Heirat von seinem Amt als Leutpriester zu St. Ulrich entsetzten Jakob Immeli eine glückliche Ehe geführt hat, verheiratete sich nach dem Tod ihres Mannes mit dem Schuhmacher Heinrich Haller. Nun aber werden «diese Ehemenschen in Haft gebracht, dieweil sie für und für im Hader, Zank und Widerwillen leben». Nach der Drohung Hallers, seinem Weib den Kopf abzuschlagen, wird das «schandtlich Paar» auf ewig der Stadt verwiesen, damit es dem Rat mit seinen Streitigkeiten keine weitern Beschwerden mehr mache.

1551

Während einer Predigt auf der Münsterkanzel bricht der von der Pest gezeichnete Antistes (Oberstpfarrer) Oswald Myconius (1488–1552) zusammen «und predigt nimmermehr». Der Freund Zwinglis, ein «bescheidener Mann, hat das hohe Hirtenamt nur unter der Bedingung angenommen, dass er es niederlege, sobald ein Würdigerer auftrete. Er weigerte sich auch, obwohl Professor, den Doktortitel zu tragen.» Zu gleicher Zeit scheint die Pest auch einen Küblerknecht in der Spalenvorstadt dahinraffen zu wollen. Als tot und zur Beerdigung bereits in die Kammer gelegt, fängt er unvermittelt an zu schreien: «Ei, wie lieg ich in einer kalten Stube!» Schnell sind die Seinigen da und bringen ihm Hilfe, und «der schon tot geglaubte Mann wird am Rande des Grabes noch glücklicher Vater zahlreicher Söhne und liebenswürdiger Töchter»!

1599

Für einen zum Tod verurteilten Schreinergesellen, der einen Windenmacher erstochen hat, findet «eine merkwürdige Erbetung vom Tode» statt: Zur Fürbitte ziehen alle Schreinermeister mit vielen Gesellen, mehr als zweihundert Mann, zum Rathaus. Dem Zug angeschlossen haben sich auch viele Frauen, unter ihnen zahlreiche schwangere und vier Hebammen. Sie alle werden von den Ratsherren empfangen und bringen ihr Anliegen vor, wobei die Hebammen und Frauen auf die Knie fallen und um das junge Menschenleben flehen. So wird der Mörder schliesslich begnadigt. Von den schwangeren Frauen aber sollen vier tote Kinder zur Welt bringen!

1609

Der Lehrer von Münchenstein macht sich anheischig, ohne feste Besoldung Schule zu halten, sofern ihm das alleinige Recht gewährt werde, den Zuchtstier des Dorfes halten zu dürfen.

1647

Zu St. Peter wird der 1595 geborene Graf Georg Christoph von Taubadel, ehemaliger Truppenkommandant in französischen, venezianischen, polnischen und schwedischen Diensten, beerdigt. «Seines durch die Strapazen vieler Feldzüge ermüdeten Leibes zur Rueh zu pflegen, war er nach Basel gekommen, wie das andern Offizieren in fremden Diensten auch gestattet ist. Der Feldoberst aber erlag seiner Angegriffenheit schon nach kurzer Krankheit. Er besass den Taubadlerhof an der Neuen Vorstadt (Hebelstrasse 12).»

1650

Basel wird durch eine Serie von elf Erdstössen erschüttert: den 15. März, den 2. Mai mit zerbrochenen Dachziegeln, den 26. Juli mit dumpfem Getöse, den 11. September mit Anschlagen der Glocken in den Kirchtürmen, den 16. September mit zwei Stössen, den 18. und 20. Oktober, den 9. November mit starkem Gemurmel und Geheule auf dem Felde, den 8. und 15. Januar sowie den 12. Februar. «Weil der Mensch sich so leicht vor dem Tode fürchtet, als wenn er sich bisweilen unsterblich glaubte, so war der Schrecken unbeschreiblich. Ein ausserordentlicher Buss- und Fasttag wird denn auch am 17. November 1651 gefeyert.»

1879

Warum die Zeiten schlechter werden: Wenn ich in dem Zeitungsblatt/Lese wer gestorben ist/Hier der beste Freund und Gatte/Dort der beste Mensch und Christ/Hier der Frömmste aller Frommen/Dort der Patrioten Zier/Denke ich oft still bei mir/Woher mag es doch wohl kommen/Dass auch nicht ein Böser stirbt/Alles sich nur Lob erwirbt/Bleibt nur elend Zeug auf Erden/Muss es täglich schlechter werden!

1892

Wegen Widersetzlichkeit gegen amtliche Verfügungen wird die hiesige Heilsarmee verzeigt. Sie hat am Fasnachtsmittwoch einen Umzug mit Musik und Fahne veranstaltet, im Glauben, es seien alle Umzüge erlaubt. Also auch solche der Salutisten.

Basler Zeitung, 15. März 1849.

Frag- und Anzeigungs-Blätlein, 16. März 1734.

16. März

Heribertus von Köln der Erzbischof

1527

Es stirbt der 1502 geweihte Bischof Christoph von Utenheim. Der humanistisch gesinnte Kirchenfürst, der u.a. 1518 Ökolampad zum Domprediger nach Basel berufen hat, übersiedelte 1523 nach Pruntrut, der seit alters häufigen Residenz baselischer Bischöfe. Da er sich ausdrücklich eine Bestattung in Basel verbeten hat, findet er unter dem Fronaltar der Hauptkirche von Delsberg seine letzte Ruhe.

1654

«Eine allgemeine Hur, die Lederwesch genannt, wird ans Halseisen gestellt und auf ewig des Landes verwiesen.»

1763

Im Haus «zum Lachs» am Fischmarkt wird «ein lebendiger grosser Geier aus Schangnau» gegen ein Eintrittsgeld von einem halben Batzen zur Schau gestellt. Der Besitzer des Riesenvogels «ist durch die Regierung Gottes dazu gekommen, als der Geier im Begriff war, ein anderthalbjähriges Kind mit sich in die Luft und in sein Raubnest zu tragen. Er ist mit einer Kugel vornen am linken Flügel geschossen und hernach mit der grössten Gefahr gefangen genommen worden».

1849

Auf der Schützenmatte wird der Grundstein zu einem neuen Scheibenhaus gelegt. Es werden einige Medaillen und eine Flasche Schützenwein vom Eidgenössischen Freischiessen 1844 eingemauert, worauf die Gäste sich zu einem heiteren Festschmaus versammeln.

1888

Am Beisetzungstag des deutschen Kaisers wird im überfüllten Münster, vor wohl 4000 Anwesenden, Basels Leichenfeier zum Andenken an Kaiser Wilhelm I. abgehalten. Auf Einladung der hiesigen deutschen Kolonie sind sowohl die Vertreter der Regierung als auch der Behörden zugegen. Unaufgefordert wirkt das Orchester der Allgemeinen Musikgesellschaft mit, wie auch die deutschen Gesangvereine zur Programmgestaltung beitragen.

1895

«500 Hektoliter spanischer Weisswein, dem Waadtländer ähnlich, zu verkaufen à Fr. 30.– per Hektoliter franko Basel. Auskunft erteilt die Annoncenverwaltung des Blattes.»

1902

Der Frühling naht: Draussen auf dem Centralbahnhof wird gehämmert, geklopft und genietet, was das Zeug hält, damit auf den Beginn des Sommerfahrplans das provisorische Gebäude dem reisenden Publikum und den internationalen Ta-

Bischof Christoph von Utenheim, gelehrter und menschenfreudlicher Reorganisator des Bistums Basel und glühender Verehrer der Muttergottes, «empfängt am 16. März 1527 die ewigen Freuden und geht in den himmlischen Frieden ein.» Holzschnitt aus dem Jahre 1563.

schendieben zur Verfügung steht. Schon rücken von allen Seiten her die Gäste an: Die Plakate «Frohburg hell» und «Weissenstein hell» wirken sich auf einen Mann aus Dresden aus, wenigstens steht der «semitische Sachse» vor der Marktplatzsäule und sagt, sich an die Umstehenden wendend, selbstbewusst: «Mir sein's ooch helle!»

1907

Der Bezirksrat von Lörrach erteilt dem Kanton Basel-Stadt und den Kraftübertragungswerken Rheinfelden die Konzession zum Bau des Elektrizitätswerks Augst-Wyhlen.
Die philosophische Fakultät der Universität erteilt zum ersten Mal einer Dame den Titel eines Doktors der Philosophie.

Der Baselhut, ein aussergewöhnlich hoher, schwarzer Filzkegel, einem leicht abgestumpften Zuckerstock ähnlich, erregt immer wieder die Spottlust der Fremden. So amüsieren sich am 17. März 1634 auch schwedische Soldaten ungehemmt über die «babylonischen Türme und Butterhäfen». Kostümfolge aus dem grossen Vogelschauplan der Stadt Basel von Matthäus Merian. 1615.

17. März

Gertrud von Nivelles die Äbtissin

1286

König Rudolf besiegelt den sogenannten Stadtfrieden. Heftige Streitigkeiten, wie es scheint zwischen den Rittern und den Bürgern, haben den Anlass dazu gegeben. Der König gebietet Edlen und Bürgern, lieblich und gütlich miteinander zu leben und der Stadt Ehre zu erhalten. Wer hiewider handle, werde nach dem Stadtrecht bestraft.

1453

Anton Gallician tauscht seine vor dem Steinentor gelegene kleine Mühle gegen das grössere Wasserwerk des Peter Hammerschmied im St. Albantal (35) und benutzt es zum Betrieb einer Papiermühle.

1468

Heinrich Werdenberg, der Brotbäkker von Allschwil, wird zu einem Stadtbürger angenommen.

1543

Ein Gremper (Kleinhändler) hat seine Stockfische mit Kalch gewässert und wird deshalb in Gefangenschaft gelegt und zu einer Busse von vierzig Gulden verfällt.

1546

Diejenigen, welche sich unter Missachtung des Ratsmandats nicht scheuen, mit Larven in der Stadt herumzulaufen, werden in Haft gebracht. Mit hohen Geldbussen bestraft werden: Hans Müller, der Schulmeister zu St. Peter, Johann von Schala, Provisor (Lehrer) aus Sitten, Jodocus Breitschwert und Batt Meyer.

Ein Kleinbasler Hafner, der dem Gesellschaftshaus zur Haeren gegenüber wohnte, hat sich an einer kleinen Stange erhängt, weil er sich im Rausch mit dem Henker in ein Wortgefecht verwickelt hatte. Er wird in ein Fass geschlagen und in den Rhein gestürzt. Trunkenheit raubt den Verstand; darum sich alle frommen und ehrbaren Menschen davor hüten.

1634

Noch ehe der Morgen graut, werden alle Mitglieder der Räte vom Ratsaufseher in das Rathaus beordert «wegen des kriegerischen Rheingräfischen Volkes, das haufenweis vor der Stadt lagert. Als nachmittags die Stadttore wieder geöffnet werden, kommen zwei junge Rheingrafen, der Graf von Nassau und der Graf von Fleckenstein, hereingeritten und kehren im Gasthaus zum Storcken ein. Mit ihnen kommt auch allerlei schwedisches Volk in die Stadt wie Reiter, Soldaten, Weiber und Huren, setzen sich in die Wirtshäuser und machen nichts anders als fressen, sauffen und ein gross Getümmel.» Im Schnabel kommt es gar zu einer Messerstecherei. Gleichentags setzt unter den Augen des Rheingrafen Johann Philipp eine schwedische Heeresabteilung von 6000 Mann und 14 Geschützen bei Hüningen in Kähnen über den Rhein. Viele Bürger aus der Stadt schauen «mit aufgesetzten Baselhüten» dem Flussübergang zu. Ihrer Hüte halber aber werden sie von den Soldaten mächtig verspottet. Diese nennen die Hüte «Babylonische Türm und Butterhäfen», ja einer sagt, er habe die

National-Zeitung, 17. März 1912.

Der äussere Hof des ehemaligen Chorherrenstifts zu St. Leonhard mit Lohnhof, Burg Wildeck, Kreuzganggebäude und Klosterkirche. Aquarell von Johann Jakob Schneider. 18. März 1881.

Herren von Basel für witzig gehalten, allein weil sie solche Hüet tragen, müsse er das Widerspil (Gegenteil) glauben».

1685

Die Regierung wettert gegen die «übermässige Köstlichkeit, die bei allen Sachen einreisst. Zumal werden bei Hochzeiten weiss nicht wie viel Dutzend kleine Pastetlein geholt und mit ganz goldenen Bändern gezierte Mayen gegeben.»

1694

Benedikt Müller, der Schmied von Bretzwil, wird wegen begangener Diebstähle «an Ross, Kälber, Anken, Speck, Immenstöck und anderen essenden Speisen, durch den Scharfrichter geköpft. Er hatte 36 Jahre, eine Frau und fünf Kinder».

1698

Im Münster wird ein 18jähriger Türke, den Rittmeister Ramspeck aus Ungarn mitgebracht hat, getauft. Das Geschenk für den auf den Namen Emanuel Heinrich getauften Türken Mustaffa Beck besteht aus zehn Dukaten in echten Goldstükken.

1759

Ein Riehener Bauer, der Erzdieb Fälckenhauer, wird für zwölf Jahre auf die Galeeren geschickt. Es ist die dritte Verurteilung eines Verbrechers aus Riehen innert kürzester Zeit. «Mithin hatten solche das Dorf Rüechen in schlechten Credit gesetzt, weil layder noch viele dergleichen gewissenlose Leuthe sich darinnen befinden.»

1782

Es stirbt in seinem 82. Altersjahr Daniel Bernoulli. «Er war einer der Hauptbegründer der mathematischen Physik, ein ebenso liebenswürdiger als geistreicher Gelehrter wie frommer und wohltätiger Mann. Von 1725 war er Professor in Petersburg, seit 1733 in Basel an der Professur für Anatomie und Botanik, später der Physik tätig. Er war der erste europäische Gelehrte, der die Mathematik auf die Naturlehre anwandte, und erhielt acht Mal den Preis der Pariser Akademie.»

1832

Die Abgeordneten der vom Basler Grossen Rat ausgeschlossenen 46 Baselbieter Gemeinden gründen in Liestal einen eigenen Kanton: «Sie bilden einen von der Stadt Basel unabhängigen souveränen Teil des Kantons unter dem Namen Kanton Basel-Landschaft.»

1840

Friedrich Kaufmann eröffnet mit Philipp Suchard, dem Gründer der weltbekannten Schokoladenfabrik, und dem Schiffsbauer Cavé ein Konkurrenzunternehmen zum ungenügenden Betrieb der Gebrüder Oswald, das der Basler Rheinschiffahrt schon bald neue Akzente setzt.

18. März

Gabriel der Erzengel

1340

Bischof Johann Senn von Münsingen verheisst allen, die an bestimmten Tagen andächtig die Kirche der Prediger besuchen oder der Bauhütte der Kirche des Gotteshauses ihre Unterstützung erweisen, einen Ablass von vierzig Tagen.

1545

Der Kleine und der Grosse Rat genehmigen die Statuten betreffend die Aufnahme junger Studenten. Zur Erhaltung des Kirchen- und Schuldienstes sollen zwölf in Basel geborene Knaben angenommen werden, die so weit ausgebildet sind, dass sie die Vorlesungen an der Hochschule oder wenigstens diejenigen am Pädagogium mit Nutzen hören können. Die anfallenden Kosten für Lehrer, Unterkunft und Verpflegung werden aus öffentlichen Mitteln bestritten. «Weil aber unser Kirchengut auch zum guten Theil von Fremden und Ausländischen herfliesst, wollen wir bis in die acht Fremden an einem geringen Tisch, so man nennt das Bursal, erhalten, damit die Frucht des Evangeliums von uns durch sie auch in die Fremde verbreitet wird.»

1559

Unter der Linde neben der Wohnung des Scharfrichters auf dem Kohlenberg wird Gericht gehalten, das sogenannte Kohlenberggericht. Die Rechtssprechung obliegt den Freiheitsknaben und Sackträgern, die alle im Kreis um einen Wasserzuber sitzen und einen entblössten Fuss ins Wasser setzen. Nun erscheint, begafft von einer grossen Menschenmenge, der Ankläger, Scharfrichter Pauli, und fordert einen Gerichtsspruch über einen ausfälligen fremden Henker. Jedem der beiden Kontrahenten steht ein Fürsprecher des Stadtgerichts als Verteidiger zur Seite. Kommt das Kohlenberggericht zu einem Urteil, was nicht überliefert ist, dann wird der Wasserzuber vom Sprecher des Gerichts mit dem Fuss umgestossen.

1560

Eine Feuersbrunst verzehrt den Flecken Appenzell; Kirche, Rathaus und zweihundert Häuser gehen zu Grunde. Zur Hilfeleistung spendet Basel hundert Kronen und hundertzwanzig Sack Korn. Ehe das Zeichen des Mitgefühls die Stadt verlässt, werden die Säcke mit dem Baselstab und der Jahreszahl 1560 versehen.

1585

Der Grosse Rat beschäftigt sich mit dem Begehren des Bischofs von Basel, die Laufener, Allschwiler, Oberwiler, Therwiler, Ettinger und Reinacher aus dem Schutz und Schirm der Stadt zu entlassen, «domit er by den guten Lüt sin Religion pflanzen kann». Eine Umfrage ergibt, dass die Landleute eine bischöfliche Huldigung ablehnen. Dies wird der Eidgenössischen Tagsatzung in Baden wenige Tage später mitgeteilt.

1634

Rheingraf Johann Philipp, der am Vortag seine Truppen bei Hüningen über den Rhein dirigiert hat, wird in die Stadt eingelassen und im Gasthof «zum Storchen» einquartiert: «Er ist eine Person von 40 Jahren, mit einem braunlechten halben Stutzbart, etwas kahl ob der Stirnen, sonsten für eine lustige und hochverständige Person anzusehen.» Das im Storchen von der Regierung zu Ehren des hohen Gastes gegebene Bankett dient auch der Verständigung über die vom Grafen erhobenen Ansprüche an die Stadt, welche die Lieferung von Brot, Kanonenkugeln und Pulver umfassen. Während die Bereitstellung von Munition abgelehnt wird, ist man mit der Abgabe von Proviant einverstanden. «So müssen die Beckhen 8000 Commissbrot bachen.»

Allgemeine Schweizer Zeitung, 18. März 1879.

1636

Bei scheusslichem Wetter empfängt Basel den Herzog von Rohan, der mit rund tausend Mann das Spalentor passiert, derweil weitere fünftausend Soldaten auf dem Feld von Hegenheim ihr Quartier aufschlagen. Während der Herzog und sein Gefolge im Domhof logiert werden, ist «die Stadt voll von Frantzosen, dass man schier gar nit gehen kann. Die Wirthshäuser sind so hauffenvoll, dass die Wirth die Thüren beschliessen müssen. Auch kaufen die Frantzosen alle essenden Speiss auf, sonderlich Brot, so dass kein Burger um sein Geld mehr Brot bekommen mag.» Nachdem Rohan die Erlaubnis zum Durchmarsch von Sissach und zur Überquerung der Schafmatt erhalten hat, verlässt er Basel «voll des herzlichen Dankes».

1654

Vor dem Wirtshaus «zum wilden Mann» an der Freienstrasse (35) fällt ein Rosshändler aus Ulm vom Pferd. «Weil er im Steigreif hangen geblieben ist, hat ihn das Pferd bis zur Schneidergasse geschleift. Er hat dreissig Ducaten verloren und ist in sechs Tagen gestorben.»

1668

Der 26jährige Mattheus Meyer aus Bremen wird auf dem Totenbett zum Doktor der Rechte promoviert und stirbt zwei Tage später. «Ohngeachtet dessen wird das Doctormahl dennoch abgehalten.»

1671

Ein Grossfeuer vernichtet in Diepflingen sieben Häuser, eine Scheune und zwölf Haushaltungen.

Maccheroni della Costiera
(Neapolitanische).
Vorzügliche Prima fortwährend in ½, ½ und ¼ Kisten (50, 25, 12½ Ko. Nettogewicht) zu Fr. 55, 30 und 16. — Im Hause (Herbergsgasse 1, bei Herrn Siegfried-Merian, 2. Stock) werden Pakete von 2½ und 5 Ko. zu Fr. 1. 30 das Kilo abgegeben. [912]
Frau **Baumgartner-Schlatter.**

1695

In Gegenwart der Häupter der Stadt werden im Werkhof vier neue Feuerwehrspritzen ausprobiert. «Sind für gut befunden worden. Etliche derselben haben über das hohe Dach des Zeughauses gespritzt zur sonderlichen Verwunderung der vielen Zuschauer.»

1738

Oberstleutnant Roquin und Ritter von Schellenberg, zwei im Gasthof «zu den drei Könige» logierende ehemalige Offiziere in königlich-sardinischen Diensten, lassen sich in einer Chaise zum Duell nach Haltingen fahren. Nach dem Zweikampf, der sich ohne Augenzeugen abspielt, bleibt Schellenberg «wie tod in einem Graben liegen». Kurze Zeit später leistet Chirurg Niclaus Passavant medizinische Hilfe und bringt den schwer Verwundeten soweit, dass er Stadtleutnant Stehelin zu Protokoll geben kann, «alles sey, wie es sich unter rechtschaffenen Offizieren gezieme, hergegangen, und er müsse gestehen, dass ihm der Herr Oberstlieutenant in dieser Rencontre alle Höflichkeit und Hülff erwiesen habe». Wenige Tage nach der tragischen Auseinandersetzung stirbt von Schellenberg. Weil «die Verwundung auf fremdem Territo-

Am 19. März 1911 findet in Basel der erste Sozialdemokratische Frauentag für die politische Gleichberechtigung des «weiblichen Geschlechts» statt. Nach einer öffentlichen Kundgebung auf dem Münsterplatz applaudieren zweihundertfünfzig Anwesende im Grossratssaal begeistert dem Vortrag der Hauptreferentin, Verena Conzett aus Zürich.

hegerückten Truppen des deutschen Generalleutnants Graf von Tilly eines zusätzlichen Schutzes bedarf, wird in aller Eile die Schanze beim Drahtzug, am Einlauf des Riehenteichs nördlich von St. Clara, aufgeworfen.

1634

Schwedische Soldaten überfallen den Meierhof auf St. Chrischona und entführen alles Vieh. Auch die Kirche wird nicht verschont. Namentlich werden die Fenster eingeschlagen und die Glasverbleiungen zum Giessen von Kugeln verwendet.

1648

Matthias Schädler, der Theologiestudent, stiehlt Gymnasiallehrer Seiler silberne Löffel und hundert Gulden und wird deswegen aus der Matrikel gestrichen und auf ewig der Stadt verwiesen. Ein Jahr später soll er wegen Pferdediebstahls zu Rapperswil enthauptet werden.

rio geschehen», verzichtet der Rat auf eine Strafverfolgung.

1892

In einer Kleinbasler Fabrik bricht eine Pockenepidemie aus, welche die Einlieferung von dreizehn Kranken ins Spital notwendig macht.

19. März

Josef der Nährvater Mariä

1434

Das Haus «zum hintern schwarzen Bären» am Schafgässlein 1 hat seinen grossen Tag: Abt Burkhard von Einsiedeln erhebt in Gegenwart des Abtes von Wettingen vor dem kaiserlichen Notar Protest gegen die erneute Übertragung der Schirmvogtei an die Schwyzer.

1588

Des Königs von Frankreich Ambassador kommt nach Basel, erscheint vor den Räten und ersucht «für seinen König um ein Gelt Anlehen. Es wird ihm etwas bewilligt».

1624

Die Pest rafft den berühmten Kriegsingenieur Adam Stapfer dahin. Ihm ist durch die Obrigkeit die Verstärkung der städtischen Befestigungsanlagen übertragen worden. Denn die weitausgreifenden Stadtquartiere von St. Johann und St. Alban, die merkwürdigen Winkel beim Spalentor, die man beim Anlegen der äussern Stadtmauer nicht ausmerzte, verunmöglichten die klare und einheitliche Sicherung in allen Fortifikationsweisen. So schlägt Stapfer vor, den Mauerring mit zusätzlichen Bollwerken und Wallanlagen zu versehen, was einen Aufwand von 276 429 Gulden erfordert. Aber der unerwartete Tod des erfahrenen Ingenieurs und die Umtriebe mit unzufriedenen Bürgern, welche ihre Rebgüter für die neuen Wehrbauten hatten abtreten müssen, lassen das Unternehmen einschlafen. Als dann im Spätherbst Kleinbasel durch die bedrohlich na-

An meine Braut.

Freundin! — Hälfte meines Lebens!
Niemals sey der Wunsch vergebens;
Den ich betend für Dich thu!
Wonne, ziere deine Tage!
Kummer weich' und alle Plage!
Bis — wir — sinken — in die Ruh.

Flugblatt, 19. März 1801.

1680

Es wird der Grundstein zur Festung Hüningen gelegt. Zur Erinnerung an das wichtige Ereignis gelangen goldene und silberne Medaillen mit der Legende: «Muniti ad Rhenum fines Huningo condita 1680» zur Prägung.

1799

In der Schweiz wird der Franken zu 100 Rappen eingeführt.

1831

Die Zunft zu Gartnern erwirbt zum Preis von Fr. 34 000.– die am Riehenteich vor dem Riehentor gelegene Iselinsche Säge samt Wohnhaus, Scheunen, zwei Reiben und zwei Jucharten Garten und Mattenland, um die ausgedehnte Liegenschaft zu einer Lohstampfe mit Lederhammer und Waage umzubauen.

1903

Eine aussergewöhnliche Zahl von Auswanderern aus aller Herren Ländern, Italiener, Rumänen, Dalmatiner und Montenegriner, angeblich so viele, wie seit Jahrzehnten nicht mehr an einem Tag, reisen mit dem Reiseziel Amerika durch unsere Stadt. Ihren Zug kreuzen Hunderte von italienischen Arbeitern, die bei den deutschen Festungsbauten um Metz und bei Istein auf Beschäftigung hoffen.

20. März

Gumbertus von Ansbach der Abtbischof

1281

Die am 16. Februar in Wien verstorbene und einbalsamierte Königin Gertrud Anna, die Gemahlin König Rudolfs, wird ihrem Wunsch entsprechend nach Basel überführt. Dem von vierzig Pferden und vier Mönchen angeführten Leichengespann folgen drei Wagen mit edlen Frauen und Hunderte von Menschen durch die winterliche Landschaft. Zum Empfang lässt der Bischof alle Ordens- und Weltgeistlichen aus seinem Bistum herberufen. Zwölfhundert Priester in kostbaren Gewändern geleiten denn auch mit brennenden Kerzen die tote Königin in feierlicher Prozession zur Beerdigung ins Münster. Während drei Bischöfe das Totenamt halten, wird die tote Königin im buchsbaumenen Sarg nochmals aufgerichtet und den Trauergästen gezeigt. Nach der Messe wird der Sarg an die in der Nähe des Hochaltars gelegene Gruft getragen und unter dem Weinen der Edlen beigesetzt. Über dem Grab lässt König Rudolf einen Altar errichten, an welchem fortan jährlich am 16. Februar beim Geläute der Glocken eine Totenmesse für das Seelenheil der Königin gelesen wird und die Armen mit Brot beschenkt werden.

1440

Der am 4. März zu einer Pilgerfahrt ins Heilige Land abgereiste spätere Bürgermeister Hans Rot trifft mit seinen beiden Begleitern in Venedig ein. «Do sohend wir mengerlei wunderliche Vische und 3 Löwen und Sitkusten (Papageien) und grossi Schiff, so gross wie mächtigi Hüser. Uff Samstag nach Ostertag fuhrend wir gen Meran (Murano). Do ligend in Sant Steffans Kilchen bey hundert Kindlein, die Herodes erschlug, in einem Altar. Die sahen wir, man sicht noch ihre Hend und Füess und die Nägel daran.»

1522

Niclaus Werenfels, der Apotheker von Bern, wird mit dem Bürgerrecht ausgestattet.

1590

Heinrich Pfannenschmid, der Eisenkrämer, stürzt im Greifen die Treppe hinunter und bleibt tod liegen. «Hat eben mit seinem Vater schimpflich geredet, was Gott hat rächen wollen.»

1634

Vor dem Spalentor ereignet sich «ein trauriger Fall, indem ein Pfaff, ein 14jähriger Jüngling, des Spitalschäfers Knecht und ein schöner junger Knab von den Schweden ohne Grund erschossen werden».

1635

Auf der Zunftstube zu Metzgern müssen die Gäste infolge Mangels an Korn «Kuttlen aus dem Essig ohne Brot essen und Wein trinckhen. Ist das nit zu erbarmen?»

1660

In der Stadt herrscht grosse Aufregung, sind doch 26 Personen als Abgesandte des Grossfürsten von Moskau eingetroffen: «Sie tragen lange Pelzröcke und hohe Kappen gleich den Husaren oder Polacken und bringen neben andern köstlichen Sachen eine Quantität Zobel mit sich, die sie hier verkaufen. Nachdem sie sich drei Tage in der Gast-

---

Noch ein Wort über die Faßnachtsbelustigung in Basel.

Basel den 20. März 1805.

Ich kann mich nicht enthalten, jenem Aufsatz in No. 11. S. 88. einige Erläuterung beyzufügen. Die auswärtigen Leser würden sich sehr irren, wenn sie sich vorstellten, daß alle sonst so stillen und eingezogenen Basler diese ungebundene Freude für eine so grosse Glückseeligkeit hielten. Es ist nicht jedermanns Ding, drey Tage lang auf allen Strassen herum zu ziehen neben Teufelslarven, nackenden Donauweibchen und Mohren, Leuten auf einem Mistwagen, und der ganzen Menge aus ihren Schlupfwinkeln hervorgekrochenen feilen Dirnen. Die Zahl der Basler ist nicht gering, die in diesen Tagen sich schämen, Basler zu seyn, weil in ihrer Stadt Unfugen getrieben werden, die in keiner protestantischen Schweizerstadt, ja auch kaum in einer der grössten sittenlosesten Stadt von Europa getrieben werden.

Daß unsre Obrigkeit diese Thorheiten erlaubt hat, beweißt noch nicht, daß es sehr gesittete und löbliche Dinge seyen. *)

Wenn eine Mutter ihrem unartigen Buben auf sein ungestümes Anhalten hin im Unwillen erlaubte, sich Gesicht und Hände mit Ruß zu färben, und so herum zu laufen, so würde daraus noch nicht folgen, daß sie ein grosses Wohlgefallen an dieser Ungezogenheit hätte, oder daß das Schwärzen mit Ruß etwas sehr artiges oder anständiges sey.

Ich hoffe, diese Erläuterung werde in einem der Wahrheit und Unpartheylichkeit gewiedmeten Blatte je eher je lieber auch eine Stelle finden. Ihre Leserinn Christine St****

*) Wie denn dieß auch nirgends gesagt worden ist.

Schweizer Bote, 20. März 1805.

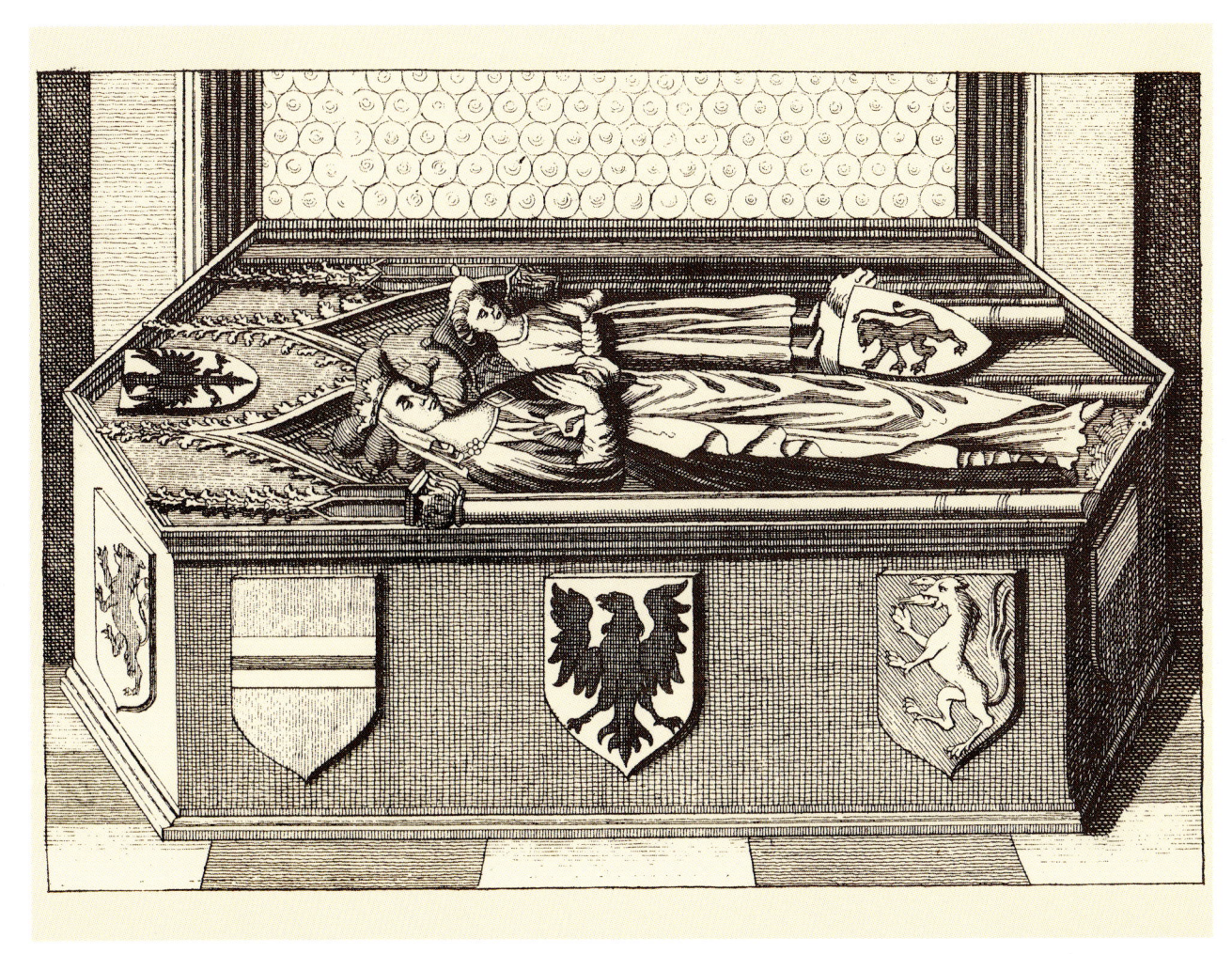

Ihrem Wunsch entsprechend, wird am 20. März 1281 die in Wien verstorbene Königin Anna im Münster mit ihrem bereits verblichenen Söhnchen Rudolf in der Nähe des Hochaltars beigesetzt. Im Jahre 1770 erfolgt die Überführung der «nur noch wenigen Todtengebeine» nach St. Blasien.

herberge ‹zur Krone› aufgehalten, das ‹berühmte› Zeughaus besichtigt und sich unbedacht ganz nackt ins warme Wasser im Badhaus ‹zum Mühlistein› gesetzt haben», besteigen sie an der Schifflände ein «bedecktes» Schiff und lassen sich auf dem Rhein nach Köln, und von da über Holland nach Hause fahren. Als Reiseproviant hat der Rat den vornehmen Gästen ein Fass Wein, einen Sack Habermehl, zwei Standen Sauerkraut und viel Zwiebeln (!) verehrt.

1661

Von seinem bösen Gewissen geplagt, kehrt der flüchtige 73jährige Gedeon Rynacher wieder in seine Vaterstadt zurück. Er hatte als Sigrist zu St. Peter «mehrmals im Gewölb die Mahlenschlösser eröffnet und das Collectgeld gestohlen». Er wird deswegen augenblicklich in Gewahrsam genommen, dem Gericht vorgeführt und schliesslich dem Scharfrichter zum Tod durch das Schwert überantwortet. «Hat seine Sünden herzlich bereuet und eyfrig den lieben Gott um Verzeihung angerufen.»

1663

Eine Explosion auf der Schützenmatte versetzt die Schützen in Panik, weil «Pulver in einem Känsterlein angegangen war und einen grossen Klapf verursachte. Einige springen in höchster Not aus den Fenstern des Schützenhauses und erleiden Verletzungen. Der alte Fetzer aber hält sich am Meyel (Weinglas) fest, befiehlt sich Gott ... und bleibt sitzen!»

1692

Im Anschluss an die schweren Bürgerunruhen von 1691 beschliesst der Grosse Rat eine allgemeine Amnestie, damit «der bitteren Wurzel des Ohnfriedens und der Ohneinigkeit» der Saft entzogen werde. Zudem lässt er zum Zeichen der Versöhnung den Hohen Donnerstag als Festtag feiern, mit dem Gebot, dass jeder an diesem Tag sich des Gottesdienstes mit schuldiger Andacht abwarte. Gleichzeitig wird der Hohe Donnerstag zum kirchlichen Feiertag eingesetzt.

1815

Die «Erklärung des Wiener Kongresses über die Angelegenheiten der Schweiz» schlägt den grösseren im Jura gelegenen Teil des Fürstbistums Basel dem Kanton Bern zu. Die neun birseckischen Gemeinden (Arlesheim, Aesch, Pfeffingen, Reinach, Ettingen, Therwil, Oberwil, Allschwil, Schönenbuch) dagegen werden dem Kanton Basel «einverleibt».

1863

Die in München lebende Basler Malerin Emilie Linder (1797–1867) vergabt dem jeweiligen Diözesanbischof von Basel die Summe von Fr. 200 000.– alter Währung zur Heranbildung und Förderung würdiger Priester. Auch vergabt sie ihre Sammlung zeitgenössischer Gemälde und Handzeichnungen ihrer Vaterstadt.

1873

Ein Coiffeurgehilfe, der «eine Kundschaft von 40 bis 50 Herren zu bedienen hat, erhält ein monatliches Salair von 10 bis 15 Franken».

1881

Das Volk verwirft erneut die dringend notwendige Korrektur des offenen Birsigs, der von aller und jeder Zufuhr von Unrat aus den ihn umsäumenden Häusern hätte entlastet werden sollen, mit 2552 Nein zu 1358 Ja.

1900

Das 1880 gegründete Comestibleswarengeschäft Christen hält am Marktplatz 4 Einzug und verbleibt dort bis zum Übergang des Hauses an die Magazine zum Globus im Jahre 1957.

1914

Eine von hiesigen Modefirmen im Musiksaal veranstaltete Modeschau mit Abendtee und Tangotänzen vereinigt ein grosses Publikum und wird zu einem eigentlichen gesellschaftlichen Erfolg.

21. März

Benedikt von Nursia der Abt

1501

Gesandte von Uri, Schwyz, Luzern, Zürich, Fribourg und Solothurn verhandeln in der Stadt über eine Aufnahme Basels in den Bund der Eidgenossen. In einer Abrede wird festgehalten, «was und wie viel gemeiner Eidgenossenschaft an der Stadt Basel und ihrem Land und Leuten ist gelegen, und dass sie ein Thor und Eingang sein wird für Kauf und Verkauf und alles Gewerb und Gemeinschaft der niedern Orte, auch was sie an sich selbst vermag mit ihrer starken Stadt, die sich öffnet in den Sundgau, Breisgau und Elsass. Dazu soll bedacht und zu Herzen genommen werden die grosse Treue und Freundschaft, so dieselbe Stadt Basel im vergangenen Krieg gemeiner Eidgenossenschaft hat bewiesen.»

1545

Der Württemberger Hans Streif wird zu einem Turmbläser und Stadtwächter angenommen. «Nach XX Wuchen aber ist er von einem erbetenen Urlaub unbetrachtet siner Ehr und Eides nit me widergekommen.»

1546

Wie der Münsterschaffner Heinrich Stehelin beim öffentlichen Spiel mit der Maske hin und her rennt, erhitzt er sich so, dass er halb gelähmt zusammenbricht und die eine Körperhälfte nicht mehr bewegen kann.

1606

Unter Hauptmann Curio ziehen dreihundert Basler mit sechstausend weitern Eidgenossen ins Feld, um den König von Frankreich in seiner Auseinandersetzung mit dem belgischen Herzog von Bouillon zu unterstützen. Schon am 18. April aber kehren die Söldner zurück, «weil inzwischen der Spahn zwischen diesen beyden Fürsten ist gehoben worden. Man nennt diesen Auszug scherzweise den Eyerkrieg, da er um die Osterzeit geschehen ist.»

1633

Vor den Toren der Stadt herrscht grosse Unsicherheit: Ausserhalb des Aeschentors wird ein französischer Deserteur erschossen, und bei St. Jakob findet ein Basler Reiter durch einen Schweden den Tod, nur weil er diesem zugerufen hat: «Gut Wein, gut Pferd!»

1638

Es ist wiederum ein starkes Flüchten der Landleute in die Stadt festzustellen. «Die Gesamtzahl der Flüchtlinge, edel und unedel, Sundgauer und Markgräfer, Mann, Weib und Kind, beträgt 7561 Personen, ohne die Bettler.»

1668

Wegen Bedrohung durch die Franzosen werden doppelte Wachen aufgezogen und drei Stadttore geschlossen. Alle wehrfähigen männlichen Bürger müssen die Wache persönlich versehen.

1696

In Lörrach wird eine junge Dirne, welche zwei Kinder ermordet hat, mit dem Schwert hingerichtet.

Frag- und Anzeigungs-Blätlein, 21. März 1740.

Der Grossbasler Brückenkopf am 21. März 1903. Das seit 1895 durch die Eisengasse führende Trasse der Strassenbahn wird noch in diesem Jahr via Schifflände umgelegt. Auch werden die aus Solothurner Kalkstein gehauenen Sitzbänke, die auch der Beschwerung dienen, wegen des Brückenneubaus in die Langen Erlen versetzt. Lichtdruck von Henri Besson.

1718

Nachdem er seit über zwanzig Jahren von Unsern Gnädigen Herren und vielen andern Ehrenleuten viel Gutes erfahren hat, wendet sich Pusterla, «der alte verruchte italienische Mameluck», wieder dem katholischen Glauben zu. «Er verführt dazu noch seinen einzigen Sohn von 18 Jahren, so schon stud juris und ein sehr schöner Knab ist, lässt sein Weib allhier sitzen und marschiert unverhofft wieder nach Italien.»

1752

An Friesel, einem schweren Fieber mit hirsekornähnlichem Hautausschlag, stirbt in seinem 47. Lebensjahr Stadtleutnant Christof Stächelin. Er wird zu St. Leonhard beerdigt: «Seiner Todten Bahre, auf welcher sein Stock und Degen kreuzweise übereinander liegen, samt seinem Halskragen, und die von acht Wachtmeistern getragen wird, gehen 32 Soldaten voran mit verkehrten Gewehr und Trommel. Bey seinem Grab im Creutz Gang geben sämtliche zwey General Salven und dann schiesst einer um den andern ins Grab. Bevor sie auf dem Kirchhof angelangt sind, stellen sie sich in zwey Reihen, welche sämtliche Leichengänger durchgehen müssen. Dieses alles geschieht unter unglaublichem Zulauf der Leüthe.»

1760

An der Aeschenvorstadt stirbt in seinem 60. Lebensjahr Bäckermeister Georg Philipp Wick. «Ist von Postur ein schöner, dicker Mann von gantz weissen Haaren und ein grosser Venusbruder (Charmeur) gewesen. Darneben hat er auch ein scharf Gedächtnus und böses Gschendmaul gehabt.»

1767

Es wird den Posamentern von Bretzwil, Reigoldswil und Zyfen verboten, Rohmaterial und Stoffe von und nach Basel durch das Solothurnische zu transportieren. Ebenso denjenigen von Buus, Maisprach und Wintersingen durch das Fricktal. Damit soll den Posamentern einerseits «das schwelgerische Leben auf fremdem Boden» vermiest und andererseits «das Abwerben durch fremde Fabriken» vermieden werden.

1800

«Es herrscht hier eine schwere Schleimkrankheit, welche schon viele Leute dahingerafft hat. Dieses Fieber ergreift die Leute heftig und schont weder Alte noch Junge. Auch Friedrich Bulacher, Metzger und Agent der Riehen-Section, ist ein Raub dieser Krankheit geworden. Von ihm wird gesagt, er habe von Diakon Gengenbach verlangt, das Söhnchen seiner Tochter auf den Namen Buonaparte zu taufen. Er beharrte auch darauf, als ihm der Pfarrer die Lächerlichkeit seines Ansinnens vor Augen führte. Er wollte also in seiner Familie grosse Männer pflanzen, deren Verdienste recht glänzend wären, wenn sie auch nur im blossen Namen bestünden!»

1829

Es stirbt der 1767 geborene Johann Rudolf Schnell, Magister der Philosophie und Professor der Rechte. Er war Basels letzter Schultheiss (1796–1798). Auch wirkte er von 1798–1803 als angesehener Präsident des obersten Gerichtshofs der Helvetischen Republik in Aarau und als Vorsitzender des Stadtgerichts (1803–1819).

1857

Die Regierung entspricht einem Wunsch der Kleinbasler und verfügt, bei der Baarmatte (Theodorsgraben) ein Törlein in die Stadtmauer zu brechen, «um dem Publikum die Annehmlichkeit zu bieten, auf kurzem Wege vom Landungs-Platz der Rheinfähre an die Grenzacherstrasse und vice versa zu gelangen».

1868

Die Herren Eppens, Baumgartner, Schulthess und Senn reorganisieren im Café Weber am Steinenberg die seit fünf Jahren bestehende, aber «schachmatt darniederliegende» Basler Schachgesellschaft.

1901

Junge Männer aus dem äussern Kleinbasel gründen den Fussballclub Nordstern und nehmen auf dem hinter der Erlenstrasse gelegenen Fischermätteli den Spielbetrieb auf. Durch Fusion bewahren 1910 die Mitglieder des aus dem Jünglingsverein St. Theodor hervorgegangenen FC Young Fellows die wegen ihrer «berühmten Draufschlägerei sportlich erfolgreichen Sterne» vor der Auflösung des Vereins.

22. März

Claudius der Märtyrer

1499

In der Nähe der Stadt kommt es zwischen den Eidgenossen und den Österreichern zu einem ernsthaften Zusammenstoss. Ohne von einander zu wissen, hat eine eidgenössische Schar von Dornach aus einen Einfall in den Sundgau verübt, während eine österreichische Abteilung von Altkirch aus bis zu den solothurnischen Dörfern Gempen und Hochwald vorgedrungen war. Auf dem Rückweg stossen die beiden Truppenverbände zwischen der Birs und dem Bruderholz aufeinander. Es entfacht sich ein hartnäckiger Kampf, der achtzig Landsknechten das Leben kostet. Die Eidgenossen ziehen als Sieger vondannen.

1591

Die rebellischen Bauern aus den Ämtern Liestal, Farnsburg, Waldenburg, Homburg und Ramstein legen dem Rat eine «demütige Supplikation» vor: «Nach göttlichem und natürlichem Gesetz sind wir zum Gehorsam verpflichtet und wollen der Obrigkeit nichts vorschreiben, sondern nur die durch die lange Teuerung ausgelöste Armut vor Augen führen. Unter vielen Reichsstädten und andern Orten hat Basel den herrlichen Ruhm, dass es seine Untertanen milde und freigebig behandelte. Nun soll sich Basel dieser Tradition würdig erzeigen und den alten Freiheitsbriefen folgen, sonst droht Streit und Todschlag.» Der Rat lässt den Verfasser der Petition, einen Handelsmann in Basel, verhaften und verlangt von der Landbevölkerung eine Loyalitätserklärung. Liestal beteuert denn auch seine Unterwerfung und bittet um Verzeihung. In den obern Ämtern aber will man davon nichts wissen.

1711

Es haben sich drei Personen «selbst leblos gemacht. Gott wolle sich ihrer Seelen erbarmen: Die erste ist Dorothea Hauser. Sie ist die Tochter des Dreikönigswirts, eines grossen Saufers und Fluchers, gewesen. Die dem Wein und Geiz ergebene Frau hat sich in einen Sodbrunnen bei der St. Johannschanze gestürzt und ist ersoffen. Die zweite Person ist die Frau des Stubenknechts zu Rebleuten. Während dieser, Franz Schwarz, im Ruf eines liederlichen Haushalters und Trinkers steht, galt sein Eheweib als gute und fromme Frau. Sie warf sich in den Rhein und konnte erst sechs Wochen später zur Erde bestattet werden. Die dritte Person ist der junge Rebmann Hieronymus Gut. Er suchte nach nur achtwöchiger Ehe den Tod im Rhein bei der Salmenwaage in Grenzach. Die Leute bedauern seinen freiwilligen Hinschied sehr und geben die Schuld seiner bösen und unfriedsamen Frau».

1884

Im Wappensaal «zur Mägd» an der St. Johanns-Vorstadt wird die letzte Amtshandlung des Vorstadtregiments alter Observanz vollzogen.

1890

«Es war um's Jahr 1881. Basel erhält jenes Spinnennetz von Telephondrähten, welche die Luft verfinstern und einer einheimischen Dichterseele es unmöglich machen, sich zum Äther emporzuschwingen. Bald darauf, um 1883, werden die Tram-Omnibusse geboren. Jeder zielbewusste Droschkier ist überzeugt, dass in Bälde die letzte Droschke ihre müden Räder auf immer zur Ruhe legen werde. Und wie ist es schliesslich herausgekommen? Kein einziger Droschkenführer ist an Ernährungssorgen gestorben: Sie kutschieren freudiger denn je!»

1914

Tausende von Baslern pilgern diesen windigen Frühlingstag nach St. Jakob, um die waghalsige Kunst des 26jährigen französischen Sturzfliegers Jean Montmain zu bestaunen, der mit seinem 50 PS starken siebenzylindrigen «Riesenvogel»

Der französische Sturzflieger Jean Montmain begeistert am 22. März 1914 die Basler auf der St. Jakobsmatte mit seinem Blériot-Eindecker, der «wie kein anderer Apparat zu Schraubenflug, Verkehrtflug, Seitenüberstürzungen und Senkrechtflug geeignet ist, weil er klein, leicht und geschmeidig gebaut ist». Das Flugmeeting aber nimmt durch den Absturz des Solothurner Flugpioniers Theodor Borrer einen tragischen Ausgang.

Nebelspalter, 22. März 1879.

Am 23. März 1863 geben Kleinbasler der Erwartung Ausdruck, «dass es im Zuge der Stadtverschönerung nicht bei Halbheiten bleibt. Fällt die Stadtmauer, so wird auch der alleinstehende Turm des Riehentors höchstens als ausgestreckter Finger die Bedeutung haben: Seht, unsere Behörden hatten wohl den guten Willen, aber sie sind auf halbem Weg stehengeblieben! Darum sei unser Losungswort: Fort mit den Mauern und Türmen, wo sie der baulichen Entwicklung im Wege stehen, fort denn auch mit dem Riehenturm!» So verschwindet schon im folgenden Jahr das an der Kreuzung Claragraben und Riehenstrasse gelegene Riehentor, das kurz zuvor noch «ausser dem Spahlen Thor als das schönste» gerühmt worden ist, sang- und klanglos aus dem altvertrauten Kleinbasler Stadtbild. Gouachemalerei von Louis Dubois. 1863.

erstmals tollkühne Loopings und Todesspiralen dreht und damit das Blut der unzähligen Zuschauer zum Stocken bringt. Mit Montmain produziert sich auch der jugendliche Solothurner Militärflieger Theodor Borrer mit verwegener Akrobatik zwischen Himmel und Erde. Sein dritter Flug an diesem Tag indessen soll der letzte seiner über dreihundert Flüge sein. Denn über der Rütihard «stellen sich die Flügel der Maschine in die Höhe, wie bei einer Henne, die ihr Junges gegen einen Angriff zu verteidigen hat, und der Apparat schiesst pfeilschnell zu Boden». Man kann nur noch «den Tod des schrecklich verstümmelten Fliegers konstatieren. Ein Zuschauer erliegt infolge des jähen Schrecks einem Herzschlag». Der Todessturz des erst 20jährigen hoffnungsvollen Flugpioniers löst im ganzen Land grösste Trauer aus.

23. März

Serapion von Thmuis der Bischof

1434

Basel empfängt den Bischof von Metz. «Er ist ein grosser Herr im Geistlichen wie im Weltlichen auf der Grenze von Deutschland und Burgund.» 38 Diener, alle in Grün und Blau gekleidet und bewaffnet, und viele Edelleute begleiten ihn. Im Tross, der zweihundert Pferde umfasst, werden auch zwei Wagen, die mit fünfzig Panzern beladen sind, und vier Saumtiere mitgeführt.

1443

Konrad Witz erwirbt das Haus «zum Pflug» an der Freien Strasse (38). Die Glanzzeit des Konzils ist dahin und der Preis der Liegenschaften gedrückt. So kann sich der berühmte Maler die stattliche Liegenschaft für 350 Gulden überschreiben lassen.

1499

Einen Tag nach dem Gefecht auf dem Bruderholz verlangen die Eidgenossen von Basel, die Stadt habe ihnen anzuhangen, Hilfe zu leisten und die Tore zu öffnen.

1552

Der wegen Völlerei und «bacchischen Lebens» vom Rat des öftern mit Busse und Haft bestrafte Jodokus Breitschwert wird von der Pest ergriffen und fängt in seiner Krankheit an, irre zu reden bis zu seinem Tod. «Er ist ein gottloser, schandbarer und ehrloser Mensch gewesen, ein Trunkenbold und Verächter aller Pfarrer und der ganzen Religion. Und doch haben unsere Prediger seinen christlichen Tod sehr gerühmt...»

1563

Polycarpus Gemuseus, der Druckerherr von Mülhausen, wird zu einem Bürger angenommen.

1606

Es stirbt der mit seinen Brüdern Hans und Jakob durch Kaiser Rudolf II. in den erblichen Reichsadel erhobene Daniel Peyer, Wurzkrämer und Besitzer des Hauses «zum grossen Hermelin» an der Freien Strasse (15). Er wird zu St. Leonhard beerdigt. Seine Grabinschrift rühmt ihn: «Wer Gott Ehret/ und dem Nechsten dient/ soll herwider geehret werden. Dieweil dann der Edel/ Ehrenvest/ Führnehm und Weiss Herr Daniel Bayer/ der älter/ in Jesum Chri-

---

Publikation.

Aus Anlaß eines dieser Tagen in allhiesiger Stadt herumgeloffenen tollen Hundes, der sehr viele andere Hunde gebissen, von denen verschiedene auf den Berg geliefert, mehrere aber noch am Leben geblieben, haben Unsere Gnädige Herren E. E. und W. W. Raths anheute nicht umhin können, einer E. Bürgerschaft, wie es zwar bereits durch den Trommelschlag geschehen, nochmalen durch Gegenwärtiges diejenigen traurigen Folgen auf das nachdrücklichste vorstellen zu lassen, welche durch Zurückhaltung solch eines gebissenen Hundes entstehen könnten. Diesemnach haben Hochgedacht Unsere Gnädige Herren zu erkennen geruhet: daß alle Hunde, bey denen nur eine Spur, als wären sie von diesem tollen Hunde gebissen worden, obwaltet, sogleich dem Scharfrichter überliefert, und sowohl als alle schon in der Cur befindliche Hunde ohne einige Nachsicht getödet werden sollen; zumalen alle diejenigen Bürger, welche sich im geringsten dieser Hochobrigkeitlichen Fürsorge in Auslieferung ihrer gebissenen Hunde entziehen würden, annoch um zehen Pfund Gelds gebüßt werden sollen.

Sign. den 23ten März 1791.

Canzley Basel.

Obrigkeitliches Mandat, 23. März 1791.

stum recht geglaubt/ ihn bey seinem Dienst andächtig und fleissig besucht/ und also demselben gelebt/ Ist seines Alters im 75. Jahr seliglich in Christo verscheiden.»

1607

In Läufelfingen verbrennen zwölf Bauernhöfe.

1634

Nachdem die Schweden im Vorjahr in Oberwil 23 Bauern und mehrere wehrlose Frauen getötet haben, belegen sie das Dorf nun mit Feuer und brennen es vollständig nieder.

1757

Der Rat erkennt, dass die Vorgesetzten der Vorstadtgesellschaft zu den drei Eidgenossen in den Steinen durch die Vorgesetzten E.E. Zunft zu Webern zu wählen sind und dass jeweils ein Mitglied des Kleinen Rats Mitmeister sein soll.

1761

Auf dem Münsterplatz findet das traditionelle Eierlaufen der Müllerknechte statt. «Dismalen hatten 5 Pardeyen mit einander gewettet. Es ist merckwürdig, dass einer von den Läufern 3 überloffen hat und der erste gewesen ist, allein aber wegen des Gedrängs der Leute nicht in den Ring hinein gekommen ist, sonst hätte er gewiss gewunnen.»

Abel Socin, Professor der Medizin und Physik, demonstriert das Experiment des starken Effekts eines durch das Wasser geleiteten Funkens: «Er verfertigt aus Wachs eine kleine Kanone und bringt einen Tropfen Wasser in ihre Höhlung. Oben ist ein kleiner Kupferstift, darauf wird ein Erbsenkorn gelegt. Ein Draht, der mit dem Glase und der elektrischen Platte in Verbindung steht, führt von unten das Wasser heran. Wenn man abfeuern will, so läuft der Funke am Draht durch das Wasser auf das erwähnte Kupferstiftchen, auf dem die Erbse liegt, und lockert unterwegs das Wasser auf, welches das Erbsenkorn auf eine gewisse Entfernung fortschleudert. Es ist ein sehr belustigendes Experiment.»

Der Footballclub Old Boys trägt am 24. März 1895 sein erstes offizielles Fussballspiel aus. Gegner ist der Abstinentenfussballclub Patria, der auf der Schützenmatte mit 1:0 Toren bezwungen wird. Das Rückgrat der Mannschaft bilden für längere Zeit Fridolin Jenny, Christian Heyd und Charles Schmidt, «drei grosse, kräftige Gestalten, welche über die nötigen Körperkräfte für das Rempeln und über einen harten Schlag verfügen».

1864

Es stirbt der 1825 geborene Hans Wieland, Herausgeber der Allgemeinen Schweizerischen Militärzeitung. Sein organisatorisches Genie verschaffte ihm grosse Geltung in der Eidgenossenschaft, die ihn 1858 an den neu geschaffenen Posten eines Oberinstruktors der Infanterie und 1860 als Obersten in den Generalstab berief. Er vereinheitlichte den militärischen Unterricht und die gleichmässige Ausbildung des Offizierkorps und verwirklichte die Reorganisation des schweizerischen Wehrwesens.

1885

Gegen dreihundert Arbeiter der Seidenbandfabrik im «Blauen Haus» stellen ihre Arbeit ein und fordern Lohnerhöhung. «Sie betragen sich aber im Konflikt mit ihrem Arbeitgeber musterhaft, so dass die Unterhandlungen in wenigen Tagen zu einem für die Arbeiter befriedigenden Resultat führen.»

1889

In der Reitbahn im Klingental nehmen unter der Leitung von Baron Gillmann junge Baslerinnen und Basler für wohltätige Zwecke als Reitkünstler an einem öffentlichen Caroussel teil.

1907

Nach der Kanalisierung des Quartiers zwischen dem Sägergässlein, dem Teichgässlein und der Webergasse schliesst das Baudepartement den kleinen und mittleren Kleinbasler Teich; der krumme Teich wird am 4. Mai abgestellt.

1912

In Arlesheim rollt Ingenieur Rudolf Gelpke die Frage der Wiedervereinigung der beiden Basel auf und begründet sie mit den misslichen wirtschaftlichen Verhältnissen, in welchen sich die beiden Kantone wegen der Trennung befinden.

24. März

Pigmenius der Bischof

1442

Die Basler Filiale der Römer Medici-Bank meldet Rekordumsätze. Das Konzil mit seinen kaufkräftigen Gästen bringt einen schwunghaften und gewinnbringenden Handel mit Wolltuch, Seidenfabrikaten und Silberwaren. So vermag die Basler Medici-Agentur diejenige von Genf mit 2248 Kammergulden und diejenige in Florenz mit 777 Gulden zu belehnen.

1521

Kaiser Karl V. erteilt dem Fürstbischof von Basel das Recht, auch das Wappen der ausgestorbenen Grafen von Thierstein zu führen.

Briefkasten.

An den Fragesteller betreffend Erlkönig. Nachstehend finden Sie die gewünschte Parodie in elsässischer Mundart.

Der Erlekenig.

Wer ritet so spot par la nuit et par le vent,
Das isch der Babbe mit sim enfant,
Er hat si Aronle güet im Arm,
Er hebt en sicher und hebt en warm.

Mon enfant du bisch so bleich und so blaß
War bigot die Schnürle so voll angoisse,
Sichsch nit der Erlkenig mit Schweif und Krone?
„Sell isch a Nebelstreif, Gott verdone!"

„Mon cher enfant, kumm geh Du mit mir,
„Gar scheni jeux mach ich mit Dir,
„Gar scheni Blieemle wachse am Strand,
„Und mi Mueder hat mäng guldig vêtement.

„Mi Babbe, mi Babbe, un witt nit lose,
„Was mer der Erlekenig verspricht für chose,
„Sig rüehig, sois tranquille, halt d'Schnure mon fils,
„Der Wind macht in die Blättere si Grüsch!

„Mon cher enfant kumm mit mer waidli,
„I will der zaige flotti Maidli,
„Si danze luschtig, wann angri schnorche,
„All Sunntig z'Hünige im Storche."

„Mon cher Babba, un sechsch nit derte
„D'Erlekenigs Techtere am bistteren Ertle?"
„Mon fils, sois tranquille, ich seh's jo guet,
„Es schine die alte Widle so groß."

„Mon enfant, mich raizt ta belle figure,
„Un kunsch nit vo sälber, so bruch ich G'walt, je t'assure,
„Mi Babbe, mi Babbe! i ka der's nur sage,
„Der Erlekenig packt mi am Kroje."

Der Babbe kriegt a Gänshüt, un ritet vif,
In sine bras duets Kind e Schnüf,
Er kumt an's Hüs: O sankt Vastinores,
In sine bras isch's Kind kapores.

National-Zeitung, 24. März 1890.

1529

Eine Delegation des Rates eröffnet den Mönchen in der Kartause, dass die Obrigkeit gesonnen sei, die Integrität des Klosters zu garantieren sowie die Ordensregeln insoweit zu anerkennen, als weder ihre Speisegebote noch das Verbot für Frauen, das Kloster zu betreten, gefährdet würden. Dagegen verlangt der Rat von ihnen, dass sie die Kutte ausziehen und die Tracht der Weltgeistlichen tragen, sind die Gnädigen Herren doch der Ansicht, dass innert vier Jahren das ganze deutsch sprechende Land die Reformation angenommen habe. Dazu werden die Kartäuser angehalten, zur Predigt nach St. Theodor zu gehen. Da sich die Weissen Väter nicht dazu bewegen lassen, versucht der Rat, ihnen diesen Schritt zu erleichtern, indem er vorschlägt, einen reformierten Prediger in der Kartäuserkirche zu Wort kommen zu lassen. Nach anfänglichem Sträuben geben die Mönche schliesslich ihre Zustimmung für den reformiert lehrenden Pfarrer Wissenburger von St. Theodor.

1537

Der Rat erlässt ein Aufwandgesetz betreffend die Kleidertracht. So wird verfügt, dass die Federn auf den Baretts nicht von den einen nach hinten und von den andern nach vorn getragen werden dürfen. Massgebend sei hinfort allein die Anordnung nach eidgenössischer und Basler Art.

1565

In Basel wütet die Pest, das sogenannte Grosse Sterben. Unsere Stadt hat rund viertausend Tote zu beklagen. Allein im Spital und im Almosen erliegen vom 28. Februar 1564 bis zum 24. März 1565 genau zweihundert Menschen der gefährlichen Seuche.

1601

Auf seiner Reise in ein Gesundheitsbad trifft der Herzog von Bayern in Basel ein. Seine Begleitung besteht aus seiner Gemahlin, die in einer Sänfte aus Samt Platz genommen hat, seinen beiden Söhnen, deren einer der katholischen, der andere der evangelischen Religion zugetan ist. Weiter folgen dem vornehmen Tross fünfzig Pferde, zehn Kutschen und zwölf geladene Güterwagen. Die Obrigkeit verehrt dem hohen Gast zwölf Sack Haber, vier Saum Wein und zwölf Mass Malvasier.

1666

Der Irländer Adam Arkowitz darf während acht Tagen «der Bürgerschaft seine zwey kurtzweiligen Bären ums Geld zeigen».

1691

Dieser Tag geht als «wilder Dienstag» oder «grosser Küchlintag» in die Basler Geschichte ein: Durch die Erhebung gegen das Ratsherrenregiment wird die ganze Umgebung des Rathauses von bewaffnetem Volk besetzt. Der Kleine Rat und der Grosse Rat bleiben stundenlang von den drohenden, krakeelenden, schmausenden und trinkenden Zünftern eingeschlossen, bis die Ratsherren, vom Hunger mürbe gemacht, die Forderung der Ausschüsse erfüllen und 29 Ratsherren oder Sechser, dazu die Oberstzunftmeister Christoph und Hans Balthasar Burckhardt, als abgesetzt erklären.

1714

Scharfrichter Jakob Günther bittet den Rat, seinem Sohn die sogenannte Ehrlichsprechung zu gewähren, damit er, einer «unehrlichen und befleckten» Familie entstammend, einen bürgerlichen Beruf erlernen könne. Sein Sohn sei jetzt 16 Jahre alt, habe Lesen und Schreiben gelernt, im Gymnasium Latein und andere Studien betrieben. Am väterlichen Beruf habe er nie teilgehabt, ihn vielmehr verabscheut. Jetzt wäre es Zeit, eine Lehre zu beginnen, aber dazu sei erst die Befreiung von der Unehre seines Berufes nötig.

1817

Auf seinem Landgut «Mayenfels» bei Pratteln stirbt der 1742 geborene Seidenfabrikant Peter Burckhardt. Er diente seiner Vaterstadt in hervorragender Weise als Oberstzunftmeister, Bürgermeister, Präsident der Basler Nationalversammlung und Landammann der Schweiz. Er war ein Förderer des gemässigten Fortschritts, weshalb er auch in hohem Mass das Vertrauen des Landvolks genoss. Mit seinem Schwager Isaak Iselin zählte er zu den Mitbegründern der GGG.

1829

Stark beeinflusst vom neu erwachten Schützengeist der Restaurationszeit sind die in Kraft erwachsenen «Statuten für die Feuerschützen-Gesellschaft der Stadt Basel», auf deren Grundlage alle späteren Schützenordnungen beruhen.

1876

Mit den technischen Installationen im Grossratssaal ist es nicht zum besten bestellt: «Wenn die Gaslichter angezündet werden, bekommen viele Grossräte Kopfschmerzen.»

1877

«Die Martins-Turmuhr bringt zwar den Viertelstundenschlag, das Stundenwerk jedoch hat offenbar einen Schlaganfall erlitten. Dem Übelstand wäre leicht abzuhelfen, wenn der Turmwächter auch am Tage die Stundenzahl blasen würde!»

25. März

Mariä Verkündigung

1177

Unter den vielen der Grossen und Mächtigen, geistlichen wie weltlichen, aus Deutschland, Frankreich, England, Spanien und Ungarn, die nach Venedig gekommen waren, um den Kirchenfrieden zwischen dem Papst und dem Kaiser herbeizuführen, befindet sich auch der Bischof von Basel, Ludwig, samt einem Abt mit dreissig Leuten.

1257

Das steinerne Kreuz vor dem Spalentor wird erstmals erwähnt. Es steht im Bereich der Heiligkreuzkapelle an der Landstrasse nach Hegenheim und wird in der zweiten Hälfte des 15. Jahrhunderts in seiner religiösen Bedeutung durch die Errichtung einer grossen Figurengruppe aus gebranntem Ton, Christus am Kreuz und die beiden Schächer darstellend, verstärkt.

1473

Das Wetter ist so mild, dass man «auf Anuntiationis Marie zittige Erdberen findet».

1482

Erzbischof Andreas Zamometić von Granea in Slowenien, der sich nach seinem Bruch mit Rom nach Basel begeben hat, verkündet im Chor des Münsters nach vollbrachtem Hochamt mit Unterstützung der politischen Feinde des Papstes feierlich die Wiedereröffnung des Konzils von Basel.

1542

Meister Jost Stöcklin, Bürger von Basel, wird zu einem Jahresgehalt von vierundzwanzig Gulden zum städtischen Wundarzt ernannt. Er hat den Reichen wie den Armen «in diesem Jammertal Brüche, Steine, Karnoffel (Geschwülste), Hasenscharten, Drüsen, Starrblinde und dergleichen Schäden zu schniden und zu artznen, so wie es ihm in siner Kunst durch Gott mitgetheylt worden ist».

1674

Eine Delegation des Rats von Zürich kommt nach Basel, um zu sehen,

Am 25. März 1897 wählt die Vereinigte Bundesversammlung den ersten Basler, Regierungsrat Dr. Ernst Brenner, in den Bundesrat. «Bei seiner Heimkehr nach Basel wird er von einer gewaltigen Volksmenge begrüsst. Kanonen krachen ihm zu Ehren, die Häuser stehen in bengalischem Licht. Ein Festzug zieht bei Fackelschein unter Musikgetön auf den Markt, man hört da unsere drei besten Männerchöre einige patriotische Lieder vortragen, umgeben von einer Kopf an Kopf gedrängten Volksmenge, und begibt sich dann in die Bierhalle zum Kardinal zur grossen Festfeier.»

wie es um unsere Stadt steht, sind doch dem Magistrat von Zürich «viel selzame Reden zu Ohren gekommen, so dass die Zürcher für die Basler grosse Sorgen haben».

1733

Auf dem Blumenplatz stürzt der Hanswurst beim Seiltanzen «mit grossem Geschrey und Schrecken sehr tod auf den Stein und ist davon ziemlich beschädiget worden».

1734

Die Vorgesetzten zum Schlüssel lösen die Frage, auf welche Weise die Grablegung des verstorbenen Tuchhändlers und Zunftmeisters Daniel Legrand zu geschehen habe, indem sie feststellen, dass die Gewohnheit, dass ein verschiedener Zunftmeister durch die Sechser zu Grabe getragen werde, seit einiger Zeit nicht mehr praktiziert wird und deshalb auf diese althergebrachte Form der Beerdigung verzichtet werden kann.

1799

Zwei Elitekompagnien und fünfzig Grenadiere der Basler Miliz werden samt zwei Kanonen zur Sicherung der Kantonsgrenzen nach Basel-Augst beordert. Als der Kommandant den Truppen den Marsch auf kaiserlichen Boden befiehlt, verweigern sowohl die Stadtbürger als auch die Landbürger die Erfüllung des militärischen Auftrags, da sie nur zur Verteidigung des eigenen Grund und Bodens ausgerückt seien. So werden die Truppen von der Regierung wieder nach Basel zurückgerufen.

1826

«Woher kommt es, dass Kleinbasel keine eigene Apotheke hat, während im Grossbasel deren sieben sind und in Zürich auf 11 000 Einwohner acht Apotheken installiert sind? Woher kommt es, dass die Reinigung unserer Strassen die Stadtbehörde beträchtliches Geld kostet und in andern Städten etwas einbringt, weil der Dünger nicht

Basler Nachrichten, 25. März 1899.

einfach wertlos in fliessende Gewässer geworfen wird?»

1847

Dem Naturwissenschaftlichen Museum sind folgende Vergabungen zugegangen: Je ein grosses Exemplar eines Panthers, eines Luchses, einer Hyäne und eines Schwans, alle aus Algerien, von Weinhändler Johann Nötzlin. Vögel aus Senegal von Dreikönigswirt Senn. Ein grosses Exemplar eines Alpen-Steinbocks von Samuel Merian-Merian. Ein Pfefferfresser von Küfer Franz Schardt sowie eine fliegende Eidechse von Ungenannt.

1897

Anstelle des zurückgetretenen Baselbieter Bundesrats Oberst Emil Frey wird der Basler Regierungsrat Ernst Brenner (1856–1911) zum Bundesrat gewählt. Im Vorschlag war auch Regierungsrat Paul Speiser, der aber nach vier Wahlgängen seinem Amtskollegen den Vortritt lassen musste. Die Wahl des ersten Baslers in den schweizerischen Bundesrat löst in unserm Kanton grosse Genugtuung aus. Die freudige Nachricht wird der Bevölkerung mit zahlreichen Freudenschüssen verkündet, der Grosse Rat unterbricht seine Verhandlungen, die Häuser werden beflaggt.

1906

Im Hotel «Jura» in Aesch hält die Trambahngesellschaft Basel–Aesch ihre konstituierende Sitzung ab. Ihr ist von den eidgenössischen Räten die Konzession zum Bau und Betrieb einer elektrischen Strassenbahn von Aesch über Reinach nach dem Ruchfeld erteilt worden.

26. März

Castulus der Märtyrer

1601

Die Geistlichen der Landschaft äussern ihren Unwillen über das sogenannte Ansingen des neuen Jahres, das sogenannte Wurstsingen: Der Gesang dauert die ganze Nacht hindurch, und niemand wird verschont, so dass grosse Unordnung herrscht. Wer keine Gabe spendet, dem wird «Schmach und Tratz be-

Der grosse Basler Zeichner Emanuel Büchel (1705–1775), der von der Obrigkeit mit dem naturgetreuen Kopieren des weltberühmten Totentanzes der Prediger beauftragt worden ist, äussert sich am 26. März 1773 dankerfüllt über den erhaltenen Auftrag: «Glücklich, wenn mein Pinsel nicht nur dem Originale gleich kommt, sondern auch meine Ehrfurcht, Hochachtung und Ergebenheit gegen meine Hohen Gutthäter ausdrücken kann.»

wiesen. Was die Sänger also ergeilet und ergützelet haben, das fressen sie uff, sitzen zusammen und heben das nüwe Jahr mit Fressen, Suffen, Fluchen und anderem Muthwillen an».

1642

Als «notabel und erwähnenswert» wird überliefert, dass Niklaus Hofer, Sohn eines Predigers aus Mülhausen, in seinem zwölften Altersjahr das Magisterium, die Doktorwürde, begehrt. «Der hoch intelligente Knabe wird denn auch privatim zugelassen, geprüft und würdig befunden, aber wegen seiner kindischen Sitten nicht zum Examen zugelassen. Er hat sogar die französische Sprache erlernt.»

1689

Pfarrer Peter Werenfels, der Heiligen Schrift Doktor und Professor der Theologie, hält im Münster seine berühmt gewordene Nachtmahls-Predigt, die nachwärts auch im Druck erscheint. Sie trägt das zurzeit in der Stadt herrschende charakteristische Motto Genesis 13, 8: «Lieber, lass nicht Zank sein zwischen mir und dir, denn wir sind Brüder!»

1691

Der der skrupellosen Korruptionspolitik angeklagte Meister Emanuel Ruprecht zum Böhler wird auf Anordnung der Obrigkeit von vier Soldaten und den Stadtknechten «zum Spectacul und Spott von jedermann» durch die Aeschenvorstadt die Freie Strasse hinab nach dem Spalentor in den «bösen Kerker» geführt und examiniert (einvernommen). Noch am gleichen Tag fällt der Grosse Rat das Urteil über den

70jährigen «bestechlichen Drahtzieher» und bestraft ihn «wegen seines seit vielen Jahren geübten gottvergessenen meineidigen Procederes» mit lebenslänglichem Hausarrest und der hohen Busse von fünftausend Reichstalern. Zudem wird der von «leidenschaftlicher Geldgier besessene Ruprecht» in der Theodorskirche vor der christlichen Gemeinde als ein meineidiger Mann aller Ehren entsetzt und exkommuniziert.

1703

Zu seinem grossen Entsetzen erblickt Diakon Seiler, wie er aus einem Fenster seiner Amtswohnung zu St. Peter hinausschaut, «viele Weiber in Stürtzen» (trichterförmigen Kopfhauben), welche ihr Antlitz bis zu den Augen verdecken, das Totengässlein hinaufgehen, bis zum Kirchhof. Wenig später sterben ihm eine Tochter und ein Tochtermann, und auch er erliegt einer tödlichen Krankheit.

1729

«In Schliengen im Bistum Basel stirbt eine adelige Dame von der Familie Nagel von alt Schönstein im 117. Jahre ihres Alters. Mit ihr ist das Geschlecht völlig ausgestorben.»

1750

Die Bevölkerung wird von brutalen Zöllnern schikaniert. So erschiessen die Franzosen eine Frau, welche verbotenerweise ein Sester Mues (Erbsen und Linsen) in die Stadt bringen will, nahe unserer Grenze. Solches ist kurz vorher auch einer andern Frau und Mutter von sechs Kindern widerfahren.

1857

Christoph Merian (1800–1858) verfasst sein Testament und verfügt, dass sein ganzes Vermögen «seiner lieben Vaterstadt Basel» zufalle, «mit der ausdrücklichen und unmissverständlichen Bedingung jedoch, dass dasselbe stets von den übrigen städtischen Vermögen getrennt, und für sich bestehend bleiben und besonders verwaltet werden solle, für die Unterstützung der städtischen Armenhäuser und für andere städtische Zwecke überhaupt verwendet und dieser ihm gegebenen Bestimmung so wie der Stadtgemeinde Basel nie entzogen werden darf». Das ursprüngliche Stiftungsvermögen von rund elf Millionen Franken wird heute, trotz alljährlicher respektabler Zuwendungen, auf weit über eine halbe Milliarde Franken geschätzt.

1864

Ein Mädchen, das in der Verzweiflung den Tod in den Fluten des Rheins gesucht hat, wird beerdigt, «ohne dass auch nur eine teilnehmende Seele dem Sarg der Unglücklichen folgt, nicht einmal jemand von der Dienstherrschaft. Und so geschieht es, dass beim Badischen Bahnhof (am Riehenring) die Träger die Leiche auf die Strasse niedersetzen und sich für eine gewisse Zeit in ein Schenklokal begeben. So geht man nicht einmal mit Selbstmördern um!».

1886

Im Etablissement des Handelsmannes Christoph Ronus-von Speyr am Aeschengraben 9 gründen sportbegeisterte Damen und Herren «zur Ausübung des Tennis-Spiels» den Casino-Tennis-Club.

1890

Es ist üblich, dass deutsche Stellungspflichtige nach bestandener Aushebung in der badischen Nachbarschaft unserer Stadt einen Besuch abstatten. Die jungen Leute aber führen sich in ihrer Angetrunkenheit manchmal recht anstosserregend auf, so dass die Polizei zu Verhaftungen schreiten muss. So sind zwanzig dieser Burschen dem Polizeigerichtspräsidenten vorgeführt und zu scharfem Arrest verurteilt worden.

27. März

Rupertus von Salzburg der Bischof

1377

Ein Jude wird durch das Feuer zum Tode gerichtet, weil er sich spöttisch über das in der Karwoche von der Bürgerschaft aufgeführte Passionsspiel geäussert hat.

1461

Conrad Münch von Münchenstein, Peter Rich von Richenstein, Ritter Heriman von Eptingen und Bernhard von Laufen verkaufen dem Basler Tuchhändler Dietrich Krebs einen mit 320 Rheinischen Gulden zu verzinsenden Schuldbrief «auff dem Dorf Mutentz und der gantzen Herlikeit daselbst».

1464

Ritter Ludwig von Eptingen veräussert der Stadt Basel zum Preis von 2600 Gulden die Dörfer Zunzgen, Ifenthal und Wittnau sowie den dritten Teil der Festung Homburg im Fricktal.

1563

Gegen Abend erscheinen am Himmel drei Sonnen, «deren zwo nicht gar rund, sondern etwas länglich, einen bleichen Schein von sich geben und mit viel Farben vermischet sind. Solcher und dergleichen Gesichter hat man dieser Zeit in allen Landen viel gesehen: Sie sind Zweifels ohne Warnungen Gottes und Vordeutungen künftiger Sachen, fordern solche doch, man sollte sie alle zusammen lesen in einem eigen Büchlein».

Fuchs-Stiefel

mit der Marke „Fuchs" auf der Sohle ist der beste u. billigste

Kommunikantenschuh

in neuesten Formen, aus echt Boxcalf und Chevreaux, mit und ohne Lackkappen à Fr. 12.50. in Wichsleder Fr. 8.50 u. 10.50

Alleinverkauf nur

Schuhmagazin zum Fuchs
Steinenvorstadt 29, b. Brunnen

Schuhfabrik Basel
R. Schreiter

Teleph. 2870   Teleph. 2870

Basler Volksblatt, 26. März 1912.

Das nach dreijähriger Bauzeit fertiggestellte Gundeldinger-Schulhaus an der Sempacherstrasse wird am 27. März 1898 einem zahlreichen Publikum zur Besichtigung geöffnet.

1580

Im Münster wird durch den Steinmetz Daniel Heintz der neue Abendmahlstisch aufgerichtet.

1606

Es wird ein junger Mann, der seinen Vater mit Gift ums Leben gebracht hat, mit feurigen Zangen gepfetzt und lebendig aufs Rad geflochten. «Hat noch 5 Stund gelebt.»

1642

Ein Laufenburger, der hier als Soldat diente, wird mit feurigen Zangen gepfetzt und auf das Rad geflochten und verbrannt, weil er nicht weniger als zehn Mordtaten verübt hat. Unter andern brachte er, als er auf der Rheinbrücke Schildwache stehen musste, zwei Personen um, plünderte sie aus und warf sie in den Rhein.

1649

Zu Münchenstein wird ein «Türcklein», das Capitain Heinrich Petri aus Dalmatien mitgebracht hat, zur Taufe geführt.

1737

Hans Michel Heimlicher, der im Wirtshaus «zur Kanne» seinen Kameraden Christoph Henz mit einem Messer erstochen hat, wird vom Scharfrichter mit dem Schwert ebenfalls ums Leben gebracht.
Es wird Johann Michael Heinlin mit dem Schwert vom Leben zum Tode gebracht, weil er im Wirtshaus «zur Kanne» seinen Reisegefährten Johann Christian Hinze vorsätzlich getötet hat. «Als Professor Benedict Stächelin seinen Kopf in einem erdenen Hafen durch seinen Knecht in sein Laboratorium bringen lässt, ist der Knecht, der aus Wunder in den Topf geguckt hat, dergestalt erschrocken, dass er für ein paar Tage unpässlich bleibt.»

E. E. Publikum wird hiemit die Anzeige gemacht, daß Dienstags den 28sten dieses, Schweizerische Hülfstruppen hier eintreffen werden, welche zufolg eidsgenössischem Reglement auf etliche Tage einquartiert werden. Man wird in E. E. St. Johann-Quartier den Anfang damit machen, und erwartet zutrauungsvoll, Jedermann werde diese Miteidsgenossen freundschaftlich empfangen.

Basel den 27. Merz 1815.

Das Quartier-Amt.

Obrigkeitliches Mandat, 27. März 1815.

1826

In Grenzach stösst in einem Weidling eine fröhliche Gesellschaft mit Gesang und Lärm zur Fahrt nach Basel von Land. Aber schon bei der Salmenwaage am Hörnli entfacht sich unter den bezechten Fahrgästen ein Streit, wobei dem Schiffmann das Ruder entgleitet. Der Weidling gerät deshalb in eine Untiefe und schlägt um. Drei der berauschten Passagiere können das rettende Ufer nicht mehr erreichen und ertrinken. Das schwere Unglück hat zur Folge, dass die Obrigkeit das Verbot, an Feiertagen zu wirten, lockert, damit die Ess- und Trinklustigen fortan an solchen Tagen nicht mehr über die Grenze laufen müssen. Trotz der mildern Handhabung des Gesetzes verfügen sich am Bettag einige Handwerksgesellen nach Weil und fahren dann völlig betrunken in einem Leiterwagen wieder in die Stadt. Wie es kommen musste, wird unterwegs eine wilde Rauferei vom Zaun gerissen, die schliesslich mit dem Tod eines der übermütigen Zechbrüder ein tragisches Ende findet.

1829

«Es ist ein glücklicher Zufall, dass sich niemand am Schlüsselberg befunden hat, als ein Wagen mit drei Pferden vom Münsterplatz her den Berg ab durchgeht. Bloss die Deichsel und das steinerne Stöcklein vor der Mücke gehen bei der gewaltsamen Fahrt zu Grunde. Die Pferde stehen unbeschädigt vor dem Wagen, als dieser im engen Ausgang des Schlüsselbergs eingekeilt stekken bleibt.»

1848

Die Deutschen, die einen nicht unbeträchtlichen Teil der etwa 27 000 Einwohner der Stadt ausmachen, halten im Hinblick auf die angestrebte Ausrufung der Deutschen Republik stark besuchte Versammlungen ab. So kommt es in der Safranzunft zu einer machtvollen Deutschenversammlung, welche die Bildung einer deutschen Legion in der Schweiz zum Thema hat, mit der die Kämpfer in der Heimat unterstützt werden sollen. Es wird aber vorläufig nur beschlossen, ohne Zustimmung der Basler Regierung keine Waffenübungen abzuhalten.

1855

Carl Bürckli verlässt an der Spitze einer Anzahl zürcherischer Phalansterianern, einer in sozialer Harmonie verbundenen Lebensgemeinschaft, unsere Stadt, um «in Hochtexas das Fundament einer sozialen Kolonie zu legen. Glückauf!»

1907

Im Schaufenster des Comestibleswarengeschäftes von Christen am Marktplatz «ist eine soeben aus Sibirien eingetroffene Bärenfamilie zu sehen, bestehend aus einem Bären, einer Bärin und zwei Jungen. Alles in prachtvollen Exemplaren».

28. März

Priskus der Märtyrer

1363

Der am heutigen Blumenrain gelegene Seidenhof beim St. Johann-Schwibbogen findet seine erste Erwähnung: Der bischöfliche Offizial vidimiert (beglaubigt) eine Urkunde im Haus des reichen Tuchhändlers und Banquiers Johann von Walpach, des Besitzers des vornehmen mittelalterlichen Adelssitzes.

1533

An der Schifflände brennt das Zunfthaus zu Schiffleuten bis auf den Grund nieder, wobei wichtige Zunftakten vernichtet werden. Zum Ankauf von dreissig grossen Feuerspritzen schickt der Rat deshalb umgehend sein Mitglied Bernhard Meyer nach Frankfurt. Das Haus aber wird noch im gleichen Jahr wieder aufgebaut bis an die grosse Zunftstube. Auf Fürsprache des Zunftmeisters Erhard Merian streckt der Rat aus dem Stadtwechsel zinslos zweihundert Gulden vor. Auch die fünfzehn zünftigen Schiffermeister steuern aus dem Ihrigen bei, so dass nach und nach die Schuld abgetragen werden kann. Auf der Tagsatzung berichten später Basels Gesandte von dem schweren Brandunglück und bitten die eidgenössischen Stände, Wappenfenster in die neue Stube zu schenken. Freundeidgenössisch wird der Bitte entsprochen in dem Sinne, dass jeder Kanton zwei Kronen an die Schiffleutenzunft schicke. Die Scheiben werden in Basel durch den Glasmaler Maximilian Wischack angefertigt und bilden während Jahrhunderten eine Sehenswürdigkeit. 1819 zwingt der schlechte bauliche Zustand der Liegenschaft den Zunftvorstand zum Verkauf der wertvollen Glasgemälde; sie werden von der Feuerschützengesellschaft Winterthur erworben.

1650

Der Stadtknecht auf dem Eselstürmlein am Barfüsserplatz will aus der Stube in die Kammer schlafen gehen, fällt dabei betrunkenerweise die Treppe hinunter und bricht sich das Genick.

1659

Einige Basler Metzger erwerben aus dem Gutshof des Klosters St. Urban zwei schwere Ochsen und führen sie in die Stadt. Im Werkhof am Petersplatz werden die Tiere lebend auf einer Schnellwaage gewogen; das grössere wiegt 18½ Zentner, das kleinere bringt es auf 16 Zentner. Der Rat erlaubt den Metzgern den Verkauf des Ochsenfleisches um acht Rappen das Pfund, einen Rappen teurer als sonst.

1664

Vom heutigen Tag an bis zum 6. April werden von den hiesigen Fischern in der Birs, bei der Brücke, so viele Nasen eingebracht, dass fünf grosse Weiher gefüllt werden können. «Inmassen sind bey Mannsdenken nie so grosse Quantitet Fisch nicht gefangen worden.» Vom Petri Heil der Fischer profitiert auch die Bevölkerung, werden die rund 200 000 Nasen doch zu einem Rappen das Stück auf dem Fischmarkt feilgeboten.

1728

Auf der Richtstatt fällt durch den Scharfrichter der Kopf des Soldaten Roth. «Hatte mit einem andern Soldaten gezecht, sich dann mit diesem geprügelt, ihn vor dem St. Albantor ergriffen und mit dem Degen das Herz durchstossen. Schon sein Vater ist hingerichtet worden.»

Fremden=Rapport.

In drei Königen.
Hr. Foroff a. Rußland.
„ Imbert m. Gatt. a. Deutschland.
„ Schuler a. Darmstadt.
„ Lorrain a. Frankfurt.
„ Cuenot a. Lyon.
„ Calwell a. Neuyork.
„ Portail, Sogler a. Paris.
„ Köne a. Berlin.
„ Voteskoff a. Rußland.
„ Esworth m. Fam. a. England.
„ Stebler a. Deutschland.
„ Burnet a. England.
„ Dollfuß a. Mülhausen.

Im Storchen.
„ Kratz a. Straßburg.
„ Neubauer a. Frankfurt.
„ Depressaie a. Paris.
„ Hirzel a. Zürich.
„ Flersheim v. da.
„ Bademer a. Frankfurt.
„ Matter a. Aarau.
„ Unverzagt a. Bremen.
„ Espaniac a. Lille.
„ Schmidt a. Glarus.
„ Schawes a. Berlin.
Mad. v. Gendre a. Freiburg.
Hr. Gobenhoffer a. Nürnberg.
„ Link m. Gatt. a. Stuttgart.
„ Müller a. Berlin.
„ Schlegel a. St. Gallen.
„ Beligne v. da.

Im Wildenmann.
Hr. Martin a. Hamburg.
„ Desaucy a. Paris.
„ Halm a. Constanz.
„ Coderey a. Genf.
„ Balvi a. Lombardei.
„ Greeff a. Barmen.
„ Zumstein a. Aarau.
„ Bölsterli a. Bern.
„ Sternberg a. Frankfurt.
„ Heß a. Crefeld.
„ Ducroquet a. Chaumont.
„ Labrousse a. Ramberswiler.
„ Schelcher a. Colmar.
„ Juvigny a. Paris.

Intelligenzblatt, 28. März 1854.

1733

«Es hat sich eine Dienstmagd, als sie von der Metzg und dem Markt nach Hause gehen will, bei einem Bänklein ein wenig verweilt und geschwätzt und dabei ihren mit Fleisch und andern Sachen gefüllten Korb abgestellt. Wie sie nun nach Hause kommt, findet sie in ihrem Korb nichts anderes als einen ziemlich grossen, in einen alten Lumpen gewickelten Kieselstein...»

1754

Seit sechzig Jahren wird erstmals wieder die Strafe des Zungenschlit-

Am 28. März 1837 wird das städtische Kaufhaus, der Umschlagplatz aller in Basel von auswärts ankommenden Waren, einer Innenrenovation unterzogen. Trotzdem vermag die auch vom Rindermarkt (Gerbergasse) her zugängliche Güterhalle ihrer Aufgabe nicht mehr lange gerecht zu werden, nehmen die Frachten doch von Jahr zu Jahr erheblich zu. 1846 wird deshalb das neue, am Barfüsserplatz erbaute Kaufhaus bezogen. Aquarell von Peter Toussaint. Um 1840.

zens vollzogen: Der des Diebstahls von Obst überführte fünfzigjährige Martin Grieder von Frenkendorf «ward mit sechs Soldaten auf eine zwischen dem Halseisen und dem Esel (Folterwerkzeuge) aufgerichtete hölzerne Bühne auf den Kornmarkt vor so vielen 100 Zuschauern gebracht, an einem herfür ragenden Pfahl mit verbundenen Augen festgemacht, ihm durch den Scharfrichter Neher mit einem Klämmerlein die Zunge herausgezogen und mit einer Scheer etwa ein Zoll (2,5 cm) voneinander gespalten. Er war fast beständig in Ohnmacht, weshalb ihm die Zunge etwas gesalbet und Stärckungen unter seine Nase gehalten wurden. Ward nach vielem Blutauswerfen wieder in Gefangenschaft geführt, um nach der Haftzeit in seinem Dorf der Bevölkerung wieder gezeigt zu werden. Indessen hat sich die Zunge fast geheilt».

1798

Es vereinigen sich alle stimmfähigen Bürger des Kantons Basel zu Stadt und Land in Urversammlungen, um über den abgeänderten Verfassungsentwurf abzustimmen. Nach der Annahme, die fast einstimmig erfolgte, haben die Bürger einen besondern Konstitutionseid abzulegen.

1847

Der sich studienhalber in Berlin aufhaltende Jacob Burckhardt lässt die Kuratel der Universität wissen: «Nicht ohne tiefes Bedauern finde ich mich veranlasst, die mir im März 1845 anvertraute ausserordentliche Professur der Geschichte wiederum in Ihre Hände niederzulegen. Welches nun auch mein künftiges Schicksal sein möge, unvergesslich bleibt mir das Vertrauen und die Humanität, womit Ihre hohe akademische Behörde dem Anfänger aufmunternd und fördernd entgegenkam.»

1886

Das innere Bläsiquartier delegiert den 24jährigen Eugen Wullschleger als ersten Sozialdemokraten überhaupt in den Grossen Rat. Dieselbe Ehre widerfährt ihm 1896 durch die Wahl in den Nationalrat und 1902 durch eine ebensolche in den Regierungsrat. Den Hinschied «des hervorragenden Führers der hiesigen und schweizerischen Arbeiterbewegung» muss Basel 1931 beklagen.
In der Schmiedenzunft gründen fünfzehn Meister des Schlosserhandwerks den Schlossermeisterverband Basel.

29. März

Eustasius von Luxeuil der Abt

1476

Auf die Bitte Berns, erneut gegen den feindlichen Herzog von Burgund ins Feld zu ziehen, verlassen unter dem Kommando von Oberstzunftmeister Heinrich Iselin siebenhundert Stadtbürger und vierhundert Untertanen aus dem Baselbiet den heimatlichen Boden. Als der «Gewalthaufen» jenseits der Birsbrücke von St. Jakob die Ebene erreicht, wird Halt gemacht, und die gesamte Mannschaft stellt sich ins Viereck, um auf die neue Kriegsordnung den Eid zu leisten. Während die Vereidigung feierlich vollzogen wird, erscheint unversehens ein «laufender» Bote aus Bern und überbringt eine Kundschaft. In dieser wird Basel ersucht, für diesmal nicht auszuziehen, aber für ein späteres Aufgebot gerüstet zu bleiben. So tritt der Zug unverrichteter Dinge den Rückzug an. Aus «Grossmütigkeit» gewährt der Rat 26 Nichtbürgern, die als freiwillige Söldner das unentgeltliche Bürgerrecht hatten verdienen wollen, zu stark ermässigter Einkaufsgebühr die Aufnahme in die Bürgerschaft, indem er ihnen ihren guten Willen für die Tat anrechnet.

1642

Bei einer Predigt im Münster wird Pfarrhelfer Jacob Steck «von der Hand Gottes berührt, so dass er auf der Cantzel niedersinkt und anderntags verstirbt».

1740

Nach einer Gant in Arisdorf ereignet sich ein tödlicher Unfall, indem ein Bauer dem Schreiber eine Pistole nach Hause bringen will, unterwegs aber seines Nachbars einzige Tochter trifft, ihr die Pistole zeigt und sie unvorsichtigerweise erschiesst.

129

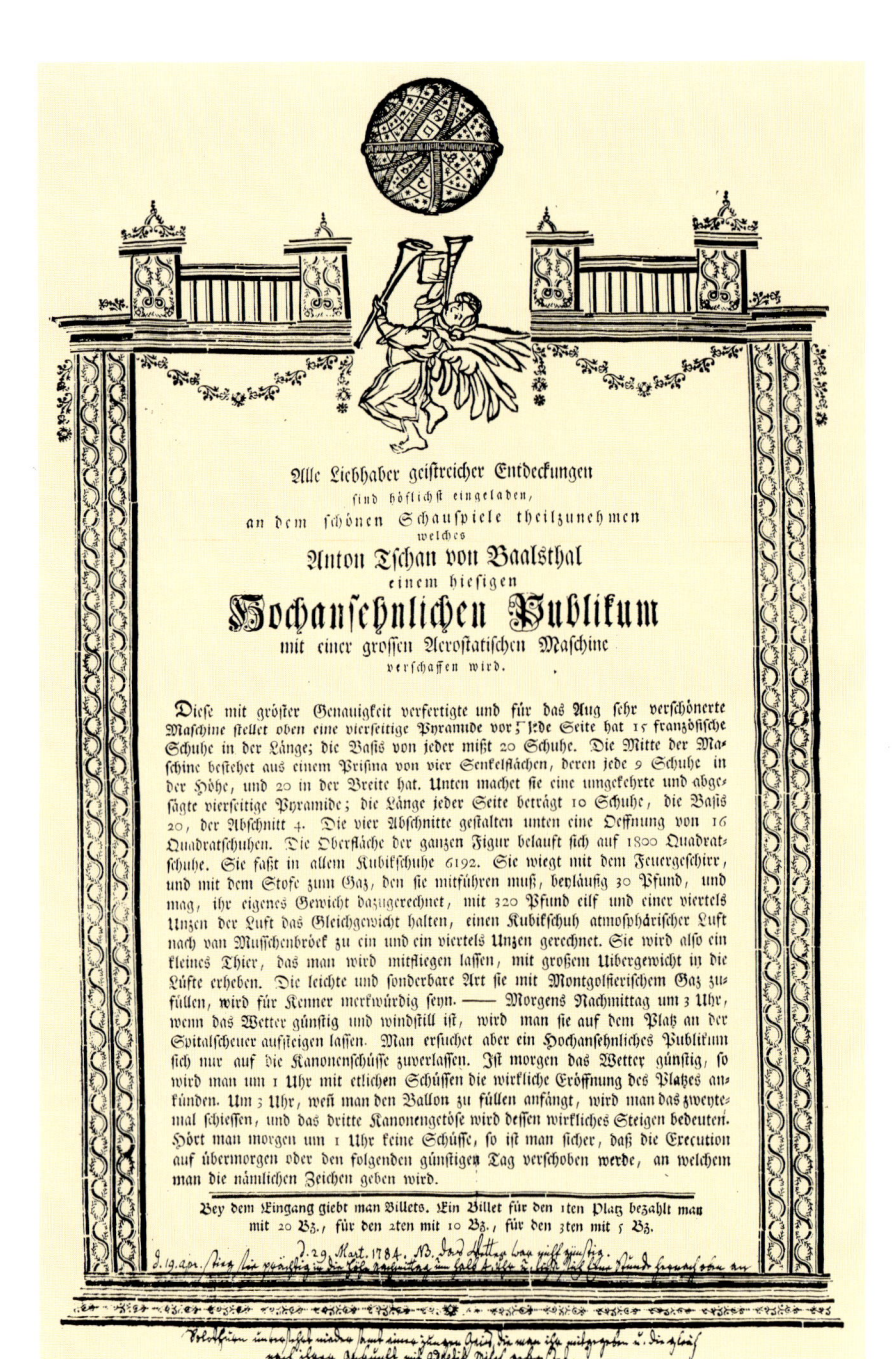

In der Absicht, am 29. März 1784 auf dem Platz bei der Spitalscheune seine «grosse aerostatische Maschine» aufsteigen zu lassen, lässt Anton Tschan die Bevölkerung wissen, dass dies aber nur möglich sei, wenn «das Wetter günstig und windstill ist». Und das werde durch «etliche Kanonenschüsse angekündigt». Am «schönen Schauspiel» aber konnten sich die Basler erst am 19. April erfreuen, als Tschans Ballon «prächtig in die Höhe steigt und sich eine Stunde hernach unversehrt wieder niederlässt, sampt einer Geiss, die gleich nach ihrer Ankunft mit Apetit Milch kostet».

1798

Der Lällenkönig am Rheintor, das Wahrzeichen der Stadt, wird auf Verfügung der neuen politischen Regenten demontiert und durch einen Freiheitshut ersetzt.

1804

Basel folgt dem Befehl der eidgenössischen Kriegskommission, zwei Kompagnien Soldaten zur Unterstützung der Zürcher in ihrem Kampf gegen die rebellischen Landleute am Zürichsee zu entsenden: Vor dem Zeughaus auf dem Petersplatz richtet Bürgermeister Sarasin eine kurze Ansprache an «die wohlbewaffneten und mit Habersäcken und nötigem Bagage montierten» Milizen, die sich auf der Landschaft nur «störrisch» hatten rekrutieren lassen. Die Truppe erhält den Befehl, Zürich in drei Tagen zu errei-

National-Zeitung, 29. März 1891.

chen. Dort werden die Basler von eidgenössischen Offizieren auf ihren Einsatz vorbereitet. Diese rühmen zwar ihren guten Willen, klagen aber über ihre Ungeschicklichkeit im Exerzieren. Immerhin werden die Basler so weit gebracht, dass sie das Gewehr schultern, präsentieren, bei Fuss nehmen und in Flanken marschieren können. Zum Ernstfall kommt es für die Basler allerdings nicht, denn nach der blutigen Niederlage der Aufständischen bei Bad Bocken sind nur noch Sicherheitsdienste zu leisten. Am 5. Mai werden die Basler Truppen «voller Beifall über ihr ganzes militärisches Benehmen im sogenannten Bockenkrieg von der Bevölkerung wieder in Empfang genommen, worauf die Militärs in den Wirtshäusern der Stadt in grosser Fröhlichkeit gefeiert werden».

Mit der Begünstigung des Bistums Basel durch die Silbergruben im Breisgau anno 1028 und den schon 1277 erwähnten Gold-, Silber-, Blei- und Eisenvorkommen bei Basel wird schon früh auf eine Verbindung unserer Stadt mit dem Bergbau hingewiesen. In Bretzwil, Bubendorf, Diegten und Waldenburg wird mit Erfolg nach Eisenerz gegraben. So erhält am 30. März 1671 auch Jean Charles de Marsigny aus Paris die Erlaubnis, in diesen Gebieten nach Erz zu suchen. Miniatur aus dem Münz- und Mineralienbuch des Andreas Ryff. Ende 16. Jahrhundert.

1838

Peter Mengis-Handschin (1769–1856) bittet den Rat um Entlassung aus dem Amt des Scharfrichters, weil er sich fortan nur noch dem einträglicheren Beruf eines Tierarztes widmen will. Basel verzichtet demnach auf einen eigenen Scharfrichter und wendet sich im Bedarfsfall an Jakob Mengis in Frick. Da seit dem 4. August 1819 keine Hinrichtungen mehr zu vollziehen waren und die Bestrafung durch Brandmarken, Staupbesen und Pranger auch durch Polizeibeamte vorgenommen werden kann, wird 1850 von der gelegentlichen Beanspruchung Jakob Mengis abgesehen. Der irrtümlicherweise immer wieder als «letzter Basler Scharfrichter» bezeichnete und 1903 mit den Insignien des Basler Henkers von Emil Beurmann porträtierte Theodor Mengis (1839–1918) übte das Scharfrichteramt in Rheinfelden aus und richtete noch 1905 eine arme Kindsmörderin zum Tode.

1871

Seit 1860 hat sich die Anzahl der Basler Gaslaternen von 505 auf 707 erhöht.

1886

Rund dreihundert Schreinergesellen stellen ihre Arbeit ein, weil ihre Forderung, den Arbeitstag von elf auf zehn Stunden zu reduzieren, von der Meisterschaft nicht erfüllt wird. Erst am 18. April kann der «Holzarbeiterstreik» offiziell beigelegt werden.

30. März

Quirinus von Neuss der Märtyrer

1248

Papst Innocenz IV. besiegelt zugunsten Basels zwei urkundliche Erlasse. Einerseits beauftragt er den Abt von Wettingen, die Bürger der Stadt in gewissen Rechten zu schirmen. Andrerseits bestätigt er der Bürgerschaft, dass sie während fünf Jahren nicht ausserhalb ihres Hoheitsgebietes vor Gericht gezogen werden kann.

1291

Das Domkapitel von Basel verleiht dem Wernher von Eptingen und dessen Frau, Ida Selland, den Wald von Bubendorf gegen einen jährlichen Zins von sieben Pfund und zehn Schilling zu einem Erblehen.

1407

Die Stadt Aarau gelobt, ehrlichen Frieden mit Basel zu halten.

1635

Von vier Regimentern Spaniern und Lothringern bedroht, bringen die Muttenzer und Prattler ihr Vieh in Basel in Sicherheit.

1661

Martin Straub von Sissach ist der Sodomiterei mit «eine Mähre» überführt. «Gnade seiner Seele», lässt sich der Rat vernehmen und verurteilt «den armen Menschen» zum Gang auf das Schafott vor dem Steinenthor, wo der Sünder «samt des Pferdes zu Pulver und Asche zu verbrennen ist».

1722

Es fällt «entsetzlicher Schnee, so dass jedermann in grossen Schrekken gebracht wird, weil die Bäume schon gar weit voran sind und die Tragbollen am Steinobst und die frühen Bürnen schon blühen».

1800

Auf dem hiesigen Paradeplatz zu St. Peter findet eine allgemeine Musterung der französischen Truppen statt, wobei viele Generäle und sämtliche Stabsoffiziere gegenwärtig sind. Bürger General Moreau macht seine Truppen auf den bevorstehenden Feldzug aufmerksam und muntert sie zu Mut und Tapferkeit auf. Selbigen Tags findet im benachbarten Weil ebenfalls eine Parade statt, bei welcher Moreau ähnliche Worte an die Mannschaft richtet.

1849

96 Handlungsdiener der Seidenindustrie – Commis, Ferger, Dessinateure, Magaziner, Zettlermeister und Contremaîtres – bekräftigen mit ihrer Unterschrift die Gründung einer Witwen- und Waisenkasse.

Steinenthor
Größte Menagerie
von
C. Kaufmann.

Hauptvorstellung Nachmittags 4, u. Abends 8 Uhr.
Auftreten des Löwenbändigers Kaufmann mit den beiden Riesenlöwen Pascha und Mustapha, Fräulein Therese Kaufmann im Zwinger der Hyänen und Wölfe.
Die wilde indische Jagd:
große Exercition des Thierbändigers im Käfig mit drei Königstigern und zwei Löwen, Dressur des Elephanten u. Fütterung Zum ersten Mal in Basel:
Giraffen, Gnu (gehörntes Pferd), Jagdleoparden, schwarze Panther, Gelada-Affen-Familie. (3150)
Hochachtungsvoll
C. Kaufmann.

Schweizerischer Volksfreund,
30. März 1879.

1851

Eine zu zehn Jahren Zuchthaus verurteilte Kindsmörderin wird in Liestal «statt gehörig eingesperrt, als Magd verwendet und muss dem wachthabenden Landjäger das Zimmer besorgen. So kommt sie nicht überraschender Weise mit einem Knäblein nieder. Unterzuchthausaufseher Buser, durch Indizien der Vaterschaft am Zuchthausbuben überführt, wird wegen Amtsverletzung mit zwei Jahren Gefangenschaft bestraft».

1857

Als Erstaufführung wird im Theater Wagners Tannhäuser unter Kapellmeister Schöneck gegeben. Die Kunstkritiker bedenken das erwähnenswerte Bühnenereignis mit dem Prädikat «ziemlich gut».

1870

Im Hausgang des Gasthofs «zum Schiff» wird ein mehrere Monate altes Knäblein aufgefunden, das «munter, sehr beweglich, von gesunder Farbe, von blonden Haaren, klaren blauen Augen und wohlgenährt ist. Auf die Entdeckung der Kindsmutter wird eine Prämie von Fr. 100.– gesetzt».

1904

Architekt Rudolf Linder und Baumeister Friedrich Albert ersuchen um Bewilligung, «ihr an der Palmenstrasse (12) erworbenes Areal vorläufig mit 4 Wohnhäusern zu bebauen».

1912

Gegen Mitternacht ereignet sich im neuen badischen Verschubbahnhof auf der Leopoldshöhe die Entgleisung einer Lokomotive, wobei der Lokomotivführer und der Heizer den Tod finden.

31. März

Guido von Pomposa der Abt

1526

Unter dem Druck der Massen lässt sich die Obrigkeit zu Eingriffen gegen das bestehende Kirchenwesen herbei. So muss die Geistlichkeit am Münster es sich gefallen lassen, dass in Zukunft auch Basler Bürger ins Domkapitel aufgenommen werden, obwohl «seit Menschengedenken nie eines Bürgers Kind je zu einem Domherrn am Stift angenommen worden ist».

1551

Ein auf dem äussersten Rand der Rheinbrücke liegender Mann fällt, als er sich im Schlaf auf die andere Seite dreht, in den Strom und ward nicht mehr gesehen!

1584

Die zwölfjährige Anna Polibia schreibt ihrem in Heidelberg weilenden Vater, Theologieprofessor Johann Jakob Grynäus: «Kindliche Liebe. Herzlieber Vater. Ich kann Euch nicht verhalten die grosse Freud, die ich empfangen hab von Euerem Schreiben, welches mich so hoch erfreut, dass ich den ganzen Tag fröhlich bin. Erstlich lass ich Euch wissen, dass ich den 28. Mertz bin bi der Grossmutter gesin und hab ihr den Brief gelesen und das

Am 31. März 1879 wird ein schwerhöriges Sandweiblein von einem Omnibus überfahren. «Indessen wacht ein gütiges Geschick über dem Betreffenden: Das am Boden liegende Weibchen vermag sich unversehrt wieder aufzurichten und mit seinem Wägelchen davonzutrotten, als ob nichts passiert wäre.» Ölgemälde von Johann Rudolf Weiss (Ausschnitt). Um 1885.

Geld gegäben, welches sie Euch hoch danckt, und wünscht Euch den Sägen Gottes und viel Guets. Lieber Vater. Ich kann Euch nit verhalten, dass ich fleissig lern auf dem Spinett. Ich hab bald einen Ziechen (Kissenanzug) gemacht. Wir sind alle Tag gesessen und haben genät. Nit anderes weiss ich Euch mehr zu schreiben. Hiemit befehl ich Euch in Gottes Schutz und Schirm. Gott der Herr woll Euch seinen Geist verliehen in Euerem guten Führnehmen. Amen. Geschriben den 31. Mertz Anno 84.»

1660

Die Obrigkeit wettert erneut gegen die «Widerwärtigkeit der Kilben», die von den Landleuten immer wieder missbraucht werden, um ausgelassene Freudenfeste zu feiern: «Die Kirchweihen sollen in unserer ganzen Landschaft als eine schnöde und eine unleidliche Entheiligung des Sabbaths, wie auch das Hinauslaufen unserer Untertanen auf der Benachbarten Kirchweih oder Nachkirchweihen an Sonn- und Montagen, gänzlich bei unausbleiblicher Turm- und Geldstrafe verboten und abgestellt sein.»

1766

Dem traditionellen Besteigen der Münstertürme durch zwei Maurergesellen schliessen sich zwei weitere Männer an, die ebenfalls «hintereinander auf die beiden Münster Thürm bis auf den Knopf gestiegen sind».

1799

Die Helvetische Regierung duldet keine kritischen und abfälligen Bemerkungen gegenüber der Republik. So werden wegen «unguten Redensarten und Patriotenbeschimpfung» Oberstzunftmeister Andreas Merian, Seckler Thurner, Uhrenmacher Bossardt und Seidenfärber Wibert für etliche Zeit ins Gefängnis gesteckt.

1838

Wegen verbotenen Maskentragens geraten im Riehener Dreikönigswirtshaus Georg und Simon Bertschmann sowie Johannes Stücklin mit dem Dorfpolizisten in Streit. Dabei kommen dem Landjäger «seine Monturstücke und Effekten im Werth von 51 Batzen» abhanden. Die rauflustigen Fasnächtler werden zu mehrmonatigen Gefängnisstrafen verurteilt.

1847

Carl Gustav Jung (1794–1864), Professor der Anatomie, Chirurgie und Geburtshilfe und populärster Arzt des Bürgerspitals, hält einen viel beachteten Vortrag über «die Wirkung des Äthers bei chirurgischen Operationen: Bei dem Anfange des Einathmens nimmt der Puls der Patienten an Schnelligkeit zu, später aber ab. Ein Knabe, der Äther eingeathmet hatte, bemerkte mit Vergnügen die Bewegung des Sekundenzeigers einer Taschenuhr, während ihm die Fussehnen durchschnitten wurden. Bei der Amputation eines Oberschenkels wurde bei einem andern Patienten völlige Schlaffheit der durchschnittenen Muskeln und völlige Schmerzlosigkeit beobachtet».

1879

Im Schosse der Gesellschaft des Guten und Gemeinnützigen wird die Frauenarbeitsschule, als erste derartige Schule in der Schweiz, gegründet. Sie nimmt ihre Tätigkeit am 21. August mit 188 Schülerinnen im Leonhardsschulhaus auf.

1880

«Das Pfandleih- und Wuchergeschäft ist in Basel stark im Schwunge. Gegen die betreffenden Blutsauger sollte ernstlich eingeschritten werden.»

1901

Es konstituiert sich die Gesellschaft zur Errichtung eines Israelitischen Waisenhauses für die Schweiz in Basel mit einem einstweiligen Kapital von 108 000 Franken.

> **Ein Stück Baslerfreiheit.**
>
> Unterzeichneter ereiferte sich in einer Wirthsstube Basels über das Verfahren badischer Polizei an den Schweizern, namentlich was unlängst zwei Baslern in Freiburg begegnete, erzählte zugleich ein ähnliches von einer Person aus dem Kanton Schaffhausen an der badischen Grenze, wo ein Gensdarme Lust zeigte, mich auf Schweizerboden mitzunehmen ec. Wegen dessen ist es einem Individuum eingefallen, mich bei der löbl. Polizeidirektion in Basel zu denunziren; ich wurde Abends 8 Uhr von 2 Landjägern aufgegriffen, auf die Polizei geführt und musste dort 43 Stunden eingesperrt sein. Das Lager war ein Strohsack mit zwei rauhen Teppichen versehen, ich konnte nicht wissen, warum gegen mich also zu verfahren wurde, bis zur Freilassung, wo mir verboten wurde zu politisiren, oder wenn man weiter etwas erfahre, werde ich nach Bern gewiesen. Ich übergebe diese Thatsache der Oeffentlichkeit zur Beurtheilung, ob ein solches Verfahren einem republikanischen Staat gezieme, und ob eine solche Handlung zur Freiheit gehöre.
>
> J. A. Graf v. Wolfegg,
> Reisender für St. Gallen.

Basellandschaftliches Volksblatt, 31. März 1853.

---

1. April

Hugo von Bonnevaux der Abt

1466

Das Kloster der Klingentalerinnen wird von einem schweren Brand heimgesucht, indem der neu erbaute Dormenter (Schlafsaal) in Flammen aufgeht. «Dabei verbrennen hundert köstliche Bett, ein silberin Schiff, drei köstliche Könige von Silber und Gold und vieles anderes, so dass man den Schaden auf über zwölftausend Gulden schätzt. Das Feuer ist williglich von Frau Amalia von Mülinen, die nicht gerne im Kloster war, angezündet worden. Sie muss deshalb ihr Leben im Kerker enden.»

1526

In mehreren Kirchen der Stadt werden deutsche Psalmen gesungen, «also dass vielen Leuten vor Freuden die Augen überschossen, gleich wie vor Zeiten in Wiedererbauung der Stadt Jerusalem beschehen ist».

Ob wohl «Madame Donnerloch», die stadtbekannte Freudenspenderin, auf den 1. April des Jahres 1784 zu ihrem Ruhmesblatt gekommen ist? Das allda lautet: «Die Welt mag sagen, was sie will, so halt ich einem jeden still. / Für gross und klein und jung und alt, für alle hab ich einen Spalt / Ich lass mich brauchen in der Still, von Officiers und wer nur will / Wer Lust hat kehre bei mir ein, wenn es auch Kaufmannsdiener sein / Mein Ding ist noch nicht verrostet, wenn es gleich schon viel gekostet / Bin schlank und habe rote Wangen und Brüste wie die Ankenballen / Wollt ihr nun wissen, wer ich bin, geht nur zum Pilgermammchen hin / Das Haus ist da sehr wohl gelegen, die Apotheke gleich daneben...»

1529

Bürgermeister und Rat legen der Bürgerschaft unter Anwünschung des göttlichen Segens die Reformationsordnung vor, die den Titel trägt: «Ordnung, so eine ehrsame Stadt Basel in ihrer Stadt und Landschaft fürohin zu halten erkannt, darin wie die verworfenen Missbräuche mit wahrem Gottesdienst ersetzt, auch wie die Laster, so christlicher Tapferkeit unträglich, Gott zu Lob abgestellt und gestraft werden sollen, vergriffen ist.» Die Reformationsordnung, die unter der Führung Oekolampads von einer Kommission von zwanzig Männern erarbeitet worden ist, bestimmt nicht nur das kirchliche, sondern das ganze sittliche Leben

Basler Nachrichten, 1. April 1914.

des zu einer evangelischen Gemeinde zusammengefassten Volkes von Stadt und Land. Die Ordnung des Gottesdienstes, die Einteilung der Kirchgemeinden, Predigt, Sakrament und Jugendunterricht, dazu zahlreiche Sittengesetze, besonders gesetzliche Ehebestimmungen mit ausführlicher Androhung von Strafen, die Handhabung des christlichen Bannes, die Einsetzung zweimaliger Synoden im Jahr, auf denen vom Rat bestellte geistliche und weltliche Examinatoren die Lehre und den Lebenswandel der Pfarrherren zu prüfen haben, all das ist in diesem reformatorischen Grundgesetz festgelegt. Sowohl die Täufer wie die, welche die Sakramente oder die gebenedeite Jungfrau Maria oder andere erwählte Heilige Gottes verachten und schmähen, werden mit harter Strafe bedroht. Damit wird der rohe Radikalismus, der sich in wüsten Reden und im Bildersturm gezeigt hat, scharf verurteilt und den tief verletzten Altgläubigen ein gewisses Verständnis erwiesen.

1533

Zu Nutz und Frommen der Studenten beschliessen die Räte die Gründung des sogenannten Alumneums oder Erasmianums. Die Mittel, die zum Betrieb des Studentenheims für mittellose Hochschüler notwendig sind, fliessen der wohltätigen Institution aus den Vermögen und Einkünften der säkularisierten Gotteshäuser und Klöster zu. «Die tapfere Anzahl bis in die 24 Knaben» wird anfänglich im ehemaligen Predigerkloster untergebracht. 1624 beziehen die Studenten im Obern Kollegium an der Augustinergasse Quartier, das wegen seiner mangelhaften Einrichtung und spartanisch geführten Küche unter den Studenten einen miserablen Ruf geniesst.

1552

Vor dem Käppelijoch nimmt Bürgermeister Theodor Brand dreihundert Mitbürger in den Eid, die unter Feldhauptmann Schertlin bedrängten Glaubensgenossen zu Hilfe zu eilen haben. Unter den Kriegsleuten befindet sich auch der Sohn des Bürgermeisters, Bernhard, der Fähndrich und spätere Oberstzunftmeister. Ihm legt der besorgte Vater ans Herz: «Habe Gott vor Augen, fliehe böser Gesellschaft, halte dich fromm, aufmerksam, redlich und tapfer, so wirst du dein Glück und Heil haben!»

1564

In Liestal fängt die Pest an zu grassieren, durch deren Gewalt dem Städtchen in der Folge ungefähr fünfhundert Menschen entrissen werden. «An einem Tag werden oft 20 weggerafft und in ein Grab oft 7, oft 8 und oft 9 gelegt. So ist der Kirchhof ganz durchgraben, dass kein Platz mehr da ist, noch mehr zu begraben. Namenlos traurig ist dieser Zustand.»

1588

Der berühmte Maler Hans Bock erhält für seinen kunstvoll angelegten Plan der Stadt Basel, den er im Auftrag der Obrigkeit ausgeführt hat, eine «Renumeration» (Entschädigung) von vierzig Gulden.

1627

Im Eselsturm wird der Liestaler Tischmacher Peter Hoch an die Folter geschlagen, weil er den verbotenen Umgang mit einem teuflischen Büchlein und einem Zauberzettel nicht zugeben will. Hoch, der die «abergläubischen Zeichen» vom Unterschreiber am hiesigen Spital erhalten hat, bezeugt trotz der entsetzlichen Schmerzen «unter jämmerlichem Schreien Gott und bei seiner Seelen Seligkeit» seine Unschuld. Gleichwohl gelobt er, fortan sich auch nicht mehr des zauberischen Liebesmittels zu bedienen, um mit Hilfe des gedörrten Züngleins eines jungen Spatzen Mädchen zur Liebe anzureizen. So wird er nur für zwei Jahre von Stadt und Land verwiesen.

1655

«Vermittelst angegangenem Speck» geht das neben der Claramühle gelegene Haus des Leonhard Isenflamm in Feuer auf und brennt bis auf die Grundmauern nieder.

1714

«Der heutige Ostertag wird von kaltem, rauchem und mit Schnee und Riesel vermengtem Wetter begleitet, so dass man in Wahrheit sagen kann, man muss die Ostereier hinter dem Ofen essen.»

1725

«Es ist heute so kalt, dass man die Ostereier hinter dem Ofen essen muss.»

1742

Es stirbt Meister Christoph Knöpf, der Bäcker und Holzsetzer, welcher sich durch seine grosse, vielknöpfige Nase ein immerwährendes Gedächtnis erworben hat. Er war wegen seines erschreckenden Aussehens von der Obrigkeit für den Rest seines Lebens ins Haus verbannt worden, damit «schwangere Weyber bei dessen Anblick kein Muster nehmen sollten für ihre Kindlein».

1785

Nach tagelanger empfindlicher Kälte fängt es wieder an zu schneien. Schliesslich liegt der Schnee knietief auf den Strassen.

1847

Mit grossem Mehr stimmt das Volk einer Verfassungsrevision zu. Der Grosse Rat zählt fortan 134 Mitglieder, die alle drei Jahre zur Hälfte neu bestellt werden, aber nicht nur wie bisher durch die Zünfte und Wahlkollegien, sondern auch noch durch Quartierwahlen. Das Regiment der 15 Ratsherren und das Verbot der Gewerbefreiheit bleiben weiterhin in Kraft.

1874

Die Vorstadtgesellschaft zum Hohen Dolder überlässt dem Frauenverein St. Alban gewisse Räumlichkeiten ihres Hauses zur Einrichtung einer Kleinkinderschule.

1877

Die Kommission der Gesellschaft für Sonntagsheiligung veranstaltet als Neuerung eine Osterfeier auf dem Gottesacker Kannenfeld, an welcher Hoffnungslieder zur Stärkung der Herzen und zur Verherrlichung des Auferstandenen gesungen werden.

1879

«Der apfelfressende Affe auf dem Andreasplatzbrunnen wird durch Böswilligkeit arg verstümmelt. Das rührt die Anwohner derart, dass die zerschlagene Physiognomie mit einer Larve maskiert und bengalisch beleuchtet wird.»

1884

Zu Ehren des wiedereingeführten Fünfuhrgeläutes rezitiert der Basler Hauptbriefträger Gedeon Gass im Zunftsaal zu Safran Schillers Lied von der Glocke.

1888

Der Vorschlag, die Fasnacht auf einen Tag zu beschränken und mit einem einzigen kostümierten Umzug ohne Larven zu begehen, löst in der Stadt lebhafte Unruhe und Diskussionen aus.

1891

Die Strassen werden nun gemäss einer neuen Verordnung des Regierungsrates gereinigt, wobei der Kehricht in «hermetisch verschliessenden Wagen» (Glöckliwagen) abgeführt wird.

1901

Die öffentlichen Material- und Lagerplätze an der Münchensteinerstrasse, Reinacherstrasse und Leimgrubenstrasse, am sogenannten Dreispitz, werden offiziell eröffnet.

Pfarrhaus, Pfarrhelferhaus, Friedhofhalle, Leonhardskirche und Lohnhof. Aquarell von Johann Jakob Schneider. 2. April 1879.

2. April

Theodosia die Märtyrerin

1476

Bürgermeister und Räte kredenzen den Hauptleuten der in der Schlacht von Grandson siegreichen Reisigen der elsässischen Reichsstädte, die sich auf ihrem Heimmarsch in unserer Stadt aufhalten, den hier üblichen Ehrenwein.

1546

Wegen einer Predigt geraten die angesehenen Geistlichen Wolfgang Wissenburg und Oswald Myconius im Kapitelhaus miteinander in Streit. Als Myconius Wissenburg die Worte «Gott verdamm dich, du lügst wie ein Lecker» an den Kopf wirft und zum Dolch greift, verlässt der Angeschnaubte glücklicherweise das Haus, so dass grösseres Unheil verhütet wird.

1652

In Dornach und Münchenstein wird zur mitternächtlichen Stunde mit «etlichen Kanonenschüssen ein blinder Lermen gemacht, um zu sehen, wie die Landleute mit den Waffen umgehen».

1691

Zur Beilegung der Bürgerunruhen reiten Bürgermeister Escher von Zürich und Schultheiss Türler von Luzern in Basel sein, wobei ihnen 400 Mann militärische Reverenz erweisen. Aber die Schwierigkeiten sind so gross, dass die eidgenössischen Gesandten am 2. Mai die Stadt unverrichteter Dinge und erbittert wieder verlassen.

Obrigkeitliches Mandat, 2. April 1738.

Mit dem Tod der Witwe von Oberst Matthias Ehinger am 3. April 1797 geht das seit der Mitte des 16. Jahrhunderts bekannte Holeeschlösschen an ihre vier Töchter, welche das grosse Gut allerdings nicht mehr selber bewohnen, sondern es durch einen Lehenmann bewirtschaften lassen. 1831 fällt das Schlösslein der «Jungfrauen Ehinger» durch Erbschaft an den Pfarrer von St. Martin, Niklaus von Brunn-Preiswerk. Aquarell von Anton Winterlin. 1846.

1694

Die schweren und teuren Zeiten veranlassen die Behörden, im Schützenhaus an die durchreisenden Armen Brot und Mehl im Wert von 400 Pfund auszuteilen.

1700

Obwohl Basels Bevölkerung keine 15 000 Menschen zählt, fasst der Grosse Rat in unbegreiflicher Verblendung den Beschluss, innert der nächsten sechs Jahr keinen, wer der auch wäre, zum Bürger anzunehmen.

1744

Als ein Zimmergeselle im St. Albanloch am Kammrad der Pulvermühle etwas zurechtmachen will, wird er von den Zapfen elendiglich zerschlagen und zerschmettert und gibt unter grossen Schmerzen seinen Geist auf.

1829

Der Kanal «Monsieur» von Hüningen nach Belfort wird eröffnet.

1872

«Woher datiert das Privilegium der Frauen, in den meisten Kirchen die besseren Plätze in der Nähe der Kanzel besetzen zu dürfen? Sind sie allein das auserwählte Geschlecht?»

1877

An der Festsitzung der GGG im Musiksaal wird die Basler Sterbe- und Alterskasse als gestiftet erklärt.

1886

Im Saal der Aktienbrauerei gründen 47 Postbeamte den «Verein Basler Postbeamter», den sogenannten «Postclub».

1896

Der Bäckermeisterverein bringt ein neues Gebäck unter dem Namen «Osterbrot» zum Verkauf, das mit dem Zusatz von Eiern «alle Fabrikate ähnlicher Art übertrifft».

3. April

Agape die Märtyrerin

1449
Ein junger Mann, noch nicht zwanzig Jahre alt, muss den Feuertod, die Strafe für Mordbrenner, erleiden. Er war, als Mönch verkleidet, in die Stadt geschlichen, um im Sold des eroberungswütigen Hans von Rechberg gegen einen Judaslohn von zehn Gulden Kleinbasel in Brand zu stecken.

1581
Der Bischof von Basel zelebriert in Delsberg vor dreihundert Geistlichen seines Bistums eine glanzvolle geistliche Konferenz.

1637
«Unter gewaltiger Lösung der Geschütze» (Kanonendonner) wird die Ankunft des spanischen Gesandten, Don Francisco di Melo, verkündet, der an der Kleinbasler Baar mit sieben Schiffen anlegt. Der hohe Gast wird von den Häuptern der Stadt mit allen Würden begrüsst und mit zwei Fass Wein und zwölf Sack Haber beschenkt. Nach nur einstündigem Aufenthalt tritt der einflussreiche Ambassador seine Weiterreise zum Friedenstag nach Köln an.

1639
Als die Waldenburger unfern des Schlosses mit dem Säubern der Matten und Weiden beschäftigt sind und das zusammengetragene Kleinholz anzünden, entfacht sich unversehens ein Grossfeuer, das in Windeseile vierzig Jucharten Wald erfasst. Mittels breiter und tiefer Gräben gelingt es schliesslich, das gefährliche laufende Feuer abzuwehren.

1728
Im Münster wird der 69jährige Wernhard Respinger, Vorsteher der Französischen Kirche, beerdigt. Er stand bei seinen Mitbürgern in höchstem Ansehen und galt als frommer und hilfsbereiter Mann. Nach seinem Tod aber zeigt es sich, dass er einer «der grössten Diebe» gewesen ist, hat er doch über 30 000 Gulden Schulden hinterlassen. Unter seinen Betrügereien haben nicht nur seine Gemeinde und Reiche zu leiden, sondern auch viele einfache Leute, Refugianten und Dienstmägde. Respinger «ist sehr ansehnlich und mit allen Ehrenzeichen begraben worden, hernach hätte man ihn gerne wieder ausgegraben und an den Galgen gehenkt».

1849
Vor der Künstlergesellschaft erläutert Ratsherr Johann Jakob Im Hof seinen Plan, Grossbasel und Kleinbasel mit einer «fliegenden Brücke für Fussgänger», einer Drahtseilfähre, zu verbinden.

4. April

Ambrosius der Kirchenlehrer

1276
Im Auftrag von Kaiser Rudolf von Habsburg reist der Bischof von Basel, Heinrich von Isny, nach Sizilien. Nach erfolgloser diplomatischer Sendung trifft der Kirchenfürst, von einer schweren Krankheit gezeichnet, am 17. September wieder in Basel ein.

1460
Basel erlebt einen seiner grössten Tage, die Gründungszeremonie der Universität im Münster: Vor dem Hochaltar zelebriert am frühen Vormittag der Bischof im Pontifikalgewand vor versammelter Klerisei und Bürgerschaft das Hochamt. Hierauf empfängt er im Chor die Abgeordneten des Rats: Johann von Flachsland und Peter Rot, beide Ritter, Johann Bremenstein, Oberstzunftmeister, Heinrich Iselin, Heinrich Zeigler und Johannes Zscheggenbürlin. Diese weisen den Stadtschreiber, Konrad Kienlin, an, dem Bischof den päpstlichen Stiftungsbrief sowie drei weitere Bullen zu überreichen, die vom päpstlichen Notar mit lauter Stimme vorgelesen werden. Nach der vom Chor gesungenen Antiphon «Veni sancte spiritus» erklärt der Bischof gemeinsam mit dem Altbürgermeister die Hochschule im Namen der heiligen und unteilbaren Dreifaltigkeit für errichtet und eröffnet. Nun bitten die Abgeordneten des Rats den Bischof, einen Rektor zu ernennen; Dompropst Georg von Andlau ist der Auserwählte. Er kniet vor dem Bischof nieder und schwört, das Wachsen und Gedeihen der Universität und ihrer Angehörigen zu fördern, allen Schaden von ihr abzuwenden, die Satzungen und Ordnungen zu beobachten und alles andere, was dem Rektor nach Massgabe der Umstände obliege, getreulich zu erfüllen. Mit der offiziellen Zusage der Deputierten, der Rat gewähre den Angehörigen der Universität sicheres Geleite und unternehme alles, was in seinen Kräften stehe und der Ehre und dem Wohlergehen der Hochschule diene, schliesst die erhebende Feier.

1548
Peter Hans Jungermann, der Gewürzkrämer, spaziert mit einigen Leuten nach Riehen, um sich an einem Osteressen zu vergnügen, wie Leichtfertige zu tun pflegen. Plötzlich sagt er: «Ich muss ein wenig ausruhen; ich weiss nicht, warum mir so schlecht wird.» Als er sich setzt, bricht er zusammen und ver-

---

Speisehalle am Claragraben.

Im großen Saale und zum Wegtragen: Frühstück 15 und 25 Cts., Mittagessen 35, 50 und 75 Cts., Nachtessen 25 und 45 Cts., für Kostgänger per Tag 70 Cts., Fr. 1.10 und 1.45, Roth- und Weißwein, großer Saal, 50—90 Cts. per Liter, zum Wegtragen und fäßchenweise entsprechend billiger. 240

Der Verkauf der Speisen und Getränke wird bestens empfohlen. Die Gutscheine, zu haben in der Anstalt zu obigen Preisen, eignen sich auch zu schenkweiser Verwendung, zum Abholen von Speisen.

Basler Arbeiterfreund, 3. April 1888.

— Es war glücklicher Zufall, daß Samstags den 28. gegen 12 Uhr sich niemand am Schlüsselberg befand, als ein Wagen mit 3 Pferden vom Münsterplatz her, diesen Berg ab, durchging. Blos die Deichsel des Wagens und das steinerne Stöcklein vor der Mücke gingen bei der gewaltsamen Fahrt zu Grunde, die Pferde aber waren noch unbeschädigt vor dem Wagen als solcher im engen Ausgang des Schlüsselberges eingekeilt stecken blieb.

Baslerische Mittheilungen, 4. April 1829.

Im Chor des Münsters überreicht der Bischof von Basel am 4. April 1460 alt Bürgermeister Hans von Flachsland die von Papst Pius II. ausgestellte Stiftungsurkunde der Universität. Im Vordergrund links kniet der erste Rektor der Universität und Propst des Basler Domstifts, Georg von Andlau. Kolorierte Federzeichnung auf Pergament.

stirbt alsobald. Er ist ein leichtfertiger, dummstolzer Mensch gewesen und verachtete alle. Herr, behüte uns doch vor einem plötzlichen, ungeahnten und bösen Tod!

1649

Der Rat erlässt ein Gesetz, wonach durchreisende fremde Arme, die mit der schweren Krankheit der Erbgrinde (ansteckende Hautpilzerkrankung am Kopf) behaftet sind, zur Heilung drei Pfund Geld und vier Batzen für eine Haube erhalten sollen. «Denn es können die damit angesteckten armen Leut keineswegs vor Ausheilung dieses ansteckigen Schadens mit gutem Gewissen ab- und zurückgewiesen werden.»

1735

Es landen sechs Schiffe mit sechshundert Personen aus dem Berner und Zürcher Gebiet, welche sich auf der Durchfahrt nach Carolina in Amerika befinden. «Später ist Bericht gekommen, dass niemand gerathen werden kann, in die Carolinischen Colonien zu reisen. Das Land ist gut, aber ganz mit Holz bewachsen. Die Hitz alldort ist sehr gross, so dass die Leuthe viel leiden müssen. Es gibt zwar genug Kräuter und Gartenspeisen, aber es ist weder Fleisch noch Korn zu haben. So haben die einen betteln müssen, die andern sind in grosser Armut wieder nach Hause gekommen, andere aber sind vor Elend gestorben.»

1757

Auf Antrag der Juristischen Fakultät wird Stadtschreiber Franz Passavant «in Ansehung seiner vortrefflichen Meriten und besondern Verdienste gegen eine löbliche Universität» zum ersten Ehrendoktor der Universität ernannt.

1798

Der Sissacher Pfarrer J.J. Huber lässt die Schulkommission wissen: «Ich habe mich mit den elendesten und erbärmlichsten Schullehrern abgeben müssen, so dass mehrere Generationen von Kindern auf sündhafte Weise vernachlässigt und geschädigt worden sind. Der derzeitige Lehrer ist einer der elendesten des ganzen Kantons. Vom Rechnen und Singen versteht er überhaupt nichts. In jemandes Gegenwart etwas zu schreiben, ist er ohne Zittern nicht imstande, dafür hat er sich den elendesten Schlendrian angewöhnt, von dem er sich durch nichts abbringen lässt.»

1799

Das diktatorische helvetische Direktorium in Zürich lässt durch ein Kriegsgericht 14 Patrizier und ehemalige Regierungsmitglieder zu einem Zwangsaufenthalt nach Basel deportieren. Der von 38 Dragonern eskortierte Trupp hält «wie ein Leichenzug durch das St. Albanthor Einzug, wobei die Bevölkerung Anstand und Diskretion beobachtet». Im Gasthof «zum wilden Mann» an der Freien Strasse werden die abgeschobenen Zürcher interniert und von einer achtköpfigen Bürgerwache rund um die Uhr bewacht. Volle zwanzig Wochen haben die Deportierten im baslerischen Exil zuzubringen. Erst der Abzug der Franzosen aus Zürich ermöglicht ihnen am 21. August die sehnlichst herbeigewünschte Heimkehr. Für Gastwirt Heinrich Merian offen aber bleibt die Zeche der 38 Soldaten, die während ihrer 36stündigen Rast im «Wilden Mann» neben dem gewöhnlichen Landwein auch 32 Flaschen 1753er(!) Markgräfler und drei Flaschen Champagner «verschlürften»...!

1826

Der Grosse Rat erlässt ein Gesetz über den Bürgereid. Diesem entsprechend haben alle Bürger und Einwohner des Kantons den Eid der Treue und des Gehorsams auf Verfassung, Gesetze und Regierung abzulegen und diesen alle zehn Jahre zu wiederholen.

1838

Zur «Legung des Ecksteines zum neuen Gesellschaftshaus der 3 E.-Gesellschaften der mindern Stadt» verfasst der populäre Dichter Philipp Hindermann einen poetischen Prolog.

1866

Die Wasserversorgung der Stadt durch die Grellinger- und Angensteinerquellen tritt in Wirksamkeit. «Das Wasser, das sie liefern, ist zwar nicht das, was wir hierzulande unter gutem Quellwasser verstehen. Es kann jedoch nicht nur zum Kochen, sondern ganz unbedenklich auch als Trinkwasser verwendet werden.»

1872

Der Durchschnittslohn in einzelnen chemischen Werken beträgt für Männer Fr. 18.–, für Frauen Fr. 10.– und für Kinder Fr. 6.50 pro Woche.

1875

Mit 5229 Ja gegen 221 Nein beschliessen die Baselbieter, das bisher im Gemeindebann von Muttenz gelegene Birsfelden zur selbständigen politischen Gemeinde zu erheben.

Flugblatt, 5. April 1908.

1900

Das städtische Trambahnunternehmen verzeichnet für das vergangene Jahr bei Fr. 826 000.– Einnahmen und Fr. 514 000.– Ausgaben einen Reingewinn von Fr. 312 000.–!
Es konstituiert sich die erste Basler Wohngenossenschaft, damit die Stellung der Mieter günstiger gestaltet werde als bisher.

1903

Unter Anführung von Italienern beschliessen zweitausend Maurer und Steinhauer, in den Streik zu treten. Sie fordern die Verringerung der Arbeitszeit auf 9½ Stunden im Sommer und 9 Stunden im Winter, Aufhebung der Akkordarbeit und einen Stundenlohn von 56 Rappen.

5. April

Martius von Auvergne der Abt

1559

Felix Platter, Basels berühmter Stadtarzt, nimmt am Körper eines hingerichteten Übeltäters eine aufsehenerregende Sektion vor. Es ist dies die erste öffentliche Sektion seit der Pioniertat Andreas Vesals im Jahre 1543. Das von zahlreichen Doktoren, Wundärzten und Laien mit grösster Aufmerksamkeit verfolgte Ereignis kündigt eine neue Auffassung der Medizin an, einer modernen, wissenschaftlichen Empirie.

1604

Es fällt ein mächtiger Schnee, der eines guten Knies tief auf den Dächern und Strassen liegt. Obwohl schon «allerhand Früchte mächtig herfürgeschossen sind, vergeht er jedoch ohne grossen Schaden».

Die Schweizer Fussballnationalmannschaft besiegt am 5. April 1908 diejenige von Deutschland mit 5:3. Links aussen der Basler Internationale Dr. Siegfried Pfeiffer und rechts aussen Dänni Hug, «der beste Spieler, den der FC Basel je besessen hat». Im Hintergrund die anlässlich des bedeutsamen Sportereignisses eingeweihte Tribüne auf dem Landhof.

1656

Weil das Münster seit einigen Jahren «sowohl mit Manns- als auch mit Weyber Stüehlen mächtig verbauen ist und die Gänge enger gemacht sind und die Sicht versperren», verbietet die Regierung, dass im Kirchenschiff weiterhin neue Stühle und Bänke aufgestellt werden. Auch dürfen ohne Bewilligung des Rats fortan im Kreuzgang des Münsters keine Begräbnisse mehr vorgenommen werden.

1795

Im Rosshof, dem stattlichen Anwesen des Eisenhändlers Hieronymus Staehelin am Nadelberg, unterzeichnen der preussische Minister August von Hardenberg und der französische Gesandte François de Barthélemy den Vertrag, der den «Frieden von Basel» besiegelt. Die von Stadtschreiber Peter Ochs im Holsteinerhof dirigierten Verhandlungen führten zu einem Separatfrieden zwischen Frankreich und Preussen, das aus der gegen die revolutionäre französische Republik geschmiedeten Phalanx des Koalitionskrieges ausgebrochen war.

1847

Die Verwaltung des städtischen Kaufhauses erlässt eine öffentliche «Warnung», in welcher «die verehrlichen Eltern solcher Knaben, welche auf dem Barfüsserplatz und in der neuen Kaufhausgasse Ball zu spielen pflegen, ersucht werden, ihnen ernstlich zu verbieten, die Fenster der mit grossen Kosten in Stand gestellten Barfüsserkirche zur Zielscheibe ihres Muthwillens zu wählen».

1884

Im 82. Altersjahr stirbt Abraham Euler. Unter der Bedingung, dass «nicht Omnibus und andere Fuhrwerke auf der Allment vor dem Neubau aufgestellt werden», ist dem bekannten Hotelier am Centralbahnplatz 1865 «gegen eine Gebühr von Fr. 8000.– die verlangte Tavernen-Konzession zum Bau eines Hôtels mit 70 grossen und kleinen Appartements und Salons» erteilt worden.

1908

«Auf dem Landhof wird vor 4000 Zuschauern bei nasskalter Witterung von einer auserlesenen deutschen gegen eine auserlesene schweizerische Mannschaft ein internationaler Footballmatch gespielt. Die Schweizer werden mit 5:3 Goals Sieger. Das letzte Goal der Schweizer entfesselte einen Beifallssturm ohnegleichen. Trotzdem das Spiel mit einem, jedenfalls für kontinentale Begriffe, famosen Tempo durchgeführt worden ist, war es doch vom Anfang bis zum Schluss fein. Die Zuschauer sind voll auf ihre Rechnung gekommen. Und gar mancher konnte sich dabei überzeugen, wie unberechtigt der Vorwurf der Rohheit ist, der oft noch gegen den Fussballsport erhoben wird.»

6. April

Cölestin der Papst

1392

Bischof Friedrich von Blankenheim verzichtet gegen Empfang von 7300 Gulden auf die Wiedereinlösung der vom Bistum Basel gegenüber der Stadt Basel eingegangenen Pfandschaft auf Kleinbasel und tritt «die mindere Statt» mit allen Rechten, Nutzungen und Zugehörden dem Rat der «mehreren Statt» ab. So verschmelzen sich die rechtsrheinische und die linksrheinische Stadt zum Preis von 29 800 Gulden zu einem Gemeinwesen. Die Bürger Kleinbasels werden in die Zünfte der Grossen Stadt eingeteilt und daselbst ins Regiment gebracht, d.h. im Rat ratsfähig. Der Kleinbasler Rat also wird aufgehoben, nur das Schultheissengericht besteht weiter.

1530

Ein starker Reif zerstört die Reben, was schliesslich eine grosse Teuerung bewirkt. So muss die Obrigkeit den armen Bürgern aus den Gemeindekästen allwöchentlich 150 Sack Mehl zu mässigem Preis verabfolgen. Nur Fische bleiben wohlfeil, so dass man «für einen Batzen einen Haufen Salmen erhält».

1659

Es wird Christina von Bettingen, «welche auch unehlich ist und ihr unehlich Kind umgebracht hat, enthauptet und anatomiert».

1687

«Zur sonderbaren Belustigung der spazierenden Leuthe wird in der Mitte des Petersplatzes eine junge Linde aufgebunden und rings umher mit Bänk besetzt.»

1748

Der Rat rügt die Arbeit der Turmbläser und droht, Nachlässigkeit im Dienst mit Lohnkürzungen zu bestrafen. Auch haben die Wächter inskünftig von den Türmen sowohl morgens als auch abends geistliche Lieder zu blasen.

1762

Es stirbt der 1686 in Diegten geborene Mechaniker Isak Bruckner. Seine Kunstfertigkeit in der Herstellung kartographischer Werke und kostbarer Erdkugeln brachte ihm europäischen Ruhm ein. Königshäuser und wissenschaftliche Akademien gehörten zu seinen Auftraggebern.

Am 6. April 1718 reichen 28 Bürger dem Rat eine Petition ein und verlangen den Abbruch der St.-Andreas-Kapelle, weil «der Platz um die Kirche so schmal und eng ist, dass man mit keiner Feuerspritze dahin kommen noch Leyteren stellen kann». Vorerst wird das «ungegründete, liederliche Gesuch» abgelehnt, 1792 aber fällt die ruhmvolle Stätte der St.-Andreas-Bruderschaft trotzdem in Schutt und Asche. Aquarell von Candidat Weiss.

Mundartliche Lieder.
Zum Andenken an J. P. Hebel.

Am Bollwerk.

Das isch e Durenander und e G'schrei!
Dert macht me Sand, do lyt e Hufe Stei,
Dert schloot e Hammer mächtig gege d'Mure.
Lueg, 's fallt e Stück — kei hürig Häsli meh —
Das het scho mehr as unser eine g'seh.
Jä nu! was soll uf Erden ewig dure,
Wenn's d'Stei nit könne? 'S goht e kurzi Zit,
Lit's uf em Karre — Vorwärts, furt dermit!

Wer stoht denn aber z'mizzen in dem Sand,
Und luegt bem Tribe zue und rüehrt kei Hand,
Wenn Alles um en umme schwärmt wie d'Mucke?
Fullenzer du! bisch mehr as Anderi werth?
Nimm au e Schufle, sput di, wie sich's g'hört,
De darfsch bi für di Lohn no mengmol bucke. —
Jä so, bä' g'hört gar nit zue selbe Lyt:
Jetzt kenn' en erst — und schwig und stör' en nit.

I weiß, worum er stuunt, worum er starrt,
Und mit em Nastuech über d'Auge fahrt,
E jede Schlag an b'Mure gspyrt er wieder
Im eigene Herz; und brocklet Stei und Kies
Langsam vo dene graue Wänd — o g'wiß,
I weiß, so rieslet's em dur alli Glieder.
Er denkt si z'ruck — und het scho stilleri Tag
Erlebt as jez, wo's dröhnt vo Stoß und Schlag.

Basler Nachrichten, 6. April 1860.

1793

Es stirbt Johann Georg Bartenschlag. Nachdem er sich als forscher Kapitänlieutenant in französischen Diensten ausgezeichnet hatte, kehrte er in seine Vaterstadt zurück und entwickelte als bekannter Maschinenbauer einen überaus holzsparenden Ofen, wofür ihm die Regierung eine Pension aussetzte.

1799

Die Stadt wird durch französische Truppen ernsthaft bedroht. Zur Verteidigung kommandiert der Rat ein Landbataillon in die Stadt. Auch lässt er die Grenzen zusätzlich bewachen und ein halbes Joch der Rheinbrücke abdecken. Den Bürgern wird zu dem befohlen, vor den Häusern Lichter anzustecken.

1802

Zu St. Leonhard wird der 1759 geborene Kunsthändler Reinhard Keller beerdigt. Der verwachsene, zwerghaft gebildete Mensch, der sich unberichtigterweise gerne «Kunstmaler» titulieren liess, erweckte durch sein idiotenhaftes Äusseres den Eindruck einer absoluten Ehrlichkeit, so dass es ihm mit wahrhafter Virtuosität gelang, den Leuten ihr oft wertvolles Besitztum abzuschwatzen. Keller gehörte jenem Kreis der bekannten Basler Kunsthändler an, denen der umfangreiche, zu Schleuderpreisen erworbene Kunstbesitz französischer Emigranten durch die Hände ging.

1832

Zum Schutz des baseltreuen Gelterkinden schickt der Rat 166 Soldaten der Standestruppe ins obere Baselbiet. Die Landschaftlichen fühlen sich durch die verhassten Stänzler bedroht und sammeln sich in Haufen bewaffneter Landstürmer. Die eidgenössischen Truppen ziehen sich aus dem belagerten Dorf ohnmächtig nach Liestal zurück. Die Lage ist bedrohlich!

1836

Das Gesetz über Verwaltung und Verwendung des Universitätsgutes bestimmt, dass das Universitätsgut ein an die Örtlichkeit der Stadt Basel

Weil «die Erstellung eines etwas schöneren Hauses an besserer Lage für den Theaterfreund erwünscht ist», wird das auf dem Blömlein beim Steinenberg errichtete erste Stadttheater 1833 abgebrochen und durch einen Neubau ersetzt, der bis zum 7. April 1873 bespielt wird. Um 1865.

unauflöslich geknüpftes Eigentum des Kantons Basel-Stadtteil bildet, welches den Bestimmungen der Stiftungen und dem Zweck der höheren Lehranstalten niemals entfremdet werden darf.

1885

Das 17köpfige Völklein der Sandmännlein und Sandweiblein feiert in der Caféhalle zu Schmieden bei Wurst und Wein, Kuchen und Schokolade sein traditionelles Jahresfest.

7. April

Sixtus der Papst

1236

Papst Gregor IX. bestätigt dem Bischof von Basel, Heinrich von Thun, die Erhebung des Gotteshauses zu St. Peter, das bisher als Leutkirche versehen worden ist, zum Chorherrenstift.

1418

Bürgermeister und Rat übertragen dem Maler Hans Tieffental von Schlettstadt die Ausmalung der Kapelle zum Elenden Kreuz vor dem Riehentor. Ist das Werk glücklich vollendet, dann soll dem Meister «über die vorgeschriebenen 300 rheinischen Gulden fürbass noch etwas mehr gegeben werden».

1420

Es blühen die ersten Rosen. Wenig später werden auf dem Markt auch die ersten Kirschen und Erdbeeren feilgeboten. Und bereits Anfang Mai sind die Rebstöcke «mit ziemlich grossen Weinbeeren» behangen.

1532

Es wird das Spiel «Von den fünferlei Betrachtnissen, den Menschen zur Busse zu reizen» aufgeführt. Das vom Barfüssermönch Johannes Kolross verfasste Theaterstück in drei Akten soll mit Blick auf die häufig herrschende Pest der Bürgerschaft die Notwendigkeit der Busse vor Augen führen und besonders den Eltern eine bessere Erziehung der Kinder ans Herz legen.

1585

Der Grosse Rat nimmt in überaus stürmischer Sitzung die Vergleichsvorschläge des eidgenössischen Schiedsgerichts betreffend die Forderungen des Bischofs an den Rat von Basel an. Neben der Rückgabe des Münsters, des Kirchenschatzes, der Reliquien und aller bischöflichen Häuser in der Stadt hatte das Domkapitel als Abfindungssumme für das bischöfliche Eigentum an der Stadt Basel ursprünglich die Summe von 855 019 Gulden gefordert, während Basel 80 000 Gulden geboten hatte. Nun muss Basel aber den Bischof mit 200 000 Gulden und das Domkapitel mit 50 000 Gulden entschädigen, was nicht nur eitel Freude auslöst! Dafür ist Basel rechtlich völlig frei vom Bischof, und auch die Herrschaftslande, das Baselbiet, gehören ihm unbestritten.

1653

Die Obrigkeit schickt dreihundert Mann nach Liestal, um «das rebellische Getue abzuschaffen». Die Bauern aber jagen die Städter schimpflich davon und hauen zur Sicherheit das Seil der Fallbrücke entzwei.

1657

Der Rat lässt durch einen Feuerwerker auf der Pfalz ein köstliches Feuerwerk abbrennen. Unter den unzähligen Schaulustigen befinden sich auch bernische und bischöfliche Gesandte.

143

Anzahl Hunde im Kanton Basel.

Diese zu kennen ist in mehrerer und besonders in polizeilicher Hinsicht nicht unwichtig. Es wäre sogar zu wünschen, daß namentlich auch verzeichnet würde, wie viel männliche und wie viel weibliche vorhanden sind. Ueberhaupt mögen sie seit der eingeführten Auflage, und durch die häufigen und strengen Verordnungen gegen das freie Herumlaufen derselben, bedeutend vermindert worden seyn. Nach der letzten Tabelle von 1825 finden sich im ganzen Kanton nur 946 Hunde, wovon 345 eine Gebühr zahlen: nämlich

	Zahlend	Nicht z.	Summa
im Bezirk Basel	227	135	362
» » Waldenburg	13	113	126
» » Sissach	30	116	146
» » Liestal	24	103	127
» untern Bezirk	35	87	122
» Bezirk Birseck	16	47	63
	345	601	946

Baslerische Mittheilungen, 7. April 1826.

1683

Es stirbt Bürgermeister Johann Ludwig Krug. «Hat noch der Communion im Münster beygewohnt. Dann aber haben die Schmertzen derart zugenommen, dass er zwey Zehen hat abstossen müessen. Darauf ist es gegen das Hertz gezogen, daran er mit grossen Schmertzen gestorben.»

1704

Zwischen dem Schneider Ludwig Frey und der Brennerin, der Weinschenkin, entsteht ein grausames Gezänk: «Der gute Zi Zi Zi kommt mit einem Räuschchen vor sein Haus und setzt sich auf das Bänklein. Dann fängt er an zu schentzlen (zanken) und die Brennerin auszumachen. Diese, eine starke, junge Megäre (böses Weib), versteht es lätz und fällt über den Frey her und zerklopft ihn ganz so jämmerlich, dass man ihn nur mit grosser Müeh gantz blutig aus den Clauen der resoluten Wirtin entreissen kann!»

1763

Andreas Kindweiler, der Schumacher, führt mit Geld, das er sich betrügerischer Weise angeeignet hat, ein prahlerisches und üppiges Leben. «Als er mit frischen Schulden in Kleinhüningen eine mit Farben gedruckte Papierfabric anfängt, wird klar, dass alles ein Krebsgang geht.» Seine Geldgeber verklagen ihn beim Rat, der Kindweiler mit einem Blech auf der Brust, das mit «Ertzbetrüger» beschrieben ist, durch alle Gassen trommeln lässt und «aus grossen Gnaden bey Wasser und Brodt ins Zuchthaus» sperrt.

1814

Kleinhüningen wird auch heute wieder durch Kanonenfeuer aus Grosshüningen heimgesucht. In der geraden Gasse sind beinahe alle Häuser mehr oder weniger übel mitgenommen. In der Kirche werden der Kanzelstuhl, eine Seite des Altars und die Einfassung der Chorstühle durch eine Haubitze zertrümmert.

1832

Die auf über tausend Mann angewachsene Schar der Baselbieter stürmt das von den Baslern besetzte Gelterkinden. Die undisziplinierte Masse dringt in das Dorf und lässt seine Wut mit Plünderungen, Brandschatzen und rohen Misshandlungen an Einwohnern und verwundeten Städtern aus. Fazit des Gelterkindersturms: drei Tote und 31 Verletzte seitens der Basler, vier Tote seitens der Landschäftler.

1840

Der Grosse Rat beschliesst die Niederlegung des Aeschenschwibbogens, des malerischen Eingangstors zur Freien Strasse. Schon im Juli findet der vielfach bedauerte Entscheid seinen Vollzug.

1876

Die Konzertgesellschaft und der Kapellverein verschmelzen sich zur Allgemeinen Musikgesellschaft.

1883

«Mit entwendeten Zündhölzchen machen im St. Albantal Kinder ein schönes Feuerlein, das dank der grossen Strohmenge bald lustig brennt.» Die Folge ist, dass die Steinenklostermühle und die Spitalmühle in Flammen aufgehen.

1885

Die Basler Missionsgesellschaft ersucht den deutschen Reichskanzler, die Branntweinausfuhr nach Westafrika einzuschränken.

Reigoldswylerthal 8. April. Sonntags den 6. fanden in unserem Thale kleine Raufereien unter unsern jungen Leuten Statt, welche vielleicht missdeutet werden könnten. Wir geben den einfachen Sachverhalt. Ein neugebildeter Verein junger Sänger aus Reigoldswyl hatte sich in Zyfen versammelt, ein anderer älterer unter dem Namen helvetischer Verein, fuhr auf Bernerwägelchen das Thal weiter hinunter nach Bubendorf. Der helvetische Verein führte eine weisse Fahne, darauf ein schwarzes Männchen in alter Schweizertracht gemalt und scheint ein Nachklang der Sarnerbünderei zu sein. Einige Bouteillen Weines gaben den Helvetiern den Muth bei ihrer Rückkehr in Zyfen die Sänger zu necken und Händel mit denselben anzufangen. Die Helvetier wurden überwunden und verloren ihr Fähnlein, welches die Sänger Abends nach Hause mitbrachten. Natürlich suchten die Helvetier sich ihres Panners wieder zu bemächtigen, was ihnen erst nach langer Rauferei mit ihren Gegnern durch Vermittlung des Gemeinderathes gelang. Einige ungebührliche Drohungen, welche die Helvetier gegen den Gemeinderath ausgestossen, dem es nur um Herstellung der Ordnung zu thun war, und die Anstiftung ec. der Streitigkeiten selbst sind nun Gegenstand einer Untersuchung, die um so eher ein befriedigendes Resultat ergeben wird, als die beiden Partheien welche sich herumgezaust, selbst keine Klage erheben wollen.

Der unerschrockene Rauracher, 8. April 1834.

8. April

Apollonius der Lektor

1540

Diebold Wenck, der Gutferger von Offenburg, wird ins Bürgerrecht aufgenommen.

1582

Bischof Jakob Christoph von Blarer von Wartensee nimmt zum grossen Verdruss der Reformierten die Pfarrkirche von Pfeffingen wieder in Besitz und weiht sie mit grossem Gepränge. Zuvor soll er seinen Gläubigen zugerufen haben: «Wenn die katholische Religion nicht die echte ist, soll mich der Teufel holen.» Hierauf habe er in völliger Demut sein Schicksal erwartet, um dann mit lauter Stimme zu verkünden: «Der Sieg ist mein, ich bin noch da!»

In der Klosterkirche der Prediger wird am 8. April 1431 mit grosser Feierlichkeit die erste Konzilsmesse gehalten. Die Stuben und Gemächer der Dominikanermönche werden in der Folge durch das Konzil verschiedentlich für Konferenzen beansprucht. Lavierte Federzeichnung von Emanuel Büchel. 1773.

1629

Als ein Kleinbasler zu Acker fährt, findet er auf dem Boden ein Stück Fleisch. Wie er dieses zu Hause auf das Feuer stellt, verwandelt es sich in Erdreich und Staub. Ebensolches Fleisch ist auch in Rheinfelden aufgelesen worden. Dieses aber verwandelte sich beim Kochen in Blut oder in Staub.

1720

Die Kleinbasler Ehrengesellschaften veranstalten zwei glanzvolle Umzüge. «Den ersten Zug machen sie mit ihren drei Thieren samt Grenadieren und Harnischmännern mit Pelzkappen und Knebelbärten, zusammen 360 Mann, auf den Münsterplatz, wo die Grenadiere vor den Häusern der Häupter der Stadt Granaten werfen und Salven abfeuern. Den andern Zug machen sie auf die Schützenmatte, wo um drei Becher geschossen wird. Anschliessend werden auf den drei Gesellschaftsstuben fröhliche Mahlzeiten gehalten, wozu die Regierung jeder Gesellschaft drei Saum Wein (à 136 Liter) und einen Sack Mehl spendiert.»

1750

Als der französische General zu Hüningen seine dreissig Jagdhunde vor dem St.-Johann-Tor auf die Weide führt, begegnet er einem hiesigen Schäfer mit seinen Tieren. Die hungrigen Hunde stürzen sich sogleich auf die Herde und beissen über zwanzig Schafe zu Tode.

1751

In der Aeschenvorstadt ereignet sich eine Geschichte, welche die ganze Stadt mit schadenfreudigem Lachen erfüllt: Krieser, der Wachtsoldat, kommt entgegen seiner Gewohnheit etwas früher vom Dienst nach Hause und legt sich sogleich zu seiner Frau ins Bett. Auf die Frage, warum das Bett so «vertrolet» sei, antwortet ihm die Frau, sie sei von schrecklichem Grimmen geplagt, er solle doch in die Apotheke gehen und ihr etwas Arznei holen. Der ahnungslose Mann steht auf und zieht sich wieder an, um dem Wunsch der Frau gerecht zu werden. Als er die Arznei bezahlen will, stellt er zu seiner Überraschung fest, dass er auf einmal fremde Hosen trägt! Wie er nun zu Hause seine Frau über die seltsame Hosenveränderung befragt, erfährt er bald, dass der Liebhaber während seines Apothekenbesuchs unter dem Bett hervorgekrochen ist, «seine» Hose angezogen hat und schleunigst das Weite suchte. So blieb dem gehörnten Ehemann nichts anderes übrig, als die Rute von Birken, die auch den Kindern viel Gutes bewirkt, zur Hand zu nehmen und seiner ungetreuen Frau die verdiente Strafe zu verabfolgen. Als der Liebhaber durch eine Magd seine Hose zurückverlangt, lässt Krieser seinen Widersacher wissen, er solle sie gefälligst selbst abholen. Und diese wartet, wie man sich leicht vorstellen kann, noch heute auf ihren Besitzer ...

1760

Ein aus Petersburg angereister Wiener Musikant führt dem Basler Publikum unter grossem Applaus sein eigenartiges Instrument, das Pantalon, vor: Dieses ist von ähnlichem Bau wie das Zimbalum, nur dass es sehr lang und oberhalb und unterhalb mit Saiten bespannt ist, welche teils aus Darm, teils aus Kupfer sind und sehr dicht beieinander stehen.

1769

Auf dem Horburggut erscheinen zwei übelbeleumdete Burschen und machen dem Pächter weis, dass im Haus ein grosser Schatz verborgen sei, der mittels Beschwörung des Geistes gehoben werden könne. Weil der leichtgläubige Bauer den Betrügern für das zur Geisterbeschwörung notwendige Messlesen einige Duplonen bezahlte, und damit dem Aberglauben Vorschub leistete, wird er für einige Monate ans Schellenwerk geschlagen.

1891

Das Storchennest, das seit undenklicher Zeit auf dem hohen First der Barfüsserkirche steht, muss infolge Umbaus entfernt werden. Es wird deshalb auf das eigentliche Kirchendach versetzt. Das Storchenpaar will jedoch von der neuen Heimat nichts wissen und siedelt sich wenige Tage später auf dem Frenkendorfer Kirchturm an.

1895

Die ersten Probefahrten mit dem elektrischen Tram locken eine Menge von Leuten an die Schienen.

1903

Im Zusammenhang mit dem Streik der Maurer marschieren gegen dreihundert Mann durch die Gundeldingerstrasse nach dem Dreispitz. Offiziere des von der Regierung mobilisierten Bataillons 54 kontrollieren den Anführer der Streikenden, einen jungen, gut gekleideten Mann: Benito Mussolini, geb. 1883, durch Beschluss des Bundesrates aus der Schweiz ausgewiesen, 1922 Ministerpräsident von Italien (Duce).

9. April

Sibylla die Seherin

1526

Basels Reformator, Johannes Oekolampad, schreibt Huldrych Zwingli: «In diesen Tagen der Osterzeit hat das Volk Psalmen gesungen, es wurde ihm aber von der Obrigkeit gewehrt. Das erquickte den Geist der Papisten, welche die Zahl der mit uns Communizierenden ganz bestürzt gemacht hat.»

1564

Die Gesandten des Standes Basel bitten an der Eidgenössischen Tagsatzung die Mitstände um die Stiftung von Fenstern und Wappenscheiben für das neue Schützenhaus. Dem Wunsch wird freundeidgenössisch entsprochen; mit der prachtvollen Berner Standesscheibe trifft 1576 das letzte Glasgemälde in Basel ein.

1634

Der Durchmarsch der schwedischen Armee bringt den ersten Pestfall in die Stadt. Die Seuche «soll eine Ungerische Krankheit sein, und ihre ersten Symptome sind Haubtwehe und Frost in den Gliedern».

1636

Damit in diesen bösen Zeiten nicht hilflose Leute ihres Vermögens verlustig gehen, erkennen die Räte, dass niemand einem Fremden sein Haus oder seine Hofstatt ohne Wissen und Willen der Obrigkeit verkaufen darf.

1662

Das obrigkeitliche Gebäude «zur Mücke» am Münsterplatz wird zur öffentlichen Bibliothek bestimmt. Man hätte gerne auch noch die Fruchtspeicher des Domkapitels unter den Linden dazugekauft, aber die in Freiburg residierenden Domherren zeigen schlechten Willen, so dass auf den Erwerb verzichtet werden muss.

1769

Sebastian Fricker und seine Frau werden bei einem Einbruch erwischt und in Haft gelegt. Weil «der Rebmann sich aber in der ersten

Neue Basler Zeitung, 9. April 1840.

Nacht mit einem Messer in den Leib stechen und sich die Gurgel abschneiden will, wird er bis zur Curierung angeschlossen (ans Eisen geschmiedet). Nachdem er dann peinlich aufs schärfste examiniert worden ist, kommt er aus gar grossen Gnaden für sein Lebtag ans neu Schellenwerck und seine Frau und Kind ins Zuchthaus.»

1774

Im Alter von 46 Jahren stirbt Heiry Iselin vom Rosshof. «Seine Hauptbeschäftigung war, dass er den Weibsbildern nachzog, sich Maîtressen hielt und mit den grössten Metzen und Huren prangerte.»
Basel wird von einem fürchterlichen Unwetter heimgesucht, «dergleichen bey vielen hundert Jahren keines mehr gewesen. Es hat zehn Minuten lang gehagelt, alwo Steine wie kleine Nuss gefallen sind. Es hat so förchterlich gewütet, dass man geglaubt, es wolle in und um Basel alles zu Grunde gehen.»

1811

Zu Ehren der Geburt des «Königs vom Rom», eines Sohnes Napoleons, fühlt sich auch Basel zu grossen Festlichkeiten verpflichtet: «Um 11 Uhr morgens versammelt man sich im geräumigen Saal des Posthauses (Stadthaus), alwo mit fremden Weinen und einigen Tellern Confect aufgewarthet wird. Von dort zieht die ganze Versammlung in Begleitung der Rathsglieder in die Französische Kirche durch die

Bürgermeister Johann Rudolf Wettstein, der «Schweizer König», empfängt am 9. April 1647 in Osnabrück seine Exzellenz Adler Sovius, den Bevollmächtigten der schwedischen Krone. Obwohl Wettstein als Delegierter der evangelischen Stände bei den Friedensverhandlungen in Münster und Osnabrück nur mit unzureichenden Vollmachten ausgerüstet ist, vermag er die Grossmächte gegeneinander auszuspielen und der Eidgenossenschaft Vorteile zu verschaffen. Lavierte Bleistiftzeichnung von Ludwig Adam Kelterborn. 1848.

Spalier der Standesgarnison. Zwey Canonen sind auf St. Alban und zwo auf der Rheinschantz aufgeführt, und werden 101 Kanonenschüsse gelöst. Beim Eintritt in die Kirche wird der Zug von einer Music auf dem Lettner, mit Frauenzimmern als Liebhaberinnen der Music besetzt, empfangen. Hierauf wird durch Herrn Pfarrer Ebreux eine passende und wohlaufgesetzte Rede auf dieses Ereignis französisch gehalten. Nach Beendigung der Rede wird das Te Deum angestimmt und abgesungen, nach welchem der Herr Pfarrer den Segen erteilt. Dann wird auf das Posthaus in gleicher Ordnung bis gegen 2 Uhr zurückgekehrt, da auf diese Stund eine Mahlzeit für 60 Couverts à 2 Neuthaler ohne Wein, Caffe, Glaces und Liqueurs auf der Schlüsselzunft bestellt ist.»

1862

Der Grosse Stadtrat spricht einen Kredit von Fr. 40 000.- zum Bau eines Pumpwerks beim Riehenteich an der Hammerstrasse. Die Bevölkerung kann sich aber nicht lange am guten Grundwasser freuen, denn schon zwei Jahre später zwingt die Arsenikvergiftung des Riehenteichs, welche von der Firma Müller-Pack hervorgerufen worden ist, zur Sistierung der Wasserversorgung durch das neue Pumpwerk.

1863

Die gewaltige Brandkatastrophe, welche 1861 den Flecken Glarus in Schutt und Asche gelegt hat, bewegt fünfzehn angesehene Basler zur Gründung der Basler Versicherungs-Gesellschaft gegen Feuerschaden. «Mit dieser Pioniertat soll den traurigen Folgen solcher Schicksalsschläge nach Kräften vorgebeugt und die Volksgemeinschaft vor den verheerenden Wirkungen ähnlicher Katastrophen bewahrt werden.»

1870

Damian Cardoner, Besitzer einer spanischen Weinhalle, will inskünftig wenigstens dreihundert Zentner Orangen und Citronen aus seiner Heimat zu billigsten Preisen verkaufen. «Mit Rücksicht auf die Lebensmittelhändler, deren Preise herabgedrückt würden», wird dem Spanier indessen ein Standplatz auf dem Marktplatz verwehrt.

1882

Die Riehener Feuerwehr leistet bei einem Grossbrand im nahen Stetten mit 65 Mann und vier Pferden Hilfe, doch kann wegen Wassermangels nicht viel ausgerichtet werden.

10. April

Ezechiel der Prophet

1105

Bischof Burchard von Basel und der Abt von Cluny unterzeichnen einen Vertrag, der die rechtliche Situation des Klosters St. Alban regelt.

1424

Papst Martin V. verkündet Bürgermeister und Rat der Stadt Basel, dass die Präsidenten des Konzils von Siena Basel als Ort des in sieben Jahren zusammentretenden Konzils bezeichnet haben: «Wir sind sicher, dass alle Teilnehmer an Ihrem Ort die Weisheit derer loben, die diesen Ort auserwählt haben. Daher, geliebte Söhne, wollten wir Euch verkünden, dass Eure guten Werke in der Beschirmung der Kirche und in der Beschützung der Geistlichen vor allen Menschen leuchten sollen. Dann werdet Ihr würdig geschätzt, dass Eure Stadt als Konzilsstadt auserkoren wurde. Wenn Ihr also durch Eure guten Taten die Menschen, die am Konzil teilnehmen, wohlgefällig aufnehmt, werdet Ihr nicht allein zeitliches Lob, sondern ewigen Lohn davontragen. Das hat Gott verheissen all denen, die Gutes tun.»

1454

«Uff Burg zu Basel vor dem Paradies», vor dem westlichen Hauptportal des Münsters, überfallen die Ritter Hans Waltenheim und Peter Offenburg Ritter Hans Münch von Landskron, schleppen ihn an den Rheinsprung und sperren ihn in einen Adelshof. Als Lösegeld fordern sie 20 000 Gulden, aber der Rat vermag den politischen Streit ohne Blutvergiessen zu schlichten.

1528

Durch Handwerker der radikal evangelischen Spinnwetternzunft und «etlich gute Christen» werden in der Kirche zu St. Martin sämtliche Heiligenbilder weggeräumt.

1594

Hans Georg Euler, der Strählmacher von Lindau, erhält das Bürgerrecht.

1798

An der Universität wird der letzte Student «deponiert». Wie an allen andern Universitäten, so müssen sich auch in Basel die neuen Studenten (bis ins Jahr 1798) einer besondern Zeremonie, der sogenannten Deposition, unterwerfen. Dabei wird der Deponent vor versammelter Fakultät in seltsame Kleider, oft Ochsenhäute, gehüllt und mit einem mit grossen Hörnern gespickten Hut bedeckt. Auch werden dem Studenten riesige Zähne in den Mund gepflanzt, die der Depositor, der Senior des Alumneums, dann mit Säge, Beil, Hobel und Bohrer bearbeitet. «Diese Instrumente sollen beweisen, dass die wahren Studenten nicht Klötze, Steine oder faule und unnütze Drohnen sein wollen, sondern ihren Verstand durch Wissenschaft und Künste bilden, zur Ehre Gottes, zum Besten der Mitmenschen und zum eigenen Nutzen.» Nun hält der Dekan eine Rede, in welcher er den Sinn der Zeremonie erklärt und dem neuen Studenten das hier übliche Universitätsleben vor Augen führt. Beschlossen wird die öffentliche Deposition mit dem Namenseintrag in die Matrikel, der Vereidigung auf die Satzungen der Universität und guten Ermahnungen an die Adresse des frischgebackenen Hochschülers.

Augusta Maria Harder wird von Daniel Burckhardt «selbst copuliert, indem dieser seiner zweiten Frau auf dem Bett das Ehepfand an den Finger steckt». Sie überlebt ihren als Handelsmann in Konstantinopel verstorbenen Gatten um 20 Jahre und wird am 10. April 1752 zu St. Peter beerdigt.

Ochsenmaulsalat
garantirt pur Maul
5 Kilos-Fass Fr. 5. —
Neue marinirte
holländische Vollhäringe
30—35 Stück per 5 Ko.-Fass
Fr. 5. —
Neue russische
Kronsardinen
130—160 Stück Fr. 5. —
Neue Rollmöpse
zirka 35 Stück per 5 Ko.-Fass
Fr. 5. —
J. Gutzwiller, Basel,
Comestibles. -157-13
Diplom an der ersten Schweizerischen Kochkunst-Ausstellung in Zürich.

Nebelspalter, 10. April 1886.

1834

Die Firma «Balthasar de Benedict Stähelin» verkauft ihre Besitzungen in der Neuen Welt, bestehend aus einer Eisen-, Stahl- und Drahthandlung, einer neu eingerichteten Hammerschmiede und einer neuen Seidenspinnerei, für 70 000 Franken an Christoph Merian-Burckhardt.

1839

Die Regierung proklamiert die freie Schiffahrt und hebt die letzten zünftischen Schranken im Basler Rheinverkehr auf, so dass auch hinsichtlich der Wahl des Warentransporteurs keine Vorschriften mehr bestehen.

1870

Das Sanitätskollegium stellt fest, dass die Typhusepidemie an der Klybeckstrasse durch die Infektion von noch immer aus Sodbrunnen gewonnenem Trinkwasser mit Fäkalwasser ausgelöst worden ist.

11. April

Philippus von Gortyna der Bischof

1276

Carolus, Kaiser Rudolfs Sohn, wird in Rheinfelden durch den Bischof von Konstanz getauft. Als das «junge Herrlin» aber schon nach weni-

Am 11. April 1884 «bezieht eine imposante Straussenherde aus Africa den Zoologischen Garten und entzückt daselbst ein zahlreiches Publicum mit noch niemals gesehenen exotischen Thierdressuren».

gen Wochen von dieser Welt scheiden muss, wird es im Basler Münster beigesetzt. Zur Beerdigung erscheinen neben der vollzähligen Geistlichkeit die Ritterschaft, die vornehmsten Bürger der Stadt, «das königlich Frauenzimmer (die Königin) und eine grosse Anzahl Weibspersonen».

1475

Basel schickt dem Kaiser zweihundert Mann zur Belagerung von Neuss. Unter Hauptmann Valentin von Neuenstein und Fähnrich Hans Stosskorb besteigen die Landsknechte zwei Schiffe und erreichen nach acht Tagen Köln. An Mundproviant werden mitgeführt drei gesalzene Ochsen, Habermehl, gesottene Butter und Wein.

1523

Die Auseinandersetzungen um die neue Religion erfassen auch die Universität: Der Rat geht gegen den altgesinnten Lehrkörper vor und entzieht den beiden Theologieprofessoren Moritz Fininger und Johannes Gebwiler sowie dem Medizinprofessor Johannes Wonnecker und dem Rechtsprofessor Johannes Mörnach die Besoldung, weil sie «wyder die Gmein der Statt Basel practicierten».

1582

Auf dem Münsterplatz wird die alte Steinhütte abgebrochen und dafür die St.-Johannes-Kapelle zum Werkhaus umgebaut. Auch lässt die Obrigkeit den Platz im folgenden Frühling mit zehn Linden bepflanzen.

1586

Gesandte der katholischen Orte der Eidgenossenschaft erscheinen vor dem Grossen Rat und bitten Basel, die allein seligmachende römisch-katholische Religion wieder anzunehmen. Ungeachtet des den Protestantismus verletzenden Anliegens werden die Gesandten zu einem Gastmahl ins Zunfthaus zu Safran eingeladen, bei welchem 325 Mass Wein (à 1,42 Liter) ihre Liebhaber finden.

1610

Es stirbt der Schlosser Labi, der mit seiner Frau in einer schlechten Ehe gelebt hat. Im Bestreben, sich zu bessern, hatte der Verstorbene mit Gott einen Bund geschlossen, dass er bei seiner nächsten Verfehlung sein Leben lasse. Bald darnach hat er seinen Buben derart übel geschlagen, dass seine Frau zu ihm sagte: «Oh Mann, jetzt hast du den Bund gebrochen, jetzt musst du sterben.» Darauf legte sich Labi zu Bett und verschied nach drei Tagen.

1635

Die herrschende Pest zwingt die Obrigkeit, die Totengräber anzuweisen, «auf die hin und wieder auf der Gasse sterbenden Leute Achtung zu geben, und da sie Todes verblichen, zu begraben». Jede Beerdigung wird mit sechs Batzen entschädigt.

1742

Unsere Gnädigen Herren verurteilen «einen tollen Menschen, welcher in der Taubheit und Raserey einen jungen Bader Gesellen mit einem Messer erstochen hat, zu einer lebenslangen oder ewigen Gefangenschaft».

1757

Nach sechswöchiger schmerzhafter Krankheit stirbt der Schneider Johannes Herzog, der sogenannte Galgenleider. «Dergleichen Krankheit haben die Doctores unter ihren Patienten noch nie gehabt. Haben ihm die Gedärme zum Leib herausgehangen. Hat auch die Fäulung und der kalte Brand dazugeschlagen, welches ihm den Tod verur-

Basel, den 11. April.
Den 9. dis Abends nach 7. Uhr zog sich allhier ein für dise Jahrszeit sehr heftiges Gewitter auf, mit starkem Donnern, und gleichsam immer in einem anhaltenden Blitzen, so daß um die ganze Stadt herum gegen Osten und Westen, Süden und Norden das ganze Firmament gleichsam beständig im Feuer stund, was aber das traurigste war, so fiel dabey ein so häufiger Hagel, daß in wenig Minuten die Erde einige Zoll hoch damit bedeckt war, und darunter vieler in Grösse von Baumnüssen, welches dann an denen in schönster Blüthe stehenden Bäumen von frühem Obst, wie auch denen Gartengewächsen sehr grossen Schaden gethan, und ohne Zweifel auch denen Feldfrüchten, von welchen Roggen und früh gesätes Winterkorn, an manchen Orten schon in Aehren geschossen, grossen Nachtheil gebracht haben, und vielleicht auch das junge Gras der Wiesen beschädiget haben mag.

Mittwochs-Zeitung, 11. April 1774.

sacht. Im übrigen ist zu Stadt und Land bekannt, dass Herzog lange Finger gehabt. Weil er aber ein guter Schelmen-Fanger gewesen ist, hatt er allezeit gute Herren, die ihn schützten.»

1799

Infolge der kriegerischen Bedrohung durch die Franzosen werden im Kleinbasel Schanzen aufgeworfen. Zwischen dem Grenzacherhorn und Kleinhüningen sollen elf Batterien errichtet werden. «Alles wird abgehauen, abgebrochen und weggethan. Wo die schönsten Häuser gestanden und kleine Waldungen gewesen, ist jetzt alles kahl und zerstört.»

1882

Auf Anregung von Zunftmeister Friedrich Ott gründen einige der 153 (!) in der Stadt ansässigen selbständigen Schneider den Basler Schneidermeisterverband.

12. April

Julius der Papst

1445

Unter dem Kommando von Andreas Ospernel ziehen fünfhundert Basler nach Blotzheim und nehmen das Schloss in Besitz. Die Übergabe erfolgt ohne Blutvergiessen, da die wenigen Insassen vor Schreck das Tor öffnen und die Hauptleute ohne weiteres einlassen.

1638

Auf dem Münsterplatz geraten die Studenten Wieland, Sohn des Bürgermeisters von Frankfurt, und J.J. Gugger miteinander in Streit, wobei der Frankfurter den Tod findet. Obwohl der Täter in Notwehr gehandelt hat, flieht er aus der Stadt.

1658

Ein Salm gilt 6 bis 10 Rappen das Pfund.

1690

Wegen dreimaligen Einbruchs werden der Küfer Emanuel Ruprecht und seine Frau Anna geköpft. Vor der Hinrichtung ermahnt die Frau den Mann zur Standhaftigkeit: «Sie wollen mit Christo Jesu in dem Himmel Palmenzweig brechen!» Der Henker aber nimmt das Schwert und vollstreckt unter dem Geläute der Papstglocke das Urteil.

In seinem 72. Altersjahr stirbt am 12. April 1666 Bürgermeister Johann Rudolf Wettstein. Der ehemalige Landvogt auf Farnsburg, Obervogt zu Riehen und Oberstzunftmeister erreichte 1648 am Westfälischen Friedenskongress die Befreiung Basels aus der Jurisdiktion des Reichskammergerichts und die Unabhängigkeit der Eidgenossenschaft vom Heiligen Römischen Reich Deutscher Nation.

1694

Die Zeit ist so schwer, dass die Obrigkeit den Quartierherren auferlegt, von Haus zu Haus zu gehen und die Vorräte zu prüfen. Wo Überfluss herrscht, ist an die Hungrigen zu denken. Im Schützenhaus werden an über vierhundert durchreisende Arme Geld, Brot und Mehl ausgeteilt.

1697

Auf der Weinleutenzunft setzt ein fremder Meister den Einäugigen gläserne Augen ein. Sogar so, dass sich das künstliche Auge bewegt wie der gesunde Augapfel, und das ohne Schmerzen, was ganz verwunderlich ist.

1704

Die Obrigkeit verfügt mit aller Deutlichkeit, dass keine Fremden mehr in der Stadt aufgenommen werden, weil man mit bereits 327 «ihrer nur zu viele hat».

1707

Auf der Schützenmatte lassen Unsere Gnädigen Herren ein prachtvolles Feuerwerk abbrennen. Wegen des grossen Andrangs – man zählt über tausend Menschen und gegen zwanzig Kutschen – bleibt das Spalentor ausnahmsweise bis um zehn Uhr geöffnet.

Schweizerischer Volksfreund, 12. April 1886.

1723

Es ist eine wohlfeile Zeit, doch haben die Leute wenig Geld. Es kosten: drei Birsnasen 2 Rappen, ein Pfund Anken 13 Rappen, neun Eier 20 Rappen und eine Mass besten Weines (1,42 Liter) 10 Rappen.

1738

Im Gasthof «zu den drei Königen» steigt ein vermeintlicher Barfüssermönch ab. Als eine Magd anderntags das bezogene Zimmer visitiert, entdeckt sie zu ihrer grossen Bestürzung ein neugeborenes Kindlein im Bette liegen. Ebenso ein Päcklein mit zweihundert Gulden und ein Brieflein mit der Bitte, man möge das Kindlein gut versorgen.

1762

Im Anschluss an eine militärische Musterung (Inspektion) auf dem Petersplatz veranstalten einige Soldaten im Zunfthaus zu Safran eine vergnügte Zecherei. Als sie sich dann «wohl besoffen» auf den Heimweg machen und «mit ihren Sablen in der Eisengasse furieux Stücker von den Bäncklehnen und vom Brodtlaibli hauen», werden sie von einer Schildwache gestellt. Weil die feuchtfröhlichen Grenadiere den Posten samt dem Wachtmeister mit Hohn und Gespött überschütten und weitere Bosheiten verüben, statt sich respektvoll zu erzeigen, werden die Randalierer für elf Tage eingesperrt und ihrer militärischen Ehren enthoben.

1787

Im nahen Maulburg gehen 19 Häuser in Flammen auf, werden aber «durch die Brand-Cassa bald wieder schöner erbaut».

1798

In Aarau verkündet der Basler Peter Ochs als neugewählter Senatspräsident einer jubelnden Volksmenge die vollzogene Gründung der einen und unteilbaren Helvetischen Republik.

1804

Die Vorstadtgesellschaft «zum hohen Dolder» verkauft in grosser fi-

Das «St. Alban Thor von innen anzusehen. del. den 13. April 1758». Im Hintergrund links Grenzach (A), das Grenzacherhorn (B) und die Letze im St.-Alban-Tal (C). Lavierte Federzeichnung von Emanuel Büchel.

nanzieller Bedrängnis ihren gesamten Silberschatz samt Meisterkrone gegen 1070 Pfund dem hiesigen Goldschmied Burckhardt.

1814

Eine in der Festung Hüningen abgefeuerte Bombe von hundert Pfund Gewicht geht in einem Garten in der St.-Johanns-Vorstadt nieder und richtet grossen Schaden an.

1866

Durch die Inbetriebnahme des Grellinger Werks erhalten nun auch die Grossbasler, drei Jahre nach den Kleinbaslern, Druckwasser. Allerdings nicht von der Stadt, sondern von einer privaten Aktiengesellschaft.

1871

Bald werden wir keine Störche mehr in Basel haben, denn im Kleinbasel verschwindet sowohl das Nest auf der Waisenhauskirche als auch auf der Klingentalkirche. Einzig das Nest auf der Clarakirche besteht noch, obwohl schon einige Male zur Unzeit Maurer auf das Dach geschickt worden sind.

1883

Im Zunfthaus zu Safran wird in Gegenwart aller (15) in Basel praktizierenden Anwälte die Advokatenkammer Basel gegründet.

1897

Zwei Tage vor Eröffnung der Tramlinie Claraplatz–Klybeckstrasse verursacht ein «Probetram» einen Unfall, indem ein mit zweihundert Eiern und etlichen Butterballen beladener Handkarren zusammengefahren wird.

1909

Das neue Knaben-Sekundarschulhaus an der Inselstrasse wird dem Publikum, das in grosser Zahl erscheint, zur Besichtigung freigegeben.

13. April

Euphemia die Märtyrerin

1493

Basel empfängt mit grossem Gepränge Kaiser Maximilian. Begleitet vom Herzog von Braunschweig und einem Gefolge von vierhundert Pferden, trifft der Herrscher bei der Wiesenbrücke ein und wird von den Honoratioren der Stadt und von der Geistlichkeit mit dem Heiligtum und Stangenkerzen begrüsst. In den Adelshöfen auf dem Münsterplatz beziehen Kaiser und Hofgesinde würdige Quartiere, und die Notabeln der Stadt beeilen sich, Maximilian reichlich zu beschenken. Neben einem mit vierhundert Goldgulden gefüllten vergoldeten Schatzkasten darf der Kaiser vier Ochsen, vier Fass Wein und sechzig Sack Haber entgegennehmen. Mit einem prunkvollen Auftritt der Zünfte findet der Kaiserbesuch einen denkwürdigen Abschluss.

1522

Vorab die Geistlichkeit ist empört über ein Spanferkelessen, das zur Fastenzeit im Klybeckschlösslein abgehalten wird. Dazu hat der stadtbekannte Chirurg und Papierfabrikant Sigmund den Leutpriester zu St. Alban, Wilhelm Reublin, den deutschen Humanisten Herman von dem Busche aus Köln, Spitalpfarrer Wissenburg und St. Martinskaplan Wolfahrt eingeladen.

1528

Unter den Schlägen eines plötzlich losbrechenden, von vielen Bürgern als bedrohliches Mirakel gedeuteten schweren Gewitters stürmen 24 Zimmerleute und Maurer die Augustinerkirche «und säubern sie von den Götzenbildern». Deshalb lässt der Rat andertags vier Handwerker festnehmen. Ihre Zunft aber erlässt zugunsten der Gefangenen eine Bittschrift, weil diese nichts anderes getan hätten, als etliche Bilder abzutun und nach Gottes Wort zu handeln, wären diese abgöttischen Bilder doch ein Greuel für alle Christen. So werden die Inhaftierten ohne weitere Folgen wieder freigelassen.

1529

Erasmus von Rotterdam, der grosse Humanist, verlässt das reformierte Basel und lässt sich im katholischen Freiburg im Breisgau nieder. An der Schifflände widmet er der ihm liebgewordenen Stadt bewegte Worte des Abschieds: «Nun, mein Basel, leb wohl. Nie hat eine andere Stadt mir viele Jahre hindurch bessere Freundschaft gewährt. Werde dir jegliche Freude zuteil. Dies wünscht dir Erasmus: Trauriger als er ist, trete kein Gast in dein Haus.»

1612

Es endet das um Martini 1609 angebrochene grosse Sterben, das gegen viertausend Menschen dahinraffte. Unter ihnen: 161 ganze Ehen, 41 Meister des Schneiderhandwerks, 16 Ratsmitglieder, 8 Professoren, 8 Pfarrer, 4 Lehrer des Gymnasiums und 22 Studenten.

1634

Das geisterhafte Spalentier treibt am Leonhardsgraben und auf dem Münsterplatz sein Geplärr und Unwesen.

1661

In Hüningen tanzt sich eines Malers Frau aus dem Solothurnischen zu Tode.

1668

Beim Bau des Ravelins (Aussenwerks) beim St. Johanntor werden vierzig Landleute eingesetzt, denen täglich sieben Schilling, ein Laiblein Brot und ein halbes Mass Wein zukommen. Obwohl das Werk dreimal mehr kostet, als geplant, fällt es «nach wenig Tagen wieder über den Haufen!»

1698

Hans Jakob Stupanus, der sogenannte Hülingdoktor, macht sich mit hundert Pfund in barem Geld auf den Weg nach Bern. In Pratteln setzt er seine Reise mit drei Männern, deren Namen nur Gott bekannt sind, fort. Wenig später erreicht ihn das Schicksal: Er wird grausam ermordet. Bis aufs Hemd ausgezogen liegt der Tote in Blut und Mist. Die Fahndung nach den Mördern bleibt erfolglos, bis «der Verborgene an jenem Tag es offenbaren wird».

1716

Im Gasthof «zu den drei Königen» ereignet sich eine bedenkliche Geschichte: Nachdem sich einige Her-

> **Basellandschaft.** Aus unserer Gerichtswelt werden folgende zwei Curiositäten gemeldet: Ein Angeklagter, der freigesprochen, aber nach löbl. Gerichtssitte in einem Schwänzlein zum Urtheile noch zur Tragung aller Prozeßkosten verfällt worden war, wurde vom Obergericht auch von diesen letztern gänzlich befreit. — Ein Maispracher, der erstinstanzlich mit allen gegen 1 Stimme wegen Diebstahl zu 2 Jahr Zuchthaus verfällt wurde, ward obergerichtlich nach kurzer viertelstündiger Berathung einmüthig freigesprochen. Das sind ganz unerhörte Sachen.
> — **Oberwil.** Kürzlich starb hier der bekannte „Husar", ein armer Teufel. Die Familie bat den Pfarrer um die üblichen Seelenmessen. Ja, aber gegen Bezahlung, war die Antwort. Da wandte sich Velentin desfalls an die Armenkasse, allein der löbl. Gemeinderath, als Verwalter derselben entgegnete: das berührt nur die armen Seelen, und dafür hat nicht unsere Kasse, sondern der Herr Pfarrer zu sorgen als — Seelsorger. Auf diese Weise kann der arme Husar noch lange im Fegfeuer harren. Wie ganz anders verfuhr die Geistlichkeit, als neulich die reiche Müllerin, Frau Hügin, starb! Da fanden sich nicht weniger als 4 Geistliche miteinander ein, um diese Seelenmessen zu lesen. Und zur Stärkung der Betenden gab die Mühle 6 Säcke Mehl zum Verbacken.

Basellandschaftliches Volksblatt, 13. April 1853.

rensöhne ausgiebig vergnügt hatten, grölen sie übermütig durch die nächtliche Innerstadt, bis sie durch Wachtknechte aufgehalten werden. Bald entwickelt sich eine wilde Schlägerei, bei welcher der Gefreite Hans Jakob Bachofen mit einem Hirschfänger so schwer verletzt wird, dass er Todes dahingeht. Die vom Rat angeordnete Untersuchung, bei der vierzig Personen einvernommen werden, bringt kein klares Licht in die widersprüchlichen Aussagen: Eine bedenkliche Geschichte!

1814

Die immer noch in der Stadt weilenden Grossfürsten aus Russland, die mit der Armee Zar Alexanders nach Basel gekommen sind, feiern im Blauen Haus am Rheinsprung Ostern: «Sie tragen über ihren einfachen Uniformen eine Escharpe und Ordenszeichen. Auch die Russinnen sind festlich gekleidet. Alle halten brennende Wachskerzen in der Hand. Die drei Sänger singen beinahe immer ihr hospoli poli (gosnodi pomilui = Herr erbarme dich). Am Ende küssen sich alle. Weil nun die Fastenzeit vorbei ist, werden Speisen gebracht, Osterkuchen und Ziegenkäs, welche der Pope mit sei-

Das Klybeckschlösschen und die Klybeckmühle am 14. April 1859 (bis 1955). Aquarell von Johann Jakob Schneider.

nem Weihwasser bespritzt, worauf man sich zu Tische setzt.»

1824

Im neuen Sommercasino, das von Baumeister J.J. Stehlin-Hagenbach errichtet worden ist, hält die Basler Casino-Gesellschaft die erste Sitzung ab.

1835

In Bern wird die Schlussurkunde über die Teilung des baslerischen Staatsvermögens unterzeichnet. Von dem auf 1,5 Millionen Franken geschätzten Gut fallen an Basel-Stadt (mit 16 420 Einwohnern) Fr. 536 000.–, an Basel-Land (mit 33 515 Einwohnern) Fr. 953 000.– zusätzlich aus dem Kirchen- und Schulgut Fr. 1 256 000.– bzw. Fr. 1 898 000.–. «Damit ist das mühsame und namentlich für die Vertreter des Stadtteils oft überaus peinliche Teilungsgeschäft nun endlich erledigt.»

1886

Im Bestreben, für die hiesigen Zahnärzte einen Vereinigungspunkt zu bilden, gründen sechs Zahnärzte die Zahnärztliche Gesellschaft zu Basel.

14. April

Tiburtius und Valerian die Märtyrer

1433

Die Hussiten verlassen unverrichteter Dinge das Konzil von Basel und kehren nach Böhmen zurück. Ihrer Glaubenslehre wegen hat der Rat alles Tanzen und Spielen in der Stadt verboten und «die hin und her laufenden Metzen und Dirnen weggeschafft». Mit dem Wegzug der Hussiten hört auch das ärgerliche Messlesen in deutscher Sprache wieder auf.

1443

Es stirbt Abt Conrad Holzach, die «wertvollste Perle im Kranz der Cisterzienser». Das Konzil bereitet dem angesehenen Würdenträger, der das fünfzig Mönche und Laienbrüder umfassende Kloster Lützel zu hoher Blüte führte, eine feierliche Totenmesse und begleitet seine irdische Hülle vor die Tore der Stadt zur Beisetzung im entlegenen Lützeltal.

1529

Der Rat weist die Obervögte auf der Landschaft an, die Reformationsordnung strikte durchzuführen. So werden in den Gotteshäusern die Wände und ihre Bilde übertüncht, damit die Augen der Kirchgänger nicht mehr von Predigt und Bibelwort abgelenkt würden.

1630

«Aus grossem Hunger nehmen arme Leute Martin Schaub, dem Schmied zu Buckten, die Katze weg, metzgen sie und essen sie ohne alles scheuchen öffentlich.»

1734

Ein edler christlicher Herr namens Abdalla Fahd besucht in Begleitung eines Dolmetschers unsere Stadt, um Gaben für seine bedrängten Glaubensgenossen in Palästina zu sammeln. Nachdem er auch von der Obrigkeit ein Kennzeichen der christlichen Mildtätigkeit empfangen hat, vermacht er einem Bürger «eine Cederen aus Libanon, welche die Gestalt eine Tannzapfens hat, aber viel grösser ist, und einen lieblichen Geruch hat».

1741

In den Hagenbachschen Reben an der Malzgasse misshandelt in scheusslicher Absicht Niclaus Jantz von Zunzgen zwei Frauen mit einem Beil. Obwohl der Gesundheitszustand der Schwerverwundeten zu keinen ernsthaften Sorgen Anlass gibt, kommt die Untersuchungsbehörde zum Schluss, dass das abscheuliche Verbrechen wie die Tat anzusehen und deshalb zu bestrafen sei. Und so lautet das Urteil: «Niclaus Jantz wird mit dem Schwert vom Leben zum Tod gebracht, der Leichnam auf das Rad geflochten und das Haupt auf den Pfahl gesteckt.» Einem Gnadengesuch der Familie und der Güterbesitzer beim Hochgericht zu St. Alban entspricht die Obrigkeit insofern, als sie die Bestattung des Körpers erlaubt, mit Ausnahme des Kopfes, der, wie beschlossen, aufgesteckt werden muss. «So wird der Hindersäss, der durch Schickung Gottes nicht zum Effect gekommen, erbärmlich mit drei Hieben hingerichtet. Gott sey ihm gnädig!»

1742

In geistiger Umnachtung bringt der arbeitsame Fischer Philipp Müller

Zum Verkaufen. [3254] Zwei schöne, solide, zweispännige Chaisen, mit stehenden Federn, ferner: Eine einspännige, neue, blos von Schmid und Wagner verfertigt. Eine Demifortune, ein- und zweispännig, mit stehenden Federn, in ganz gutem Stande. Ein soviel als neuer 10plätziger Omnibus, sämmtliches zu äusserst billigem Preis, bei
J. Beneb. Rebsaamen, Wagner, in Nro. 515.

Danksagung. [3247] Dem verehrlichen Geleite zur letzten Ruhestätte meiner lieben Frau sel., statte ich für diese wohlthuende Theilnahme meinen herzlichen Dank ab.
F. Freyvogel-Wirz.

Intelligenzblatt, 14. April 1845.

ein vierjähriges Mädchen mit einem Rasiermesser ums Leben. «Wollte das Mädchen, das ihm sehr lieb war, der bösen Welt entreissen.» Im Hinblick darauf, dass Müller «wegen Pietischterei ein Melancolicus gewesen», wird dem Mörder, der «seine gefangenen Tag im Turm mit bätten und singen verbringt, sonderbare Gnad erwiesen», indem man ihn ohne Nebenstrafen direkt auf die Richtstätte führt und durch die Hand des Scharfrichters enthaupten lässt!

1760

Zum 300-Jahr-Jubiläum der Universität werden zwei grosse Gedenkmünzen geprägt. «Diese gereichen aber wegen ihrer Kleinheit Basel nicht sehr zur Ehre und legen kein Zeugnis ab für die Menge des hier vorhandenen Gelds, ist doch an wenigen Orten so viel Geld beisammen wie hier. Es ist die grosse Liebe der Basler zu dem vielen Geld, die eine Prägung der Münzen in anständiger Grösse nicht zugelassen hat, weil nämlich die Münzen alle umsonst verteilt werden...»

1841

Metzgermeister J.J. Bell aus Kleinhüningen, welcher an der Eisengasse einen Landjäger aufs gröblichste beschimpft hat, wird zu einer 14tägigen Gefängnisstrafe verurteilt und anschliessend, «weil er ein unverbesserlicher Mensch ist, aus der Stadt ausgeschafft».

1850

Christoph Brodbeck aus Benken, derzeit Goldgräber in Kalifornien, berichtet: «Gestern habe ich das erste Mal mit Goldstaub bezahlt. Das Goldgraben ist in der Sommerhitze harte Arbeit. Wenn man aber am Abend das Häufchen Goldstaub ansieht, vergisst man die Müdigkeit, geht vergnügt zum Lagerplatz, kocht das Abendessen und legt sich auf die Fichtenreiser und vergisst bald in süssem Schlaf des Tages Mühe.»

1897

Die Tramlinie Centralbahnhof–Badischer Bahnhof via Wettsteinbrücke wird eröffnet. Die teilweise einspurige Strecke kann erst nach dem Umbau der Wettsteinbrücke anno 1939 auf Doppelspur umgestellt werden.

1904

Die Fahrbahn der Clarastrasse wird durch das Fällen der beidseitigen Baumallee erheblich verbreitert.

15. April

Olympiades der Märtyrer

1309

Kaiser Heinrich VII. unternimmt nach seiner Krönung den Königsritt und trifft in Basel ein, wo er sich bis zum 20. des Monats aufhält.

1379

Der Bischof von Basel und der Rat von Basel schliessen nach einer Fehde Frieden, worauf die in bischöflichen Schlössern gefangenen Stadtbürger die Freiheit wieder erlangen.

1439

Der Rat entsendet eine Schar Kriegsknechte vor das Schloss Neuenstein, um die gefangenen englischen Geistlichen zu befreien. Der Ausmarsch ist erfolgreich: Die Engländer können ihre Mitarbeit am Konzil fortsetzen.

1493

Johann Roman Wonnecker aus Hanau wird zum Stadtarzt ernannt. Er versieht sein wichtiges Amt während drei Jahrzehnten mit Auszeichnung, wird auch noch Doktor der Künste und der Rechte, verfasst Kalender und Aderlassregeln und gelangt so zu grossem Vermögen.

1528

Im Anschluss an die «Kirchensäuberungen» durch Angehörige der Spinnwetternzunft erlässt der Rat unter dem Druck der Öffentlichkeit ein Mandat und verkündet: Weil den zu St. Martin, Augustinern, Barfüssern, St. Leonhard und im Spital den Gottesdienst Besuchenden die Heiligenbilder unleidlich sind, müssen die Bilder in diesen fünf Kirchen durch Werkleute des Rats entfernt werden. Ausgenommen sind die Zierden in den Chören und Nebenkapellen zu St. Leonhard und zu Barfüssern, die so bleiben wie sie sind, damit diejenigen, die noch Messe halten, dort ihre Andacht verrichten können.

1540

Wie zwei Knechte frühmorgens vor dem St. Albantor zur Arbeit gehen, begegnen sie beim Galgenhügel im Gellert einem Wolf: «Derselb hat ihnen durch die Landeren entweichen wöllen, do hat ihn einer von ussen her beim Wadel erwütscht, worauf der ander durch die Landeren geschloffen ist und den Wolf mit dem Karst zu tot geschlagen hat.»

1656

An der Universität werden zwei Doctores und ein Licenciat creiert: «Der ein ist reformiert und heisst Simon Battier, der andre ein Papist namens Küehlbron von Speyr, der dritt ein Lutheraner von Geschlecht ein Hauff von Ulm.»

1708

Im Steinenmühlebach ertrinkt eine Wäscherin beim Wäschewaschen.

1722

Es stirbt Balthasar Burckhardt, alt Ratsherr, Oberstzunftmeister und Bürgermeister. «Er ist wegen seiner grossen Staatsklugheit und seines

Im Haus «zum Wilhelm Tell» an der Aeschenvorstadt 5 eröffnet am 15. April 1872 der Basler Bankverein seine Schalter. Mit der Aufnahme des Zürcher Bankvereins, der Schweizerischen Unionbank und der Basler Depositen-Bank durch den Basler Bankverein ändert dieser seinen Firmennamen 1897 in «Schweizerischer Bankverein», der 1906 am Eingang zur Aeschenvorstadt einen neuen Sitz errichten lässt.

doch existert dermalen in der Schweitz kein Institut, das sich an diesem schweren Werk versucht».

1901

Riehen wird mit elektrischem Strom versorgt, indem das badische Kraftwerk Rheinfelden die Gemeinde mit Wechselstrom von 6000 Volt beliefert.

Basler Bankverein.
(4381) Mit heutigem Tage haben wir unsere geschäftliche Thätigkeit begonnen.
Unsere Bureaux befinden sich im Bankgebäude Aeschenvorstadt Nr. 5, provisorisch im Hinterhause.
Basel, den 15. April 1872.
Die Direktion.

Schweizer Grenzpost, 15. April 1872.

1907

Die Regierung beauftragt die «Rheinhafen Aktiengesellschaft Basel» mit dem Betrieb des vor der Vollendung stehenden Rheinhafens St. Johann.

Reichtums an Talenten in den wichtigsten Regierungsangelegenheiten auf 122 Gesandtschaften gebraucht worden.»

1760

Basel feiert mit Freude und Stolz das 300-Jahr-Jubiläum seiner Universität. Unter dem Geläute aller Kirchenglocken wird im Münster, vor dem 300 Mann uniformierte und bewaffnete Landmiliz mit Trommeln, Piccolos und Fahnen paradieren, ein festlicher Dankgottesdienst vollbracht. Oberstpfarrer Merian hält die Predigt, von welcher «man wegen des Gemurmels aber kaum etwas versteht». Anschliessend begeben sich die zahlreichen Honoratioren in den Doktorsaal, wo der Rector Magnificus eine grosse lateinische Ansprache vorträgt, die «so lang ist, dass er zweimal Pause machen muss». Ehe die offizielle Feier bei einem grosszügigen Festbankett im Collegium ausklingt, darf der Rektor einen vom Magistrat der Stadt, der durch die beiden Bürgermeister und die beiden Oberstzunftmeister vertreten ist, gestifteten «silber-goldenen straussenei-förmigen Pokal übernehmen, den er mit einer schönen deutschen Rede verdankt».

1790

An der Schiffländequare legt ein mit zwanzig Personen besetztes Schiff nach Amerika ab. Unter den Emigranten befinden sich u.a. Hans Handschin von Ormalingen, Johannes Gruber von Maisprach, Jakob Keller von Rothenfluh, Friedrich Müri von Wintersingen, Johann Pfaff und Jakob Schweizer von Liestal und Heini Schaub von Buus.

1803

Nach einer Predigt im Münster findet die Eröffnungssitzung des neuen, 135köpfigen Grossen Rats statt. «Die Schlichtheit, mit der die neue Behörde auftritt, steht in seltsamem Gegensatz zu den schwülstigen Reden und theatralischen, nach französischer Manier angeordneten Aufzügen der Helvetik.»

1811

Armenfreunde versuchen, einen taubstummen Knaben «wo möglich zu einem vernünftigen und verständigen Menschen bilden zu lassen,

16. April

Calixtus von Korinth der Märtyrer

1077

Der Apostolische Stuhl fordert alle Bischöfe diesseits des Rheins auf, sich von König Heinrich abzuwenden. Die Gegenbischöfe von Basel, Lausanne und Strassburg aber ignorieren den Befehl und verwüsten mit Raub, Brand und allen Mitteln eines geheimen und offenen Krieges alles, was König Rudolf gehört, auf das gründlichste.

1653

Der Rat entspricht teilweise dem Begehren der unzufriedenen Bauern auf der Landschaft und schafft die Soldatengelder ab und setzt den Salzpreis herunter. Warnend aber erklärt er: «Unsere Gnädigen Herren tragen an dieser Neuerung keine Freude. Die Untertanen haben sich ihres Eides zu erinnern und sich vor den Aufwieglern von Olten und aus dem Entlebuch zu hüten.»

1657

Nach dem Besuch des Marktes in Rheinfelden begeben sich 19 Perso-

Die Kleinbasler Kirchgasse mit Blick zur Theodorskirche und zum Sigristenhaus am 16. April 1875. Aquarell von Johann Jakob Schneider.

nen zur Rückfahrt nach Basel auf zwei Fischerweidlinge. Diese werden zwischen Warmbach und Augst unversehens von einem Sturmwind ergriffen und umgeworfen, so dass «alle mit höchstem Herzeleid elendiglich ertrunken sind. Alle 19 Ertrunkenen sind nachwerts gefunden und allhero gebracht und zur Erde bestattet worden. Kurz vor diesem kläglichen Fall hörte man auf dem Rhein in derselben Gegend ein erbärmlich Geschrey und Heulen, so ein Vorbot des Unglücks gewesen ist.»

1721

Es stirbt der Spezierer Daniel Elbs vom Ringelhof an der Petersgasse. Er hat sich 1690 «aus dem Getümmel der Stadt nach Riehen verzogen und allda mit Verachtung aller weltlichen Pracht und Ehren ein ruhiges, unschuldiges Leben geführt».

1743

Im Zunfthaus zu Gartnern zeigt Jacob Crauss den «Schauplatz der Welt, bestehend aus optischen Präsentationen von allerhand raren Prospecten von Städten, Landschaften, Wäldern, Gebirgen und Seehäfen nebst dem Himmelsgestirn der nördlichen Hemisphäre».

1814

Nachdem die Alliierten in Paris eingezogen sind, kapituliert auch Hüningen und anerkennt Ludwig XVIII. als König von Frankreich. Neben der französischen verbleibt vorderhand auch eine bayerische Besatzung in der Festung.

1834

Als neuzeitliche Organisation des Basler Handwerks und Gewerbes entsteht der «Handwerkerverein Basel», der Vorläufer des heutigen Gewerbeverbandes Basel-Stadt.

1860

Der Grosse Rat erlässt das Gesetz betreffend die Einrichtung eines Grundbuchs. Damit «wird das bisher übliche System der fortlaufenden Numerierung der Liegenschaften verlassen, um die Häuser in den einzelnen Strassen und Gassen besonders zu numerieren, wie dieses in Paris, Genf und andern grossen Städten seit längerer Zeit eingeführt ist».

1906

Der Fussballclub Old Boys besiegt in Turin den dortigen Fussballclub Juventus, der als die beste Fussballmannschaft Italiens gilt, mit 3 zu 1 Toren.

Basler Volksblatt, 16. April 1912.

17. April

Rudolf von Bern der Märtyrer

1289

Die Frauen von Gnadental zu Spalen legen in Anwesenheit des Bischofs, Peter Reich, das Gelübde auf die Regel des Ordens der heiligen Clara von Assisi ab.

1579

Im Auftrag des Rats beginnt Hans Bock mit dem Kopieren der Wandbilder Holbeins im Rathaus. Die Arbeit beschäftigt den bekannten Maler während eines halben Jahres «von morgen frü bis in die Nacht so lang er hat sehen können».

1623

Der Rat überlässt das Dorf Hüningen, welches seit über 150 Jahren pfandweise in Basler Besitz stand, wieder dem Hause Österreich. Die Habsburger führen sogleich wieder die katholische Religion ein und versehen die Gemeinde mit einem Messpriester.

1648

Als Andreas Zweybrucker in der Münsterkirche das «Morgenfünfe» geläutet hat, läuft ihm auf dem Heimweg eine Katze über den Weg. Wie er diese wegjagen will, umfängt ihn ein von ihr ausgehender warmer Wind, der an seinem Körper eine Geschwulst zurücklässt. Und die vergrössert sich innert sieben Wochen derart bösartig, dass der junge Mann auf elende Weise dahingerafft wird.

Am 17. April 1887 muss die St. Ulrichskapelle an der Rittergasse dem Bau von Turnhallen für das Gymnasium und die Realschule weichen. Seit der Reformation diente das 1219 erstmals erwähnte kleine Gotteshaus nur noch als Fruchtschütte, Pferdestall und Speisehütte.

1680

Der Hafner Heinrich Jäckli wird wegen 18 nächtlicher Einbrüche zum Tode verurteilt und enthauptet.

1692

Ein Pferdedieb, der auch anderes gestohlen hat, wird mit dem Schwert hingerichtet.

1725

Zur selben Zeit werden eine Kupplerin, ein Dieb und eine Diebin auf dem Kornmarkt ans Halseisen gestellt, «so dass das Schäfftlein am Rathaus wohl meubliert ist»!

1771

Der Rat nimmt von einem Brief des Waldenburgers Johannes Häner Kenntnis. Der gewesene Schulmeister schreibt aus Philadelphia, jeder dürfe in Amerika freies Handwerk treiben, es müssten keine Zehnten abgeführt werden, an Lebensmitteln sei kein Mangel, und das Zuchthaus sei das schönste Haus im Land überhaupt.

1777

Johannes Ryhiner spendet am Tag seiner Erwählung zum Oberstzunftmeister allen Waisenkindern ein schmackhaftes Nachtessen und «lässt sie etliche Tage darauf bey St. Jacob auch noch mit gebachenen Nasen tractieren». Die Mildtätigkeit des spätern Bürgermeisters erreicht ebenso die Armen in den Landgemeinden, die er reichlich mit Almosen versieht.

1836

Der Gemeinderat von Aesch verfügt, dass die Schulkinder des Dorfes jeden Sonntagnachmittag zum Besten der Wohltäter der Schule einen Rosenkranz zu beten hätten.

1849

Der Basler Amtsbürgermeister gestattet den badischen Soldaten das Betreten von Schweizer Gebiet, sofern sie nur mit dem Seitengewehr (Bajonett) bewaffnet sind und den Boden von Riehen und Bettingen meiden.

1863

Fünfzehn Bergsteiger und Alpenfreunde, «Männer verschiedener Herkunft und verschiedenen Standes», gründen die Basler Sektion

Etwas aus dem neunzehnten Jahrhundert.

In der Nacht vor Ostern hörte eine Landjägerpatrouille vor dem Spahlenthor zwischen 12–1 Uhr in einem Stalle ein Gemurmel, welches einem Gebete glich. Sie gingen in den Stall, fanden dort an einem weißgedeckten Tische, auf welchem zwei Lichter standen (4 Lichter standen auf dem Boden) zwei Männer, einen alten Schneider aus dem Badischen und einen Bäcker und gewesenen Landjäger aus dem Kanton St. Gallen, welche sogleich die Lichter auslöschten, sie jedoch wieder anzünden mussten und abgefasst wurden.

Auf dem Tisch befand sich ein Kruzifix, einige Gebetbücher, Pergamentstreifen, ein Fläschchen mit Weihwasser aus der Kirche, eine Menge geschriebener Beschwörungsformeln und noch manch' anderer Hokuspokus, der zu weitläufig wäre, zu beschreiben.

Nach der Ansicht dieser Leute sollten dreißigtägige Gebete zur Osterzeit bei Nacht gesprochen, die man 3mal 7 mal (also 21 Tage) wiederholt, die Macht haben, durch Anrufung der guten Geister den bösen Geist Luzifer (dem man dabei schrecklich flucht) zu vermögen, dass er so viel bringe als man nur verlangte, bis zu 6mal 17 Centner reinen guten orientalischen Goldes. Doch waren diese armen Leute, die kein Geld hatten um nach Californien auszuwandern, wohin sie gegangen wären, bescheiden genug, sich jeder mit 17 Centner zu begnügen, die in der 21sten Nacht ihrer Meinung nach sicher zum Vorschein gekommen wären, wenn nicht die Landjäger sie gestört und ihren Schatz zum Voraus entrissen hätten.

Der Bäcker gab an, er habe die Zauberformeln von seinem Vetter geerbt, der durch allerlei dunkle Mittel, Niemand wusste wie, von Armuth zu Wohlhabenheit gelangt sei. Er habe zu seinem Vorhaben dann noch etliche geweihte Kerzen in Mariastein gekauft, ohne jedoch zu sagen für was sie bestimmt waren. Da sich aber zu dieser Handlung mehrere zu vereinigen pflegten, so habe er den Schneider zur Beihülfe angesprochen und dieser nach längerem Zögern, weil er Anfangs Betrügerei witterte, seine Hülfe zugesagt.

Der minder schuldige Schneider ward, so bald er eine Caution gefunden (nach 6 Tagen) auf freien Fuß gesetzt, der Bäcker hingegen musste bis zum 18. April an welchem Tage die Sache vor das correctionelle Gericht gelangte, also 11 Tage im Gefängnis verbleiben, worauf man sich begnügte, weil keine Beschädigung Dritter, sondern nur Aberglaube vorlag, die Beschwörungsgegenstände zu konfisziren, den Bäcker auf 1 Jahr aus dem Kanton zu verweisen und den Schneider zu Fr. 5 Geldbuße zu verurtheilen.

Kantons-Mittheilungen, 17. April 1849.

einer «Schweizerischen Alpengesellschaft».

1885

«Auf dem Eisenbahnübergang beim Landauerhof wird das Milchfuhrwerk des Landwirts Emmenegger vom heranbrausenden Konstanzer Zug erfasst und fortgeschleppt. Der Wagen wird auseinandergerissen, das Pferd getötet und die darauf befindlichen zwei Personen schwer verletzt.»

18. April

Eustorgius der Priester

1402

Die Pfarrei St. Theodor erreicht durch eine Verfügung von Papst Bonifaz IX., dass den expandierenden Kartäusermönchen der Weiterausbau ihres Klosters untersagt ist. Erst ein Vergleich zwischen den um mehr geistlichen Einfluss und materielle Rechte rivalisierenden Kleinbasler Klerikern erwirkt zwei Jahre später die Aufhebung des Verdikts.

1446

Der Rat bringt in Erfahrung, dass die Dorfschaft Zell im Wiesental die Österreicher auf ihren Raubzügen unterstützt hat. Diese Treulosigkeit wird bestraft, indem zweihundert Fussknechte das Dorf überfallen, plündern und in Brand stecken.

Vogt Schülin wird samt dreissig Bauern gefesselt nach Basel geführt und zur Verantwortung gezogen. Die Beute, welche die Basler sonst noch mitbringen, ist so bedeutend, dass ihre Versteigerung volle vier Tage währt.

1588

Ein Muttenzer, der einen Mitbürger ermordet und in Pratteln neun Häuser in Brand gesteckt hat, wird zum Tod verurteilt und vom Henker auf das Rad geflochten.

1646

Barbara Ulrich, die Magd des Birsschaffners, die ihrem unehelichen Kindlein «das Gürgeli abgeschnitten und es in die Heimlichkeit (Abtritt) geworfen hat», verdient sich die Todesstrafe und wird enthauptet.

Am 18. April 1608 stirbt der 1577 zum Bischof von Basel geweihte Jacob Christoph Blarer von Wartensee. Von seinen Zeitgenossen schon als eine der profiliertesten Gestalten auf dem Basler Bischofsstuhl gewürdigt, bemühte sich Blarer mit grossem Erfolg sowohl um die Rekatholisierung der von der Reformation erfassten Gebiete seines Bistums als auch um die Festigung seiner politischen Souveränität und wirtschaftlichen Unabhängigkeit.

1653

Auf dem alten Markt in Liestal findet eine grosse Landsgemeinde statt, die den Beitritt zum Volksbund von Huttwil beschliesst. Die Liestaler wollen sich zwar der Sache entziehen, werden aber von den Waldenburgern gezwungen, ebenfalls den Schwur zu leisten. Am Abend nötigen die Liestaler dem Schultheissen die Torschlüssel ab und stellen starke Wachen gegen Basel aus.

1694

Der Grosse Rat beschliesst, dass die Schmähschrift «Basel-Babel», das «gottlose, leichtfertige und verfluchte Traktätlein» des Dr. Jacob Henric Petri, samt dem mit der Überschrift «Petri, ein Meutmacher und Friedenszerstörer» versehenen Bildnis des Autors durch den Scharfrichter auf einem Schlitten vom Rathaus durch die Stadt nach dem Hochgericht vor dem Steinentor geschleift und dort verbrannt wird. Der flüchtige Petri selbst, der sich beim Stadtregiment unbeliebt gemacht hat, weil er sich an die Spitze der Unzufriedenen stellte, wird für vogelfrei erklärt und mit einem Kopfgeld von vierhundert Talern belegt.

1718

Rittmeister Merian wird wegen seinem Lästermaul und leichtfertigen Leben ins Zuchthaus gesteckt. «In einem wohl beschlossenen Häuslein schmieden die Stadtknechte den Bösewicht an eine schwere eiserne Kette für ein Lebenslang, was er vielfältig verdient!»

Anzeigen.

1753r und 1822r Markgräfer Weine.

In einer Erbsmasse befinden sich zwei Stückchen ganz rein gehaltene ausgezeichnete Markgräfer Weine (Weiler Gewächs) von
1753, die eidgenössische Maas hier genommen à Batz. 12
1822, „ „ „ „ „ „ „ 8½,
wovon ohmsweise, aber ohne Faß, gegen baare Bezahlung in Nr. 1525 abgegeben wird. Auswärtige Bestellungen erbittet man sich franco.

Lehrlings-Gesuch.
Für ein hiesiges lebhaftes Manufakturwaaren-Geschäft wird ein mit den nöthigen Vorkenntnissen ausgerüsteter, gesitteter junger Mensch, beförderlichst in die Lehre gesucht. Frankirte Briefe mit der Chiffer S. B. beliebe man an Herrn Rud. Birmann, Commissionaire in Basel zu adressiren.

In einer der größeren Schweizerstädten ist eine geräumige, wohleingerichtete und mit den neuesten Verbesserungen versehene Lichterfabrik zu vermiethen; Schiff und Geschirr hingegen würde man dem Beständer käuflich abtreten. Liebhaber belieben sich um nähere Auskunft an die Expedition dieses Blattes zu wenden.

Basler Zeitung, 18. April 1849.

Der Untere Rheinsprung bei der alten Universität mit Blick gegen die Eisengasse am 19. April 1875. Aquarell von Johann Jakob Schneider.

1744

Die Kleinbasler marschieren zum zweitenmal auf die von Färbermeister Hagenbach widerrechtlich errichtete neue Bleiche. «Weil das Land ihrem Weidgang dient, sammeln die erbosten Bürger die auf den Matten zum Trocknen liegenden Tücher ein, reissen den Grünhaag aus den Wurzeln und lassen das Vieh hereinlaufen.»

1745

Vor dem Riehentor geht das Landgut der Frau Ratsherr Iselin vollständig in Flammen auf, man glaubt durch Tabakrauchen. «Es hätte vielleicht gerettet werden können, wenn man Wasser zugetragen hätte. Aber weil es Ostern war, wollte sich niemand die Kleyder besudlen!»

1764

Der Rhein hat durch ein seit vier Tagen anhaltendes Regen- und Schneewetter derart zugenommen, dass das Wasser den Gasthof «zur Krone» an der Schifflände erreicht. «Von der Eisenschmöltze zu Albbruck bey Wehr sind gegen 8000 Klafter Holz losgerissen und den Rhein hinuntergefahren, so dicht aufeinander, dass man geglaubt, man könnte darüber gehen. Das Bedauerlichste ist, dass unsere Basler Fischer und Schiffleuthe wegen dem erstaunlichen grossen und wütenden Wasser nichts von dem Holz haben auffangen können.»

1798

Es findet die letzte Sitzung der Basler Nationalversammlung statt. In seiner Schlussrede führt Präsident Heinrich Wieland u.a. aus: «Gross und edel ist der Gedanke einer einzigen und unteilbaren Helvetischen Republik, wo aller Unterschied zwischen Herrscher und Untergebenen verbannt, jeder erbliche Vorzug entfernt und ein verbrüdertes Volk im Genusse gleicher Rechte und gleicher Freiheiten durch selbsterteilte Gesetze und selbsterwählte Vorsteher sein eigenes Glück zu bilden und zu befestigen strebt.»

1892

Die Metzgerburschen veranstalten mit 60 Stück Schlachtvieh einen grossen kostümierten Umzug, der als einzige öffentliche Zerstreuung an diesem nasskalten Ostermontag viel Beifall findet.

1912

Grosses Aufsehen erregt in der Stadt die Nachricht über die in der Nacht vom 14. zum 15. April erfolgte Katastrophe der Titanic. Das gegenwärtig grösste Schiff der Welt stiess auf seiner Jungfernfahrt von Southampton nach New York mit einem Eisberg zusammen. Das Schiff ging unter: es kamen 1565 Menschen um, 775 wurden gerettet, unter ihnen unsere Mitbürger Oberst A. Simonius und Dr. Max Stähelin.

19. April

Werner der Rebbauer

1431

Henman von Offenburg entscheidet als Schiedsrichter, dass die Muttenzer ihrem Landherrn, Conrad Fröwler, weiterhin dreimal jährlich zu fronen haben, dafür aber die gewohnten Gaben an Fleisch und Wein zu empfangen berechtigt sind.

1528

Am frühen Morgen, da jedermann in der Kirche weilt, brennt das Brotbeckenhaus an der Weissen Gasse vollständig nieder. Dabei kommt der Freiheitsknabe Hans Leberwurst, der vom Kornamt als Sackträger angestellte Knecht, ums Leben. Andertags stürzt auch noch die ausgebrannte Fassade ein und schlägt den im Bett liegenden Michel Winleger sowie einen Zimmergesellen zu Tode. «Gott bewahr uns wyter!»

1580

Der Taufstein im Münster, welcher seit der Reformation in der Schalerkapelle steht, wird, «da der Platz den Weibern zu enge sein wollt», in den Chor versetzt.

1581

Im untern Collegium erhängt sich ein fremder Student. Er wird in ein Fass geschlagen und nachts um 11 Uhr in den Rhein geworfen.

1653

Wilhelm Thurneysen und Melchior Wassermann geraten in Streit, wobei ersterer dem zweiteren «den Hals abhaut und ihn mit dem Degen tötet». Der Täter flüchtet und entzieht sich so dem Recht. Deshalb wird er von der Obrigkeit «zum freien Vogel in der Luft» erklärt, was Thurneysen zum völlig schutzlosen Mann macht.

1694

Auf dem Gellert wird ein neues Hochgericht aufgestellt. Zur Aufrichtung ziehen die dazu verordneten Arbeiter des Lohnamts (Baudepartement) in feierlicher Prozession und mit klingendem Spiel vor das Tor von St. Alban. Nach vollbrachter Arbeit erfolgt in derselben Weise die Rückkehr in die Stadt, wo den Beamten und Zimmerleuten in der Metzgernzunft ein Nachtessen samt Wein aus dem Herrenkeller aufgetragen wird.

1704

Das Dorf Wittisburg wird von einer verheerenden Feuersbrunst heimgesucht: Innerhalb von kaum zwei Stunden gehen 18 Häuser in Flammen auf; nur 7 Häuser bleiben unbeschädigt. «Menschen sind jedoch nicht verletzt worden, weil die Männer an einem Schiesstag in einem andern Ort gewesen sind.» Die Obrigkeit ordnet an, dass jedermann im ganzen Kanton eine angemessene Steuer zu entrichten hat, die von zwei Männern aus dem arg geprüften Dorf eingezogen wird.

1744

Französische Offiziere lassen durch unsere Schmiede «viel tausend Caloten oder eiserne Creutze» anfertigen, die ihre Soldaten unter den Hüten tragen, um den Kopf gegen Säbelhiebe zu schützen.

1750

Auf dem Kornmarkt zeigt der Seiltänzer Weiss seine «wunderliche Gaucklerey». So lässt er sich, eine Pistole losschiessend, von einem hohen Seil herunterfahren oder dann «an seinem Hals wie an einem Galgen hangend». Auf der Schumachernzunft spaziert er mit blossen Füssen über glühendes Eisen, giesst sich heisses, flüssiges Blei in den Mund und lässt auf seinem Bauch Holz spalten. Zur grossen Ergötzlichkeit präsentiert er auch einen lebendigen Hahn, dem zwei Finger lange beinerne Hörner aus dem Kopf ragen.

1757

Einer «elenden Tröpfenen, die nichts als eine grosse Finsternis in ihrem Säckel hat», wird erlaubt, unter der Bevölkerung nach milden Gaben zu heischen.

1843

Es wird mit grosser Betrübnis der 1761 geborene Kanzleisekretär Lukas Ritter beerdigt. Der begeisterte Jäger und Schütze genoss unter dem Spitznamen «Pulverrauch» grosse Popularität, obwohl er sich zu Unrecht rühmte, eidgenössischer Schützenkönig gewesen zu sein.

1857

Fünfzehn Basler Juden gründen den «Verein zur Verbreitung von Wohltätigkeit und Belehrung in der jüdischen Religion». Zu den Initianten gehört auch Lithograph Georg Wolf, der 1875 als erster Israelit in den Grossen Rat gewählt wird.

1874

Freudenfeuer und Kanonendonner verkünden den «Sieg der Revision»: Basel-Stadt nimmt die neue Bundesverfassung mit 6801 Ja- gegen 1071 Nein-Stimmen an.

20. April

Genesius der Märtyrer

1474

Herzog Sigismund von Österreich, der Verbündete Basels, trifft mit vierhundert eidgenössischen Söldnern am Rheinknie ein. Er wird von der Jugend wie ein Erlöser empfangen, die ihm zujubelt: «Christ ist erstanden. Der Landvogt (Hagenbach) ist gefangen. Des sollent wir alle froh sin. Sigmund soll unser Trost sin. Kyrieleisz!» Für Basel handelt es sich bei diesem Auftritt nicht um einen Schritt zur Beseitigung Burgunds, sondern um einen «Rassenkampf von Deutsch gegen Wälsch, gegen die Herrschaft der fremden Zunge, gegen lombardische Un-

---

Es ist allerdings wahr, worüber man sich hie und da mit Recht beschwert, dass man vor den Thoren, ja bis wenige Schritte an denselben an, von Bettelbuben und Vaganten beinahe gefressen wird.

Die Polizei thut ihr möglichstes, folgendes als einfacher Beweis: Vom Präsidium des Polizeigerichts aus, ohne was von Seite der Polizeidirektion aus in dieser Beziehung geschieht, wurden

Anno 1845 im Jenner, Horn., Merz in	63	Verzeigungen	260	Thurmtage
" 1846 " " " "	"	"	97	" 347 "
" 1847 " " " "	"	"	150	" 549 "

mehrentheils ⅓ oder ½ Wasser und Brod über Solche ausgesprochen.

Kantons-Mittheilungen, 19. April 1847.

Die zwischen 1362 und 1400 angelegte über vier Kilometer lange äussere Stadtmauer im Bereich von St. Leonhard am 20. April 1758. Lavierte Federzeichnung von Emanuel Büchel.

keuschheit und burgundische Hoffart.»

1522

Erasmus äussert sich in einem Schreiben an den Bischof über das Fastengebot: Die Fasten sind nur ein geringfügiger Zaum für das arme Volk, für die Reichen aber ein Anlass zur Abwechslung in den Speisen und zur Befriedigung der raffiniertesten Leckerhaftigkeit. Die Möglichkeit, sich in Rom Dispens vom Fasten zu erkaufen, ist nur herabwürdigendes Mittel, Geld zu machen. Zur Abschaffung der Ehelosigkeit meint Erasmus, diejenigen bischöflichen Officialen würden wohl dagegen wettern, die durch die Beischläferinnen der Geistlichen mehr beziehen, als wenn sie verheiratet wären.

1524

Als an der Tagsatzung in Luzern an die Basler Boten die Frage gerichtet wird, ob die Stadt den alten Gewohnheiten von Päpsten und Konzilien oder der lutherischen Lehre anhange, erklären die Gesandten: «Wir haben kurzveruckter Tage in Stadt und Land ein öffentlich Mandat ausgehen lassen, das die Geistlichen verpflichtet, nichts anderes zu predigen als das wahre Wort Gottes, die heilige Schrift und die Evangelien und alle andern Stempaneien zu vermeiden, so wie es guten Christen geziemt.»

1672

Beim Ausprobieren der neuen Feuerwehrspritzen im Werkhof ereignet sich ein schwerer Unfall: Der Arbeiter Nussbaum bespritzt seinen Kollegen Baumann mit Wasser. Dieser wirft einen Stein nach ihm, trifft aber einen Mann namens Strauss. Und dieser erliegt drei Tage später den Verletzungen. Während Baumann sich aus dem Staub macht, wird Nussbaum für drei Tage in den Wasserturm gesperrt.

1701

Es wird eine umfangreiche Renovation des Münsters in Angriff genommen, was seit hundert Jahren nicht mehr geschehen ist. Die Morgenpredigten werden nun zu St. Martin gehalten.

1722

Weil das Tragen von Adelstiteln unter der gehobenen Bürgerschaft immer mehr in Schwung kommt, sehen sich die Räte genötigt, für Abhilfe zu sorgen und zu verfügen, dass inskünftig keiner mehr «einer fremden Potenz, Fürsten oder Herrn mit Eid, Pension oder Titel zugetan sein darf».

1760

In der Kirche von St. Peter wird Meister Seiler samt Frau und Tochter «vor vielen 100 Personen öffentlich vorgestellt, weil sie die Tochter zur Hurerey und als eine Couplerin angehalten haben». Zur weitern Strafe werden «die Hurenleute für ihr Lebtag bey Wasser und Brot ins Zuchthaus verspehrt».

1789

Im Grossen Rat wird festgestellt, der Ostermontag solle inskünftig aller Orten still gefeiert werden, obwohl die fremden Zuschauer viel Geld in die Stadt brächten. Der Ostermontag sei nämlich keineswegs für ein unnützes Geläuf bestimmt, das zu allerhand Ausgelassenheiten Anlass gebe. So werden das traditionelle Eierlesen und Turmsteigen auf dem Münsterplatz sowie das österliche Umziehen der Feuerwehr zum Ausprobieren der Wasserspritzen jeweilen um eine Woche verschoben.

1848

Der badische Aufstand löst im nahen Kandern ein Gefecht aus, bei

Avis-Blatt, 20. April 1844.

welchem auch «der edle General Friedrich von Gayern als Führer des hessischen Militärs» den Soldatentod findet.

1853

Vor dem Posthaus bildet sich frühmorgens eine riesige Menschenschlange, die bis auf vierhundert Personen anwächst. «Die Ursache ist, dass neue Postbeamte aus Bern die Arbeit verrichten und wegen Unkenntnis der Fächer und Namen trotz ihren auf den Nasen sitzenden Brillen nicht im Stand sind, die Briefe schnell abzugeben.»

21. April

Dubricius der Erzbischof

1289

Bischof Peter bestätigt der Gesellschaft der Hausgenossen Pflichten und Rechte. Den der Gesellschaft angeschlossenen Geldwechslern, welche stets die Bedürfnisse der bischöflichen Münze zu berücksichtigen haben, ist erlaubt, Gold und Silber auf den Feingehalt zu prüfen und im Feuer zu schmelzen sowie ungemünztes Silber in Basler Münzen umzuwechseln oder mit Basler Geld ungemünztes Silber zu erwerben.

1581

Bei der kleinen Kapelle vor dem Aeschentor ereignet sich ein ruchloser Mord: Ein ahnungslos des Weges ziehender Priester, Melchior Sträber von Sursee, wird vom Wagner Bernhard Gnöbelin «mit einem Beyl ins Haubt oberhalb dem rechten Ohr durch die Hirnschale und das Hirn hinein verwundet, als dass er solicher Wunden hat miessen sterben».

1602

Ein aussergewöhnlich harter Reif fügt den Reben grössten Schaden zu. Das hat zur Folge, dass die Weinpreise derart ansteigen, dass der Rat im Oktober die Weinausfuhr gänzlich untersagen muss.

1693

Im Zunfthaus zu Gerbern wird ein Elefant gezeigt, der sich durch allerhand Künste auszeichnet. So kann er mit seinem Rüssel einen Ton von sich geben wie aus einer Trompete und eine Pistole losschiessen. Ebenso vermag er den Leuten ihr Geld aus den Säcken zu ziehen und acht bis zehn Männer auf sich sitzen lassen.

1706

Ein ganzes Dutzend deutscher und welscher Fremdlinge hält beim Grossen Rat ums Bürgerrecht an. «Weil es bey diesen klammern (schlechten) Zeiten an Nahrung fehlt, protestieren viele aus der Ehrenbürgerschaft bestens dagegen. Endlich werden zwey angenommen, Morel und Mohr, die beide mit hiesigen Bürgerstöchtern ehelich versprochen sind. Die andern müssen abziehen.»

1711

Es stirbt Johann Rudolf Wettstein (1647–1711), Professor der Rhetorik, der griechischen Sprache und der Theologie. «Hatte sein Gesicht fast ganz verlohren, hielt dennoch immer fleissig Collegia, ein hochgelehrter Mann, der seine acht Sprachen redete.»

Am 21. April 1525 bestätigten Bürgermeister und Rat den Kauf von Schloss und Dorf Pratteln durch die Stadt Basel und regeln mit Hans Friedrich von Eptingen den Modus der Abgeltung des Kaufpreises von 5000 Gulden. Lavierte Federzeichnung von Emanuel Büchel. 1735.

1759

Durch die Zeitung wird bekannt, dass «der wohledle, weit und breit berühmte Herr Isaac Fäsch, gewesener Gouverneur auf der Insel Curacao, den 18. Oktober 1758 in seinem 71. Jahr gestorben sey. Ist bey etlichen 30 Jahren mit grösstem Ruhm auf obiger Insul Gouverneur gewesen, welcher wegen seiner vortrefflichen Contuiten (Regierung) sehr bedauert wird.»

1830

Die Einfuhr von Gewerbeprodukten aus dem Baselbiet wird streng re-

Grabschrift Christoffel Graffen, Herren Hauptman Burckhardt Graffen ehelichen Sohns.

Gleich wie ein Blum geblüht ich hab,
Bin doch bald widrum gfallen ab,
Verwelcket vnd verdorret gar.
Als ich nur glebt achtzehen Jahr.
Starb in eim Dorff Schönbrun genant
Gelegen im Burgunder Land,
Mein todter Leib nach meim begehr
Ward zu begraben gführt hieher:
Jez aber wird erlabt mein Seel.
Beym schönen Brunnen Israel
Mit Wasser das da quillt ins Leben,
Welchs Christus mir verheissen z'geben,
Nemlich die Freud der Seligkeit
Bständig bey Ihm in Ewigkeit.

Grabinschrift, 21. April 1626.

Der Grossviehmarkt an der Theaterstrasse mit Blick in den ehemaligen Wirtschaftshof des Klosters St. Maria Magdalena an den Steinen. Im Hintergrund die neuerbaute St. Elisabethenkirche. Aquarell von Johann Jakob Schneider. 22. und 23. April 1873.

glementiert. Dies führt nach der Trennung von Stadt und Land dazu, dass die Einfuhrverbote auf Fleisch, Brot, Kleider, Schuhe und Möbel ziemlich rigoros gehandhabt wird. Der Erfolg der Visitationen unter dem Steinen-, St. Alban- und Aeschentor ist beträchtlich, werden doch fast täglich grössere Quanten Schnaps, Käse und Butter konfisziert. Es kommt deswegen zwischen den Fuhrleuten und den Torwächtern nicht selten zu unerquicklichen Szenen, bei «denen sich die Baselbieter, wie es scheint, durch Handfestigkeit und böse Mäuler besonders unangenehm bemerkbar machen».

1876

In der Stadt Basel werden 1079 Pferde, 1135 Kühe, 275 Schweine, 79 Schafe, 161 Ziegen und 105 Bienenstöcke gezählt!

1894

Mit grosser Feierlichkeit wird das Historische Museum in der Barfüsserkirche eingeweiht. 1888 hatte die Regierung vergeblich versucht, die Kirche dem Bundesrat als Sitz des Schweizerischen Landesmuseums beliebt zu machen.

22. April

Anselmus der Erzbischof

1291

König Rudolf von Habsburg feiert mit seiner jungen zweiten Gemahlin Elisabeth in Basel das Osterfest.

1474

Herzog Sigismund von Österreich lässt seine Kriegserklärung an Herzog Karl den Kühnen von Burgund abgehen, «vielleicht das gewaltigste Dokument der Basler Geschichte».

1475

Auf ihrer Kriegsfahrt nach Neuss treffen die zweihundert Basler Landser in Köln ein. Noch am selben Abend kommt es in der Stadt zu einer blutigen Schlägerei, weil ein gewisser Oberlin von Waldenburg, genannt Studenoberlin, einen Todschlag begangen hat: Einige Söldner von Ulm und Nürnberg wollen den Erschlagenen rächen, während andererseits mehrere Basler und Strassburger für den Studenoberlin Partei ergreifen. Der Kampf, an dem sich schliesslich Hunderte beteiligen, eskaliert zu einer eigentlichen Schlacht mit Faustwaffen und Feuerbüchsen und nimmt ein trauriges Ende: 24 Tote, unter ihnen fünf Basler, und mehr als 50 Verletzte bleiben auf der Walstatt liegen!

1522

Die in französischem Sold stehenden Eidgenossen erleiden in offener Feldschlacht gegen die deutschen Landsknechte im Krieg zwischen Karl V. und Franz I. bei Bicocca in der Nähe von Mailand eine schwere Niederlage. Dreitausend Eidgenossen finden den Tod. Auch Basel hat den schmerzlichen Verlust «von vielen guten, redlichen Bürgern» zu beklagen. Unter ihnen Hauptmann J.J. Meltinger, Junker Hermann Stör, Bonaventura Bär, Lienhard David, Sonnenwirt Zeller und Meister Hans Keigel.

1525

Der Rat verbietet den Pfarrern alles Schmähen, Schelten und Lästern gegen die Regierung und warnt die Bevölkerung bei ernstlicher Strafe vor dem Zutrinken und Gotteslästern.

1653

Arisdorf wird von einem Grossbrand heimgesucht, dem zehn Häuser und fünf Scheunen «mit etwas Vieh» zum Opfer fallen.

1659

In der St. Johannsvorstadt geht «das Eckhaus gegenüber dem Todten Tanz wie man zum Rhein hinab zur Ross Träncki geht» in Flammen auf. Das Feuer findet durch die im Estrich des sogenannten Türken-Becks gelagerten 800 Holzwellen und etlichen Burden Schaub (Strohbündel) reichlich Nahrung.

1662

Auf der neuen Salmenwaage, die im Vorjahr auf einem Fels unterhalb der Pfalz errichtet worden ist, wird der erste Salm gefangen. Andern-

Der Turner Willkomm in St. Jakob.

Melodie: Es lebe, was auf Erden ꝛc.

Hoch leben alle Turner
Von nahe und von fern!
Sie stehen fest in Stürmen,
Sie sind des Landes Kern.
Hoch leben ꝛc.

Des Turners reges Treiben
Erfüllt das Herz mit Lust;
Mag Alles um ihn beben,
Voll Muth ist seine Brust.
Hoch leben ꝛc.

Im Freien muß er leben,
In heiliger Natur,
Im Freien will er wirken
Auf freier Schweizerflur.
Hoch leben ꝛc.

Die Kräfte soll er üben,
Die Freundschaft er erneu'n,
Drum will er diese Tage
Der Kraft und Freundschaft weih'n.
Hoch leben ꝛc.

D'rum naht von Berg und Thalen
Der Schweizersöhne Zug,
Es wehen ihre Fahnen
Mit freiem, munterm Flug.
Hoch leben ꝛc.

Flugblatt, 22. April 1835.

tags gehen den Fischern nochmals zwei Salme in die Falle. «Der einte dieser Salmen wird sodann dem französischen Ambassador nach Solothurn zu einem Präsent geschickt. Er wiegt 30 Pfund.»

1721

In der Regenzstube der Universität wird Johannes Tonjola, Professor der Rechte, zum Doktor promoviert: «Der Rector that eine kleine Oration (Würdigung) neben Ablesung der Prof. Tonjolae Personalien. Hernach machte er ihn ohne sonderbare Ceremonien, die dem Doctorat sonsten mit dem Buch, mit dem Ring, mit dem Umgürten etc. pflegen voranzugehen, zum Juris Utriusque Doctor in dem 56. Jahr seines Alters. Die Zeremonie währet eine kleine Stunde.»

1745

Vor dem Rathaus wird eine fremde Weibsperson an Halseisen gestellt und gebrandmarkt. «Sie hatte drey uneheliche Kinder, von denen sie eines an einen Juden verkaufte und ein anderes vor das Riehentor legte. Man glaubt, dass sie enthauptet würde. Weil sie aber als Hur grosse Patronen (Beschützer) hatte, ward sie laufen gelassen.»

1769

Als der Goldschmied Conrad Gut, der sich in ungebührlicher Rede gegen den Rat gerichtet hat, in Arrest geführt werden soll, will er den Stadtknecht Hoffmann, genannt Schneegans, erstechen und erschiessen. Er wird deshalb, samt seiner Frau, für ein Vierteljahr ins Zuchthaus gesteckt und anschliessend für Dreivierteljahr in seinem Haus in Haft gesetzt.

1846

Der Baselbieter Landrat beauftragt die Regierung, mit einer Gesellschaft über den Bau einer Eisenbahn von Birsfelden nach Olten zu verhandeln, aber nur unter der Bedingung, dass auf dem Birsfeld ein Endbahnhof ohne Fortsetzung nach der Stadt erbaut werde!

1899

Im neuen Operationsgebäude des Bürgerspitals wird die erste Operation vorgenommen.

1906

Im Restaurant «zum Löwenfels» an der Steinenvorstadt 36 präsentiert sich eine 17jährige «Riesendame von 280 Pfund». Trotzdem «die Dame dieses Gewicht aufweist, ist sie sehr schön gebaut, leicht zu Fuss, anmutig, sehr gesund und gebildet».

23. April

Georg der Märtyrer

1446

Achthundert Basler unternehmen einen Beutezug gegen Altkirch, den Hauptsitz der Feinde im Elsass. Sie versuchen sich aber nicht an der Eroberung des Städtchens, sondern lassen es beim Raub des gesamten Viehbestandes auf dem Weideland bewenden. Auf dem Rückweg plündern und verbrennen sie mehrere Sundgauer Dörfer, so dass die Kriegerschar «mit vollen Säcken ruhmvoll» wieder in Basel Einzug halten kann.

1448

An «Sankt Jörgentag fällt ein Schnee einen Fuss tief. Der mehret sich sechs Tag und gefriert zwei Tag hart wie im Winter. Er währet also by zehn Tagen».

1466

Die Ordnung E. E. Zunft zu Schneidern hält fest, dass die Gesellen jeweils ab dem St. Georgen-Tag (23. April) bis zum St. Michaelis-Tag (29. September) mit dem Tagewerk morgens 5 Uhr zu beginnen und dieses nicht vor 9 Uhr abends zu beenden hätten. Trotz der überaus langen Arbeitszeit ist der Lohn der Schneidergesellen so gering, dass sie keine Familie unterhalten können. Verheiratete Gesellen werden deshalb von den Meistern nicht geduldet, weil diese befürchten, sie könnten sich auf unlautere Weise zusätzliche Einkünfte verschaffen. Auf der Stör nicht erlaubt ist den Schneidergesellen auch das Arbeiten für «üppige Frauen», desgleichen für Studenten und Professoren, deren Zahlungsfähigkeit offenbar nicht über alle Zweifel erhaben ist.

1495

Kurz vor Mitternacht bricht in Junker Michel Meyers Haus auf dem Heuberg «eine schröckliche Brunst aus, welche 36 Häuser und Scheunen verschluckt. Das Feuer ist im Badstübli angegangen, darnach in die Stallung gekommen und griff so greulich um sich, dass man das Volk zum Banner rufen musste, um das Feuer zu löschen». Um der Rache der vielen Geschädigten zu entgehen, flüchtet Ratsherr Meyer, der Besitzer des abgebrannten Hofs Gunach, des späteren Löwenzorns, aus der Stadt und kann erst am 2. Mai unter dem sichern Schutz des Rats wieder zurückkehren.

In der Erkenntnis, dass eine «Schwimm- und Badanstalt, welche der Gesundheit förderlich ist und zur Verminderung einer der Gefahren beiträgt, welche das menschliche Leben mit gewaltsamer Verkürzung bedrohen», lässt die Gesellschaft für das Gute und Gemeinnützige unterhalb der Pfalz eine Männerbadanstalt errichten. «Die Pionierleistung ist am 23. April 1831 vollendet und hat Fr. 6273.37 gekostet.»

1521

Basel erwirbt von Graf Wilhelm von Fürstenberg um zehntausend Gulden Stadt und Schloss L'Isle in der Franche-Comté am Doubs und setzt Junker Wolf Iselin zum Landvogt ein.

1547

«Zur Erhaltung freundlicher guter Nachbarschaft» verkauft Markgraf Ernst von Baden-Hachberg gegen vierhundert rheinische Gulden seine in Riehen sesshaften Untertanen den «lieben Nachburn von Basel».

1621

«Gladi Gonthier hält mit des reichen Iselins Tochter Hochzeit. Die Pracht ist übermässig. Hatten in 18 Wochen ein Kind!»

1813

Barbara Mändle, Witwe des Fabrikarbeiters, bewirbt sich mit ihren drei Kindern beim Stadtrat um das Bürgerrecht, wird aber abgewiesen: «Die Regierung wirft lieber stromweise Geld weg und wendet solches an unnütze Spaziergänger, als dass sie sich dieser armen Waysenkinder erbarmte!»

1865

An der Rebgasse 12 gehen elf Gebäude des Zimmermeisters Josua Tester in Flammen auf. Das Riesenfeuer verbreitet sich in ungeheurer Geschwindigkeit in den mit Riegelwerk erbauten Häusern, genährt von den beträchtlichen Holzvorräten der Zimmerei und begünstigt durch grossen Wassermangel. Mehr als dreissig Obdachlose müssen für einige Zeit auf Staatskosten verpflegt und logiert werden. Die städtische Brandassekuranz hat Fr. 73371.66 zu vergüten, die bisher bedeutendste Entschädigungssumme seit ihrem Bestehen.

1888

Im Grossen Rat lässt der Besuch der Sitzungen allgemein zu wünschen übrig. Nachmittags muss zwei Stunden gewartet werden, bis das beschlussfähige Minimum von fünfzig Mitgliedern erreicht ist.

> Konzert von Schülern des Hrn. Emil Braun. (Korr.) Herr Emil Braun ist nicht nur Cellovirtuose, nicht nur ein ganz hervorragender Cellolehrer, er hat auch ein Herz für unsere Basler Jugend. Auch dieses Jahr soll der Ertrag seines Schülerkonzertes wieder der Basler Kinderheilstätte in Langenbruck zugute kommen. Das ist sehr verdankenswert und wir wünschen diesem Konzerte recht viele Zuhörer.
>
> Der Zirkus Norton B. Smith hat seinen Aufenthalt bis und mit Freitag abend verlängert und gibt von Montag abend ermässigte Preise auf allen Plätzen für Erwachsene und Kinder. Dieselben stellen sich wie folgt: Loge 2 Fr., Sperrsitz 1 Fr. 25, 1. Platz 1 Fr., 2. Platz 60 Cts., Gallerie 30 Cts.
>
> Fussballsport. In dem in Basel gespielten 3. Entscheidungsmatch siegte, nachdem die beiden ersten unentschieden geblieben waren, F. C. Basel mit 4:1 Goals über Old-Boys Basel und errang damit die Meisterschaft der Zentralschweiz Serie A.

Basler Anzeiger,
23. April 1907.

1891

Die stetig anwachsende Mitgliederzahl des Allgemeinen Consumvereins beunruhigt zusehends den hiesigen Detailhandel: «Würde dieses üppige Wachstum im gleichen Masse noch einige Jahre fortdauern, so wäre die Einwohnerschaft Basels in kurzer Zeit ein allgemeiner Konsumverein, welcher sämtliche Geschäfte in Generalpacht nimmt und der baslerische Sozialstaat steht fix und fertig vor uns!»

1893

«Eine ebenso gesunde wie unterhaltende Bewegung ist das Gondelfahren. Dazu ist schönste Gelegenheit gegeben beim Restaurant Suter auf der Breite. Ein prächtiger, eigens angelegter 70 cm tiefer Weiher ladet zum Vergnügen. Es stehen sieben Kähne zur Verfügung. Von Gefahr ist keine Rede.»

1906

Das neue Schulhaus der höheren Töchterschule am Kohlenberg wird bezogen. «Der Schulpalast zeigt alles Raffinement der neuesten Schulhygiene und des Schulbetriebs der Neuzeit und ist, als erstes der baslerischen Schulhäuser, in allen Unterrichtsräumen mit künstlerischem Wandschmuck ausgestattet.»

24. April

Adalbert von Prag der Bischof

1421

Ein Wolf versetzt die Bevölkerung in grosse Aufregung: Vom Rheinsprung herkommend, schlendert er über den Fischmarkt zum Petersplatz und verlässt dann durch das St. Johannstor die Stadt, ohne einen Schaden angerichtet zu haben.

1459

Johannes Ner, Chorherr und Offizial des bischöflichen Gerichts, stiftet auf den St. Johannesaltar in der Krypta des Münsters eine Seelmesse, die wöchentlich montags, mittwochs und freitags für die «abgestorbenen Seelen im Fegfeuer zu singen ist, welchen durch solche Todtendienst möge geholfen werden». Der Stifter «erachtete die Gruft des Münsters als kommlich, damit das Chor in seinem Gottesdienst unverhinderet bliebe».

1462

Basel wird durch einen mächtigen Schneefall eingedeckt, der neun Stunden währt und eine Höhe von zwei Schuh (ca. 60 cm) erreicht!

1499

«Die Welt ist mit Kriegsgeschrei erfüllt, und die Stadt gleicht einem Topf, darinnen es kocht, und weiss niemand, wenn es überläuft. Die Ratsherren tagen im Predigerkloster. Sie laufen mit erhitzten Gesichtern auf und ab und reden heftig. Sie sind zusammengetreten wegen des grossen Gigampfens. Oder ist es nicht ein Gigampfen, wenn auf dem einen Ende des Balkens König Max sitzt und auf dem andern Ende die Eidgenossen, und suchen beide Teile, den Balken zu sich zu ziehen und wollen, dass Basel auf ihre Seite rutsche. Ist man in der Sympathie auch geteilt, und hangen die einen diesem, die anderen jenem an, so meint der Rat aber doch, es sei klug und für die Stadt von Nutzen, wenn man keinem anhanget und den Bart streicht. Also sucht er die Gigampfe zu halten. Wir wollen Basler sein und bleiben. Man will also still sitzen, je stiller desto besser. Das ist ein schweres Tun, sonderlich, weil niemand weiss, ob das Kreuz oder die Pfauenfeder obsiegt.»

1661

Hans Hämmerling von Hüningen ermordet einen Tuchscherer aus Thüringen und macht sich davon. Er wird aber bald erwischt und einvernommen, doch leugnet er die Tat. Zum Beweis seiner angeblichen Unschuld muss er deshalb den Toten anrühren. Und wie dies geschieht, gibt der Ermordete zu beiden Seiten der Ohren Blutzeichen von sich, worauf sich Hämmerling als Mörder bekennt.

1738

Die Frau des Papierers Friedrich Walther bringt drei Knaben zur Welt, obwohl sie «nur von gantz kleiner Postur und noch nicht 20 Jahre alt ist». Innert sechs Stunden aber gehen die Neugeborenen To-

> **Automobil-Sensation!**
> Der „NEUE" 12 18 PS.
> STOEWER 2-Sitzer
> 1915 Modell 1915
> Lieferung ab April 1914
> Gebrauchswagen für Schweizer Terrain
> 4 Vorwärtsgeschwindigkeiten
>
> complet ausgerüstet, inklusive abnehmbare Räder
> Pneumatik 760 × 90
> 1758   H 642 Z
>
> **Fr. 6000.—**
>
> Die übrigen Modelle 1914 in 4- und 6-plätzig
> **12/18 PS, 18/26 PS, 30/45 PS.**
>
> Permanente Ausstellung.

Basler Nachrichten,
24. April 1914.

Am 24. April 1562 stirbt der 1495 geborene Bonifacius Amerbach. Der berühmte Rechtsgelehrte, Stadtkonsulent und fünffache Rektor der Universität zeichnete sich auch als hervorragender Kunstsammler aus. Das von seinem Vater, dem Buchdrucker Johannes, angelegte und von seinem Sohn, dem Rechtsgelehrten Basilius, ausgebaute sogenannte Amerbachsche Kabinett bildet den Grundstock unseres Kunstmuseums. Gefirnisste Tempera von Hans Holbein d. J. 1519.

des dahin. So werden die drei Kinder zusammen in einen Sarg gelegt und begraben. «Etliche Tage später haben Unsere Gnädigen Herren der schwachen Kindbetterin einen Sack Mehl, einen Saum Wein (136 Liter) und 10 Pfund Geld geben lassen.»

1821

Samuel Bell, Metzger in der neuen School und Gastwirt zur Krone in Kleinhüningen, bewirbt sich um einen bessern Platz in der School, der städtischen Metzgerei beim Kornmarkt. Er wird aber in seinem Begehren abgewiesen, indem die Fleischschau sich zugunsten von Johann Jakob Bell, den Metzger am Gemsberg, ausspricht. Samuel Bell wendet sich deshalb verärgert an den Stadtrat und erklärt, er könne bei diesem Entscheid, nicht «jene vollkommene Unpartheylichkeit erblicken, welche eigentlich die Seele aller obrigkeitlichen Beschlüsse sein sollte».

1825

Die aus der Studentenverbindung «Zofingia» hervorgegangenen «Basler Zofinger-Turner» unternehmen ihre erste Turnfahrt, die über die Landskron und Blauen auf den Gempenstollen führt. Es beteiligen sich aber nur 31 «Vater-Jahn-Jünger», die ersten in der Stadt, am Ausmarsch, weil «einige auch kleine Strapazen scheuen».

1889

Die Regierung erteilt den Herren Bohny, Hollinger & Cie. die Bewilligung zur Errichtung eines chemischen Laboratoriums für pharmazeutische Produkte an der obern Grenzacherstrasse. Die Konzession berechtigt zur Fabrikation von Extrakten aus Wurzeln und Rinden, Tinkturen, Salben, Pillen, komprimierten Pastillen und ätherischen Ölen sowie von Leinölfirnis und Bodenwichse mit zwei bis drei Mann. Fünf Jahre später übernehmen der Handelsmann Fritz Hoffmann und der Chemiker Max Carl Traub das junge Unternehmen und führen es unter der Firmenbezeichnung Hoffmann, Traub & Co. weiter. Die F. Hoffmann-La Roche & Co. AG (seit 1896) gilt heute als die «grösste Apotheke der Welt».

25. April

Markus der Evangelist

1449

Basel fühlt sich erneut von Hermann von Eptingen bedroht. Der der Stadt feindlich gesinnte Schlossherr zu Blochmont, der mächtigen Burg zwischen Pfirt und Delsberg, hegt böse Pläne. Der Rat ist auf der Hut und schickt 24 Freiwillige aus. Verstärkt durch die Besatzung der Burg Rineck bei Landskron, schleichen die Basler in schneeerhellter Nacht in die Vorburg, stechen die Torwächter nieder, entführen die Pferde des verhassten Ritters und legen Feuer. In Basel löst die siegreiche Tat Begeisterung aus. Aber man will sich erst zufriedengeben, wenn «das ganze Raubnest in Trümmer liegt».

1481

Die Gemeinde Oltingen beschliesst, zur Ehre des Allmächtigen und der Mutter Gottes einmal im Jahr, am Markustag, prozessionsweise, ordnungsgemäss und andächtig zum heiligen Fridolin nach Säckingen und einmal nach Bözen oder Schöntal zu wallfahrten.

1602

Beim Blumenplatz fällt ein Kind in die Heimlichkeit (Abtritt) und kommt ums Leben.

1608

Es soll die Hochzeit von Balbierer (Coiffeur) Gedeon Cherter mit Margreth Schott stattfinden. Die Leute sind schon in der Kirche und warten der Dinge, die da kommen sollen, da «verliert sich eins mahls der Hochzeiter, so dass männiglich wieder heimgehen muss»!

1609

Wie der Änishänslin in Lupsingen auf seinem Rebacker mit dem Vergraben von Steinen beschäftigt ist, stösst er «auf drey wohl zugerichtete Gräber in sehr guter Ordnung und Gestalt, in denen sechs Menschencörper mit über die Massen langen Schienbeinen liegen. Niemand kann hievon etwas aussagen. Auch die Ältesten in dieser Gegend nicht. Es ist anzunehmen, dass solche grosse Riesen müssen gewesen seyn».

1627

Ein Mörder aus dem Solothurnischen wird lebendig gerädert und verbrannt. Als ihm bereits die Glieder abgestossen sind, verlangt er nach einem Schluck Wasser. «Als man ihm den gegeben hat, wird er so erquicket, dass er in dem Feuer mit entsetzlichem Geschrey desto länger hat leben müessen.»

1645

«Es ist ziemlich küehl. Und ist der Gucku, welcher sich auf dem St. Petersplatz hat hören lassen, vom Baum herab geschossen worden. Gott behüet uns, dass dieser unglückhafte Gesell uns nichts Böses hat gesungen.»

1724

Es stirbt der 1658 geborene Theodor Zwinger, einer der bedeutendsten Ärzte seines Zeitalters. Nachdem er die Professuren der Eloquenz, der Physik, der Anatomie, der Botanik und der praktischen Medizin bekleidet hatte, wurde er auch noch Stadtarzt, Leibarzt an Fürstenhöfen und Autor bedeutsamer medizinischer Werke. Trotz seiner vielfältigen offiziellen Pflichten fand Zwinger, Vater von elf Kindern, auch noch Zeit, um sich aufopfernd um das persönliche Wohl vieler Mitbürger zu kümmern.

Schweizerischer Volksfreund, 25. April 1886.

1768

Zum 50. Hochzeitsfest beschenken Unsere Gnädigen Herren alt Meister J.H. Alt und dessen Frau mit 50 Pfund Geld, einem Sack Kernen und einem Saum guten alten Weines.

1771

Weil Meister Lux Dickenmanns Frau einer Dirne Unterschlupf gewährt hat, wird sie «mit einem Blech auffem Buckel, darauf Schand Couplerin geschrieben, zwey Tag in der Statt herum getrummlet und kommt hernach sechs Jahr ins Zuchthaus».

1788

Es stirbt der 84jährige Schuhmacher Jacob Pullich, der mit seiner 87jährigen Frau während 58 Jahren in der Ehe lebte. Obwohl er im Leben nie duldete, dass in seinem Haus Café getrunken wird, begehrte er vor seinem Tode «eine Tasse voll. Seine Frau aber wollte ihm diesen Gelust nicht mehr stillen und machte ihm nun auch keinen Caffee mehr»!

1836

Eine Baselbieterin, die vor dem Obergericht in Liestal erscheinen soll, entgegnet dem Weibel, der sie zitiert: «Bewahr mich Gott, da geh ich nicht hin. Ich geniere mich ja schon vor den Leuten, geschweige denn vor den Herren!»

1840

Im einst baseltreuen Gelterkinden kommt es zum sogenannten Gemeindejoggeliputsch: Unter Anführung des Landarbeiters Jakob Freyvogel von Gelterkinden, des sogenannten Gemeindejoggeli, wird im Zusammenhang mit der Staatsrechnung erneut die Wiedervereinigung mit Basel aufgerollt. Die Baselbieter Regierung unterbindet den

«Vorstellung wie ehmals die Müller in Basel am Ostermontag um die Eyer geloffen sind, und zwar am 25. April 1791 zum letzten Mal.» Guachemalerei von J.J. Schwarz. 1791.

Aufruhr, indem sie durch 600 Mann Infanterie, eine Kompagnie Scharfschützen, eine halbe Batterie Artillerie, das ganze Landjägerkorps und Kavallerie das Dorf besetzen lässt. Nach zwei Tagen ziehen die Truppen ohne Blutvergiessen wieder ab.

1895

Während der Nacht werden Probefahrten mit dem elektrischen Tram vorgenommen.

26. April

Kletus und Marcellinus die Päpste

1403

Der Rat ordnet an, dass all diejenigen, welche sich das Bürgerrecht auf einem Kriegszug verdienen, auch unentgeltlich in die Zunft aufgenommen werden müssen, welcher sie durch ihren Beruf zugehörig sind.

1409

Die Obrigkeit erlässt eine Kriegsordnung: Die Bewachung von Türmen und Ringmauern wird genau geregelt. Die Munitionsvorräte sind zu ergänzen wie auch das notwendige Holz anzuschaffen ist, um Schussbreschen in den Mauern sofort auszubessern. Jeder Bürger muss sich für ein Jahr mit Lebensmitteln verproviantieren. Alle «unnützen Leute» haben die Stadt zu verlassen.

1548

Es wird der Ratsbeschluss verkündet, wonach am Aussatz erkrankte Gatten niemals durch endgültige Scheidung getrennt werden dürfen, so lange «der kranke Gemahl am Leben ist, auch nicht, wenn es der kranke Teil dem gesunden gönnen will». Dies steht in krassem Gegensatz zum neulich getroffenen Entscheid in der Sache des Hans Jakob Wild, der gezwungen worden ist, seine Frau zu verlassen und preiszugeben.

1626

Der Pfarrer von Sissach macht seinen geistlichen Vorgesetzten Mitteilung, dass junge Gesellen die Gewohnheit hätten, an Mitfasten auf der Sissacher Fluh die Rabeneier auszunehmen, nachmalen im Dorf Anken, Bier und Brot zu sammeln und diese in einem Winkel zu verspeisen, was nicht selten zu Schlägereien führe.

1637

Die Verweltlichung der Sittenzucht zwingt die christliche Obrigkeit, die Bevölkerung zu gottgefälliger Lebensführung anzuhalten: «Demnach die Laster der Hurerei und allerlei Bubereien bei diesen armseligen, traurigen Zeiten je länger überhand nehmen und auch der Ehebruch bei gar vielen bald für keine Sünd mehr geachtet wird. Auch was Christus, der Herr, von den letzten Zeiten geweissaget, dass die Liebe in den Herzen der Menschen erkaltet, und dass die Leute allerhand

Auf, zum Kampf!

Auf! Muthig in den Kampf getreten
Für die Idee, die uns beseelt,
Sie macht uns alle zu Propheten.
Wenn auch der Rede Kunst noch fehlt!
Da muß ein Feuer uns entflammen,
Da dünk' sich keiner schwach und klein;
Ein gleich Gefühl führt uns zusammen,
Und Jeder muß ein Kämpfer sein!

Was ist's, das drängt zum muth'gen Streiten,
Das mächtig unsern Geist durchglüht,
Das uns das Dulden lehrt im Leiden,
Wenn Kerker's Nacht das Aug' umzieht?
Von keinem Träumer ist's beschworen,
Kein leerer, hohler Wahn nur ist's:
Vom lichten Geiste ward's geboren,
Die Lieb, die Menschenliebe ist's!

Ja lächelt nur, ihr eitlen Pfaffen,
Die ihr das arme Volk bethört;
Habt ihr die Liebe nur geschaffen,
Ein Gut, das euch allein gehört?
Wer hat entfacht die Scheiterhaufen,
Den Wahnsinn in das Herz gesä't? — —
O laßt doch euren Himmel laufen,
Das Elend auf der Erde seht!

Seht, wie um Einen zu bereichern,
Wohl Tausende die Armuth drückt,
Was man dem Bessern will verweigern,
Den Schlechten überall beglückt!
Ha, muß die Lieb uns nicht entzünden,
Uns nicht ein heil'ger Zorn durchglüh'n,
Sich nicht der Geist zum Geiste finden
Und siegbewußt die Welt durchzieh'n?

Ist die Idee einmal geboren,
Ist sie unsterblich immerdar;
Und was die finstern Mächt' erkoren,
Es fällt vor ihr, die ewig wahr!
Drum muthig in den Kampf getreten
Für die Idee, die uns beseelt,
Es werde Jeder zum Propheten,
Wenn auch der Rede Kunst noch fehlt!

Basler Arbeiterfreund, 26. April 1887.

Betrug, Ungerechtigkeit und Schindereien aneinander treiben werden», ist es ernstlich geboten, den göttlichen Gesetzen Nachachtung zu verschaffen.

1671

Als das Gartenhäuschen des Tuchmanns Friedrich Stern, das in gesetzwidriger Weise in der Neuen Vorstadt (Hebelstrasse) errichtet worden ist, mit Hebegeschirr und Winden an einen andern Platz versetzt werden soll, kommt «das Häuslein urplötzlich in Schwang und fällt über den Haufen». Dabei werden drei Leute schwer verwundet, worüber «die Herren Häupter ein gross Bedauren und Mitleiden hatten».

1790

In seinem 72. Lebensjahr stirbt Johann Jacob Frey, Senator zu Weinleuten und Accordant (Stücklöhner). «Seine ganzen Meriten bestanden im vielen Fressen. Deshalb hatte er kein einziges Nebenamt, das ihn hätte davon abhalten können. So ward ihm der Stein gesetzt: Gulosus (der Prasser) liegt hier, ein Mann von grossen Gaben / zu merklichem Verlust der Fleischerzunft begraben / Er lebte, ass und tranck und schloss die Augen zu / Geehrter Wanderer, stöhr ihn nicht, sein Magen fordert Ruh!»

1817

«In Betrachtung der gegenwärtigen Zeitumstände, wo der Mangel an den nothwendigsten Lebensbedürfnissen allgemein fühlbar wird», untersagt die Regierung das Tanzen im ganzen Kanton. Auch wird die Bevölkerung eindringlich ermahnt, «sich aller unnötigen Ausgaben zu enthalten, die Wirths- und Weinhäuser zu meiden und die Sonntage nicht durch Schwelgen zu entheiligen, sondern durch fleissiges und andächtiges Besuchen der gottesdienstlichen Versammlungen den Allerhöchsten um Ausstreuung seines reichen Segens anzuflehen.»

1848

Die Basler Spaziergänger geniessen das malerische Schauspiel der «deutschen Republik» auf der Schusterinsel, wo sich gegen dreihundert Freischärler auf verlorenem Posten aufhalten, bis sie sich entwaffnet über den Rhein nach Frankreich begeben. In der Stadt sind grössere Abteilungen deutscher Arbeiter zu sehen, die unter schweizerischer Bedeckung beim Lysbüchel die Elsässergrenze überschreiten.

1895

Sally Knopf eröffnet an der Freien Strasse 65 das Warenhaus Knopf AG.

27. April

Anastasius der Papst

1460

Papst Pius II. weiss um die Baufälligkeit des Basler Münsters. Weil er der Stadt wohlgesinnt ist, erteilt er allen, welche die Kathedrale am Fest der Geburt Mariä und vierzehn Tage nachher andächtig besuchen und zum Unterhalt des Münsters Beiträge leisten, einen vollständigen Ablass und ermächtigt den Bischof, die nötigen Beichtväter für diesen Ablass zu ernennen. Er bestimmt aber auch, damit das eingehende Geld sicher verwahrt werde, dass in der Kirche ein Opferstock angebracht wird, der mit drei Schlüsseln zu verschliessen ist. Einen Schlüssel soll der Kollektor, den andern das Domkapitel und den dritten der Bauherr des Münsters in Verwahrung nehmen.

1506

Im Münster wirft ein Student einem Glöcknerknaben ein «Bodenstück», eine Erdscholle, an den Kopf, so dass dieser blutüberströmt darniederfällt. Weil durch diese «blutrünstige» Tat die Domkirche entweiht worden ist, wird das Münster andertags von Weihbischof Telamonius Limpurger erneut in feierlicher Zeremonie eingesegnet.

Der Grosse Rat genehmigt am 26. April 1894 die Vergrösserung des St. Jakobskirchleins. Mit dem Abbruch der ehemaligen Kapelle der «armen Feldsiechen von St. Jakob an der Birs» wird umgehend begonnen.

Am 27. April 1860 zeigt Johann Buser die Neueröffnung des Neubads an, dessen «Wasserkraft in den mannigfaltigsten Krankheiten, namentlich der belebende und erquickende Einfluss auf Stoffwechsel, Blutmischung, Hautausschläge, Rheumatismen, Krämpfe, Hämorrhoiden und den Unterleib so bekannt sind, dass es keiner weiteren Empfehlung bedarf». Kolorierte Radierung von Rudolf Huber. Um 1800.

1523

Reformator Johannes Oekolampad schreibt an Zwingli, er habe neulich etwas entschiedener die Hand an den Pflug gelegt. Es seien viele Gegner vorhanden, aber auch eine offene Türe. Gott wende die Sache zum besten und zeige auf verschiedene Weise, dass sie unerschrocken vorwärts drängen und nicht zurückschauen sollten. Dann fügt er in Anlehnung an Jesaia I, 4 noch hinzu: «Es besteht die gute Hoffnung, dass auf ungewohnte Weise der Tag anbricht, an welchem alle zu Schanden werden, welche den Heiligen Israels lästern.»

1529

Nachdem durch die Reformationswirren das Domkapitel die Stadt verlassen hat und nur noch wenige Domherren, die sogenannten Baselkinder, in Basel auf ihren Höfen verblieben, lässt der Rat die abgewanderten Geistlichen «in ganz freundlicher Meinung» wissen, sie möchten doch zurückkehren und sich wieder unter den Schutz und Schirm der Obrigkeit begeben. Die Domherren antworten, sie seien zu Verhandlungen bereit, obwohl man gegen sie mit grosser Grausamkeit gehandelt habe.

1580

Der Altar der St. Vinzenzenkapelle wird abgebrochen. Das kleine Gotteshaus, dessen Kirchenfenster nun zugemauert sind, gehörte zum Domherrenhof «im Ranck des Münstersprungs gegen das Spital (an der Freien Strasse), der von altem her eine Götzenkapelle gehept hat».

1604

In der Kapelle zu St. Margrethen wird zum ersten Mal das heilige Abendmahl gefeiert.

1622

Der Nassauer Oberst Peter Holzapfel, genannt Mylender, wird vom Rat zum Kommandanten der baselischen Miliz ernannt. Er bezieht ein monatliches Gehalt von 300 Reichstalern sowie zusätzlich freie Wohnung und Pferdefütterung.

1629

Grabinschrift: «Under diesem Stein hat der wohledle und rechtfromme Johann von Waldkirch von Schaffhausen, dessen liebe Seel den 27. Aprilis 1629, seines alters im 19. Jahr, vom eifrigen Studieren und Ringen nach allen Tugenden zu ihrem Schöpfer und Erlöser zu der himmlischen Freud heimgeeilet ist, seine Sterblichkeit hingelegt, bis sie der letzte Posaunenschall zur Unsterblichkeit wieder auferweckt und zu den frommen Seelen im Himmel versetzen wird.»

1761

Im Rebhaus halten Meister und Vorgesetzte der Kleinbasler Ehrengesellschaften samt honorabeln Gästen «eine kostbare Mahlzeit in einer frischen und neuen Harmonie. Mithin ist dieser Tag, weilen dergleichen Mahlzeit noch niemals geschehen, gleichsam wie ein Jubelfest celebriert und in das Protocoll prodocolliert und die Fahnen heraus gehängt worden.»

1837

Da sowohl in Frankfurt als auch in Zürich die halben Brabantertaler bedeutend abgewertet worden sind und die Gefahr besteht, dass diese nun in grossem Ausmass in Basel an Zahlung gegeben werden, setzt die Regierung diese hier ausser Kurs.

1858

Unter Carl Geigy, dem Präsidenten des Direktoriums der Centralbahngesellschaft, wird der obere Hauensteintunnel, der erste grosse Tunnel in der Schweiz, festlich eingeweiht. Drei Tage später kann der regelmässige Bahnverkehr zwischen Basel und Olten aufgenommen werden.

1891

Der Grosse Rat beschliesst den Bau des Pestalozzischulhauses. Für Fr.

> C Liestal, 27. Apr. Landrath Bader ist am gleichen Tage als er mit seinem Schützling, dem Gemeinjoggeli von Gelterkinden, die Gefangenschaft freiwillig theilte, auf Verlangen seines Dorfes wieder zurückgekehrt. — Die Arrestationen und Verhöre dauern fort und unsre Residenz ist überglücklich ob des Soldätlens und Aristokrätlens; die Leute meinen sich, wie ein Pfau, der das Rad schlägt; die Bauern aber sind kaspernat und stellen hier und da die alte Behauptung auf: „strenge Herren regieren doch nicht lange." — Gelterkinden wollte statt seiner baaren Brandschatzung von 4000 Fr. einen auf den andern Tag zahlbaren Wechsel geben, den man aber grossartig verweigerte, weil man Stadtbasler Geld witterte. — Nichts war bei der ganzen Affaire possierlicher als den alten General Buser ausreiten zu sehen; die Freude, seinen Heldenmuth zu zeigen, ward ihm aber verdorben: man wartete nicht auf ihn, und er kam viele Stunden zu spät, post festum zwar, aber immer noch zur rechten Zeit zum Brotis und Salat. — Der Friede ist äusserlich wieder hergestellt, wie's innerlich aussieht, geht Niemand etwas an.

Neue Basler Zeitung, 27. April 1853.

461 000.– lässt sich ein Schulgebäude mit 15 Zimmern für 48 und 2 Zimmern für 56 Schüler, eine Turnhalle und eine Abwartswohnung erstellen.

28. April

Vitalis der Märtyrer

1449

Obwohl der Rat zur Zurückhaltung und Besonnenheit mahnt, herrscht in der Stadt eine fieberhafte Stimmung: Die Veste Blochmont muss fallen, so wollen es die Zünfte. Die Basler Hauptmacht zieht denn auch samt Stadtbanner und den zwei grössten Geschützen gegen Hermann von Eptingen und belagert das Schloss im nahen Jura. In «heiligem Eifer» treiben die Kriegsknechte tiefe Stollen unter die Festung, um die Eroberung durch Unterhöhlung der Grundmauern herbeizuführen.

1496

Ratsherr Hans Kilchmann, letzter seines Geschlechts, pilgert zum heiligen Grab in Jerusalem und wird dort zum Ritter geschlagen. Nach 29wöchiger Reisezeit kehrt er wohlbehalten wieder in seine Vaterstadt zurück.

1551

Wegen Diebstahls von Leinenzeug wird eine Frau dreimal im Rhein untergetaucht. Sie hat auf der Folter ihren Mann als Mitwisser des Diebstahls angeklagt, leugnete es aber nachher ab. Das Geld aus dem Erlös des Gestohlenen hat sie bei den Krämern für Schleckereien ausgegeben.

1593

Es werden dem Ackermeister im Spital und einem Steinmetz durch den Scharfrichter die Köpfe abgeschlagen, weil die beiden Bösewichter in der Spitalscheune Frucht gestohlen haben.

1642

In Bubendorf «legt sich ein alt Weib einen Strick um den Hals». Während des geschiehet, sehen verschiedene Bauern die erhängte Frau auf dem Feld in einem weissen Hemb mit grosser Geschwindigkeit umherspringen. Vier Jahre zuvor soll sich auch deren Schwester erhenkt haben.

1655

Im Ehegerichtssaal kommt es zu einem skandalösen Auftritt: Hans Heinrich Falkner droht, den Schänder seiner Tochter, Rudolf Fürfelder, vor den Augen des Gerichts zu erstechen. Und die Mutter des missbrauchten Mädchens beschimpft die Eherichter als Schelme, Diebe und meineidige Richter. Auch schleudert sie dem anwesenden Pfarrer ins Gesicht, er sei kein Seelenhirt, sondern ein wirklicher Teufelshirt. Die aufgebrachten Eltern haben schliesslich für ihre Unbeherrschtheit vor den beleidigten Eherichtern auf den Knien Abbitte zu leisten und werden zur Besserung ins Zuchthaus gesperrt.

1672

«Zu St. Elisabethen wird ein Mägdlein mit drey Zungen ans Licht der Welt geboren.»

1713

Im Ballenhaus (an der Theaterstrasse) werden zwei Bären, vier englische Doggen und ein wilder Ochs gegeneinander gehetzt, wobei eine Dogge von einem der Bären zu Tode gebissen wird. «Auch ist ein Hund zu sehen, der sich an ein Seil henkt und sich weit in die Höhe ziehen lässt, obschon über seinem Kopf brennende Raketen sind, die immer Kläpf von sich geben.»

1733

«Nachdem der allhiesige Isaac Bruckner, königlicher französischer Geographus, zu einem Oberaufseher über die Verfertigung der mathematischen und physischen Instrumente an der kayserlichen Universität in Petersburg ernannt worden ist, verlässt er Basel auf dem Wasserweg, um von diesem wichtigen Posten Possession zu nehmen.»

1751

Die Kanzlei der Stadt weist den Landvogt auf Farnsburg an, allfällige Entdeckungen von Gewölben, Gemäuern und Säulen im römischen Augst dem hiesigen Ingrossisten (Registrator) anzuzeigen.

1760

Durch das Los wird aus dem Kreis von drei Bewerbern für den juristischen Lehrstuhl an der Universität Dr. Falkner erkoren, obwohl Dr. d'Annone der beste gewesen wäre. Der in Basel übliche Brauch der Erwählung der Professoren durch das Los bedeutet eine Gefahr für die Universität. Denn nicht genug, dass Fremde von den Professuren ganz und gar ausgeschlossen sind, die Basler können so auch unter den eigenen Landsleuten nicht den geeignetsten wählen.

1834

In einem feierlichen Akt findet in Riehen die Einsetzung und Vereidigung des neuen Gescheides statt. Denn die Mitglieder der Grenzbehörden sind durch den geleisteten Gescheidseid ehrlich verpflichtet, über alle Wahrnehmungen betreffend Grenzsteine bis zu ihrem Tod Stillschweigen zu bewahren.

1838

Nachdem der Landrat mit 21 zu 17 Stimmen das Urteil bestätigt hat, wird in Liestal der 61jährige Johann Jakob Bowald, der den Taglöhner Oeschger aus Zunzgen ermordet

---

Ein Wunsch, zur Abhülfe des theuern Holzpreises.

Der Holzbedarf ist in gegenwärtiger Zeit ein wesentlicher Punkt jeder Haushaltung und ist unentbehrlich, mögen auch die Einrichtungen der Feuerstätten noch so ökonomisch seyn und mit möglichster Sparsamkeit zu Werke gegangen werden. Unsere lieben Nachbarn jenseits des Rheins wissen, daß unsere Holzvorräthe ausgeräumt und unsere Waldungen im Kanton vorerst den Bedarf nicht stillen können; deßwegen taxiren sie uns das Holz, das auf hiesigen Markt gebracht wird, so hoch wie immer möglich, und die ganze Einwohnerschaft Basels ist dieser Willkür unterworfen. — Sollte diesem Uebelstande nicht können abgeholfen werden?

Baslerische Mittheilungen,
28. April 1827.

Das Lohnhofgässlein (Leonhardsstapfelberg) vom Lohnhofhügel (Leonhardskirchplatz) aus gesehen. Aquarell von Johann Jakob Schneider. 28. April 1879.

hat, hingerichtet: «Im Hof des Regierungsgebäudes zu Liestal hört der Mörder, auf einem Stuhl sitzend, die Kappe in der Hand, das Todesurteil an. Nach Verlesung desselben und Zerbrechung des Stabes nehmen die Henkersknechte den Mörder, binden ihn mit Stricken und setzen ihn in eine offene Kutsche. Neben ihm sitzt Scharfrichter Mengis, ihm gegenüber die Pfarrer Zschokke und Rothbletz. Auf der Wiese hinter der Kaserne ist das Schaffot, von Balken und Diehlen erbaut. Der zitternde Mörder betritt es mit langsamem, mühevollem Schritte. Der Scharfrichter setzt ihn auf den Stuhl, schärt ihm die Haare, verbindet ihm die Augen: Und mit einem Schlag liegt der Kopf auf dem Boden!»

1879

Auf Initiative von Lehrer Adolf «Papa» Glatz gründen im Bischofshof einige seiner Schüler den Realschülerturnverein RTV 1879.

1892

Heute wird auf dem Marktplatz die erste Plakatsäule errichtet. «Es sollen deren eine ziemliche Anzahl in unserer Stadt aufgestellt werden.»

1912

«Es ergiesst sich eine wahre Völkerwanderung nach St. Jakob, 20 000 sind nicht zu hoch geschätzt, um das grosse Schaufliegen mitzuverfolgen. Unter grösster Spannung des Publikums besteigt Grandjean, ein kräftig gebauter Waadtländer, das Fahrzeug. Der Propeller beginnt zu sausen, dass der Luftzug den Nächststehenden fast die Hüte vom Kopfe reisst. Plötzlich fährt der Apparat in raschestem Automobiltempo auf seinen Rädchen davon, um nach ca. 50 Metern sich vom Boden zu erheben und in die Luft hinaufzuschrauben, so dass alle Vögel vor dem formidablen Bruder davonfliegen...»

29. April

Petrus der Märtyrer von Mailand

1551

Die Stadtknechte führen Batt Meyer, den jüngeren Sohn des Bürgermeisters Bernhard, in den Wasserturm und setzen ihn in Haft. Dem «heillosen Schurken, welcher schon lange viele Frauen und Mädchen geschändet hat», wird vielfacher Ehebruch vorgeworfen; aus seinen zahlreichen ehebrecherischen Verhältnissen sind ihm vier Töchter geboren worden. Auf sein Jammern, der Rat möge seine körperliche Schwäche bedenken, er könne wegen der herumspringenden Mäuse und Ratten weder essen noch trinken, wird Meyer in den Kerker im Aeschenschwibbogen verbracht.

1617

In Bennwil geht der südliche Dorfteil in Flammen auf, wobei neun Häuser samt der Kirche verbrennen. Von den brandgeschädigten Familien tragen deren sieben den Namen Spitteler.

1796

Es ereignet sich ein erschreckender Vorfall: Nach der Beerdigung eines hiesigen Kupferstechers «ist aus der

Gruft plötzlich ein angsthaftes Stöhnen zu hören. Auf das unheimliche Vernehmen wird der Sarg sogleich wieder an die Erdoberfläche gehoben und geöffnet. Und siehe da: Man findet den geglaubten Todten wirklich tod, aber auf dem Gesicht liegen, welches er in der Verzweiflung beim Wiederaufwachen mit seinen Fingernägeln fürchterlich zugerichtet hat. Es ist also ein Scheintodter lebendig begraben worden».

1864

Gottlieb Strahm aus dem bernischen Oberthal eröffnet an der Greifengasse 12 eine Eisenwarenhandlung.

1886

Delegierte des Posamentervereins, der Typographia, des deutschen und des freisinnigen Arbeitervereins sowie der Holzarbeitergewerkschaft vollziehen in der Wirtschaft Riegler an der Untern Rebgasse die Neugründung des Arbeiterbundes Basel, der Dachorganisation der Basler Arbeiterschaft.

30. April

Eutropius der Bischof

1446

Vierhundert österreichische Reiter und ein zahlreiches Fussvolk ziehen vor den Toren Kleinbasels auf und zerstören den Einlauf des Riehenteichs.

1449

Blochmont fällt: Hermann von Eptingen und seine Gefährten fügen sich ins Unvermeidliche und ergeben sich kampflos den Baslern. Der böse Störefried wird mit seinen 14 Getreuen in Ketten gelegt, nach Basel geführt und im Spalenschwibbogen eingekerkert. Gleichzeitig erfolgt die Räumung des Schlosses. Hausrat und Rüstungen, Korn, Mehl und Wein werden als willkommene Beute sichergestellt und ebenfalls in die Stadt verfrachtet. Alsdann lassen die Basler Blochmont in Flammen aufgehen und abbrechen. Nur

Das mit 66 Zellen ausgestattete Lohnhofgefängnis weist am 29. April 1885 keinen einzigen Insassen auf. Es ist dies seit 25 Jahren das erste Mal!

einige brandgeschwärzte Mauern überstehen als Wahrzeichen der siegreichen Tat den Kriegszug, der schliesslich den Frieden von Breisach einleitet.

1551

Neues Brunnwasser wird von Binningen in hölzernen Röhren in die Stadt geleitet.

1552

Bürgermeister Bernhard Meyer, die Ratsherren Hans Rudolf Faesch und Kaspar Krug sowie der der französischen Sprache mächtige Ratsschreiber Heinrich Falkner reisen samt 13 Pferden per Schiff in wichtiger politischer Mission nach Ensisheim: Sie sollen im Namen Basels und der Eidgenossenschaft König Heinrich II. von Frankreich mit Nachdruck darlegen, dass das Elsass der Kornkasten der Stadt und gemeiner Eidgenossenschaft sei, dass Teuerung, Not und Angst, ja der Ruin des armen Volkes, besonders der unschuldigen Kinder und Alten, die Folgen kriegerischer Auseinandersetzungen seien. Man hoffe daher, dass der christenlichste König, der gnädigste, mildeste Fürst der Christenheit, keine Brandschatzungen oder gar Angriffe und Belagerungen in den benachbarten österreichischen Landen zulasse.

1634

Madlen Eger von Riehen, die ihr neugeborenes uneheliches Kind er-

Es werden zum Verkauff offerirt:

1. Ein anderthalb Jucharten starcker Beyfang vor dem St. Johann-Thor / lincker Hand an der graden Straß / mit vielen Nuß-und anderen fruchtbaren Obs-Bäumen angefüllt; in billichem Preiß.
2. Extra gutes Kropff-Pulver und Täfelin für dicke Häls; ist im Adresse-Contor zu haben / oder der Author davon zu erfragen.
3. Ein sehr proper und wohl-gemachtes Frantzösisches Beth (so genannt) à la Duchesse, 3½ Schuh breit / von grünem Saye, dessen Umbhäng drey Stäb hoch / mit gelben Banden und Chenillen garnirt und außgezieret / sambt denen Soubassementen / Vorzügen / drey Matratzen halb Woll und Roßhaar / und einem durchgehend Küssin von Federen / umb 300. Francken.
4. Eine Flandrische Tapezerey von fünff Stücken / ohngefehr 3. Stäb hoch und 16. Stäb in dem Umbkreiß; vorstellende: Allerhand Bildereyen / Landschafften / Jägereyen und dergleichen / sambt einer Portiere von Mocquette in 2. Theilen / ohngefehr 4. Stäb hoch; umb 600. Francken. Die Herren Liebhabere dieser Mobilien belieben sich an Herrn Johann Rol / Banquier in Solothurn / zu addressiren.

Avis-Blättlein, 29. April 1732.

Am 30. April 1886 trifft die von Fritz und Paul Sarasin am Kumbuk-Fluss in Ceylon eingefangene Elefantenkuh «Miss Kumbuk» in Basel ein und bildet bis 1917 die Attraktion des Zoologischen Gartens. Sandsteinplastik von Carl Gutknecht am Haus Schlüsselberg 9. 1915.

würgt hat, wird im Hof des Rathauses zum Tod verurteilt. Der Henker führt die Kindsmörderin zum Käppelijoch auf der Rheinbrücke, bindet sie mit Stricken zusammen und wirft sie, so wie es das Gesetz will, in den Rhein. Beim Thomasturm zu St. Johann wird die Übeltäterin aus dem Wasser gezogen. Da sie noch lebend ist, wird ihr das Leben geschenkt unter der Bedingung, dass sie die Stadt auf ewig verlasse. «Weil die Ruchlose wie vor ihr etliche andere mit dem Leben davongekommen ist, erkennt der Rat, dass diese Gattung von Lebensstrafe künftighin zu unterlassen ist und dergleichen Personen mit dem Schwert oder auf andere Weise vom Leben zum Tod zu richten sind.»

1761

Mit grosser Pracht und Trompetengeschmetter reiten die Junggesellen und jung verheirateten Männer von Grossbasel und Kleinbasel frühmorgens zum Bannritt aus, um die Grenzen der Stadt zu kontrollieren. Nach ihrer Rückkehr galoppieren sie einmal um den Brunnen auf dem Fischmarkt und verfügen sich dann nach Hause. Neben den vier Häuptern der Stadt verfolgen auch bessere und gewöhnliche Bürger die imposante Zeremonie. Anderntags veranstalten die Reiter ein grosses Gastmahl. Wein und Brot liefert der Magistrat gratis, alles weitere ist Sache der Teilnehmer.

1770

In seinem dritten Lebensjahr stirbt Leonhard Blech, ältester Sohn des Ratsherrn zu Metzgern und Landvogts auf Farnsburg, der wegen allzu grosser Strenge, Rohheit und Gewinnsucht auf der Landschaft kein gutes Andenken hinterlässt. Trotz seiner zarten Jugend war das verblichene Büblein stadtbekannt, trug es doch immer einen besonders schmucken «Bolli», die aus Leder und starkem Stoff genähte Kopfbedeckung, welche die Kleinkinder vor Verletzungen schützte.

1774

Es wird die sogenannte Schlotterbeckin, eine betrügerische Käuflerin (Trödlerin), für ein Jahr ans Schellenwerk geschlagen. «Man sagt, sie sey eine natürliche Tochter des Herzogs von Württemberg, ihre Mutter sey aber nur eine Schneiderin gewesen. Leuthe, die den Herzog wohl kennen, versichern, dass sie ihm wie aus dem Gesicht geschnitten sey.»

1885

Wilhelm Klein schenkt dem Zoologischen Garten einen prächtigen Panther, den er «in der Wildnis eigenhändig gefangen hat».

1909

Der Dampfer «Müllheim a. Rh.» nimmt seine regelmässigen Passagierfahrten von Basel abwärts auf.

1. Mai

Sigismund der König von Burgund

1041

Kaiser Heinrich III. zu Speyr schenkt Bischof Theodoricus von Basel, seinem einstigen Kanzler, die Grafschaft Augst im Sisgau.

1308

Kaiser Albrecht wird bei Windisch erschlagen. Dies hat zur Folge, dass der auf Schloss Fürstenstein am Blauen von kaiserlichen Truppen belagerte Bischof von Basel wieder in die Stadt zurückkehren kann. So-

> Hören wir also wie viel ungebetene Gäste wir Basler nur vom 21. Dez. 1813 bis zum 30. April 1814 zu beherbergen und zu bewirthen hatten; ein genaues Verzeichniss ergibt nicht weniger als:
>
> | | |
> |---:|:---|
> | 1728 | Generale. |
> | 3026 | Obriste. |
> | 2420 | Majors. |
> | 26,279 | Offiziere. |
> | 2349 | Oberärzte. |
> | 2390 | Unterärzte. |
> | 240 | Minister. |
> | 1044 | Räthe. |
> | 2575 | Sekretärs. |
> | 3738 | Frauen. |
> | 56,891 | Bediente. |
> | 537,060 | Gemeine. |
>
> Summa 639,740 Einquartirte.

Statistische Erhebung, 30. April 1814.

gleich übt er an den kaiserlich gesinnten Edlen von Schaler und Münch Rache und plündert deren Adelshöfe am Nadelberg, so dass sich die Bewohner über Dächer und durch Wasserleitungen retten müssen.

— Unter den in den letzten Wochen nicht seltenen Todesfällen ist bemerkenswerth der des Färbermeisters Mast. Am Todestag, (den 21. Apr.) befand er sich ganz wohl. Gegen Abend ist er im Begriff einen Spaziergang zu machen, nachdem er in einem Erbauungsbuche gelesen. Ehe er ausgeht äußert er gegen seine Frau: Nichts ist gewisser als der Tod, und nichts ungewisser als die Stunde des Todes – und wenige Augenblicke darüber sinkt er vom Schlage gerührt zu Boden.

Baslerische Mittheilungen, 1. Mai 1830.

1354

Kleinbasel wird von einem Grossbrand heimgesucht, der dreissig Menschenleben fordert.

1525

Auch die Untertanen von Basel beginnen, sich gegen die Obrigkeit zu erheben. Deshalb schickt der Rat Bürgermeister Adelberg Meyer mit einigen Begleitern auf die Landschaft. Die Abgesandten sollen aufklären, was die Bauern in den Ämtern im Schilde führen. Im Benediktinerkloster Schöntal, das seit dem Jahre 1145 in einem stillen Waldtal nordöstlich von Langenbruck liegt, kommt es bereits zu einem ersten Exzess: Landleute und Wallfahrer verschaffen sich Zugang zu Klosterräumen und Kirche sowie zur seit alters besonders von Pestpilgern besuchten Marienkapelle und zerstören wertvolle Kunstschätze. Die Mönche lassen sich von der aufgebrachten Menge vertreiben, das geistliche Leben erlischt.

1559

Basel schliesst mit dem Bischof nochmals ein Bündnis auf gegenseitige Hilfe und Unterstützung. Bis nach St-Ursanne hinauf ist alles Land der Stadt verpfändet, die Bevölkerung aber soll sich im Bistum weiterhin zum Bischof und zur katholischen Religion bekennen.

1592

Ratsherr und Oberstzunftmeister Andreas Ryff stiftet den Büchsenschützen einen wertvollen silbernen Becher, unter der Bedingung, dass alle Schützen «des morgens früh auf der Zunft zu Safran mit ihren Reissbüchsen, Seitenwehren und Schützenhauben samt der Kleidung und Rüstung, als wie sie gegen den Feind ziechen wöllen, erscheinen». Das Schiessen entwickelt sich zu einem grossen Volksfest, das zwei Tage währt und gegen neunhundert Schützen in friedlichem Wettkampf vereinigt.

1644

Es schneit den ganzen Tag wie im Winter.

1693

Die Schneider halten ein grosses Schützenfest. Hierauf wird im Zunfthaus tüchtig getafelt und anschliessend auf dem Wasenbollwerk das Zunftzelt aufgeschlagen, in welchem sich die Schützen «mit ihren Wiblin lustig machen».

1724

Der Grosse Rat beschäftigt sich mit dem Niedergang der Universität: «Es kommt Unseren Gnädigen Herren und Oberen bedauerlich vor, dass nicht nur das Gymnasium auf Burg, sondern eine löbliche Universität selber, die eines der schönsten Kleinoden unserer Stadt ist, in ziemlichen Abgang geraten ist, deswegen es unser ernstlicher Wille und Meinung ist, dass hierin auf das schleunigst so viel möglich Abhilf geschaffen wird.»

1731

Der Küchenmeister des Bürgerspitals erlässt für die Pfründer folgende Speiseordnung: «Sonntags: Suppe und Fleisch, für jede Person wird ein Pfund rauh Fleisch gehauen. Montags: Mues-Suppen und Mähl-Bappen. Dienstags: Ein Stück Fleisch, Mähl-Suppen, Gemüs von Reis. Mittwochs: Gersten-Suppen, dick Mues, Gersten-Mues. Donnerstags: Suppen und Fleisch, Mähl-Suppen, Reis oder Gersten. Freytags: Mues- oder Gersten-Suppen und Milch-Bappen, Mähl-Suppen. Samstags: Den reichen Pfründern ein Pfund Fleisch, den übrigen aber Mähl-Suppen, dick Mues oder Gersten. Sodann werden 56 Pfund Kuttlen in einer Brühen für sämtliche Pfründer gekocht.»

1743

In den Kirchen wird ein neues Gesangsbuch aufgelegt: «Man kann wohl sagen, dass der Abzug oder die muthwillige Versäumniss des Lobgesangs eine grosse Ursache des fast aller Orten zerfallenen Christentums ist. Dafür soll das Buch eine Abhilfe schaffen.»

1746

Zweitägiger Regen bringt die Birs zum Überlaufen, so dass mehr als 30 000 von hiesigen Fischern eingesetzte Nasen weggeschwemmt werden.

1752

Die Jungmannschaft des St.-Johann-Quartiers zeigt sich der Bevölkerung mit einem farbenprächtigen Umzug. «Erst kurz vorher sind eine neue Fahne, dito Jungfrau (Mägdlein) und Eydgenossen verfertigt worden. Die Unkösten dazu sind in dem Quartier herum erbättelt worden.»

1833

In Gegenwart der Spitzen der Behörden und eines zahlreichen Publikums wird beim Rosental der neue Kleinbasler Gottesacker feierlich eingeweiht.

1845

Es wird eine tägliche Pferdepost nach Bern eingerichtet mit Stationen in Liestal, Waldenburg, Balsthal, Solothurn und Fraubrunnen.

1847

Die staatliche Suppenanstalt hat im vergangenen Monat 71 338 Portionen Suppe an hiesige Bedürftige und Kinder der Armenschule und Waisenhäuser ausgeteilt.

1864

An der Missionsstrasse 45, in einem kleinen Haus in etwas schattigem Gartenland, wird das Augenspital

In aller Stille wird am 1. Mai 1862 der von Baurat Josef Berckmüller erbaute Badische Bahnhof am Riehenring in Betrieb genommen, nachdem die Bahnlinie Basel–Säckingen schon am 2. Februar 1856 eröffnet worden ist. Der auf dem Areal der heutigen Mustermesse liegende Bahnhof vermag durch das stetige Wachstum des äusseren Kleinbasel bald nicht mehr den Anforderungen zu genügen, trotzdem hat er seine Aufgabe bis ins Jahr 1913 zu erfüllen.

eröffnet. Unter Mithilfe einer Diakonissin und einer Magd werden im ersten Jahr in sechs Betten 79 Patienten betreut. Das tägliche Kostgeld ist auf Fr. 1.25 festgesetzt.

2. Mai

Waldebert der Abt von Luxeuil

1467

Zum Preis von 1690 guter rheinischer Gulden erwirbt Basel aus der Hand des Werner Truchsess von Rheinfelden das Dorf Böckten mit «allen Zwingen, Bännen, Herrlichkeiten, Gerichten, Lüten, Wäldern, Feldern, Reben, Häusern und Fischenzen».

1475

Im Burgunderkrieg erobern die Eidgenossen «mit grossem Sturm und Nöten» das Schloss Orbe. Ein Soldat aus Waldenburg ersteigt als erster die Zinnen und erhält vom Rat für diese Heldentat eine Belohnung von drei Pfund und zwei Schilling. Die Berner schreiben nach Basel: «Die Euren halten sich so ehrlich, dass wir Euch zu ewigen Diensten verbunden sind.»

1491

Es fällt ein grosser Schnee, so dass «die Reben und die Nuss und viel Biren und Öpfel erfruren».

1525

In Laufen erheben sich die bischöflichen Untertanen. Sie ziehen ins Delsbergertal, überfallen das Kloster Lützel, zerstören kirchliche Einrichtungen und plündern den Klosterschatz. Der Schaden wird vom Abt auf dreissigtausend Gulden geschätzt.

1598

Durch «das Wühlen der Schweine» bricht unterhalb der Augustinergasse ein Stück Rheinmauer ein.

1605

Es wird ein Fremder ins Halseisen gestellt, weil er «den ganzen Sonntag ganz meckernd in der Stadt herumgezogen ist».

1635

Basel wird von einem unüberschaubaren Bettlervolk überschwemmt. Im Kleinbasel sind die Strassen mit Kranken vollgestopft. Einer der Bettelvögte berichtet, dass er innert eines halben Jahres 8000 Bettler durch das Riehentor in die Elende Herberge geführt und nach Verköstigung durch das Aeschentor wieder zum Verlassen der Stadt genötigt habe.

177

Großer Saal der Burgvogtei-Halle.

Sonntag den 2. Mai:
Brillante
Große Vorstellung
gegeben von Herrn
Velle

Magie,
Hypnodismus & Magnetismus.

Herr **Velle** wird Personen aus dem Publikum magnetisiren und ☞ **25 Damen** ☜ aus der Gesellschaft, welche sich diesem wunderbaren Experiment unterziehen wollen, singen und tanzen lassen.

Zum zweiten Male: **Eine lebende Dame in zwei Theile getheilt.**

Preise der Plätze:
Sperrsitz Fr. 2.—, erster Platz Fr. 1.—, Gallerie 50 Cts.
Cassaeröffnung um 7 Uhr. Anfang 8 Uhr.
Billete können zum Voraus bezogen werden in den Cigarrengeschäften von Herrn **Wazniewski**, Gerbergasse und Rheinbrücke, und Abends an der Kassa. Das ausführliche Programm in den Zetteln. 5669

Schweizerischer Volksfreund, 2. Mai 1886.

1653
Ein Unwetter schlägt in das Münster und zerschmettert etliche glasierte Ziegel. Es soll auch Schwefel geregnet haben.

1660
Trotz Einsprache der Gewerbeleute im St.-Alban-Tal wird dem Eisenhändler Ludwig Krug erlaubt, in der Neuen Welt einen Drahtzug zu errichten.

1691
Vor dem Rathaus verlangen die Bürger, dass der Grosse Rat ihrem Begehren, die Wahl des Oberstzunftmeisters durch das Volk vorzunehmen, entspreche. Die Sperrung der eisernen Gitter zwingt die Ratsherren zur Verpflegung auf dem obersten Umgang des Rathauses, wo ihnen vom Rathausknecht Brot und Wein aus dessen Keller gereicht wird: «Ohne Zweifel ist dies das einzige Beyspiel, dass ein Rathausknecht seine Gnädigen Herren und Oberen in Pontificalibus (mit allen Würden) bewirthet hat und ein Beweis, dass die critische Lage des Vaterlands nicht so starken Eindruck auf die Herzen, als Hunger und Durst auf ihren leeren Magen gewürckt hat.»

1723
Durch das blinde Los wird Theologieprofessor Johann Ludwig Frey zum Rektor der Universität erwählt. Er «refüsiert aber das hohe Amt sogleich mit dem Vermelden, er könne es nicht annehmen und versehen, weil er eine sehr schwache Leibs Constitution habe. Man will es aber nicht annehmen und schickte ihm gleichwohl den Rektorats-Meyen. Er schickte ihn aber wieder zurück, und so musste man einen anderen Rektor wählen.»

1798
In Basel werden die Häuser numeriert. «In der mehrern Stadt hat die Nummer 1 das St. Johannstor, während die höchste Nummer, 1759, an der obern Schneidergasse ist. In der mindern Stadt beginnt die Numerierung mit dem Brückenhaus an der Rheinbrücke, wogegen die höchste Nummer, 439, beim Hug'schen Haus an der Utengasse zu finden ist.»

1810
Im Haus «zum roten Hut» an der

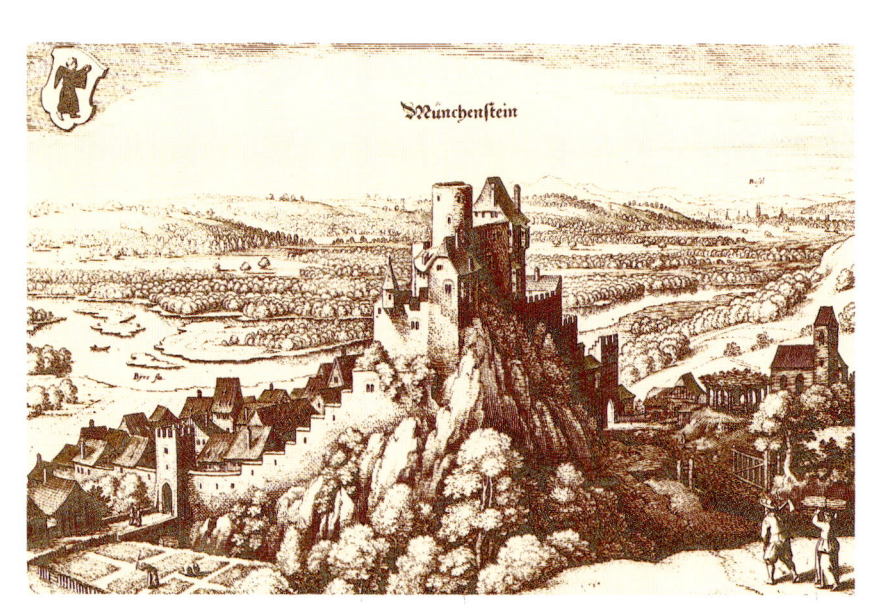

Am 2. Mai 1515 verkaufen die Brüder Hans Thüring, Jakob und Matthias von Münchenstein die Herrschaft Münchenstein-Muttenz gegen 660 Gulden der Stadt Basel. Radierung von Matthäus Merian. Um 1642.

Eine Woche vor Johann Peter Hebels 139. Geburtstag, am 3. Mai 1899, wird vor der Peterskirche das von Bildhauer Max Leu geschaffene Hebeldenkmal feierlich enthüllt, «welches so treu und treffsicher die Züge des Dichters wiedergibt. Am Abend findet ein belebtes Festmahl auf der Zunft zu Rebleuten statt, wobei die starke Vertretung der engeren Landsleute Hebels angenehm auffällt».

Freien Strasse 36 betreibt einer namens Badweiler mit zerhackten Kräutern Quacksalberei. Als er den wahrscheinlich an Lungenentzündung erkrankten Anton Wiedmer «zu Tode behandelt», weil er annimmt, dessen «Eingeweide seien faul», wird ihm das Handwerk gelegt:

1814

Marie Louise, die abgesetzte französische Kaiserin, wird in Basel durch «das hiesige Militär und die Musik» empfangen und im Blauen Haus logiert. «Sie kann der verstorbenen Königin Louise von Preussen nicht das Wasser reichen. Aber sie ist auch gut und hat etwas Sanftes im Gesicht. Hätte sie mehr Verstand, so könnte sie vielleicht eine schönere Rolle spielen.»

1830

Auf dem Heimweg von der Bettinger Kilbe geraten Riehener und Weiler in Streit. Schliesslich machen die letzteren von der Schusswaffe Gebrauch und verletzen vier Riehener zum Teil schwer. Als Lörrach mitteilt, man finde keinen Schuldigen, wird die Anklage fallengelassen.

3. Mai

Alexander, Eventius und Theodulus die Märtyrer

1521

Pentelin Gigelmann von Bubendorf, der den Kaplan am Marienaltar in Muttenz, Johannes Dornacher, erstochen hat, wird auf Fürbitte des in Basel weilenden Bischofs von Speyer freigesprochen.

1525

In Liestal versammeln sich die unzufriedenen Bauern, weil sie von der Stadt dringend Reformen erwarten. «Unsere Herren hand uns den Mantel, den Rock, das Wamms und den Hut abgezogen und auch das Marck us den Beinen gesogen», tönt es im Städtchen. Schliesslich ziehen 1600 Mann gegen Basel. Unterwegs suchen sie die Frauenklöster im Roten Haus und im Engental heim und essen und trinken, was vorhanden ist. Als die Bauern bei der Kapelle vor dem Aeschentor aufkreuzen, wollten «die Bürger einen Ausfall machen, die Bauern angreifen und sich mit ihnen schlagen. Das gestattet der Rat aber nicht. Denn wären die Bauern in die Stadt gekommen, so hätten sie die Klöster und die Geistlichkeit geplündert».

1568

Nach einem ausgiebigen Nachtmahl in der Herberge «zum Kopf» an der Schifflände lässt sich Junker Mathis Münch von Löwenburg dazu hinreissen, Gott mit grausamen Schwüren zu lästern und den Rat und die Eidgenossenschaft mit un-

Zoolog. Garten.

☞ **Sonntag den 3. Mai** ☜

Eröffnung der Vorstellungen
der Menges'schen

Somali-Karavane

27 Eingeborene des Somalilandes (20 Männer, 5 Frauen und 2 Kinder), 9 Reitpferde, 4 Dromedare, 4 Strauße, 5 Antilopen, 15 Schafe und Ziegen, 9 Jagdleoparden, 1 Leopard, 30 Affen, 27 afrikanische Perlhühner, Felle, Waffen rc.

Sonntags-Vorstellungen:
Vormittags 11 Uhr, Nachmittags 3 Uhr, 4½ Uhr und 6 Uhr.

Werktags-Vorstellungen:
Vormittags 11 Uhr, Nachmittags 3½ Uhr, Abends 5½ Uhr.

Eintrittspreis 1 Fr., Militär und Kinder 50 Cts., Schulen in Begleitung der Lehrer 25 Cts.

Aktionäre und Abonnenten haben in den **alten Garten** freien Eintritt; zum Besuche der Somali-Schaustellung können dieselben gegen

Vorweisung ihrer Karten

Billets zu **halbem Preise** an der Kasse beziehen. 5783
NB. Nur die Vorweisung der Aktionär- & Abonnementskarten berechtigt zu dieser Preisermäßigung!!

Sonntags Nachmittags von 4—7 Uhr

Concert des Basler Musikvereines.

☞ Von Mittags 1 Uhr an Trammverbindung vom Casino an.

National-Zeitung, 3. Mai 1891.

gebührlichen Reden zu beleidigen. Aus Angst vor harter Strafe flüchtet er hierauf aus der Stadt. Dank der Fürsprache seiner Verwandten übt die Obrigkeit aber Milde: Mit ein paar Tagen Haft im Aeschenturm und der Erstattung einer Urteilsgebühr von 50 Gulden ist seine unrühmliche Tat abgegolten.

1671

«Um 3 Uhr erhebt sich ein ziemliches Donnerwetter. Darauf folgt ein gräulicher Hagel. Der zerschlägt um beide Städt Basel die Reben und Roggen bis in den Grund, dergleichen bisher kaum gesehen noch erhört worden ist. Gott erbarm sich.»

1697

Der junge Herzog von Württemberg, Eberhard Ludwig, wird von der Obrigkeit zu einer herrlichen Mahlzeit auf der Zunftstube zu Hausgenossen empfangen. Wenige Tage später feiert er mit der Markgräflich-Durlachischen Erbprinzessin, Johanna Elisabetha, im Markgräflerhof Hochzeit. Die Häupter der Stadt beglückwünschen das hohe Paar und beschenken es mit einem silbervergoldeten Becher von 150 Lot Gewicht. Darauf «legt der Rector magnificus eine zierliche, überaus schöne deutsche Oration ab. Nach der Tafel ist Ball mit vier Diskantgeigen und einem Bass, welche die schönsten neuen französischen Weisen streichen.»

1698

Im Zunftsaal zu Schuhmachern «sieht man 5 Löwen, 2 grosse Straussen, jeder 2 Zentner schwer. Diese haben sehr lange Hälse, schöne Augen, kleine Köpfe, aber einen ziemlich grossen Leib. Weiter sind zu sehen ein schöner Papagei aus Afrika, der schön reden kann, 2 Meerratten, welche wie Haselmäus aussehen, fast so gross wie Eichenhörnli, ein Affe aus Amerika, der allerhand Künste zeigt, ein artiger Hund, der artig springen und aufs Pferd sitzen kann.»

1717

Am Kornmarkt stürzt eine Mauer des Hauses «zur Laute» samt einem Stück des Birsiggewölbes ein, was grössten Schaden verursacht: «Fatal sind solche Sachen, die unserer Stadt viel Schrecken machen/Gott woll' doch unsere Herzen weichen, dass wir sein göttlich Zorneszeichen/Erkennen und mit rechter Busse in Demuth fallen ihm zu Fusse. Amen.»

1720

Der Markgraf von Baden-Durlach trifft «samt 3 Kutschen Weibervolck und 160 Personen» in Basel ein. «Als er auf die Schützenmatte kommt, lässt Niclaus Hebdenstreit, der sogenannte Nickeli Dingen-

Der Regen hat mancherorts auch sein Gutes.

Basel wird am 4. Mai 1878 von einer akuten Wassernot geplagt, weil weder die Grellinger Quelle noch der Sammelweiher bei Seewen genügend Wasser liefern. «Das jetzige System der Diskretionshahnen, das zu häufigen Missbräuchen führt, weil die Hahnen von den Leuten nicht geschlossen werden, muss durch Wassermesser ersetzt werden, damit jedermann das konsumierte Wasser zu zahlen hat.» Karikatur aus dem Nebelspalter.

grums, welcher ein ziemlicher Poet ist, ein paar Vers hören, welche dem Markgraf so wohl gefallen, dass er befiehlt, ihm ein Vierling mit gutem alten Wein zu verehren.»

1746

Durch eine Tierseuche wird im Kleinbasel bis auf 14 Stück alles Vieh dahingerafft. Deshalb lässt der Rat den Wächter im Rheintor anweisen, dafür zu sorgen, dass keine Milch mehr ins Grossbasel geliefert wird.

1875

Das von Johann Jakob Stehlin auf dem Areal des ehemaligen Steinenklosters erbaute Steinenschulhaus wird seiner Bestimmung übergeben.

1897

Durch Unachtsamkeit des Fährmanns wird die mit 25 Personen besetzte St. Johannfähre «an einem vorwärts und rückwärts geschnellt, so dass eine allgemeine Panik entsteht. Die Gefahr, in der wir schwebten, wird erst klar, als wir wieder festen Boden fühlten, und ein Gefühl des tiefsten Dankes zu Gott erfüllt jedes beängstigte Herz.»

4. Mai

Florian der Märtyrer

1349

Der Schultheiss und der Rat von Kleinbasel übergeben der Kirche St. Theodor ein Haus zur Pfarrwohnung und erhalten dafür vom Domkapitel drei Häuser, damit «wegen der Mengi der Toten der Kilchhof erwyteret» werden kann.

1446

Weil Ritter Peter von Mörsberg, Feind der Stadt und Helfer der Armagnaken, den mit dem Basler Bürgerrecht ausgestatteten Abt von Beinwil verschleppt hat, ziehen die Basler mit 2000 Mann gegen das fünf Stunden entfernte Pfirt (Ferrette). Sie wagen aber keine Belagerung der stark befestigten Felsenburg und nehmen dafür das schöne Wasserschloss Alten-Pfirt aufs Korn. Dessen Vogt öffnet ihnen sofort das Tor und schwört der Stadt Basel sogar Treue. Das Schloss wird nun nicht verbrannt. Die Basler laden nur gegen 1000 Sack Korn auf die mitgebrachten leeren Wagen und verteilen diese in der Stadt unter die Zünfte.

1475

Das dem Bischof von Basel, Johannes von Venningen, gehörende Schlosse Kallenberg am Doubs wird von 2000 burgundischen Soldaten überfallen und bis auf den Grund zerstört, wobei grosse Vorräte an Korn verbrennen. Dies konnte nur geschehen, weil der Bischof aus Geiz nur sechs Mann Besatzung auf das Schloss kommandierte. Unter dem Volk heisst der wegen seines Geizes verhasste Kirchenfürst: Johannes von Pfenningen!

1513

Unter den 4000 Eidgenossen, die dem Herzog von Mailand im Kampf gegen Frankreich zu Hilfe eilen, befinden sich auch 200 Basler. Vor «ihrem harten langsamen Weg» durch das Wallis ist die von Hans Stolz befehligte Truppe in Solothurn «begehrlich, Sant Johanns Segen ab dem Heiligtum St. Ursen und Victors zu trinken».

1584

Wieder werden zwei Diebe hingerichtet, der eine mit dem Strang, der andere mit dem Schwert.

1635

Auf diesen Tag werden zu Basel auf einmal dreissig Hochzeiten gehalten!

1667

Zwei Kleinbasler tragen einen Mühlestein von vier Zentner Gewicht an einem Hebel aus der Kleinen Stadt bis zum Ochsen an der Spalen.

1722

Der Grosse Rat behandelt die Frage, ob das Pfarrhaus von St. Leonhard umgebaut werden soll. Dazu wird gesagt: «Die Apostel haben zu ihren Zeiten in armen Fischerhütten gewohnt und nicht in prächtigen Palästen. Aber heutzutage wollen die Herren Seelsorger, einer um den andern, in tollen Palästen wohnen, wodurch ihr Hochmut immer weiter anwächst.» Das Begehren wird deswegen einstweilen ausgestellt!

1727

In der Kirche von Liestal werden vier Schatzgräber, die in Arisdorf unter heiligen Gebeten auf abergläubische Weise nach verborgenen Schätzen gegraben haben, öffentlich in den Senkel gestellt. Und Pfarrer Bruckner ermahnt die Sünder: «Wilhelm Gysin, Heinrich Fiechter, Jakob Abt und Heinrich Martin, euch ärgerliche vier Menschen, bitte ich um Jesu Christi und euerer Seelen Heyl und Seeligkeit willen, dass ihr meine Wort fleissig mercket und zu Hertzen gehen lasset.»

> **Nahrung. Kleidung.**
>
> Das Kriminal-Gesetz bestimmt für die Kettensträflinge und für die Züchtlinge einen Unterschied in der Nahrung. Erstere sollen nebst Wasser und Brod blos warme Suppe erhalten, letztere annoch täglich einmal Zugemüße, und statt diesem wöchentlich einmal ½ Pfund Fleisch.
>
> Diesem nach erhalten die sämmtlichen Sträflinge des Morgens ⅔ alte oder 1 neue Maas Habergrütze, des Mittags die gleiche Portion Rumfordische Suppe, und des Nachts das nämliche Gefäß voll Reis oder anderes, und einige Kartoffeln dazu; die Züchtlinge überdieß noch wöchentlich einmal ½ Pfund Fleisch, und die andern Tage Zugemüße.
>
> Alle Sträflinge erhalten täglich 1 Pfund halb schwarzes Brod in 2 Pfund-Leiben.

Baslerische Mittheilungen, 4. Mai 1828.

1767

«Die Spalemer und St. Johannsemer Buben halten bey kaltem windigem Wetter das erstemal ihre ceremonialischen und militärischen Umzüge.»

1877

«Basel wird immer reicher an Einrichtungen, die an grossstädtisches Wesen erinnern. So fährt seit einigen Tagen ein hübsch und praktisch gebauter Bieromnibus in allen Quartieren herum, von welchem nach Bedarf frisches Bier in Literflaschen bezogen werden kann.»

1905

Zurzeit sind ungefähr 1500 Arbeiter aus verschiedenen Branchen im Ausstand. «Der Streik scheint sich nicht so ruhig abzuwickeln, wie es zuerst den Anschein hatte. So ist an einem Neubau ein Pikett von 10 Mann Polizei und einem Offizier bemerkt, die infolge der starken Ansammlung von Zimmerleuten dort Aufstellung genommen haben. Die fortwährenden Rapporte der mit Velos ausgerüsteten Polizeimänner zeigen, dass auch an andern Bauplätzen eine scharfe Bewachung stattfindet.»

1914

Aus dem Kreis des Schomre Thora Jünglingsvereins treffen sich elf Mitglieder zur Gründung des Jüdischen Sportclubs Basel (seit 1917 Jüdischer Turnverein).

5. Mai

Gotthard der Bischof

1456

Vor seinem Hause wird Pentelin, der Stiftsschaffner auf Burg, von zwei Söldnern, Hans Kalbsmul und Hans Schmid, auf jämmerliche Weise niedergestochen und ermordet. Der Rat erklärt die beiden ruchlosen Täter, die in die Gegend von Zürich flüchten, zu vogelfreien Menschen, denen von Sonnenaufgang bis Untergang jeder Schutz und Friede abgehe.

1548

Wegen Ehebruchs, heisst es, wird der Meier von Gempen, also der Gemeindepräsident, vom Mann, dessen Frau er verführt hat, zu Tode geschlagen.

1551

Heute wird weder Rindfleisch noch Kuhfleisch in der School, der städtischen Metzgerei, verkauft. So machen die Metzger mit der Obrigkeit was sie wollen. Wenn es dem Rat nicht an Mut fehlte, könnte er ohne Mühe ihre Frechheit bändigen.

1627

Es ergiesst sich über Stadt und Land eine ausserordentlich heftige Regensturzflut. Beim Steinentor reisst der Birsig ein Stück der Schanze weg und überschwemmt die Vorstadt.
In derselben Nacht setzt der Bischof von Basel in Allschwil anstelle des reformierten Predikanten wieder einen katholischen Priester ein. Nachdem die Kirche neu geweiht worden ist, lässt der Bischof eine Messe lesen, wobei jung und alt, Mann und Frau, gezwungen werden, dieselbe anzuhören.

1629

Das Waldenburger Amt wird von einer unheimlich verheerenden Wassernot heimgesucht. In Hölstein verlieren zehn Menschen ihr

> **Zu Ausnahmspreisen**
> offeriere ich in vorzüglicher Qualität per Liter:
> Cognac von Fr. 1.25 an | Anisette 2.—
> Rhum von Fr. 1.20 an | Heidelbeer —.80
> Absinthe 1.80 | Curaçao 2.—
> Wermuth 1.10 | Parfait-Amour 2.—
> Magenbitter 1.80 | Cassis de Dijon 2.—
> Drusen —.80 | Maraschino 3.—
> Treber —.60 | Crème de Citrons 2.50
> Kirsch 1.80 b. 3.50 | Crème de Noyaux 2.50
> Wachholder —.80 | Crème de Vanille 2.50
> Kümmel —.80 | Crème de Menthe 2.50
> Pfeffermünz 80 | Sirops framboises 1.80
> Nußwasser —.80 | Sirops Capillaire 1.60
> Chartreuse 3.— | Sirops de Gomme 1.60
>
> **Jos. Dietrich**, Steinenvorstadt 3.

Basler Morgenzeitung, 5. Mai 1887.

Leben. Neben zahlreichem Vieh werden auch acht Häuser und vier Scheunen vom reissenden Hochwasser weggeschwemmt: «Der Schaden, der geschehen, wenn man ihn zahlen sollt, es wär dafür zu geben mehr als zwei Tonnen Gold. Aber Gott hats so wöllen han, andern zum Augenscheine. O Gott, thu uns nit strafen nach unsern Sünden gross. Wir hand verschlafen dein Gebot ohn Underloss. Hand allzeit gelebt in aller Üppigkeit, hand Gottes Wort verachtet. Es wird uns werden leid!»

1652

Einer Wette wegen «lüpft der Tecknauer Martin Meyer des Schmieds Amboss, welcher um 5½ Centner schwer ist. Dieser fällt dabey aber zu Boden, wobei ihm ein Arm zerquetscht wird».

1655

Ein noch nicht 20jähriger Mann aus Münchenstein, dessen Vater der reiche Bauer genannt wird, hat sich aus Antrieb des bösen Geistes, des Teufels, selber angezeigt: Er hat auf dem Hof mit den Tieren Bestialität (Unzucht) getrieben. Wegen dieser schweren Sünde muss er sein Leben

Der berühmte Luftschiffer Blanchard startet am 5. Mai 1788 vor dem Markgräflerhof zu seinem 30. Aufstieg. «Sobald er sich zu Erheben beginnt, verbreitet sich unter den Zuschauern eine Mischung von Bewunderung und Schauer, und unter dem Freudengeschrey vernimmt man die Laute des Mitleidens. Es verliert aber der Luftsegler seine Geistes-Gegenwart nie, denn er schwingt ohne Unterlass eine Fahne. Nach Verfluss einer halben Stunde sieht man den Luftball sich nach und nach senken, bis er sich zwischen Basel und Allschweyler niederlässt. Ausser einer kleinen Verletzung am Fusse erfährt Herr Blanchard keine weitere Beschädigung.»

lassen: Er wird enthauptet und zu Asche verbrannt.

1662

Catharina Frey hat ihrem achtjährigen Stiefkind das gesponnene Garn in den Händen verbrannt und es gezwungen, den eigenen Kot zu essen. Sie hat ihre Schandtat zu büssen, indem sie in der Kirche von St. Peter durch Pfarrer Götz öffentlich angeprangert wird.

1685

Das Basel zugehörige Hochgericht in Nunningen wird abgebrochen. Das Holz des Galgens überlässt der Rat dem Bauern Claus Büeler.

1824

Der Basler Gesangverein nimmt seine Proben auf. Die 17 Damen und 16 Herren üben «bankweise». In den Wartezeiten wird auch Flirt und Allotria getrieben, was dazu führt, dass «behufs besserer Überwachung der Töchter» besorgte Eltern den Proben beiwohnen!

1843

Nach mehrtägiger und hitziger Debatte beschliesst der Grosse Rat schliesslich die Weiterführung der Eisenbahnlinie Strassburg–St. Louis nach Basel und den Bau eines Bahnhofs, des ersten auf Schweizer Boden überhaupt.

1884

An der Horburgstrasse eröffnet der Linzer Johann Heinrich Franck seine Cichorienfabrik. Die Fusion mit der führenden Kaffeesurrogate-Firma «Helvetia Langenthal» im Jahre 1929 bringt eine Erweiterung der Produktepalette, indem nun auch die Herstellung des bekannten Senfs der Familie Thomi übernommen wird. Seit 1940 firmiert das Unternehmen unter dem Namen «Thomi & Franck AG».

1895

Das 1881 eingeführte Rösslitram rasselt zum letzten Mal durch Basels Strassen. Kein Wort des Bedauerns kommt über die Lippen der Bevölkerung. Im Gegenteil: Man verfrachtet die «altmodischen» Pferdebahnwagen mit einem Gefühl der Erleichterung nach Winterthur, wo sie am Eidgenössischen Schützenfest noch nützliche Dienste leisten.

6. Mai

Johannes vor der Lateinischen Pforte

1361

Bürgermeister und Rat erneuern in einer gemeinsamen Urkunde die Rechte und Pflichten der Ehrenzünfte zum Goldenen Stern und zum Himmel. Ihnen sind die folgenden Berufe unterstellt: Wundärzte, Scherer und Bader einerseits, Maler, Glaser, Glasmaler, Bildschnitzer, Kummetsattler, Reitsattler und Sporer anderseits.

1399

Papst Bonifacius IX. bestätigt den Verkauf von Kleinbasel an die Stadt Basel.

1557

Vor den Herren des Rats erscheinen «114 schwangere Wybspersonen» und bitten um das Leben des jugendlichen Baderknechts Heini Wohlgesang. Dieser hat auf der Zunftstube «zum goldenen Stern» mit «erzücktem Gewer (Säbel)» den Bader David Rümelin uff das Haupt geschlagen, dass er solcher Wunden hat stärben müssen». Weil Wohlgesang sonst als anständiger Mensch bekannt ist, erzeigt die Obrigkeit dem Bittgang der schwangeren Frauen Willfahr und erlässt dem Totschläger die Todesstrafe.

1615

Matthaeus Merian widmet seinen (heute im Regierungsratssaal aufgehängten) Vogelschauplan der Stadt

Basel der Obrigkeit, welche ihn mit einer Geldspende von 50 Gulden belohnt. Wenig später reproduziert der berühmte Kupferstecher seine grossformatige kolorierte Federzeichnung mittels vier Kupferplatten.

1647

Auf dem Fischmarkt wird eine alte Frau, das Kesselwybli genannt, von einem Holzbalken, der von einem Dache fällt, zu Tode geschlagen.

1650

Um die Mittagszeit wird Basel durch ein Erdbeben erschüttert, so dass die Glocken in den Kirchen anschlagen. Die dadurch ausgelöste Unruhe unter der Bevölkerung wird durch weitere Erdstösse, die bis zum folgenden Tag andauern, zunehmend verstärkt.

1663

Es setzt lästerliches Regenwetter ein, das fast Tag und Nacht bis zum 30. August anhält.

Obrigkeitliches Mandat, 6. Mai 1671.

Am 6. Mai 1895 nimmt Basel den elektrisch betriebenen Tramverkehr auf. Mit zwölf Wagen wird die 2,777 km lange Strecke Badischer Bahnhof (am Riehenring)–Mittlere Rheinbrücke–Aeschenplatz–Centralbahnhof befahren. «Die Wagen sind dunkelgrün angestrichen und machen einen recht gefälligen Eindruck. Die Bewegung ist nahezu geräuschlos und gleichmässig.» Schon wenig später muss, wie unser Bild zeigt, eine weitere Serie Motorwagen bestellt werden (Nr. 13–26).

1683

Die beiden Halbzünfte zum Goldenen Stern und zum Himmel «lassen mit gesambter Hand ein silberen, auf Zierd vergoldten Krantz machen. Thut an Gewicht 49½ Loth». 1805 wird die kostbare «Meisterkrone» verkauft und «geht unter».

1722

Johann Leonhard, ein armer Mann von 108 Jahren aus dem oberen Bünden, wird in einem Bettelkarren ausgeschafft und vor das Spalentor geführt. «Ist noch vernünftig und lebhaft.»

1747

Lehrer Gengenbach von der Mädchenschule am Barfüsserplatz wird vom Rat in Gefangenschaft gesetzt, weil er ein Kind «also geschlagen hat, das es nach etlichen Tagen den Geist hat aufgeben müssen. Nichts desto weniger bringen es seine Freunde dahin, dass er nur für kurze Zeit ins Zuchthaus kommt.»

1751

Eine gewisse Furlenmeyerin aus der Aeschenvorstadt, die vom Müller Rudolf Sigfrid geschwängert worden ist, wirft in der School, der städtischen Metzgerei, «unversehens ihr Kind von sich und stösst es aus Scham mit den Füessen unter eine Metzgerbank, allwo die unzeitige Geburth von den Hünden gefressen wird»!

1860

Es findet das Schweizerische Musikfest mit 522 Musikern, Sängern und Sängerinnen statt. Die vielen Gäste werden würdig empfangen, im Münster erfolgt die Fahnenübergabe. Zur Aufführung gelangt auch Händels Oratorium «Jephtha», das bisher in der Schweiz noch nie zu hören gewesen ist.

1861

Im Pulverturm auf der Steinenschanze ereignet sich eine schwere Explosion: Drei Knaben entzünden Pulverkörner, so dass «ein Knall ertönt, den man in der ganzen Stadt hört. Eine wahre Feuergarbe lodert zum Himmel. Der gewaltige Luftdruck schleudert die Knaben in alle Richtungen. In ihren brennenden Kleidern schreien sie auf und wäl-

Der am 7. Mai 1737 verstorbene Antistes Hieronymus Burckhardt zeichnete sich durch aussergewöhnlichen Witz und Humor aus, so dass zahlreiche Anekdoten von ihm überliefert sind. So lud das Oberhaupt der Basler Kirche einst zwei miteinander verfeindete Herren zu einem Abendtrunk ins Pfarrhaus ein. Bei passender Gelegenheit brachte er dann die Kerzen zum Erlöschen, so dass er die Essstube verlassen musste, um ein neues Licht anzuzünden. Zuvor versetzte er aber in der Dunkelheit jedem der Geladenen eine zünftige Maulschelle. Nun ging der Spass los, war doch jeder der Eingeladenen der Meinung, er sei von seinem Gegner geschlagen worden. Die beiden Widersacher balgten sich also im Zimmer herum, schmissen den Tisch um und verloren ihre Perücken, was der Herr Antistes mit heftiger Erschütterung seines Zwerchfells quittierte...

zen sich am Grasboden der Schanze. Schon nach einer halben Stunde steht ganz Basel auf der Steinenschanze und besieht sich die Zerstörungen. Während zwei der Buben nach monatelangem Schmerzenslager mit dem Leben davonkommen, stirbt der 14jährige Dürrenberger drei Tage später. Bei seiner Beerdigung ist wiederum ganz Basel auf den Beinen.»

1895

Der Streik der Maurer, die einen Taglohn von Fr. 5.– für einen tüchtigen Arbeiter fordern, nimmt an Intensität zu. Es werden deshalb zur Verstärkung der Polizei vier Feuerwehrkompagnien aufgeboten.

7. Mai

Domicilla die Märtyrerin

1327

Durch eine päpstliche Bulle wird das dreimalige Beten des Ave Maria beim Anschlagen der Glocken angeordnet.

1458

In «einem scharlachenen Kleide» wird im Münster Bischof Arnold von Rotberg feierlich zu Grabe getragen; offenbar hat freiwilliges Fasten sein Leben verkürzt. «Er war ein frommer geistlicher Fürst, der willig und unverdrossen sich aller Zwietracht entgegenstellte.»

1479

Bischof Kaspar ze Rhyn zeigt dem Rat an, dass er dem Herrn von Eptingen das zerstörte Schloss von Istein verliehen habe, damit dieser es wieder aufbaue. Der Rat aber verwahrt sich gegen dieses Ansinnen, denn die Basler hätten es, um sich zu schützen, 1409 mit Gottes Hilfe erobert und zerstört. Der Bischof jedoch will den alten Glanz des Bistums wieder auffrischen und macht deshalb seine Rechte an Istein beim Kaiser (ohne Erfolg) geltend.

1531

Im Münster lässt sich ein Jude taufen und zum Christentum bekehren, was als Wunder angesehen wird.

1552

Der Rat lässt gewaltige Querbalken an der Rheinbrücke anbringen, damit jeder Verkehr für Schiffe und Schiffer rheinaufwärts unmöglich ist. So soll die Sicherheit der Stadt nicht durch mögliche Kriegsgefahr bedroht sein.

1585

Nach vier Uhr fällt ein starker Hagel. Es hagelt Steine in der Grösse von Baumnüssen, dass alle Früchte zerschlagen werden. Vor dem St. Johanntor schlägt der Hagel zwei Pferde zu Tod und den Fuhrmann zu Boden; derselbe wird als tot in die Stadt getragen, kommt aber mit dem Leben davon.

1627

Die hochgehende Birs reisst zwei Joche der Münchensteinerbrücke und das mit schweren Holzkästen beschwerte Wuhr des St. Albanteichs fort.

1633

Die Vorstadtmeister zur Mägd und zur Krähe bringen dem Rat zur Kenntnis, ihr Hirt sei wegen der umherstreifenden schwedischen Soldaten mit dem Vieh auf der Weide nicht mehr sicher. Darauf beschliesst die Obrigkeit: «Zur mehreren Sicherheit der Hirten sollen sich diese hölzerne Büchsen mit dem Wappen der Stadt Basel anhenken.»

Im künftigen Monat Mai werden die Turn- und Exerzierübungen der Knaben wieder ihren Anfang nehmen. Diejenigen Eltern, welche gesonnen sind, ihre Knaben daran Theil nehmen zu lassen, sind ersucht, Samstags den 4. Mai, Nachmittags zwischen 1 und 2 Uhr, sich mit denselben im Gymnasium einzufinden, wo man jeden, der das neunte Jahr erreicht hat und über dessen Fleiß und Betragen die Schulbehörde nicht besondere Klagen zu führen weiß, nach Entrichtung des festgesetzten Geldbeitrags auf die Liste der Turner eintragen wird. Als Beitrag sind für den diesjährigen Curs zwei Franken festgesetzt. Wenn mehrere Brüder daran Theil nehmen, so können die Eltern darauf Anspruch machen, daß ihnen für zwei Brüder nur drei, für mehr als zwei Brüder 3½ Franken gefordert werden. Ganz arme Eltern zahlen für einen Knaben bloß fünf, für zwei oder mehrere Knaben 7½ Batzen.

Zeitungsnotiz, 7. Mai 1839.

1642

Die Kindsmörderin Anna Moos von Frick wird mit dem Schwert zum Tode gerichtet.

1659

In seinem 86. Lebensjahr stirbt Johann Rudolf Faesch, alt Oberstzunftmeister und alt Bürgermeister. «Er erzeugte in 59jährigem Ehestand mit Anna Gebweiler 13 Söhne und 3 Töchter. Von diesen hat er 92 Grosskinder und 57 Urgrossenkel. Summa 165 Seelen. Von diesen sind bei seinem Absterben noch am Leben 119 Seelen.»

1681

Die Universität nimmt den erfahrenen Reit- und Fechtmeister Joseph Hagel in Dienst. Dazu bewilligt der Rat 150 Zentner Heu, 50 Sack Hafer und 300 Ballen Stroh. Als Hagel «wegen Erbauung einer Stallung, Bedeckung des Reitplatzes und Erkaufen vieler Pferde» in finanzielle Schwierigkeiten kommt, zögert die Obrigkeit jedoch mit weiterer Unterstützung.

1687

Heute ist ein Wunderzeichen am Himmel zu sehen: Eine hell glänzende Wolke in der Form eines Tannenbaums, die sich augenblicklich zusammenzieht und mit einem grossen Knall sich wieder auflöst.

1749

«Es sind verschiedene Transportschiffe mit 120 Seelen auf dem Rhein abgefahren. Ihre Absicht ist, sich nach Pensylvanien zu setzen und allda bessere Nahrung zu finden. Ob sie sich aber hierinnen nicht betrügen und nicht unterwegs in dem Abgrund des Meeres in den Bäuchen der Fische ihre Gräber finden, lässt man dahingestellt seyn.»

1764

An der Eisengasse stürzt eine Mauer des neuerbauten Hauses «zur goldenen Münz» mit «erschröcklichem Gebrassel ein. Da man solches auch auf dem Rathaus vernommen, ist der halbe Rat aufgestanden und mit noch vielen Leuthen dieses Spectacel mit angesehen. Das Merkwürdigste ist, dass viele Arbeiter dagewesen und selbige Straas eine starcke Passage ist, dass keinem Menschen ein Unglück geschehen ist».

1801

Der Schulbesuch in Riehen ist ausserordentlich schlecht, manchmal besuchen nur ein bis zwei Kinder den Unterricht. Noch bedenklicher aber ist das Betragen des Schulmeisters Lindenmeyer. Er ist nicht nur ein eigensinniger Kopf, sondern hat auch noch einen Knaben, der «Kirsbaum» statt «Kirschbaum» sagte, blutig geschlagen.

1813

Professor Legrand will der Regenz beliebt machen, das einen hiesigen Bürger darstellende Porträt von Holbein für die öffentliche Bibliothek anzuschaffen. Wegen des hohen Preises von 200 Duplonen kommt ein Kauf aber nicht in Frage. Damit geht eines der schönsten Meisterwerke Holbeins, das Bildnis des Jörg Gisze von 1532, der Basler Kunstsammlung verloren.

8. Mai

Stanislaus der Bischof von Krakau

1196

Papst Cölestin III. bestätigt dem Stift von St. Leonhard den Besitz der Kirche von Wintersingen.

1538

Die Deputaten der Kirchen und Schulen bestellen zu einem Professor der griechischen Sprache – der «täglich, wann nit Ferie gehalten, ein Stund offentlich» lesen soll – den bekannten Buchdrucker Johannes Oporin, der sich nun aber seiner Geschäfte zu enthalten hat.

1605

Der Rat erlässt eine Ordnung, auf welche Weise «der Salm oder Lachs soll gerissen, ausgehauen und verkauft werden».

1611

Es stirbt unter grossen Schmerzen der Student Abraham Baumann, der von Wernhard Sattler, seinem guten Freund, auf der Schützenmatte «schertzweis hinden auf das Kreutz mit einer Pistole tödlich verwundet worden ist».

1613

Bei der Fleischschau wird festgestellt, dass das Fleisch des von Fridlin Hütter aus Weil den Metzgern Leonhard Schweizer und Burkhard von Gartt gelieferten jungen Kalbes schlecht und deshalb in den unter der School durchfliessenden Birsig zu werfen ist.

Basler Arbeiterfreund, 8. Mai 1888.

Zur Freude späterer Generationen hält Emanuel Büchel am 8. Mai 1759 das Steinentor im Bilde fest. Der auch Hertor genannte quadratische Torturm mit vorkargendem Geschoss erhebt sich während Jahrhunderten über dem Taleinschnitt des Birsig. 1866 wird das als Stadteingang am wenigsten benützte Tor ohne jeden Widerspruch aus der Welt geschafft.

1653

Im Hinblick auf die Unruhen im Baselbiet werden in der Stadt militärische Musterungen durchgeführt. Zu stellen haben sich alle Bürgerssöhne über 16 Jahren. Es sind deren 250, dazu 700 Handwerksgesellen, 150 einheimische Studenten und 60 Fremde.

1668

An den Steinen stirbt eines Hafners Frau. «Sie wird, wie dies zu geschehen pflegt, versorgt. Um Mittag bringt ein Schreiner den Totenbaum. Wie er die Tote hineinlegen will, erhebt sich diese wieder und fragt den Sargmacher, was er wolle. Es währt aber nicht lange, denn nach zwey Stunden wird es ernst, und sie stirbt recht.»

1691

Die Räte verabschieden eine neue Besoldungsordnung, wonach den Häuptern (Oberstzunftmeister und Bürgermeister) jährlich 500 Pfund zustehen, dem Stadtschreiber 600 Pfund, dem Ratsschreiber 400 Pfund und den Ratsherren je 10 Pfund.

1712

«Nach dem Thorschliessen kommt allhier an der zu Lausanne verstorbene Erbprinz von Baden-Durlach. Er wird in einem Sarg geführt, vor dem vier Laquaien mit Fackeln und vier andere mit Windlichtern hergehen, samt Laydpferden und Trauerwägen. Das Sarg wird im Münster in das Gewölbe gestellt.»

1716

Es ist immer noch so frisches Wetter, dass man in den Stuben heizen muss. Auch ist man in grosser Sorge wegen des Reifes, weil in den Bergen noch so viel Schnee liegt.

1800

Es werden viele verwundete französische Soldaten in die Stadt gebracht. Allein in der Nacht auf heute sind deren elf ihren Verletzungen erlegen. «Das Zeichen, dass einer gestorben ist, wird mit einem Glöcklein gegeben. Auch werden Arme und Schenkel, die den Verwundeten abgelöst worden sind, mit den Toten zur Beerdigung abgeführt.»

1888

«Der souveräne General der Heilsarmee, Booth, tritt hier wiederholt in Gastrollen auf. Weil dadurch Unruhen entstehen, treten die Basler Nachrichten und der Volksfreund energisch gegen den englischen Unfug auf und fordern staatliches Einschreiten.»

1889

«Bei einem Fässchen Actienbier, beseelt von dem Wunsche, neben der Pflege der Studien die herrliche, niemehr wiederkehrende Jugendzeit in fröhlichem Freundschaftskreise geniessen zu können», wird die Studentenverbindung Jurassia gegründet.

9. Mai

Beatus der Schweizer Glaubensbote

1365

Die Visitatoren des Klosters St. Alban berichten, dass «die während des Erdbebens von 1356 zusammengestürzten Gebäude gut und lobenswert wieder in Stand gesetzt seien».

1374

Basel erlebt das traurige Schauspiel der Hinrichtung eines Juden: Der Malefikant wird nicht am Halse, sondern wie bei den Juden üblich, an den Füssen, also kopfabwärts, aufgehängt, wahrscheinlich um dem armen Opfer Zeit zur Bekehrung zu lassen. Damit die Schande augenfälliger wird, werden neben ihm noch zwei Hunde aufgehängt. Am dritten Tag begehrt der Jude, Christ zu werden und die Taufe zu empfangen. Also reicht ihm der Leutpriester zu St. Alban eine Gelte mit Weihwasser an einer Stange hinauf und tauft ihn am Galgen. Ebenso wird ihm das Sakrament gespendet. Dennoch lässt man den Gemarterten dreizehn Tage so am Galgen hängen. Dann nehmen fromme Frauen vom Adel den über alle Massen Gepeinigten vom Gerüst, hüten ihn über Nacht, waschen ihn mit Wein und tragen ihn am andern Morgen nach der Öffnung des St. Albantors in die Stadt. Er lebt noch, stirbt aber am Tage darnach. Man weiss nicht, worüber man sich mehr wundern soll: über die barbarische Rohheit der Prozedur, über die Zählebigkeit des Opfers oder über den Edelmut der vornehmen Damen.

1535

Die junge Bürgerschaft führt Gott zu Lob und Ehre die «herrliche Tra-

In Breisach wird am 9. Mai 1474 auf Druck der Eidgenossen der berüchtigte Landvogt Peter Hagenbach hingerichtet, der durch sein gewalttätiges Regiment und seine Expansionspolitik im Dienste Karls des Kühnen den Zorn des Volkes auf sich gezogen hat. «Er wird von dem Nachrichter von Colmar, so ein kleiner Mann ist, bey einer brennenden Fackel auf die gewöhnliche Richtstatt geführt und daselbst enthauptet.» Tuschmalerei von Hieronymus Hess. 1834.

gödie wider die Abgötterei us dem Propheten Daniel» auf. Das Stück soll die Reformation rechtfertigen. Zum Schluss wird das Publikum ermahnt, auch das Innere von den Götzen zu reinigen und das Leben auf das christliche Glaubensbekenntnis auszurichten.

1546

Eine furchtbare Kälte bringt Schwalben, Mauersegler und Störche um, so dass sie überall tot zur Erde fallen, und in den Nestern die noch nicht lang ausgebrüteten Störche verenden.

1577

Die Obervögte und Pfarrer auf der Landschaft erlassen eine Ordnung betreffend das Tanzen: Man soll weder mit Trommeln noch Pfeifen «wie unsinnige Leute» öffentlich tanzen, sondern es soll, wenn es der Obervogt gestattet, in «der Stille und heimlich bey andern Instrumenten und Saitenspielen mit an-

gethonen Röcken, Jüppen oder anderer ehrlichen Kleidung» in aller Zucht und Bescheidenheit geschehen.

1601

Als Folge eines Schäferstündchens mit dem Sennen Hans Wolfer kommt Margret Rohrer aus Buus mit einem Kindchen nieder. «Theils aus Furcht, theils aus Anreitzung des bösen Geistes erwütscht sie das Kindt am Hälsli, dem es einen Finger ins Mäuli gestossen, damit es nicht schreyen kann, und hat solches aus dem Haus getragen, erstickt und umgebracht.» Zum Tode durch das Wasser verurteilt, wird die Kindsmörderin zum Käppelijoch geführt, wo sie vom Scharfrichter mit verschnürten Armen und Beinen in die reissenden Fluten des Rhein gestossen wird. Durch Gottesurteil kann sich die ledige Tochter im Wasser aus den Fesseln befreien und so das rettende Auffangboot bei St. Johann erreichen. Nach geltendem Recht muss die Obrigkeit Gnade walten lassen, weshalb «der Rohrerin nichts anderes auferlegt wird, als dass sie sich heim begeben und künftigs ehrlich verhalten soll».

1635

«Ein Weibsbild, so ihr Kind umgebracht, wird zum Tode gerichtet und anatomiert.»

1640

Ein stolzer Holländer verliebt sich ungebührlich in eine adelige Dame. «Er wird deshalb zur Recompens

Basler Nachrichten, 9. Mai 1895.

Der FC Basel empfängt am 10. Mai 1914 die englische Profimannschaft Bradford City und verliert nach schönem Spiel 2:4. Im Goal der Basler steht Trainer Percy Humphreys, ehemals Chelsea, der unter dem Spitznamen «Heufritz» in der Stadt grosse Popularität geniesst.

(Vergeltung) in den Münsterbrunnen geworfen, und er schämt sich so, dass er darüber entlauft (weggeht).»

1642
Matthäus Merian d.J. richtet an den Rat das Gesuch, «das hochberühmte, überaus kunstreiche Holbeinische Passions-Stück» für sich selbst und seinen Vater kopieren zu dürfen, damit dieser es in Kupfer bringen und der Stadt Basel dedizieren kann. Der Rat aber verhält sich abschlägig und geht auf den Vorschlag nicht ein.

1823
Auf der Reise nach Amerika trifft der Toggenburger Schulmeister J.J. Rüttlinger per Postwagen in Basel ein und notiert in seinem Tagebuch: «Da spazierten wir durch das Volksgewimmel über die Rheinbrücke, als gerade die Abendsonne ihre purpurnen Strahlen auf den glatt dahinschleichenden Rhein senkte und die vergoldeten Turmspitzen der Stadt wie blitzende Leuchter anzündete. Da erblickten wir am andern Ufer zwei neuangekommene Schiffe. Nach dem Platz hineilend, erkundigten wir uns nach ihrer Bestimmung. Es hiess, morgen früh fahren sie ab nach Strassburg, sie wollen uns mitnehmen, die Person für vier Thaler.»

1875
Die neue Kantonsverfassung tritt in Kraft, welche das alte Ratsherrenregiment durch ein modernes Regierungssystem ablöst und das bisherige Kollegialprinzip der ehrenamtlich tätigen fünfzehn Kleinräte durch das in andern Kantonen seit längerer Zeit eingeführte Departementalsystem von sieben besoldeten Regierungsräten ersetzt.

1889
«Herr Türke, der rührige Wirth zum Parsifal und zum Platanenhof, hat Basel mit einer neuen Spezialität bereichert, nämlich mit schwarzer Kellner-Bedienung. Er hat einen veritablen Neger engagiert, der ab jetzt als Aufwärter fungieren wird.»

10. Mai

Gordian und Epimach die Märtyrer

1511
Der Weihbischof von Basel, Telamonius Limpurger, weiht das Kirchlein des im Gemeindebann von Langenbruck liegenden Klosters Schöntal und erhebt Aurelius Augustinus zum Patron des Hauptaltars.

1521
In Strassburg stirbt der Dichter und Publizist Sebastian Brant. Von ihm ist 1494 in der Offizin des Johann Bergmann von Olpe das satirische Lehrgedicht «Das Narrenschiff» erschienen. Als Basel 1501 dem Bund der Eidgenossen beitrat, kehrte der kaisertreue Doktor beider Rechte in seine Vaterstadt zurück.

1540
Rund 1000 Basler ziehen in den prächtigen Kleidern der Zünfte zu einem Freundschaftsfest nach Liestal. Dort «üben sie mit 1300 ihrer Landsleuthe mancherley Kurtzweil mit Schiessen, Springen und Steinstossen. Auf den Abend ist Regen kommen. Wiewohl es den Kilbyhansen nit gefallen, ist es sehr notwendig gsin. Auf dem morndrigen Heimzug mit den Baselbietern und einem Fähnlein von 300 Bischöflichen aus Laufen ist es allesamt zu einem Haufen von 2600 Mann gekommen. Diese ziehen durch die Stadt und werden auf den Zünften und Gesellschaften ehrlich tractirt

und kostfrey gehalten. Ist eine lustige Kilby gewesen.»

1543

«Demnach eine Stadt Basel etliche Doktores der Arzney mit schweren und grossen Besoldungen erhalten muss und diese zu vielen Malen von der Stadt reisen und die Obrigkeit nicht weiss, wohin sie wandeln», sieht sich der Rat zu Massnahmen gezwungen: Er auferlegt den Medizinern die Pflicht der obrigkeitlichen Reiseerlaubnis, damit Stadt und Bevölkerung «ihrer nicht entblösst sind».

1548

Valentin Boltz, ein Modeprediger, der sich auf der Kanzel auch zum Beitritt Basels zum Bund mit Frankreich verwendet hat, bringt beständig gewisse Witze, welche das gemeine Volk, dem jedes gesunde Urteil abgeht, gerne hört. So z.B.: «Der Göli Salomon», «die Pörzt Jesabel» oder «das arm Bürle Kain».

1755

Johannes Brandmüller ist vor seinem leidvollen Hinschied durch den Rat verboten worden, «die Gassen zu betreten, weil er um beyde Backen unter dem Kinn hindurch einen grossen Zopf oder Geschwulst hatte, mit dem er die schwangeren Weyber hätte erschrecken können».

1773

Zur Hochzeit des Daniel Frischmann, der nach schwerer Krankheit seinen Dienst als Oberst in Englisch-Ostindien hatte quittieren müssen, mit Sibylle Heitz wird folgender Vers gedichtet: «Wer hat Herr Frischmann dort nach Indien geführt, mit Reichtum ihn begabt, und also ihn regiert, dass er seine Vaterstadt wieder hat wollen sehn? Es war des Schöpfers Raht, so soll, so muss es gehn. Wer hat der Jungfer Braut die Lieb ins Herz gelegt und ihr geoffenbart wie man Liebe pflegt? Da ihn das wilde Meer nach Indien geschoben, da er noch nicht an sie, sie nicht an ihn gedacht, da war die Ehe schon im Himmel festgemacht. Sie übergibt ihm ihr Herz wie auch ihr Leib zu seinem Eigentum, zu Lust und Zeitvertreib...»

1836

Ratsherr Peter Merian wird zum ersten Meister E.E. Akademische Zunft erwählt.

1838

«Ein kleines wohlgemästetes Pfäfflein, das sich während der 1833er Wirren immer am gewaltigsten für eine gerechte Sache, das Spiessbürgertum in Basel, gewehrt hat, hat sich plötzlich so bekehrt, dass es einem landschaftlichen Pfarrer seine eigene Tochter zum Weibe gibt!»

1848

Vor dem Riehentor kommt es zu einer schweren Schlägerei zwischen zwei Baslern und fünf württembergischen Soldaten. Alle sind mehr oder weniger betrunken. Die Basler necken und beschimpfen die fremden Soldaten. Diese ziehen ihre Säbel und bearbeiten ihre Gegner so kräftig, dass beide längere Zeit arbeitsunfähig sind. Das korrektionelle Gericht bestraft die Raufbolde schliesslich zu mehrwöchigem Arrest.

1858

Der Grosse Rat genehmigt das Zuschütten des Stadtgrabens zwischen dem Steinentor und dem St. Albantor sowie den Abbruch des Aeschenbollwerks.

1861

Die von Verehrern in Basel und im Wiesental gegründete Hebelstiftung führt in Hausen den ersten «Hebelschoppen» durch: Die zwölf ältesten Männer Hausens werden mit einem währschaften Mähli, die Mütterlein mit Kaffee und Gugelhopf bedacht und «die Schuljugend sitzt im Freien bei einem Glas Wein mit Wecken und Wurst». Umrahmt wird das gemütliche Volksfest durch Musik und Gesang sowie dem Rezitieren von Hebelgedichten durch zwei Buben und zwei Mädchen, wofür «diese mit einem schön in Goldschnitt gebundenen Hebel beschenkt werden».

1887

Weil sich zurzeit wohl mehr Baselbieter in der Stadt aufhalten, als dies früher je der Fall gewesen ist, wird das «Baselbieterchränzli» gegründet. Dieses soll den freundschaftlichen und geistigen Kontakt zum «lieben Baselbiet» fördern und erhalten.

1897

Mit der Eröffnung der Linie Missionsstrasse–Birsfelden ist die Erweiterung des Basler Tramnetzes vorläufig abgeschlossen.

11. Mai

Gangolf der Märtyrer

1315

Der neue deutsche Kaiser, Herzog Friedrich von Österreich, trifft in Basel ein. Ihm zu Ehren werden grosse Festlichkeiten und Turniere veranstaltet. Diese aber sind durch verschiedene Unglücksfälle schwer getrübt. So findet bei einem Lanzenstechen Graf von Katzenellenbogen den Tod; seine Leiche wird unter lautem Wehklagen von den Frauen des Adels an den Rhein geführt und auf ein Schiff getragen. Kurze Zeit

---

> **Basellandschaft.** Bowalds Hinrichtung gab Veranlassung, daß noch ein anderer Mensch das Leben einbüßte. Es mußten nämlich am 28. Apr. Abends Sträflinge das Schafott abschlagen. Dabei wurde einer derselben, der noch dazu Hoffnung auf baldige Begnadigung hatte, durch einen von den übrigen unvorsichtiger Weise losgelassenen Balken so beschädigt, daß er bald nachher starb.

Christlicher Volksbote, 10. Mai 1838.

Am 11. Mai 1911 trifft die erste Flugmaschine in Basel ein: Kavallerieoberleutnant Theodor Real landet, aus Darmstadt kommend, mit seinem Euler-Zweidecker auf dem Brüglingerfeld. Zwei Tage später setzt er seinen Flug nach Bern fort. «Beim Überfliegen des untern Hauensteins aber erleidet die Maschine eine Havarie, die Real zwingt, die Fahrt aufzugeben. Der Flieger jedoch bleibt unverletzt.»

später zeigt auf einem hohen Gerüst ein Zisterziensermönch dem Volk die Reichskleinodien. Dieses drängt sich, um die Kostbarkeiten besser zu sehen, auf die Bühne, so dass die Holzbalken einbrechen und viele Leute zu Tode schlagen.

1433

Im Münster spendet der Kardinal von Bologna Herzog Wilhelm von Bayern und Margaretha von Cleve das Sakrament der Ehe. Sieben weitere Kardinäle, zwei Patriarchen und zahlreiche Konzilsväter wohnen mit Andacht der feierlichen Zeremonie bei.

1491

Michael Wensler, einer der ersten Basler Buchdrucker, gerät in finanzielle Schwierigkeiten. Er wird deshalb vom Rat in Haft gesetzt. Nach seiner Entlassung zieht er verärgert nach Frankreich, wo er in Cluny, Mâcon und Lyon sich weiterhin mit Erfolg der schwarzen Kunst hingibt.

1499

«Weil wir Schweizer sollten werden» drohen die Sundgauer, unser Vieh wegzutreiben und die Unsern totzuschlagen.

1538

Jakob Krayer, der Schlosser von Schaffhausen, wird zu einem Bürger angenommen.

1597

Es erhält das Bürgerrecht Ulrich Bruckner, der Schmied von Hattenhausen.

1646

In Reigoldswil wird eine ansehnliche Schar Zigeuner gefangen, deren Anführer sich Hans Heinrich Löwenberger aus Klein-Ägypten nennt. Es ist dies eine Folge der obrigkeitlichen Anordnung, «die Heiden und Zigeuner, dieses heillose nichtswerte Gesindel, das sich nur durch Diebstahl und andere faule verbottene Künste ernehrt, gleich dem Gewild zu verfolgen und zu verjagen».

1735

Im St. Albanschwibbogen hat sich Stöffelin, ein grosser Dieb, erhängt. Er wird in ein Fass gepackt. Auf dieses werden zwei Bleche genagelt mit der Aufschrift «Schalt fort». Als der Henkersknecht das Fass auf der Rheinbrücke ins Wasser werfen will, «ist der halbe Boden daraus ge-

fallen, so dass der Kopf herausgekommen ist».

1855

Die Cholera bedroht unsere Gegend. In grösster Eile wird deshalb der ekelhafte Birsigsumpf von Unrat gesäubert. Auch werden längs der Häuser Rinnen angelegt, damit das Wasser besser abfliesst. So kann der Cholera-Ausschuss der Regierung melden: «Wenn Gott will, wird der Würgengel, dessen Schritte wir in ziemlicher Nähe gehört haben und der seither nie ganz aus unserer Gegend verschwunden ist, auch dieses Jahr an unserer Stadt vorbeigehen. Sollte er uns aber so wenig verscho-

Zither-Club Basel.
(5136) Samstag den 11. Mai, Abends 8 Uhr
Musikalischer Unterhaltungs-Abend
in den obern Sälen der E. E. Zunft zu Safran.
Für Nichtmitglieder sind Eintrittskarten à 50 Cts. Abends an der Casse zu haben.

Zoologischer Garten.
(5120) Morgen Sonntag
Eintrittspreis **20 Centimes.**

Hotel und Soolbad Bienenberg.
Menu du 12 Mai 1878.
Potage: Printannière.
Relevés: Truites au bleu.
Roastbeef à l'anglaise Maccaroni.
Entrées: Cotelettes de Mouton à la soubise.
Légume: Asperges en branches.
Rôts: Chapon du Mans. Laitur.
Entremets: Pudding Semouille. Dessert et fromage.
Fr. 3 — par couvert sans Vins.
(5131) [H 1733 Q]

Burgvogtei, Variete-Theater
Sonntag den 12. Mai.
Zwei Vorstellungen
Aufang 4 und 8 Uhr.
C. Helmstätt.

Schweizerischer Volksfreund, 11. Mai 1878.

nen, als er andere Städte und als er vor Jahrhunderten unsere Väter verschont hat, dann wird das Bewusstsein, getan zu haben, was in der Menschen Macht steht, ein Trost im Unglück sein.»

1879

«Es weiss hier jedes gebildete Basler Kind, dass die Greifengasse auf französisch rue du Griffon, die Aeschenvorstadt Faubourg des cendres, der Herrenmattweg sentier par le pré des seigneurs, der Bläsiringweg route de l'anneau de St. Blaise und die Klybeckstrasse rue des petits boulangers heisst ...»

1883

«Im Park des Hauses zur Sandgrube am Vogelsangweg sind sieben Hirsche, welche sich innerhalb eines 1½ Meter hohen Geheges befanden, nach verzweifelter Gegenwehr getödtet worden. Der Thäter ist ein fremder Hühnerhund, welcher an der Rheinfelderstrasse, mit Bisswunden bedeckt, abgefangen und in die Wasenmeisterei gebracht worden ist, wo er den verdienten Lohn empfangen wird. Wahrscheinlich handelt es sich um den gleichen Hund, welcher im April drei Schafe an der Leuengasse und zwei Rehe an der Grenzacherstrasse zerrissen hat.»

1890

In Riehen wird das obligatorische Spritzen der Reben angeordnet. Die Gefahr der Reblausverseuchung aber ist erst im August 1937 endgültig gebannt.

1902

In Anwesenheit der Äbte von Einsiedeln und Mariastein konsekriert der Bischof von Basel, Leonhard Haas, im untern Kleinbasel die neue St. Josephskirche.

12. Mai

Nereus, Achilles und Pankraz die Märtyrer

1021

«Ein Erdbidem hat die alte Statt Basel dermassen erschüttert, dass sie fast ganz zerstört und verfallen ist. Insonderheit fällt das Münster in den Rhein, und dies nicht ohne mercklichen Schaden.»

1217

Papst Honorius III. bestätigt dem Kloster St. Leonhard das Recht, Personen im Stift zu begraben, Kinder zu taufen, Kranke zu besuchen und den Reuigen die Beichte abzunehmen.

1424

Es stirbt Bischof Hartmann Münch von Münchenstein, «der Domsänger, ein alter kraftloser Mann, welcher dem Amt des Bischofs von Basel nicht gewachsen war und vorzeitig seine Würde niederlegte».

1533

Die Synode der Basler Kirche stellt mit Besorgnis fest, «das keine Welt je bösere Lüt gehabt hat als unsere Jugend».

1543

Wegen versuchten Gattenmords wird Jakob Karrer enthauptet. «Dann hat Andreas Vesalius, der namhafte leibkundige Arzt, den hingerichteten Cörper bey der Universitet kunstvoll zerschnitten und seine Gebein aufgerichtet.» Vesalius Skelett gilt heute als das «älteste historisch beglaubigte Anatomiepräparat der Welt»; es ist in der Anatomischen Sammlung verwahrt.

1556

Es fällt ein wunderbarer Tau vom Himmel, den einige Himmelsschweiss nennen. Er ist süss wie Honig, verursacht aber ein Viehsterben.

1634

Auf dem Heimweg von einer Hochzeit ersticht der Spitalschmied Matthias Falkeysen einen neugeworbenen Basler Soldaten. Weil er offenbar in Notwehr gehandelt hat, wird er nur zu einer Geldbusse verurteilt, darf aber während zwei Jahren weder ein Gewehr tragen noch das Zunfthaus besuchen.

Basellandschaftliches Volksblatt, 12. Mai 1853.

1659

Fünf Fischer aus Grosshüningen, die hier auf dem Markt ihre Fische verkauft und sich «sehr beweint» haben, wollen mit einem kleinen Weidling nach Hause fahren. Beim Thomasturm zu St. Johann kentert der Kahn, worauf drei Fischer ertrinken.

1677

Eine hiesige Witwe, die vor dem Hinschied ihres Mannes im Ehebruch gelebt hat, lässt sich durch einen katholischen Priester mit ihrem Liebhaber verehelichen. In der Frage, ob diese Heirat gesetzmässig sei, erkennen die zuständigen Professoren und Pastoren: «Die Ehe ist kein Sakrament. Die priesterliche Einsegnung macht keine Ehe, sondern ist nur ein heiliger, nützlicher Gebrauch, der dem lieben Gott

Am 12. Mai 1518 vereinbaren Junker Christoph von Ramstein und Basel, das im Gemeindebann von Bretzwil gelegene Schloss Ramstein zum Preis von 3000 Gulden an die Stadt zu übertragen. Die Kaufsumme aber kommt erst am 8. Januar 1523 zur Auszahlung, weil der Bischof Einsprache erhoben hat. «Nach dem ‹Ram Stein 1737› bezeichneten Originalölgemälde gleicher Grösse auf Tschäggligen bei Bretzwil. 1883.»

durch das Gebet und den Segen empfohlen wird.»

1706

«Allhier ist eine grosse Sonnenfinsternis zu sehen. Die völlige Bedeckung währt vier Minuten. Es ist so finstere Nacht, dass man die Fixsterne am Himmel sieht und die Leute die Läden verschliessen. Hernach ist eine grosse Kälte gekommen, dadurch dem Gartengewächs grosser Schaden getan wird. Es soll die 13te Finsternis nach Christi Geburt gewesen sein.»

1717

Im Almosen am Barfüsserplatz bricht Feuer aus, so dass man die darin verwahrten, an Ketten liegenden Irren ins Spital verbringen muss. Das Feuer soll von einer alten Frau, die man Weihnachtskindlene nennt, gelegt worden sein. Weil sie aber nichts bekennen will, wird sie für ihr Leben lang in ein finsteres Loch gesteckt.

1726

Im Münster wird Leonhard Herbster, der seinen Vater geschändet und geschlagen hat, der Gemeinde vorgestellt. Hat sich vor Jahren einmal zur Frühpredigt nur eine einzige Frau eingefunden, so sind es diesmal Tausende von Mitbürgern, um die öffentliche Tadelung eines gottlosen Menschen genüsslich mitzuerleben. «Gott möge allen Kindern in Sinn geben, dass sie ihre Eltern lieb halten, sie respektieren und fürchten, dadurch sie den Segen erlangen werden.»

1800

Auf dem St. Johannsgottesacker wird mit allen militärischen Ehren ein französischer General-Adjutant beerdigt. Er hätte sich hier als Schwerverwundeter einen Schenkel amputieren lassen sollen, weigerte sich aber dessen und ist an seiner Verwundung gestorben.

1834

Es wird der Münsterschatz geteilt. «Das goldene Altarblatt fällt nach einer äusserst lebhaften Versteigerung zu 8875 Franken der Landschaft zu, ebenso die zierlichsten, in schönstem gothischen Styl gearbeiteten Monstranzen.»

1854

Melchior Berri, «der bedeutendste Architekt des Klassizismus in der Schweiz», scheidet in seinem 53. Lebensjahr von dieser Welt. Ihm verdankt unsere Stadt namentlich die bauliche Gestaltung des Naturhistorischen Museums an der Augustinergasse.

1875

Der Grosse Rat beschliesst die Eindeckung des Rümelinbachs zwischen dem Lohnhof und der Wirtschaft «zum Löwenfels» an der Steinenvorstadt.

1900

«Das tierquälerische Töten auf dem Andreasplatz hat jetzt aufgehört. Durch den Tierschutzverein ist nun eine sogenannte Hühnerguillotine aufgestellt worden, welche Hühner, Tauben, Enten und Gänse vermittelst schneller Prozedur tötet.»

1901

Mit einem grossen Volksfest wird die neue, von Bahnübergängen freie Linienführung der Elsässerbahn, welche bis anhin durch den Spalenring führte, eingeweiht.

1912

Die Birsfelder Fähre kollidiert mit einem Boot, was zwei Personen das Leben kostet.

13. Mai

Servatius der Bischof von Tongern

1454

Ratsherr Andreas Ospernell trifft mit Meister Peter Gluck, Arzt im Kloster Neuenburg, eine Vereinbarung über die Behandlung seines Bruchleidens und verspricht ihm ein Honorar von 31 guten rheinischen Gulden, wenn «syn Gebresten des Bruchs wohl geheylet sig».

1566

Der Pfarrer von Bretzwil, Johannes Hutmacher, entlastet sein Gewissen und gesteht dem Rat einen von ihm begangenen Totschlag: «Im Dorf lebte ein ruchloser Mensch, der sogenannte welsche Hans, der in seiner diebischen Geldgier nicht nur mit hartherzigem Geiz gegen die Armen, sondern auch von brennendem Hass gegen die Geistlichkeit beseelt war. Denn diese führte ihm mit Ekel unentwegt seine gottlosen fleischlichen und sodomitischen Verfehlungen vor Augen. Als nun nach der Sonntagspredigt dieser welsche Hans im Wirtshaus mich mit racherfülltem Geist mordschnaubend ins Gesicht schlug und mich so unmenschlich behandelte, verwundete ich mit gezogenem Dolche des Wütherichs Schultern dermassen, dass er folgenden Tags todes dahingieng.» Nach diesem Geständnis wird über Hutmacher auf der Wasserfalle Blutgericht gehalten. Die Richter erkennen auf Notwehr, untersagen dem Pfarrer jedoch künftighin jedes weitere Predigen auf Baselbieter Boden.

1594

Die am 18. Januar 1591 durch die um einen Rappen erhöhte Weinsteuer ausgelöste Unruhe im Baselbiet eskaliert weiter. Der Rat schickt Schützenmeister Andreas Ryff in kriegerischer Bewaffnung mit 75 Mann nach Liestal.

1622

Jakob Bernoulli, der Handelsmann aus Antwerpen, wird ins Bürgerrecht aufgenommen.

1647

Dorothe Häner, der frühern Schwanenwirtin, ist am Leonhardsgraben der Teufel in Mannsgestalt erschienen und verspricht ihr bei einem Wiedersehen Geld. Als die Obrigkeit von der seltsamen Sache hört, wird «die dem Wein wüst ergebene Hänin gefänglich eingezogen und in Eisen geschlagen, damit sie nicht erscheinen kann».

1667

Die in den Steinen ansässigen Weber halten mit ihren Mitbewohnern einen grossartigen Umzug. 260 Mann, angetan mit Harnischkleidern, schönen Baretten und silbernen Halskragen, ziehen mit einer neuen Fahne und den Stadtwappen der 13 Orte durch die Strassen. Auf dem Barfüsserplatz und auf dem Kornmarkt «stellen sie einen Ring

Der am 13. Mai 1492 in die Zunft zu Safran aufgenommene Buchdrucker Johannes Froben begrüsst Erasmus von Rotterdam in seiner berühmten Offizin. Lavierte Bleistiftzeichnung von Hieronymus Hess. 1839.

zusammen und nehmen eine Jungfer in die Mitte. Damit wollen sie zeigen, wie die Jungfer wohl beschützt ist und wie die 13 Orte friedsam und einig in der Eidgenossenschaft vereint sein sollen.»

1668

In Hüningen wird ein Deserteur auf dem Gut des Kopfwirts an einem Nussbaum aufgehenkt.

1710

Am Pranger auf dem Kornmarkt wird «der Türke Mustafa Cara Babassan von Algier mit Ruten ausgehauen und auf ewig von Statt und Land verwiesen». Babassan hatte sich in Bern taufen lassen und dabei allerlei Geschenke erhalten. Als er diesen Trick in Basel wiederholen wollte, erkannten ihn die Ältesten der Französischen Kirche als Neugetauften. Obwohl der Schwindler fussfällig beteuerte, er «liesse sich eher in kleine Stuck zerhauen als zweymal die Taufe zu empfangen», ist er des versuchten Betrugs überführt worden.

1724

Es werden ein Mörder und eine Mörderin mit dem Schwert zum Tode gerichtet. Die beiden gehörten einer Räuberbande an, die 1716 auf der Kallhöhe einen schweren

> **Daniel Huber**
> Professor der Mathematik und Bibliothekar zu Basel
> (Von Herrn Prof. P. Merian.)
>
> Daniel Huber wurde geboren in Basel den 23. Juny 1768. Sein Vater Johann Jakob Huber war in früheren Jahren als königlicher Astronom in Berlin angestellt. Da die Ausstattung der seiner Sorge anvertrauten Sternwarte seinen Wünschen nicht entsprach, und der Ausbruch des siebenjährigen Kriegs die versprochenen Erweiterungen für längere Zeit verschob, so zog er sich in seine Geburtsstadt Basel zurück. Er hatte sich viel mit Vervollkommnung der Seeuhren beschäftigt, und zu diesem Zwecke, noch vor seiner Berufung nach Berlin, sich längere Zeit in England aufgehalten. Die Belohnung, welche das Englische Parlament späterhin seiner Erfindung zuerkannte, wurde aber einem Andern zu Theil, welcher seine Arbeiten sich zugeeignet hatte. Unzufrieden über die vielen vereitelten Hoffnungen, überhaupt von wenig mittheilsamer Gemüthsart, lebte er nach seiner Zurückkunft von Berlin und nach seiner erfolgten Verheirathung abgeschieden von der Welt, und nur von Wenigen gekannt, ausschließlich seiner Wissenschaft ohne eine fernere Anstellung irgend einer Art nachzusuchen.

Baslerische Mittheilungen, 13. Mai 1831.

Mordanschlag verübt hatte. «Als das böse Weibsbild in den Spalenturm gelegt worden ist, ist es von einem Wachtsoldaten, während der andere schlief, beschlafen worden, so dass dieser der Stadt verwiesen ward!»

1745

Eine todkranke Frau aus den Steinen «wird auf einer Tragbähre in das Haus des (katholischen) französischen Gesandten getragen wegen der heyligen Sakramente. Hat es der Herr Oberstpfarrer nicht zugeben wollen, dass das sogenannte Heyligthum ihr ins Haus gebracht wird».

1839

In Rom stirbt Kardinal Joseph Faesch. Der aus Basel stammende Neffe Napoleons erreichte als Erzbischof von Lyon und Grossalmosenier von Frankreich höchste geistliche Würden und «hinterliess ein Vermögen von vier Millionen, darunter viel Silbergeschirr und die schönste Privat-Gemäldegallerie in Europa. Er vermachte der hiesigen Faeschischen Familienstiftung die Summe von 25 000 französischen Franken».

1910

In einem lustigen Umzug zügeln die Studenten der Chemie ihre Utensilien aus der Eisfabrik im Kleinbasel in die neuerbaute Chemische Anstalt auf dem ehemaligen Turnplatz längs der Spitalstrasse.

14. Mai

Corona die Märtyrerin

1449

In Breisach wird der unter dem Namen «Breisacher-Richtung» bekannte Friede zur Beendigung des St. Jakoberkriegs geschlossen, der den fast hundertjährigen Kampf zwischen Österreich und Basel einstellt und die Stadt auf immer der Gefahr entrückt, der österreichischen Landeshoheit unterworfen zu werden. So lässt der Rat alle Besatzungen aus den Schlössern abziehen, die Stadttore öffnen und die Söldner und Gefangenen entlassen.

1500

Viele Edle, wie die von Eptingen, Löwenburg und Reichenstein, verlassen die Stadt. «Sie wollen nicht mehr bleiben, da die Zünfte zu stark geworden sind und das Ritterschwert nicht mehr gilt als der Arm eines Handwerkers.»

1637

Die Tuchhändler Dietrich und Jacob Forcart aus Frankental erhalten das Zunftrecht zu Safran.

1641

Die männlichen Bewohner von Kleinhüningen werden durch den Landvogt von Rötteln ihres Eides gegenüber dem Markgrafen entbunden und durch alt Oberstzunftmeister Johann Rudolf Wettstein «in Eid und Pflicht ihrer neuen Herrin, der fürsichtigen, ehrsamen und weisen Stadt Basel, genommen».

1712

Meister Johann Erni, der Passamenter, singt auf dem neuen Lettner in der Peterskirche den ergreifenden Psalm «Ich bin krank, o Herr, meine Gebein sind sehr erschrocken, matt und schwach», worauf «der feine, gottesförchtige Mann sein Leben aushaucht».

1748

«Wegen vieler Schelmenstücke wird ein Hebreer an den Pranger gestellt, mit Ruten gestrichen, gebrandmarkt und verwiesen. Kaum hat derselbe das französische Territorium betreten, so gerät er in die Hände der Justiz in Hüningen, welche ihn noch am selbigen Tag allda am Galgen aufknüpft.»

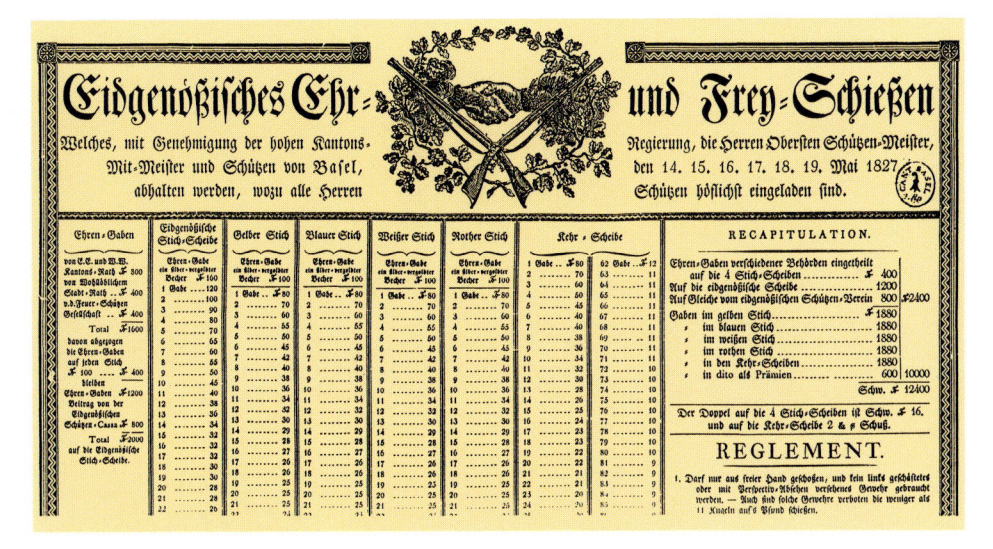

Flugblatt, 14. Mai 1827.

1827

Basel beherbergt das zweite Eidgenössische Schützenfest. «Es haben sich viele Genossen aus den schweizerischen Schützengilden eingefunden. Die anständige Fröhlichkeit und die einträchtige Munterkeit, die alles zu einem Herz und einer Seele machten, lassen diesen vaterländischen Freudengenuss unter der Bürgerschaft unvergesslich bleiben. In der gemeinsamen Speisehalle vor dem Spalentor haben täglich bis zu 500 Gäste ihr Mittagsmahl eingenommen. Unter den Rednern zeichneten sich die beiden Schützenmeister Minder und Oswald durch ihre treuherzige und kräftige Sprache besonders aus.»

1840

In Liestal wird Anna Maria Buser-Graf von Maisprach, die ihren Mann mit Gift umgebracht hat, auf einem Blutgerüst nahe der Reitschule am Ergolzufer mit dem Schwert zu Tode gerichtet: «Ruhig lässt sie sich das Antlitz verbinden und hinten eine Locke abschneiden. Ein mit bewundernswerther Geschicklichkeit geführter Streich des Vater Mengis trennt das Haupt vom Rumpfe – alles das Werk einiger Minuten. So wie der Kopf gefallen ist und das Blut stromweise hervorquillt, kommen einige mit der Fallsucht Behaftete, um von dem frischen Blut zu trinken. Die Menge der Zuschauer, deren Zahl auf gegen 20 000 geschätzt wird, gibt durch ein tief ausholendes Stöhnen ihre Verwunderung über die Gewandtheit des Meisters Mengis, mitunter auch eine Art von Erbarmen, zum Ausdruck. Auf die übliche Frage des Scharfrichters antwortet der Statthalter mit einem entschiedenen ‹Ja, ihr habt recht gerichtet›. In derselben Minute verstummt die Armensünderglocke, deren Töne in den Ohren noch lange fortgällen werden. Weibel Brüderlin sprengt im Galopp zum untern Thor herein, dem versammelten Regierungsrathe die Kunde des glücklich vollzogenen Todesurtheils zu überbringen. Die Leiche der Enthaupteten wird nach beendeter Standrede in einen Sarg verschlossen und auf den alten, einsam gelegenen Munzach gefahren. Das frisch geschliffene Schwert ist um ein Tringeldchen für den Hen-

Die Grabtafel des am 14. Mai 1630 verstorbenen Johann Werner Ringler im grossen Kreuzgang zu St. Peter, welcher der Stadt als Oberstzunftmeister (1612–1616) und Bürgermeister (1616–1630) wertvolle Dienste geleistet hat. Die Bevölkerung widmete denn auch dem im Amt dahingeschiedenen Magistraten ein feierliches Staatsbegräbnis, an welchem die Zünfte und Gesellschaften sowie die Geistlichkeit grossen Anteil hatten. Von seinem Vater Ludwig (1535–1605), dem Glasmaler und dekorativen Zeichner, erbte «Wernhard» offenbar nur dessen politische Begabung, war der berühmte Künstler von der Basler Regierung doch 1582 zum Landvogt von Lugano eingesetzt worden. «Ganz getreu aufgenommen von Peter Toussaint. 1837.»

kerknecht in einem Zimmer des Wirthshauses zu sehen.»

1885

Der Himmelfahrtstag wird von einigen Studenten der Helvetia und der Basilea mit einer Schlägerei beschlossen. Neben empfindlichen Haftstrafen und Geldbussen werden fünf Teilnehmer der Studentenprügelei durch das Erziehungsdepartement für ein Jahr von der hiesigen Universität verwiesen.

15. Mai

Sophia von Rom die Märtyrerin

1372

Ein schwerer Schneefall bricht die Äste der Bäume.

1493

Seit dem 2. März sind in Ziefen 61 Leute von der Pest hinweggerafft worden.

1502

Die Stadt wird von einer derart grausamen Kälte heimgesucht, dass die Vögel aus der Luft tot zu Boden fallen.

1551

Auf den Weiden Kleinbasels findet ein regelrechter Kuhkrieg statt: Wildgewordene Kühe gehen in feindlicher Absicht aufeinander los, wobei einige bis zum Dorf Brombach gejagt und kaum wieder zurückgebracht werden können. Diese seltsame Sache wird ein besonderes Gottesgericht zu bedeuten haben.

1634

In der Morgenpredigt im Münster wettert Oberstpfarrer Theodor Zwinger mit grösster Heftigkeit «wider die Hurer und Ehebrecher, so hier in der Stadt sind, und wider die Töchter, so sich Jungfrauen nennen lassen und mit dem Kranz zur Kirche gehen, aber bald hernach eines Kinds genesen».

1636

Der Rhein gibt überaus viele Salme her. So können zur Freude der Hausfrauen auf dem Markt nicht weniger als 37 Exemplare des köstlichen Fisches verkauft werden.

1763

Die Obrigkeit erlässt eine neue Ordnung für die Harschierer, die Polizisten: «Sie sollen einen christlichen Lebenswandel führen, damit kein Verdacht der Liederlichkeit über sie kommt. Insonderheit sollen sie sich nicht vollsaufen, damit sie allzeit bereit sind, ihr Amt als wackere Männer zu verrichten. Sie sollen weder allzu hart gegen wahrhaft arme Leute sein, noch allzu mitleidig gegenüber landfahrendem Strolchengesindel. Auch sollen sie ihre Haare eingeflochten tragen und sich womöglich schwarze Überstrümpfe anschaffen.»

1820

Auf Anregung von Christian Friedrich Spittler errichten fromme Basler Familien im Schloss Beuggen bei Badisch-Rheinfelden eine Rettungsanstalt für verwahrloste Kinder und ein Ausbildungshaus für Armenschullehrer.

1895

Am Aeschengraben kommen zahlreiche Anwohner in den Genuss eines aussergewöhnlichen Schauspiels: «Zwei Pferde, die einen mit 24 Kälbern beladenen Wagen vom Bahnhof nach der Schlachtanstalt fahren sollen, scheuen vor dem elektrischen Tram. Der Wagen kippt um, und die Vierbeiner zerstreuen sich mit munteren Sprüngen blöckend in den frisch bepflanzten Anlagen. Es kostet einige Mühe, bis alle Flüchtlinge wieder eingebracht sind.»

1901

Auf der Schützenmatte wird eine grosse Gewerbeausstellung eröffnet. Sie dauert bis zum 15. Oktober und hat über eine halbe Million Besucher zu verzeichnen.

1913

Der Grosse Rat beschliesst, auf der Schützenmatte ein Kunstmuseum zu errichten. «Endlose Projekte sind gemacht worden. Mit überwältigender Mehrheit entscheidet sich der Grosse Rat aber weder für das Areal des Rollerhofs noch für dasjenige der Lesegesellschaft, sondern für das der Schützenmatte.» 1920 aber wird das Bauvorhaben auf unbestimmte Zeit verschoben.

Brauereidirektor Bernhard Füglistaller nimmt am 15. Mai 1906 den im Vorjahr zum Preis von Fr. 14 500.– bestellten «Motor-Lastwagen Soller» in Betrieb. «Damit wird der mit 40 Pferden bestückte Fuhrpark der Warteck Bräu wesentlich entlastet.»

Der schwarze Stein des Scharfrichters zu Rheinfelden.

Verschiedene Personen hiesigen Cantons, welche sich von tollen Hunden gebissen wußten, ließen sich bewegen, zum Scharfrichter nach Rheinfelden zu reisen, der einen schwarzen Stein besitze, welcher auf den Biß gelegt, das Wuthgift auszieht. Die Thatsache selbst, daß die Patienten alle geheilt wurden, indem sie nichts als den Stein angewandt, scheint vernünftigen Menschen dem ersten Anscheine nach auf Aberglauben zu beruhen, und der Scharfrichter hat wohl durch fabelhafte Aeußerungen über die Kunststücke seines „von einem Pilger aus Morgenland" herrührenden Steines, die kritischen Köpfe in Mißtrauen gesetzt. Daß aber doch Etwas an der Sache sein könnte, und dieses Etwas der ernsten Untersuchung werth wäre, darauf wollen wir zu einem Urtheile in dieser Sache befugte Menschenfreunde, durch die Hinweisung auf die merkwürdige Geschichte eines Schlangenbisses, welche der berühmte Reisende Thunberg erzält, merksam machen. Ein Bauer im Innern d. Caplandes in Afrika nämlich, war von einer Schlange (und zwar von derjenigen Gattung, die man hier Ringelhals nennt) als er barfuß im Grase ging, in den Fuß gebissen worden. Thunberg erkundigte sich genau nach den Zufällen, die dieser Biß verursacht hatte, und erfuhr Folgendes: Der Bauer war eine ganze Meile weit von seiner Heimath entfernt, als er gebissen wurde. Er schickte sogleich seinen Sclaven nach Hause, um in Geschwindigkeit ein Pferd zu holen. Dieses kam sehr bald an, und der Bauer ritt nach Hause, nachdem er das Bein stark gebunden hatte, um die weitere Verbreitung des Giftes zu hindern. Bei seiner Nachhausekunft ward er schläfrig, so daß seine Frau ihn nur mit Mühe wach erhalten konnte. Er wurde auch sogleich blind, und diese Blindheit währte vierzehn Tage. Das Bein war so geschwollen, daß die Haut sich über das Band gezogen und fest angeschlossen hatte, und nur mit Mühe herunter gebracht werden konnte. Man machte mit einem Messer Einschnitte in die Wunde, und wusch den Fuß mit Salzwasser ab. Dabei gab man dem Patienten heiße Milch zu trinken, mehrere Eimer voll in einer Nacht, die er aber beständig wieder von sich gab. Darauf wurde der Schlangenstein auf die Wunde gelegt. Der Mann genas allmählig wieder, behielt aber einen sogenannten Kalender an der Stelle des Bisses, d. i. er empfand bei Veränderung des Wetters Schmerzen an der Stelle des Bisses, ja sie brach bisweilen völlig wieder auf.

Der unerschrockene Rauracher, 15. Mai 1836.

16. Mai

Brandan der Abt von Cluain Fearta

1372
Ein heftiger Schneefall beschert der Stadt nochmals einen Wintertag.

1404
Zum Lobe Gottes erklingt im Münster erstmals das Spiel der grossen Orgel.

1468
Aus «hübschem Himmel» bricht plötzlich «das grösste ungeheuerliche Wetter» los wie man es noch nie erlebt hat. Hagelsteine und Wassermassen machen in Feld und Garten alles dem Erdboden gleich.

1527
Der Rat ist sich über die Institution der Heiligen Messe nicht im klaren. Von den einen wird sie als ein Opfer, als heilig und selig gepriesen, von den andern als ein Greuel vor Gott verworfen. Es werden deshalb ernsthafte Disputationen über die von Bonifacius Amerbach und Erasmus von Rotterdam bzw. von Johannes Oekolampad und Augustinus Marius verfassten theologischen Gutachten abgehalten.

1605
Heute dreht sich in der Stadt alles um den Wein. So müssen in einem Gasthof die Knechte mit «Spissgarten» (Ruten) geweckt werden, weil «sy alle besoffen sind. Haben fürgegeben, sy haben den Rossen die Fiess mit Wein miessen waschen, weil sy nach beschwerlichen Raisen verwundet. Doch haben sy ihre Gurgeln selber dapfer gewaschen, weil sy im Stall alleinig 16 Mass Wein gehabt». Dann aber wird auch von dem in Basel populären Kurfürst Christian von Sachsen erzählt, er sei «dem Wein gar zu sehr ergeben und habe keine grössere Lust, als eins mit dem Trunk auszufüllen, so das er mit jedem welle zusaufen».

1611
Es stirbt alt Oberstzunftmeister Sebastian Beck an der Pest, nachdem diese ihm schon «kurz zuvor vier Töchter, einen Tochtermann und eine Sohnsfrau verzehrt hat».

1634
Vor dem Spalentor «sind viel Bagagi-Wägen mit schwedischen Soldaten angekommen. Geben an, sie seyen von den Franzosen geschlagen und zertrennt worden».

1638
Herzog Bernhard von Weimar trifft in Basel ein und bespricht sich bei einem Gastmahl mit dem Bürgermeister und dem Oberstzunftmeister. Zweck seiner Anwesenheit ist das Durchgangsrecht über die Rheinbrücke und die Darreichung von Lebensmitteln für seine Truppen.

1650
Es geht ein heftiges Hagelwetter mit «Steinen wie Baumnuss oder gar wie Hühnereyer» nieder. In Arisdorf entzündet der Blitz ein Bauernhaus samt Scheune.

1707
130 Metzger und Kälblistecher veranstalten unter Zuzug der Kleinbasler Ehrengesellschaften einen grossen Umzug. Dabei «diskutieren sie unter sich, dass bey Straf einer halben Mark Silber keiner kein Hund sollte auslassen, also, dass keiner den andern sollte auslachen. So geht alles in guter Ordnung vor sich. Andertags ziehen sie wieder auf die Schützenmatte und machen ein grosses Schiessen. Des abends speisen sie auf der Schmiedenzunft. Und so vergeht diese Kilbe in Fried und Freud. Man hält insgemein dafür, die Metzger seyen grob, allein bey diesem Zug muss man ihnen geben grosses Lob». Es wird daher

---

Basel. Der Segen, den der Prophet Zacharias der Stadt Jerusalem zugesagt hat: Es sollen noch ferner wohnen in den Gassen zu Jerusalem alte Männer und alte Weiber, die alle an Stecken gehen, vor großem Alter, ist in der letzten Zeit auch bei uns offenbar geworden. Der alte Herr Elsner, der bis vor wenigen Wochen dem Gottesdienst noch beiwohnen konnte, ist im 92ten Jahre gestorben. Herr Alt-Pfarrer Thurneisen lebt noch in unserer Mitte mit seiner Gattinn, der letzten überlebenden Person aus dem Geschlecht der Edeln von Bärenfels, nachdem er schon vor einigen Jahren die goldene Hochzeit gefeiert hat. Und eben diese Feier hat Rudolf Werder von Lupsig, Kant. Aargau, mit seiner Ehefrau Maria Köferlein, den 6. Mai öffentlich mit uns begangen. Er ist ein Steinhauer, und man weiß, daß bei diesem Beruf wegen der Schädlichkeit des Staubes der Steine ein hohes Alter ziemlich zu den Seltenheiten gehört. Um so mehr wünschten die Mitgenossen seines Handwerks ihrem alten Zunftbruder, der eigentlich schon im 52ten Jahre seiner Ehe lebt, und mit seiner Frau noch ganz gesund und munter ist, einen Festtag zu bereiten. Mehrere der Kinder und Enkel der Jubelfeiernden, die im Kant. Basel, Zürich und Aargau zerstreut wohnen, hatten sich auch zu der Feier eingefunden. (Dieses Ehepaar hat im Ganze 7 Kinder groß gezogen, die sich alle verheirathet haben; fünf leben noch; von ihnen haben sie über 40 Enkel und 13 Urenkel erlebt.) Die ganze Gesellschaft zog nach angehörter gerührter Ansprache des muntern Greises in Prozession in das Chor des Münsters, wo die Worte 2 Sam. 7, 18. auf den Anlaß angewendet wurden: Wer bin ich, HErr, HErr! und was ist mein Haus, daß Du mich bis hieher gebracht hast!

Christlicher Volksbote, 16. Mai 1839.

«Das Flora-Häuschen auf dem Davidsboden am 16. Mai 1891.» Von hier aus unternehmen die Mitglieder des 1884 gegründeten Freundschaftsvereins «Flora» ihre regelmässigen botanischen Exkursionen in die nähere und weitere Umgebung, die sie mit einer intensiven Sammeltätigkeit verbinden.

beschlossen, diesen Umzug fortan alle 30 Jahre zu wiederholen.

1729

Eine Tochter aus Schaffhausen, die von ihrem Vater bei einem Gelage hätte von Mönchen in ein Kloster entführt werden sollen, flüchtet nach Basel. Sie wird hier inhaftiert, dann aber zur Verheiratung ins Markgräflerland freigelassen. Diese Egötzlichkeit führt zu folgendem Reim: «Als die Fratres bey dem Wein / Frassen Bratis, Küchlein und Fisch / Und sich braf herum besoffen / Ist die Nonn' davon geloffen / Da bekamen die sauberen Hasen sampt dem Ätti lange Nasen!»

1762

In der Waisenhauskirche hält der zum Pfarrer von Liestal gewählte Johann Jacob Zwinger vor «etlichen 1000 Zuhörern seine letzte Abschiedspredigt. Diese ist so rührend, dass sich die meisten Zuhörer, welche sowohl in der Kürch als draussen bey der Menge gestanden, sich des Weinens nicht enthalten können».

1766

Obwohl das «Gadensteigen», das Hineinsteigen der Jünglinge in die Zimmer der Mädchen, oft in aller Zucht und Ehre und mit Kenntnis der Eltern stattgefunden hat, wird es von der Obrigkeit verboten.

1776

Auch die Riehener begehen ihren Bannritt. «Diese Herren Dragoner aber lassen die alte Gewohnheit abgehen, die Jungfrauen hinter sich aufs Pferd zu nehmen. Nicht ein Einziger erbarmt sich ihrer, obschon sie ganz parat bey der Wiese stehen. Die Mädchen müssen also zu Fuss wieder umkehren.»

1857

Die hier durchgeführte Versammlung der Schweizer Künstler und Kunstfreunde beschliesst einstimmig, dem Basler Ferdinand Schlöth die Ausführung des Winkelried-Denkmals zu übertragen.

1877

Die Ausweitung der Stadt erfordert neue Strassennamen. So gibt es nun auch eine Strassburgerallee, einen Blotzheimerweg sowie eine Sundgauer-, Altkircher-, Belforter-, Pruntruter-, Schlettstadter-, Colmarer-, Thanner-, Blauen-, Rudolf-, Belchen-, Türkheimer-, Hagenthaler-, Habsburger- und Landskronstrasse.

1878

Im Zunftsaal zu Rebleuten erfolgt die Umstrukturierung der Firma Jenny & Kiebiger zur Basler Lagerhausgesellschaft (BLG).

1886

In der Kunsthalle wird die Pietà von Arnold Böcklin von den Feinden des Meisters viel gescholten und von dessen Freunden ebenso warm gelobt.

17. Mai

Gutmann der Hirte

1293

Bruder Bonifacius, Bischof von Bosni, weiht im 1270 gegründeten Nonnenkloster Klingental die Altäre der nun vollendeten Kirche und den Marienaltar im Chor sowie den Gottesacker.

Zur Tilgung der Ablösesumme an den Bischof für den Verzicht seiner Herrschaftsrechte im Sisgau sieht sich der Rat 1591 gezwungen, einen Steuerzuschlag von 1 Rappen auf jede Mass Wein zu erheben. Dieser Entschluss führt in der Folge zu revolutionären Unruhen der Bauern auf der Landschaft, denn die Baselbieter sind nicht geneigt, mitzuhelfen, die städtische Schuld an den ehemaligen Stadtherrn abzubezahlen. So kommt es am 17. Mai 1594 auf der Wildensteiner Weide zur denkwürdigen Begegnung Andreas Ryffs mit den Aufständischen, der in weiser Beurteilung der Lage seine 75 Büchsenschützen in Liestal gelassen hat. Durch geschicktes Verhandeln mit dem einflussreichen Volksredner Hans Siegrist, der hätte verhaftet werden sollen, gewinnt der Gesandte der Obrigkeit das Vertrauen der bis auf die Zähne bewaffneten Baselbieter. Und es kommt, statt zu einem wilden Gefecht, schliesslich zu einem Volksfest mit gespendetem Brot und Wein. Kolorierte Radierung von Lucas Vischer.

1414

Ein Grossfeuer in der Aeschenvorstadt vernichtet 50 Häuser.

1565

Unter Ritter von Roll von Uri ziehen 18 eidgenössische Fähnlein, militärische Trupps, durch Basel in die Niederlande, den Spaniern zu. Als die Söldner anno 1574 (!) völlig mittellos wieder zurückkehren und um Unterstützung bitten, kann sich niemand mehr ihrer erinnern.

1572

Wegen liederlicher Aufsicht des Lohnknechts Andreas Huber verliert die riesige Eiche auf dem Petersplatz einen grossen Ast, wodurch der mächtige Baum arg geschändet wird. Huber hat sein unentschuldbares Versäumnis im Gefängnis abzubüssen.

1599

Ein heftiger Sturmwind richtet grossen Schaden an und entwurzelt die stärksten Baumriesen. Trotzdem «kommt der Wein zur vollkommensten Zeitigung. Seiner Köstlichkeit wegen werden hernach alle guten Weine Neunundneunziger genannt».

1641

Zu Buus gehen fünf Häuser und zwei Scheunen in Flammen auf. «Soll mit Brotbachen verwahrlost worden sein.»

1650

In Häsingen fallen zwei schwangere Frauen in die Lehmgrube und erleiden auf jammervolle Weise den Tod.

1674

Marschall Turenne räumt sein Heerlager in Hegenheim und verlässt die Gegend. Dies ist für die Universität Grund genug, die Offiziere zu einem Doktormahl ins obere Collegium einzuladen und mit Musik zu erfreuen. Auch der Rat verabschiedet die Militärs und verehrt Soldaten wie Offizieren Geldgeschenke.

1721

Unsere Gnädigen Herren sprechen das Urteil über den Haudegen und Gotteslästerer Johann Rudolf Merian, den ehemaligen Rittmeister in königlich-dänischen Diensten: «Der Delinquent soll am nächsten Ratstag zur Richtstätte, ohne den Hofprozess, auf einer Kuhhaut hinausgeschleift, ihm allda die Zunge geschlitzt und der Kopf abgehauen werden.» Auf Bitten seiner Familie

Der «Automobil Club der Schweiz in Genf», dem hauptsächlich Automobilisten aus der welschen Schweiz angehören, und der «Automobil Club von Basel», der zu seinen Mitgliedern auch Zürcher und Ostschweizer zählt, schliessen sich am 18. Mai 1903 zum «Automobil Club der Schweiz» zusammen.

wird Merian das Zungenschlitzen erlassen. Und so «geht er ganz beherzt und guten Mutes mit ziemlicher Reu in den Tod. Hat eine Kavaliersperuquen auf, einen blauklamottenen Rock, rot Scharlachkamisol und Hosen an seinem Leib, in der Hand ein weissgeglättetes Schnupftuch samt einer Citronen, welche er auch in den Fingern hält, als ihm der Kopf schon vor den Füssen liegt...»

1754

Einem Juden, der einem Bauern Geld gestohlen hat, sollen zur Strafe die beiden Ohrläppchen abgehauen werden. Da sich aber keines findet, wird er nur ans Halseisen gestellt. Dort aber bombardieren ihn Buben mit Eiern aufs greulichste. «Und als er das Maul weit aufsperrt, um auwey zu schreyen, fliegt ihm ein solches hinein und hätte ihn fast erstickt.»

1788

Übelgesinnte wollen im benachbarten Hüningen den Pulverturm in die Luft sprengen. Durch Zufall aber wird der ruchlose Plan entdeckt, so dass unsere Stadt vor grosser Verwüstung bewahrt bleibt: «Dank sey dafür der göttlichen Vorsicht.»

18. Mai

Eric von Uppsala der Märtyrer

1446

Die Basler ziehen auf Raubzug ins Wehratal, verbrennen fünf Dörfer und viele Schweighöfe und bringen als Beute ganze Herden von Kühen, Schweinen und Schafen heim.

1547

In Strassburg stirbt der Humanist und Philologe Beatus Rhenanus. Er hatte viele Jahre in Basel als Korrektor der berühmten Buchdrucker Johannes Amerbach und Johannes Froben gewirkt und pflegte eine enge Freundschaft mit Erasmus von Rotterdam. Auch verfasste er eine dreibändige Deutsche Geschichte, in welcher er ein Bild von Basel entworfen hat: «Wenn aber einer heute Basel betrachtet, wird er es nicht eine Königin nennen? Eine solche Reinlichkeit herrscht in den Strassen, die Häuser haben im allgemeinen eine so gleichmässige Bauart, einige zeichnen sich aus durch Pracht und Anmut, besonders diejenigen, hinter welchen der Petersplatz sich ausdehnt und das Kloster der Prediger. Diese, mit ihren geräumigen Höfen und zierlichen Gärten und die gegen den Rhein hinliegenden, können sogar denen, welche Italien gesehen haben, gefallen. Nur schreckt diese der ungewohnte Gebrauch der Öfen und die Unreinlichkeit der öffentlichen Herbergen ab. Das Klima ist von aussergewöhnlicher Milde, und die Bürger sind von grosser Leutseligkeit.»

1558

Auf der Zunftstube zum Schlüssel hinterlegt der reiche, aus Strassburg stammende Tuchhändler Martin Fickler sein Testament. In diesem bedenkt er in grosszügiger Weise die Hausarmen, die Siechen zu St. Jakob, die Elenden Herberge und das Grosse Almosen sowie arme Theologiestudenten. Die Ficklerschen Legate werden heute noch durch hiesige Fürsorgeinstitutionen ausbezahlt.

1579

Hans Andreas Müller aus dem Bernbiet wird mit dem Schwert hingerichtet. «Vor seiner Enthauptung redete er im Hof des Rathauses mit den Ratsherren so ernstlich, dass fast männiglich die Augen überliefen.»

1588

Durch Brandstiftung verbrennen in Pratteln neun Häuser, eine Frau und ein Kind. Der Täter, «einer von Mut-

Einst und Jetzt.

I.

Als noch die Wälle um die Stadt sich schlangen,
Drauf hohe Linden ihre Kronen wiegten,
Und tiefe Gräben an den Fuß sich schmiegten —
Wie oft als Kind hab' ich mich dort ergangen!

Und erst im Lenz, wenn alle Vögel sangen
Zum hellen Spott des Winters, des besiegten,
Wie da wir Jungen selbst so tapfer kriegten
In freiem Scherz, da rings die Stadt gefangen!

Drauf, wenn uns müd vom Spiel die Wangen glühten,
Sind in die kühlen Gräben wir gedrungen,
Wo stillversteckt die schönsten Veilchen blühten.

Und war uns gar ein duft'ger Fund gelungen,
So bargen wir ihn sorglich in den Hüten,
Und „Mutter!" jauchzend sind wir heimgesprungen.

II.

Die Mauern und die Linden sind gefallen:
Frei dehnt die Stadt sich aus in stolzem Bogen
Und an den Wegen, die wir einsam zogen,
Steht Haus an Haus gereiht und Hall' an Hallen.

Verklungen ist das frohe Liederschallen,
Die scheuen Sänger sind davon geflogen,
Fort aus dem neuen, wildgeschäft'gen Wogen
Voll Staub und Dunst und Dampf und Peitschenknallen.

Die stillen Veilchen auch sind all' verkommen,
Und so sich ein's, ein blasser Fremdling, fände
An kümmerlichem Ort, was möcht' mir's frommen?

Der Mutter sprossen schön're im Gelände
Des Grabes doch, das längst sie aufgenommen,
Und leerer ist mein Herz schon als die Hände.

P. Scholer.

Basler Blätter, 17. Mai 1885.

Nötli
von Jumpfer Züseli Beppi in Baasul für den Herrn Pfarrer daher.

1879		Fr.
18. Mai	Den ganzen Tag gebetet für den Bibelspruch: Eure Rede sei Ja! Ja! wie es sich geziemt für Unser-	1
Item	Brach mir bei einem Krankenbesuch vor christlichem Mitgefühl beinahe das Herz ent-	2
Item	Schwor ich meinem Stündelipfarr ewige . . und spielte dabei einen Sodoma- und Gomorra-Walzer auf meinem Kla-	3 4
Item	Habe die Bücher Mosis auswendig gelernt und zwar alle . . . . weil sich solche lecture schickt pour le beau-	5 6
Item	Für diejenigen gebetet, welche Elephanten verschlucken und Mücken	7
	Nahm mich vor Zöllnern und Sündern stets in und wenn sie meiner reifen Jugend zu nahe treten wollten, sprach ich ein entschiedenes	8 9
	Um in der Kirche trotz meines neuen Kleides kein Aufsehen zu erregen, ging ich leise auf den	10
	Las keine gottlosen Romane wie die von Heinrich Zschokke und die schlechten Schriften von Jeremias Gotth-	11
	Thut Summa Summarum	66

Zu Gunsten der „Heidenkindli" zu verwenden.

Nebelspalter, 18. Mai 1879.

---

tenz, der auch Hans Atz ermordet hat», wird auf dem Rad zum Tode gerichtet.

1619

Ein Jude, Jakob Noe aus Böhmen, der hier auf obrigkeitliche Kosten einem Buchbinder in die Lehre gegeben worden ist, wird im Münster unter grosser Feierlichkeit von Antistes Wolleb getauft. Bald darauf von seinem Meister wegen Unfleisses bestraft, «läuft der Kerl wieder davon»!

1670

Die hiesigen Possamentermeister protestieren beim Rat gegen die von Emanuel Hoffmann verwendeten Bandmühlen. Dieser produziere seit geraumer Zeit auf seinen Kunststühlen Florettbänder und taffete Passemente. Die Textilien seien von schlechter Qualität und brächten die gute Basler Ware überall in Verruf.

1682

Kleinhüningen erhält eine Schulordnung. Diese hält u.a. fest, dass täglich vier Stunden Unterricht zu halten sind, die Kinder sobald «sie zum Verstand kommen» diesen zu besuchen haben und der Schulmeister im Lesen, Schreiben, Beten und Nachtmahlbüchlein (Religion) zu unterweisen hat.

1746

«Ein fremder Mensch, der sich durch einen preussischen Werber als Söldner hat anwerben lassen und das Handgeld von 20 Dukaten versoffen hat, ertränkt sich bei der Schifflände im Rhein. Er sagte zuvor auf der Rheinbrücke, er werde heute noch recht nass werden.»

1747

Auf dem Petersplatz legen die Artillerieoffiziere Fechter und Raillard den Häuptern der Stadt Proben ihres Könnens ab. «Sie sind capabel, mit der neuen Kanone in einer Minute 24 Schüss zu feuern.»

1879

«Bei der Volksabstimmung über die Abschaffung der Todesstrafe zeigt Basel bloss 2341 Ja gegen 3447 Nein. Das verwundert wenig, wenn man sich erinnert, dass Basel vor drei Jahren das blutige Schauspiel erlebte, dass zwei Sträflinge drei Wächter töteten.»

1905

Ein Schiffzug von drei Fahrzeugen, die mit Kohlen vom Niederrhein kommen, trifft in Basel ein. «Der Verkehr wird zu einem so häufigen, dass inskünftig nicht mehr davon Notiz gegeben wird.»

19. Mai

Pudentiana und Ivo von der Bretagne die Anwälte der Armen

1445

Die Basler ziehen mit zweihundert Pferden und tausend Fussknechten gegen Dürmenach im Sundgau und anderntags gegen Waldighoffen. Sie zerstören beide Schlösser und entführen grosse Mengen an Korn, ebenso die Waffen und Rüstungen, «so die Eydgenossen zu Sant Jacob in der Schlacht verloren haben».

1548

Ein Stück Salm, der Neuntel eines Fisches, wird teurer verkauft als ein Vierzel Korn. Denn dieses kostet 17 Schilling, jenes aber 22 Schilling. «Feinschmecker lieben eben, was fein schmeckt.»

1641

Der Rat legt Wert darauf, dass die Angehörigen des akademischen Lehrkörpers sich keiner extravaganten Vorrechte bedienen, und beschliesst deshalb: «Die Herren Professores sollen, wann sie in der Stadt sind, in gewöhnlichen Röcken und patriotischer Kleidung, nicht aber in langen allamodo Hosen, Mäntlen und breiten Hüeten aufziehen.»

1663

Mit Dr. Niclaus Dillmann kommt ein berühmter Arzt nach Basel. Er macht zwei gegen 70jährige blinde Männer aus Leimen wieder sehend.

1671

«Es hat sich zu Basel ein trauriger Fall begeben, indem eine unnatürli-

Am 19. Mai 1826 macht der dickste Mann der Welt, Daniel Lambert aus England, Basel seine Aufwartung. «Der 36jährige bringt 50 Steine (14 englische Pfund auf den Stein gerechnet) auf die Waage. Der Umfang seines Körpers beträgt 9 Fuss 4 Zoll (280 cm). Die Schenkel sind 3 Fuss 1 Zoll (92,5 cm) dick. Seine Länge ist 5 Fuss 11 Zoll (177,5 cm).» Zum Trost für «gewisse Artgenossen» kursieren Sprichwörter in der Stadt, wie etwa «Wer den breiten Lehnstuhl am besten ausfüllt, hat auch den meisten Verstand», «Ein magerer Mensch ist nur ein halber Mensch», «Was im Beutel das Geld, das ist am Leib das Fett» oder «Je mehr Talg um den Docht, desto heller das Licht».

che Mutter ihr im Wirtshaus zum Schnabel geborenes Kind sogleich in das Secret, den Abtritt, geworfen hat. Weil es aber der Hausknecht noch hat schreyen hören, ist es errettet und zur heiligen Taufe beförderte worden. Man nennt es, weil es aus dem Schlamm gezogen worden ist, Moses.»

1774

In der Heuslerischen Schleife, der spätern Mechel-Mühle im Kleinbasel, nimmt ein während Jahren schwelender Familienstreit einen tragischen Ausgang, indem sich «Häusslers des Schleifers Frau hinder der Schleife aus Melankoly in den Rhein stürzt wegen ihren zwei unartigen Söhnen».

1784

Zum Sonntagsgottesdienst in der französischen Kirche erscheint die Frau von Professor Daniel Bernoulli mit einem aus Blumen modellierten Hut auf dem Kopf. Weil solche unchristliche Eitelkeit der Reformationsordnung widerspricht, wird die putzsüchtige Dame zu einer Busse von 20 Pfund verfällt.

1818

Basel lässt sich von einem gewissen Achmed Bey von Solyman, «dem Sohn des Himmels und des Paradieses», blenden. Der weltgewandte Ägypter findet durch sein verschwenderisches orientalisches Wesen bald in den besten Häusern der Stadt Zugang. Als ihn die Weiterreise drängt, lässt er in Gegenwart des städtischen Gerichtsamtsmanns und eines Notars sein Testament besiegeln, durch welches er der Stadt Basel und zahlreichen vornehmen Familien weit über eine halbe Million Franken vermacht. «Die Erben warten aber heute noch auf ihren Anteil aus dem riesigen Vermögen des exotischen Ordensjägers und Darlehensbetrügers...»

1833

In Liestal vereinigen sich die Sänger des Baselbiets zu ihrem ersten kantonalen Gesangsfest. «Die Kirche ist voll gedrängt. Nach der Aufführung, die fürs erste Mal über Erwarten gut gelungen ist, vereinigt man sich im Schlüssel zu einem gemeinschaftlichen Mahle, wobei sich ein lustiges Leben entfaltet.»

1849

Bern erlässt einen Internierungsbefehl für die 229 in Basel eingetroffenen Flüchtlinge des badischen Aufstands. «Man lässt diese bei uns unbehelligt und übt so ihnen gegenüber die auch vom Bundesrat in seinen Flüchtlingserlassen stets hervorgehobene Pflicht der Humanität.»

1894

Der Regierungsrat beschliesst die Einführung der mitteleuropäischen Zeit, so dass auf den 31. Mai sämtliche öffentlichen Uhren des Kantons um eine halbe Stunde vorzurücken sind.

1895

«Mit Spannung erwartet man in hiesigen Sportkreisen den Wettkampf zwischen dem Footballclub Basel und den Old Boys (jetzigen und frühern Mitgliedern des Realschülerturnvereins), handelt es sich doch um die Suprematie (Oberherrschaft) unter den hiesigen Clubs. Als die Pfeife des Referees time verkündet, ist das Resultat folgendes: Footballclub Basel 6 Goals, Old Boys 0 Goal. Die Mannschaft des Old Boys Club ist aber, obwohl sie trotz zwei Freistössen den Ball selten über die Mitte des Platzes hinausbrachte, bei dem Eifer, den sie für das Spiel entwickelte, vielversprechend.»

> **Beytrag**
> Zu dem Frag- und Anzeigungs-Blätlein/
> N°. XX. Dienſtags den 19. May 1733.
>
> 1. Verwichenen Sonntag iſt geſtorben/ und ſolle Morgen umb 2. Uhr zu St. Peter begraben werden: Tit. Herr Chriſtoff Eglinger/ der Artzney Doctor und Rhetorices Profeſſor, geweſener Rector Magnificus bey Löbl. Univerſität allhier. Merckwürdig iſt/ daß dieſer Herr ſeel. der Jährlich-gewöhnlichen Abwechſlung und Ergäntzung der Magnifiquen Rectorat-Stelle verwichenen Sonntag 14. Tag/ als den erſten Sonntag im Mäymonath/ annoch beygewohnet/ aber gleich darauff auff das Todbeth geleget worden. Da zumahlen gelangte durch das Looß zu dieſer hohen Dignität an Platz obiges Herrn ſeel. Tit. Herr Nicolaus Harſcher/ der Artzney Doctor und der Wohlredenheit Profeſſor &c. Mit welchem in die Wahl gelangten: Tit. Herr Jacob Chriſtoff Jſelin/ H. Schrifft Doct. und zu Außlegung der Religions-Streitigkeiten/ auch Methodiſcher Erlehrnung der Theologie beſtellter Profeſſor, dißmahliger Decanus, und Tit. Herr Samuel Battier/ der Artzney Doctor und der Griechiſchen Sprach Profeſſor.
>
> 2. So dann ſolle künfftigen Donnerſtag umb 2. Uhr im Münſter begraben werden: Frau Eſter Mitzin/ weyland Herrn Peter Ochſen ſeel. des Handelsmañs/ nach Tod hinderlaſſene Frau Wittib. 3.

Frag- und Anzeigungs-Blätlein,
19. Mai 1733.

1910

«Mit dem ganzen Erdball erwartet auch Basel für diesen Tag den Weltuntergang, da man befürchtet, der Halley'sche Komet werde die Erde streifen. Der Komet aber lässt seinen Schweif nicht blicken und hält das liebe Publikum zum Narren...»

1914

Die Sozialdemokraten legen dem Grossen Rat einen Anzug betreffend die Einführung des Frauenstimm- und Wahlrechts vor. Die Verwirklichung des Postulats beansprucht mehr als ein halbes Jahrhundert!

20. Mai

Isidor der Bauer

1548

Wie die Narren laufen die Leute aus Kleinbasel zu den Predigten von Spitalpfarrer Valentin Bolz, des Verfassers geistlicher und weltlicher Volksschauspiele. Er sagt ihnen, was sie wünschen, was sie gern haben und was ihm gefällt. «Er sät Hass und wird einen Sturm des Aufruhrs erregen, wenn es der Herr nicht abwendet.»

1607

Die Hosenlismer erhalten eine eigene Ordnung. Die gegen fünfzig «Hosenstricker-Meister» sind vornehmlich am Riehenteich angesiedelt, dessen Wasser sie zum Waschen und Walken der Rohware und zum Färben der fertigen Produkte benötigen.

1625

Der junge Lux Linder will beim Riehentörlein zerbrochene Ziegel in den Rhein schütten, fällt aber selbst ins Wasser und ertrinkt. Als der Knabe aufgefischt wird, kann er, weil die Tore schon geschlossen sind, nicht mehr in die Stadt gebracht werden. Man legt ihn deshalb in ein Gebüsch und bedeckt ihn mit Blättern. Wilde Tiere aber finden den Leichnam des Buben und fressen ihn auf.

1626

Die Bürger werden vom Spenden von Almosen vor ihren Häusern befreit, haben dafür aber jeden Sonntag in den vier Pfarrkirchen der Stadt eine offene Hand gegenüber den Armen zu zeigen.

1629

Hinter der School stellt sich einer Magd ein ganz in weiss gekleideter Geist in den Weg. Das Gespenst drängt die Frau, Pickel und Schaufel zur Hand zu nehmen und, da sie ein Fronfastenkind sei, in den Keller hinabzusteigen und nach Gold zu graben. Und die Schatzgräberin findet neben Gebeinen wirklich auch sieben Duplonen. Damit ist die Seele des Geistes erlöst. Noch bekennt das Gespenst, vor 45 Jahren einen Jüngling ermordet, in vier Stücke zerlegt und hier vergraben zu haben, dann löst es sich mit drei Schreien und Jauchzern auf.

1692

Bischof Conrad von Roggenbach bedroht alle diejenigen mit hohen Geldstrafen, welche auf seinem Hoheitsgebiet Hirsche, Rehe, Hasen, Wildschweine schiessen, mit Fussstricken, Garn, Fallen und Gruben irgendwelches Wild einfangen oder mit Jagdhunden in seinen Wäldern herumziehen.

1720

«Der Herr Markgraf von Baden kommt hier an, mitbringend zwey Kamöhl, drey Mohren und ein Wagen voll Ungeziefer, will sagen Demoiselles, die in grünen Jäger Röcken vorher reiten. Auf dem St. Peters Platz lässt er seine Musicanten

> **Der Frau Buſer Todesgang.**
>
> Am vorigen Donnerstag war es auf den Straßen des Kantons Basel ſchon in der Frühe lebendig, von allen Seiten ſtrömte man nach Lieſtal, um die Hinrichtung der Frau Buſer zu ſehen. Im Regierungsgebäude entſtand ein gefährliches Gedränge, um das Verleſen des Urtheils zu hören. Das Betragen der armen Frau wurde von Tauſenden und Tauſenden mit ſcharfem Auge beobachtet. Die Gleichgültigkeit und Feſtigkeit, welche ſie bis aufs Schaffot begleitete, war der Gegenſtand der allgemeinen Aufmerkſamkeit. Die Einen bewunderten ihre Standhaftigkeit; die Andern nannten ſie Trotz, Stolz bis in den Tod hinein; noch Andere ärgerten ſich an ihrer Verſtocktheit und Gefühlloſigkeit. Es hatten die vielen Leute einander Vieles zu erzählen: wie ſie mit den Ihrigen noch beim Wein fröhlich geweſen; wie ſie mit den Ihrigen noch Anleitung gegeben, wie ſie die Schulden eintreiben ſollten; das iſt doch eine ehrloſe, Gottvergeſſene Frau geweſen! hörte man ſie da und da. – Schnell ſah man ſie das Schaffott beſteigen; mit großer Behendigkeit und Kraft vollzog der Scharfrichter von Rheinfelden das Urtheil – ſchnell war ſie den Augen der Menge entzogen.
>
> Allgemein vernehmlich war die Anrede, welche hierauf Hr. Pfarrer Meyer von Fränkendorf hielt. Er erinnerte daran, daß vor zwei Jahren der Mörder Bowald hier gerichtet worden ſei; er hob hervor, was für eine Mahnung an alle Gewiſſen im Fall und Ende der Unglücklichen liege. Sie ſelber habe es ausgeſprochen, welches die beherzigungswerthe Urſache ihres Falles geweſen ſei; ſie habe ihn unter bittern Thränen gebeten, ihren Kindern zu ſagen, ſie möchten doch an der Mutter ein Beiſpiel nehmen, wie tief der Menſch fallen könne, wenn er Gott vergeſſe. „Dahin kömmt es," rief er warnend, „mit einem Menſchen, der Gott vergißt, der von der väterlichen Leitung Gottes, ſeine eigenen Wege gehen will, und die Hand, die Jeſus Chriſtus ihm darreicht zu ſeiner Rettung, zurückſtößt, und ſo der Gewalt der Sünde ſich überläßt. – Wie aber ſie gefallen, ſo können auch wir fallen, wenn wir Gott vergeſſen."

Christlicher Volksbote, 20. Mai 1840.

aufblasen und die Nachtigallen (Dirnen) aus ihren Winckeln locken.

Die Basler verwüsten den Sundgau und zerstören am 20. Mai 1445 das Dorf Waldighoffen. Weil die Basler noch nicht der Eidgenossenschaft angehören, sind die Plünderer mit roten Kreuzchen an der Rüstung oder den Beinkleidern markiert. Faksimile aus der Luzerner Bilderchronik des Diebold Schilling.

Welche herbeyfliegen und demzufolge erdapt werden, lässt der Rat die Nacht hindurch gefänglich halten.»

1736

Die Stadtsoldaten Rudolf Strub und Jakob Fischer geraten wegen Brennholz miteinander in einen wilden Streit. Die Obrigkeit missbilligt die Rauferei mit aller Schärfe und verfügt: «Soll der Fischer dreymahl durch 40 Mann Spiessruthen gejagt werden, der Strub aber für ein Jahr lang an das Schellenwerk geschlagen, zu harter Arbeit angehalten und ihm kein Wein gereicht werden.»

1758

Eva Wietlisberger von Rothenfluh wird wegen Diebereien vom Scharfrichter «glücklich vom Leben zum Tod mit dem ersten Hieb hingerichtet. Sie hat sich durch das unaufhörliche Zusprechen und Bätten der Herren Geistlichen abends vor dem Tod mit Bereuung der Sünden bekehrt und ist dem Ansechen nach bussfertig und seelig gestorben».

1820

Weil es mit der Jugend schlecht steht, beschliesst der Stadtrat Massnahmen zur Aufrechterhaltung des öffentlichen Anstandes. So wird das Nachrufen von beleidigenden Namen, das Verspotten durch freche Gebärden und das Deuten mit Fingern auf andere Menschen harter Strafe unterstellt.

1888

An der Hebelstrasse brennt das Anwesen des Fuhrhalters Rensch vollständig nieder. Neun Pferde finden durch den Brand den Tod.

1909

Die Schweizer Fussballelf tritt erstmals gegen Lehrmeister England an. Auf dem Landhof erwarten 7000 Fussballfans, die bisher grösste Zuschauermenge in der Schweiz, ein grosses Spektakel, das auch wirklich eintrifft, indem die Engländer die Schweizer mit 9:0 besiegen. «Dieses Spiel hat uns ein für alle Mal die Augen geöffnet, dass wir noch lange Jahre von den Engländern lernen müssen, denn diese sind uns im Fussballsport noch himmelweit voraus.»

21. Mai

Constantin Magnus der Kaiser

1487

Das Schloss Münchenstein wird von den Solothurnern belagert. Als die Besatzung unter Todesdrohungen zur Aufgabe gedrängt wird, «do spricht einer us dem Schloss: ‹Dies Schloss ist minen Herren von Basel. Kommt nit znoch heran, sonst schiessent wir üch, dass ihr überbürztlen!› Also liegen sie dry Tag vor dem Schloss und zugend dann mit Schanden wider heim».

1496

Georg Ehinger, der Gerber von Schaffhausen, wird zu einem Bürger angenommen.

1563

Zu Ehren hoher Gesandter aus Savoyen, Spanien und Mailand, die

Verkauf.

(1896.) In No. 653 Gerbergasse ist ein noch so viel wie neues Kinder-Korbwägelein und ein Paar noch ganz neue Ordonnanz-Epauletten, beides um billigen Preis zu verkaufen.

(1895.) Eine frisch ausgefütterte so viel als ganz neue zu 4 Plätzen gedeckte Chaise mit eisernen Achsen u. metallenen Büchsen.

(1682.) **Teneriffa,** die Bouteille 10 Batzen, die halbe Bouteille 5½ Bz., im Berichthaus in Commission.

(1905.) Ein vierhäspeliges Seidenwindrad; zu erfragen in No. 689 am Leonhardsberg.

(1904.) Betten sind zu verkaufen in No. 175 beim Fischmarkt.

(1907.) In No. 753 auf dem Kohlenberg ist gute Kuhmilch zu haben.

(1908.) Ein so viel als neuer, ganz solider Familienwagen für 8–10 Personen, um den billigen Preis von 10 Louisd'or.

(1880.) Extra gute Geiskäse sind immer zu haben im Mitzischen Laden am Rindermarkt.

(1881.) Ein schwarzer Tuch-Ueberrock und ein Frack, so viel als neu, bei Vogel, Schneider, No. 1068 in der Tiefe.

(1885.) Eine wohlfeile zweischläfrige tannene Bettlade, in gutem Stand, Mangel Platzes; in der Brunngasse No. 1022.

(1886.) Eine einschläfrige so viel als neue tannene Bettlade und ein dito Tisch, in No. 632 im größern Gerbergässlein.

(1832.) Ein so viel als neues Klavier um sehr billigen Preis; mehrere neue, starke Klavierkisten; bei J. Kircher, Adelberg No. 505.

Avis-Blatt, 21. Mai 1844.

kriegerische Fragen zu beraten haben, gibt der Rat im Schützenhaus einen grossen Empfang. Dabei werden erlesene Speisen aufgetragen wie «junge Hähne, Lämmer, Kapaunen, Tauben, Salmen, Forellen, Torten, Eierwecken und gesottener Wein».

1604

Die Kirchgemeinde von Binningen und Bottmingen wird selbständig, nachdem die Gläubigen bisher zum Abendmahl das Münster besuchen mussten.

1622

Zum Preis von 3600 Gulden erwirbt Thomas Platter d.J. das «Mittlere obere Gundeldingen», das einst der Buchdrucker Johannes Froben und der «Ketzer» David Joris besessen hatten, und nennt es «Neu-Gundeldingen».

1642

Heute werden zwei Diebe enthauptet, ein Breisgauer und ein Schwartzbub. «Schwartzbub werden jene starken Bättler genannt, welche des Müssiggangs gewohnt und nachts hin und wider in Häuser einbrechen.»

Die Basler Saurierei.

Es rauscht bei den Positiven,
Sie greifen zur christlichen Wehr;
Es schleicht mit Thränen im Auge
Der Stadtmissionär daher.

Es jammert der Zeiten Verderbniß
Auch die äußere Mission;
Es zettert die Evangelische
Ueber den christlich verlotterten Sohn.

Sie drängten sich heimlich in's Cäslin
Und schrieen: "O Jammer und Graus!
Wir treiben mit heiligem Stecklin
Am 16. Maien euch aus!

Es pfeift ja der Freisinn, der Lümmel,
Auf die schulzirkularische Hatz;
Was soll aus dem Joneli werden,
Wenn man ihn bringt um den Platz?

Uns ahnt eine Weltkatastrophe,
So kann es ja länger nicht geh'n,
Wenn im Rathssaal und ach! in der Kirche
Pietistische Säulen vergeh'n!"

Es wühlt in der Münstergemeinde,
Man grub in St. Theodor,
Wie krochen zur h. Synodalwahl
Die schwärzlichen Schaaren hervor!

Und als man nun anhub zu zählen,
War die Rechnung gemacht ohne Wirth,
"O Himmel, in Leonhard und Peter
Kein Po – ach kein positiver Hirt!

Verfehlt ist das heilige Zwecklin;
Wenn wir unsre Reihen durchgeh'n,
So seh'n wir im hintersten Cäslin
Den rüstigsten Streiter nun steh'n.

Und wir sparten nicht mit den Geldern,
Wir durchkreuzten, durchseufzten die Stadt
Wir lehrten, wie gütig der Herr ist,
Er gibt es ja dem, der – da hat.

Was wird uns denn übrig nun bleiben,
Soll der Glaube nicht sinken in Schlaf?
Auf, laßt uns die Heilsarmee holen!
Wo wohnt gleich Herr Stabshauptmann

Nebelspalter, 22. Mai 1886.

1711

Der welsche Sprachmeister Bernard wird an den Pranger gestellt, weil er «etliche Mal die Religion changiert, die Messe gelesen und seine Frau im Stich gelassen hat».

1752

«Als etwas ungewöhnliches sieht man eine grosse Menge geflügelter Raupen oder Zweyfalter, die hier Sommervögelein (Schmetterlinge) genannt werden. Sie fliegen schaarenweis, und zwar sehr dicht aneinander und ohne sich aufzuhalten, durch unsere Landschaft nach der Schweiz.»

1833

Auf dem Münsterplatz «stellt sich die etwa 1000 Mann starke Bürgergarde in Parade in einem Quarre auf, und die beiden Bürgermeister übergeben dem Commandanten die neue Fahne. Diese ist geweiht der Eintracht, und Eintracht macht stark. Hoch lebe die Bürgergarde!»

1882

Johann Sebastian Bachs Monumentalwerk, die h-Moll-Messe, wird zum ersten Mal in Basel aufgeführt. Unter Kapellmeister Volkland «feiert der durch Mitglieder der Liedertafel verstärkte Gesangverein mit der Lösung einer so schwierigen Aufgabe mit Recht Triumphe. Das von nah und fern herbeigeströmte Publikum fühlt sich durch die begeisterte Ausführung des Ganzen in seinen hoch gespannten Erwartungen nicht enttäuscht.»

1860

Der Grosse Rat beschliesst mit Stichentscheid des Präsidenten den Bau einer Kaserne und bewilligt hierfür einen Kredit von Fr. 600 000.–.

Die Steinentorstrasse mit den Häusern «zum inneren, mittleren und äusseren Träubel». Auf der Höhe das Bollwerk «Dorn-im-Aug», die sogenannte Elisabethenbastion. Aquarell von Johann Jakob Schneider. 21. und 24. Mai 1875.

22. Mai

Helena die Kaiserin

1676
Deutsch-kaiserliche Truppen stecken Burgfelden und Hüningen in Brand.

1699
Auf der Schützenmatte wird ein neuer Oberstschützenmeister erwählt. Dies geschieht in folgender Weise: Die Häupter der Stadt, der Stadtschreiber und der Ratsschreiber sitzen an einem Tisch. Die Räte auf Bänken, die Schützenmeister, Mitmeister und ältesten Schützen sowie der Bauherr, der Brunnmeister, der Zeugwart, der Lohnschreiber, der Karrenhofmeister – als Bediente in weiss und schwarzen Mänteln – auf Lehnstühlen. Die übrigen Bürger und Schützen, die zugegen sind, haben der Zeremonie stehend beizuwohnen. Nach zierlicher Ansprache des Stadtschreibers erfolgt in geheimer Abstimmung die Wahl, aus welcher Daniel Mitz einstimmig als neuer Oberstschützenmeister hervorgeht. Dieser hält sogleich eine Dankrede und ladet die Wahlmänner zu einer herrlichen Mahlzeit ein.

1736
Salmenwirt Paul Oswald und Meister Jacob Müller, beide Kleinbasler, werden wegen schändlichen Ehebruchs vor der ganzen Kirchgemeinde zu St. Theodor «lächerlich» blossgestellt und mit harten Worten gemassregelt. Anschliessend lässt der Rat die vermeintlichen Ehrenmänner auf unbestimmte Zeit ans Schellenwerk schmieden.

1776
Unter den «zertlichen Threnen» des betrübten Vaters wird in Riehen ein Grabstein enthüllt, der folgende Inschrift trägt: «Unter diesem Erdschollen ruhet in Gott der Leichnahm des ehrbaren Jünglings Hans Jacob Fuchs, eine der schönsten Blüten von Riehen, so den 13. Merz 1776 im 25. Jahr seines Alters seelig in dem Herrn entschlafen und zwar wenige Stunden, nach dem ein von fremder Hand aus Ohnbedacht gethaner unglücklicher Schuss zur unbeschreiblichen Betrübnuss seiner noch lebenden Eltern ihn durch die Stirne tödlich verwundet. Wande-

«Die Stufenjahre des Menschen» am 22. Mai 1805. «Von einem schon ziemlich bejahrten starken Trinker sagt jemand: Er hat alle Jahreszeiten im Gesicht: Die Blumen auf der Stirn machen den Frühling aus. Seine Nase ist bunt wie der Sommer. Die vom Wein glühenden Augen verkörpern den Herbst und der Schnee auf dem Kopf den Winter.»

rer stehe still! Betrachte wie Dich der Tod gleichfalls ohnversehens und plötzlich überraschen kann, seye dessen täglich eingedenk. Thust Du es, so wirst Du fromm leben und freudig sterben.»

1815

Vor der Kommission zur Haushaltung erbringt Hans Michael Singeisen mit einer vorgelegten Eisenerzprobe den Beweis, dass im Gemeindebann von Bubendorf Metall zu finden ist.

Großer Schauplatz im Klingenthal.
Die berühmte
akrobatische Tänzerfamilie Knie
wird morgen Sonntag eine große Vorstellung zu geben die Ehre haben, in Tänzen auf dem gespannten Seile, und am Boden, mit und ohne Balancierstange.

Zum Schluß:
Der Apfelbaum.
Komische Pantomime mit Tanz.
Herabgesetzte Preise der Plätze, n. W.
Sperrsitz 1 Fr. — Erster Platz 70 Cts. — Zweiter Platz 50 Cts. — Dritter Platz 30 Cts.
Kinder unter 10 Jahren zahlen die Hälfte.
Kasseröffnung 7 Uhr. — Anfang halb 8 Uhr.
Auf zahlreichen Zuspruch hofft [3885] **Karl Knie**, Direktor.

Intelligenzblatt, 23. Mai 1852.

1838

Es stirbt der 1766 geborene Wilhelm Haas, Schriftgiesser, Buchdrucker und Kunstverleger. Er hat mit 24 Jahren die Buchdruckerei und Schriftgiesserei seines Vaters übernommen und zu grosser Blüte gebracht. Mit der ersten Glättepresse Deutschlands und der Schweiz druckte Haas typometrische Landkarten von hervorragender Qualität und Musiknoten nach eigenem typographischem System.

1878

«Man sollte Basels Bewohner nach ihren Eigenschaften logieren: Adelige gehören in die Rittergasse, Lumpen in die Papiermühle, Metzger an den Rindermarkt, Hungrige an die Brodlaube, Ungläubige an die Missionsstrasse, Heilige an den Klosterberg, Lebensmüde an den Rheinsprung, Langfingrige an die Greifengasse usw.»

23. Mai

Desiderius der Erzbischof

1446

Ritter Peter von Mörsberg versucht, das Schloss Binningen zu überfallen. Obwohl der Anschlag misslingt, beschliesst der Rat Vergeltung: Er schickt 1400 Mann in die Gegend von Pfirt, und die Kriegsknechte verbrennen auf ihrem Streifzug sieben Dörfer. Als sie mit reicher Beute durchs Leimental heimwärtsziehen, folgt ihnen Mörsberg, doch ohne einen Angriff zu wagen. Dafür setzt er Benken, wo mehrere Basler Bürger ihre Besitzungen haben, in Brand.

1525

Am Vorabend der Reformation lässt der Rat ein Verzeichnis des Münsterschatzes anlegen. Die 250 Gegenstände umfassende Liste wird von der goldenen Altartafel Kaiser Heinrichs II. angeführt. Es folgen die Monstranzen, Kelche, Altartücher und Messgewänder.

1542

Die Obrigkeit will unter der Bevölkerung die Lust am Waffenhandwerk fördern, indem sie in den Dörfern die Gründung von Schützengesellschaften anregt: «Wir sehen es gerne, dass die Gesellschaft der Büchsenschützen allenthalben zu Stadt und Land gemehrt, neue Untertanen mit dem Büchsenschiessen geübt werden und sich die Oberen der Schiessgesellen freundlich annehmen.» So machen sich fortan viele Landleute mit dem Kriegshandwerk vertraut und leisten damit einen Beitrag zur Verteidigung des Vaterlandes.

1546

Auf dem Fischmarkt wird durch Schüler das Theater von der Susanna aufgeführt. «Sie spielen vortrefflich und sehr hübsch auf und haben

«Die neue, sehr wohl gelungene katholische Marien-Kirche an der Holbeinstrasse, von Architekt Paul Reber mit Anlehnung an den romanischen Stil erbaut, wird am 23. Mai 1886 durch Bischof Friedrich Fiala feierlich konsekriert und eingeweiht.»

schöne Kostüme und eine zierliche Ausstattung.»

1613

«Zu Basel darf der Mann sein Weib nit schlagen. Schlägt er es, so muess er in den Wasserthurm, auch wenn er ein Ratsherr wäre.»

1642

Im ehemaligen Predigerkloster wird «als Zucht- und Gefängnishaus das Schellenwerk eingerichtet».

1645

Heute werden 55 Salme gerissen, 50 zum freien Verkauf auf der Fischbank, 5 zum Einsalzen. In den nächsten Tagen gehen den Fischern weitere 60 Salme in die Falle, die um 15 Rappen das Pfund feilgeboten werden.

1657

Jakob Müri von Wintersingen, der es mit einer Kuh getrieben hat, wird enthauptet und mit dem Tier eingeäschert. «Die Kuh hat man morgens früh auf die Richtstatt geführt, getötet, verstücklet, auf den Holzhaufen geworfen und mit dem Buben verbrennt.»

1703

In seinem 77. Altersjahr stirbt Peter Werenfels-Grynaeus, Oberstpfarrer am Münster, Professor der hebräischen Sprache und dreifacher Rektor der Universität. Vor seinem Hinschied tröstete er die Seinen mit dem Gebet: «Herr, lindere entweder meine Leiden, dass ichs ertragen mag. Oder mach mich gesund, wenn meine Arbeit dir noch etwas nutzen kann. Oder nimm mich zu dir, wenn mein Lebensziel erreicht ist. Und dieses ist wohl das beste.»

1762

Dann und wann ist unter den Haustüren ein Zettel zu finden mit folgender Mitteilung: «Ich bin eine alte, kranke, arme, verlassene Bauchi-Knetscherein (Wäscherin) an der hintern Steinen und bitte gutherzige Ehrenleut um Gotteswillen um ein Almosen. Ich hab Sie heut nach der Morgen Predigt besucht und an ihrer finstern ausgenutzten Stege mein Leben gewagt! Der Herrgott lohnt Eure Gutherzigkeit.»

1826

Emanuel Ramsperger beginnt den Handel mit Getränken jeder Art und erwirbt sich den Ruf des «ersten schweizerischen Mineralwasserspezialisten». 1864 übernimmt sein Schwiegersohn Jakob Emanuel das Geschäft, das fortan unter der Bezeichnung «Krayer-Ramsperger» firmiert.

1872

Mit der Eröffnung des Gottesackers auf dem Wolf werden die Friedhöfe zu St. Elisabethen, St. Alban und St. Jakob geschlossen.

1885

Die Anwohner des Kleinen Klingentals ersuchen die Regierung um Verlegung des Blatternspitals, weil sie eine gesundheitliche Gefährdung befürchten.

24. Mai

Dominikus der Ordensstifter

1254

Papst Innocenz IV. erteilt Basel das Privileg, dass seine Bürger ausserhalb der Stadt weder durch ihn selbst noch durch einen Legaten vor Gericht geladen werden können.

Der Aeschenplatz mit Blick in die Aeschenvorstadt nach dem Abbruch des Aeschentors. Rechts aussen die Schreinerei von Jacob Benedict Böhme. Aquarell von Johann Jakob Schneider. 24. Mai 1862.

1493

Hans Ulmann, ehemaliger Bürgermeister von Schlettstadt und Anführer des Bundschuhs, des ersten grösseren Bauernaufstandes in deutschen Landen, wird enthauptet und geviertailt.

1523

Es findet ein grosses Büchsen- und Bogenschiessen statt, an welchem zahlreiche Grafen, Freiherren, Ritter und Edelleute teilnehmen. Das Schützenfest währt acht Tage, und der Gabentempel ist mit Gold und Silber angefüllt. Am letzten Tag «kam ein ungestüm Gewätter und warf die Zelt und alles uff der Schitzenmatte um, so dass jedermann ab der Matten gehen musst. Gewannen die Schützen von Strasburg mit dem Bogen die beste Gob und die von Ulm die beste mit der Büchsen. Also endete das Schiessen und fuhr jedermann wyder ehrlich heim.»

> Solange Vorrat verkaufe folgende Posten zu extra billigen Reklame-Preisen
> 1 Posten **Mechaniker-Hemden**, doppelfädig . nur **2.25**
> 1 Posten **Oxford-Hemden** . . . . nur **1.75**
> 1 Posten **Zephir-Hemden** . . . . nur **1.95**
> 1 Posten **Kragen**, 4-fach . . . . nur **~.45**
> sowie meine andern Spezialitäten zu bekannten konkurrenzlosen Preisen.
> **„Zum billigen Magazin"**
> A. Heizmann
> 47 Steinenvorstadt 47   11 Klybeckstrasse 11
> um die Ecke beim Steinenbrückli   prov. Filiale.

Basler Vorwärts, 24. Mai 1913.

1539

Bürgermeister Jakob Meyer schreibt dem Rat von Zürich: «Wir haben zwei von Euren Mitbürgern erlaubt, 200 Säcke Roggen auf dem Kornmarkt zu kaufen, um sie bei Euch wieder zu verkaufen. Da sie sich gegen die Marktordnung verfehlt haben, ist ihnen ein weiterer Ankauf untersagt. Wir wollen mit diesem Entscheid jedoch durchaus nicht weitere Käufe unterbinden, sofern sie für den Eigenbedarf der Stadt Zürich nötig sind.»

1644

Nach dem Tod von alt Bürgermeister Sebastian Spörlin wird dessen Rebhäuschen in der Nähe des Schützenhauses mit folgender Inschrift geziert: «Da man thät 1500 zällen/Und 9 und 90 dazu stellen/Ward ein Haus erbaut hierin/Von Sebastian genannt Spörlin/Dem Bürgermeister unserer Stadt/Starb 84 Jahr alt lebenssatt/Der sprach: Zum Sonnenberg sei es genannt/Gott geb seinen Segen zu Stadt und Land.»

1653

Liestals Bevölkerung wird durch «ein mächtig Gschrey» aus dem Schlaf gerissen. Es heisst, die Basler seien im Anzug. Sofort werden an den Türmen die Böler (Mörser) entzündet und die Geschütze geladen. Und auf dem Altmarkt sammeln sich die Wehrfähigen, doch fehlt es an Blei und Pulver.

1727

Es wird ein Falschmünzer hingerichtet. Er hat anfänglich gegen das Todesurteil protestiert, da auch durch die Heilige Schrift nicht bewiesen werde, dass ein Falschmünzer mit dem Tod zu bestrafen sei. Schliesslich hat er sich willig zum Sterben führen lassen und betete dabei fleissig.

1744

Des Torwächter Biermanns Frau wird in der St. Theodorskirche öffentlich vorgestellt und zu sittlichem Lebenswandel ermahnt, weil «sie sich in Hüningen den Franzosen als ärgerliche Hur feilgeboten hat.»

1849

Vierzehn deutsche Handwerksgesellen ziehen in ihren blauen Freischärlerblusen durch die Stadt den republikanischen Fahnen zu. «Gut wird es diesen armen Teufeln nicht gehen» heisst es in einem Brief an den Bürgermeister. Tatsächlich verlieren viele der insgesamt rund 500 Durchzüger im dritten badischen Aufstand ihr junges Leben.

1856

Die Basler Gartenbaugesellschaft führt im Stadtcasino ihre erste Blumenschau durch, die grössten Beifall findet.

25. Mai

Urban der Papst

1016

Kaiser Heinrich II. bricht zu einer Reise nach Basel auf, wo er das durch die Ungarn verwüstete Bistum wieder herstellt. Auch ordnet er den Wiederaufbau des halb verfallenen Münsters auf Kosten des kaiserlichen Schatzes an.

> **Basler Synodalwahl.**
> „Weh uns, sechs Orthodoxe mehr in Basel!
> Erdrückt, verjagt, besiegt ist die Reform!"
> Pah, alter Freund, hör' auf mit dem Gefasel!
> Glaub' mir, so muss es sein, so ist es Norm.
> Soll eine Aussaat gut und voll gelingen,
> Zur Freude für den Mann und für sein Haus,
> Muss erst der alte Wust den Boden düngen;
> Erst, wenn ihn der recht satt kriegt, schlägt er aus.

Nebelspalter, 25. Mai 1883.

Am 25. Mai 1816 findet unter grosser Anteilnahme die Beerdigung der Elisabeth Bachofen-Fuchs statt. Das Aquarell von Friedrich Meyer zeigt die Frau des Stubenverwalters zu Hausgenossen beim Spicken von Fleisch mit Speck. So spartanisch die Lebensführung im Alten Basel im allgemeinen ist, so üppig kann «der Fress- und Saufteufel sein Unwesen» an festlichen Tagen treiben!

211

1421

Rat, Bischof, Domkapitel und Klerus vollziehen öffentlich den sogenannten Ketzereid: In allen Kirchen zu Stadt und Land wird gegen die Ketzerei gepredigt und ein Brief aus dem böhmischen Tachau verlesen, welcher die Bedrängnis der Rechtgläubigen schildert. Nach dem dreimaligen Sturmgeläute der Ratsglocke ziehen alle Zünfte auf den Kornmarkt und schwören mit lauter Stimme, am Christenglauben festzuhalten und der Ketzerei der Hussiten zu widerstehen.

1425

Graf Diebold von Neuenburg verbrennt im Streit mit Bischof Johannes von Fleckenstein das Dorf Häsingen, das dem Basler Bürgermeister Burkhart ze Rhyn gehört.

1445

Ritter Peter von Mörsberg beraubt mit fünfhundert Mann das Schwarzbubenland, verbrennt das halbe Dorf Büsserach und nimmt fünf Bauern gefangen.

1548

Beim Verlobungsfest Brand-Herwagen, das auf offener Strasse stattfindet, tanzt eine im Haus «zum Hermli» wohnhafte schwangere Frau bis zur Erschöpfung, so dass sie anderntags verstirbt.

1556

Zwei über 70 Jahre alte Zwerge, Klaus Goldenknopf und Kaspar Schwitzer, messen sich in einem Eierlauf. Dieser hat vom Petersplatz zur Schützenmatte zu laufen, jener muss 50 Eier auflesen.

1626

Die Fischer in der Birs können einen überaus erfolgreichen Nasenstrich verzeichnen. Der Obrigkeit verrechnen sie schliesslich aber nur 40 000 Nasen, obwohl sie viel mehr gefangen haben.

1636

Hans Heusser von Diegten, welcher des nachts öfter im Münster Einbrüche verübt und aus dem sogenannten Gotteskasten (Opferstock) über 500 Pfund entwendet hat, «wird am Galgen aufgeknüpft. Als man ihn gefragt hat, ob er sich nicht gefürchtet, nächtlicherweil über die Gräber zu gehen, hat er geantwortet nein, weil er sich jeweilen treulich Gott befohlen, dass er ihn behüeten möge»!
Hans Rauber von Zunzgen, ein Mann von 83 Jahren, hält wieder Hochzeit.

1649

In Wittinsburg wird ein Bauer mit seinem Buben beim Ackerpflügen von einem heftigen Hagelwetter überrascht. «Hierauf schliefen die beiden unter ihre Pferd und suchen Schutz unter den Leibern. Darauf kommt ein Donnerschlag und schlägt alle 6 Ross tod. Den Menschen aber geschieht nichts.»

1653

Die Baselbieter Bauern rebellieren frischerdings. Der Rat ersucht deshalb den Gubernator (Gouverneur) von Breisach um Hilfe. Dieser schickt der Stadt 100 Reiter und 300 Fussknechte, die in Hüningen und Blotzheim stationiert werden.

1689

Vor dem Wirtshaus «zum Hirzen» an der Aeschenvorstadt ereignet sich ein schwerer Unglücksfall: Als die Brüder Hänsler zum Exerzieren ausrücken, «brennt aus einem Rohr eine Kugel los, die einem durch das Genick und vornen wieder heraus schlägt und ihn tod erschiesst». Der Verursacher wird in Gefangenschaft genommen, aber wegen grosser Unvorsichtigkeit nur ernstlich ermahnt und dann freigesprochen.

1719

Auf dem Schänzlein an der Birs findet eine Generalmusterung der Baselbieter Milizen statt. Es marschieren rund 4000 Soldaten und Bauern auf, «die fast alle in weissen oder blauen Röcken mit roten Aufschlägen gleich gekleidet sind. Auch sind, nebst 100 Pferden von vornehmen Herren, viele Kutschen mit Weibsbildern zu sehen. Die Obrigkeit gibt den Soldaten 45 Saum Wein zum besten. So hat sich der mehrere Theil voll und toll gesoffen, dass sie in der Hard auf der Strasse liegen bleiben. Dort werden dann deren 60 von Bettlern ihrer Flinten und Degen beraubt, dass sie

Bockbier.

Vor dem Bock, dem Doppelbiere
Nehmt, ihr Christen, Euch in Acht,
Weil er in dem Kopfe wirre,
Ja, auch doppelsichtig macht.

Neulich hat es auch probiret
Mit dem Bock der Franz Xaver,
Hat sich zu Gemüth geführet
Wohl fünf Mäßchen oder mehr;

Hat nach Haus sich dann geschoben,
Braucht dabei die Straße ganz,
Ob ihm gleich am Himmel droben
Leuchtet zweier Monden Glanz.

In die Stube eingetreten,
Heilger Gott! Wie war ihm da,
Als er gar sein Weib Margrethen
Doppelt vor sich stehen sah!

Stumm erfaßt von Angst und Schrecken,
Sucht er schnell sein Lager auf,
Hüllt in Kissen sich und Decken;
Schwere Träume folgen drauf.

Doch, als er erwacht am Morgen,
Und den Blick erhebt vom Bett,
Schwinden bei ihm Angst und Sorgen,
Als er einfach sieht die Greth.

Aus dem Stegreif will zwar diese
Eine Rede halten ab —
„Stille", sprach er, „stille! wisse,
Was ich mir beschlossen hab!

Sieh, mein Wort will ich Dir geben:
Ich, Dein Mann, der Franz Xaver,
Trink in meinem ganzen Leben
Keinen Tropfen Bockbier mehr.

Denke meinen Schrecken gestern,
Denke mein Entsetzen Dir,
Als ich sah zwei gleiche Schwestern,
Zwei Margrethen stehn vor mir!

Eher soll mich Dünnbier laben,
Wasser, wie's Natur uns gab,
Als Dich doppelt vor mir haben:
Ja, das ginge mir noch ab!"

Basellandschaftliches Volksblatt, 26. Mai 1853.

morgens am Stecken wieder heimziehen müssen...»

1723

Ein starker Reif bringt Stadt und Land grossen Schaden. Über hundert Jucharten Reben gehen zu Grunde. Im Kilchgrund bei Riehen ist kein grünes Blatt mehr zu sehen; ein erbärmlicher Anblick.

1759

Durch «ein Schweissbad von Reckholder von dasigen jungen Eheleuthen» bricht an der Greifengasse Feuer aus und richtet grossen Schaden an.

Der Schweizerische Militärverein hält am 26. Mai 1851 in Basel seine Delegiertenversammlung ab. Die Fahnenübergabe findet in Anwesenheit von 320 Offizieren und vieler Politiker auf dem Münsterplatz statt und ist von einem grossen Volksfest begleitet.

1760

An Pfingsten feiert man nur den ersten Tag, an den andern arbeitet, wer will.

1799

Vor dem Bläsitor erschiessen die Franzosen standrechtlich zwei Rheinfelder Schiffleute, weil sie in ihrem Kahn Deserteure über den Rhein geführt haben.

1872

Am Steinenberg wird die aus den Erträgnissen der beiden Rheinfähren erbaute Kunsthalle mit einem grossen und frohen Volksfest eingeweiht: «Wir hoffen und wünschen, der Geist der Kunst und der edlen Geselligkeit werde stets in der prachtvollen Kunsthalle wohnen und herrschen!»

1897

Es findet der einzige Chemiearbeiter-Streik des Jahrhunderts statt. Der zehntägige Streik bringt aber für die Arbeiter nur geringfügige finanzielle Verbesserungen, die in schroffem Gegensatz zu den hohen Dividenden der Unternehmer stehen.

26. Mai

Beda der Priester

1040

Es stirbt Bischof Udalricus. Der von Kaiser Konrad eingesetzte Kirchenfürst, der auch über die Elsässer Hard und die Silbergruben im Breisgau gebot, wird mit grossen Ehren in der äussern Krypta des Münsters beigesetzt.

1303

Im Münster erklingt erstmals eine Orgel. «Es wird ein fröhlicher Hymnus gesungen und georgelt.» Es ist also noch nicht von der Begleitung des Gesangs durch die Orgel die Rede, sondern von wechselweisen Vorträgen von Gesang und Orgelspiel.

1434

Basel steht ganz im Banne seiner festlichsten Fronleichnamsprozession: «Man stellt in den Strassen den Leib Christi unter grossem Aufwand von Lichtern und Reliquien aus. Am Umzug beteiligen sich alle Kardinäle, Patriarchen, Erzbischöfe, Bischöfe und Äbte des Konzils, alle mit weissen Mitren angetan. Es sind zusammen 83 Mitren, die dem Leib Christi vorangehen, mit einer wunderbaren Menge von Lichtern, welche die Diener tragen. Hinter diesen kommen viele Prälaten mit Reliquien in den Händen, darauf der Bischof von Padua unter einem Baldachin von Goldstoff. Er trägt den Leib Christi in der Hand. Alle Strassen sind mit frischem Gras bestreut, und die Fenster der Häuser sind mit Vorhängen in vielerlei Farben geschmückt. Der Zulauf des Volkes ist gross.»

1535

Erasmus kehrt aus seinem Freiburger Exil nach Basel zurück, um hier sein Leben zu beschliessen. Er wird von der Universität mit Konfekt, Hypokras, Malvasier und andern Gewürzweinen herzlich willkommen geheissen.

1552

Die Pest rafft den 1488 geborenen Sebastian Münster dahin. Er wirkte als Professor des Hebräischen und bewährte sich auch mit Auszeichnung als Humanist, Mathematiker, Astronom und Geograph. Berühmt wurde er indessen als Verfasser der «Cosmographia oder Beschreibung aller Lender», die insgesamt 46 Auflagen erreichte, und der «Biblia Hebraica».

1663

«Vom beständigen Regenwetter, so bis zum 30. August fast Tag und Nacht währt, wächst der Rhein so stark an, dass er bis an die vordere Türe des Gasthauses zur Krone sich ergiesst und die neu erbaute Schifflände und die Salmenwaage überläuft.»

1756

Der Pfarrer von Ötlingen schreibt der fürstlichen Verwaltung in Lörrach: «Hochfürstliche Verwaltung/ Hier sieht man die Veraltung/Der schlechten Pfarrhausfenster/Sie stehen als Gespengster/In meinem besten Zimmer/Ich mag sie wahrlich nimmer/Es sind derselben drei/An allen ist kein Blei/Und keine gute Scheibe/Sie müssen mir vom Leibe/ Drum bitte ich um neue/Worauf ich mich schon freue!»

1830

Zu Gundeldingen wird das neue Schulhaus der Landarmen eingeweiht.

1913

1300 Seidenfärber treten in den Streik, um einen Tarifvertrag mit dem Neunstundentag zu erreichen. Infolge des Streikpostenstehens entwickeln sich Scharmützel zwischen der Arbeiterschaft und der Polizei, wobei einige Demonstranten Säbelhiebe abbekommen. Nach fünf Wochen wird der Streik ohne Erfolg abgebrochen.

27. Mai

Lucianus der Märtyrer

1534

Der Rat setzt die Polizeistunde für den Winter auf 10 Uhr abends und für den Sommer auf 11 Uhr fest. Damit will er auch dem übermässigen Trinken entgegensteuern, das «je mehr je länger getrieben wird und nicht menschlich, sondern viehisch ist und den Zorn Gottes reizt.»

1554

In Liestal wird das Schauspiel «Von dem rychen Mann und Lazarus» aufgeführt und von über 1300 Zuschauern begeistert beklatscht.

1560

Antonius Socin, der Kaufherr von Bellinzona, und seine fünf Söhne, Sebastian, Eustachius, Petrus, Franciscus und Ambrosius, werden ins Bürgerrecht aufgenommen.

1635

Der Herzog von Lothringen bittet um das Durchgangsrecht für seine Armee von 4000 Mann. Der Rat kommt dem Begehren nur widerwillig nach und verlangt, dass der Durchmarsch bei Tageslicht erfolgt und die Saatfelder bestens zu schonen sind.

1637

«Ein Advocat bekommt seinen Lohn»: Es stirbt Daniel Ryff, der Fürsprech, nachdem ihm «etliche Wochen zuvor die Zunge ausgefault ist».

Am 27. Mai 1903 schlägt dem Käppelijoch, der mittelalterlichen Brückenkapelle, das letzte Stündchen: Die akademische Jugend widmet in Gegenwart eines Fasses Gerstensaft, eines Gesangsvereins und einer unübersehbaren Menschenmenge der dem «Tod geweihten Brücke» eine ehrenvolle Abschiedsstunde, die mit dem Gesang des «Rufst du mein Vaterland» und dem Geläute des «Armensünder- oder Totenglöckleins» einen «zu Herzen gehenden Abschluss» findet.

National-Zeitung, 27. Mai 1898.

Nachdem im Juli 1899 durch Volksabstimmung die dringend notwendige Ersetzung der alten Rheinbrücke beschlossen worden ist, werden unverzüglich die notwendigen umfangreichen Vorkehrungen für das bedeutungsvolle Bauwerk getroffen. Dazu gehört auch der Bau einer Notbrücke, über welche am 28. Mai 1903 «sich der erste Tram-, Wagen- und Fussgängerverkehr aus Klein-Basel auf den Markt und umgekehrt wälzt».

1668

Das Steinenquartier hält auf dem Zunfthaus zu Webern eine Gedächtnisfeier für 46 an der Pest gestorbenen Zunftbrüder.

1714

Es trifft die traurige Kunde ein, dass der Handelsmann Niclaus Zäslin zwischen Augst und Rheinfelden jämmerlich ermordet worden ist. «Er ist mit 25 Wunden nebst seinem Pferd tod aufgefunden worden. Er hat sehr viel Geld bey sich gehabt. Vom mörderischen Gesindel kann nichts entdeckt werden. Der Cörper wird auf dem Rhein hinunter gebracht und allhier im Münster begraben.»

1715

In Rothenfluh wird Joggeli Märklin durch «den Operator Dillenius der Starr an beyden Augen gestochen. Die Operation währt keine halbe Stund, nach welcher er ein Blatten mit Eyern und ein Glas mit Wasser nehmen kann. Hierauf wird er verbunden auf ein Bett auf den Rucken gelegt, in welcher Postur er 8 bis 10 Tag soll liegen bleiben. Soll halb weissen Wein und Wasser trinken und Fleischsüpplein, so nicht viel gesalzen, und ein wenig wohl gekochtes Kalbfleisch essen. Auch soll er des Tages 3 Mahl verbunden werden.»

1759

In der Leonhardskirche wird der von Hauptmann Rudolf Wagner aus Ostindien mitgebrachte «neunjährige Mohrenknabe und Sclave» im Beisein einer grossen Volksmenge von Pfarrer Zwinger auf den Namen Johann Alexander getauft. Aber schon 1764 geht der «junge Neger aus dem Reiche des grossen Moguls» auf dem Alphof Goris unweit von Reigoldswil leider Todes dahin.

1765

Der Rat erlässt Einschränkungen im Hinblick auf das zunehmend üppiger werdende Schmausen und Prassen. So dürfen künftighin zu Ratsherren-, Meister- und Sechsermählern nicht mehr als 50 Personen eingeladen werden und weder ausländisches Berggeflügel noch fremde Weine aufgetragen werden.

1875

Der Kanton übernimmt zum Preis von drei Millionen Franken die «Gesellschaft für die Wasserversorgung der Stadt Basel». Neben Quellwasser aus dem Seewener- und Pelzmühletal wird nun auch Grundwasser gefördert.

28. Mai

Wilhelm der Feldherr

1527
Der Rat erklärt eine ganze Reihe von Feiertagen für aufgehoben. Ausser den 52 Sonntagen werden beibehalten: Mariä Lichtmess am 2. Februar, Mariä Verkündigung am 25. März, Johannes der Täufer-Tag am 24. Juni, Tag der Zwölf Botten am 15. Juli und Mariä Himmelfahrt am 15. August sowie Fronleichnam, Allerheiligen, Ostermontag, Auffahrt, Pfingstmontag, Dreikönigstag, Weihnachten, Stephanstag und Neujahr.

National-Zeitung, 28. Mai 1891.

1538
Meister und Vorgesetzte zum Schlüssel verzichten künftighin auf das traditionelle Küchleinessen an der Fasnacht, weil «dasselbig ein Überfluss uff die Zyt und Tag geachtet wird». Stattdessen aber soll am Auffahrtstag ein gemeinsames Mahl mit den Zunftbrüdern gehalten werden...

1635
Tausend rheingräfische Reiter überfallen und plündern die Dörfer Biel und Benken: «Sie führen Ross, Vych, Korn, Kernen, Brot und Wein hinweg und tractieren und schlagen den auf seine hundert Jahre alten Predikanten (Pfarrer) Kündig gar übel. Neben einem Bauren machen sie sodann zwey Basler Soldaten nieder. Hernach ziehen sie auf Derwiller (Therwil) und machen gleiches. Weil aber die Bauren under sie schiessen, zünden sie das Dorf an und erschiessen viele Bauren. Ach Gott, wann wird es ein Endt nehmen!» Aber nur wenige Tage später, am 11. Juni, wird Benken erneut durch zweihundert Marodeurs (plündernde Nachzügler) angegriffen. «Unsere Soldaten und Bauren werden grausam gehauen, geschossen und endlich niedergemacht. Das Dorf wird geplündert, hernach in der Nacht wieder angegriffen und ganz ausgeplündert. Die Basler Officiere benehmen sich schlecht. Der Ratsherr Grasser und der Obrist Zörnlin hätten die Diebe alle können gefangen nehmen, aber der Grasser hat auf der Schützenmatte gesoffen und der Zörnlin hat seine Haut geförchtet.»

1668
«Die Doctores der medizinischen Fakultät attestieren sämtliche mit ihrer Unterschrift, dass die Pest durch Gottes Gütigkeit nachgelassen hat. Es sind gestorben im Jahr 1667 1651 Personen und 1668 716.»

1721
Dr. Harscher will mit einer Kutsche von der Augustinergasse nach Riehen fahren. «Am Rheinsprung kommen die Pferde aber in eine Raserei, sprengen über die Rheinbrücke und brechen eine Lehne hinweg und sprengen in vollem Galopp bis zum Clarahof. Erstaunlicher Weise beschieht vermeldtem Herrn Doktor kein Leid.»

1748
Peter Ritter und des Ochsenmüllers Tochter halten Hochzeit. «Die Ehe aber entzweit sich bald hernach, indem die Frau sehr lange eine Jungfrau bleibt und sich, wenn sie zu Bett geht, aufs beste gegen den Mann zu wehren weiss. Das erzürnt den Mann dermassen, dass er zu seinen Eltern zurückkehrt. In der ganzen Stadt ist die Rede davon. Als die Frau verspricht, sich nicht mehr zu widersetzen, gehen die beiden wieder zusammen.»

1857
Die Bauarbeiten am Hauensteintunnel werden durch ein schweres Unglück unterbrochen: Ein Ofen, der zur Verbesserung der Luftzufuhr in der Nähe einer Holzverschalung aufgestellt worden ist, führt in 600 Meter Durchstich zu einem entsetzlichen Schachtbrand, der sogleich viele Menschenopfer fordert. Bei den äusserst schwierigen Rettungs- und Bergungsversuchen finden weitere Arbeiter den Tod, so dass der Tunnelbrand schliesslich 63 Tote hinterlässt.

1885
«Auf dem Fischmarkt notieren die Preise: Salm 2.50, Forellen 3.50, Hecht, Barben und Schleien 1.–, Barsch und Turbots –.80 per Pfund. Auf dem Geflügelmarkt: Hühner 1.80, Gänse 1.70, Tauben –.70 und Zicklein, die nun bald verschwinden, 3.50 per Stück. Auf dem Markt: Kartoffeln –.25, italienische Kirschen –.25, Spargeln, die jetzt seltener werden, –.60, Butter 1.10 per Pfund.»

29. Mai

Maximinus der Bischof von Trier

1613
Zwei Diebe, die auf der Schützenmatte einen Einbruch verübt haben, werden durch den Scharfrichter am Galgen aufgehenkt.

1624
Weil er «während 30 Jahren ein gotteslesterliches Büchlein mit zauberischer Kunst mit sich getragen, so zwei ehrliche Personen dahin gebracht, dass sie seinem schandtlichen Willen zu Unzucht und Ehe-

«Der Weiher im Bottmingerschloss lockt am 29. Mai 1878 viele Leute an, die sich gerne dem Vergnügen des Schiffchensfahrens hingeben, doch wäre es von Vorteil, wenn die Sitzplätze in den Booten etwas tiefer liegen würden, weil die Schiffchen gerne umfallen.»

bruch gefellig haben vollbringen müssen», wird Reinhard Ruggraff das Leben abgesprochen: Er wird mit dem Schwert hingerichtet und mitsamt seinem Büchlein, bei dessen Durchsicht man «ein schröcklicher Missbrauch des göttlichen Namens verspürte», verbrannt. «Er stirbt im Namen des Volkes als ein bussfertiger Sünder.»

1653

Der Rat lässt alle landvögtlichen Schlösser auf der Landschaft mit Stadtbürgern, Mülhausern und Söldnern ohne allen Widerstand besetzen, worauf die Baselbieter Rebellen der Obrigkeit ein demütiges Schreiben vorlegen, ihre Fehler bekennen und um Gnade und Verzeihung bitten.

1676

Ratsredner Leonhard Wenz «entläuft mit der Kesslerin und wird deswegen aller Ehren und Ämter entsetzt».

1714

Die seit Ende Dezember grassierende Krankheit der Kinderblattern «hat allein in der Stadt gegen 300 der schönsten und wertesten Kinder hingerafft. Vielen hat es das Gesicht, andern das Gehör übel zugerichtet. Dies hat den Eltern grossen Jammer verursacht und sie in tiefes Elend gestürzt.»

1727

Es ist so kalt, dass es vor Kälte nicht schneien kann. Dafür ist «der Sommer von ungemeiner Hitz, dass man in den Kirchen den lieben Gott öfters um einen guten Regen bitten muss».

1771

«Es hat zu dieser Zeit viele liederliche Leute, welche die Arbeit nicht suchen, sondern wenn sie je etwas verdienen oder Almosen bekommen, das Geld auf den Schleck und aufs Caffeetrincken verwenden, obschon sie in der grössten Armut stecken.»

1800

Die Eisenwerke in Niederschöntal bei Liestal, «in einer der angenehmsten Gegenden des Kantons», werden öffentlich versteigert: Die Firma Zaeslin Söhne hat zuviele Mittel in den Kohlenbergbau in Anwil, Tenniken und Waldenburg gesteckt, was ihren Konkurs bewirkte.

1894

Basel verfügt derzeit über 163 elektrisch betriebene Uhren: 37 Strassenuhren, 77 Privatuhren und 49 Staatsuhren.

Zum Verkaufen. [3254] Zwei schöne, solide, zweispännige Chaisen, mit stehenden Federn, ferner: Eine einspännige, neue, blos von Schmid und Wagner verfertigt. Eine Demifortune, ein- und zweispännig, mit stehenden Federn, in ganz gutem Stande. Ein soviel als neuer 10plätziger Omnibus, sämmtliches zu äußerst billigem Preis, bei J. Beneb. Rebsaamen, Wagner, in Nro. 515.

Danksagung. [3247] Dem verehrlichen Geleite zur letzten Ruhestätte meiner lieben Frau sel., statte ich für diese wohlthuende Theilnahme meinen herzlichen Dank ab. F. Freyvogel-Wirz.

Intelligenzblatt, 29. Mai 1850.

30. Mai

Fidis der Märtyrer

788
Adelswint schenkt dem Kloster Lorsch Grundstücke und Hörige (Leibeigene) zu Kleinbasel.

1528
Bürgermeister Adelberg Meyer lässt den Untervogt von Riehen wissen, dass bei schwerer Strafe die Entfernung der Bilder und Kirchenzierden aus der Kirche zu unterlassen ist. Auch hat keiner den andern wegen des Glaubens zu hassen und zu schmähen, denn ein jeder «soll by sinem Glauben bliben, darin er verhofft, selig zu werden».

1552
Auf der Rheinbrücke wird den Brükkengängern zu ihrer Überraschung durch zwei Diener ein Becher Wein gereicht. Spender ist der «angeschlagene» würfelspielende Herzog Friedrich III.

1661
Ein mit sieben Personen besetzter Weidling stösst beim ersten hölzernen Joch derart hart mit einem Berner Schiff zusammen, dass es bei der Schiffleutenzunft umkippt und die Passagiere ins Hochwasser wirft. Zwei Männer und eine Tochter finden dabei den Tod.

1688
Annamaria Mundschin von Laufenburg wird «wegen Ehebruchs und ihres schwangeren Leibs an den Pranger gestellt und durch den Scharfrichter mit Ruten ausgestrichen. Ihro zugleich ein Zeichen an die Stirn gebrannt und sie darauf bey Poen (unter Androhung) des Schwerts auf ewig von unserer Statt und Landschaft relegiert (verwiesen)».

1714
Der hinter der School wohnhafte Spengler Grimm wird erwischt, wie er jeden Sonntag in den Kirchen ein kleines rundes Blechlein in der Grösse eines Rappens in das Opfersäcklein legt. Er wird, «wegen seines leidigen Geizes und weil er auch keine Kinder hat», mit einer Busse von 70 Pfund bestraft.

1729
Der Rat gibt zur Begrüssung des Erbprinzen von Baden einen grossen Empfang. Der hohe Gast ist aber mit der obrigkeitlichen Delegation, welcher neben andern Honoratioren nur der alt Bürgermeister und der alt Oberstzunftmeister angehören, nicht zufrieden und verlangt die Gegenwart der obersten Prominenz, wie es bei seinem Vater gewesen sei. Der Rat ist mokiert, bietet aber schliesslich auch noch die beiden regierenden Häupter der Stadt auf.

1730
Auf dem alten Holzplatz vor dem St.-Alban-Tor demonstriert der Kübler Caspar Engelberger den Herren der Feuerschau seine neuerfundene Maschine: «Ein express aufgerichtetes Häuslein wird in Flammen gesteckt und ist in einem Moment gelöscht. Die Maschine ist ein Fässlein mit Pulver und anderer feuerfressender Materie gewesen, welche einen grossen Dunst gemacht haben.»

Das Sanitätsdepartement erneuert am 30. Mai 1890 den Milchkuranstalten Schmid an der Schützenmattstrasse 3, Götzinger an der Gerbergasse 16 und Stappung an der Ochsengasse 14 die Konzession zur täglichen Abgabe kuhwarmer Kindermilch.

1741
Bei Bauarbeiten an der Rheinbrücke stürzen unter der Wucht einbrechender Balken drei Zimmerleute in den Rhein. «Während der eine mit einer leichten Wundbeschädigung davonkommt, wird der andere erbärmlich zerquetscht und getötet. Der dritte ertrinkt im Rhein.»

1788
Das obere Baselbiet wird von einem schweren Gewitter heimgesucht. Im Schloss Homburg schlägt der Blitz «der bei einem Tischchen sitzenden Frau Obervögtin in das Futteral ihrer goldenen Uhr, die an einigen Orten schmelzt ohne sie im mindesten zu beschädigen».

1836
Beim Roten Haus im Gemeindebann Muttenz stösst Carl Christian Friedrich Glenck aus Schwäbisch Hall in einer Tiefe von 107 Metern auf ein sieben Meter mächtiges Salzlager. Der unermüdliche Hof- und Oberbergrat, der seit 1820 in der Schweiz über eine Million Franken für 17 ergebnislose Bohrversuche ausgegeben hat, eröffnet in der Folge in Schweizerhall und angrenzenden Orten Salinen zur Förderung von Salz und Sole.

Im Jahre 1858 beginnt die Demontage des Aeschentors, Basels einst bedeutendstem Eingangstor vom Jura her. Denn der Bau des Centralbahnhofs fordert den Abbruch des äussern Zollhäuschens, das Auffüllen des Stadtgrabens und das Niederlegen des Aeschenbollwerks. Obwohl sich das Baukollegium mutig für die Bewahrung des noch erhaltenen Hauptbaus einsetzt, wird dieser «aus verkehrstechnischen Gründen» am 31. Mai 1861 abgerissen. Aquarell von Louis Dubois. 1858.

1893

Ein eisernes Tankschiff, das von der Basler Maschinenbau-Gesellschaft für den Spediteur Karl Stumm zum Transport von Öl zwischen den Niederlanden und Basel gebaut worden ist, geht als erstes seiner Art, das bei uns entstand, in Kleinhüningen von Stapel.

1907

Auf Einladung des Grütlivereins findet in der Burgvogtei durch 80 Interessenten die Gründung des Basler Mietervereins statt, um den Missständen in den Arbeiterwohnungen sowie der zunehmenden Wohnungsnot zu begegnen.

31. Mai

Petronilla Aurelia die Jungfrau

824

Bischof Uldaricus hält in der Stadt Einzug und regiert das Bistum bis zu seinem Hinschied im Jahre 835.

1276

Zu Ehren von König Rudolf von Habsburg gibt Graf Diebold von Pfirt auf dem Münsterplatz ein glänzendes Ritterfest.

1315

Die Basler Begine (Klosterfrau) Agnes in dem Wiele schenkt dem Predigerkloster die Summe von 200 Pfund, aus welcher der Konvent in Zeiten der Not Wein und Korn kaufen soll.

1433

In Rom wird König Sigismund zum deutschen Kaiser gekrönt, worauf er seinen Adlatus, Henman von Offenburg, auf der Tiberbrücke zum Ritter schlägt.

1515

Zum ewigen Gedächtnis an die am 6. Juni 1513 in der Schlacht von Navara gefallenen 75 Basler «nehmen sich die Räte ein Herze» und stiften zu Augstinern eine alljährlich zu wiederholende Seelmesse. «Zu Heil und Trost» soll aber auch den Toten

Brodneid.

Unlängst haben die Störche auf St. Klara's Kirche gegen ihre Nachbarn auf dem Bollwerkthurme des Rumpels einen Gewaltstreich sich erlaubt, wozu wohl nur der Brodneid sie hat bewegen können. Zweifelsohne sind die Bollwerkstörche spätere Ansiedler oder aber neue Bürger oder wohl gar Anfaßen. Denn die Störche von St. Klara suchten diese vor nicht langer Zeit mit Gewalt zu verdrängen. Jene leisteten tapfern Widerstand und behaupteten ihr Nest. Die Kirchenstörche lauerten nun auf den Augenblick, wo die andern sich entfernt hatten und warfen ihre Eier aus dem Neste. Das also mißhandelte Elternpaar hat jedoch bald das Nest mit neuen Eiern gefüllt und die jüngere Brut wird vielleicht besser geschützt als die zerstörte.

Nun meinten aber diese brutalen Neider, sie hätten nicht Unrecht. Erstlich haben sie bei ihrer Niederlassung auf einen gewissen Distrikt gerechnet, der ihnen immer genug Frösche liefern werde. Kommen nun andere Störche in ihr Gebiet, so werde ihre Nahrung geschmälert. Zweitens vermindern sich ja die Frösche ohnehin von Jahr zu Jahr, seitdem der verderbliche Luxus so sehr überhand genommen, daß sogar Leute von der geringern Klasse die Frösche gesotten und gebraten sich schmecken lassen.

Baslerische Mittheilungen, 30. Mai 1829.

1531

Weil die Stadt im Zeichen des Heuet steht, und die Strassen deshalb für grosse Heuwagen befahrbar sein müssen, werden die Anwohner der Bäumleingasse angewiesen, die offene Dohle wieder zuzumauern.

1546

Auf dem Heimweg von Lörrach tötet der Chirurg Jakob Brand im Rausch den Bäcker Michel auf grausame Weise, indem er ihm vor dem Tod noch eine Hand abschlägt und seinen Körper durchbohrt. Weil Brand ein naher Verwandter des Bürgermeisters ist, wird über ihn nur eine Stadtverweisung verhängt!

1605

Heute beginnt das grösste Schützenfest, welches das Alte Basel je gesehen hat. Aus allen Teilen der engern und weitern Nachbarschaft reisen Fürsten, Diplomaten, Handelsherren und Schiessgesellen in die Rheinstadt. Insgesamt sind es 457 Musketenschützen und 339 Hakenschützen, welche sich in friedlichem Wettkampf um die begehrten Gaben im Wert von 846 Goldgulden streiten. Als erste treffen zu Ross und zu Fuss die Schützen von Bern ein sowie «mit etlichen Kutschen» samt grossem Anhang Landgraf Moritz von Hessen.

1645

Unter der Rheinbrücke «fährt der todte Cörper des Heinrich Düring, der bös Heini genannt, durch und wird zu Hüningen gelandet und auch begraben. Ihm ist die Gurgel abgeschnitten, und hatte noch ein Schuss im Krütz. Auf wessen Anstellung er so erbärmlich hingerichtet worden ist, ist nur Gott bekannt».

1681

Jakob Bernoulli, späterer Professor der Mathematik, unternimmt eine Reise nach Holland und berichtet: «Bekannt ist, dass sich die Holländer keiner Federbetten, auch keiner Öfen, auch wenig Holzes und statt dessen des Torfs bedienen. Daher isst man hier schier nichts warmes. Sommer und Winter essen sie täglich einen grossen Salat und entweder lauter Fleisch oder lauter Fisch. Für den Schlaftrunk nehmen sie Branntewein. Der gewöhnliche Trank ist Bier. Die Kinder lassen sie in kleinen Carossen herumführen, davor Geissböck mit Zaumzeug angespannt sind.»

1690

Heini Aenishänslin von Gelterkinden, ein Sodomit, wird mit dem Schwert hingerichtet und «darnach mit dem gebrauchten Pferd verbrennt».

1691

«Aus Unvorsichtigkeit» ertrinken im Rhein zwei zehnjährige Schifferknaben, als sie «in Kleinhüningen einen Fischlogel mit dem Weidling holen wollen».

von Sempach, Héricourt und Murten gedacht werden, die «von unserer Stadt wegen umgekommen sind und ihr Blut unsertwegen vergossen haben und, wovor Gott sei, in künftigen Zeiten dergestalt umkommen werden.»

Tüchtige Hiebe setzte es diese Nacht in einer Wirthschaft im Gundoldinger Quartier. Ein Krakehler, der absolut anders nicht zur Ruhe zu bringen war, wurde gründlich durchgebläut und sodann vor die Thüre spedirt.

Ein eigenthümliches Nachtquartier. Letzte Nacht nahm eine den Münsterplatz passirende Polizeipatrouille unter dem dort aufgeschichteten Gerüst- und Bauholz ein Geräusch wahr und fand bei nähern Nachsehen zwei schulpflichtige Knaben hiesiger Eltern, von denen der Eine seinem Vater Tags zuvor 5 Fr. entwendet hatte und sich deßwegen nicht mehr heim getraute. Der andere leistete ihm aus Freundschaft Gesellschaft. Die beiden Jünglichen wurden ihren Eltern zugeführt, die sich bereits auf dem Bahnhof nach dem Verbleiben ihrer Sprößlinge erkundigt hatten.

Eine Zigeunerbande, wie man glaubt von Hüningen her kommend, ließ sich gestern Abend auf Allschwylergebiet blicken. Es gelang der basellandschaftlichen Polizei, dieselbe gegen Neuweiler zu abzuschieben, worauf die 32 Köpfe zählende und vier Wagen mit sich führende Truppe Miene machte, auf Basler Boden überzutreten, was ihr aber durch die herwärtige Polizei, welche die ganze Nacht an der Grenze patrouillirte, verunmöglicht wurde.

Basler Morgenzeitung, 31. Mai 1887.

1790

In Mumpf wird ein seltsamer Fisch gefangen. «Derselbe hat kein Maul wie ein anderer Fisch, sondern unten an der Kinnlade eine lange Öffnung, welche statt des gewöhnlichen überzwerckten Mauls dient. Dieser Fisch, wenn er in Zorn gebracht wird, hängt sich mit dem Maul an den Boden, und es braucht Manns Kraft, ihn loszumachen.»

1792

Durch die Kriegserklärung Frankreichs an Preussen und Österreich sind die Grenzen Basels ernsthaft bedroht. Deshalb entsendet die Eidgenossenschaft Hilfstrupps ans Rheinknie. So treffen 2040 «Zuzüger» aus allen Teilen der Schweiz in Basel ein und beziehen in der Stadt und den umliegenden Dörfern Quartier. Die Truppen bleiben bis zum 5. April 1795 hier.

1860

Ausserhalb des St. Johanntors erbaut Gaspard Dollfuss seine neue Steinkohlen-Gasfabrik. Mit einer Brennzeit von 2200 Stunden ist sie für die Beleuchtung von 600 Strassenlaternen berechnet.

1861

Erstmals in der Schweiz wird Johannes Bachs Johannespassion aufgeführt. «Etwa 200 Sing- und Orchesterstimmen wirken mit. Die fromme Erhabenheit und die grosse Pracht des vierstimmigen Chorals finden allgemeine Bewunderung.»

«Vorstellung der Feyerlichkeit so bey Eröffnung der Schweizerischen Tagsatzung in Basel den 1. Juny 1806 ist gehalten worden.» Aquarell von Johann Jakob Schwarz.

1890

Die Freie Evangelische Schule bezieht an der Kirschgartenstrasse ihr erstes Schulhaus.

1900

Der Postillon von Allschwil unternimmt mit seinem Dreigespann vom Basler Posthof aus seine letzte Fahrt. «Den Dienst Basel–Neuallschwil besorgt nunmehr die elektrische Strassenbahn.»

1. Juni

Nicomedes der Märtyrer

1354

Die Basler brennen das Sundgauer Dorf Dürmenach nieder.

1372

Ein schweres Erdbeben erschüttert die Stadt, wobei das steinerne Standbild des heiligen Georg von der Fassade des Münsters stürzt.

1403

Papst Bonifazius IX. erteilt dem Rat die Bewilligung zum Neubau der Heiligkreuzkapelle vor dem Riehentor.

1605

Zum grossen Schützenfest treffen «die Herren Schützen aus einer löblichen Statt Bern in guter Anzahl zu Ross und Fuss mit ihren Spielen ganz zierlich» in Basel ein. Ebenso «kommen auf dem Rhein zu Schiff die Herren Schützen von Schaffhausen, so gute Trompeter bey sich haben, von St. Gallen und von Zürich an».

1630

Theodor Zwinger, der bedeutende Professor der Theologie, wird zum Oberstpfarrer erwählt. «Sein rechter Geschlechtsname war Speisser. Der Zwinger kommt daher, weil dessen Vorfahr ein harter Mann gewesen ist, der alles nach seinem Willen erzwungen hat. Johannes Zwinger hat es selbst erzählt.»

1666

Über Basel fegt ein fürchterliches Hagelwetter hinweg, das bis zu fünf Pfund (!) schwere Steine aus Eis niederschmettern lässt, was grössten Schaden anrichtet.

1684

Die Gerber und Schuhmacher veranstalten ein grosses Schützenfest und geben einen Silberbecher zum verschiessen. «Dieser wird vom ungeratenen Wolleb gewonnen. Kann man in Wahrheit sagen, ein Blinder hat ein Rossysen gefunden, weil Wolleb an einem Aug blind ist.»

1750

Als der Pastetenbeck Fuchs abends an der Birs sich bei einem Spaziergang erholt, begegnet ihm ein grosser Hund, worauf «es ihm ganz schwarz vor den Augen wird. Wie er wieder zu sich kommt, befindet er sich auf einmal innerhalb des Schlagbaums des verschlossenen Aeschen Thors. Da er den Schlagbaum nicht überwinden kann, läuft er im grössten Angst Schweiss bis zu dem Steinen Thor, allwo er anklopft und von einem Soldaten eingelassen wird».

1768

«Beim Holee wird das Neue Bad erstmals geöffnet, welches hernach täglich bis im Oktober von vielen 100 Persohnen theils aus Curiosität, alda ein Glas Wein getrunken, theils mit Tanzen divertirt. Auch hattens viele täglich für die Gesundheit besucht und probatum für gut befunden.»

1812

Im Münster eröffnet Landammann Burckhardt die Eidgenössische Tagsatzung: «Es ist nun seit der neuen Verfassung das zweytemal, dass in Basels Mauern eine vollzählige eidgenössische Tagsatzung statt hat. Ein Ereignis, dass derselben Bürger und Einwohner als ein Palladium (Heiligtum) ihrer Freyheit, als ein Palladium der schweizerischen Selbständigkeit zu schätzen wissen.»

1864

Die von Christoph Merian und seiner Frau, Margartha Burckhardt, gestiftete und von Architekt Christoph Riggenbach erbaute St. Elisabethenkirche wird feierlich eingesegnet. Die neugotische, dreischiffige Hallenkirche mit 1400 Sitzplätzen hat einen Aufwand von nahezu drei Millionen Franken erfordert.

In Havre stirbt der 1807 geborene Kunstmaler Eduard Hauser. Nachdem er in Petersburg und Moskau als Porträtmaler zu einigem Ruhm gekommen war, zog es Hauser nach Italien und Frankreich, wo er sich den Nazarenern anschloss. «Sein Lorbeerkranz war vielfach mit Dornen umwunden.»

1882

In der Wirtschaft «zur Fischerruh» auf der Breite wird der Rheinclub Breite, der spätere Pontonier-Fahrverein Breite, gegründet.

1885

Der Schlachtviehmarkt wird eröffnet. «Das erste Vieh, das dort gehandelt wird, ist eine Ziege, die vom Käufer bekränzt zur Schlachtung abgeführt wird.»

Bettingen erhält eine Postablage.

Basellandschaftliches Volksblatt, 1. Juni 1853.

1889

Der Seidenhändler Eduard Frey erbittet von der Medizinischen Fakultät eine Studienerlaubnis für seine Tochter Emilie. Fünf Professoren befürworten ein solches Experiment, sechs aber sind dagegen und lehnen das Gesuch ab.

1890

Birsfelden erhält eine direkte Postverbindung mit Basel. Es kursieren am Vormittag und am Nachmittag je zwei Einspännerwagen.

1901

In Riehen stirbt der 1850 geborene Kunstmaler Hans Sandreuter. Er hat sich namentlich als Landschafts- und dekorativer Figurenmaler einen Namen gemacht. So stammt auch die neue Ausschmückung des gotischen Zunftsaales zu Schmieden von ihm.

2. Juni

Marcellinus und Petrus die Märtyrer

1248

Bischof Lütold von Rötteln bestätigt der Zunft zu Metzgern die von ihnen errichtete Zunft. Die Stiftungsurkunde regelt auch den Fleischmarkt, den gemeinsamen Fleischverkauf, in den drei öffentlichen Verkaufslokalen der Stadt, den sogenannten Schoolen.

1472

Am Himmel erscheint «ein bleichfarbener schneller Comet, worauf ein dürrer Sommer mit grossem Mangel an Wasser und mit solcher Hitze Einzug hält, dass an etlichen Orten die Wälder vom Himmel angezündet werden».

1474

In freundeidgenössischer Verbundenheit überlässt Solothurn Basel «zu Heil und Segen der ganzen Stadt» einen Teil der zu St. Ursus beigesetzten Reliquien der thebäischen Ritter. Zum feierlichen Empfang der Gebeine der tief verehrten Heiligen findet sich die ganze Bevölkerung ein.

Titelblatt, 2. Juni 1605.

1526

Die Sekte der Wiedertäufer wird wegen «ihrer zu religiösem Wahnsinn ausartenden Schwärmerei» immer gefährlicher. Deshalb verordnet der Rat: «Wer sich künftigs wieder taufen lassen wird, der in seiner Jugend schon getauft worden ist, den werden Unsere Gnädigen Herren ohne Gnade fünf Meilen Weges, scheibenweise, von der Stadt Basel mit Weib und Kindern wegschicken und niemals mehr in die Stadt zurückkehren lassen.»

1555

Zu einem Zins von 1562 Kronen gewährt der Rat dem Markgrafen Karl von Baden ein Darlehen von 31 250 Gold- und Sonnenkronen: «Es ist eine schlechte Anlage!»

1605

In Gegenwart vieler Honoratioren und eines zahlreichen Volks begrüsst auf der Schützenmatte der Stadtschreiber alle Schützen aus nah und fern und betont, dass das

«Vorstellung wie der in Basel gewesene Französische Herr Bartolomey, welcher den 2. Juny 1797 des Morgens von hier abgereisst, an der Gränze bey Bourglibre ist empfangen worden.» Aquarell von Johann Jakob Schwarz.

Gesellenschiessen «allein zu Erhaltung und Fortpflanzung guter eydtgenössischer Freundtschaft und nachbarlicher Vertrautheit» durchgeführt wird.

1637

In Zurzach «verstirbt an einem Ross Biss» der Basler Handelsmann Adolf Ortmann.

1658

Auf untertäniges Bitten der Anwohner am Kornmarkt werden «die Krämer Lädelin gegen dem Rathaus hinüber, uff der Ganth genannt, gegen eine obrigkeitliche Entschädigung geschlossen».

1740

Es schneidet sich eines Knopfmachers Ehefrau in ihrem Haus bei der Brodlaube die Gurgel ab, «weil ihr Mann lieber eine Burckhardtin gesehen hat und mit derselben kürzlich im Ladenstüblin ihres Hauses Unzucht getrieben hat».

1768

Am Klosterberg «begibt es sich, dass sich der Giesser Heinrich Oswald mit einem grossen Messer oder Schnitzer gleich unter dem Kinn die Luftröhre gänzlich und den Schlund hinab halb durchschneidet. Über diese Selbstentleibung wird anderntags unter freiem Himmel Gericht gehalten und beschlossen: Ist vom Leichnam ein Wahrzeichen zu nehmen, die Seele dem barmherzigen Gott zu anempfehlen und der Leib zu St. Elisabethen, wo die armen Sünder bestattet sind, zu begraben.»

1807

Damit «die Verminderung der Hunde in hiesiger Stadt besser bezweckt werden möge», verfügt die Regierung, dass das Halten von Hunden nur denjenigen Personen erlaubt ist, die jährlich mehr als die Summe von 2000 Franken versteuern. «Hunde, welche unberechtigten Personen gehören, werden von den Hundsfängern abgefordert und todgeschlagen.»

1823

Am Steinenberg wird die Mädchenschule feierlich eröffnet.

1840

Unter der Flagge des Baselstabs trifft der «Adler No. 1» an der Schifflände ein. Der eiserne Raddampfer kann 200 Passagiere aufnehmen.

1857

Die Liestaler freuen sich an der Durchreise der «verwitweten Kaiserin von Russland in sechs Equipagen. Die eidg. Postverwaltung erweist ihr dadurch Ehre, dass sie in aller Eile die Postillone der 91 Postpferde in neue Uniformfräcke kleiden lässt, in welchen sich einige mit ihren gewöhnlichen Zwilchhosen ganz possierlich ausnehmen.»

1870

Das neue Schlachthaus wird dem Betrieb übergeben.

1873

Der Grosse Rat behandelt die Frage der Verstaatlichung der Rheinfähren. Obschon es sich um «ein rentables Geschäft» handelt, wird von einer entsprechenden Massnahme abgesehen.

1874

Mit einer glänzenden Feier wird das Bernoullianum an der Schönbeinstrasse eingeweiht. Es dient der Physikalischen Anstalt, der Chemischen Anstalt und Astronomisch-Meteorologischen Anstalt.
Die Regierung vermietet den ersten Stock im Schiff der Barfüsserkirche der Musikalienhandlung Gebrüder Hug.

3. Juni

Erasmus der Märtyrer

1115

In der Klosterkirche von Altkirch stirbt Prior Morand, der «Apostel des Sundgaus». Er wird in der Gegend bald als Heiliger des Weins verehrt, weil «er mit einer einzigen ausgedruckten Weintraube, welche er mit dem heiligen Kreuzzeichen gesegnet hat, ein grosses Fass mit Wein angefüllt, und dass durch dessen Fürbitt die Reben und Weingewächs von schädlichen Ungewittern meistens errettet und erhalten werden». Die von grossen Wunderzeichen geprägte Wallfahrt zum heiligen Morand ist noch heute ungebrochen.

ANNO MDCCCXX.
NACHDEM DIE ALTEN STADTGRABEN
VON ST. JOHANN BIS ST. ALBAN
SEIT X. JAHREN NACH UND NACH
AUSGEFÜLLT UND ZU FAHRSTRASSEN
VEREBNET WORDEN
WURDE DIESE BRÜCKE
ZU VOLLENDUNG DIESES WERKS
AUF BEFEHL E. E. STADTRATHS
UNTER DER AUFSICHT UND LEITUNG
DES STADT-BAUAMTS
DURCH HIESIGE MAURERMEISTER
ERBAUET.
ZU DIESER ZEIT KOSTETE:
DER SAUM WEIN XX. FRANKEN.
DER SACK KERNEN XVI. FRANKEN.
DAS PFUND RINDFLEISCH II. BATZEN.

Erinnerungsblatt, 3. Juni 1820.
(Betrifft die Verbindungsbrücke von der Steinenvorstadt zum Barfüsserplatz.)

1542

Der Rat verbietet das sogenannte Heimführen. Darunter ist zu verstehen, dass die zu Zunftmeistern und Vorgesetzten gewählten Bürger nach ihrer Wahl nicht mehr von ihren Zunftbrüdern nach Hause begleitet werden dürfen, weil sie sonst zur Feier des Tages «mehr essen und trinken, als es die Notdurft erheischt, was dem göttlichen Willen zuwider ist».

1605

Auf der Schützenmatte wird das grosse Schützenfest angeschossen. Die Reihenfolge der Schützen wird durch das Los bestimmt; die Zelte sind mit seidenen Fahnen von unterschiedlicher Farbe gekennzeichnet.

1721

Trotz obrigkeitlichen Verbots, in der Stadt mit fremdem Salz zu handeln, verkauft eine Frau aus Leimen solches bei den Bürgern. Weil sie das Salz um einen Batzen billiger gibt als die offiziellen Vertriebsstellen, findet sie zahlreiche Abnehmer. Der Rat unterbindet umgehend den widerrechtlichen Handel und bestraft die Beteiligten an Leib und Gut.

1746

Ein französischer Husar überfällt in der Hard zwei Bauern, «um Beuthe zu machen». Dabei aber wird er von einem Bauern vom Pferd gerissen und mit dem Säbel derart malträtiert, das «fast kein ganz Glied mehr an ihm ist. Das Verwunderlichste aber ist, dass dieser junge, baumstarke Husar von einem recht elenden, magren Bauern mochte überwältigt werden.»

1755

Anna Maria Riegger, «eine wüste alte Vettel», welche mit ihren sechs Kindern in Pratteln lebt, wird ans Halseisen gestellt und «mit Ruthen recht braf ausgestrichen». Sie ist mit «ihrem neuen Tochtermann in seiner Hochzeitsnacht ins Bett geschloffen und in diesem Gespass von der Brauth, die sich nach dem Hochzeiter sehnte, erdapt worden».

1762

Auf Wunsch des Abtes von St. Blasien wird das im Münster befindliche Grab der Königin Anna geöffnet. «Man findet aber nichts als der Königin Leichnam annoch mit dürrem Fleisch und Haut überzogen, so an der Farb braun ist, und einen balsamierten Geruch von sich gibt, neben ihr liegen die Gebeine ihres Sohnes Landgraf Hartmann und noch etwas weniges von ihrem Söhnlein Carolus.»

1871

In der Debatte über die Polizei im Grossen Rat wird festgestellt: «Solange wir nicht einmal eine Feuerbrunst ohne Polizei löschen können, wird es uns nicht gelingen, politische Unruhen ohne Spezialkonstablers (Feuerwerker) zu bezwingen.»

1877

Die Volksabstimmung über den Bau der Johanniterbrücke ergibt 2566 Ja zu 1312 Nein. Dieses Plebiszit ist auch insofern von Bedeutung, als erstmals von dem vor zwei Jahren eingeführten Initiativrecht Gebrauch gemacht worden ist.

National-Zeitung, 4. Juni 1911.

1888

Durch die Korrektion des Birsigs unterhalb der Brodlaube stürzen die Hinterfassaden der Stadthausgassehäuser 10 und 12 ein und verursachen grossen Sachschaden.

4. Juni

Caprasius der Abt

1439

Die gute, ehrsame Frau Beringer «kommt von Sinnen, springt von dem Dach zu Tod und wird zu St. Leonhard vergraben». Weil es nun anfängt, aussergewöhnlich stark zu regnen, was durch diesen Selbstmord ausgelöst worden sein könne, beschliesst der Rat, die Frau zu exhumieren und in den Rhein zu werfen. «Es hört dann ein wenig auf zu regnen, fängt dornoch aber wieder an.»

1440

Der am 20. März zu einer Pilgerfahrt ins Heilige Land abgereiste spätere Bürgermeister Hans Rot

Der 26jährige Hieronymus Zscheggenbürlin vollzieht am 3. Juni 1487 den Eintritt als Novize in das Kleinbasler Kloster der Kartäuser. Sein Einzug gestaltet sich zu einem sensationellen Schauspiel: Nach einem grossartigen Abschiedsmahl zieht der Sohn des Oberstzunftmeisters und junge Doktor der Rechte, kostbar gekleidet und von seinen Freunden und Verwandten umgeben, durch die staunende Menge über die Rheinbrücke zum Tor des Klosters, wo ihn die Mönche empfangen. Lavierte Bleistiftzeichnung von Hieronymus Hess. 1837.

kommt in Alexandrien an und macht sich auf Eselsrücken auf den Weg nach Jerusalem. Unterwegs wird der Pilgerzug gewaltsam aufgehalten und «von den Heiden geschlagen, gestossen und wunderlich behandelt».

1445

Die Basler ziehen mit 200 Knechten und 100 Pferden nach Othmarsheim und stecken Dorf und Kloster in Brand. «Sie brochten 28 Gefangene und viel Vich und Ross heim.»

1456

Ein Komet ist über Basel zu sehen: «Ist ein unmässig grosser Stern mit einem grossen, mächtigen breiten Striemen, bei zweier Spiesse lang und sehr hell. Auf der Rheinbrücke und auf der Pfalz steht eine grosse Menge Leute, den Planeten um des Wunders willen zu besehen.»

1489

Beim Wetterläuten wird die Papstglocke im Münster durch einen Riss gespalten, so dass sie 1493 durch Meister Georg Speyr erneuert werden muss; «ist 105 Centner schwer gemacht worden».

1627

Ratsherr Hans Rudolf Mentzinger, der «frisch und gesunde» Tuchhändler, wird auf der Reise nach Bern von seinem Diener in einem Gasthof «steinhart tot aufgefunden. Wird derohalb in einer Kutsche abgeholt und im Münster begraben».

Am 4. Juni 1860 wird ausserhalb der Tore, auf dem Feld vor dem St. Elisabethen-Bollwerk, der nach den Plänen von Oberingenieur Rudolf Maring erbaute Centralbahnhof eröffnet. «Das vom architektonischen und betriebstechnischen Standpunkt aus weit und breit schönste und zweckdienlichste Monument einer Verkehrsepoche, über dessen Eingangshalle zwei weithin sichtbare Figurengruppen, Handel und Industrie symbolisierend, thronen», vermag der stürmischen Entwicklung indessen nur wenige Jahrzehnte zu genügen.

1653

Ratsherr Andreas Thurneysen zieht mit 50 Mann nach Liestal, um die gefangenen Rebellen nach Basel zu bringen. Innert drei Tagen werden 82 Gefangene samt Gewehr und Geschütz «eingebracht».

1686

Auf der Beckenzunft wird «ein aus der Türkei gebürtiges Zwerglin gezeigt. Ist 34 Jahr alt und hat ein längliches Bärtlin. Es zieht von hier nach Engelland und verstirbt dort an den Franzosen (Syphilis)».

1712

Ein hier in der Garnison weilender Baselbieter stirbt an einer Tabakpfeife, die «ihm, als er beim Spalenthor über die Mauer steigen wollte, in den Rachen gerathen ist. Er wird auf dem St. Peters Kirchhof nach Soldaten Manier begraben».

1737

In Arlesheim wird Jakob Sigismund von Reinach «fast einhellig zu einem Fürsten von Pruntrut und Bischof von Basel erwählt. Sobald solches geschehen ist, ertönt allgemeines Freudengeschrey, die Canonen werden losgebrannt und die Glokken angezogen. Dann begibt sich das hohe Collegium in die Domkirche, wo eine schöne Music angestimmt und das Te Deum gesungen wird. Etliche Tage später complimentieren Deputat Frey und Stadtschreiber Christ Ihro Gnaden im Namen unseres löblichen Standes zur hohen bischöflichen Würde und verehren ihm ein Present, bestehend aus einem goldenen Becher».

1839

Es wird der Basler Kunstverein gegründet, der 1863 mit der Basler Künstlergesellschaft fusioniert.

1888

Am Klingelberg wird eine Arbeitshütte eröffnet. Arbeitslose und mittellose Durchreisende erhalten für acht Stunden Holzsägen drei Mahlzeiten und ein Nachtlager.

1893

Mit zehn Teilnehmerinnen wird «ein Fahrkurs für radfahrende Baslerinnen» durchgeführt.

1898

Das Volk verwirft die Errichtung eines Denkmals für Bürgermeister J.R. Wettstein auf dem Marktplatz.

5. Juni

Bonifazius von Deutschland der Märtyrer

1425

Basel nimmt Rache für das am 25. Mai von Graf Diebold gebrandschatzte Dorf Häsingen: Unter Zuzug von siebzig Pferden aus Freiburg und Breisach wird das im Jura gelegene Städtlein Clermont gestürmt und verbrannt.

1506

Basel und Mülhausen schliessen auf die Dauer von zwanzig Jahren ein Bündnis zu gegenseitiger Hilfe in Kriegsnöten. «Mülhausen ist die Tochterstadt, Basel die starke Beschirmerin und Beraterin.»

1574

Hans Michel wird unentgeltlich ins Bürgerrecht aufgenommen. Zum Dank schenkt der berühmte Bildhauer der Stadt die überlebensgrosse Sandsteinfigur des römischen Obersten und vermeintlichen Gründers von Basel, Lucius Munatius Plancus. Diese wird 1580 am Fuss der grossen Freitreppe im Hof des Rathauses aufgestellt.

1760

Im Doktorsaal findet die Promotion von neuen Magistern der Philosophie und von 12 Laureaten (mit einem Lorbeerkranz ausgezeichnete Dichter) statt. «Die Magister stehen nach dem Gottesdienst in schwarzem Talar in einer Reihe hinter einer Bank, vor denselben stehen die Laureaten in rotem Talar. Professor Birr hält eine kurze lateinische Ansprache, dann deklamieren nacheinander die Laureaten und dann die Magister. Dann liest ihnen der Notarius Academiae aus einem Buch ihre Pflichten vor und erfasst für das Einhalten derselben die rechte Hand. Hierauf deklariert sie Herr Birr zu Magistern und Laureaten. Dann steckt er jedem Magister einen goldenen Ring an den Finger, wodurch er ihn gewissermassen mit der Universität verlobt. Hierauf umarmt er jeden und sagt, dies bedeute, dass sie stark und beständig in den wahren Wissenschaften und im Glauben fest und treu sein sollen. Dann setzt er jedem einen Hut aufs Haupt als Zeichen der Libertas (Unabhängigkeit).»

1790

«Die Neudörfler haben einen grossen Streit mit ihrem Pfarrer. Dieser ist besoffen gewesen und hat sich mit dem Siegrist geprügelt, worauf die Weiber ihn mit Steinen bewerfen. Sie wollen ihn absolut als ihren Pfarrer nicht mehr anerkennen.»

1862

Mit einem grossen Volksfest wird die Wiesentalbahn eingeweiht. Bundespräsident Jakob Stämpfli, Bundesrat W. M. Naeff und Nationalratspräsident Karl Karrer einerseits und Grossherzog Friedrich I. von Baden anderseits führen die vielen Geladenen an, die in der Bahnhofhalle am Riehenring von einer Blasmusik begrüsst werden. «Vom frenetischen Beifall der schweizerischen und deutschen Bevölkerung getragen», erreicht der Sonderzug Schopfheim. Und dort hält Oberst Wilhelm Geigy die Festansprache mit einem Hoch auf Friedrich I.: «E frohe Ma, ne brave Ma. Jetz schängged y und stossed a: Es läb dr Markgraf und sy Huus. Ziend d Chappen ab und tringged

Im Spital stirbt am 5. Juni 1805 das Stadtoriginal Christof Roth, der Schuhmacher. «Bin ich gleich nicht von den schönsten, bin ich auch so hässlich nicht. Es fehlt mir ja nur am Halse. Und dann wohl auch an dem Gesicht. Auch die Füsse hätten können wohl noch etwas gräder seyn. Aber was macht dies alles. Ich bekomm doch ja noch ein Weib!» Aquarell von Franz Feyerabend.

us!» Unter dem Stern der Einigkeit und Freundschaft wird der Tag im Café Spitz beschlossen, wobei «der Bundespräsident die Basler vom Balkon herab noch mit einer kernigen Volksrede erfreut».

1872

«Auch wenn der Byfangweg noch ohne Fähre passiert werden kann, so ist es doch ein Sumpf, worin man fast stecken bleibt, so dass endlich dringend Abhilfe geschaffen werden muss!»

6. Juni

Benignus der Märtyrer

1401

Durch einen obrigkeitlichen Erlass wird bestimmt, dass die neuen Meister der Zünfte nicht mehr durch die Zunftbrüder zu wählen sind, sondern durch die abtretenden Meister und die Vorgesetzten. Dieser Entscheid wird begründet durch die Tatsache, dass in den Zünften viele Fremde sitzen, die über die Stadt nicht genügend Bescheid wissen.

1422

Der Rat richtet an den Provinzial der Dominikaner eine Bittschrift, in welcher er auf die Übelstände im Maria Magdalena-Kloster an den Steinen hinweist und dringend eine Reformierung des Konvents erwartet. Diese wird schliesslich von 13 Nonnen aus dem Kloster Unterlinden bei Colmar durchgeführt und bringt den Basler Reuerinnen grossen Aufschwung.

1498

Auf eine Klage der Bauern, welche die Schützenmatte bewirtschaften, ordnet der Rat an, dass die Schützen ihre Übungen hinfort nur noch an Sonn- und Feiertagen sowie an Samstagen und «nach Viroben nach Vesperzyt» abhalten dürfen.

1513

10 000 «als Kuhmäuler frech bemuhte» Eidgenossen besiegen in der Schlacht von Novara die Franzosen. Von den 14 000 Feinden ist die Hälfte gefallen. Ein Trupp der 600 Basler hat sich im Sumpf verlaufen, kämpft für sich allein und gelangt erst, als die Schlacht schon gewonnen ist, wieder zum Fähnlein der Stadt. 75 Basler bleiben unter den 1500 toten Eidgenossen liegen. «Novara ist einer der glorreichsten Tage der Schweizer Geschichte, dieser Kampf ihre letzte siegreiche Feldschlacht grosser Art.»

227

Eine neue Sendung
eleganter
Herrenkleider und Knaben-Anzüge
habe erhalten und verkaufe dieselben
zu erstaunlich billigen Preisen.
Preis-Courant:

Elegante Sommerpaletots	von 18 Fr.	an
Complete Anzüge in allen Farben	„ 30	„
Vestons	„ 10	„
Schwarze Anzüge, „Rock,″ Hose,″ Weste	„ 40	„
Rockjaquets nach den neuesten Façons	„ 20	„
Hosen in allen Farben	„ 6	„
Schützenjoppen	„ 12	„

Grosse Auswahl in Knaben-Anzügen von 4 Fr. an.
J. Naphtaly,
(5668) Eisengasse 13.

Schweizerischer Volksfreund, 5. Juni 1872.

1514

Weihbischof Telamonius konsekriert namens des Bischofs von Konstanz, in dessen Bistum Kleinbasel

Unterstützt von einer aus der Bevölkerung gebildeten «Kommission des Volksbades für die untern Quartiere», wird im Frühling 1887 die «Rheinbadanstalt zwischen der Johanniterbrücke und dem sogenannten Entenloch vom Staat erstellt». Und am 6. Juni können die Badefreudigen das St. Johannbadhüsli in Besitz nehmen.

Verordnung
wegen dem allzustarken Fahren
in der Stadt.

Nachdem Unsere Gnd. Herren E. E. Wohlweisen Raths mit besonderem Mißfallen wahrnemmen müssen, daß Hochderoselben vorherige Verordnungen so wohl wegen allzustarker Ueberladung der Güter, Wein, Stein, Holz und anderen Fuhren, als auch wegen dem Rennen oder allzustarken Fahren mit Gutschen, und Wagen, und denen allzuweit, und den Lauf der Räder auseinander gespannten Gutschen-Pferdten, nicht nachgelebt, und dadurch nicht nur der Rhein- und andern Brucken, der Besätze in denen Strassen, Gewölbern und Gebäuden merklicher Schade verursachet werde, sondern auch viele Unordnungen, Unglücke, und Beschwärdte für E. E. Burgerschaft daraus entstehen; Als sind Hochgedacht Unsere Gnd. Herren hiedurch bewogen worden, Dero Verbott hierüber frischer Dingen zu wiederholen, und Männiglichen vor dessen Uebertrettung ernstlichen wahrnen zu lassen; Verordnen und befehlen dahero, daß die dartwider Fehlbare ohne einige Nachsicht das Erste Mahl mit Zehen Gulden, und bey wiederholter Uebertrettung jedes Mahl von Zwanzig Gulden verfällt werden sollen; Zu welchem End Hochwohlgedacht Unsere Gnd. Herren denen Löbl. Collegiis der Innzüchter, oder Policey-Herren beyder Städten, was die Vorstädte anbetrifft, den E. Gesellschaften auftragen, auf die Uebertrettere geflissene Acht haben zu lassen, und selbige ohne Ansehen der Person an der angesetzten Straf, wovon die Helfte dem Collegio, so den Uebertretter gerechtfertiget, die andere aber dem Angeber zukommen soll, zu belegen; Derowegen auch samtlichen Wachtmeistern, Stadt-Soldaten, Harschierern und Obrigkeitlichen Dienern anbefohlen ist, die Fehlbare an seiner Behördte zu behöriger Bestraffung zu verzeigen; Als wornach sich hiemit Männiglich zu richten, und vor Schaden zu hüten wissen wird. Sign. den 6. Brachmonats 1764.

Canzley Basel.

Obrigkeitliches Mandat, 6. Juni 1764.

liegt, die beiden Altäre im neuen Totenhaus zu St. Theodor und gewährt den Besuchern und Wohltätern einen Ablass von 40 Tagen.

1546

Bei schönstem Wetter wird auf dem Kornmarkt das Spiel von der Bekehrung Pauli aufgeführt, wobei «das gemeine Volk von drei schrägen hölzernen Brügen zuschaut».

1607

Hans Stickelberger, der Rebmann aus Haltingen, wird ins Bürgerrecht aufgenommen.

1634

Der Rat beschliesst, die Bettler vor den Toren der Stadt einmal zu Mittag zu speisen und Bretterhütten zu ihrem «Schermen» aufzurichten.

1746

Die Stadt bereitet dem französischen Gesandten, Marquis de Courteille, und dessen Gemahlin einen herzlichen Empfang. Auf dem Kornmarkt wird ihm zu Ehren eine grosse Parade abgehalten. 210 Mann, alle grün gekleidet, mit gelben Knöpfen und scharlachenen Aufschlägen, weissen Strümpfen und goldenen «Schnierlin uff den Hüeten» stehen in Reih und Glied. «Der hohe Gast hat gross Vergnügen.»

1787

Im Hinblick auf einen Übertritt zum reformierten Glauben gewährt die Obrigkeit der Fricktalerin Maria Höslin das Landrecht. Den auferlegten Besuch des Religionsunterrichts sowie des Gottesdienstes in Sissach aber versäumt sie in der Folge. Deswegen von den Behörden zur Rede gestellt, gibt die Höslin zu, nach wie vor den Rosenkranz zu beten. So wird sie umgehend des Kantons verwiesen!

1814

Auf seiner Heimreise macht der alliierte Kaiser Franz von Österreich in Basel Station. Er wird hier festlich empfangen. Die Stadt ist mit Tausenden von Lichtern illuminiert. Und auf dem Münsterplatz wird ein Altar aufgerichtet, der «mit seinem Weihrauch doch etwas an Götzendienst mahnt». Lucas Wenk, der «den närrischen Einfall hat, er müsse mit dem Kaiser unbedingt reden, hat das Glück, sich endlich an den Rücken des Monarchen durchzudrängen. Als sich dieser umdreht, sagt der gute Wenk geschwind, es freue ihn, dass er die Ehre habe, ihn zu sehen. Der Kaiser, ohne mit dem Basler Complimentierbüchlein zu antworten, meint, die Ehre sey seinerseits, und geht seines Weges weiter...»

Am 7. Juni 1879 wird die Wettsteinbrücke eingeweiht: Eine riesige Volksschar umgibt Regierungspräsident Rudolf Falkner bei der Festrede und spendet begeisterten Beifall. Und dann ergiesst sich die Menge unter Kanonendonner und Marschmusik über die neue Brücke. Des Abends erstrahlt das grossartige Bauwerk, das im Vorjahr an der Pariser Weltausstellung mit dem goldenen Diplom ausgezeichnet worden ist, im Lichte von 54 Laternen und farbenprächtigstem Bengalfeuer.

1843

Die Brotbecken weihen ihr neues Zunfthaus an der Freien Strasse 26 mit einem grossen Bankett ein.

1876

Der Vertrag über die Ausscheidung der Bürgergemeinde aus dem Vermögen des Kantons tritt in Rechtskraft. Diesem gemäss verbleiben im ausschliesslichen Eigentum der Bürgergemeinde u.a.: Stadthaus, Mueshaus an der Spalenvorstadt, Hardwaldung, Wasserhaus Münchenstein, Munimatte vor dem Steinentor, Bürgerspital, Waisenhaus, Almosenamt, Christoph Merian-Stiftung.

1903

Hinsichtlich der Schnakenplage wird der Bevölkerung von Riehen empfohlen, alle Jauchegruben mit einer Petrolschicht zu übergiessen und Ruhe zu bewahren!

7. Juni

Robert von Newminster der Abt

1604

Felix Platter, Stadtarzt und Kunstsammler, vermacht seinem jüngern Bruder, Thomas, neben dem Haus «zum Samson» am Petersgraben testamentarisch «ebenmässig auch die Bibliothek und Schriften samt dem Cabinet und was darinnen in den Kestlinen von güldinen, silberen, ehrenen und anderen Pfenningen und Müntzen befunden wird, gleichergestalten auch alle Contrafeitung (Porträts), gemahlte Taffelen, Ührlin, Kunststück, mineralia maritima und was ferneres möchte in dem Studierstüblein und in den beiden unteren Sälen für Naturalia und Artificialia samt dem Werchkemmerlin mit dem Werkzeug wie auch die Instrument und Bücher zu der Music gehörig».

1621

Beim ausserhalb des Hardwaldes gelegenen Roten Haus geraten Hauptmann Emanuel Socin und Handelsmann Hans Heinrich Frey wegen einer geringen Geldsumme miteinander in Streit. Dabei verletzt Socin Frey durch etliche schwere Wunden, von denen jede lebensgefährlich ist. Frey haucht denn auch nach kurzer Zeit sein Leben aus. Socin flieht aus der Stadt, geht in fremde Dienste, kehrt dann wieder nach Basel zurück und wird zu zwei Jahren Landesverweisung verurteilt. Als ihn später die Witwe Freys den Spalenberg hinunterreiten

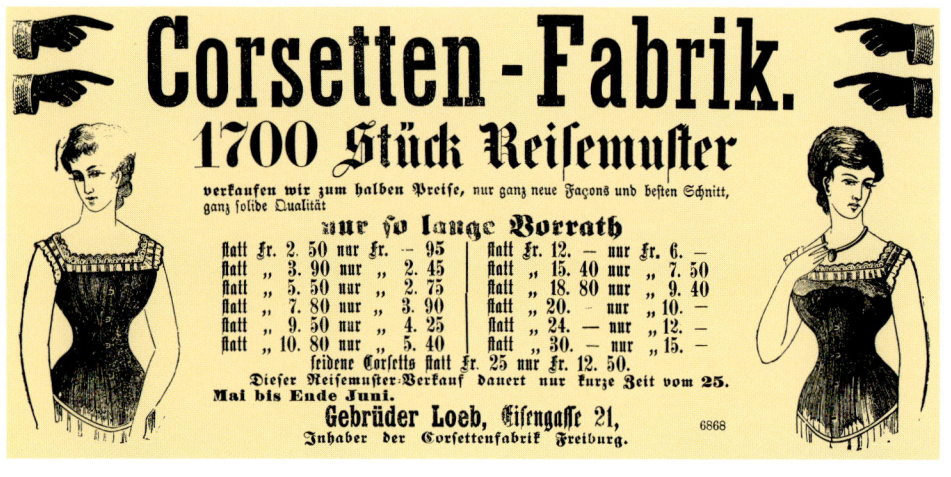

Corsetten-Fabrik.
1700 Stück Reisemuster
verkaufen wir zum halben Preise, nur ganz neue Façons und besten Schnitt, ganz solide Qualität

nur so lange Vorrath

statt Fr. 2.50 nur Fr. –.95	statt Fr. 12.– nur Fr. 6.–
statt „ 3.90 nur „ 2.45	statt „ 15.40 nur „ 7.50
statt „ 5.50 nur „ 2.75	statt „ 18.80 nur „ 9.40
statt „ 7.80 nur „ 3.90	statt „ 20.– nur „ 10.–
statt „ 9.50 nur „ 4.25	statt „ 24.– nur „ 12.–
statt „ 10.80 nur „ 5.40	statt „ 30.– nur „ 15.–

seidene Corsetts statt Fr. 25 nur Fr. 12.50.

Dieser Reisemuster-Verkauf dauert nur kurze Zeit vom 25. Mai bis Ende Juni.

Gebrüder Loeb, Eisengasse 21,
Inhaber der Corsettenfabrik Freiburg.

Schweizerischer Volksfreund, 7. Juni 1886.

sieht, schreit sie auf «Du Mörder!» und sinkt tot nieder. Zur Erinnerung an diese merkwürdige Geschichte ward zu St. Martin ein Grabstein mit folgender Inschrift gesetzt: «Dass mancher Gfahr und Zufall gross/Der Mensch auf Erden ohn Underloss/Urplötzlich unterworfen sey/Bezeugt uns Hans Heinrich Frey/Der ganz erbärmlich tods verblichen/Von zween Wunden und zween Stichen/Die znechst Rotemhauss empfieng/Da, Gott erbarms, dies Leid fürgieng/Ward so verwundet am selben Ort/Dass er mehr reden konnt kein Wort/Mit deuten nur zerkennen gab/Zu Gott er sein Vertrauen hab/Dem er sein Seel in seinen Händ/Befehle jetz am letsten End/Die Trauernden dies trösten soll/Dass er recht glebt und gstorben wohl/Und gwisslich jetz der Seligkeit/Theilhaftig ist in Ewigkeit/Sein todter Leib verwundt so hart/Hie auff die Auferständnis wart.»

1635

Der Therwiler Pfarrer Joseph Liechtin berichtet über die dieser Tage durch rheingräfische Reiter entfachten Ungeheuerlichkeiten in seinem Dorf: «Hab ich einen dergleichen gesehen metzgen, welcher, nachdem ihm beide Arme durchschossen und die Beine zerbrochen, auf die Knie niedergefallen, um seines Lebens Fristung gebeten, ihm darüber von einem zehnjährigen Bueben, aus Antrieb derselbigen Soldaten, sechs grosse Wunden mit einem Sebel kniend in den Kopf gehauen worden und hatte dennoch solche Grimmigkeit nit aufgehört, sondern, als er auf dem Rucken gantz schmertzlich verwundet, ist der Bueb genöthiget worden, ihm den Kopf vollends abzuhauen, welches der Bueb aus Furcht zwar unterstanden, aber wegen des auf dem Boden liegenden Kiess nit recht hat verrichten können. Hat also ihm die halbe Gurgel abgeschnitten und eine grosse Wunde in den Rucken gehauen. Der Arme hat nichts desto weniger nocht etliche Tage gelebt, mir gebeichtet und ist darüber absolviert worden. Aber mit unserm Herr Gott (der Kommunion) hat er nit mögen versehen werden, weil er mit offenem Mund nichts hat können behalten.»

Basel. Wir haben vor allem der erhebenden Feier zu gedenken, welche uns die Verlegung des öffentlichen Gottesdienstes in die neue St. Elisabethen-Kirche am verflossenen Sonntag brachte. Es wohnten derselben die höhern Behörden und diejenigen Geistlichen bei, welche nicht selber in ihren Kirchen funktionirten; Herr Antistes hielt das erste Gebet, Pfarrer Sartorius die Predigt über die Worte der Offenbarung: „Siehe da, die Hütte Gottes bei den Menschen", Rathsherr Christ im Namen der Kirchen-Commission eine Anrede, und Oberstheiser Burckhardt das Schlussgebet. Der Kirchengesangchor erfreute die zahlreiche Versammlung mit Gesangstücken, und nicht nur hallten die Chor- und Gemeindegesänge herrlich in den neuen Räumen, sondern auch die Reden wurden überall wohl verstanden. Die Baudirektion hofft, im Laufe des Jahres 1866 die Kirche ganz zu vollenden. Noch fehlt der Ausbau des Thurms, die metallene Dachbedeckung, die Gasbeleuchtung, die Glocken, die Uhr und die gemalten Scheiben der drei hohen Chorfenster, welche nach bereits gefertigter Zeichnungen die Geburt, die Kreuzigung und die Auferstehung des Heilandes darstellen sollen.

In der neuen Kirche sind 1300 Sitzplätze, und können leicht noch einige hundert Personen mehr Platz finden.

Freude, Erbauung und dankbares Andenken an den Stifter und seine Hinterlassenen erfüllte die Herzen aller Anwesenden.

Christlicher Volksbote, 8. Juni 1864.

1731

Als sich Meister Niclaus Roth, der Tischmacher, wohl bezecht zu Bett legt, befällt ihn ein grosser Durst. Und so steigt er in den Keller, um Wein zu holen. Aus Unvorsichtigkeit kommt ihm dabei das offene Lichtlein zu nahe, so dass sich sein Nachtrock entzündet und ihn «einem vollen Brand aussetzt. Obwohl man ihn mit einem ganzen Züber Wasser überschüttet, verbrennt er am ganzen Leib. So wird er hernach von seinen lachenden Erben unter einem Stein zu St. Leonhard vergraben».

1831

In Muttenz findet eine Inspektion der Baselbieter Truppen statt. Der Mannschaft soll als neuer Inspektor Hauptmann Stöcklin aus Binningen vorgestellt werden. Weil dieser aber im Januar das Basler Freikorps der sogenannten Totenköpfler geführt hat, eine Rolle, welche die Landschäftler ihrem Mitbürger nie verziehen haben, kommt es zu einem Aufruhr. Unter dem Ruf «Das ist ein Totenköpfler, haut ihn, stecht ihn nieder!» entfacht sich eine blutige Auseinandersetzung, die nur mit Mühe eingedämmt werden kann.

1874

In seinem 74. Lebensjahr stirbt der Theologieprofessor und Dichter Karl Rudolf Hagenbach. Kurz vor seinem von der ganzen Bevölkerung schmerzlich betrauerten Hinschied vermerkte er in seinem Tagebuch: «Was wird es zu notieren geben in diesem Jahr? Von Freud und Leid, von Tod und Leben, und werd ich selber gar den Griffel niederlegen? Ich weiss es nicht, doch weiss ich, dass auf dunklen Wegen der Herr die Seinen führt zum Licht, und dies ist meine Zuversicht.»

1879

«Ungeheure Schmetterlingsschwärme ziehen über Basel. Sie schwirren milliardenweise durch die Luft. Man nennt sie Distelfalter.»

1883

In einer Senkgrube an der Klingentalstrasse finden der Metzgermeister Hans Gasser und die Maler Brü-

Auf der Schützenmatte wird am 8. Juni 1896 ein grosses schweizerisches Pferderennen durchgeführt mit Konkurrenzen im Herrenreiten, Cross-Country, Militär-Campagne-Reiten und Jagdrennen. «Das Publikum ist, wie bei solchen Anlässen üblich, vornehm und nach der neuesten Mode gekleidet.»

der Nathanael und Gideon Carlson den Erstickungstod.

1885

Auf dem Rhein ereignet sich ein überaus schreckliches Unglück: Wegen Trunkenheit der Schiffleute zerschellt am dritten steinernen Joch der Rheinbrücke ein mit 18 Personen besetzter Weidling des Rheinclubs Basel. Elf Insassen verlieren dabei ihr Leben: drei Männer, vier Frauen und vier Kinder. Vier fehlbare Vereinsmitglieder werden zu mehrwöchigen Gefängnisstrafen verurteilt.

1907

In einem Gartenhäuschen auf der Margarethenwiese gründen einige zielstrebige Burschen aus dem Gundeldingerquartier «in Erwartung einer guten Freundschaft» den F.C. Concordia.

8. Juni

Medard von Noyon der Bischof

1447

Ein seltsames Ereignis bewegt die Stadt: Drei junge Mädchen, von denen das älteste sieben Jahre alt ist, klettern vor der Vesperzeit im Münster auf den Hochaltar, nehmen die Hostie aus der Monstranz und teilen diese unter sich. «Als dies ruchbar wird, erschrickt die ganze Stadt!»

1538

Der Rat bestätigt dem mit dem Ehrenzeichen der Stadt, einem Ansteckschild aus Silber, ausgezeichneten Hans Jacob Beheim, dass «er 120 Personen an Stein, Brüchen und Missgewächs allein um Gottes brüderlicher Liebe Willen, ohne alle zytliche Belohnung, geschnitten und genäht hat».

1540

Es setzen heisse Sommertage ein, die bis zum 29. Juli währen. In dieser Zeit fällt kein einziger Tropfen Regen vom Himmel. Als die Reben zu verdorren anfangen, «erquickt sie der Regen wieder, Gott hab Lob. Aber es gibt nur wenig Heu und gar kein Emd. Desgleichen Sommer ist by Mannsgedenken nie erlebt worden.»

1548

Es stirbt der 1474 geborene Bürgermeister Adelberg Meyer zum Pfeil. «Er war ein leutseliger Mann, ein hervorragender Staatsmann, der im Rat höchste Macht besass. Er wird am folgenden Tag im Steinenkloster bestattet. Im Leichenzug sind der Reihe nach eingestellt die Kinder und nächsten Verwandten, die Standeshäupter mit dem Rat, die Universität mit den angesehnsten

Professoren und Studenten, die Bürger aus den Zünften, die Richter, die Stadtknechte, die Ratsknechte, die Überreiter (die berittenen Stadtboten) und die Läufer. Eine grosse Leuchte der Stadt ist mit seinem Tod erloschen.»

1633

Vier vom Sackpfeifer von Benken begleitete schwedische Soldaten tauchen mit einem Karren von Hüningen her in Oberwil und Therwil auf, um ihre Fässlein zu füllen. Sie verlangen zwei Saum Wein, vier Sack Haber, ein Rind, 40 Laib Brot, Hühner, Eier, Speck und Butter. Nachdem man ihnen gut zu essen gegeben hat, verzichten sie auf ihre Forderung und ziehen wieder ab, stellen jedoch in Aussicht, ihren Besuch zu wiederholen...

1641

In Rheinfelden schlägt der Blitz in einen Stadtturm und bringt hundert Tonnen Büchsenpulver zur Explosion. Diese ist so heftig, dass alle umliegenden Häuser in Trümmer fallen. «Auch werden die Schildwachen beim Turm dermassen zerrissen, dass man in und vor der Stadt auf Wegen und Feldern die einzelnen Körpertheile zerstreut herumliegen sieht, selbst Herz, Lungen und Eingeweide bleiben an den Bäumen hängen.»

1673

Es fängt zu regnen an und hört erst am 25. Juni wieder auf. Dies führt nicht nur überall in der Stadt zu grossen Überschwemmungen, sondern auch auf dem Land. So steht Hüningen in höchster Gefahr, weggeschwemmt zu werden, «läuft doch das Wasser mit grosser Furie durchs gantze Dorf».

1726

Es gibt ein für diese Jahreszeit aussergewöhnliches Ereignis zu vermelden: Völlig unvermittelt schlendert ein Wolf durch das Bläsitor. Die Wachtmannschaft ist so überrascht, dass sie nicht imstande ist, auf das wilde Tier zu schiessen. Durch ein Kanonenloch gelangt der Wolf schliesslich in den Stadtgraben und von dort, man weiss nicht wie, nach Kleinhüningen.

Verzeichniß der im Monat Mai verstorbenen und beerdigten Personen.

Namen.	Beruf.	Heimath.	Alter. J.	M.
Seiter, Frau Sophia geb. Wehrlin	—	Württemberg	34	5
Schneider, Jungfrau Anna	—	Baselland	53	4
Haller, Samuel	Standestruppe	Aargau	26	—
Bohrlin, Frau Anna Barb. geb. Schaub	Posamenters	Baselland	44	2
Hermann, Karl Ludwig	Schlossers	Basel	5	1
Bischoff, Hieronimus	Handelsmann	"	59	10
Müller, Jb. Theodor	Posamenters	"	—	8 Tg.
Hegar, Jgfr. Rosine	—	Bern	37	6
Geisbühler, Judith Rosine	—	"	—	11
Häring, And. Heinr. Aug.	Schreiners	Basel	3	1
Hindenlang, Ros. Marg.	—	"	2	—
Dintel, Wilhelmine	—	Württemberg	1	8
Schaub, Frau Salomea geb. Tresgger	Posamenters	Basel	32	11
Buser, Bened.	Zuckerbecks	"	10	11
Fürstenberger, Joh. Gg.	Handelsmann	"	51	2
Walter, Joh. Georg	Maurers	Baden	—	2
Utz, Joh. Rud.	Arbeiters	Zürich	—	—
Würtz, Joh. Heinr.	Seidenweber	"	66	10
Würtz, Frau Barb. geb. Zeller, des obigen Ehefrau	"	"	68	9
Mohl, Jgfr. Sus. Cath.	Schreiners	Württemberg	58	11
Classen, Emma Fried.	Handelsmanns	Basel	—	9
Helstan, Frau Anna	Durchreisende	Irland	58	—
Nelzen, Jgfr. Charl. Cath.	—	Mülhausen	32	—
Jsenegger, Hch.	Hafner	Basel	77	—
Müller, Lydia	—	Aargau	—	6 Tg.
Hirn, Bertha	—	Frankreich	4	3
Stark, Dl. Ch.	Ferger	Göttingen	73	—
Oberer, Luise	Posamenters	Baselland	—	6
Hosch, Anna Wilhelmine	Handelsmanns	Basel	—	6

Kantons-Mittheilungen, 9. Juni 1848.

1747

Es setzt ein grosser Regen ein, der ohne Unterbruch 40 Tage lang anhält und viele Überschwemmungen verursacht.

1850

Im Formonterhof an der St.-Johanns-Vorstadt stirbt der 1799 geborene Kunstmaler Hieronymus Hess. Er wirkte mit grossem Erfolg als Historienmaler, Landschaftsmaler, Kupferstecher und Lithograph sowie als Schöpfer von Glasgemälden und Terracottafiguren. «Für seine Zeit war der ächte Schüler Holbeins aber der Meister der Schweiz auf dem Gebiet der Karikatur.»

1864

Seidenfärber Alexander Clavel erhält von der Regierung die Bewilligung, ausserhalb der Stadt, auf dem Areal der heutigen Ciba-Geigy an der Klybeckstrasse, eine Anilinfarbenfabrik zu errichten. Mit der Konzessionserteilung ist die Auflage verknüpft, durch sanitarische Massnahmen Arbeiter und Anwohner vor gesundheitlichen Einwirkungen zu schützen.

9. Juni

Primus und Felicianus die Märtyrer

1445

Die Städte Basel und Rheinfelden schliessen auf zehn Jahre ein Bünd-

Am 9. Juni 1823 feiert Maisprach mit grossem Aufwand die Hochzeit des Wintersinger Landmanns Heinrich Märklin, obwohl die Obrigkeit zu bedenken gibt, dass «angehende Eheleute ihre Mittel nicht auf übermässige Freuden einiger Tage verschwenden, sondern mit kluger Sparsamkeit bessern Gebräuchen aufbewahren». Kolorierte Federzeichnung von M. Oser.

nis, um sich gegenseitig gegen alle ihre Feinde beizustehen.

1501

«Nach viel und mengerley wichtigen Reden» besiegeln Basels Gesandte, die Oberstzunftmeister Peter Offenburg und Niklaus Rüsch, in Luzern, trotz Opposition von Zug und Glarus, den ewigen Bund mit den Eidgenossen.

1508

Ein mit fünf Personen beladener Weidling wird von einem Sturm umgeworfen. «Die Leuth kommen oben auf den Waidling und fahren also bis zur Rheinbruck an ein Joch, allwo das Schiff aufstösst und in zwey Stück zerspringt. Drey Personen können sich an einem Joch festhalten, die andern werden bey der Schiffleüthenzunft glücklich herausgebracht.»

1546

Im Kleinbasel beginnt man die Rebgasse von der Klarakirche bis zum Riehentor mit Kieselsteinen zu pflastern.

1552

Jakob Steiner, der Schreinermeister an der Gerbergasse, ein täuferisch gesinnter Mann, geht Todes dahin. Er hatte seine Ratsherrenwürde aufgegeben und sich nach dem Dorf Benken begeben, kaufte ein Haus und lebte dort, um auf diese Weise bequemer dem Täufertum frönen zu können. Später verleidete ihm das Landleben; er kehrte in die Stadt zurück, genoss aber kein Ansehen mehr. «Weil er ein Mensch weder kalt noch warm war, ist er auch von den Herren verworfen worden.»

1614

In der Predigerkirche wird seit der Reformation erstmals wieder Gottesdienst gehalten. Die kleine französische Gemeinde, die sich aus Flüchtlingen gebildet hat, verdankt diese Möglichkeit der Grosszügigkeit der kirchlichen und weltlichen Behörden.

1636

Ein Bauer aus Bubendorf verwechselt auf dem offenen Feld einen Hund mit einem Wolf. Er geht ins Dorf und lässt stürmen, worauf «die Gemeinde mit einer langen Nase wieder heimkommt»...

1643

Das Fussvolk der Weimarischen Armee von 6000 Mann zieht mit 11 Geschützen, 32 Munitionswagen, 120 Kugelwagen und gegen 5000 andern Wagen und Karren auf dem Weg nach Schopfheim durch Basel.

1644

Es stirbt Monika Fattet-Miville, «so 21 Kinder gezeugt hat».

1695

Zur Visitation des Klosters kommt der Generalminister der Kapuziner nach Dornach. Von ihm sagt das Volk, er könne die Tauben hörend, die Blinden sehend, die Krüppel stehend, die Lahmen gehend und die Kranken gesund machen. Deshalb werden auch aus der Stadt viele leidende Menschen auf allerhand Fahrzeugen nach Dornach gebracht. «Es geschehen aber keine Wunder, denn der oberste Capuziner sagt, dies zu thun stehe nur in der Macht Gottes und nicht in der seinigen.»

1696

Zur Promotion des Samuel Werenfels zum Doktor der Theologie erscheinen «neben einer Menge Volk von Fremden und Einheimischen» die Häupter der Stadt, zwei Deputaten, drei Pfarrherren, zwölf Ratsherren, der Grossbasler Schultheiss sowie der Markgraf von Baden, was «als eine Seltenheit angesehen wird».

1839

Der Vorstand der katholischen Gemeinde beschliesst die Errichtung einer Töchterschule und stellt dafür im Pfarrhaus am Lindenberg ein Zimmer sowie die Hälfte der Hauskapelle zur Verfügung.

1877

Der Schulbetrieb in den Basler Schulen wird durch «junge zügellose Raufbolde» empfindlich gestört.

1900

An der St.-Johanns-Vorstadt wird der Neubau des Gesellschaftshauses «zur Mägd» mit einem frohen Fest eingeweiht.

Schweizerischer Volksfreund, 10. Juni 1879.

1912

Auf dem Landhof besiegt der FC Aarau Etoile La Chaux-de-Fonds mit 3:1 und wird Schweizer Fussballmeister.

10. Juni

Onuphrius der Einsiedler

1620

Weil sich die Klagen häufen, die unter den Toren fronweise die Wacht haltenden Bürger ergäben sich mehr dem Trunk als der Aufmerksamkeit, droht der Rat, inskünftig auf Kosten der Bürger besoldete Soldaten in den Dienst zu nehmen.

1623

Am Grenzacherhorn werden drei Franzosen aufgeknüpft. Ihnen ist vorgeworfen worden, «sonderlich zu Basel dem Fischkäufer Linse einen Seckel mit Reichsthalern uss den Hosen gestohlen» zu haben.

1631

Die Zunft zu Webern erteilt den Brüdern Hans Franz, Jakob und Johannes Wybert die Erlaubnis, den Grosshandel mit Seidengarnen aufzunehmen und diese auch selber zu färben. In der Folge betreibt die Familie die Seidenfärberei in der St. Johannsvorstadt bis ins 19. Jahrhundert hinein.

1663

«Es ist wiederum eine Moskauitische Botschaft mit einer Suite von 31 Personen, von Venedig kommend, hier angelangt, nachdem selbige etliche Tage in dem Gasthaus zur Krone verblieben und von der Obrigkeit mit etwas wenigem beschenkt worden, wird selbige mit eigenem Schiff von unsern Schiffleuten gegen Bezahlung von 220 Ducaten bis nach Amsterdam geführt.»

National-Zeitung, 11. Juni 1898.

1697

«Es werden 5 Doctoren der Medicin creirt. Zum Doktormahl sind 90 Personen geladen, wozu die hohe Obrigkeit 6 Flaschen Wein verehrt.»

1738

Zum Preis von 24 000 Pfund erwirbt die Obrigkeit von Johann Rudolf Burckhardt das Klybeckschlösschen, das schon 1522 für kurze Zeit im Besitz der Stadt gewesen ist. Matten, Äcker, Reben, Wald, Weid, Wuhr, Mühlen und Öltrotte werden für 19 000 Pfund der Gemeinde Kleinhüningen verkauft. Schlösschen, Hof, Stallung, Garten, Ziehbrunnen und Fischrecht bleiben hingegen im Besitz Basels.

1745

Im Wirtshaus «zum Schwanen» zeigt der Schaffhauser Georg Riedtmann seine Kunst: «Er kann nicht nur mit den Fingern, sondern auch mit den Zähen an den Füssen und mit den Zähnen im Mund allerhand Sprachen und Schriften auf Erbsen und Kalcksteine schreiben und allerhand Figuren darauf mahlen.»

1762

Es trifft ein Schreiben des Priors der Kartause in Freiburg beim Rat ein, durch welches Basel aufgefordert wird, dem Orden den Besitz des bis 1564 von Religiosen bewohnten Basler Kartäuserklosters auszuhändigen. Es entwickelt sich ein komplizierter Rechtsstreit, mit dem sich auch die Eidgenössische Tagsatzung zu beschäftigten hat. Schliesslich «wird die Gefahr nach vielem Verhandeln und langem Hinundherschreiben glücklich beseitigt».

11. Juni

Barnabas der Apostel

1501

Die nach Luzern delegierten Gesandten bringen die Botschaft mit nach Hause, dass Basel in den Bund der Eidgenossen aufgenommen worden ist. «Diese Kunde läuft durch die Gassen schneller als denn ein Sturmwind. Wer sie vernimmt,

Nach «seynem beständigen Herumziehen» stirbt am 10. Juni 1805 Jakob Christoph Horner, Landwirt auf dem Schänzlein bei St. Jakob. Auf Antrag seiner Söhne hatte die Obrigkeit den skurrilen Horner ins Waisenhaus stecken lassen, damit «er dem Publikum nicht mehr beschwärlich falle». Er aber setzte sich nach Zürich ab und ging dort dem Bettel nach bis die Zürcher, «aus Achtung für den hiesigen Stand, die Zurückführung dieses Menschen veranstaltet haben». Aquarell eines unbekannten Kleinmeisters.

dessen Herz ist mit Freude erfüllt. Einige Österreicher aber machen ein saures Gesicht!»

1548

Der aus dem Zürichgebiet gebürtige Valentin Steiner wird wegen Diebereien zum Tode durch den Strang verurteilt. «Wir haben ihn aber us Gnaden mit dem Schwert vom Leben zum Thod richten lohn. Deshalb ist gedachter Steiner nit meh im Leben.»

1595

Der Rat verbietet den Landleuten das Spielen mit Karten und Würfeln sowie das zu hohe Wetten. Dies führt aber nur dazu, dass das Spielen im Verborgenen betrieben wird, namentlich in düstern Winkeln, Scheunen und Heuhäuslein. Auch wird allen Landleuten unter Androhung empfindlicher Strafe geboten, an Sonntagen die Kirche zu besuchen. Falls Kleinkinder oder das Vieh einen Kirchgang verhindern, dann ist nach der «Hauskehr» zu verfahren, «indem man aus einem jeden Haus einen Sonntag um den andern zur Kirche gehe».

1626

Zu mitternächtlicher Stunde wird eine alte Hebamme von Leuten, die mit Larven bedeckt sind, gebeten, in deren Haus zu kommen. Als die Hebamme einwilligt, werden ihr die Augen verbunden, worauf sie an einen geheimen Ort geführt wird. Der Augenbinde wieder entledigt, erblickt sie eine schwangere Frau, deren Gesicht ebenfalls durch eine Larve unkenntlich gemacht ist. Nach erfolgter Niederkunft werden der Geburtshelferin erneut die Augen verbunden, damit es ihr auf dem Heimweg nicht möglich ist, das Gemach der mysteriösen Entbindung zu lokalisieren. Dafür wird sie für ihren Dienst reichlich belohnt.

1692

Der Liestaler Schultheiss Daniel Müri bittet die Basler Regierung, armen Kindern unentgeltlich das Strumpfstricken zu lehren und ihnen das nötige Material zur Verfügung zu stellen. Dem Gesuch wird Willfahr erteilt, und die Kurse beginnen, «schlafen aber bald wieder ein».

1696

«Ist die alte Frau Stupanus, eine grosse, dicke und schwere Frau, in ihrem Privaten (Abtritt) in die Dohle hinuntergefallen, als der Sitz mit ihr eingebrochen ist, und ist dann in der Dohle bis zur Freien Strasse gefahren! Dann hat sie von vier Männern wieder heraufgezogen werden müssen. Sie ist zwar unversehrt geblieben, muss aber wegen dem Schreck lange das Bett hüten...»

«Vor alten Zeiten ist es ganz anders gewesen als jetzt, heisst nun doch ein Wagen eine Kalesche, ein Schelm ein Politikus und eine Hur eine Maîtresse. So sind die Menschen früher fromm gewesen bei vollen Kirchen, und heute sind die Menschen jetzt gottlos bei leeren Kirchen, wie die Bilder zeigen.» 11. Juni 1801.

1711

Mit grosser Festlichkeit wird die neue Aula der Universität, der heutige Münstersaal des Bischofshofs, eingeweiht: «Dieses Auditorium und diesmalige Brabeuterium ist durch grosse Unkösten trefflich ausgezieret worden. Ein neuer Catheder mit rotsammeten mit Seidenfransen gezierten Teppichen, die Stüehl und Bänck sind ganz neu gemacht. Das ganze Gemach ist aufs schönste gegüpst. Hat einen Lettner für die Musicanten, neue Fenster und heitere Scheiben. Alles ist so magnifiq, dass kaum ein ander Gemach in publico ihm zu vergleichen ist.»

1759

Das Aeschenquartier mit einem neuen Wilhelm Tell und das Steinenquartier mit drei neuen Eidgenossen halten einen gemeinsamen Umzug ab. Mit 224 Mann wird «in schönster Kriegsformel» zuerst auf den Münsterplatz und dann auf die Schützenmatte marschiert. Dort vergnügt man sich mit Essen, Trinken, Musizieren und Scheibenschiessen. «Wegen dem starcken Wind wird aber liederlich geschossen, so dass mehr als die halben Scheiben verfehlt werden. Die Steynemer haben aber besser geschossen als die Aeschemer.»

1798

«Wir haben beständig Durchmärsche von Franzosen in grösseren und kleineren Haufen. Die guten Leute sind des Krieges müde und wissen nicht, warum sie in die Schweiz geführt werden, in die Wiege der Freiheit. Aber diejenigen, die sie schicken, wissen es wohl: Allein aus Bern sollen bis jetzt über 60 Millionen in Geld und Waffen weggeführt worden sein!»

1888

Der Grosse Rat beschliesst die Holzpflästerung der Greifengasse sowie die unentgeltliche Abgabe der Schulbücher.

1896

Durch Grossratsbeschluss wird ein «Specialbureau für Erweiterung und Korrektion der Stadt» geschaffen, das heutige Amt für Kantons- und Stadtplanung.

«Vertheilt in einem grossen Familienwagen und in einen andern kleinen Wagen verlassen am 12ten Brachmonat 1828 fünfzehn Basler die liebe Vaterstadt zur Theilnahme am grossen Freischiessen in Genf, der fünfzigstündigen Entfernung ungeachtet. Betäubt von all dem schönen, das man in Genf gefunden hat, nehmen die Schützen am 19. voll des innigsten Dankes wieder herzlichen Abschied von ihren eidgenössischen Mitbrüdern, um in die heimathlichen Fluren und in den Schoos der theuren Angehörigen zurückzukehren.»

12. Juni

Basilides und Cyrinus die Märtyrer

1431

Bischof Johann verpfändet der Stadt Basel gegen 28 000 Gulden Waldenburg, Homburg und Liestal.

1439

Damit die göttliche Vorsehung die schreckliche Plage der Pest mildere, unternehmen über tausend Bürger mit zwanzig Priestern eine grosse Wallfahrt zum wundertätigen Marienbild Todtmoos bei St. Blasien. Kurz darnach, am St. Albanstag, ziehen auch zweihundert Kleinbasler mit dem Kreuz in den nahen Schwarzwald.

1548

Jakob David, Meister zu Safran, verlässt aus Hass gegen das neue Evangelium die Stadt. «Er ist ein geiziger Mensch, der niemandem nützt als sich selbst. Mögen alle schlechten Bürger fortziehen, die nicht mit den Guten zusammenleben und Christus nicht ehren wollen.»

1602

Im Netz der Stadtwache verfängt sich ein feisser Fisch: Claus Jantz, der Räuberhauptmann von Entfelden. Plündernd, raubend und mordend ist er mit seinen Gesellen durchs Land gezogen, die Bevölkerung in Angst und Schrecken jagend. Nun hat er sich für seine nicht weniger als 29 Delikte vor der Justiz zu verantworten. Und diese lässt keine Gnade walten: «Der arme gefangene Mensch wird uff das Rad geflochten, ein Wällen Stroh uff ihm verbrennt, Hartzring uff ihn geträuffelet, mit kaltem Wasser abgewaschen und endlich mit dem Strang erwürgt!»

1629

Rudolf Hotz, der im Alter von 13 Jahren in fremde Dienste gezogen ist, kommt, nachdem ihm in Spanien «vom Feindt der lincke Arm hinweggeschossen worden ist», wieder in Basel an: «Gott der Allmechtige wolle mir seine Gnade verleihen, in seinem Willen zu wandlen und in seinem heyligen Evangelio zu leben. Uff dass ich nach diesem zytlichen Leben in das ewig kommen möge.»

1647

Die Schweizerbatzen werden abgeschafft.

1664

«Etliche Italiäner zeigen auf der Zunft zu Kürschnern einen wundersamen kleinen Mann. Dessen beyde Füsse sind von Geburt an zusammengewunden. Seine Zehen wie auch die Finger sind gleich einem von Geschwulst aufgeblasenen Fleisch ohne Knochen. Sie sind so lind anzugreifen wie ein Küsselin von Flaum. Hat beständig Tabak im Mund. Hat mit einer starken piemontesischen Dame zwey wundersame Kinder gezeugt.»

1675

Eine junge Frau aus Bremgarten wird enthauptet, weil sie ihr uneheliches Kind an der Schneidergasse in den Sodbrunnen geworfen hat. «Des Scharfrichters einter Sohn hat bey diesem Weib sein erstes Probestück abgelegt!»

1724

Ein neunjähriger Bube zerrt von einem Heuwagen eine Handvoll Heu. Dabei gerät er unter die Räder, so dass «der Kopf und der Leib von einander separiert und beide Theil unter dem Wagen liegen bleiben».

1732

Wegen schwachen Gedächtnisses muss Oberstpfarrer Hieronymus Burckhardt der Gemeinde seine Predigten vorlesen. «Zu diesem Zweck hat er sich ein kleines Pult mit grünem Tuch auf die Kanzel legen lassen. Hatte früher ein Mundwerk wie Chrysostomos.»

1796

In Riehen leisten die Untertanen den Treueeid auf die Obrigkeit: Riehens Dragoner holen die städtische Deputation vor dem Kleinbasler Riehentor ab. An der Baslerstrasse stehen die Infanteristen und die 40 Mann starke Berner Wachtmannschaft Spalier. In der Kirche halten Pfarrer und Oberstzunftmeister Ansprachen. Dann leistet der Landvogt der Regierung den Eid, und nachher

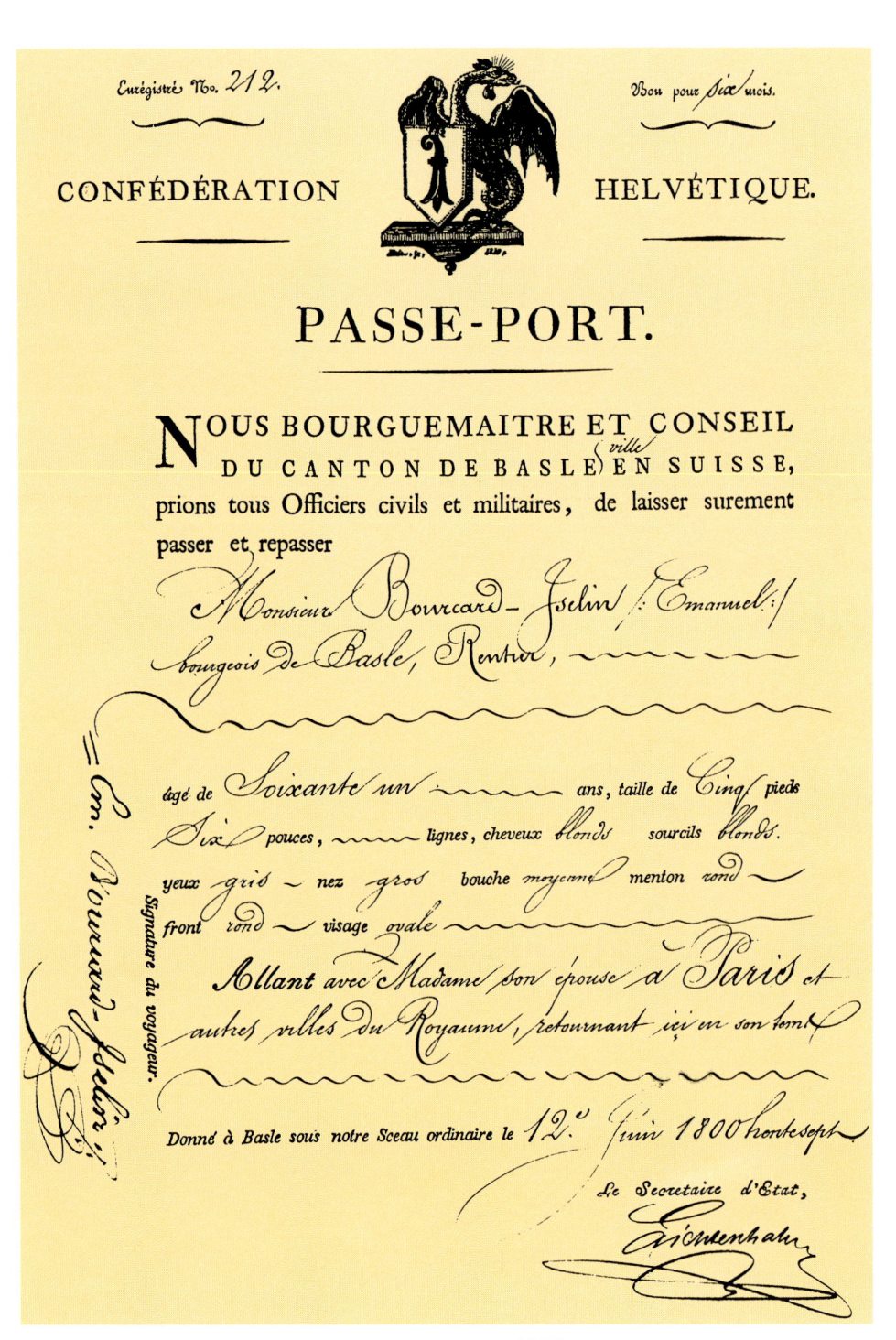

Reisepass, 12. Juni 1800.

geloben ihm die Männer Riehens Gehorsam. Eine Salve der Soldaten und ein Vorbeimarsch der waffenfähigen Untertanen beschliessen den ersten Teil der Huldigung. Zur Fortsetzung trifft man sich im Ochsen und im Rössli.

1835

Auf seiner Durchreise hält sich Franz Liszt in Basel auf. «Weil er auf einer Erholungsreise ist, darf er bei uns kein Concert geben. Er ist in Begleitung mit soidisant der jungen schönen Gräfin d'Agout Flavigny Bethmann. Auf dem Flügel im Musikladen Knopp spielt er, bis die Saiten springen. Er ist gross, äusserst dürr, langes Gesicht, blass, macht viele Gesten, geistreich im Gespräch und Urtheil.»

1864

Es stirbt der 1794 geborene Carl Gustav Jung. Der angesehene Professor für Anatomie, Chirurgie und Geburtshilfe setzte sich auch als beliebter Oberarzt am Bürgerspital für das Wohl seiner Mitbürger ein. Er errichtete eine Anstalt zur Pflege und Schulung blödsinniger Kinder und amtete als Grossmeister der vereinigten Schweizerlogen des Freimaurerordens.

1883

In der Wirtschaft Kaiser an der Rheingasse gründen neun jüngere Männer den Rhein-Club Basel.

1892

Es wird das erste internationale Velowettfahren Basel-Strassburg-Basel durchgeführt, welches eine Siegerzeit von 13 Stunden erbringt.

13. Juni

Heliseus der Prophet

1248

Bischof Heinrich von Konstanz übergibt dem Kloster Wettingen die Kirche von Riehen.

1440

Der am 20. März in Basel abgereiste Hans Rot erreicht Jerusalem und bezieht im Johanniterhospital Quartier. Anderntags wird er in der Grabeskirche «bei gar herrlichem Gesang» zum Ritter geschlagen und mit den Sporen des St.-Johanns-Ordens dekoriert. Dem Besuch der heiligen Stätten folgen Ausflüge an den Jordan und nach Jericho.

1552

Fridli Loew, der Seiler aus der mindern Stadt, wird vom Scharfrichter mit dem Schwert hingerichtet und geköpft. Er hat wegen «Suffens und Füllens» sowie elffachen Eidbruchs sein Leben verwirkt. «Er war ein sehr feiger Mann. Als er hingerichtet wurde, konnte er sich kaum aufrecht halten, ohne zu Boden zu sin-

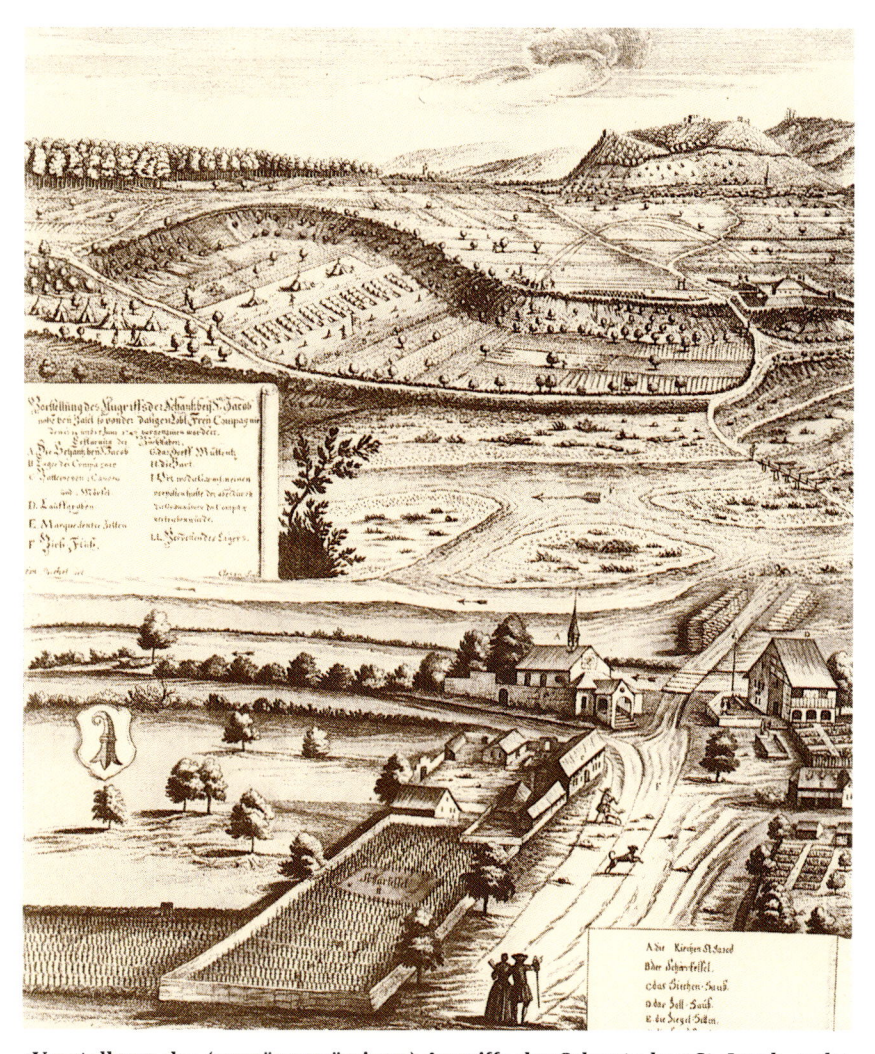

«Vorstellung des (manövermässigen) Angriffs der Schantz bey St. Jacob, nahe bey Basel, so von der dasigen Löbl. Frey Compagnie den 13., 14. und 15. Juni 1746 vorgenommen worden.» Im Vordergrund das Rebgelände am Scherkessel, die Siechenhäuser und das Kirchlein von St. Jakob. Kolorierte Radierung von Emanuel Büchel.

ken. Als man ihn mahnte, das apostolische Glaubensbekenntnis zu sprechen, rief er beständig ‹Jesus, Jesus›, so dass der Henker fürchtete, er könne ihn nicht nach Brauch und Recht hinrichten. Es gelang ihm die Sache jedoch recht gut!»

1780

«Bei der nach eingestandenem Ehebruch geschiedenen Ursula Ritter zeigt bald ihr grosser Bauch, dass sie einem hamburgischen Medico zu nahe gekommen ist. Weil dieser schon fort ist, muss ihr eylends ein Bräutigam gesucht werden. Da sie von ihrem Mann 6000 Pfund errettet hat, lässt sich bald ein artiger Bräutigam finden, Treu, der Kupferschmied. Dieser anerkennt denn auch den vier Wochen hernach zur Welt gekommenen Knaben als Vater.»

1855

Das Kriegsgericht verurteilt Korporal Henzmann und Soldat Zeller von der hiesigen Standestruppe zu 18 Monaten Gefängnis, weil sie in der englischen Legion gedient haben: «Es lassen sich zwischen Jetzt und Damals eigentümliche Paralellen ziehen! Wo Kommandant Mechel in neapolitanischen Dienst trat, um in Friedenszeiten bei den Prozessionen ein geweihtes Kreuz zu tragen, hinter den Kirchenfahnen zu paradieren und vor den Heiligenbildern zu knien, im Falle einer Revolution aber das Volk zusammenzuschiessen!»

1885

Fräulein Meta von Salis wünscht, als Hörerin die Vorlesungen Jacob Buckhardts besuchen zu dürfen. Die Regenz beschliesst indessen mit kleiner Majorität, das Gesuch abzuweisen, weil man grundsätzlich an der Ausschliessung weiblicher Zuhörer festhalten will!

1904

Der am 2. Juni eingetroffene, vom Dampfer «Knipscheer IX» und dem Kahn «Christine» gebildete Schleppzug rüstet sich zur Abfahrt. Infolge Unkenntnis der Stromverhältnis misslingt dem Kapitän aber das Wendemanöver. Der mit 240 Tonnen Asphalt beladene Kahn wird vom 32 mm dicken Schleppstrang losgerissen, treibt rheinabwärts und zerschellt am Eisbrecher der Hüninger Schiffbrücke.

14. Juni

Basilius der Kirchenlehrer

1529

Die Innerstadt wird durch ein gewaltiges Hochwasser des Birsigs entsetzlich verwüstet: Nachdem es Tag und Nacht heftig geregnet hat, bricht der Birsig unvermittelt meterhoch durch den Einlauf beim Steinentor und überschwemmt die Vorstadt, das Steinenkloster, den Barfüsserplatz, die Gerbergasse, das Kaufhaus, den Kornmarkt und den Fischmarkt. Das wütende Hochwasser schwemmt alles weg, was ihm im Wege steht: halbe Häuser, Brücken und Stege, Gewölbe, Brunnstöcke, Fleischerbänke, Tiere. Mindestens vier Menschen finden in den reissenden Fluten, «die sogar geladene Schiffe zu tragen vermögen», den Tod. «So füllt das geringe Wässerlein plötzlich mit seiner ungestümen Flut plötzlich das ganze Thal der Stadt bis hoch an beyde Berge, so dass die Leute dem stümpflichen Anlauf nur kümmerlich entrinnen mögen.»

Wilhelm Fehling
der kleinste
Kellner
der Welt.
Der schwerste
Zwerg,
230 Pfund schwer, 1 Meter 20 Cm. hoch, 1 Mtr. 70 Cm. Brustumfang.
Täglich zu sehen im
Basler Löwenbräu,
Aeschenvorstadt
vormals Brauerei Glock.
Höfl. empfiehlt sich 25725
Hardmeier.

National-Zeitung, 13. Juni 1894.

1546

Hans Jakob Hütschi, ein roher Reisläufer, verletzt vor der Barfüsserkirche mit gezücktem Schwert den angesehenen Glasmaler und Ratsherrn Balthasar Han. Der ungestüme Haudegen wird unverzüglich in Haft gesetzt und muss den Unfrieden hart abbüssen.

1588

Die Dorfmeier von Therwil und Ettingen werden auf das Schloss Birseck geboten. Dort eröffnet ihnen der Vogt, der Bischof sei willens, in ihren Gemeinden die katholische Religion wieder einzuführen. Wer sich nicht fügen wolle, möge das Seine verkaufen und auswandern. Andertags lässt Bischof von Blarer in den Kirchen der beiden Dörfer wirklich Altäre aufbauen.

1633

Kaiserliche Truppen überfallen die in Hüningen liegenden Schweden, stechen sieben Soldaten nieder, zünden das Dorf an und verbrennen elf Firste.

1643

Georg Ochs, der Spezierer aus Freudenstadt, wird ins Bürgerrecht aufgenommen. Die Söhne des umstrittenen Staatsmann Peter Ochs ändern 1818 ihren Geschlechtsnamen, indem sie den Familiennamen ihres Urgrossvaters His annehmen.

1653

Basel erlebt ein grässliches Schauspiel: Vor dem Steinentor werden die «sieben fürnehmsten Rädlinsführer des rebellischen Bauernaufstands» hingerichtet: Hans Gysin, Heinrich Stutz und Conrad Schueler von Liestal, Joggi Mohler von Diegten, Ueli Schaad von Oberdorf, Galli Jenni von Langenbruck und Ueli Gysin von Läufelfingen. «Die sechs sind mit dem Schwert, Ueli Schaad als der ärgste mit dem Strang hingerichtet worden. Dabey hat unser neuer Meister und junger Nachrichter sein Prob- und Meisterstück gethan, als er alle sechs allein mit dem Schwert, wie auch den siebenten mit dem Strang, gerichtet. Gott verzeihe ihnen ihre Sünden und bewahre uns künftighin vor dergleichen schädlicher und abscheulicher Rebellion gnädiglich. Er verleihe uns dabey die Gnad, dass wir in allen Ständen unser Thuen verbessern und unserm getreuen himmlischen Vater nit Ursach geben, uns mit dergleichen schweren Strafen um unserer Sünden und gottlosen Lebens willen heimzusuechen.»

1662

Ein Erdbeben bringt das Glöcklein im Spalentor zum anschlagen, was die Bevölkerung in grossen Schrekken versetzt.

1674

Nachdem im Haus «zum Brunnen» am Petersberg während längerer Zeit katholischer Gottesdienst gehalten und «innert 42 Tagen im ganzen 435 Mal auf dem Altar Gott, dem höchsten Herrn, das allerheiligste Opfer Himmels und der Erde dargebracht worden ist», schmükken Zuzügertruppen aus der Innerschweiz den sakralen Raum mit einem Bild der Gottesmutter.

1751

Der Bestand an Haustieren in Aesch beläuft sich auf 64 Melkkühe, 8 Rinder, 35 Zugstiere, 2 Wucherstiere, 44 Geissen, 175 Schafe und 10 Zugpferde.

1820

Die Schweizerische Musikgesellschaft bringt in der Leonhardskirche mit 120 Sängern und einem 130 Mann starken Orchester die 1801 von Franz Joseph Haydn kompo-

In Münchenstein ereignet sich am 14. Juni 1891 «ein schreckliches, ein entsetzliches Unglück, wie ein ähnliches in der Schweiz noch nicht vorgekommen ist»: Unzählige Basler fahren mit der Eisenbahn zum Bezirkssängerfest nach Münchenstein. Als der «völlig überladene Zug mit voller Geschwindigkeit gegen die Eisenbahnbrücke über die Birs fährt und zu bremsen beginnt, bricht das schwache Bauwerk unter der übergrossen Last zusammen. Die beiden Lokomotiven und sieben Wagen stürzen in die hochgehende Birs, und einige nachfolgende Wagen verkeilen sich ineinander»: 71 Menschen finden den Tod, 43 müssen in Spitalpflege verbracht werden. Basel steht während einer Woche im Zeichen der absoluten Trauer.

nierten «Jahreszeiten» zur Aufführung.

1856

Die Basler Standestruppe, die Stänzler, wird aufgehoben. Mit einem frohen «Henkersmähli» werden die letzten 5 Offiziere und 68 Unteroffiziere und Soldaten aus ihrem Dienst entlassen.

1865

Im Haus des Musikdirektors Ernst Reiter findet in Anwesenheit des gefeierten Komponisten der erste Brahms-Abend statt.

15. Juni

Vitus, Modestus und Crescentia die Märtyrer

1448

Das Konzil versammelt sich zu seiner letzten feierlichen Session im Münster.

1521

Der Rat überträgt Hans Holbein d.J. die Ausmalung des neuen Grossratssaales. Der Vertrag wird bei einer gemütlichen Mahlzeit reichlich begossen!

1525

Die Kartäusermönche im Kleinbasel erhalten unerfreulichen Besuch: In Begleitung mehrerer Ratsherren erscheint der Bürgermeister und gibt den Patres zu verstehen, die Obrigkeit habe beschlossen, dass in Zukunft niemand mehr in ihren Orden aufgenommen werden darf. Anderntags kommen die Herren nochmals und orientieren sich über den gesamten Klosterbesitz, damit alles für einen weltlichen Zweck verkauft werden kann. «Auf diesem Weg wächst das von Ketzern gepredigte Wort. Wehe, wehe, wehe! O Herr, wirst du sie denn nicht richten?»

> 1529 Am 14. tag Junij ward der Birsigk zů Basel/ so durch die statt laufft/ also gross/ vnd gächlingen so vngestům/ das ein geladen schiff am Vischmärckt vñ Kornmärckt one alle grundrůr wol gon mocht. Die heůser an Steinen stůndend über halbē teil im wasser. Da verdarb gross gůt/ vñ gschach der statt vnd burgern vnergetzlicher schaden.

Basler Chronik, 14. Juni 1529.

1584

Bürgermeister und Rat verleihen den an den Steinen ansässigen Webern eine Zunftordnung, so wie sie die andern Vorstadtgesellschaften, zur Mägd, zur Krähe, zum Rupf und zum Esel, auch erhalten haben.

1606

Nach fünfjähriger Gefangenschaft ist Niclaus Wasserhun wieder nach Hause gekommen. Er hat die in Württemberg über seinen Vater verhängte Freiheitsstrafe freiwillig abgebüsst: ein schönes Beispiel der Kinderliebe.

1667

Der Rat beschliesst zur bessern Erziehung der Kinder, diese an Sonntagen jeweilen vormittags in die Elisabethenkirche und nachmittags in das Münster führen zu lassen, was «in feiner Ordnung» zu geschehen hat.

1685

Ein Fischer findet in der Birs «ein 8pfündiges Einhorn, eines Arms dick und lang».

1701

In Ramlinsburg steckt sich Barbara Rudin, nachdem sie ihrer Schwester «drey Maas Birenmost und fünf Laib Brot gestohlen, eine Pfeife Tabacks an, weil ihr die Zähne wehgetan haben». Offenbar in der Absicht, einen Hausbrand zu entfachen, lässt sie die Tabakpfeife kurz hernach auf einen Haufen Späne fallen. Im Hinblick darauf, dass «es auf dem Land ziemlich gemein werden will, dass untereinander in Uneinigkeit lebende Bauersleut sich mit Feuereinlegen entblöden, müssen diese bosfertigen Leuthe mit dem Feuer bestraft werden». So wird Barbara Rudin denn auch zum Tod durch Verbrennen bestraft. Da es in diesem Fall aber bei einem Versuch geblieben ist, übt der Rat Milde und lässt die Brandstifterin «nur mit dem Schwert vom Leben zum Tod richten und darnach dero Cörper mit Feuer verbrennen».

1755

Anna Maria Geymüller, die mit einer schönen Stimme begabte Tochter des Schützenhauswirts, ist «von grossen Herren Söhn schwanger geworden». In aller Eile wird sie deshalb mit Johannes Müller, einem Schneider, verkündet, «den man ihr mit grösster Geschwindigkeit und namhaften Versprechungen aufgetrieben hat».

1770

«Mit einer höhrenswürdigen Music unter Trombeten und Paukenschall» vor einer grossen Menge Volck» wird in der Theodorskirche die neue Orgel eingeweiht. Der Erbauer, der berühmte Andreas Silbermann, wird anschliessend mit seinem Sohn von den Kleinbasler Honoratioren im Rebhaus gebührend «mit einer staahtlichen Mahlzeit regaliert».

> Aß Erkantnuß vnserer gnädigen Herren/ soll kein Burger oder Eynsaß/ noch sonst jemands allhier einigem Frembden sein Hauß oder ander ligendes Stuck verkauffen/ oder sonsten sich dessen in Handlung mit jemands begeben oder eynlassen/ anderst dann mit wolermeldten vnserer gnädigen Herren vorwissen/ consens vnd Bewilligung. Welcher hierwider handlen wird/ der soll nechst deme der getroffene Kauff null vnd nichtig/ annoch besseren fünff vnd zwantzig Gulden/ oder auch sonst gestalten sachen/ vnd eräugenden vmbständen nach ernstlicher gestrafft werden. Darnach sich männiglich zu richten.
> Decretum Sambstags den 9. April. 1636.
> Ernewert Mittwochs den 15. Junii. 1707.
> Cantzley zu Basel ssct.

Obrigkeitliches Mandat, 15. Juni 1707.

Das unaufhaltsame Anschwellen der Gütereinfuhren führt im Kaufhaus an der Freien Strasse zu akutem Lagerplatzmangel und zu chronischen Verkehrsstauungen im Innern der Stadt. Die Behörden errichten deshalb am Barfüsserplatz ein neues Kaufhaus, das am 15. Juni 1846 eröffnet wird. Seine drei mächtigen Tore symbolisieren den Umschlag der aus der Schweiz, Deutschland und Frankreich eingeführten Waren.

1844

Die französische Ostbahn startet in St. Louis zu ihrer ersten Fahrt nach Basel, und der regelmässige Eisenbahnverkehr nach Strassburg kann mit einer Reisezeit von fünf Stunden aufgenommen werden.

1865

Im Münster wird die Matthäuspassion von Johann Sebastian Bach aufgeführt. Das von Ernst Reiter dirigierte Monumentalwerk ist erstmals in der Schweiz zu hören.

1874

Die neue «Actienbrauerei Basel-Strassburg» feiert in ihrer Brauerei an der Gundeldingerstrasse den ersten Ausstoss des Bieres, das allgemeinen Beifall findet.

1887

Vier Geniesoldaten gründen den Genie-Verein Basel, dem sich im folgenden Jahr der Pontonierverein anschliesst.

1891

Der Schweizerische Wirteverein hält seine erste Delegiertenversammlung in Basel ab.

16. Juni

Justina von Mainz die Märtyrerin

1406

Früh morgens, als die Glocke sechs schlägt, verwandelt sich die Sonne zu einem Mond in mancherlei Farben: gelb, grün, blau und rot. «Gott wolle, dass es wohl gerate!»

1504

In Gegenwart von Tausenden von Gläubigen werden in Eichsel bei Badisch-Rheinfelden durch Kardinal Raymundus Peraudi die heiligen Jungfrauen Kunigundis, Mechtundis und Wibrandis den Gräbern enthoben und der Bevölkerung zur Verehrung in einem Reliquienschrein dargeboten. Bei dem in Basel durchgeführten Heiligenprozess sind den drei Jungfrauen aus der Schar der 11 000 Jungfrauen, die auf ihrem Weg von Rom nach Köln durch unsere Gegend gepilgert sind, Krankenheilungen, Gebetserhörungen und Wunder bezeugt worden.

1533

Der Rat weist die Pfarrer auf der Landschaft an, alle Knaben und Mädchen im Alter von sechs bis vierzehn Jahren zur Kinderlehre heranzuziehen und zu unterweisen, «wie sie beten sollen».

1546

Der Pfarrer von Riehen, Johann Jakob Loew, wird von der Obrigkeit ermahnt, sich mehr dem geistlichen Amt zu widmen als der Medizin, «welche Liebhaberei ihn durch das viele Hin- und Herreiten» zu stark in Anspruch nehme. Hierauf entsagt Loew dem Kirchendienst und macht sich in Solothurn um die Pflege der Pestkranken verdient.

1582

Kurfürst Johann Kasimir von der Pfalz kommt in Begleitung von dreissig Reitern hier an und bleibt da über Nacht. Anderntags wird er von einigen Ratsherren ins Münster geführt, nachher ins Zeughaus und auf den Übungsplatz der Armbrustschützen. Am dritten Tag verreist er per Schiff nach Strassburg. Die gute Freundschaft mit dem Rat erlaubt dem Pfalzgrafen, im folgenden Jahr im Wirtshaus «zur Krone» 60 Söldner anzuwerben.

1635

Dem Doktor beider Rechte Christoph Leibfried wird ein Grabstein mit folgender Inschrift gesetzt: «Tod, Teufel, Sünd, der Welt Gesell, fahren immer hin samt der Höll. Denn Christi Tod und Sieg allein, meiner Seel und Leibes Friede sein.»

1655

Die Zunft zu Webern erhält vom Rat die Erlaubnis, auf dem hinter ihrer Zunft gelegenen Platz am Birsig ein Ballenhaus zu errichten, in welchem eine Art Tennis gespielt wird.

1666

Verena Baur von Riehen wird in «einem Wägelin uff den Richtplatz geführt und enthauptet». Sie hat ihr unehelich geborenes Kind umgebracht.

1751

Weil die aus gutem Werthmüllerischen Geschlecht stammende Frau Bartenschlag nach dem Tod ihres Mannes «ein gottlos und schandlich Hurenleben führt, wie es nur von den gemeinsten Metzen erwartet

Abscheids-Lied des Zettelträgers
beym
Schluß des Theaters.

1.

Der Zettelträger bin ich ja! bin stets mit neuen Zetteln da; der Zettelträger ist bekannt, nur in der Stadt, nicht auf dem Land. Kündigt stets neue Stücke an, von Schröder, Koch und Hagemann; von Ziegler, Crenzin, Kotzebu und hat am Spieltag wenig Ruh.

(Glaubts sicherlich!)

2.

Kurz bei der ganzen Dudeldey! gehn Stiefeln, Strümpf und Hut entzwei; drum liebe Gönner bitte ich, denkt doch an meine saure Pflicht; bei Sturm und Regen brachte ich, die Zettel Euch ganz sicherlich — Es scharrt ja keine Henn' umsonst, drum bitte ich um Ihre Gunst!

(Vergeßt mich nicht!)

Dero
1814. aller dankbarster
Rudolf Hindenlang,
Zettelträger.

Flugblatt, 16. Juni 1814.

werden kann», richtet der Rat von Zürich, auf Ersuchen ihrer Verwandten, die Bitte an Basel, «solche lebenslang zu versorgen, damit ihre Seele vor dem augenscheinlichen Verderben errettet wird». Die Obrigkeit entspricht dem Wunsch und lässt die Werthmüllerin durch zwei Wachtmeister ins Zuchthaus führen.

1834

Nachdem die hiesigen Schreinermeister beschlossen haben, ihren Gesellen das bisher übliche Sonntagnachtessen nunmehr vorzuenthalten, verlassen etliche Handwerksburschen aus Protest die Stadt.

1849

Es stirbt der 1780 in Weimar geborene Professor Wilhelm Martin Lebrecht De Wette, der sich als bedeutender Theologe einen unvergesslichen Namen gemacht hat. «Er war ein unermüdlicher, vieles umfassender Arbeiter, dabei ein edler Mensch von reinstem sittlichem Streben.»

1861

Der ehemalige Exerzierplatz vor dem Steinentor wird zu einem Turnplatz eingerichtet und dem hiesigen Turnverein unentgeltlich zur Benutzung überlassen.

1894

Es stirbt der 1830 geborene Industrielle Heinrich Handschin aus Rikkenbach. Er hatte in Moskau eine Handweberei errichtet und diese trotz grösster Schwierigkeiten zu einer blühenden Seidenbandfabrik entwickelt. Nach seiner Rückkehr stellte er sich ganz in den Dienst der Gemeinnützigkeit und setzte den Staat zum Universalerben seines grossen Vermögens ein.

17. Juni

Paula die Märtyrerin

1274

König Rudolf legt in einem Freiheitsbrief dar, dass niemand im Reich die Basler Bürger pfänden darf. Dies ist für die Stadt ein überaus wichtiges Instrument in ihrer vielseitigen Handelstätigkeit, verunmöglicht das Privileg doch, dass Waren von ausländischen Gläubigern zurückbehalten werden können.

1445

In Begleitung von 30 Jungfrauen und 200 Pferden trifft Margaretha von Savoyen, die Tochter des neuen Papstes Felix V., in Basel ein. Die Witwe des Königs Ludwig von Sizilien und nunmehrige Braut des Kurfürsten von der Pfalz wird mit grosser Pracht in Langenbruck von 300 Pferden und 800 Mann Fussvolk abgeholt. Auch verschiedene Kardinäle und Würdenträger des Konzils haben sich zum Empfang eingefunden. An der Landstrasse bei Muttenz werden zwei Feldschlangen (Kanonen) gezündet, und auf dem Petersplatz wird fröhlich getanzt. Nach zehn Tagen tritt die vornehme Dame mit ihrem grossen Gefolge per Schiff die Weiterreise nach Breisach an.

1448

Ein «grusamlich Wetter» bringt grossen Schaden über die Stadt. «Es fielen Stein so gross wie Hühnereyer vom Himmel und zerschlugen Bäume und Fenster. Auch ertöteten sie auf dem Feld Hasen und Füchse.»

1504

Heute öffnet Kardinal Peraudi auf der einsamen Höhe von St. Chrischona vor fünftausend Pilgern das Grab der heiligen Chrischona und erhöht die Gebeine der Heiligen in einem Schrein zur allgemeinen Verehrung. Das bei den Knochen liegende Haarnetz der Chrischona, ein Gewebe aus Seide und Goldfäden mit Perlen und Juwelen und geschnittenen Steinen, wird durch den päpstlichen Legaten vom Berg weggenommen und in der Stadt dem Kloster Gnadental übergeben, wo es sofort an einer seit langem gelähmten Nonne seine Heilkraft erweist.

Wenige Merckwürdigkeiten:
Seit letztern Ordinari sind gestorben und begraben worden:

Vergangenen Mittwoch / im Münster: Frau Anna Catharina Stillo / Herrn Joh. Georg Bavier des Goldschmieds gewesene Eheliche Haußfrau.

Gestern / bey St. Peter: Herr Johann Fridrich Hauser / gewesener Kronen-Würth allhier.

So dann solle heut um 4. Uhren auch allda begraben werden: Frau Ursula Stumpff / Meister Johannes Hochen sel. des Küffers nach Tod hinterlassene Wittib.

Die vor acht Tagen zwischen 7. und 8. Uhren allhier ziemlich starck verspührte Erd-Erschütterung / hat sich just zu gleicher Zeit an andern Oerteren in der Schweitz ereiget / und zwar so starck / daß in Bern an den Zeit-Glocken-Thurn der Hammer zum zweyten mahl an die Glocke geschlagen.

Von Genff ist die betrübte Nachricht eingelauffen / daß ein mit 50. Personen beladenes Schiff / so von der Seine in die Rhone traversiren und nach Lyon fahren wollen / an ein bey einer Mühl gestandenes Joch gestossen und umgewelzt worden seye / so daß von solchen 50. Personen nur Drey davon gekommen / die übrigen aber alle zu Grunde gegangen und ertruncken seyn. Unter den Geretteten befande sich ein Vatter und Sohn / welch ersterer / auf ersehen / daß das Schiff zu sincken angefangen aus dem Schiff / auf welchem nicht weit davon gestandenen Stock gesprungen / und seinen Sohn unter den Armen ergreiffend / aus dem Wasser gehoben. Ein Freund aber / so den andern begleitet / hatte hingegen das Unglück zu ertrincken / da derjenige / dehne er begleitet / sich salvirte.

Frag- und Anzeigungs-Blätlein,
17. Juni 1736.

«Der 1467 durch Jakob Sarbacher erbaute grosse Fischmarktbrunnen ist mehrmals, namentlich in den Jahren 1578 und 1618, erneuert worden. 1850 wird eine abermalige Erneuerung nötig. Die zwölf neuen Brunnwände sind von dem Steinhauer Meister Urs Bargetzi in Solothurn hieher gebracht worden, desgleichen der aus einem Jura-Findling gehauene Brunnstock. Die schwierige Arbeit geschieht, Gott sei Dank, ohne Unglück. So geschehen am 16. Juni 1851.» Ölgemälde von Jakob Senn. 1856.

1525

Thoman Springinklee hat seine Frau zwischen Augst und Rheinfelden in einem Boot auf dem Rhein erwürgt, alsdann die entblösste Leiche in den Strom geworfen und die Kleider versteckt. Er wird wegen dieser Schandtat zum Tod verurteilt und vom Scharfrichter auf das Rad geflochten.

1545

Die als «Unholdin und Hexe» verschriene Katharina Laider, die an der Weissen Gasse in einer Winkelschule an die 50 Mädchen lesen und schreiben gelehrt hat, wird ihrer Vaterstadt verwiesen und zieht nach St. Gallen.

1605

Das grosse Gesellenschiessen findet seinen Abschluss. Die Vor- und Nachschiessen sind glücklich beendet, so dass 600 Schützen zu einer herrlichen Mahlzeit auf den Petersplatz ziehen. Dort bewirten «junge Herren und Burger diser Statt Basel gar lustig, wohlgebutzt und fleissig» die vielen Gäste aufs beste. «Dann hat der ehrwürdig Herr Henricus Justus, Pfarrherr bey St. Peter, die Mahlzeit mit einem andächtigen Gebet beschlossen und Gott den Allmechtigen inniglich angeruefen, dass solches alles zu seinem Lob, Ehr und Preis abgegangen ist und ewig Lob und Danck gesagt sey.» Mit Rede und Gegenrede von Stadtschreiber und Junker von Schönau werden die Schützengäste für ihre Heimreise dem Machtschutz Gottes anempfohlen, worauf sie mit schwerem, aber glücklichem Herzen von der Stadt scheiden.

1636

Es schneit den ganzen Tag, so dass der wegen seiner Qualität nicht gerade berühmte Baselwein nicht zur Reife kommen mag.

1653

«Es ist ein solches schweres Hagelwetter entstanden, dass – obwohl es die Stadt Basel nicht berührt hat – die benachbarten Dörfer Blotzheim, Hofstetten, Gempen, Muttenz, Aesch und Eptingen ziemlichen

Basel wird im Frühsommer 1876 von einer schweren Wasserkatastrophe heimgesucht. Am 17. Juni muss die Rheinbrücke mit Steinen beschwert werden, hat das Hochwasser doch bereits die Frauenbadanstalt bei der Pfalz und einen Teil der Männerschwimmschule weggerissen. «Vom Blumenrain bis zur Kronengasse baut Zimmermeister Hübscher einen Steg sowie durch die Schwanengasse bis zum Fischmarkt, welcher auch unter Wasser steht. Bei allem Unglück ist es komisch zu sehen, wie die Milchmänner mit Ross und Wagen tief wie Dampfschiffe durch die Fluten rauschen und ihre Milch ins erste Stockwerk hinaufreichen.»

Schaden in Feld und Reben davon erlitten. Fürnemlich aber hat Gott die Statt Liestal dieses Hagelwetter allermeist fühlen lassen. Daselbst sind Hagelstein, gewöhnlich 2 und 3 Pfund schwer, niedergefallen. Den Gütern hat es wenig, aber an Dächern und Fenstern 40 000 Ziegel gekostet und mehr als 14 000 Gulden Schaden getan. Es war ein solch Getöss und Prasseln, dass die ergelsterte und erschrockene Bürgerschaft sich nichts anderes als den jüngsten Tag eingebildet hat. Die Leute haben sich mit den Soldaten von der Garnison meist in die Keller errettet. Gott gebe, dass sowohl das noch ziemlich verhärtete rebellische Volk durch seinen an der Obrigkeit ergangenen Meyneid (den Bauernkrieg) möchte erweicht als auch wir alle zu wahrer Buess und Besserung unseres sündlichen Lebens möchten getrieben werden.»

1777

Bei der Hochzeit von Johannes Preiswerk und Rosina Bischoff ist «eine grosse Music mit Harpaucken aufgeführt und sind französische Arien dabey gesungen worden. Weil die Arien ziemlich verliebt und weltlich waren, hätte unser Herr Jesus vielleicht auch hier die Peitsche genommen, wenn dieses im Tempel zu Jerusalem geschehen wäre, und hätte gesagt: Mein Haus soll ein Bethaus sein, ihr aber habt ein Mördergrube daraus gemacht, denn Tauben in einer Kirche zu verkaufen und Geld zu wechseln, scheint mir noch pardionabler (entschuldbarer) zu seyn, als die Wohllüste, die dem Herrn ein Greuel sind, durch Lieder zu erheben».

1872

Der Grosse Rat erlässt ein neues Strafgesetz und hebt die Todesstrafe auf. «Sämtliche Schattierungen der Freisinnigen stimmten für die Abschaffung sowie ein namhafter Teil der Liberalkonservativen.»

18. Juni

Marcus und Marcellianus die Märtyrer

1375

Die politische Situation Kleinbasels verändert sich entscheidend: Es gelingt Herzog Leopold von Österreich, die rechtlich von Grossbasel getrennte bischöfliche Stadt Kleinbasel, anstelle der ihm von Bischof Johannes von Venningen geschuldeten Kriegskosten im Ausmass von 30 000 Gulden, pfandweise zu erwerben und damit die Position der habsburgischen Vorlande am Oberrhein zu stärken.

1443

Der Weinmann Claus Pflegler verpflichtet sich gegenüber Propst und Konvent des Klosters St. Alban, für die von ihm erbaute und betriebene Salmenwaage «in dem Rin under der Breite uff der Fachweid» als Zins jeweils den zwanzigsten Salm oder Lachs abzuführen. Die Zehntenpflicht bleibt auch bestehen, wenn Pflegler die Salmenwaage an das Bürgerspital oder die Feldsiechen von St. Jakob an der Birs verpachtet.

1512

Die 600 Basler, die sich unter den 20 000 «zur Rettung der römischen Kirche» in der Lombardei kämpfenden Eidgenossen befinden, stürmen als erste die Stadt Pavia. «Sie haben sich so trostlich gehalten, dass ihnen Lob und Preis gegeben wird. Umgekommen sind Pfifferhans von Waldenburg und Fridli Eich von Mülhausen; Gott sei ihnen gnädig. Sonst sind wir alle gesund. Etliche sind indes verwundet, aber es steht gut um sie.»

1530

Der Grosse Rat lässt anzeigen, dass alle diejenigen, die seit der Reformationsordnung sich nicht mit der Bevölkerung im evangelischen Glauben vereinigt haben und mit ihr zum Tisch des Herrn gegangen sind, ihrer Ämter stillgestellt werden.

Auf dem Kornmarkt wird der vom Bildhauer Martin Hofmann geschaffene Harnischmann, ein Krieger mit Schwert und Banner, auf den durch das Birsighochwasser vom 14. Juni 1529 verwüsteten Stadtbrunnen gesetzt.

1549

Das Landgut «Unteres mittleres Gundeldingen» (Gundeldingerstrasse 280) wird vom Schulmeister Ul-

Der Untere Klosterberg und die Theaterstrasse, die Steinenbrücke über den Birsig, die Engelsburg, das Ballenhaus und das Schauhaus. Aquarell von Johann Jakob Schneider. 18. Juni 1863.

rich Hugwald für 660 Gulden seinem Amtsnachfolger Thomas Platter und dessen Frau, Anna Dietschi, verkauft.

1589

Hans Hye von Waldshut wird mit dem Schwert hingerichtet.

1604

Der Rat verbietet, weiterhin die Schweine und Gänse auf den Strassen der Stadt frei herumlaufen zu lassen.

1653

Im Zuge der Bauernunruhen lässt der Rat in Liestal «all ihr Silbergeschirr, mit welchem sie zuvor oft auf dem Rathaus geprangt haben, nach Basel führen. Die Obrigkeit behält es in Handen auf Kosten ihrer Straf von 6000 Pfund».

1733

Ein 17jähriger Knabe, eines Korbmachers Sohn, wird wegen Diebstahls und Mordtaten mit dem Schwert gerichtet «und sein Kopf zum Exempel auf den Galgen gesteckt».

1736

Markgraf Karl von Baden-Durlach, der Erbauer von Karlsruhe, weilt in unserer Stadt und stiftet in Dankbarkeit für die Erneuerung seines Basler Bürgerrechts zu einem grossen Schützenfest nicht weniger als 210 Gold- und Silbermünzen. Als die fürstliche Durchlaucht über den Petersplatz spaziert, begegnet ihr ein wegen seiner Dichtkunst bekannter Bürger. Diesen nun beauftragt der Markgraf, einen Vers herzusagen. Und es dauert keinen Augenblick, bis der Bürger rezitiert: «Gnädigster Herr und Fürst, mich hungert, friert und dürst!» Kaum zu Hause angekommen, findet der arme Poet ein Geschenk des leutseligen Fürsten vor, bestehend aus einem Wagen Holz, einem Fass mit Wein, einem Sack mit Mehl und einem goldenen Carlsdor.

1761

Das Oberamt Pfeffingen erlässt eine Verordnung wider die Unzucht: Wer inskünftig der Hurerei überführt ist, wird vor dem Kirchhof öffentlich angeprangert und hat mit einem aus Stroh geflochtenen De-

gen und Kranz die Dorfgasse auf- und abzuwandeln.

1840

Böllerschüsse zeigen auf der Rheinbrücke die glückliche Vollendung des Fundaments für ein neues Brückenjoch an. Nach gebührender Feierlichkeit wird eine Kapsel mit folgender Inschrift im Rhein versenkt: «Zur Zeit als dies geschah, war auch der Thurm des Lällenkönigs am Eingang der Brücke gefallen, mit ihm die Schiffleutenzunft, der Aeschenschwibbogen und der Spahlenthurm. Indes sind die erweiterte Eisengasse, die neuen Armen- und Krankenhäuser, der neue botanische Garten und das Gesellschaftshaus jenseits ihrer Vollendung nahe gebracht.»

1885

«Der Wirth zum Storchen lässt als Ersatz für sein kürzlich verendetes Wappenthier dem Nest auf dem Stadthaus einen jungen Storchen ausheben. Allein von jener Seite wird dies als Eingriff in das Hausrecht angesehen und darum der Storch dem Zoologischen Garten überwiesen.»

1888

Ein eidgenössisches Geschworenengericht verurteilt Karl Schill zu einer Geldbusse von 800 Franken. Als Verfasser des Fasnachtszettels «Vive la France» ist er der Beschimpfung der deutschen und der elsass-lothringi-

(6254)
Polizeiliche Bekanntmachung
betr. öffentliche Anlagen.

Im Einverständnisse mit dem Tit. Präsidium des Baukollegiums wird hiemit bekannt gemacht, daß Lindenblüthen in den öffentlichen Anlagen nur in Folge schriftlicher Bewilligung des Stadtgärtners gesammelt werden dürfen. Diese Bewilligungen können täglich zwischen 11 und 12 Uhr im Bureau des Stadtgärtners im Bischofshof abgeholt werden. Das Abreißen von solchen Blüthen ohne Bewilligung, sowie jede andere Beschädigung und Verunreinigung der Anlagen und der dort angebrachten Sitzbänke ist untersagt und wird den kompetenten Gerichten verzeigt werden.

Basel, den 18. Juni 1872.
Die Polizeidirektion:
Dr. J. J. Wirz.

Schweizerischer Volksfreund, 18. Juni 1872.

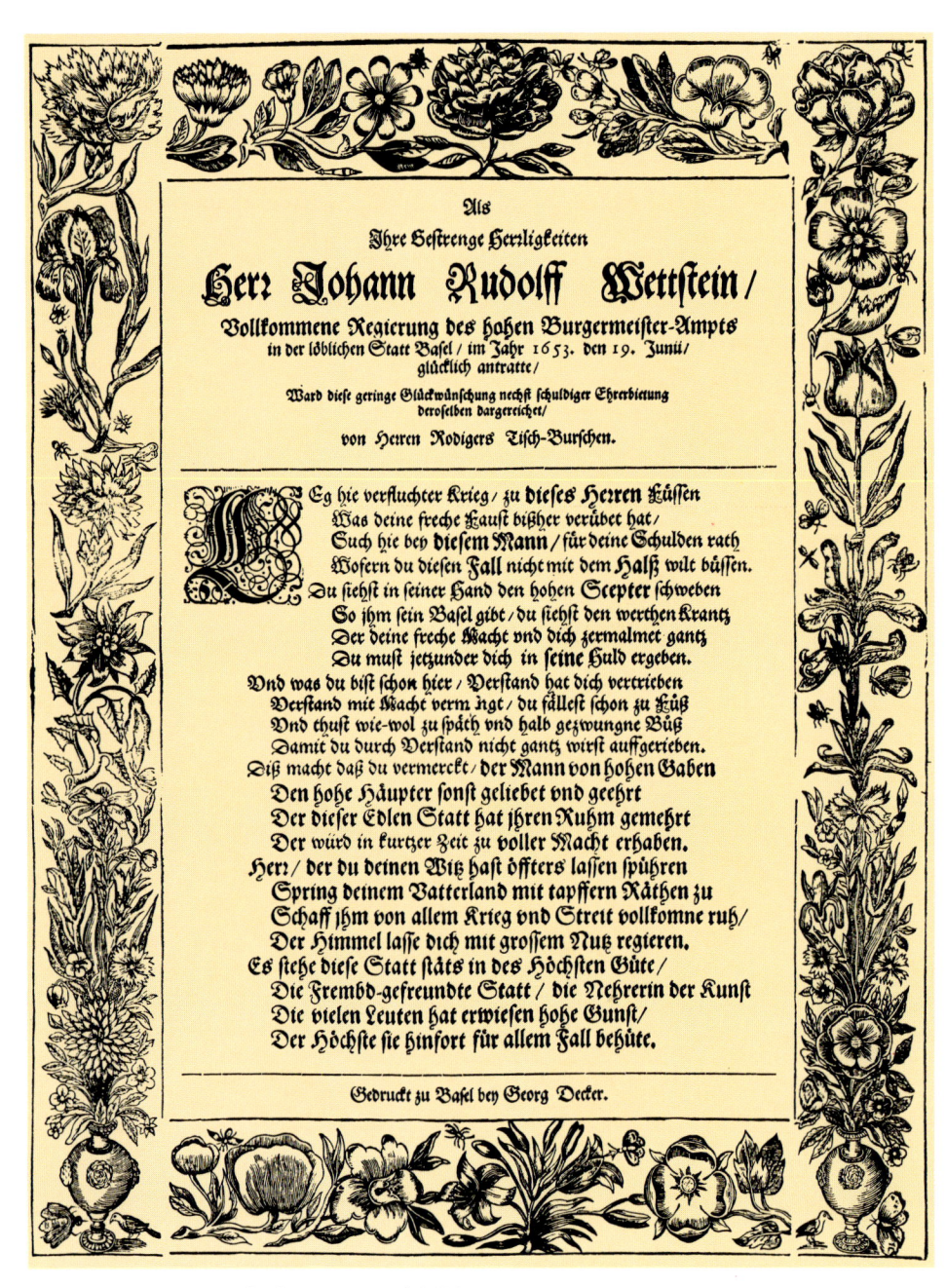

Als
Ihre Gestrenge Herrligkeiten
Herr Johann Rudolff Wettstein/
Vollkommene Regierung des hohen Burgermeister-Ampts
in der löblichen Statt Basel / im Jahr 1653. den 19. Junii/
glücklich antratte/
Ward diese geringe Glückwünschung nebst schuldiger Ehrerbietung
deroselben dargereichet/
von Herren Rodigers Tisch-Burschen.

Es hie verfluchter Krieg / zu dieses Herren Füssen
Was deine freche Faust bißher verübet hat/
Such hie bey diesem Mann / für deine Schulden rath
Wofern du diesen Fall nicht mit dem Halß wilt büssen.
Du siehst in seiner Hand den hohen Scepter schweben
So jhm sein Basel gibt / du siehst den werthen Krantz
Der deine freche Macht und dich zermalmet gantz
Du must jetzunder dich in seine Huld ergeben.
Und was du bist schon hier / Verstand hat dich vertrieben
Verstand mit Macht verm ͡ngt / du fällest schon zu Füß
Und thust wie-wol zu spätt und halb gezwungne Büß
Damit du durch Verstand nicht gantz wirst auffgerieben.
Diß macht daß du vermerckt / der Mann von hohen Gaben
Den hohe Häupter sonst geliebet und geehrt
Der dieser Edlen Statt hat jhren Ruhm gemehrt
Der würd in kurtzer Zeit zu voller Macht erhaben.
Herr/ der du deinen Witz hast öffters lassen spühren
Spring deinem Vatterland mit tapffern Räthen zu
Schaff jhm von allem Krieg und Streit vollkomne ruh/
Der Himmel lasse dich mit grossem Nutz regieren.
Es stehe diese Statt stäts in des Höchsten Güte/
Die Frembd-gefreundte Statt / die Nehrerin der Kunst
Die vielen Leuten hat erwiesen hohe Gunst/
Der Höchste sie hinfort für allem Fall behüte.

Gedruckt zu Basel bey Georg Decker.

Glückwunschadresse, 19. Juni 1653.

Usere gnedigen Herren/der Herr Burgermeister/ und die Rhät diser Statt Basel/ haben wegen deß hochschädlichen Anckhenfürkauffs/erkandt: Daß fürbaß kein Burger/ Hindersäß noch Einwohner/weder durch sich/die seinigen/noch andere einnichen Anckhen/so zu gewohnlichen Märckts tagen allhero gebracht und gestellt wirdt/des morgens vor acht vhren/keinswegs erkauffen/vil weniger zuvor darumben märckte/noch in- oder ausserhalb der Statt bedingen oder bestellen/ auch durch niemanden mehr/als zur wochen ein Kratten voll/allein zu seinem selbs gebrauch/und auff einichen Mehrschatz oder hinweg schicken/eynkauffen und zuhandt bringen solle / alles bey peen eines Marckh Silbers. Decretum Mittwochs den 20. Iunij 1621.

Obrigkeitliches Mandat, 20. Juni 1621.

schen Regierung für schuldig befunden worden.

1890

Der Turmwächter auf dem Münster schlägt Feueralarm, weil er in der Gegend von Riehen einen geröteten Himmel wahrnimmt. Ein Spähtrupp stellt aber fest, dass diesem kein Brand zugrunde liegt, sondern ein Gartenfest mit Bengalfeuer auf dem Areal des Bäumlihofgutes!

1899

Der geplante Um- und Erweiterungsbau des Rathauses findet mit 3524 zu 2416 Stimmen das Einverständnis des Volkes.

19. Juni

Gervas und Protas die Märtyrer

1232

Papst Gregor IX. verheisst den Besuchern und Wohltätern des Klosters St. Maria Magdalena an den Steinen einen Ablass von 40 Tagen, «die do gereuet und gebichtet hand».

1471

Ein Blitzstrahl schlägt in den Chor des Münsters und entzündet neben dem Sakramenthäuschen «einen Rauch mit bösem Geschmack, so dass man den Hochaltar nit mehr sehen mocht».

1522

Der unbequeme Prediger Wilhelm Reublin schockiert den Rat, indem er an der Fronleichnamsprozession in der dichten Schar des Klerus nicht, wie er sollte, Reliquien mitträgt, sondern eine Bibel mit dem Schriftband «Das ist das rechte Heiltum, das Andere sind Totenbeine». Nun überläuft das Fass, Reublin muss die Stadt verlassen. Er zieht nach Witikon und geht dort als erster Priester der Eidgenossenschaft die Ehe ein.

1580

Rektor Basilius Amerbach ermahnt die Studenten zur Mässigkeit: «Unter den Gründen, die das Vorwärtskommen aufhalten, sind der Rausch und die Trunksucht die wichtigsten, heisst es doch in jenem Sprichwort ‹Ein voller Bauch studiert nicht gern›. Es ist eine alte und allgemein anerkannte Meinung der Weisen, dass der im Übermass genossene Wein die Körperkraft schwächt, die Sehfähigkeit herabsetzt, die Verstandesschärfe beeinträchtigt und das Gedächtnis gänzlich zum Erliegen bringt.»

1641

Beim Anblick eines toten Mägdleins fällt eines Webers Töchterlein an den Steinen in einen immerwährenden Schlaf.

1664

Der Rat bemängelt, dass bei Ratseinführungen und andern Feierlichkeiten die Bürger im Leidrock erscheinen. Bei Androhung von Strafe werden daher die Zünfte angewiesen, jeweils die solchen Anlässen gebührende Bekleidung zu tragen.

1710

Pfarrer Jacob Meyer von Kleinhüningen, der bei einem Besuch in Gelterkinden von seinem Schwager aus Unvorsichtigkeit mit einem unglücklichen Schuss von verschnittenem Hasenschrot schwer verletzt worden ist, wird auf einem Bett, das zwischen zwei Pferden aufgemacht ist, nach Basel geführt. Obschon alle nur möglichen Mittel angewendet werden, stirbt er vier Tage später und wird im Münster beerdigt. «Hatt bisher in einer Scheune predigen müssen, da in Kleinhüningen die Kirche noch nicht ausgebauen ist.»

1749

«Theobald Hagenbach, der Blumenwirt, animierte einen Juden, der willens ist, nur ein Glas Branntwein zu trinken, in ein oberes Zimmer zu gehen. Hierauf stellen sich bey diesem sogleich zwey nackende Huren ein, welche den Juden durch unzüchtiges Bezeigen und Betasten in grössten Schrecken versetzen. Dieser sieht sogleich, dass die geile, nicht kauschere Waar sich nicht zur Abkühlung der hündnischen Brunst zu ihm gekommen ist, sondern es auf seinen hebräischen Silber-Seckel ab-

Matthäus Merian, der berühmte Kupferstecher und Verleger, stirbt am 19. Juni 1650 im Alter von 57 Jahren in Bad Schwalbach. Er hatte 1624 den Kunstverlag seines Schwiegervaters samt dazugehöriger Kupferstichwerkstätte in Frankfurt übernommen und sich durch seine exakten Städtebilder, die von überragender kulturgeschichtlicher Bedeutung sind, einen unvergänglichen Namen geschaffen.

gesehen hat, worauf es zu einem grossen Geschrey kommt. Der Blumenwirt, der sogenannte Stincker, wird deswegen eingesteckt und wegen seinem gottlosen, viehischen Leben für 10 Jahre auf die Galeeren geführt und auf ewig aus der Eidgenossenschaft verbannt.»
Auf dem Rhein kommt eine Hirschkuh samt einem Kälblein heruntergeschwommen. Etwas oberhalb der Rheinbrücke wird das Junge von Meister Friedrich Heyd in Gegenwart einer grossen Menge Zuschauer mit eigener Hand lebendig gefangen und dem regierenden Bürgermeister zugeführt. Die von Schiffleuten verfolgte Hirschkuh hingegen entflieht durch die Weingärten unterhalb Kleinbasels.

1818

Die Universität, die bisher mit ihrer eigenen Verwaltung gewissermassen einen Staat im Staat gebildet hat, wird ohne Rücksicht auf ihre Sonderrechte der Oberaufsicht der Regierung unterstellt, welche als zuständiges Organ einen Erziehungsrat einsetzt.

1821

Es stirbt der 1752 geborene Peter Ochs. Als Anhänger der Ideen der Französischen Revolution hat der angesehene ehemalige Oberstzunftmeister 1798 die Helvetische Republik ausgerufen und amtete als erster Präsident des Senats. Nach seinem schon im folgenden Jahr erfolgten Sturz widmete sich der umstrittene Staatsmann der Vollendung seiner achtbändigen Geschichte der Stadt und Landschaft Basel. «Viele fühlten, dass ein Grosser aus dem Leben geschieden ist.»

1845

Franz Liszt gibt im Stadtcasino das erste seiner zwei Basler Konzerte «bei gedrängt vollem Saale und fortwährendem rauschenden Beifall. Über das weltberühmte Spiel des Herrn Liszt enthalten wir uns jeden Urtheils umso lieber, da die hierüber vorhandene Specialliteratur bereits eine Reihe von Bänden ausmacht».

1906

Der eigens für den Verkehr auf dem Oberrhein gebaute Dampfer «Knipscheer XVIII» verlässt Strassburg zu seiner ersten Fahrt stromaufwärts. Bei Ottenheim gerät der mitgeführte Schleppkahn aber auf eine Sandbank und kann nicht mehr flott gemacht werden. So trifft der Dampfer mit seinem Anhängschiff erst am 24. Juni wohlbehalten in Basel ein.

20. Juni

Deodatus von Nevers der Bischof

1473

Es setzt ein heisser Sommer ein. Während neun Wochen fällt kein Regen mehr, so dass die Wasser abgehen und die Brunnen versiegen. An Pfingsten gibt es schon reife Erdbeeren und Kirschen, Ende Juni die ersten Trauben.

1545

Ein savoyischer Gesandter verlässt mit einem Diener, der sein Maultier führt, die Stadt. Vor dem St. Johanntor werden die beiden von einem fürchterlichen Gewitter überrascht und von einem Blitzstrahl getötet. «Ein wirklich tragischer Fall.»

1546

Herzog Christoph von Württemberg stattet mit zahlreichem Gefolge unserer Stadt einen Höflichkeitsbesuch ab und bezieht in der Herberge «zum Ochsen» im Kleinbasler Quartier. Am folgenden Tag wohnt der Fürst der Neunuhrpredigt im Münster bei. «Dabei aber hat er es übel genommen, dass kein fürstlicher Schmuck vorhanden gewesen ist, dass die Bänke mit Staub überzogen und nicht, wie sonst, mit Tüchern bedeckt waren und dass Pfarrer Thomas Geyerfalk eine plumpe und taktlose Predigt gehalten hat. So kann es niemand allezeit und allen Leuten recht machen. Wer einfältig seines Weges wandelt, wandelt recht, wenn er nur mit Gott wandelt. Den Kindern Gottes ist ein grosser menschlicher und weltlicher Prunk zuwider: Sie haben nicht lieb die Welt noch was in der Welt ist.»

1566

Der Rhein führt ein derartiges Hochwasser, dass es in der Stadt zu aussergewöhnlich grossen Überschwemmungen kommt. So kann man auf dem Fischmarkt mit Weidlingen um den Brunnen fahren, und Kleinbasel ist bis zu den Stadtmauern mit Wasser angefüllt.

1576

Das «glückhafte Schiff von Zürich» trifft um 10 Uhr morgens in Basel ein. Es wird von einer grossen Volksmenge beidseits der Rheinufer erwartet. «Zürich hoch! Es leben die Zürcher!» ertönt es tausendstimmig. Auf dem blau und weiss bewimpelten Schiff sitzen 54 wagemutige Gesellen um einen dampfenden Hirsbreikessel, den sie an der Limmat aufgesetzt haben, um ihn noch am selben Abend mit ihren Bundesgenossen in Strassburg brüderlich zu leeren. Die besten Wünsche begleiten die Zürcher auf ihrer Weiterfahrt rheinabwärts, deren erfolgreiches Unternehmen eine grosse Welle der Sympathie auslöst.

1718

Der junge Seiler Emanuel Bachofen ist willens, mit Anna von Mechel die Ehe einzugehen. Als er kurz vor der Hochzeit beim Pfarrer die notwendigen Formalitäten erfüllen will, befällt ihn ein tödliches Grimmen. «Diesen geschwinden Tod kann man einen erfreulichen Tod nennen. Denn allem Anschein nach hätte er wenige gute Tage gehabt, weil seine Braut ein böses, unverständiges und nichtswärtiges Mensch gewesen ist. Wir Menschen meinen wohl gar oft, es thu uns übel gehen. Allein nur Gott weiss zu dieser Frist, was uns Menschen nützlich ist.»

1745

Vier Schreinergesellen fahren mit einem Weidling den Rhein hinunter. Bei der Kleinbasler Herrenmatte wollen sie anlegen, finden aber das Rheintörlein schon geschlossen. So steuern sie die Grossbasler Schifflände an, krachen indessen beim gewaltigen Strom an ein Brückenjoch, so dass das Boot kentert und zwei Burschen in den Fluten untergehen. «Merkwürdig ist, dass die Vier tags zuvor im Wirtshaus zu Grenzach etliche Stunden lang Sterbenslieder gesungen haben, um die heilige Communion würdig zu empfangen.»

1789

In Basel ist die Kunde vom Bastillensturm zu vernehmen. Zugleich stellt sich eine grosse Menge von Flüchtlingen aus dem Elsass ein, wo die Bauern die Schlösser erstürmt und die Juden verfolgt haben. Die Stadt lässt die Torwachen verdoppeln und die Kanonen laden.

1792

Die Feuerschützen veranstalten ein grosses Freudenschiessen, zu welchem viele auswärtige Gäste eingeladen sind. Schiltwachen besorgen in alteidgenössischer Tracht den Ordnungsdienst, und der bekannte Kunstmaler Marquard Wocher verfertigt zum Andenken eine kunstvolle Schützenscheibe.

1814

Der am 21. Dezember des Vorjahrs eingesetzte Durchmarsch der Alliierten hat der Stadt bisher rund 800 000 Verpflegungstage gekostet. Dazu hatte die Landschaft beizutragen: 260 025 Rationen Hafer, 236 616 Rationen Heu und 119 388 Rationen Stroh!

1891

Wegen des Einsturzes einer Dohle im Universitätshof fallen für die Studenten die Vorlesungen aus…

21. Juni

Alban von Mainz der Märtyrer

374

Kaiser Valentinian, der nach der Verwüstung einiger alemannischer

Erinnerungsblatt, 21. (20.) Juni 1576.

Der Korrektion der Freien Strasse fällt auch das Zunfthaus zu Rebleuten zum Opfer. Da sich ein gemeinsames Zunfthaus mit den Zünften zu Brodbecken, zum Himmel und zum Goldenen Stern, die vom selben Schicksal betroffen sind, nicht verwirklichen lässt, entschliessen sich die Rebleute zum Neubau eines Zunfthauses aus eigener Kraft. Die Grundsteinlegung erfolgt denn auch mit grossem Stolz am 20. Juni 1896.

Gaue beim heutigen Reverenzgässlein im Kleinbasel ein Kastell, das Robur, erbaute, erhält einen Brief des illyrischen Präfekten Probus mit der Nachricht von seiner Niederlage.

1316

Bürgermeister und Rat vereinbaren mit den Domherren, dass die Stadt den Brunnen auf Burg übernimmt und ihn stets mit gutem Wasser versorgt. Dafür haben die Domherren jährlich einen Wasserzins von 10 Pfund Pfennig zu bezahlen.

1434

Der aus Rottweil kommende Konrad Witz erkauft sich auf der Zunft zum Himmel das Zunftrecht und leistet am 11. Januar 1435 den Bürgereid. Der berühmte Maler macht sich vor allem um die St.-Lukas-Bruderschaft zu Augustinern verdient.

1618

Dem Doktor beider Rechte Theodor Burckhardt wird zu St. Martin ein Grabstein gesetzt mit folgender Inschrift: «Zum sichern Port ich kommen bin: Tod, Sünd, all Jammer fahr dahin. Mit Christo habe ich Fried und Freud, und leb in ewiger Seligkeit.»

1623

Der Rat fordert alle Bewohner der Stadt auf, ihren persönlichen Anteil zur Erneuerung der Befestigungswerke zu leisten. Jeden Bürger trifft es mit Frau und Kind, Knecht und Magd zugleich jede dritte Woche zu einem Tag Fronarbeit.

1745

Der Bader Reinhard Giger ersticht im Streit die Frau des Rudolf Lindenmeyer «mit einem Messer in die

Bei Istein stösst am 21. Juni 1646 das mit allerhand Kaufmannswaren beladene Schiff des Baslers Jacob Battenhauser an einen Baumstrunk und wird derart beschädigt, dass es nach kurzer Zeit im Rhein versinkt. Isteiner und Kembser Schiffleute rudern mit Weidlingen herbei und retten was zu retten ist. Neben Seidenwaren und Pomeranzen (Orangen) können von den 30 Passagieren deren 27 lebend aufgefischt werden. Den Tod gefunden haben ein Goldschmied, ein Glasträger und «ein schwangeres Weib, dero Kind in der Wiegen auf dem Wasser schwimmend errettet werden kann. Der allgerechte Gott wolle uns zu allen künftigen Reisen viel Glück und Heil verleihen und uns seine heiligen Engel als Geleit und Stürleut mitgeben.» Aquarell im «Leidigen Unglücks Buch der Schiffleutenzunft».

Brust, so dass ihr das Blut in den hohlen Leib fliesst und sie mit unsäglichen Schmerzen ihren Geist aufgeben muss. Bei ihrer Beerdigung im Münster ist eine solche Menge Volks zugeen, wie es vielleicht, seit es gebaut ist, noch nie gewesen ist.» Dem Rohling wird im August der Prozess gemacht. Es wird das Todesurteil über ihn gesprochen, doch findet infolge mehrfacher Revision die Vollstreckung erst am 11. September statt: «Giger wird vom Eselstürmlein auf einer Schleife zur Stadt hinausgeschleppt. Unter dem Steinentor trinkt er noch 2 Becher Wein, um seine Seel darin zu versaufen. Als ihn der Henker auf den Stuhl setzt, stampft er mit den Füssen und schlägt mit dem Kopf hin und her, so dass der Henker mit dem Schwert beim ersten Hieb nur die Achsel trifft. Endlich bläst dieser gottlose Mensch seinen verdammten Geist aus, ohne das mindeste zu bätten, so dass man keine Exempel solcher grosser Ruchlosigkeit je gehabt hat!»

1750

Weil es mit der Singkunst in unserer Stadt immer schlechter bestellt ist, nehmen Unsere Gnädigen Herren den Singmeister Torsch aus Freiburg in den Dienst, welcher «die besten Stimm habenden Söhn und Töchter gratis unterweysen muss».

1752

Es ist Sitte, dass alle Bürger, die vor dem Kleinen Collegium, dem Regierungsrat, etwas vorzutragen wünschen, im Mantel erscheinen müssen. Wer ohne diese Bekleidung kommt, hat eine solche beim Rathausknecht gegen Gebühr auszuleihen. Auch der Kleinbasler Pfarrer Merian hält es so. Wie dieser nun im Schlafrock den Zuchthausmeister Bauler empfängt, herrscht ihn dieser entrüstet an, ob denn ihm nicht auch ein anderer Putz gebühre…

1885

Von den 74 in Paris aufgelassenen Basler Brieftauben bringt die erste den 525 Kilometer langen Weg zu ihrem heimatlichen Schlag in 6½ Stunden hinter sich.

22. Juni

Zehntausend Rittertag

1378

Im Streit zwischen Bischof Johann und Graf Sigmund von Thierstein wird auf dem Münsterplatz Junker Götzmann von Baden erschlagen.

1437

Der aus dem Sundgau stammende und im Haus «zur Schere» am Leonhardsberg wohnhafte Metzger Clewin Zaeslein wird ins Bürgerrecht aufgenommen.

1439

Propst, Dekan und Kapitel des St. Petersstifts bewilligen der Safranzunft auf ihre Bitte, dass sie zu Ehren der himmlischen Königin Maria den Lobgesang Salve Regina setzen und stiften möge, um ihn in der St. Andreaskapelle alle Samstage und an allen hochzeitlichen Tagen und zur Fastenzeit täglich abends durch den Kaplan von St. Andreas, den Schulmeister und vier Schüler des St. Petersstifts singen zu lassen.

1476

Die 27 000 Krieger des eidgenössischen Heeres fallen in Murten «siebenmal auf die Knie, stürzen sich auf den Feind und schlagen ihn». Auch die gegen 2000 Basler haben entscheidend zum grossen Sieg über Herzog Karl den Kühnen von Burgund beigetragen. Feldhauptmann Peter Rot berichtet nach Basel: «Der ewige allmächtige Gott, die keusche, reine Jungfrau Maria und die heiligen 10 000 Ritter haben für uns gefochten, denn die Sache ist nicht menschlich gewesen. Der Speckesser, Hans Kleinen Knecht und ein Rebmann sind von uns todt ligen geblieben und sust sind etliche wund, doch nit schedlich. Wir haben uns zu Ross und zu Fuss mit Gottes Gnaden so gehalten, dass wir gewiss sin Lob und Dank haben.»

Nach einem Provisorium von fünf Jahren wird am 22. Juni 1907 der neue Bundesbahnhof, von den Architekten Emil Faesch und Emanuel La Roche mit einem Aufwand von 36 Millionen Franken erbaut, festlich eingeweiht und zwei Tage später in Betrieb genommen.

1502

Es bricht eine grausame Kälte ein, so dass die Vögel tot aus der Luft zu Boden fallen. Dieser folgt ein schweres Hagelwetter mit Steinen, so gross wie Hühnereier, die alles zerschlagen.

1585

Es stirbt Oberstpfarrer Simon Sulzer, nachdem er «durch den Schlag, welcher ihm die Zunge berühret, dass er der Sprach halb unverständlich nicht mehr predigen konnt. Er wird im Münster neben dem Gottestisch bestattet.» Sulzer, Freund Luthers und abgesetzter Münsterpfarrer in Bern, bemühte sich in Basel hauptsächlich um die Einführung der Reformation im Markgräflerland.

1657

Johann Brenner und Eva Euler halten Hochzeit. «Merkwürdig ist, dass der beiden jungen Eheleute vier rechte natürliche Grossväter zugegen sind.»

1683

Als dem neuerwählten Meister zu Metzgern, Rudolf Bienz, der Meisterkranz aufgesetzt wird, sinkt er nieder und stirbt urplötzlich.

1693

Die Geistlichkeit auf der Landschaft, die sich bisher in Basel ohne Erfolg für eine bessere Erziehung der Kinder eingesetzt hat, unternimmt einen neuen Anlauf und schreibt den zuständigen Behörden: «Man dörff sich gantz nicht verwundern, wenn die Jugend auff der Landschafft gleichsam in einer viehischen Dummheit auferzogen wird, dadurch zu Müssiggang, Diebstahl und anderen abscheulichen Sündt und Lasteren verleitet und hiemit ihres zeitlichen und ewigen Heyls halber in nicht geringe Gefahr gesetzt wird. Dem kann nur durch eine bessere Bestellung der Schulen gesteüret und vorgebogen werden.»

1727

«Bei hällem Wetter erscheint ein ungewöhnlich grosser Ring um die Sonne herum. Er ist so gross ausgebreitet wie unser Barfüsserplatz breit ist. Er scheint eine Stunde lang und wird dann mit anderem Gewölck überzogen.»

1794

Auf dem Petersplatz findet die feierliche Einsetzung des neuen Rats statt. Nach einer Rede des Bürgermeisters verliest der Stadtschreiber mit aufgesetzter silbervergoldeter Krone die Namen der neuen Ratsherren. Und diese schwören, die Religion zu bewahren, der Bürgerschaft ihr Recht zu schützen und die Reichen und die Armen gleichzusetzen. Mit einem Gottesdienst in der Peterskirche wird die Amtseinsetzung beschlossen.

Weilen nunmehro allbereit die Zeit der Ba-
den-Curen herbey gerucket/ als wird hiemit noch-
mahlen zu wüssen gethan/daß umb besserer Kom-
lichkeit willen / diejenigen Persohnen/ welche die
Baden-Chur zu gebrauchen Willens sind / und
in den herumb ligenden Bädern die Losamenter
bestellen wollen/ sich nur bey Verlegern diß nach
Belieben anmelden können/ allwo man den begehrten Bericht finden kan.

Bey Herren Hans Jacob Sandreüther/
wohnhafft bey St. Elßbethen/ ist zu haben allerhand von der neüesten Façon und sauber gemach-
ter groß und kleiner Silber-Arbeit/ wie auch Fi-
legram oder Drath-Arbeith/ auch allerhand schöne gantz guldene Ketten/von der neüesten Façon,
alles in raisonnablem Preiß/ und was er etwann
nicht haben möchte/ ist er parat in kurtzer Zeit
zu verfertigen.

Meister Jacob Rapp der Wagner allhier/
offerirt derjenigen Persohn so ihme von seinem
Schwager Meister Johannes Räber dem Papierer (welcher seiner ehrlichen Vocation ausserhalb
nachgehet) einige Nachricht geben könnte/ wo er
sich dato etwann befinden möchte/wenigstens ein
Gulden Trinckgeldt zu geben.

Es ist allhier ankommen und zur Kronen
anzutreffen/ Signor Nicolò Albani auß Rom ge-
bürtig/ welcher zu Curir- und Heilung allerhand/
so wohl innerlich als äusserlichen Gebrechen/ je-
dermänniglich seine Dienste offeriret; dessen son-
derbahre Wüssenschafft bestehet vornehmlich in
underschiedlich-Gattungen vortrefflichen Bal-
sams/ welchen er selbsten verfertiget/ und welcher
in allerhand Zufällen mit sonderbahrem Nach-
truck kan gebrauchet werden / wie bey ihme selbsten durch ein getruckt oder geschriebenen Teut-
schen Bericht mit mehrerm kan vernomen werde.

Herr Lucas Sutter der Informator in der
Mindern Stadt/bey Herren Martin Wenck an
der Rheinbruck wohnhafft/ erbietet sich so wohl
bey den Begräbnussen/ mit Condoliren/ als auch
bey den Gänthen so in der Mindern Stadt angestellt werden/ mit schreiben/ männiglich der seiner
begehret/ nach Belieben umb billichen Preiß be-
dienlich zu seyn.

Man begehrt auf ein in hiesiger Revier und
Nähe gelegenes nutzbar- und einträgliches Land-
gut/darbey under anderm zimbliches Acker-feld
(wozu zwey Pflüg erfordert werden) und Matt-
werck alles nahe beysammen ligende/ einen from-
men/ ehrlich und erfahrnen Lehen-Mann.

Es wird hiemit jedermann / und sonderlich
den Herren Negotianten/ welche die Straßbur-
ger-Meß besuchen/ zu wüssen gethan/ daß das in
Straßburg sich befindende Würthshauß zum
Thiergarten (welches zwar bey geraumer Zeit in
zimlichen Abgang gerathen) nunmehro mit einem
sehr wackern/ hofflich und braven Würth/ Namens Herr N. Meyer versehen/

Avis-Blättlein, 22. Juni 1729.

1833

Im Gasthaus von Diepflingen erhängt sich im Kaminschoss der
Küche ein Mann. Weil man im Dorf
der Meinung ist, dass ein zur Haus-
tür hinausgeschaffter Selbstmörder
zurückkehrt und im Haus geistert
und spukt, wird der Leichnam aus
dem Fenster auf einen Wagen befördert. Da Pferde, die einen Ent-
leibten zum Begräbnisplatz führen,
krepieren, werden einige Männer
vor das Fuhrwerk gespannt. «Ob
nun diese noch leben, kann nicht in
Erfahrung gebracht werden.»

1837

Beim Tieferlegen des Pflasters hinter dem Münster werden drei römi-
sche Grabsteine nebst einem vollständigen Gerippe ausgegraben.

23. Juni

Edeltraut von Ely die Äbtissin

1025

König Konrad besucht die Stadt Basel, «welche dort liegt wo drei Grenzen zusammenstossen, nemlich von
Burgund, von Alamannien und von
Franken. Die Stadt selbst aber gehört zu Burgund.»

1394

Bürgermeister und Rat gestatten
den Juden, in der Vorstadt zu Spital-
schüren einen Friedhof anzulegen.
Der auf dem Grundstück des Bert-
schi Bittermann errichtete jüdische
Gottesacker befindet sich zwischen
dem Aeschengraben, Hirschgäss-
lein und Sternengässlein.

1468

In Pratteln besammeln sich gegen
12 000 Eidgenossen «mit 100 Karren und 1000 Halebarten» zur Hilfeleistung gegen die von Österreich
bedrängte Stadt Mülhausen.

1530

Martin Hosch, der Schriftgiesser aus
Strassburg, wird ins Bürgerrecht
aufgenommen.

1613

«Eine Weibsperson von Titterten
wird wegen Kindsmords enthauptet. Solche Leuth sind vorher in Basel im Rhein ertränkt worden, welches also zugegangen ist: Die Kinds-
mörderinnen wurden nach gefäll-
tem Endurtheil auf die Rheinbruck
geführt. Dann wurden ihnen durch
den Scharfrichter mit Stricken
Händ, Arm und Füss zusammenge-
bunden und ihnen zwei aufgeblase-
ne Rindsblattern an den Hals und
die Füss angehängt. So wurden sie
beim Käppelijoch in den Rhein geworfen. Erreichten sie den Tho-
masthurm ohne ertrunken zu sein,
dann wurden sie von den mitfah-
renden Fischern ans Land geführt
und ihnen das Leben geschenkt.
Woher dieses Privilegium gekommen ist, hat man nicht erfahren,
dessentwegen es nun abgethan
worden ist.»

1624

«Ein falscher Schulmeister aus dem
Bernbiet hat bei Hölstein einem
Mann drei Finger abgehauen und
wird wegen dieser Schandtat mit
dem Schwert geköpft.»

1628

Als der englische Gesandte Milord
Haltingthon auf der Reise nach Venedig unserer Stadt seine Reverenz
erweist, macht die Regierung so wenig Aufhebens, dass dieser die ihm
angebotenen obrigkeitlichen Geschenke refüsiert. Bei der Rückkehr
der beleidigten Eminenz zeigen
sich die Basler aber als aufmerksa-
me Gastgeber: 100 Pferde und 650
Musketiere stehen zum Empfang
des Gesandten Parade, und an Geschenken werden dem hohen Diplomaten 4 Saum Wein, 24 Sack Haber und 4 Lachse dargereicht.

1644

Am Spalenberg stürzt ein Bürger
beim Holzholen aus der grossen
Dachöffnung vom Estrich und
bleibt tot auf der Strasse liegen.

1738

Zugunsten der Elenden Herberge
findet eine grosse Lotterie statt. Dabei werden in den sogenannten
Glückshafen u.a. folgende Wünsche
eingelegt: An Gottes Segen ist alles

Die neugotische Wettersäule auf der Rheinbrücke wird am 23. Juni 1903 provisorisch auf den freien Platz an der Ecke Rheingasse und Notbrücke versetzt und erhält 1911 einen neuen Standort an der Schifflände.

gelegen. Das Glück wird mich umarmen, weil ich es gönn den Armen. Wie es Gott füget, mir genüget. Etwas rechts oder nichts. Glück und Glas, wie bald bricht das. Ich will in allen Sachen mit Gott den Anfang und das Ende machen.

1773

«Eine halbe Stunde unterhalb Basel liegt die Festung Hüningen. Der Eintritt von der Baslerseite her führt durch ein doppeltes Thor. Das Haus des Kommandanten, die Wohnung der Offiziere, die Kaserne für die Soldaten und einige Handwerksleute machen zusammen die ganze Stadt aus. Auf dem Hauptplatz werden einige Gruppen von Rekruten gedrillt. Dabei ist kein Unterschied zwischen der Dressur von Hunden und von Menschen zu erkennen!»

1904

Der Grosse Rat tagt zum ersten Mal im erweiterten und stattlich renovierten Grossratssaal. Am Abend findet die Einweihung des neuen Rathauses ihre Fortsetzung. «Etwa 1000 Mann haben der Einladung Folge geleistet, und es entwickelt sich für einige Stunden in der lauen sommerlichen Mondnacht ein reizendes, echt baslerisches Festleben. Über das folgende Wochenende ist das neue Rathaus auch dem Publikum geöffnet. Es wird von insgesamt 24 757 Personen besucht.»

1910

An der 450-Jahr-Feier der Universität bezeichnet der Vertreter der sechs andern schweizerischen Hochschulen emphatisch die Basler Universität als eine Königin und Hohepriesterin unter ihren in- und ausländischen Schwestern. Der Delegierte der drei benachbarten reichsdeutschen Universitäten betont, keine Universität sei wie die baslerische so wurzelfest, materiell und geistig verwachsen mit dem Boden, auf dem sie stehe, mit der Stadt, die zugleich ihr Staat sei, mit Bürgerschaft und Patriziat.

24. Juni

Johannes der Täufer

1250

Bischof Berthold verleiht in Anwesenheit von Rat und Bürgerschaft den Franziskanern einen Allmendplatz innerhalb der Stadtmauern beim Wassertor zum Bau einer Kirche zu Ehren Gottes, der Jungfrau Maria und aller Heiligen. Drei Jahre später verheisst Papst Innocenz IV. denjenigen Christgläubigen einen Ablass, welche zu der im Bau befindlichen Barfüsserkirche einen Beitrag leisten.

1357

Räumung und Wiederaufbau der durch das Grosse Erdbeben vom Lukastag 1356 verwüsteten Stadt sind soweit fortgeschritten, dass der Rat den Abbruch der behelfsmässigen Verkaufsstände anordnen kann.

1440

Der zum Papst, Felix V., gewählte Herzog Amadeus von Savoyen trifft in Basel ein. Er wird bei der Katharinenkapelle vor dem Aeschentor von Konzil und Rat mit allen Ehren empfangen. «In der Sonne strahlend sind die Reliquienbehälter aller Kirchen hier beisammen. Daneben stehen die Zünfte mit brennenden Kerzen und Fackeln. Dann erfolgt der Einzug unter dem Geläute aller Glocken auf vielmal gewendetem Wege durch die buntgeschmückten, von Menschen vollgedrängten Gassen. Schweres Gewölk aber füllt während des langen Marsches immer dunkler den Himmel. Und kaum ist der Papst in das Münster getreten, so bricht das Wetter los: Regengüsse strömen hernieder, scheuchen die Menge auseinander, löschen die Freudenfeuer, die allenthalben der Tageshelle zum Trotze loderten.»

1456

Ein von schrecklichen Donnern und Blitzen begleitetes Unwetter wütet über Basel, wobei der St. Georgsturm des Münsters beschädigt wird. Hierauf setzt heftiger Regen ein, der ununterbrochen während fünf Tagen anhält.

1516

Jakob Meyer zum Hasen wird der erste von den Zünften gewählte Bürgermeister Basels. Der von Hans Holbein d.J. porträtierte und 1521 wegen Annahme fremder Pensionen von seinem Amt entsetzte Meyer «war der stolze Zünftler, der alles erreichte. Der kräftigste, komplettste Typus der die Stadt damals leitenden Menschenart. Er ist einige Jahre lang der mächtigste Mann Basels gewesen.»

1587

Der Kriegsrat der protestantischen Kantone bläst zum Sturm Mülhausens, das zur Wiedereinführung des katholischen Glaubens neigt. Unter der 2000köpfigen Söldnerschar befinden sich auch 150 Basler mit 10 Kanonen. Nach der gewaltsamen Öffnung des Baseltors jagen die Eidgenossen die Mülhauser bis zum Fischmarkt vor sich her. «Da fiengen an greulichen die Schweizersebel um sich zu fressen. Man hört nichts anderes schreyen als ‹hie Bern, hie

Fr. Eisinger, Aeschenvorstadt 26, 28 & 32 Basel.

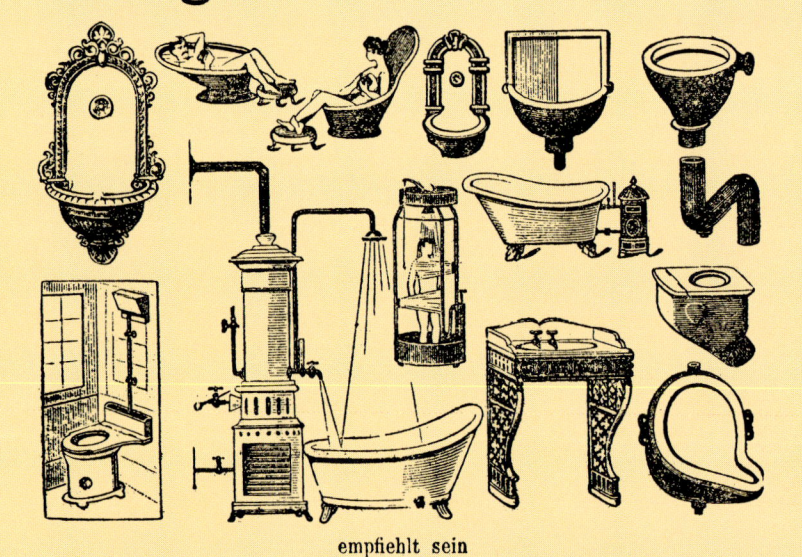

empfiehlt sein

Engros- und Détail-Lager

in

Ia. englischen freistehenden Water Closets.

Depôt der Herren Johnson Brothers Hanley (England)

sowie in

Ia. englischen und deutschen

Fayence- und emaillierten Gussartikeln

für sanitarische Einrichtungen in öffentliche Gebäude, Anstalten, Villen und Privathäuser.

Gaskochherde neuester Konstruktion **mit Wasserschiff,** ohne extra Gasflamme.

Auf Wunsch eigene Montage. **Preislisten gratis.**

National-Zeitung, 23. Juni 1898.

Bern›. Welcher die Losung nicht wusste, ward knütscht und zu Boden geschlagen.» 800 Menschen finden den Tod.

1626

Die traditionelle Einsetzung des neuen Rats an Johannis Baptistae lässt sich die Obrigkeit 28 Pfund 15 Schilling 4 Pfennig kosten, und zwar für «Unserer Gnädigen Herren Kränze, Blumen, Rosmarin, Grün, Gold, Silber, Spis und Tranck».

1628

Nach seltsamem Omen stirbt Oberstzunftmeister Hans Herr: Tags zuvor ist seine Tochter, als sie vor dem Riehentor «ihr Meitlin lusete», unter einem Fazenettlin (Nastuch) einer Schlange ansichtig geworden, worauf sie in Ohnmacht gefallen ist und den Tod ihres Vaters vorausgesehen hat.

1636

Die Truppen des schwedischen Obersten Harff überfallen das Dorf Ettingen und führen 28 Pferde, 13 Stück Vieh und viele Schafe und Schweine fort.

1691

Beim Zunfthaus zu Schneidern fällt ein vierjähriges Knäblein in den Stadtbach und wird bis zur Schleife bei der Müntz getrieben, wo es unverletzt aus dem Wasser geborgen werden kann.

1744

Bei St. Alban fällt ein Mägdlein in den Rhein. Mit der Hilfe Gottes gelingt es, das Kind aus dem Wasser zu ziehen. «Hierauf schüttet man ihm eine gute Quantitet Baumöhl in den Mund, stellt es auf den Kopf, so dass alles Wasser von ihm geloffen ist und es am Leben bleibt.»

1751

Es sterben drei Frauen bei der Geburt ihres ersten Kindes. «Merckwürdig ist, dass alle drey sich pietistisch verbunden und einander versprochen, ihr Lebenlang unverheyrathet zu bleiben. Sie können also einander ihrer schlechten Zusag wegen in der Ewigkeit nichts vorwerfen.»

1755

In der St. Peterskirche hätte sich zur Ratseinführung der Sänger Torsch hören lassen sollen. «Weil er aber berauscht im Bett liegen bleibt, erkennt der Rat, er soll noch das Jahr ausdienen und alsdann fortgeschafft werden.»

1759

Im Gasthof «zum Storchen» ist «eine kleine englische Dame von nur 2½ Schuh (76 cm) Grösse zu sehen. Auch lässt sie sich in einer kleinen Tragchaise durch die Stadt tragen, was nicht geringes Aufsehen erregt».

1789

Weil der Kornmarkt immer mehr mit Verkaufsständen überstellt ist, wird der Esel, das Marterwerkzeug für kleinere Sünder, weggeschafft.

1872

Am Aeschengraben ereignet sich ein schreckliches Unglück: Der Gärtner Johann Scheidegger ist mit dem Schneiden von Reben beschäftigt. Als er von einer etwas schadhaften Leiter aus Laub abzwackt, bricht diese plötzlich zusammen und Scheidegger stürzt unglücklicherweise auf zwei eiserne Spiesse des Gartenhags, die ihm durch den Bauch schiessen. Unter grauenhaften Schmerzen wird der bedauernswerte Gärtner ins Spital verbracht. Und dort stirbt Scheidegger eines bösen Todes. Doch damit nicht genug, denn noch folgt ein betrübliches Nachspiel: Der Verunglückte ist katholisch gewesen, liess aber

Als Nummer 148, 28. Jahrgang, erscheint am 24. Juni 1888 der «Schweizerische Volksfreund» erstmals unter dem Namen «National-Zeitung». In der Redaktion nimmt auch Emil Frey, der spätere Bundesrat aus dem Baselbiet, Einsitz.

Basler Chronik, 24. Juni 1613.

seine vielen Kinder im protestantischen Glauben seiner Frau erziehen. Pfarrer Burkhart Jurt, der katholische Seelsorger der Stadt, geisselt nun im Totenamt in schroffen Tiraden die Lebenshaltung des Verstorbenen. Dabei donnert er von der Kanzel: «Dieses Unglück ist nicht von ungefähr, sondern es geschah, weil der Verunglückte wenig in die Kirche ging und seine Kinder reformiert taufen liess!» Ob dieser Entgleisungen entsteht unter den vielen Trauergästen eine derart grosse Unruhe, dass sich der streitbare Geistliche zurückziehen muss. Und schliesslich hat die Regierung den Pfarrer von St. Clara an seinen Amtseid zu erinnern. Nämlich «... nichts zu tun, was den Frieden unter den Konfessionen stören könnte.»

1911

Der Hockey Club Basel und der Old Fellows Hockey Club schliessen sich zum Basler Hockey Club 1911 zusammen.

1913

In der «übervollen» Burgvogteihalle hält der Kapuzinerpater Elpidius einen vielbeachteten Vortrag über die Alkoholabstinenz.

25. Juni

Eulogius der Märtyrer

1363

Es findet der feierliche Abschluss der Erneuerungsarbeiten am Münster und an der «schönen, herrlichen Stadt» überhaupt statt. Bischof Johannes nimmt die Rekonziliation (Wiederweihe) des von Erdbeben zerstörten und nun wieder hergestellten Hochaltars im Chor vor. Neben dem Bischof von Zeitun, dem Generalvikar von Konstanz und den Äbten von St. Blasien und Beinwil ist auch König Peter von Zypern zugegen.

1396

Im Alter von 16½ Jahren gründet Henman von Offenburg, der spätere Oberstzunftmeister, Ritter von Jerusalem und Angehörige des Hofgesindes König Sigmunds, seinen eigenen Hausstand.

1439

Die Konzilsväter verkünden im Münster in Gegenwart von Bürgermeister Arnold von Rotberg und Oberstzunftmeister Hans Sürlin die Absetzung des zum Ketzer erklärten Papstes Eugen IV. Weil die Bänke nur spärlich besetzt sind, lässt der Präsident des Konzils, Kardinal Ludwig, die leeren Sitze mit Reliquien belegen, die er aus dem reichen Heiltümerschatz Basels erhoben hat, damit solchergestalt die Heiligen selbst an diesem wichtigen Ereignis teilnähmen.

1511

Die Gemeinde Reinach benützt die Anwesenheit von Kardinal Raymundus Peraudi in Basel, ihm die Bitte um Errichtung einer eigenen Kirche vorzutragen. Sie macht mit Erfolg auf den schlechten Weg zur Winterszeit aufmerksam und wünscht, dass in Zukunft in Reinach Messe gelesen, die andern kirchlichen Feste mit Segnung des Salzes und des Wassers gefeiert und die Sakramente gespendet werden.

1545

Unsere Gegend wird von einem schweren Gewitter heimgesucht. In

Basler Zeitung, 25. Juni 1833.

der Stadt gerät die Pulvermühle in Brand, durch welchen der Werkmeister umkommt. Und in Pratteln zerstört der Blitz vier Scheunen.

1555

Im Anschluss an eine Adelshochzeit in der Herberge «zur Krone» kommt es beim Friedhof von St. Peter zu einer blutigen Säbelfechterei, an welcher einerseits die Junker Hermann von Eptingen und Hans Jacob Vey und andrerseits Niclaus Rotgeb und Hans Hug beteiligt sind. Als die Stadtwache eintrifft, liegt Rotgeb leblos am Boden; wer ihn getötet hat, lässt sich aber nicht ausmachen.

1663

Auf der Bärenzunft sind folgende Tiere zu sehen: «1. Ein Löwe von ziemlicher Grösse. 2. Ein schöner Tiger in der Grösse eines wohl erwachsenen Kalbes. 3. Zwei Trampelthier gleich den Camelen. 4. Ein brauner grosser Bär. 5. Ein Papagei. 6. Ein türkischer Hund und Meerkatzen.»

Zur Einweihung des Schweizerischen Landesmuseums in Zürich am 25. Juni 1898 entsendet Basel eine kostümierte Gruppe mit Bildern von der Fasnacht, der Universität und dem Vogel Gryff. Kolorierte Federzeichnung von Karl Jauslin.

1664

«Weil in der Kleidung zwischen denen von geistlichen und weltlichen Standes bald keine Unterscheidung mehr zu sehen ist», werden die Ratsherren angewiesen, wieder in den seit alters üblichen Röcken samt Stöcken und Degen zu erscheinen.

1872

«Zur Bewunderung aller Fremden und zum Stolz der hiesigen Einwohnerschaft wird gegenwärtig die berühmte Basler Rheinbrücke, die unbegreiflicherweise nicht unter den sieben Weltwundern aufgezählt wird, wieder einmal mit finsteren Flecklingen belegt. Man übereilt sich aber mit dieser Arbeit nicht, so dass die Kleinbasler Seite wieder alt ist, bis man die Grossbasler Seite umgedeckt hat.»

26. Juni

Johannes und Paulus die Märtyrer

1487

«Um die vierte Stund nachmittags ist ein gross ungestüm Wetter. Es fallen Steine vom Himmel so gross wie Hühner und Gäns Eyer. Es geschieht grosser Schaden in der Stadt an Ziegeln und Fenstern von über 60 000 Gulden. Es bleibt der zehnte Ziegel nit ganz uf den Dächern. Die Noth ist so gross, dass man Schindlen us dem ganzen Land nach Basel bringen muss, bis man wieder zu Ziegeln kommt.»

1576

Mit überschäumender Freude werden die Zürcher Schützen auf ihrer Rückreise von Strassburg an die Limmat in Basel begrüsst, so dass der Satiriker Johann Fischart singt: «Es war vom Volk ein gross Gedräng/Da sie einfuhren sah die Meng/Die Fahnen mit viel Lust voraus/Die sie steckten zu'n Wägen aus/Damals geschah ihn' auch viel Ehr/Mit Ehrenwein und anderm mehr.»

1631

Ein Blitz entzündet an den Steinen drei Häuser und erschlägt zwei Kinder und viel Vieh.

1642

Im Haus «zum Mühlirad» an der Aeschenvorstadt fällt ein Kind in einen grossen Kessel mit siedender Lauge und verbrennt sich so, dass es innert weniger Stunden verstirbt.

1645

Seit 60 Jahren wird in Riehen erstmals wieder der Obervogt durch den Bürgermeister in den Eid genommen. Zu diesem festlichen Anlass ist «in dem Schopf eine lange Tafel aufgerichtet worden, daran auf die 24 Personen über die Massen wohl und stattlich tractiert worden sind. Und ist alles gar wohl und friedlich abgangen. Gott verleih ferner seine Gnad und heyligen Segen!»

1719

Zur Ausrottung der Fischotter wird ein Bernbieter zugelassen, welcher der Obrigkeit aber ein entsprechendes Fanggeld abzuführen hat.

1747

Emanuel Büchel kann die vollständige Folge seiner vier grossen Basler Stadtansichten dem Rat überreichen. Er erhält für seine hervorragende Arbeit eine Entschädigung von 600 Pfund, allerdings mit der Verpflichtung, jedem Mitglied des Grossen Rats ein Exemplar der von Johann Weis in Strassburg gestochenen Kupferstiche zu verehren.

1748

Beim Salzturm an der Schifflände zeigt der Schaffhauser Wassermann Drüppel «vor einer grossen Menge Volck ums Geld seine curiose Maschine. In diese ist ein Mann geschloffen und hat sich anderhalb Manns tief 4 Minuten lang an einem Fleschenzug ins Wasser bis auf den Boden gelassen».

259

Fernere Merckwürdigkeiten:

Nachdeme vor etwas Zeit Ihro Hochwürden ꝛc. Herr Prälat von Rheinau/ Geroldus zur Lauben/ ist darauffhin dasig Hochwürdiges Convent zur Wahl eines neuen Herrn Prälaten geschritten; da dann unter dem Præsidio des Päbstlichen Nuntii, mit Zuthun Ihro Fürstl. Gnaden von Einsiedlen und Mury hiezu erwählet worden: Herr P. Benedict Ledergerb/ ein Herr von ausnehmenden Qualitäten. Auch ist kurz vorher der neue Herr Prälat zu Fischingen von dem Herrn Suffragario zu Costanz/ ꝛc. benediciret worden/ und solle nächstens mit dem Herrn Prälaten zu Rheinau ein gleiches geschehen.

Eine seltzame Begebenheit hat sich dieser Tagen im Bad zu Blumenstein zugetragen: Sechs Bauren spieleten in dem Badhaus an einer Tafel/ nun fügte es sich/ daß just damahls der Camin-feger von Thun/ welcher vor einem Jahr in dem Aar-Fluss mit seinem Fuder Garben ein Stuck Wegs hinunter geschwummen; dieser fegte eben daselbst den Schornstein/ und nach verrichteter Arbeit kame er in seiner rußigen Kleidung und kohlschwartzen Angesicht zu diesen Spielern in das Zimmer/ und fragte selbige/ ob sie ihne auch wolten mitspielen lassen: diese vermeynten der lebendige Teuffel trette leibhafftig zu ihnen/ und wolte mit diesen theure Jrrde nemlich um ihre Leiber und um ihre Seelen spielen/ derowegen ist sie Angst und Zittern ankommen/ die Karten fielen ihnen aus den Händen/ die einten baden sie weggelauffen/ einer wie der ander liesse das Spielgeld auf dem Tisch ligen/ und wolte ein jeder der Erste zum Fenster ausspringen/ die guten und freundlichen Worte dieses Mannes könten sie nicht aufhalten/ sie purzleten zu den Fenstern hinaus/ und lieffen über Hals und Kopff über das Mos/ und hätte es wenig gefehlet/ daß nicht zwey davon im Morast stecken geblieben wären.

Von dem bekandten Bad zu Weissenburg wird folgende Begebenheit berichtet; Daß als in dasiger Nachbarschafft letstverwichenen Sonntag acht Tag 2. junge Bursch von Oberwyl mit einander gerungen/ (oder nach ihrer Mund-Art zu reden) einen freundlichen Schwung gethan/ sie beyde/ einander vest holtende/ wegen engen Platzes/ sich über einen 18. Schuh hohen Felsen in den so genanten/ mit grossen Felsen hervor ragenden Steinen- und Felsen-Stucken angefüllten Bunnschlbach hinunter gestürzt; welches so gleich bey denen über 100. zuschauenden Persohnen ein Zetergeschrey/ sonderlich denen Weibspersohnen/ hernach aber ein Gelächter verursachet/ da/ als sie beyde tieff im Wasser stunden/ der Kleinere den merck=lich Grössern von neuem angefasset und gefraget: ob sie es da noch ausmachen wolten? welchemnach beyde auff Zureden ihrer Cameraden/ und zwar gantz unversehrt/ und wohl abgekühlet/ aus dem Wasser heraufgestiegen; GOtt aber für die so gnädige Bewahrung zu dancken hatten.

Von dem mehrerwehnten Herrn Landammann Schuhmacher von Zug/ deme das Glück so manckelmütig und fatal gewesen/ ist Nachricht eingelangt/ daß er in der Citadell zu Turin verstorben seye.

Von Genff vernimbt man folgende Begebenheiten: Zween Brüder bezecheten den dritten/ so bey ihnen war/ dergestalt/ daß er sich wie ein unvernünftig Vieh auf der Erden lage/ damit ware es nicht genug/ diese Zwey holten einen Trächter/ und gossen ihm noch so viel Wein ein/ daß er oben ausgelauffen/ giengen darüber fort in ein Gemach ligen/ des Morgens tratte der Würth ins Zimmer und fand diesen Gast tod/ darauf wurden diese Brüder in Arrest gesetzet/ ꝛc.

Den 7ten hujus gienge ein junger Knab/ der sich allein in dem Zimmer befande/ zum Fenster/ um heraus zu schauen/ weilen er aber seinen Kopff zu weit hinaus gestreckt/ ist der obere Leib übergewogen/ und das Kind/ von dem fünfften Etage hinunter und todt aufgehaben worden.

Gleichen Tags ist eine Frau vergifftet worden und plötzlich gestorben.

Den 11ten Morgens um 4. Uhr gienge ein Kauffmann aus Verdruß/ von seiner bösen Frauen herrührend/ in seinen Laden/schlug einen Nagel ein/ vermachte die Thür und erhenckte sich.

Frag- und Anzeigungs-Blätlein, 26. Juni 1735.

1760

An diesem Tag pflegt der Rector Magnificus der Universität und den Professoren den Eid zu leisten und dabei eine kurze Rede in deutscher Sprache zu halten. Anschliessend schwören die Professoren und die zur Universität gehörenden Leute dem Rektor. Mit einem Mittagessen im Collegium Erasmianum wird die Feier jeweils beschlossen. «Es ist Sitte, bei diesem Anlass zu trinken, doch wird niemand stark dazu genötigt.»

1815

Nach der Niederlage Napoleons bei Waterloo treten die alliierten Truppen den Rückzug an. Drei österreichische Armeecorps überqueren in Basel die Rheinbrücke. Aber die Sundgauer leisten Widerstand. «Vor der Stadt wimmelt es von Truppen. Auf der Schützenmatte wird eine militärische Schlachtordnung formiert. Ein prächtiges Cavallerie-Regiment zieht singend durch die Stadt. Aber bald zeigt sich ein anderes Schauspiel: Mehrere Wagen mit Verwundeten kommen hereingefahren. Bald sieht man Burgfelden brennen und Bauern in den Fruchtfeldern Soldaten umbringen.»

1854

Die schwere Hungersnot, welche Stadt und Land heimsucht, bewegt Christoph Merian, der notleidenden Bevölkerung eine Spende von 100 000 Franken zur Verfügung zu stellen. Das Geld wird zur Verbilligung des Brotes verwendet, indem das Pfund anstatt für 30 Rappen für 20 Rappen abgegeben wird. So gelangen innerhalb von 16 Wochen 545 013 Brotkarten zu je vier Pfund zur Austeilung.

1886

Im Savoyischen stirbt im Alter von 127 Jahren die in Basel geborene Witwe Richard geb. Dietrich. «Die vorher mit einem Sarasin verheiratete Dame hat bis in ihr hundertneuntes Altersjahr ohne Brille gelesen. Die letzten zehn Jahre aber brachte sie mehr schlafend als wach zu.»

1890

150 Gesinnungsgenossen gründen im Lokal des Grütlivereins die Sozialdemokratische Partei Basel, deren erster Präsident Eugen Wullschleger wird.

Auf dem Platz der ehemaligen St. Katharinakapelle vor dem Aeschentor wird am 26. Juni 1823 der Grundstein zum ersten St. Jakobsdenkmal, das von Marquard Wocher entworfen worden ist, gelegt. Das im folgenden Jahr eingeweihte 12 Meter hohe neugotische Monument erfüllt seinen Zweck bis ins Jahr 1872. Aquarell von Johann Jakob Neustück.

27. Juni

Siebenschläfertag

1239

Äbtissin Willibirgis von Hohenburg tritt den Hof Arlesheim mit allen seinen Zugehörden dem Bischof Lüthold von Basel ab.

1476

Die in der Schlacht von Murten siegreichen Basler kehren in die Stadt zurück. Von denen, die vor zwölf Tagen ausgezogen sind, fehlen vierhundert; sie haben sich unter Veltin von Neuenstein dem Zug der Eidgenossen in die Waadt angeschlossen. Die erbeuteten feindlichen Banner und des Herzogs Panzerhemd werden im Münster aufgehängt. Und Bischof Johannes verliest einen in der Schlacht gefundenen Zettel, auf dem geschrieben steht, wer drei Vaterunser und ebensoviele Ave-Marias täglich bete und einen Brief mit diesen Gebeten auf sich trage und immer wieder beschaue, werde weder durch das Schwert noch durch das Feuer noch durch das Wasser umkommen. Zum ewigen Gedächtnis an den grossen Sieg soll fortan, so will es der Rat, jährlich am 10 000-Rittertag in allen Kirchen eine Schlachtfeier begangen werden.

1660

Pentelin Pfaff, ein Sodomit aus Liestal, wird wegen seiner greulichen Sünden enthauptet, aber erst am 9. Juli zu Asche verbrannt.

1692

Der Kleine Rat, die Regierung, will die Mitglieder des Grossen Rats nicht empfangen, weil keine wichtigen Sachen zur Behandlung stehen.

261

CYCLES Cosmos

Saison 1907

Nur erstklass. Modelle

Konstruktion u. Qualität unübertroffen.

Weitgehendste Garantie

Maschinen

mit

Doppelübersetzungen

Luxus- und Rennmaschinen

———— Militärräder ————

Prima Tourenräder à Fr. 220.—

———— Damenräder ————

Basler Anzeiger, 27. Juni 1907.

Erst nach langem Hin und Her bequemen sich die Gnädigen Herren, «in Gottes Namen hinaufzugehen und sich mit den Grossräthen niederzusetzen. Es wird vieles vorgetragen, aber alles auf die nächste Versammlung ausgestellt.»

1696

Der Rat stellt mit Besorgnis fest, dass sich die Stadtbefestigung in einem schlechten Zustand befindet. Namentlich besitze jedermann Schlüssel zu den Schanzen, so dass deswegen die Schlösser zu verändern sind.

1742

Auf der Schützenmatte findet eine grosse militärische Musterung statt: «Um 7 Uhr schlagen die Tambours durch die gantze Statt Sammlung, auf der Schützenmatte sind bereits 40 Zelte zum Übernachten aufgestellt, und die Fahne ist durch die Grenadiers auf dem Zeughaus abgeholt. Dann zieht man in schönster Ordnung auf den Münsterplatz und von da mit dem Zeltwagen auf die Schützenmatte. Dann machen sich die Grenadiers und Füsiliers mit den aus der Statt in grosser Anzahl anwesenden Jungfrauen durch tanzen und springen lustig. Nachts um 10 Uhr zündet man zwey grosse Wachtfeuer an und lässt zur Kurtzweil viele Raquettes in die Lufft steigen. Des morgens kommt bald da, bald dort eine Magdt mit Milch, Suppe, Thé, Caffée und Weinwaren herzu, welch die ihre Söhne liebhabenden Eltern zur Erwärmung ihrer erkalteten Mägen herausgeschickt haben. Nach 10 Uhr nimmt das Schiesset den Anfang und währt bis 5 Uhr. Nachdem dies vorbey ist und die Zelte wieder eingepackt sind, zieht man wieder nach Hause und divertiert sich beim Nachtessen zu guter Letzt.»

1859

Der Grosse Rat erlässt das bedeutsame Gesetz über die Erweiterung der Stadt: «Zur Herstellung angemesse-

Am 27. Juni 1881 verstirbt Dr. Daniel Ecklin, der Begründer des Mädchenturnens in Basel. Er hatte für seinen Privatunterricht auf eigene Kosten in dem an den alten Turnplatz grenzenden Garten der Armenanstalt im Klingental einen Turnplatz für Mädchen eingerichtet und diesen mit Geräten versehen.

ner Verbindungen zwischen den äusseren neuen Quartieren und der innern Stadt durch Strassen und öffentliche Plätze ist der Kleine Rat ermächtigt, die Stadtgräben je nach seinem Ermessen aufzufüllen und neue Stadteingänge herzustellen, auch die bisherigen Stadtmauern und die daran liegenden Schanzen ganz oder teilweise zu beseitigen.» Der Wert der Basler Stadtbefestigung ist übrigens im Zusammenhang mit der Kantonstrennung vom Bundesgericht auf Fr. 1 663 038.51 festgesetzt worden.

1913

Beim Bäumlihof landet ein in Mülhausen aufgestiegenes deutsches Militärflugzeug, um angeblich eine Reparatur vorzunehmen. Weil es sich dabei um ein neutralitätswidriges Überfliegen von Schweizer Boden gehandelt haben könnte, informiert die Regierung den Bundesrat.

28. Juni

Leo der Papst

1273
Ritter Heinrich Zerkinden belehnt den Bäcker Kuno mit einem auf dem Boden des nachmaligen Bockstecherhofs am Totentanz stehenden Haus.

1448
Im Refektorium der Barfüsserkirche findet der Schlussakt des Konzils statt, nachdem der deutsche Kaiser Friedrich III. an Basel die Aufforderung hatte ergehen lassen, dem Konzil das sichere Geleit aufzukünden, d.h. die kirchliche Versammlung aus der Stadt zu weisen.

1634
Jakob Teuscher von Anwil ist wegen Mords am Strassburger Baschi Schlumpf zum Tode verurteilt worden. Obwohl Oberst Zörnlin und Ratsherr Grasser vor dem Rat um Gnade für ihn gebeten haben, wird an der Vollstreckung des Urteils festgehalten. «Er hat sich willig ergeben in der Gerichtsstube und im Hof des Rathauses seine Sünden bekannt und gegen das gnädige Urteil der Herren gedankt und ihnen sein Weib und Kind befohlen. Bei der Wallstatt, als der Scharfrichter ihm ein wenig von seinen langen Haaren abgeschnitten und ihm das Wammist abgezogen, hat er wieder männlich um Verzeichung gebeten. Dann ist er endlich getrost und herzhaft, nachdem ihm Meister Thomas das Haupt abgeschlagen hat, gestorben. Er ist ein schöner, junger, starker Mann gewesen und wohl zu erbarmen, dass er in das Urtheil gerathen ist.»

1671
Die Reformationsherren stellen mit Befremden fest, dass man anfange, grosse und weite Hosen zu tragen. In Zukunft sollen es die Herren und Männer der Stadt wieder «bey den alten patriotischen und etwas engern Hosen bewenden lassen».

1673
«Der Rhein ist so gross geworden, dass in der Kleinen Stadt das Wasser über die Zinnen der Stadtmauer läuft. Auf der Rheinbruck muss man mit einem Gätzi (Schöpfeimer) Wasser schöpfen. Auf dem Fischmarkt stehen beyde Brunnstöcke wie auch die Schelmen Bank der Fischer völlig unter Wasser, so dass man für einige Zeit mit den Weidlingen herumfahren kann.»

1675
In der Schlacht von Fehrbellin stirbt Emanuel Froben den Heldentot. Er hat mit seinem Herrn, dem Kurfürsten von Brandenburg, das Pferd getauscht, um ihn vor den Feinden zu schützen, so dass eine Kanonenkugel, die dem Kurfürsten gegolten hätte, ihn durchbohrte.

1731
Die Zunft zu Safran lässt ihre beiden Zelte auf dem Bollwerk beim Petersplatz aufschlagen, damit sie «wohl erlufftet» werden. Die sorgfältige Qualitätskontrolle des Kriegsmaterials lohnt sich, denn noch immer trägt das grössere Zelt die Inschrift «12. Mai 1334»!

1815
General Joseph Barbanègre, der von Napoleon mit dem Kommando der nun von den Österreichern eingeschlossenen Festung Hüningen be-

Nachdem am 1. Juni 1864 die neue St. Elisabethenkirche mit grosser Feierlichkeit eingesegnet worden ist, erfolgt am 28. Juni der Aufzug des Geläutes in den Glockenstuhl. Die in Zürich von Meister Jakob Keller gegossenen vier Glocken im Gewicht von 5630 Pfund für die grösste und 701 Pfund für die kleinste sind mit den Wappen der Stifter, Christoph und Margaretha Merian-Burckhardt, geschmückt und mit sinnreichen Bibelworten versehen.

traut ist, lässt Basel mit etwa 30 Bomben und Haubitzgranaten beschiessen. Das Bombardement richtet zwar keinen grossen Schaden an, verbreitet im St. Johannquartier aber doch Schrecken und Verwirrung.

1900
Der Grosse Rat beschliesst die Errichtung eines Brausebads am Spalenring.

1905
Die 2463 Meter lange Tramlinie von der Kantonsgrenze nach Allschwil wird auf ihre technische Zuverlässigkeit geprüft und drei Tage später in Betrieb genommen.
Die Gesellschaftsbrüder der Drei Ehrengesellschaften Kleinbasels beschliessen den Bau eines monumentalen Gesellschaftshauses anstelle des Café Spitz. Es bleibt aber beim Beschluss…

> **Vermischte Anzeigen.**
>
> Basel. Das Sprichwort sagt: „Johannis Tag, will drei Mensche ha." Hier zu Land hat sich dieses Sprichwort abermals bewährt: denn am 24. Juni ertranken bei Rheinfelden 6 Menschen; im Kt. Basel Landschaft ertrank Hr. Präsident Suter von Kilchburg beim Baden, und in Kl. Hüningen fiel ein Maurer vom Dach herunter und war sogleich todt. — Im hiesigen Kaufhaus fiel dem Spannermeister Berger eine, mit Säbelklingen angefüllte Kiste, auf den Fuß, so daß er stark verwundet ist. — In Großhüningen ereignete sich letzten Sonntag, den 23. Juni, um 1/3 Uhr Nachmittags, folgende Begebenheit: der Adjutant Major, der in Hüningen garnisonirenden frz. Dragoner, geht am Rheinufer spazieren, sieht drei Kinder in einem Kahne miteinander spielen; eines derselben, ein Mädchen von 7 Jahren, fällt ins Wasser, die Wellen tragen es fort, es sinkt unter, so daß man nichts weiter von ihm sieht, als einen Rockflügel. Der Major, ohne sich lang zu bedenken, wirft in aller Schnelligkeit seinen Uniformrock und seine Policemütze ab, springt gestiefelt und gespornt an einer Stelle, zwischen der Schiffmühle und der Ziegelei, wo der Strom am reißendsten ist, von einer 20 Fuß hohen Mauer hinunter, schwimmt an 300 Fuß weit in den Rhein hinaus. Es war niemand gegenwärtig, als H. Perret, dessen Arbeiter wohl zum Kahne griff, aber zu spät. — Der Offizier rettete das Kind, überbrachte es seinem Vater, dem Müller, und eilte nach Haus. Gewiß eine großmüthige That, die nur in edelm Bewußtsein ihre wohlverdiente Belohnung findet.
>
> **Straßenbeleuchtung.** Im hiesigen Kantonsblatt v. 20. Jun. wird die Bürgerschaft aufgefordert, die Laternensteuer zu bezahlen. Der Basilisk aber ist mit Vorwürfen überhäuft worden, weil er in Nr. 48 die schlechte Straßenbeleuchtung nur scherzhaft zur Sprache gebracht. Es wird nun von ihm verlangt, die Sache nochmals, und zwar recht ernsthaft, in Anregung zu bringen, und allerdings haben die zur Beleuchtung zahlenden Bürger das Recht, da sie jetzt noch einmal so viel bezahlen müssen, als früher, da Privaten die Beleuchtung noch unterhielten. Oft kann man drei bis vier Straßen durchwandern, ohne eine brennende Lampe zu finden. So brannte z. B. am 21. Nachts 1/2 12 Uhr keine Lampe auf der Streitgasse, dem Barfüßerplatz, St. Leonhards Kirchhof, St. Leonhards Graben, wie auf der Gerbergasse. Letzten Sonntag Abends, nach 11 Uhr, war die Beleuchtung ebenfalls schlecht, und am 24. zum 25. Juni, Abends 11 Uhr, war wiederum vom Barfüßerplatz bis ans Kaufhaus, und von hier, hinter der Fleischbank vorüber nach der Schneidergasse u. dem Fischmarkt bis an u. über die Rheinbrücke kein Licht zu sehen. Wie nun, wenn der Himmel sich verfinsterte, ein Gewitter entstände, der Blitz einschlüge und Feuer ausbräche!?? — Ferner beklagen sich mehrere Wirthe, daß sie extra 2 Fr. zur Beleuchtung zahlen müssen, da doch ihre Gäste schon um 11 Uhr fortgehen, eine Stunde, wo die Laternen gewöhnlich schon erstorben sind. Entweder ist die Oekonomie zu groß, oder das Oehl trocknet bei der großen Hitze ein, oder fließt vielleicht gar in andere Lampen. So viel, im Namen vieler Bürger, zur Begutachtung für die Beleuchtungskommission.

Basilisk, 28. Juni 1839.

29. Juni

Petrus und Paulus die Apostel

1275

Durch ein wütendes Hochwasser werden zwei Joche der Rheinbrücke hinweggerissen und gegen hundert Menschen in den Tod geschickt.

1519

Ein Wolkenbruch lässt die Gewässer unheimlich anschwellen. Der Birsig führt so viel Wasser, dass die Nonnen zu St. Maria Magdalena an den Steinen ihr Kloster mit Weidlingen befahren müssen. Am Fischmarkt wird ein grosses Hinterhaus weggeschwemmt. Starke Mauern brechen ein, zahlloses Vieh ertrinkt. «Da ist grosse Not, dergleichen kein Mönsch hye zue Basel ye gehört noch gesechen hat. Gott well uns wyder behüetten.»

1531

Solothurn macht dem reformierten Basel erneut die Hoheitsrechte in der Herrschaft Dornach streitig und errichtet zwischen Gempen und Schauenburg einen Galgen. Die Basler lassen sich dies nicht gefallen, weil sie am Hochgericht über die Dörfer Seewen, Büren, Hochwald, Gempen und Nuglar festhalten. Der Rat befiehlt deshalb dem Schultheissen von Liestal, Burkhart Hug, den Galgen unverzüglich abzubrechen. So eilt Hug mit 40 Knechten und acht Büchsenschützen hinauf nach Gempen und lässt den Galgen abholzen. Hierauf kommandiert er den Schützen das Losfeuern der Gewehre, «damit man hört, dass der Galgen nicht heimlich oder nachts, sondern heiter tags umgeworfen und zerhauen worden ist».

1539

Im nahen Markgräflerland bringt ein noch junger Mann seine Frau, mit der er erst sechs Wochen in der Ehe gelebt hat, «als er mit ir in die Kriesy gegangen, jemmerlich ums Leben. Er wird gefangen und zu Rötteln aufs Rad geflochten und ebenfalls ums Leben gebracht».

1603

An der Kleinbasler Baar ertrinkt, «als er sich im Rhein erkühlen und erlustigen hat wöllen», der Philosophiestudent Theodor Huber. Als seine Mutter an der Augustinergasse die Hilferufe des Ertrinkenden hört, klagt sie, unwissend, dass es sich um ihren Sohn handelt: «Ach der traurigen Mutter, der diese leidige Botschaft zukommen wird!»

1647

Elsbeth Hertner von Ziefen, ein «lahmes Meydtlin», gesteht, Umgang mit weissen Geistern gehabt zu haben. Hingegen bestreitet sie den Vorwurf des Obervogts, bei ihren beiden Liebhabern, einem Schneider und einem Sackpfeifer, hätte es sich ebenfalls um Geister gehandelt. Auf wohlmeinendes Bedenken seitens von Dr. Johann Jacob Faesch und Antistes Theodor Zwinger wird «die geständige Hexe ersten Grades» schliesslich nur im «allhiesigen Spithal in ein Bloch-Haus eingesperrt».

Am 29. Juni 1771 wird zu St. Peter Jacob Isaac Kachel, der Musiker, beerdigt. «Er hatte eine so zündig rothe Nase, dass man füglich seine Pfeife daran anzünden konnte. Als in der Kirche einst Kerzen zur Erhellung der Frühpredigt benötigt wurden, erklärte Kachel, er komme selbst in die Kirche, womit er zu verstehen gab, dass seine Nase allein mehr als ein Dutzend Kerzen Werth sey, um damit vorzuleuchten...»

1736

Isaak Faesch trifft nach halbjähriger höchst beschwerlicher Seereise in Sankt Eustachius im westindischen Archipel ein und übernimmt als Gouverneur die Regierung über das kleine Inselreich. Später setzt die holländische Krone den überaus fähigen Regenten zum Gouverneur von Curaçao ein, wo der «greise liebenswürdige Hagestolz» 1758 verstirbt.

Vierte Säcular-Feier der Schlacht von St. Jacob an der Birs. MCCCCXXXXIV.
Eröffnung des grossen eidgenössischen Ehr- und Freischiessen zu Basel. 1844.

«Nun kommt Basel auch ins Spiel, das wohl zu schiessen weiss ins Ziel»: Am 30. Juni 1844 wird, als Auftakt zur 400-Jahr-Feier der Schlacht von St. Jakob, in Basel das 12. Eidgenössische Freischiessen durchgeführt. «Es wird bei heisser Witterung und einem Volkszudrang von Hunderttausenden(!) von Theilnehmern und Zuschauern eröffnet. Alle Kantone der Eidgenossenschaft sind an dieser Doppelfeier vertreten, die an Pracht der Einrichtungen wie Massenhaftigkeit der Festbesucher alle früheren eidgenössischen Schützenfeste weit übertrifft. Auf der Schützenmatte sind sämtliche Festbauten sehr geschmackvoll in englisch-gothischem Style aufgeführt. Den Eingang schmückt eine wahrhaft königliche Ehrenpforte.» In der zinnengeschmückten Schiesshütte wird 3000 Schützen Raum geboten, in der dreischiffigen Speisehütte ist für 4500 Personen Platz. Der Gabentempel erreicht eine Summe von 121 000.– Franken.» Kolorierte Lithographie nach Constantin Guise und Anton Winterlin.

1815

Erzherzog Johann von Österreich inspiziert auf dem Allschwilerfeld seine aus Zürchern, Luzernern, Wallisern und Baslern bestehenden Truppen, die hier zur Belagerung von Hüningen zusammengezogen worden sind. «Es ist diese Musterung für uns Basler um so viel interessanter, als man noch nie soviele eidgenössische Truppen beysammen gesehen hat.»

1857

Der Grosse Rat annulliert den früher gefassten Beschluss, vor dem Aeschentor einen Kopfbahnhof zu errichten, und bekennt sich zu einem durchgehenden Bahnhof auf dem Feld vor dem St. Elisabethenbollwerk «extra muros».

1883

«Neun Mitglieder des Velo Club fahren morgens 2 Uhr per Velociped nach Zürich und kommen vormittags 10½ Uhr dort an.»

30. Juni

Pauli Gedächtnis

1365

Im Münster wird Bischof Johann Senn von Münsingen beerdigt. Er bemühte sich um eine neue Ordnung der geistlichen und weltlichen Rechte des Hochstifts und um die Tilgung der bischöflichen Schulden. «Er ist ein gütiger und wohlwollender Herr gewesen.»

1450

Der Rat von Breisach vermittelt in einem Streit zwischen Basel und Strassburg betreffend die Rheinschiffahrt. Der Transport sämtlicher Pilger- und Bruderschiffe bis Strassburg steht nun den Baslern zu, die Weiterfahrt bis Mainz allein den Strassburgern.

1551

Die Rheinmauer des Klingentalklosters stürzt beim Haus der Äbtissin

Allerlei.

Kindermund. "Sag' einmal, Lottchen, möchtest Du eine kleine Schwester haben?" — "O ja, Mama, aber nicht so hübsch wie ich!"

— "Was ist Geschwindigkeit," fragt der Lehrer einer öffentlichen Schule, der an derselben unter dem Vorwand angestellt ist, Physik zu lehren, nachdem er dieser Aufgabe bereits fünf volle Monate obgelegen hat, seine Klasse. Keiner der Schüler vermag eine Antwort zu geben. Endlich ruft ein kleiner Knabe in die beängstigende Stille die erlösende Antwort hinein: „Wenn man einen heißen Teller hinsetzt."

— Vater: „Na Max, ich denke, Ihr habt heute Prüfung?" — Max: „Jawohl Papa, von 3 bis 4 Uhr Nachmittags, komm' aber nicht hin, Du blamirst Dich bloß!"

— Der kleine Ludwig ist sehr in Verlegenheit; seine Mama hat zu ihm gesagt: „Hier ist ein Stück Kuchen, schneide es entzwei und gib die größere Hälfte dem Schwesterchen." — Ludwig besinnt sich eine Weile und gibt dann den Kuchen dem Schwesterchen: „Da, schneide Du und gib mir das größere Stück."

— Vater zu seinem eifrig schreibenden Knaben: „Was machst Du da?" — „Ich lujoniere ein Zeitwort."

— Mama zu ihrem verzogenen Töchterlein: „Elsa, jetzt bist Du aber ruhig! Es ist nicht mehr zu ertragen — immer mußt Du das letzte Wort haben!" — Elsa: „Das ist doch nicht meine Schuld — wie kann ich denn vorher wissen, daß Du nichts mehr sagen willst!"

Englischer Humor. Ein Geistlicher im Cambridge hielt eine Predigt, die von einem seiner Zuhörer gelobt wurde. „Ja, gewiß", sagte der Angeredete, „sie war gut, aber er hat sie gestohlen."

Dies ward dem Pastor hinterbracht und er forderte den Andern auf, seine Aeußerung zu widerrufen.

„Es ist meine Sache sonst nicht, zu widerrufen," erwiderte der Angreifer, „aber in diesem Falle will ich es thun. Ich behauptete, Sie hätten die Predigt gestohlen, aber ich war im Unrecht, denn als ich nach Hause kam und in dem Buch, aus welchem ich glaubte, sie sei genommen war, nachschlug, fand ich sie noch darin vor."

— Einem Studenten in Woolwich wurde folgende Frage vorgelegt: „Uebersetzen und erklären Sie mir die Stelle: abiit, excessit, erupit, evasit."

Die Antwort lautete: „Abiit — er ging hinaus zu speisen; excessit — dabei übernahm er sich; erupit — mußte sich heftig übergeben; evasit — und nahm sich künftig in Acht."

Heiteres aus einer Predigt. Ein Prediger will seiner Versammlung beweisen, daß der Wucher ein schlechtes Geschäft sei und ruft also: „Sind Schuhmacher da?" „Ja!" ertönte es. — „Sind Schneider da?" „Ja!" — „Bäcker? Müller? Leineweber? Kaufleute?" — Immer antwortet lautes „Ja." — „Ist der Schinder da?" „Warum sollt ich's leugnen", spricht eine bescheidene Stimme, „ich bin doch redlich und gerecht und so billig, als man Einen finden kann; da bin ich." — „Gut!" ruft der Prediger mit erhobener Stimme, „und nun frag ich, ist ein Wucherer da?" Keine Antwort. — „Seht also," fuhr er fort, „das ist ein schlechtes Geschäft, daß sich jeder dessen schämt. Ich sage Euch aber, der Teufel wird sich ihrer nicht schämen, sondern sie einst holen und zur Hölle tragen."

Basler Blätter, 29. Juni 1885.

ein. Sie wird nicht mehr aufgebaut, was zur späteren Verwahrlosung des Grossen Klingentals führt.

1576

Dreissig Basler Schützen fahren in einheitlicher Bekleidung (weissen Hosen und Wämsern, schwarzen Überröcken und schwarzen Baretten mit weissen Federn) in einem Langschiff zu einem Hauptschiessen nach Strassburg. Sie verehren dem Ammeister und dem Rat daselbst ein lebendiges Reh und vier lebendige Salme in extra angefertigten und mit Baselstäben geschmückten Zübern. Die Strassburger lassen sich nicht lumpen und bedanken sich ebenfalls mit schönen Geschenken. Darüber hinaus lassen die Strassburger die Basler in ihren obrigkeitlichen «Rollwägen» wieder heimführen.

1621

Eine alte Vettel, welche in Hemmiken einen Brand gelegt hat, dem zwölf Häuser zum Opfer gefallen sind, und den Arxhof mit Feuer ansteckte, wird zum Tod verurteilt. Aber auch ihr Sohn, mit dem sie in Blutschande lebte, erfährt dasselbe Schicksal. So werden Mutter und Sohn vom Scharfrichter geköpft und zu Asche verbrannt.

1658

Die mit grossem Aufwand erneuerten Totentanz-Bilder zu Predigern werden von Nachtbuben mutwillig beschädigt. Die Obrigkeit droht deshalb weitern Übeltätern mit harten Strafen.

1667

Andreas Burckhardt, der neuerwählte Bürgermeister, wird plötzlich vom Tode ereilt. «Das ist ein sonderlich trauriger Zustand, wie ein solcher noch niemals gewesen ist. So wollen wir Gott bitten, uns wiederum mit einem tapferen, gottesfürchtigen und redlichen Herrn zu versorgen, der des Vaterlandes Nutzen begehrt zu fördern.»

1744

In der Hard will sich ein Waidbube das Leben nehmen: Er macht an einem Baum einen Strick fest, schlägt sich das Seil um den Hals und lässt sich herunterfallen. Weil das Seil aber verknotet ist, kann sich die Schlinge nicht zusammenziehen, so dass «der schlimme Vogel am Baume hängen bleibt. Zu allem Glück kommt der St. Alban Viehhirt vorbei, erblickt dieses Spectacul, zieht sein Messer aus dem Sack und errettet den gottlosen Buben vor dem Tod». Bald kommt der Selbstmordversuch der Obrigkeit zu Ohren, und diese zögert nicht, «den sündhaften Kerl» für einige Zeit ins Zuchthaus zu sperren.

1837

Weil sich die drei badischen Schiffleute nicht einig sind, unter welchem Jochbogen sie ihr grosses Floss hindurchsteuern wollen, schnellt das Gefährt an einen steinernen Brückenpfeiler und zertrümmert. Eine Frau wird dabei zu Tode gequetscht, und zwei Personen ertrinken.

1875

Der Kleine Rat tritt zu seiner letzten Sitzung zusammen, und Carl Felix Burckhardt, Basels letzter Amtsbürgermeister, überantwortet Basel seiner neuen politischen Ordnung, der Kantonsverfassung von 1875.

1884

Basels Jugend hat grösste Mühe, sich in das Berufsleben einzugliedern. Es herrscht ein eklatanter Mangel an Lehrstellen. So melden sich an der Sekundarschule für einen freien Platz 60 Bewerber, an der Primarschule sogar deren 112.

1900

Es wird die Tramlinie Totentanz-Lysbüchel eröffnet.

Zahl der Wirthe in der Stadt.

1826 zählte man:	Tavernenwirthe.	Weinschenken.	Nebenzäpfer.
im St. Johannquartier	4	4	13
» Spahlen »	3	1	17
» Steinen »	—	4	19
» Aeschen »	3	4	16
» St. Alban »	1	1	9
» Stadt »	3	4	17
» St. Bläsi »	3	2	19
» Riehen »	1	2	14
in der ganzen Stadt	18.	22.	124.

Baslerische Mittheilungen, 30. Juni 1827.

Basler Almanach

Bibliographisches

Mitarbeit
Dr. Wilhelm Abt, Hans Bill,
Paul Göttin, Marcel Jenni,
Werner Jermann, Peter Kägi,
Susanne Minder, Peter Möckli,
Hans-Peter Platz,
Dr. h.c. Arnold Schneider,
Peter Sigrist, Nino Weinstock,
Kurt Zaugg.

Quellen und Literaturauswahl
a) Handschriften
Staatsarchiv Basel:
Arnold Lotz. Genealogische Notizen über Basler Familien.
Protokolle des Kleinen Rats. 1587 ff.
Regesten zu den Basler Urkunden.

Universitätsbibliothek Basel:
Baselische Geschichten. 1337–1692. (VB O 6).
Christoph Battier. Calendarium historicum. Bis 1748. (VB H IV 32).
Nicolaus Brombach. Chronica. 1582–1659. (VB O 88).
Diarium historicum. 1582–1662. (A λ IV 12).
Ratsherrenkasten (Handschriftenabteilung)
Hans Heinrich Scherer genannt Philibert. Baselische Geschichten. 1337–1657. (Ki.Ar. 78,2).
Denkwürdige Historische Geschichten, welche sich zwischen E.E. Raht, Einer Ehren Burgerschaft und Underthanen zu Stadt und Land täglich zugetragen. 1281–1742. (Ki.Ar. 78,1).

b) Druckwerke
Aktensammlung zur Geschichte der Basler Reformation. 1921 ff.
Baselbieter Heimatblätter. 1936 ff.
Baselbieter Heimatbuch. 1942. ff.
Baselland vor 150 Jahren. Wende und Aufbruch. 1983.
Basler Biographien. 1900 ff.
Basler Chroniken. 1872. ff.
Basler Jahrbuch. 1879 ff.
Basler Neujahrsblätter. 1821 ff.
Basler Stadtbuch. 1960 ff.
Basler Taschenbuch. 1850 ff.
Basler Volkskalender. 1945. ff.
Basler Zeitschrift für Geschichte und Altertumskunde. 1902 ff.
Basler Zeitungen in Staatsarchiv und Universitätsbibliothek.
Baumgärtel, Ehrfried. Die Almanache, Kalender und Taschenbücher der Landesbibliothek Coburg. 1970.
Beiträge zur Vaterländischen Geschichte. 1839 ff.
Bonjour, Edgar. Die Universität Basel von den Anfängen bis zur Gegenwart. 1960.
Boos, Heinrich. Urkundenbuch der Landschaft Basel. 1881 ff.
Bruckner, Albert.:
Geschichte des Dorfes Bettingen. 1963.
Helvetia Sacra. I,1. 1972.
Riehen. Geschichte eines Dorfes. 1972.
Bruckner, Daniel. Der Versuch einer Beschreibung historischer und natürlicher Merkwürdigkeiten der Landschaft Basel. 1748 ff.
Burckhardt, Max. Jacob Burckhardt Briefe. 1965.
Burckhardt, Paul. Geschichte der Stadt Basel. 1942.
Burger, Arthur. Brunnengeschichte der Stadt Basel. 1970.
Buxtorf-Falkeisen, Karl. Baslerische Stadt- und Landgeschichten aus dem sechzehnten und siebzehnten Jahrhundert. 1863 ff.
Der Basler Kalender im Rothen Buch. Basler Chroniken IV. 1890.
Der Rauracher. 1928 ff.
Die Kunstdenkmäler des Kantons Basel-Stadt. 1932 ff.
Fechter, Daniel. Basel im vierzehnten Jahrhundert. 1856.
Geering, Traugott. Handel und Industrie der Stadt Basel. 1886.
Geschichte der Landschaft Basel und des Kantons Baselland. 1932.
Grotefend, Hermann. Zeitrechnung des deutschen Mittelalters und der Neuzeit. 1891 ff.
Hagemann, Hans-Rudolf. Basler Rechtsleben im Mittelalter. 1981 ff.
Heusler, Andreas.:
Geschichte der Stadt Basel. 1934.
Verfassungsgeschichte der Stadt Basel im Mittelalter. 1860.
Historisch-Biographisches Lexikon der Schweiz. 1921 ff.
Historischer Basler Kalender. Bearbeitet von F.A. Stocker, Ed. Heusler und A. Münch. 1886 ff.
Jenny, Hans.:
Basler Memoiren. 1870–1919. 1978.
Morde, Brände und Skandale. 1970.
Klaus, Fritz. Basel-Landschaft in historischen Dokumenten. 1982 ff.
Koegler, Hans. Einige Basler Kalender des 15. und der ersten Hälfte des 16. Jahrhunderts. 1909.
Koelner, Paul.:
Anno Dazumal. 1929.
Die Feuerschützen-Gesellschaft zu Basel. 1946.
Die Safranzunft zu Basel. 1935.
Die Zunft zum Schlüssel in Basel. 1953.
Im Schatten Unserer Gnädigen Herren. 1930.
Unterm Baselstab. 1918 ff.
Mandatsammlung des Staatsarchivs.
Meier, Eugen A.:
Aus dem alten Basel. 1970.
Basel in der guten alten Zeit. 1972.
Das verschwundene Basel. 1968.
Die Abscheidbücher des Basler Staatsarchivs. 1964.
Freud und Leid. 1981 ff.
Merian, Wilhelm. Basels Musikleben im XIX. Jahrhundert. 1920.

Bildernachweis

Merz, Walther. Die Burgen des Sisgaus. 1909 ff.
Ochs, Peter. Geschichte der Stadt und Landschaft Basel. 1786 ff.
Rauracis. Ein Taschenbuch für die Freunde der Vaterlandskunde. 1826 ff.
Rechtsquellen von Basel. Stadt und Land. 1856 ff.
Riggenbach, Albert. Collectanea zur Basler Witterungsgeschichte. 1891.
Rohner, Ludwig. Kalendergeschichte und Kalender. 1978.
Rosen, Josef. Chronik von Basel. 1971.
Schmid, Alfred A. Die Luzerner Chronik des Diebold Schilling, 1513. Kommentar, 1981.
Schweizerisches Geschlechterbuch. 1905 ff.
Spiess, Otto. Basel anno 1760. 1936.
Staehelin, Andreas. Geschichte der Universität Basel. 1632–1818. 1957.
Staehelin, W.R. Basler Portraits aller Jahrhunderte. 1919 ff.
Stocker, Franz August. Basler Stadtbilder. 1890.
Teuteberg, René.: Basler Geschichten. 1986. Stimmen aus der Vergangenheit. 1966.
Tonjola, Johann. Basilea sepulta retecta continuata. 1661.
Urkundenbuch der Stadt Basel. 1890 ff.
Wackernagel, Rudolf. Geschichte der Stadt Basel. 1907 ff.
Wanner, Gustaf Adolf. Häuser, Menschen, Schicksale. 1985 ff. Zunftkraft und Zunftstolz. 1976.
Werthmüller, Hans. Tausend Jahre Literatur in Basel. 1980.
Wurstisen, Christian. Baszeler-Chronik. 1580.

Frontispiz: J. von Lerber-Sarasin.
7: Universitätsbibliothek. VB 213.
8: Universitätsbibliothek. E J IX 84 c.
10: Staatsarchiv. Ratsbücher A 1, 2.
11: Schweizerisches Museum für Volkskunde.
13: Universitätsbibliothek. Ratsherrenkasten A 4, 1.
15: Staatsarchiv. Wolf 359.
16: Staatsarchiv. Bilderslg. 4, 288.
17: Kupferstichkabinett. IV 70 d.
19: Historisches Museum. Neg. 4409.
20: Photoatelier Höflinger.
21: Staatsarchiv. Wolf 4, 388.
22: Staatsarchiv. Slg. Neg. A 558.
23: Staatsarchiv. Plattenslg. C 120 h.
25: Staatsarchiv. Plattenslg. A 1134.
26: Morf & Co., Basel.
27: Historisches Museum. Neg. 4158.
30: Kupferstichkabinett. Z 44.
31: Eugen A. Meier.
32: Universitätsbibliothek. Ratsherrenkasten A 3, 259.
33: Karl Jauslin-Sammlung Muttenz.
35: Alfred La Roche-Fetscherin.
36: Eugen A. Meier.
37: Staatsarchiv. Schneider 193.
39: Universitätsbibliothek. VB Mscr. H 43 c.
40: Staatsarchiv. Plattenslg. C 161 h.
41: Zentralbibliothek Zürich.
43: Staatsarchiv. Falkeysen A 536.
44: Staatsarchiv. Wolf 2317.
45: Staatsarchiv. Bilderslg. 13, 312.
46: Staatsarchiv. Falkeysen A 220.
48: Kupferstichkabinett. Z 31.
49: Hannes-Dirk Flury.
50: Staatsarchiv. Bilderslg. 13, 176.
51: Universitätsbibliothek. Porträtslg.
53: Staatsarchiv. Falkeysen C 5.
54: Eugen A. Meier.
55: Privatbesitz.

56: Staatsarchiv. Bilderslg. 2, 1998.
57: Privatbesitz.
58: Universitätsbibliothek. Porträtslg.
59: Universitätsbibliothek. VB W III 1279.
61: Universitätsbibliothek. Porträtslg.
62: Staatsarchiv. Bilderslg. 13, 186.
63: Staatsarchiv. Bilderslg. 2, 136.
65: Staatsarchiv. Schneider 171.
66: Historisches Museum. 1881, 131.
67: Kupferstichkabinett. 104, fol. 54.
69: Universitätsbibliothek. Gessner. Vogelbuch. Hd I 9,2.
70: Privatbesitz.
71: Staatsarchiv. Bilderslg. 16, 6.
72: Staatsarchiv. Falkeysen A 176.
73: Staatsarchiv. Rotes Haus U. 3.
75: Staatsarchiv. Falkeysen A 135.
76: Historisches Museum.
77: Stadt- und Münstermuseum.
79: Staatsarchiv. Wolf 957.
80: Staatsarchiv. Neg. Slg. 6275.
81: Kupferstichkabinett. U VI 62.
83: Staatsarchiv. Wackernagel G 112.
84: Staatsarchiv. Bibl. B 181.
85: Staatsarchiv. Schneider 5.
87: Eugen A. Meier.
88: Staatsarchiv. Plattenslg. C 207 h.
89: Kupferstichkabinett. Bi. 391.5.
90: Eugen A. Meier.
91: Kupferstichkabinett. 1927, 300.
93: Staatsarchiv. Planslg. A 1, 26.
94: Staatsarchiv. Bilderslg. 6, 1099.
95: Peter Armbruster.
96: Staatsarchiv. Plattenslg. C 117.
98: Staatsarchiv. Schneider 240 a.
99: Kupferstichkabinett. A 101 I, 43.
100: Universitätsbibliothek. Gessner. Tierbuch. Hb I 2.
101: Staatsarchiv. Bilderslg. 16, 183.
103: Staatsarchiv. Falkeysen C 51.
104: Staatsarchiv. Wolf, 4, 293.

105: Willy Huggenberger, Reinach.
106: Staatsarchiv. Bilderslg. 3, 1056.
107: Kupferstichkabinett. 1913, 170.
109: Staatsarchiv. Falkeysen A 114.
111: Eugen A. Meier
112: Staatsarchiv. Bilderslg. 1, 291.
113: Staatsarchiv. Schneider 139.
115: Staatsarchiv. Wolf 348.
117: Universitätsbibliothek. Falk. 1026.
119: Staatsarchiv. Bilderslg. 1, 60.
120: Staatsarchiv. Plattenslg. A 2052.
121: Staatsarchiv. Falkeysen A 197.
122: Eugen A. Meier.
124: Universitätsbibliothek. Porträtslg.
125: Kupferstichkabinett. A 102, 14.
127: Staatsarchiv. Bilderslg. 2, 410.
129: Privatbesitz.
130: Eugen A. Meier.
131: Universitätsbibliothek. Mscr. A λ II 46 a.
133: Drei Ehrengesellschaften Kleinbasels.
134: Universitätsbibliothek. Ratsherrenkasten A 3, 336.
136: Staatsarchiv. Schneider 134.
137: Staatsarchiv. Schneider 3.
139: Universitätsbibliothek. Repro-Photographie (Marcel Jenni).
141: Dr. Jules Düblin.
142: Staatsarchiv. Bilderslg. 6, 1382.
143: Staatsarchiv. Bilderslg. 2, 818.
145: Staatsarchiv. Plattenslg. B 365.
147: Kupferstichkabinett. 1849, 1.
148: Universitätsbibliothek. Ratsherrenkasten A 1, 1. 274.
149: Dr. h.c. Carl Stemmler.
150: Universitätsbibliothek. Porträtslg.
151: Kupferstichkabinett. A 200, 76.
153: Staatsarchiv. Schneider 242.
155: Staatsarchiv. Bilderslg. 2, 1192.
156: Staatsarchiv. Schneider 213.
157: Staatsarchiv. Plattenslg. C 184 h.
158: Universitätsbibliothek. Porträtslg.
159: Staatsarchiv. Schneider 16.
161: Kupferstichkabinett. A 200, 78.
162: Staatsarchiv. Falkeysen F b 6, 4.
163: Staatsarchiv. Schneider 90.
165: Staatsarchiv. Wolf 915.
167: Öffentliche Kunstsammlung (Kunstmuseum) Inv. 314.
169: Historisches Museum. 1950, 102.
170: Staatsarchiv. Neg. Slg. A 130.
171: Staatsarchiv. Falkeysen A 242.
173: Staatsarchiv. Schneider 131.
174: Staatsarchiv. Plattenslg. C 124.
175: Josef Hänggi-Studer.
177: Staatsarchiv. Plattenslg. A 3105.
178: Staatsarchiv. Falkeysen A 310.
179: Hannes-Dirk Flury.
183: Universitätsbibliothek. A G III 9.
184: Basler Verkehrsbetriebe BVB.
185: Universitätsbibliothek. Ratsherrenkasten A 1, 109.
187: Kupferstichkabinett. A 200, 85.
188: Kupferstichkabinett. Z 30.
189: Dr. Jules Düblin.
191: Staatsarchiv. Neg. Slg. A 2053.
193: Staatsarchiv. Wackernagel K 212.
194: Kupferstichkabinett. Z 29.
196: Staatsarchiv. Falkeysen C 41.
197: Brauerei Warteck AG.
199: Staatsarchiv. Quart. Conv. 31.
200: Staatsarchiv. Falkeysen A 454.
201: Schweizerisches Sportmuseum.
203: Universitätsbibliothek. Ratsherrenkasten A 2, 277.
205: Staatsarchiv. Bibl. A f 14a, 101.
207: Staatsarchiv. Schneider 113. Universitätsbibliothek. Ratsherrenkasten A 2, 374.
208: Staatsarchiv. Neg. Slg. A 107.
209: Staatsarchiv. Schneider 72.
211: Johann-Jakob Bachofen.
213: Staatsarchiv. Plattenslg. F 1607.
214: Staatsarchiv. Bilderslg. 1, 61.
215: Dr. Hans-Rudolf Haefelfinger.
217: Dr. Hans-Rudolf Haefelfinger.
218: Staatsarchiv. Bilderslg. 3, 328.
219: Staatsarchiv. Bilderslg. 5, 442.
221: Staatsarchiv. 13, 612.
223: Staatsarchiv. Bilderslg. 13, 285.
225: Kupferstichkabinett. Z 32.
226: Basler Verkehrsbetriebe BVB.
227: Universitätsbibliothek. Handschriftenabteilung.
228: Staatsarchiv. Plattenslg. F 1067.
229: Staatsarchiv. Plattenslg. C 15.
231: Staatsarchiv. Privatarchive 669, 1895/99.
233: Staatsarchiv. Plattenslg. A 3397.
235: Staatsarchiv. Falkeysen A 274.
236: Universitätsbibliothek. Ratsherrenkasten.
237: Staatsarchiv. Bibl. B 2, 64.
239: Staatsarchiv. Büchel-Blatt 9.
241: Staatsarchiv. Wolf 4, 961.
243: Staatsarchiv. Wolf 4, 4475.
245: Privatbesitz.
246: Staatsarchiv. Wolf 4, 510.
247: Staatsarchiv. Schneider 92.
249: Universitätsbibliothek. Porträtslg.
251: Staatsarchiv. Plattenslg. C 261.
252: Staatsarchiv. Schiffahrt F 3.
253: Photoatelier Höflinger.
255: Staatsarchiv. Plattenslg. B 722.
257: Photoatelier Höflinger.
259: Staatsarchiv. Bilderslg. 16, 184.
261: Privatbesitz.
262: Universitätsbibliothek. Porträtslg.
263: Staatsarchiv. Bilderslg. 6, 1911.
264: Universitätsbibliothek. Ratsherrenkasten A 4, 1–162.
265: Staatsarchiv. Bilderslg. 15, 380.
269: Universitätsbibliothek. VB 420.

Die Illustrationen und Reproduktionen aus Tageszeitungen, von obrigkeitlichen Mandaten, Anzeigen und Erinnerungsblättern befinden sich *auf der Universitätsbibliothek und im Staatsarchiv.*

Die Abbildungen aus «Basler Chronik» entstammen der Basler Chronik von Christian Wurstisen, diejenigen, die mit «Grabinschrift» bezeichnet sind, aus «Basilea sepulta» von Johann Tonjola.

Die Reproduktionen besorgten Emanuel Bürgin, Luc Delay und Rudolf Friedmann.

Abkürzungen

Avis-Blättlein:
Mit Hoch-Obrigkeitlichem Privilegio begönstigtes Avis-Blättlein Dienstags.

Avis-Blatt:
Tägliches Avis-Blatt der Stadt Basel.

Basler Blätter:
Gratisbeilage zur Schweizer Grenzpost.

Baslerische Mittheilungen:
Baslerische Mittheilungen zur Förderung des Gemeinwohls.

Christlicher Volksbote:
Christlicher Volksbote aus Basel.

Intelligenzblatt:
Allgemeines Intelligenzblatt der Stadt Basel.

Kantons-Mittheilungen:
Mittheilungen für den Kanton Basel.

Illustration aus dem «Basler Almanach für das Jahr 1926», herausgegeben von der Ortsgruppe Basel des Schweizerischen Werkbundes. Den Monat Juni haben gestaltet Burkhard Mangold (Holzschnitt) und Rudolf Wackernagel (Text).